SEGUNDA EDIÇÃO

NELSON ROSENVALD
JOYCEANE BEZERRA DE MENEZES
LUCIANA DADALTO

COORDENADORES

RESPONSABILIDADE CIVIL E MEDICINA

2021 © Editora Foco

Coordenação: Nelson Rosenvald, Joyceane Bezerra de Menezes e Luciana Dadalto.

Autores: Adriano Marteleto Godinho, Alexandre Guerra, Ana Beatriz Nóbrega Barbosa, Ana Elisabete Ferreira, Ana Paula Correia de Albuquerque da Costa, André Dias Pereira, Camilo de Lelis Colani Barbosa, Daniela Courtes Lutzky, Débora Gozzo, Eduardo Dantas, Fernanda Ivo Pires, Fernanda Schaefer, Flaviana Rampazzo Soares, Gabriel Schulman, Glenda Gonçalves Gondim, Graziella Trindade Clemente, Heloisa Helena Barboza, Iara Antunes de Souza, Igor de Lucena Mascarenhas, Jamila Araújo Serpa, Javier Barceló Doménech, Joyceane Bezerra de Menezes, Juliano Ralo Monteiro, Leandro Reinaldo da Cunha, Luciana Dadalto, Luciana Fernandes Berlini, Maria de Fátima Freire de Sá, Miguel Kfouri Neto, Mônica Cecilio Rodrigues, Nelson Rosenvald, Patricia Rizzo Tomé, Rafaella Nogaroli, Raquel Katllyn Santos da Silva e Vitor Almeida

Diretor Acadêmico: Leonardo Pereira

Editor: Roberta Densa

Assistente Editorial: Paula Morishita

Revisora Sênior: Georgia Renata Dias

Capa Criação: Leonardo Hermano

Diagramação: Ladislau Lima

Impressão miolo e capa: GRAFNORTE

Dados Internacionais de Catalogação na Publicação (CIP) (Câmara Brasileira do Livro, SP, Brasil)

R484

Responsabilidade civil e medicina / Adriano Marteleto Godinho ...[et al.]. - 2. ed. -Indaiatuba, SP : Editora Foco, 2021.

424 p. ; 17cm x 24cm.

Inclui bibliografia e índice.

ISBN: 978-65-5515-233-3

1. Direito. 2. Direito civil. 3. Responsabilidade civil. 4. Medicina. I. Godinho, Adriano Marteleto. II. Guerra, Alexandre. III. Barbosa, Ana Beatriz Nóbrega. IV. Ferreira, Ana Elisabete. V. Costa, Ana Paula Correia de Albuquerque da. VI. Pereira, André Dias. VII. Barbosa, Camilo de Lelis Colani. VIII. Lutzky, Daniela Courtes. IX. Gozzo, Débora. X. Dantas, Eduardo. XI. Pires, Fernanda Ivo. XII. Schaefer, Fernanda. XIII. Soares, Flaviana Rampazzo. XIV. Schulman, Gabriel. XV. Gondim, Glenda Gonçalves. XVI. Clemente, Graziella Trindade. XVII. Barboza, Heloisa Helena. XVIII. Souza, Iara Antunes de. XIX. Mascarenhas, Igor de Lucena. XX. Serpa, Jamila Araújo. XXI. Doménech, Javier Barceló. XXII. Menezes, Joyceane Bezerra de. XXIII. Monteiro, Juliano Ralo. XXIV. Cunha, Leandro Reinaldo da. XXV. Dadalto, Luciana. XXVI. Berlini, Luciana Fernandes. XXVII. Sá, Maria de Fátima Freire de. XXVIII. Kfouri Neto, Miguel. XXIX. Rodrigues, Mônica Cecilio. XXX. Rosenvald, Nelson. XXXI. Tomé, Patricia Rizzo. XXXII. Nogaroli, Rafaella. XXXIII. Silva, Raquel Katllyn Santos da. XXXIV. Almeida, Vitor. XXXV. Título.

2021-860   CDD 342   CDU 347

Elaborado por Odilio Hilario Moreira Junior - CRB-8/9949

Índices para Catálogo Sistemático:

1. Direito civil 342   2. Direito civil 347

DIREITOS AUTORAIS: É proibida a reprodução parcial ou total desta publicação, por qualquer forma ou meio, sem a prévia autorização da Editora FOCO, com exceção do teor das questões de concursos públicos que, por serem atos oficiais, não são protegidas como Direitos Autorais, na forma do Artigo 8º, IV, da Lei 9.610/1998. Referida vedação se estende às características gráficas da obra e sua editoração. A punição para a violação dos Direitos Autorais é crime previsto no Artigo 184 do Código Penal e as sanções civis às violações dos Direitos Autorais estão previstas nos Artigos 101 a 110 da Lei 9.610/1998. Os comentários das questões são de responsabilidade dos autores.

NOTAS DA EDITORA:

Atualizações e erratas: A presente obra é vendida como está, atualizada até a data do seu fechamento, informação que consta na página II do livro. Havendo a publicação de legislação de suma relevância, a editora, de forma discricionária, se empenhará em disponibilizar atualização futura.

Erratas: A Editora se compromete a disponibilizar no site www.editorafoco.com.br, na seção Atualizações, eventuais erratas por razões de erros técnicos ou de conteúdo. Solicitamos, outrossim, que o leitor faça a gentileza de colaborar com a perfeição da obra, comunicando eventual erro encontrado por meio de mensagem para contato@editorafoco.com.br. O acesso será disponibilizado durante a vigência da edição da obra.

Impresso no Brasil (03.2021) – Data de Fechamento (03.2021)

2021

Todos os direitos reservados à
Editora Foco Jurídico Ltda.

Avenida Itororó, 348 – Sala 05 – Cidade Nova
CEP 13334-050 – Indaiatuba – SP

E-mail: contato@editorafoco.com.br
www.editorafoco.com.br

SUMÁRIO

APRESENTAÇÃO

Nelson Rosenvald, Joyceane Bezerra de Menezes e Luciana Dadalto............... VII

UMA ÉTICA PARA A MEDICINA PÓS-HUMANA: PROPOSTAS ÉTICO-JURÍDICAS PARA A MEDIAÇÃO DAS RELAÇÕES ENTRE HUMANOS E ROBÔS NA SAÚDE

Ana Elisabete Ferreira e André Dias Pereira 1

NOVOS OLHARES SOBRE A RESPONSABILIDADE CIVIL NA SAÚDE: AUTONO-MIA, INFORMAÇÃO E DESAFIOS DO CONSENTIMENTO NA RELAÇÃO MÉDI-CO-PACIENTE

Gabriel Schulman e Vitor Almeida... 21

O *QUANTUM* INDENIZATÓRIO NAS RELAÇÕES MÉDICO-PACIENTE

Luciana Fernandes Berlini 39

TERMO DE CONSENTIMENTO LIVRE E ESCLARECIDO E RESPONSABILIDADE CIVIL DO MÉDICO E DO HOSPITAL

Maria de Fátima Freire de Sá e Iara Antunes de Souza 59

O IDOSO COM DEMÊNCIA SENIL OU DEFICIENTE MENTAL NA RELAÇÃO JU-RÍDICA MÉDICO-PACIENTE: CONSENTIMENTO INFORMADO E RESPONSABI-LIDADE CIVIL

Débora Gozzo e Juliano Ralo Monteiro.. 79

DA NECESSÁRIA REVISÃO DO ENTENDIMENTO JURISPRUDENCIAL A RESPEI-TO DA RESPONSABILIDADE CIVIL DO CIRURGIÃO PLÁSTICO

Eduardo Dantas... 111

DOS MÉDICOS COM E SEM VÍNCULO DE SUBORDINAÇÃO E A LEGITIMIDADE PASSIVA SOLIDÁRIA DO NOSOCÔMIO

Daniela Courtes Lutzky 125

RESPONSABILIDADE HOSPITALAR POR ERRO MÉDICO: A NECESSIDADE DA COMPROVAÇÃO DA CULPA EM RAZÃO DA APLICAÇÃO DA TEORIA DA RESPONSABILIDADE OBJETIVA MITIGADA

Ana Beatriz Nóbrega Barbosa e Igor de Lucena Mascarenhas.......................... 147

RESPONSABILIDADE CIVIL E TELEMEDICINA

Alexandre Guerra... 159

RESPONSABILIDADE CIVIL PELO INADIMPLEMENTO DO DEVER DE INFORMAÇÃO NA CIRURGIA ROBÓTICA E TELECIRURGIA: UMA ABORDAGEM DE DIREITO COMPARADO (ESTADOS UNIDOS, UNIÃO EUROPEIA E BRASIL)

Miguel Kfouri Neto e Rafaella Nogaroli.. 173

TELEMEDICINA E LEI GERAL DE PROTEÇÃO DE DADOS PESSOAIS

Fernanda Schaefer e Glenda Gonçalves Gondim.. 205

A RESPONSABILIDADE CIVIL POR DANOS CAUSADOS EM VIRTUDE DE MEDICAMENTOS DEFEITUOSOS

Patricia Rizzo Tomé.. 221

DANO AO PROJETO DE VIDA NO CONTEXTO DA EDIÇÃO GÊNICA: UMA POSSIBILIDADE

Graziella Trindade Clemente e Nelson Rosenvald.. 245

REFLEXÕES ACERCA DOS *SAVIOR SIBLINGS* NO ATUAL ESTADO DA ARTE

Ana Paula Correia de Albuquerque da Costa... 265

A INSEMINAÇÃO ARTIFICIAL HETERÓLOGA E A RESPONSABILIDADE CIVIL

Mônica Cecilio Rodrigues... 283

REPRODUÇÃO ASSISTIDA E A PROTEÇÃO DA PESSOA HUMANA NAS SITUAÇÕES JURÍDICAS DÚPLICES

Heloisa Helena Barboza.. 295

A RESPONSABILIDADE CIVIL FACE À OBJEÇÃO AO TRATAMENTO DO TRANSGÊNERO SOB O ARGUMENTO ETÁRIO

Leandro Reinaldo da Cunha.. 307

RESPONSABILIDADE CIVIL DA UNIÃO PELOS DANOS CAUSADOS PELA VACINA CONTRA A INFLUENZA – *SÍNDROME GUILLAIN-BARRÉ* (SGB)

Joyceane Bezerra de Menezes e Jamila Araújo Serpa 323

PANORAMA EUROPEO DE LA RESPONSABILIDAD CIVIL POR DAÑOS CAUSADOS EN LOS ENSAYOS CLÍNICOS

Javier Barceló Doménech 347

OBJEÇÃO DE CONSCIÊNCIA MÉDICA NO DIREITO BRASILEIRO

Flaviana Rampazzo Soares 363

A RESPONSABILIDADE CIVIL NA CRIOGENIA HUMANA

Adriano Marteleto Godinho, Luciana Dadalto e Raquel Katllyn Santos da Silva 385

MISTANÁSIA E RESPONSABILIDADE CIVIL

Camilo de Lelis Colani Barbosa e Fernanda Ivo Pires 399

APRESENTAÇÃO

A obra que ora apresentamos ao leitor é mais um resultado do profícuo trabalho que tem sido feito pelo Instituto Brasileiro de Responsabilidade Civil (IBERC) em prol do desenvolvimento das discussões acerca da Responsabilidade Civil no Brasil. A partir das reflexões do grupo e da constatação da inexistência de um livro que esmiuçasse a relação desse ramo do Direito com a Medicina, surgiu a ideia de convidarmos autores nacionais e internacionais, todos membros do IBERC, para a presente empreitada, que agora, já na sua segunda edição, conta com 23 artigos científicos, todos atualizados pelos autores.

O primeiro texto, intitulado "Uma ética para a medicina pós-humana: Propostas ético-jurídicas para a mediação das relações entre humanos e robôs na Saúde", é uma valorosa contribuição dos professores portugueses Ana Elisabete Ferreira e André Dias Pereira que nos convidam à pensar sobre o futuro da Medicina. Neste, os autores nos apresentam o *Big Data*, os Médicos-Robôs e, principalmente, o risco de desumanização que a Medicina enfrenta com a Inteligência Artificial.

Gabriel Schulman e Vitor Almeida apresentam "Novos olhares sobre a Responsabilidade Civil na saúde: autonomia, informação e desafios do consentimento na relação médico-paciente" e nos convidam a pensar sobre o dever de informar o paciente e o papel dessa informação no exercício da autonomia existencial. Para isso, os autores trazem julgados e posições doutrinárias contemporâneas. Em suas considerações finais, os autores sintetizam onze proposições acerca do tema.

"O quantum indenizatório nas relações médico-paciente" é o texto escrito por Luciana Fernandes Berlini. Nesse texto, a autora apresenta critérios objetivos e subjetivos sobre o tema e analisa a jurisprudência do Superior Tribunal de Justiça, com a proposta de racionalizar os critérios mesmo diante da complexidade e da diferença entre as demandas que envolvem dano extrapatrimonial na relação médico-paciente.

A seguir, Maria de Fátima Freire de Sá e Iara Antunes de Souza escrevem sobre "Termo de consentimento livre e esclarecido e Responsabilidade Civil do Médico e do Hospital". O artigo divide-se em três partes. Primeiramente, as autorass analisam o surgimento e a aplicação do termo de consentimento livre e esclarecido. E+m seguida, discutem sobre responsabilidade civil do médico e do hospital para, finalmente, concluírem que o termo de consentimento livre e esclarecido é um meio limitador da responsabilidade civil dos médicos e dos hospitais.

No ensaio intitulado "O idoso com demência senil ou deficiente mental na relação jurídica médico-paciente: consentimento informado e responsabilidade civil", Débora Gozzo e Juliano Ralo Monteiro analisam a vulnerabilidade do idoso na relação médico paciente, cotejando o Estatuto do Idoso com o Estatuto da Pessoa com

Deficiência. Os autores ainda se imiscuem no Código de Ética Médica e no Código de Defesa do Consumidor afim de entenderem como deve se dar o consentimento do idoso com demência senil ou deficiente mental.

Eduardo Dantas apresenta o sempre atual tema "Da necessária revisão do entendimento jurisprudencial a respeito da responsabilidade civil do cirurgião plástico". Neste texto, o autor diferencia a responsabilidade de meio e de resultado, analisando a posição da doutrina e da jurisprudência brasileira e estrangeira sobre o tema. E vai além: problematiza a diferenciação feita no Brasil entre cirurgia plástica estética e reparadora, demonstrando a dificuldade na determinação desses conceitos e o impacto disso na relação médico-paciente.

No texto intitulado "Dos Médicos com ou sem vínculo de subordinação e a legitimidade passiva solidária do nosocômio", Daniela Courtes Lutzky analisa a responsabilidade do hospital diante de dano cometido por médico que compõe o corpo clínico, tanto o fechado quanto o aberto, para que se possa refletir se realmente cabe ao nosocômio responder por erro de alguém que não esteja a ele subordinado, mas que faça uso das instalações. Para tanto, a autora delineia a responsabilidade subjetiva dos médicos e objetiva dos hospitais, para entender quando e porque razões deverá, ou não, ser a instituição de saúde demandada solidariamente com o facultativo.

"Responsabilidade Hospitalar por erro médico: a necessidade da comprovação da culpa em razão da aplicação da teoria da responsabilidade objetiva mitigada" é o texto inédito dessa nova edição, escrito por Ana Beatriz Nóbrega Barbosa e Igor de Lucena Mascarenhas. A funcionalidade da responsabilidade civil é a linha mestra do raciocínio dos autores que exploram a teoria da responsabilidade objetiva mitigada sobre esse viés, defendendo a restrição da aplicação da responsabilidade objetiva às hipóteses típicas de danos causados em relação às obrigações hospitalares.

Na sequência, Alexandre Guerra escreve sobre "Responsabilidade civil e telemedicina". O ensaio é dividido em três partes. Primeiramente, o autor analisa o perfil dogmático que se deve entender por telemedicina. Em seguida, apresenta a evolução legislativa do tema no Brasil. Por derradeiro, no que particularmente importa ao diálogo que se estabelece entre a responsabilidade civil e a telemedicina, propõe alguns critérios de identificação/delimitação do dever de indenizar em situações jurídicas dessa natureza.

Miguel Kfouri Neto e Rafaella Nogaroli tratam do tema "Responsabilidade civil pelo inadimplemento do dever de informação na cirurgia robótica e telecirurgia". Cuida-se de uma abordagem de direito comparado, levando em consideração o estado da arte nos Estados Unidos, União Europeia e Brasil. Os coautores apontam os benefícios e riscos da utilização da tecnologia robótica nas cirurgias e da necessidade de informar o paciente sobre a experiência do médico e do hospital com a tecnologia robótica, além da possibilidade de eventos adversos levarem à necessidade de transformação da cirurgia robótica para uma cirurgia aberta, o que pode gerar maiores cicatrizes e elevado tempo de cirurgia, com acréscimo de riscos à saúde do paciente. Ademias, trazem à tona a discussão sobre os especiais contornos da privacidade e proteção de dados da saúde do paciente na referida tecnologia. Sem que essas informações sejam repassadas ao paciente, o profissional da medicina será responsabilizado, não pela culpa médica em si, mas pela violação ao dever de informar.

"Telemedicina e Lei Geral de Proteção de dados pessoais" é o ensaio apresentado por Fernanda Schaefer e Glenda Gonçalves Gondim. As coautoras analisam a proteção de dados de saúde dos usuários de procedimentos médicos realizados a distância a partir dos preceitos fixados na Lei Geral de Proteção de Dados Pessoais (LGPD, Lei n. 13.709/18). Esta legislação dispõe sobre a proteção do titular dos dados, impondo deveres para aqueles que farão o tratamento, desde a coleta, o processamento, armazenamento, compartilhamento e exclusão. O presente estudo trata da regulamentação referente à coleta, compartilhamento e armazenamento dos dados de saúde, tendo em vista a necessidade de imediata compreensão das implicações jurídicas da prática médica intermediada pelas tecnologias de informação e comunicação, uma vez que sua base de dados é composta por dados sensíveis que exigem especial atenção para a proteção da privacidade do paciente.

Adiante, Patricia Rizzo Tomé cuida da "Responsabilidade civil por danos causados em virtude de medicamentos defeituosos". O trabalho traz luzes sobre questões tormentosas, como a definição de um vício ou defeito em um medicamento, a responsabilidade civil aplicável, quem deve responder diretamente pelos danos causados aos consumidores, quando se admite a exclusão desta responsabilidade e como é o entendimento sobre o tema na área de Direito Comparado. O presente trabalho tem como objetivo principal avaliar através dos entendimentos doutrinários e jurisprudenciais, inclusive no Direito Comparado, sobre quem deve suportar os danos decorrentes dos defeitos nos medicamentos. Em uma ampla trajetória, a autora discute o que é um medicamento, quais as espécies principais e a competência para regulamentar a matéria no Brasil. Aborda os pressupostos da responsabilidade civil e a dificuldade para comprovar o defeito, demonstrando a solução legislativa que assegura os direitos dos consumidores. Por fim, analisada as excludentes da responsabilidade civil em consonância com o CDC e a aplicabilidade do caso fortuito ou força maior, especialmente para a hipótese de dano por risco do desenvolvimento.

Graziella Trindade Clemente e Nelson Rosenvald refletem sobre a possibilidade do "Dano ao projeto de vida no contexto da edição gênica". A edição gênica de células germinativas é capaz de impactar o organismo do indivíduo como um todo, bem como de seus descendentes, o que justifica o fato dessa técnica ser muito criticada. Assim, a possibilidade de promover mudanças permanentes no DNA, com eventual impacto sobre as futuras gerações, tem sustentado intensos debates sobre o tema. Nessa perspectiva, é inegável que o implemento da técnica, no momento, possa determinar riscos futuros e desconhecidos podendo, inclusive, gerar consequências no âmbito da responsabilidade civil. Superadas as limitações da técnica, realidade que não se pode negar diante dos contínuos avanços biotecnológicos, não permitir o emprego da técnica em condições seguras, ou optar por não a utilizar em situações em que o diagnóstico pré-implantacional é exigido, não representaria também um dano passível de reparação? É nesse contexto que emerge a necessidade de se discutir os prejuízos causados por modalidade singular de dano, caracterizado pela relevância jurídica, irreversibilidade, e por afetar a existência da pessoa o que implica em "não poder fazer", ou em "dever agir de outro modo" - Dano ao Projeto de Vida.

Em "Reflexões acerca dos *savior siblings* no atual estado da arte", Ana Paula Correia de Albuquerque da Costa explora os questionamentos éticos e jurídicos acerca das técnicas de RHA que possibilitam nova forma de filiação para pessoas e casais que outrora, por motivos médicos ou outras questões pessoais, não poderiam alcançar. A autora analisa o papel da RHA na prevenção e tratamento de doenças por meio do Diagnóstico Genético Pré-Implantacional (DGPI) e a "criação" dos chamados *savior siblings*, os irmãos salvadores. O texto foi construído de forma a que o leitor compreenda as causas e efeitos da gestação dos bebês salvadores, iniciando-se com a análise do surgimento dos *savior sibling* no contexto do planejamento familiar; em seguida procede ao estudo das normas vigentes para, ao final, analisar o fenômeno dos irmãos salvadores à luz dos princípios da bioética.

O texto "A inseminação artificial heteróloga e a responsabilidade civil", subscrito pela Profa. Mônica Cecilio Rodrigues, discute a responsabilidade civil das clínicas e dos profissionais envolvidos na inseminação artificial heteróloga, destacando a grave lacuna legislativa sobre a matéria, no Brasil. Considera a reprodução humana assistida um direito fundamental de quarta geração que implica diversos outros direitos e deveres que, não raro, se comportam no âmbito do biodireito e da bioética, mas que também podem repercutir efeitos em outros ramos do direito, como o direito de família e a reparação de danos. Enfoca o direito da pessoa que nasce a partir as técnicas de reprodução assistida de conhecer sua ascendência genética, imponto às clínicas e àqueles que manipularam o material genético a fornecer-lhe as informações adequadas, sob pena da devida responsabilidade civil. Nesta medida, defende a criação e manutenção de um banco de dados clínicos de caráter geral, com todas as características fenotípicas e uma amostra de material celular dos doadores para que possam ser apresentadas ao real interessado - o descendente – a sua herança genética.

"Reprodução assistida e a proteção da pessoa humana nas situações jurídicas dúplices" é o título da contribuição valiosa da Profa. Dra. Heloísa Helena Barboza, construída sob as matriz teórica da metodologia do direito civil constitucional que posiciona a dignidade da pessoa humana no centro axiológico do direito privado para sobrepor as situações jurídicas existenciais às patrimoniais. Sustenta que a autonomia reprodutiva e o planejamento familiar são direitos fundamentais, intrinsecamente relacionados ao desenvolvimento da personalidade, com previsão expressa na legislação brasileira. Dito isto, passa a analisar as diversas técnicas de reprodução assistida e os seus impactos na dinâmica e estrutura familiar, reforçando a importância de novos critérios de parentesco como o da socioafetividade e figura da multiparentalidade.

O professor doutor Leandro Reinaldo da Cunha é o autor do texto "A responsabilidade civil face à objeção ao tratamento do transgênero sob o argumento etário". Na sua análise a fixação do critério etário como limitação ao tratamento da pessoa transgênero pelas normas estabelecidas pelo Ministério da Saúde está mais associada aos ditames da cis-heteronormatividade do que às razões científicas. Lastreia sua conclusão em parecer do Conselho Federal de Medicina sobre a matéria que orienta o tratamento hormonal para adolescentes a partir dos 12 anos. Embora decisões recentes do Supremo Tribunal Federal hajam fortalecido o reconhecimento da identidade sexual da pessoa trânsgenero, persevera a restrição etária que limita o acesso do tratamento hormonal junto ao SUS. Embora a afirmação identitária seja independente de prévia cirurgia de redesignação ou de tratamento hormonal, a pessoa deve ter acesso a essas alternativas quando pretender adequar as características corporais ao gênero no qual se percebem. Por esta razão, entende que o ordenamento jurídico acolhe o direito da pessoa menor ao tratamento hormonal para retardar a puberdade. Assim é que sustenta a responsabilidade objetiva do Poder Público pelos danos sofridos pelas pessoas transgêneros que fizeram uso de qualquer tipo de hormônio de forma clandestina, visando adequar seu corpo à sua condição de gênero.

Com o título "Responsabilidade Civil da União pelos danos causados pela vacina contra a *influenza* – Síndrome *Guillain-Barré (SGB)*", o artigo escrito pela Profa. Dra. Joyceane Bezerra de Menezes e a mestranda Jamila de Araújo Serpa analisa a responsabilidade civil objetiva da União pelo efeito adverso pós-vacinação, Sindrome Guillain-Barré, previsto em todos os informes da campanha nacional para imunização contra a *Influenza*. A despeito da possibilidade eventual de outros agentes públicos e privados serem chamados a responder por este dano, destacam que é a União a gestora do calendário anual de vacinação, promovendo massiva campanha pela imunização, inclusive, contra a gripe influenza. De igual sorte, também se justifica a responsabilidade da União, sob o fundamento do risco administrativo, quando cabe ao órgão federal o amplo controle da qualidade da vacina, inclusive, quanto à sua inocuidade, assim considerada, o potencial para acarretar danos. Embora a vacinação seja uma medida de extrema valia para o equilíbrio da saúde pública e o bem individual e da coletividade, eventual dano que uma pessoa ou um grupo de pessoas possa vir a sofrer constitui um dano injusto passível de indenização.

A contribuição internacional do Professor Javier Barceló Doménech, da Universidade de Alicante (Espanha), segue com o título "Panorama Europeo de la responsabilidad civil por daños causados en los ensayos clínicos". Na abordagem do tema, cita dois casos paradigmáticos nos quais se observaram danos a partir de experimentações clínicas para traçar sua análise teórica. Observa que, a despeito dos controles burocráticos sobre a experimentação científica com pessoas e animais, há riscos concretos de danos em face dos quais o ordenamento jurídico deve oferecer respostas para garantir a adequada proteção às pessoas envolvidas.

Com o artigo intitulado "Objeção de consciência médica no direito brasileiro", a Dra. Flaviana Rampazzo Soares desenvolve uma análise sobre a tensão entre a autonomia médica e o direito do paciente ao atendimento em saúde, visando identificar até que ponto é possível obrigar o médico a atender um paciente, de forma contrária às suas convicções pessoais, em uma sociedade marcadamente plural e diversificada.

Analisa as formas de objeção de consciência negativa e positiva, apresentando seus limites e contornos teóricos de modo sistemático e objetivo, em atenção às diversas correntes que abordam a temática. A importância do trabalho está na diferenciação entre a objeção de consciência e uma recusa médica pautada em critérios meramente subjetivos e quiçá, discriminatórios. Embora a matéria não tenha a atenção expressa da legislação infraconstitucional, entende que decorre do direito geral de liberdade. Embora não haja legislação específica tratando da objeção médica, a sua aplicação prática requer um cuidado devido para garantir sua adequação à inteireza do ordenamento jurídico, especialmente, se cotejada com os direitos do paciente. Nessa medida, oferece parâmetros e critérios objetivos para sustentar uma objeção de consciência adequada à legalidade constitucional.

Adriano Marteleto Godinho, Luciana Dadalto e Raquel Katllyn Santos da Silva escreveram o texto ""A responsabilidade civil na Criogenia Humana". O congelamento do corpo – ou do cérebro – morto já é uma realidade em países como Estados Unidos e Rússia, mas os autores apresentam um panorama amplo do tema, que remonta à década de 1960 e vai até à contemporaneidade, demonstrando a importância da discussão acerca da responsabilidade civil das empresas que realizam criogenia humana.

"Mistanásia e responsabilidade civil" é o artigo desenvolvido pelos professores doutores Camilo de Lelis Colani Barbosa e Fernanda Ivo Pires. Partem de uma análise geral sobre a importância das questões fronteiriças à morte para o direito, destacando a mistanásia, como uma antecipação involuntária da morte pela ausência do tratamento adequado. Enfocam a mistanásia pela omissão do tratamento adequado pelo Sistema Único de Saúde que precipita a morte da pessoa, cujo direito à vida e à saúde foi prejudicado. Analisa a responsabilidade civil do estado por ato omissivo, percorrendo todo o embate teórico e evolução jurisprudencial que assenta fundamento na teoria do risco administrativo e admite a aplicação da responsabilidade objetiva para além dos atos comissivos a fim de melhor garantir o interesse da vítima. Mas, considerando o foco neste melhor interesse da vítima, analisa a possibilidade de a vítima pleitear a responsabilidade direta do agente, arguindo a sua culpa, a fim de vê-lo responder por sua conduta indevida.

Fica aqui, nosso convite para que o leitor nos acompanhe nesse percurso de muitas dúvidas, poucas certezas e uma grande vontade de discutir a Medicina à luz da Responsabilidade Civil. Aos autores e à Editora Foco, o nosso muito obrigado por acreditarem nesse projeto pioneiro cujo sucesso da primeira edição reafirma a necessidade das discussões aqui trazidas.

Nelson Rosenvald

Joyceane Bezerra de Menezes

Luciana Dadalto

UMA ÉTICA PARA A MEDICINA PÓS-HUMANA: PROPOSTAS ÉTICO-JURÍDICAS PARA A MEDIAÇÃO DAS RELAÇÕES ENTRE HUMANOS E ROBÔS NA SAÚDE

Ana Elisabete Ferreira

Advogada, Doutora em Bioética pela Universidade Católica Portuguesa – Cátedra UNESCO de Bioética. Investigadora do Centro de Direito Biomédico. Investigadora Colaboradora do Instituto Jurídico da Faculdade de Direito da Universidade de Coimbra. Professora Adjunta convidada do Instituto Politécnico de Beja. Responsável pela Secção de Direito Civil Médico do Instituto de Derecho Iberoamericano (IDIBE), Associada Internacional Instituto Brasileiro de Estudos de Responsabilidade Civil (IBERC). Membro da Associação Portuguesa de Teoria do Direito, Filosofia do Direito e Filosofia Social. Membro da Comissão de Ética Digital dos Serviços Partilhados do Ministério da Saúde. Membro da World Association for Medical Law, *Early Career Award in Medical Law* 2015. Ciência ID: 0313-929C-C9AC – anaelisabeteferreira-54675C@adv.oa.pt.

André Dias Pereira

Professor da Faculdade de Direito da Universidade de Coimbra; Diretor do Centro de Direito Biomédico; Vice-Presidente da ALDIS (Associação Lusófona do Direito da Saúde); Investigador Integrado do Instituto Jurídico; *Fellow do European Centre of Tort and Insurance Law*; Associado Internacional do Instituto Brasileiro de Estudos de Responsabilidade Civil (IBERC); Membro do Instituto de Direito Comparado Luso-Brasileiro; Membro da *European Association on Health Law*; Membro do Instituto de Derecho Iberoamericano (IDIBE); Membro da *World Association for Medical Law*; Membro da Associação Internacional de Direito Comparado; Presidente da Comissão de Ética da AIBILI; Membro da Comissão de Ética do Instituto Politécnico de Coimbra; Membro da Comissão de Ética do INMLCF, I.P.; Membro, eleito pela Assembleia da República, para o Conselho Nacional de Ética para as Ciências da Vida (2015-2020). Ciência ID: 951E-7E45-3E7F - andreper@fd.uc.pt.

Sumário: 1. *Video killed the radio star* – 2. Uma transformação radical na Saúde? – 3. Três problemas normativos fundamentais – 4. Três respostas éticas fundamentais – 5. Os *big data* e a nova medicina – 6. Uma Medicina mais personalizada – 7. Conclusão: empatia precisa--se! – 8. Referências

1. VIDEO KILLED THE RADIO STAR

"…They took the credit for your second symphony/ Rewritten by machine on new technology (…)/ Video killed the radio star/ Pictures came and broke your heart…"[1]. Música, literatura e cinema, expressões da imanência humana, têm ilustrado de forma

---

1. "Video Killed The Radio Star", (Canção de The Buggles), composta por Trevor Horn, Geoff Downes, Bruce Woolley em 1980 no Reino Unido.

histriónica e casualmente acertada as dificuldades de adaptação dos seres humanos às revelações tecnológicas – também elas produto da alma humana e do livre desenvolvimento da nossa personalidade – não sem consequências, por vezes graves, na sedimentação de um pensamento objetivo e razoável vocacionado para o futuro. O futuro, sendo a direção única e inevitável de todas as coisas, é simultaneamente um inconhecível e um dever: inconhecível, porque toda a conjetura a seu respeito se baseia forçosamente numa perspetiva fraturada das coisas, onde o futuro em si mesmo está inevitavelmente ausente; um dever, porque a sua inevitabilidade se impõe e importa um compromisso inilidível. Como o pensamento valorativo não tem nem deve ter obrigações de utilidade e aplicabilidade estrita, o futuro é uma empresa de pensamento deliciosa e inesgotável, que não deixa de se apresentar como uma obrigação quase missionária – pensar sobre o futuro, ainda que erradamente, é necessário e alguém tem de o fazer.

O presente artigo, porém, nada arriscará sobre o futuro da medicina, focando-se somente no presente – que é o mesmo que dizer, já no passado.

Não é de hoje que o caráter *sinfónico* intrínseco da medicina vem sendo denunciado: a tão propalada *passagem* da medicina como arte à medicina como técnica atravessou séculos até aqui. Já ninguém crê, nem admite, o médico como feiticeiro ou o tratamento como magia. A pauta da medicina é hoje a da rastreabilidade e o acaso é uma variável cada vez mais desprezada, quer porque o pensamento teórico sobre a cura se tornou profundamente positivista, quer porque o cidadão autónomo e medianamente informado interiorizou perfeitamente que quem o trata não lhe está a fazer um favor. A personalização e a centralização no doente, nas suas várias vertentes, mais não são do que manifestações extremas da pauta da rastreabilidade que rege a sinfonia atual. As máquinas, sem surpresa, são o instrumento fundamental de um toque rastreável, e os humanos, em particular os médicos e os doentes, colocaram-nas no centro de tudo, mal se permitindo tomar quaisquer decisões relevantes sem a sua mediação. Há muito que a relação médico-doente não é uma relação a dois, porque o fundamental dessa relação de cuidado – a confiança – já tem a mediação das máquinas (de registo, de auxílio, de rastreio, de diagnóstico, etc.) há muito tempo e em quase 100% das intervenções, *minor* ou *major*. Portanto, e como dizíamos, tudo isto é presente e não futuro.

Sendo sinceros, as máquinas têm trazido incomensuráveis vantagens e desvantagens pouco significativas. Quase todos os problemas assacados ao uso de máquinas não têm, na verdade, relação com as máquinas, mas com a sua gestão, que é humana. Contudo, as máquinas, em qualquer cenário, têm uma limitação fundamental que é especialmente importante no campo da medicina: o denominado *feedback háptico*, que se refere à sensação de toque ou informação cinestésica que o médico ou o cirurgião experienciam ao contactar por si mesmos com os tecidos. Esta sensação é de extrema importância em muitos procedimentos médicos, porque "permite identificar alterações na consistência e elasticidade dos tecidos, permite um maior cuidado na manipulação dos mesmos e na força que necessita de exercer a removê-los ou suturá-los"[2] e permite também testar o grau de dor ou resistência do paciente em circunstâncias específicas.

---

2. MATOS, Hugo, *Cirurgia Robótica em ORL – uma abordagem ao sistema «Da Vinci»*, 2017, p. 15, Lisboa, FMUL, disponível em https://repositorio.ul.pt/bitstream/10451/31371/1/HugoAAMatos.pdf.

UMA ÉTICA PARA A MEDICINA PÓS-HUMANA **3**

Este breve exemplo pode ser maximizado para introduzir um conceito interessante de uma ética para a medicina pós-humana, que é o do direito ao laço humano ou luta pelas relações humanas[3]. Este é, sem dúvida, um dos campos que merece reflexão, dentro e fora da medicina. Atualmente, quando necessitamos de qualquer informação ou procedimento por parte de prestadores de serviços informáticos ou de comunicações, por exemplo, já não é fácil chegar à fala com um ser humano. Os embaraços e frustrações desta falta são já bem evidentes e tendem a alastrar-se.

Esta medicina do presente – e, provavelmente, a do futuro – será já pós-humana? É-o com certeza em áreas específicas, em que a mão robótica/informática/artificial ultrapassou a mão humana e/ou melhorou a performance humana face ao seu equivalente biológico médio. O que nos leva, na verdade, ao verdadeiro significado de "ultrapassar", algo que deve ser relativamente definido na nova bioética, sob pena de o discurso se tornar meramente ideológico e opinativo.

2. UMA TRANSFORMAÇÃO RADICAL NA SAÚDE?

O direito da saúde está em grande transformação, acompanhando os grandes desafios da última década – fazendo-o, embora, de modo responsivo, e não mostrando capacidade de antever e evitar problemas graves que possam advir do uso excessivo (?) de tecnologia. Aos temas clássicos, ainda e sempre polémicos, como a responsabilidade em saúde (civil, penal, ou administrativa), os direitos dos pacientes, designadamente o consentimento informado, o sigilo médico, a regulação do processo clínico, a proteção de dados pessoais, a organização do sistema de saúde e o direito hospitalar,[4] juntam-se agora no Direito da Saúde temas como, o envelhecimento[5] e os direitos das pessoas com incapacidade, a sustentabilidade dos sistema de saúde[6] e seu financiamento, a proibição de transformar o corpo humano ou as suas partes, enquanto tais, numa fonte de lucro e todas as temáticas do fim de vida: cuidados paliativos, eutanásia, distanásia, entre outras.[7]

Vêm-se identificando[8] várias áreas como determinantes da medicina do futuro. Destacamos aqui os temas relativos à inteligência artificial, ao processo clínico eletrónico, aos medicamentos personalizados, e ao atendimento personalizado e à medicina

---

3. *"A defesa de relacionamentos humanos será um dos principais desafios da bioética nas próximas décadas!"* (Michael Cook, BioEdge).

4. Cf. PEREIRA, André G. Dias/ FIGUEIREDO, Eduardo, "Diálogo(s) de Direitos Fundamentais no Direito Biomédico", *Erga Omnes*, Escola de Magistrados da Bahia, n.º 17, (ISSN 1984-5618) jul/dez 2018;

5. PEREIRA, André G. Dias/ CAMPOS, Juliana "O envelhecimento: apontamento acerca dos deveres da família e as respostas jurídico-civis e criminais", in *Revista da Faculdade de Direito e Ciência Política da Universidade Lusófona do Porto*, (ISSN 2184-1020), 2018, pp. 61-80.

6. No seio do qual a questão mais premente não deixará de ser a do acesso aos serviços de saúde e a responsabilidade de cada um na promoção da sua própria da saúde – e, assim, pela evitação do acesso. Veja-se a discussão em CAVALLERO, Eric, "Opportunity and Responsibility for Health" *in The Journal of Ethics* (2019) 23:369-386.

7. Cf. SILVA, Miguel Oliveira da, *Eutanásia, Suicídio ajudado, Barrigas de aluguer – Para um debate de cidadãos*, Caminho, 2017.

8. Cf. o *Portal da Telemedicina* identifica os seguintes vetores: 1) Telemedicina, 2) Inteligência artificial, 3) Internet das Coisas (IoT), 4) Monitoramento remoto e em tempo real, 5) Prontuário eletrónico. 6) Robótica em cirurgias, 7) Biônica e impressões 3D, 8) Intercâmbio de informações em cidades inteligentes, 9) Medicamentos personalizados, 10) Atendimento personalizado, 11) Medicina preditiva.

preditiva. A interação entre a genética, os 'big data' e a inteligência artificial afigura-se colossal e irá transformar o mundo da prestação de cuidados de saúde.[9]

Cuidados de saúde e 'big data' são os principais tópicos de pesquisa científica e investimento financeiro nos últimos anos, beneficiando de grandes investimentos das grandes indústrias monopolistas ou oligopolistas da informática, e acredita-se que aumentem significativamente no futuro próximo, não só por razões de crescimento de mercado, mas mesmo com base em pressupostos filosóficos de radical transformação, que passam pela estreita ligação entre os líderes da economia digital e o pensamento filosófico denominado de transumanismo ou pós-humanismo, de que se destacam nomes como os de David Pearce, Nick Bostrom, Max More, David Wood e José Luís Cordeiro.

Esta evolução acarreta riscos na transformação da prestação de cuidados de saúde ao ponto de podermos questionar se a continuidade de muitos profissionais de saúde pode estar em causa. Ou seja, a antiga profissão de *médico* pode estar a viver as últimas décadas da sua existência, sendo substituída por outra forma de prestação de cuidados de saúde, em que o potencial da Inteligência Artificial (IA) para ganhar terreno nessa área da sociedade se afigura imenso.

Pensemos no caso paralelo das agências de viagem. Hoje, muitos de nós compram os seus bilhetes de avião e mesmo programas de turismo através da internet, dispensando o contacto humano. No futuro, uma aplicação ou um site especializado, na área médica, poderá fazer-nos prescindir de consultas presenciais ou mesmo por telemedicina?[10] Grandes empresas da área da informática e das tecnologias da informação estão interessadas em desenvolver esses serviços! Assim, imaginar um confronto entre a máquina (IA e robótica) e os seres humanos não é ficção científica (Gerd Leonhard),[11] em especial na área ou no mercado da saúde! A medicina é assim desafiada pelas ciências da computação e pela economia digital, efetivamente.[12]

Contudo, a visão que opõe a performance das máquinas à performance dos *softwares* é facciosa e deve evitar-se no pensamento crítico: ninguém discute se uma ceifeira-debulhadora é mais célere, eficaz e precisa na colheita agrícola do que os seres humanos; é óbvio que o é. A agricultura continua a precisar de humanos, porque o papel das máquinas só interessa em fases específicas da atividade e não noutras. É dessa forma que deve olhar-se, também, o uso de máquinas e *softwares* noutros campos, que permitirão que os humanos se dediquem àquilo em que efetivamente são únicos – o cuidado mútuo, a comunicação, o altruísmo, os afetos.

Perante este quadro de desenvolvimento tecnológico e esta mutação das relações humanas e das relações humano-máquina, as reflexões ética e jurídica estão considerando várias questões: a proteção do laço social, a proteção de dados pessoais e a privacidade,

---

9. SANTOS, Heloísa / PEREIRA, André, *Genética para Todos – de Mendel à Revolução Genómica do Século XXI – a prática, a ética, as leis e a sociedade*, Lisboa, Gradiva, 2019.

10. BERAN, Roy G. / PEREIRA, Andre G. Dias / BARBOSA, Carla / POSPELOVA, Svetlana I. / PAVLOVA, Yulia V. / KAMENSKAYA, Natalia A., "Telemedicine – Legal Regulation and Role of Telemedicine in Australia, Portugal and Russia", in Medicine and Law, Vol. 38, n.º 4, 2019, p.677-710. (ISSN 0723-1393)

11. LEONHARDT, Gerd, *Tecnologia versus Humanidade – o confronto futuro entre a Máquina e o Homem*, Gradiva, 2019.

12. A Organização Mundial de Saúde emitiu recentemente a "WHO guideline recommendations on digital interventions for health system strengthening" (2019).

incluindo das informações genéticas, bem como o direito de manter uma interface humana em situações de vulnerabilidade relacionadas com a doença, a autonomia do doente face à possibilidade de ser tratado por um robô, e a própria autonomia do médico no âmbito que uma recente submissão quase acrítica aos resultados informáticos.

Estas transformações inserem-se na "Quarta Revolução Industrial", termo cunhado por Klaus Schwab, Presidente Executivo do Fórum Económico Mundial, que aponta para "mudanças radicais e desafios resultantes das tecnologias emergentes (novas biotecnologias, inteligência artificial, computação quântica, etc.) e as suas consequências sociais e políticas." Acrescenta que "os avanços nas neurotecnologias e nas biotecnologias já nos obrigam a questionar o que significa ser humano..." Mas destaca que todos podem e devem ter uma palavra a dizer sobre a forma como as novas tecnologias os influenciam. (...) e receia que "sistemas facciosos venham a acentuar as desigualdades e a pôr em causa os direitos das pessoas de todos os países".[13]

Assim, o debate público e democrático é imperativo e urgente. Como afirma Stephen Hawking: «Um mundo em que apenas uma super elite reduzidíssima fosse capaz de compreender a ciência e a tecnologia avançadas e as suas aplicações seria, do meu ponto de vista, um mundo perigoso e limitado.»

3. TRÊS PROBLEMAS NORMATIVOS FUNDAMENTAIS

O manancial de informação técnica e filosófica sobre a utilização de robótica e de *softwares* dotados de inteligência artificial dificulta o discernimento e a análise das questões mais relevantes. Pode, com efeito, verificar-se que o precaucionismo aplicado ao uso de tecnologia vem frequentemente negligenciando a probabilidade.[14] A "futurologia" é um exercício sempre arriscado e é difícil afirmar com precisão quais os resultados nefastos que possam vir efetivamente a verificar-se, além de que os riscos para um pequeno grupo são frequentemente apresentados como ameaças universais. Esta narrativa *securitarista* apresenta perigos não menosprezíveis, na medida em que promove na normatividade «a permanent state of exception»"[15], onde a necessidade de nos defendermos de algo deixa de ser questionada e, assim, submergida pela vontade de o fazer.

Nesta senda, e conscientes da dificuldade analítica da questão que se quer objetiva e analisada com razoabilidade, selecionaremos apenas três horizontes discursivos de maior relevância normativa a abordar prontamente:

1) A salvaguarda das relações humanas e do laço social;

2) O significado de ser "ultrapassado" pela tecnologia;

3) Que (novos) danos podem os robôs provocar?

---

13. SCHWAB, Klaus, *Moldando a Quarta revolução industrial*, Prefácio, 2018.
14. SUNSTEIN, Cass R., *Laws of Fear: Beyond the Precautionary Principle*, Cambridge, Cambridge University Press, 2005, pp. 39 e 40. Contra, HARCOURT, Bernard. E. *Exposed: Desire and Disobedience in the Digital Age*, Harvard, Harvard University Press, 2015, especialmente, toda a parte III.
15. CICARELLI, Roberto, "Norm/Exception – Exceptionalism and government prospects in the shadow of political theology" In (Alessandro Dal LAGO, Salvatore PALIDDA, eds.), *Conflict, Security And The Reshaping Of Society: The Civilization of War*, London, Taylor & Francis, 2010, pp. 57 – 69, p. 57.

O laço social é, por certo, um bem normativamente relevante, embora deva ser adequadamente compreendido num contexto de intersubjetividade que é hoje fortemente marcado pela cultura do indivíduo e pela ideação de como as coisas poderiam ser de outra maneira, que são marcas culturais indeléveis. O espeto desta ideação desafia, sabemo-lo desde Lacan, o mito de totem e tabu, isto é, subverte o proibido e o perigo para sobrevalorizar a novidade, a expectativa, o nunca antes. Pode bem dizer-se que o Homem é hoje, mais do que antes, um caminhante que nunca chega, que – como nota E. O. Wilson[16], jamais alcançará a paz social e a abundância de recursos, porque jamais se contentará em viver como uma formiga. As cenobiais angústias que a tantos assolam não alterarão este estado-de-coisas e, seguramente, não pararão o progresso.

Ao mesmo passo, se a afinidade cultural, as relações de afeto e os laços de responsabilidade são certamente fundamento do laço social, e boas razões para o preservar, não pode dizer-se que este laço não se demarque também, cada vez mais, pela insatisfação com os recursos disponíveis e por uma abertura quase integral a um modo de ser *tecno-lógico*. A renúncia à presença do outro-pessoa é hoje uma realidade largamente sedimentada: o outro foi substituído por formas de manifestação mediatas dessoutro, como aquelas que se apreendem por meio de aparelhos virtuais e audiovisuais. Já não é o outro, mas apenas a sua manifestação – incompleta, vazia de corpo e mediata – aquilo que se nos apresenta como interlocutor.

Contudo, não há razões para supor que, à medida que os robôs proliferem, as relações humanas sejam mais afetadas do que já são, efetivamente. A preocupação com a detioração do tecido social humano deve afligir-nos, independentemente do avanço e progresso das máquinas. Há muitas perspetivas sobre como a tecnologia afeta – positiva e negativamente – as relações humanas, mas há, pelo menos, dois pontos de consenso: a tecnologia deve ser usada em benefício das relações humanas; as relações de cuidado mútuo entre humanos são infungíveis na sua plenitude.

Há muitas formas de olhar e teorizar o laço social, povoado por tensões e emoções primordiais e consubstanciados e relações regulares ou assimétricas[17], imbuídas em aspetos biológicos e culturais, difíceis de catalogar ainda que numa enciclopédia[18]. O laço social refere-se àquilo que une, ou não, os seres humanos entre si[19], embora mais recentemente – muito por força da ascensão teorética das relações entre humanos e não humanos (i.é., a aceitação de outros atores relacionais como dignos de um pensamento reflexivo próprio, como os animais ou os robôs) – se tenha recentrado numa certa conceção de relação singular entre humanos, a pressupor, por vezes, uma singularidade radical dessa relação.

Afirmar que as relações com máquinas podem colocar em causa – ou já colocam – as boas relações entre seres humanos, especialmente aquelas que se sedimentam em emoções profundas, como é o caso das relações de cuidado – é indissociável da reflexão sobre a autonomia dos humanos nessa relação que é por vezes forçada. A saúde é,

---

16. WILSON, E. O., O Sentido da Vida Humana, p. 107.
17. FREUD, Sigmund, *O Mal-estar na Civilização*, São Paulo, LeBooks, 2019, p. 9 e ss.
18. DESCOLA, Philippe, *Par-delà nature et culture*, Gallimard, 2005, pp. 423 – 458.
19. DURKHEIM, Émile, *De la division du travail social* (1983), Paris, PUF, 1994, pp. 28 e ss.

UMA ÉTICA PARA A MEDICINA PÓS-HUMANA   **7**

aliás, um lugar onde muitas relações são efetivamente forçadas, na medida em que os laços mais ou menos fugazes que aí se estabelecem não são verdadeiramente queridos ou desejados, sendo até por vezes, repugnados – em abstrato ou em concreto. Trata-se aqui de uma trivialidade que importa não perder de vista, na medida em que, quando se aventa como imperiosa a possibilidade de um doente recusar ser tratado por um robô ou *software*, se está a pressupor que a mesma possibilidade existe *sempre* que o cuidador seja uma pessoa, o que não corresponde necessariamente à verdade prática. O consentimento informado, como veremos, é um objetivo fundamental da relação médico-doente do presente e do futuro, e tem de ser incrementada.[20] Pode, portanto, afirmar-se que, num âmbito em que muitas relações não são verdadeiramente desejadas, o uso de tecnologia poderia, em última instância, contribuir para uma menor degradação de certos laços, que pela mediação das máquinas se tonariam menos invasivas[21].

É certo que *querer* uma relação não representa qualquer pressuposto da prática da medicina, bastando que a mesma seja consentida e, portanto, tolerada. Na saúde, a auto-nomia não corresponde a uma manifestação de intenção específica nem ao exercício de um livre-arbítrio decisional que a cada momento concede a possibilidade de uma escolha diferente. No pensamento bioético, aliás, já pouco se insiste na *manutenção inflexível da ideia clássica de autonomia*, considerando-se a autodeterminação, não em oposição às forças contingentes que iludem o autocontrolo, mas como *uma forma particular de organização que elas tomam*[22]. Nas palavras de Honneth, "...decentering the subject does not force us to abandon the idea of autonomy, but rather to decenter this idea itself."[23]

Consubstanciando a hodierna Escola de Frankfurt, Honneth distingue, paradig-maticamente, três filões de significado do conceito de autonomia, concluindo pela afirmação de que a ideia de autonomia pessoal entendida como autodeterminação sem constrangimentos precisa ser teoreticamente reformulada[24]. Por conseguinte, apresenta um modelo de *pessoa* baseado numa *teoria da intersubjetividade*, procurando construir um novo conceito de autonomia "de modo a que a psicanálise ou a linguagem não possam acusá-lo de idealismo"[25].

Neste novo conceito, Axel Honneth procura conciliar as forças e motivações *não transparentes* que constituem a potência subjetiva que guia o sujeito com a sua experiência consciente, de um modo profundo: se o sujeito humano é produto de uma interação social, os seus estados mentais, conscientes ou inconscientes, são também *habilitados* por essa condição primordial[26]. A participação num "evento transcendente", seja ele um evento de

---

20. Cf. PEREIRA, André Dias, *Direitos dos Pacientes e Responsabilidade Médica*, Coimbra, Coimbra Editora, 2015.
21. Resultados surpreendentes foram encontrados na terapia de crianças com autismo através da utilização de robôs, contribuindo muito significativamente para a promoção da sua autoconfiança e para o incremento dos laços com outras pessoas. https://medicalxpress.com/news/2018-05-nao-robot-kids-autism.html: "Human beings can be overwhelming to a kid with autism, displaying a cascade of movements and behaviors. On the other hand, robots are more reserved and reassuring to these children. (…) Robots appeal to many children with autism spectrum disorder and show more predictable behavior, compared with humans," Smeekens said.
22. HONNETH, Axel, "Decentered Autonomy: The Subject After the Fall" in *Disrespect: The Normative Foundations of Critical Theory*, Cambridge, Polity Press, 2007, trad. Para o inglês de John Farrell, pp. 261 – 271, p. 262.
23. *Idem*, p. 264.
24. *Idem*, p. 266.
25. *Idem*, pp. 266 e 267.
26. *Ibidem*.

linguagem ou um inconsciente coletivo acontece numa "comunidade comunicativa extensa" que, porém, não impede a emergência de uma outra subjetividade, a do ego, onde a autonomia individual é procurada e conseguida através de um *processo de individualização*.

Esta construção, este processo de individualização no desenvolvimento de habilidades específicas em relação aos nossos impulsos, a organização da nossa própria vida, as demandas morais do nosso contexto, é a construção de uma "coerência normativa de vida"[27], de escolhas e contrastes, intersubjetiva e, nessa medida, livre.

Embora Honneth não o refira, a teoria por si adotada é claramente inspirada no *princípio da individuação* da psicanálise de Carl Jung. Em Jung, a *individuação* é, precisamente, o processo psicológico e intersubjetivo "que está sempre em maior ou menor oposição à norma coletiva, pois é separação e diferenciação do geral e formação do peculiar, não uma *peculiaridade* procurada, mas que já se encontra fundamentada *a priori* na constituição natural do sujeito. Esta oposição, no entanto, é aparente; exame mais acurado mostra que o ponto de vista individual não está orientado *contra* a norma coletiva, mas apenas de *outro modo*"[28].

A *norma* a que se refere Carl Jung é o *inconsciente coletivo* – «ensemble» de símbolos, significações e constrangimentos do meio e das narrativas anteriores ao sujeito[29], que correspondem a um *modo coletivo de manifestação da totalidade das imagens primordiais*[30] – e ela surge como *totalidade de caminhos individuais*[31]. Dentro desta totalidade (anterior e pré-determinada) de caminhos é que o indivíduo realizará escolhas, aí demarcando os seus. Trata-se de uma construção das *linhas individuais do ego* "que não poderiam ser adquiridas pelos caminhos prescritos pelas normas coletivas"[32]. Para o psicanalista, a individuação tem muitos aspetos, sendo a transcendência ou as demandas espirituais da alma uma fase particularmente importante desse percurso reflexivo[33].

Assim encontramos em Jung esta constatação, que Honneth parece ter recuperado: a autonomia reside num processo em que o sujeito se distingue, operando escolhas do que quer para si, intersubjetivamente, de entre um conjunto herdado de modos ou possibilidades de ser. E nisto reside a sua autonomia. "... o sujeito é colocado entre uma determinante exterior e uma interior, *surgindo então a possibilidade da escolha e a relativa liberdade do sujeito*"[34].

A proximidade entre o *princípio da individualização* em Honneth e o *princípio da individuação* em Jung fica ainda mais clara se atentarmos em "The I in We"[35], onde Honneth

---

27. *Vide, in idem*, pp. 267 a 269.
28. JUNG, Carl Gustav, *Tipos Psicológicos*, Petrópolis, Editora Vozes, 1991, Coleção Obras Completas de C. G. Jung, vol. 6, trad. Lúcia Orth, p. 468. Como nota Jung, o princípio foi também trabalhado na filosofia, particularmente por Nietzsche e Schopenhauer – *idem*, pp. 512 e ss.
29. *Idem*, pp. 205 e ss.
30. *Idem*, p. 233.
31. *Idem*, p. 468.
32. *Ibidem*.
33. Sobre esta questão, MCNEELY, Deldon Anne, *Becoming: An Introduction to Jung's Concept of Individuation*, Carmel, Fisher King Press, 2010, pp. 53 e ss.
34. JUNG, Carl Gustav, *Tipos Psicológicos*, cit., p. 252, realce nosso.
35. HONNETH, Axel, *The I in We – Studies in the Theory of Recognition*, Cambridge, Polity Press, 2012, trad. Joseph Ganahl, pp. 184 e ss.

escalpeliza os paradoxos da individualização e as forças que a agitam até que a autonomia do sujeito se evidencie: a individualização é um processo observável e objetivo, *que jaz numa ambivalência precária*, consubstanciado no fato externo de aumentar as qualidades pessoais e o fato interno de incrementar as conquistas individuais[36] [37].

Tudo isto para reforçar a ideia de que o laço social, enquanto seio da intersubjetividade que pode promover a autonomia individual, e enquanto sede definitiva da construção de padrões morais de conduta, é absolutamente essencial ao reconhecimento da pessoa enquanto tal. Não obstante, é necessário reconhecer que a tecnologia, lato senso, não deixa de ser uma parte fundamental das relações entre humanos, promovendo formas de relacionamento e de resolução de problemas e de conflitos até agora desconhecidas. Assim é desde que o hominídeo desenvolveu o polegar e começou a construir instrumentos de corte e lanças...

No que concerne ao sentido mais estrito da pós-humanidade – que se consubstancia na suposta *ultrapassagem* do homem pela máquina, algumas ideias devem ser concretizadas «a priori». Se por "ultrapassar" se entender a melhoria da técnica, da eficiência, da utilidade e da produtividade, é quase certo que o nosso futuro – e, de alguma forma, o nosso presente – é pós-humano. Não podemos, seja em que área for competir com máquinas ou softwares dotados de inteligência artificial avançada, particularmente com aqueles que já detém alguma autonomia, podendo selecionar opções concretas em função do contexto e a partir entre um leque de possibilidades levemente pré-programadas[38]. No domínio da técnica e numa ótica funcionalista, estamos absolutamente condenados ao pós-humanismo e ao domínio maquinal.

Antes, porém, que esta afirmação nos assoberbe, lembremos que a ótica funcionalista é parcial, fracionada e quase sempre uma opção reflexiva pobre, em termos éticos: as relações humanas e, em particular, o sentido do *acesso* (a bens, serviços, estados emocionais, situações pessoais, etc.) não se satisfazem com a simples utilidade dos meios e dos resultados. Aos humanos, porque dotados de uma teoria da mente altamente complexa, importa mais do que a serventia das coisas, sendo o acesso sempre pautado por emoções fortes que se encontram no domínio do meramente recreativo, prazeroso, ocioso, sem finalidade, autopoiético. Julgamos que neste domínio do desenvolvimento pessoal e relacional reside, por enquanto, a singularidade humana. Não nos aflijamos, pois, com um mundo em que as máquinas nos tomem todos os trabalhos e afazeres do domínio técnico e útil, para que possamos dedicar-nos às relações de cuidado, de afeto, de prazer, de autocultivação. Num mundo em que as máquinas se dediquem, sob mera supervisão, aos trabalhos repetidos, duros e burocráticos, as pessoas resplandecerão nas suas mais claras aptidões[39]. Ficaremos com mais tempo para a essência da medicina, o cuidado.

---

36. *Ibidem.*
37. *Idem*, pp. 198 a 200.
38. ANDERSEN, Michael/ ANDERSEN, Susan Leigh, *Machine Ethics*, New York, Cambridge University Press, 2011, p. 83.
39. "In theory, there's nothing that AI won't be able to support eventually, but it takes the human eye to look at it critically, assign its role and note its limitations. When we couple the best parts of humanity – emotion, compassion, creativity – with the best parts of AI – logic, scale, speed – we will achieve much more together than either entity could do by itself." Chih-Han Yu, *Artificial Intelligence Will Make Us More Human, Not Less* in https://www.appier.com/blog/artificial-intelligence-will-make-us-more-human-not-less/.

Esta nossa visão otimista será agora mitigada com uma questão cara ao universo jurídico: os robôs e softwares mais inteligentes, ao substituírem a mão humana em diversas atividades e operações, irão provocar danos. Não se trata sequer de um questionamento, mas da assunção de uma evidência – por mais que os erros sejam reduzidos, e sê-lo-ão, particularmente na medicina – é improvável um universo de dano zero.

Que danos irão causar? Como serão ressarcidos? Qual a sua configuração ética? Qual a resposta jurídica?

O dano enquanto prejuízo ou ofensa sofrido por um sujeito tem manifestações evidentes e facilmente discerníveis; tem, porém, formas de manifestação menos óbvias que nem por isso deixam de merecer uma atenção normativa bastante exigente. É evidente o dano da privacidade que pode resultar imediatamente da mera presença de um robô; urge, pois repensar o conceito de privacidade pessoal.

O dano potencial para a integridade física das pessoas, o dano corporal propriamente dito que o contacto com um robô pode provocar, e todas as ofensas decorrentes de uma violação daquela integridade, como a perda estética, a perda de qualidade de vida, as dores e os transtornos da vida pessoal e da relação constituem outra linha de pesquisa na responsabilidade civil. Várias respostas têm sido aventadas, em função das respostas já existentes no ordenamento jurídica em causa[40].

Mas o convívio com máquinas autónomas convoca-nos a uma outra categoria especulativa do dano, especificamente ao dano da dignidade, tal qual o coloca Rodotà[41]:

- O dano da renúncia à presença do outro-pessoa;

- Os danos da expropriação, da agressão, da dispersão, da submissão, da aceitação acrítica, da decisão arbitrária,

- E da ingratidão.

Quererá o direito ter resposta para o que aqui está em causa?

E se sim, quererá o direito estabelecer uma linha limítrofe de intervenção, espaços de direito e de não direito, que salvaguardem os efeitos nefastos de uma *macro-juridicação* do corpo e da relação? E neste ponto, lembremos especificamente que as relações com robôs – muitas delas – se encontram em espaços que habitualmente pensamos em termos de *interpessoalidade*, de vínculo entre duas pessoas, ligações que se encontram, em grande extensão, fora do âmbito típico de intervenção do direito, como é o caso das relações de cuidado, afetivas e sexuais.

Da leitura pregressa de Rodotà são-nos sugeridas algumas breves reflexões:

A renúncia à presença do outro-pessoa é hoje uma realidade largamente sedimentada. A preocupação com a detioração do tecido social humano deve afligir-nos, independentemente do avanço e progresso das máquinas.

---

40. Em Portugal: https://digitalis-dsp.uc.pt/bitstream/10316.2/43559/1/Responsabilidade%20civil%20extracontratual%20por%20danos%20causados%20por%20robos%20autonomos.pdf. No Brasil: https://itsrio.org/wp-content/uploads/2019/03/Christine-Albiani.pdf

41. RODOTÀ, Stefano, *Il diritto di avere diritti*, Milano. Laterza, 2012, 200 ss. RODOTÀ, S., "Il Corpo Giurdificato" in *Il Governo del Corpo*. Tomo I. Milano. Gioffrè. 2011. 51-76.

Os danos (potenciais) da expropriação, da agressão, da dispersão, da submissão, da aceitação acrítica, e da decisão arbitrária, são os mais evidentes no uso de tecnologia avançada: a fronteira entre o que é nosso e o que não é (com particular destaque, a informação pessoal e a imagem), a dificuldade de relacionamento com robôs, a dispersão social dos humanos e mesmo a dispersão íntima e a constante sensação de estar fora de um sistema humano, a submissão aos desígnios científicos e a sua aceitação acrítica, operando através de uma suposta autoridade científica que nos é transmitida como um definitivo e alimentada pelo marketing, que a todo o momento nos *revela* o que é necessário ou útil nas nossas vidas e, finalmente, a decisão arbitrária – a nossa, quando referida aos robôs, e a dos robôs, quando referida aos humanos, que poderá não ser percetível, rastreável ou interpretável.

Finalmente, podemos falar num dano da ingratidão. É sobejamente conhecida a linha que tem separado as Humanidades e as Ciências e, dentro daquelas e em particular, a linha entre a Religião e o progresso tecnológico. O intuito dissipatório grave e gratuito da espiritualidade humana por vezes promovido pelo pensamento tecnológico, onde inexiste lugar de pensamento para a metafísica e para o transcendente, tende a ter como resposta uma certa repugnância face ao progresso, e uma visão do mesmo como amoral ou mesmo imoral. Destarte, fala-se em ingratidão face ao Criador, à Natureza, à Biologia, à Evolução, aos nossos antepassados, etc.

Contudo, há uma visão diametralmente oposta desta fenda bioética, que se traduz numa questão concreta: recusar o progresso não revela também, precisamente, ingratidão à Ciência e ao próprio homem que a produz? O ser humano cria porque tem a capacidade de criar, e inova porque é capaz de o fazer. Negar o progresso é coartar o homem na sua plenitude, e negar o valor da ciência e da investigação, que são hoje quase unanimemente considerados *bens* juridicamente relevantes em si mesmos, consagrado na Constituição portuguesa no artigo 42.º.

Podemos perguntar se é lícito ou moralmente adequado alterar características das pessoas e das suas relações intersubjetivas por meio de tecnologia (genética, robótica, farmacológica); mas também devemos, ao mesmo passo, perguntar se é lícito ou moralmente adequado não o fazer quando podemos fazê-lo, no sentido da beneficência.

Que dizer, depois, dos danos inconhecíveis? Estarão, pela sua própria natureza, excluídos da resposta normativa?

Hogg[42] entende que não, e que os riscos não conhecidos merecem integrar-se na resposta da responsabilidade civil, ainda que tal concorra para uma total diluição do paradigma da culpa.

O modo como o direito *performa* a dignidade, não como uma supernorma acima de todas as outras, mas como uma agregação de princípios normativos, diz-nos Rodotà, fez do direito uma antropologia, no seio do qual a dignidade convoca uma memória coletiva e uma matriz cultural ímpar, translucidamente simplificada na formulação da Declaração da ONU segundo a qual "o reconhecimento da dignidade inerente a todos

---

42. Hogg, M 2016, 'Liability for unknown risks: A common law perspective', *Journal of European Tort Law*, vol. 7, no. 2, pp. 1-32.

os membros da família humana e seus direitos, iguais e inalienáveis, são o fundamento da liberdade, da justiça e da paz no mundo".

O drama é que esta dignidade como antropologia encontra sempre novas formas de ser violada.

4. TRÊS RESPOSTAS ÉTICAS FUNDAMENTAIS

A ética aplicada à programação de robôs dotados de inteligência artificial mais avançada, que permita a relativa autonomia decisional – isto é, a opção tomada pelo autómato, em função de um contexto, e sem intervenção humana direta quando é tomada – é um campo florescente nesta matéria, e a ser levado muito a sério quer por juristas quer por eticistas, já que consubstancia uma resposta normativa a montante para boa parte dos danos potenciais que os autómatos representam, em particular, na saúde.

1) Utilização de softwares estritamente testados em programming machine ethics:

Regra basilar para os produtores, distribuidores e utilizadores é a de fomentar a disponibilização de mecanismos concretamente testados e cuja programação específica respeite a legislação nacional (e internacional, quando aplicável, designadamente no caso europeu). É praticamente impossível um sistema de registo obrigatório de todos os programas e máquinas autónomos[43], pelo que a sua aquisição e utilização deve ser pensada e regulada em termos análogos à das substâncias medicamentosas: é necessário definir *guidelines* de produção mas, além disso, controlar o acesso a estes produtos. Tal como acontece hoje, por exemplo, com os automóveis, havendo proibições estritas e sanções para qualquer transformação a efetuar nos mesmos, a alteração das características do produto deve ser normativamente prevista no sentido da sua estrita proibição.

Ademais, a programação do autómato tem de permitir a rastreabilidade mínima da decisão autónoma[44]. Tal implica, designadamente, que seja absolutamente transparente

---

43. Muitos vêm defendendo este sistema de registo, mas ele parece-nos utópico tendo em conta a facilidade com que qualquer informático cria ou altera um *software*, atualmente. Pelo contrário, a existência de agências especializadas (à semelhança da Agência Europeia para o Medicamento ou da FDA americana) é uma via de resposta a problemas que se afigura mais consentânea com estas exigências. Vide http://www.europarl.europa.eu/doceo/document/TA-8-2017-0051_PT.html#title1 .

44. De acordo com a referida Resolução Europeia, os criadores devem ainda:

– ter em conta os valores europeus de dignidade, autonomia e autodeterminação, liberdade e justiça antes, durante e após o processo de conceção, desenvolvimento e fornecimento dessas tecnologias, incluindo a necessidade de não prejudicar, lesar, enganar ou explorar os utilizadores (vulneráveis).

– introduzir princípios fidedignos de conceção do sistema em todos os aspetos do funcionamento do robô, tanto em termos de conceção de hardware como de software, e para o processamento de quaisquer dados, na plataforma ou fora desta, para efeitos de segurança.

– introduzir elementos de privacidade desde a conceção, de modo a assegurar que as informações privadas sejam mantidas em segurança e utilizadas apenas de forma adequada.

– integrar mecanismos óbvios de autoexclusão («kill switches») que devem ser compatíveis com objetivos de conceção razoáveis.

– garantir que um robô funcione em conformidade com os princípios éticos e jurídicos locais, nacionais e internacionais.

– garantir que as etapas do processo decisório do robô sejam suscetíveis de reconstrução e rastreabilidade.

a teoria ética que presidiu à programação. Atualmente, são efetuados milhares de inquéritos a grupos de pessoas heterogéneos com base nos quais são computadas as respostas. A resposta da máquina a uma situação de dilema moral é, por isso, baseada na resposta média dos inquéritos[45].

Há vários aspetos muito importantes neste âmbito, de entre os quais destacaríamos 1) a responsabilidade pelos dados pessoais recolhidos,[46] 2) a obrigação de «updating» dos automatismos (na maior parte dos sistemas jurídicos está por definir tal obrigação, pois a questão nunca se colocou com a mesma acuidade até aqui), a existência de óbvios mecanismos «kill switch», que permitam parar a máquina ou *software* e tomar-lhe o controlo a qualquer momento.

2) Consentimento informado para ser tratado por robô

Todos os documentos internacionais[47] nesta matéria referem este tópico, que é necessário enfatizar: o utilizador de serviços de saúde deve ser especificamente informado sobre as características dos automatismos que com ele irão interferir, ser informado dos riscos e efeitos secundários prováveis e possíveis dessa utilização, e consentir na sua utilização médica e/cirúrgica, especificamente e da forma mais exigente. O respeito intransigente pela recusa a ser tratado por um robô é uma reivindicação basilar da transição tecnológica na saúde.

A medicina é uma atividade de risco, pode dizer-se. O dano iatrogénico sucede com frequência e é independente de negligência do médico ou da instituição hospitalar. Por outro lado, afirmado que está o primado da dignidade humana, a impor um princípio da

---

– garantir que seja exigida a máxima transparência na programação de sistemas de robótica, bem como a previsibilidade do comportamento robótico.

– analisar a previsibilidade de um sistema entre seres humanos e robôs, atendendo à incerteza na interpretação e na ação e a possíveis falhas robóticas ou humanas.

– desenvolver ferramentas de rastreabilidade na fase de conceção do robô. Estas ferramentas irão facilitar a responsabilização e a explicação do comportamento robótico, mesmo que limitado, nos vários níveis pretendidos por peritos, operadores e utilizadores.

– elaborar protocolos de conceção e de avaliação e reunir com potenciais utilizadores e partes interessadas quando avalia os benefícios e os riscos da robótica, incluindo os de natureza cognitiva, psicológica ou ambiental.

– garantir que os robôs possam ser identificados como robôs ao interagirem com humanos.

– salvaguardar a segurança e a saúde dos que interagem e entram em contacto com robótica, uma vez que os robôs, enquanto produtos, devem ser concebidos com processos que garantem a sua segurança e proteção. Um engenheiro de robótica tem de preservar o bem-estar da humanidade e, simultaneamente, respeitar os direitos humanos e não pode disponibilizar um robô sem salvaguardar a segurança, a eficácia e a reversibilidade do funcionamento do sistema.

– obter um parecer favorável de uma CEI antes de testar um robô em ambiente real ou de envolver humanos nos seus procedimentos de conceção e desenvolvimento.

45. Por exemplo, *A Experiência Moral* promovida pelo MIT em http://moralmachine.mit.edu/hl/pt.
Nas palavras de Moniz PEREIRA, "by appropriate moral decisons we mean the ones that conform with those the majority of people make, based on empirical results". Luís Moniz Pereira & Ari Saptawijaya, Programming Machine Ethics, Springer International Publishing Switzerland AG, 2016, p. 109.

46. A 4 de maio, foi publicado o REGULAMENTO (UE) 2016/679 DO PARLAMENTO EUROPEU E DO CONSELHO de 27 de abril de 2016 relativo à proteção das pessoas singulares no que diz respeito ao tratamento de dados pessoais e à livre circulação desses dados e que revoga a Diretiva 95/46/CE

47. Resolução do Parlamento Europeu sobre Robótica, disponível em http://www.europarl.europa.eu/doceo/document/TA-8-2017-0051_PT.html#title1.

autodeterminação e do respeito pela integridade física e moral do paciente, só o consentimento devidamente esclarecido permite transferir para o paciente os referidos riscos que de outro modo deverão ser suportados pelo médico. Só a pessoa pode decidir o que é melhor para si, para a sua saúde e para o seu corpo.

A norma fundamental no ordenamento jurídico português relativa ao dever de esclarecimento encontra-se no art. 157 do Código Penal, o qual prevê que: *O consentimento só é eficaz quando o paciente tiver sido devidamente esclarecido sobre o diagnóstico, a índole, alcance, envergadura e possíveis consequências da intervenção ou tratamento...*

A finalidade fundamental do esclarecimento deve ser a de permitir que o paciente, com base no seu sistema de valores, possa determinar se deseja ou não consentir na intervenção que lhe é proposta. Ora, de entre os vários aspetos que devem constar de um adequado cumprimento do dever de esclarecimento, aquele que mais problemas tem levantado na doutrina e na jurisprudência é o relativo à informação sobre os riscos, nomeadamente os riscos graves, mas raros.

A informação sobre os riscos é aquela que mais tem levantado dúvidas na doutrina e litígios na jurisprudência. A sua relevância no âmbito da responsabilidade médica é indubitável. Segundo uma orientação mais moderada, o médico deve revelar os riscos graves que sejam previsíveis. Foi esse o caminho seguido pela lei espanhola, que impõe a informação sobre os riscos relacionados com as circunstâncias pessoais ou profissionais do paciente e os riscos prováveis em condições normais, de acordo com a experiência e o estado da ciência, ou diretamente relacionados com o tipo de intervenção, e pela lei belga, segundo a qual o doente tem o direito a ser informado acerca dos riscos normalmente previsíveis.

Que caminho seguir? Normalmente, um tratamento – independentemente de ser levado a cabo por um humano ou por uma máquina – não apresenta apenas aspetos positivos e não se revela isento de riscos ou incertezas. Nessa medida, a informação deve abranger as vantagens e inconvenientes do tratamento proposto.

Tradicionalmente, a ética médica não aconselhava a revelação dos riscos aos doentes, antes encorajava os médicos a esconder a informação dos pacientes quando estes pudessem ficar desmoralizados ou pudesse levar a que estes rejeitassem o tratamento. No século XXI não é admissível que esta ética médica ainda mereça acolhimento. A mudança no pensamento ético deverá ser acompanhada por mudanças na realização do direito e, sobretudo, na vivência quotidiana da relação clínica. O dever de informar e esclarecer é um dos pilares da doutrina do consentimento informado, que visa dar verdadeira efetividade ao direito à autodeterminação nos cuidados de saúde.

3) Formação específica obrigatória para utilização de robôs autónomos na saúde

Como é consabido, a formação específica na saúde é, cada vez mais, uma exigência inarredável. Em grande parte dos ordenamentos jurídicos, a prática de determinado ato médico é pura e simplesmente vedada ao profissional que não detenha credenciais formativas concretas nessa área. Em Portugal, paradigmaticamente, a medicina e a enfermagem encontram-se divididas em áreas de especialização e a violação deste sistema implica graves sanções. Do mesmo modo que, por exemplo, um médico cardiologista não pode praticar atos do foro da ginecologia-obstetrícia, deve ser vedada a utilização de robôs a quem não detenha formação na utilização de autómatos. Tal formação é necessariamente providenciada em conjunto com a instância responsável pela programação do mesmo e pela entidade que irá promover a sua utilização.

Esta formação específica nunca será meramente técnica – muito embora a utilização, em sentido estrito, seja o objetivo central – pois deverá prever o domínio dos conceitos de *programming machine ethics* que estão ali concretamente em causa. Aquele que utiliza o robô deve estar ao corrente do modo como o robô faz as suas opções de intervenção ou diagnóstico quando não exista uma orientação explícita concreta.

A já referida Resolução do Parlamento Europeu nesta matéria chama a atenção para o seguinte: os utilizadores devem poder utilizar um robô sem risco ou medo de danos físicos ou psicológicos, ter o direito de esperar que um robô efetue qualquer tarefa para a qual foi explicitamente concebido, estar conscientes de que qualquer robô pode ter limitações percetivas, cognitivas e de atuação, respeitar a fragilidade humana, tanto física como psicológica, bem como as necessidades emocionais dos humanos, ter em conta os direitos de privacidade das pessoas, incluindo a desativação de controlos de vídeo durante procedimentos íntimos, estar proibidos de recolher, utilizar ou divulgar informações pessoais sem o consentimento expresso dos titulares dos dados, estar proibidos de utilizar um robô de um modo que infrinja princípios e normas éticas ou jurídicas, e estar proibidos de modificar um robô para que o mesmo possa funcionar como arma. Ora, cada um destes deveres necessita de densificação bioética e, como para qualquer outro ato médico, não devemos simplesmente esperar que os utilizadores *aprendam* certos princípios sozinhos.

5. OS *BIG DATA* E A NOVA MEDICINA

O tratamento como *big data* da informação disponível no processo clínico eletrónico, acompanhando a revolução genética leva à revolução da bioinformática. O zénite do debate está em torno da chamada medicina personalizada. Trata-se de um novo modelo de medicina que analisa em pormenor o fenótipo e o genótipo de cada individuo com o objetivo de definir uma apropriada estratégia terapêutica e o momento certo de a introduzir e, ainda, de identificar as doenças para que este está predisposto e o momento útil e a forma de as prevenir ou minorar.

A medicina de precisão apresenta como vantagens: (1) identificar doenças mais cedo (diagnóstico preciso), (2) reduzir os encargos do tratamento e (3) adequar o tratamento ao doente (farmacogenómica). Com efeito, vivemos ainda no tempo da "imprecisão na terapêutica"[48]; estima-se que em elevadas percentagens os medicamentos não produzam os efeitos desejados aquando da prescrição.

Por outro lado, esta medicina de precisão tem consequências sociais, no plano da saúde pública, sendo expectável uma maior capacidade identificação de risco de pato-

---

48. SCHORK, Nicolas J., Time for one-person trials, Nature, 30 Abril 2015, 520,610.

logias em pessoas saudáveis, o que conduz: (1) a um critério individual e mais precoce, (2) à promoção de estilos de vida adequados (mesmo para combate a doenças comuns) e (3) ao não aparecimento de nova patologia ou esta patologia será minorada pelo início correto da terapêutica. Todas estas vantagens têm um preço: *a exigência do cumprimento de normas por parte do indivíduo irá aumentar*, ou seja, enfrentamos o desafio de uma sociedade cada vez mais medicalizada. Alguns, como o filósofo português Manuel Curado,[49] de forma provocadora, relembram os riscos do "projeto totalitário" (!) da "*saúde para todos, em todas as Idades*", que os Objetivos de Desenvolvimento Sustentável apregoam (objetivo 3), riscos de apagamento da autonomia e da individualidade da pessoa humana, livre e responsável.

No plano da genética clínica, a tendência será a existência de um critério alargado de realização de exames complementares de diagnóstico. Os riscos desses exames genéticos de largo espetro são o surgimento de efeitos colaterais indesejáveis em exames sem interesse clínico, os efeitos secundários (psicológicos e físicos) da realização de múltiplos exames e o aumento da maleficência e perda de autonomia.

No plano societário, esta medicina de precisão deve ser vista com muita cautela, pois pode conduzir a uma *iniquidade* em relação aos gastos de saúde e à falta de preparação psicológica das populações para receber informações impostas sobre riscos de futura doença com consequências totalmente imprevisíveis.

Assim sendo, devemos apostar na: (1) *educação da população*, em particular na área da Genómica, mas com a maior urgência, preparar, desde já: a) os Técnicos de saúde (apoio pedagógico por médicos geneticistas); b) Legisladores e políticos; (2) criação duma Comissão Nacional de Avaliação das vantagens da medicina personalizada, que não poderá abdicar na sua composição da presença de médicos, nomeadamente de saúde publica e geneticistas clínicos na sua composição: (3) Prévia avaliação criteriosa da capacidade, inclusive financeira, de cada País, em participar de imediato neste experimental e dispendioso modelo de medicina.[50]

Com efeito, a informação genética tem características especiais: ela é involuntária, indestrutível, Permanente, Imutável, familiar e Pré-sintomática. Donde o acesso à informação genética coloque vários riscos para os direitos humanos.

1) A *discriminação injustificada* dos portadores de determinadas variações deve ser impedida, pois pode privar certas pessoas de acesso a direitos fundamentais, à educação, ao trabalho, à habitação, a constituir família, apenas por razões de probabilidades de vir a desenvolver doenças genéticas, privando assim a sociedade de beneficiar do contributo de muitos de nós e afastando da "comunidade" tantos de nós. Nesse sentido, a Lei n.º 12/2005, de 26 de Janeiro, regula a Informação genética pessoal e informação de saúde e prevê no n.º 1 do artigo 11.º: "1 – *Ninguém pode ser prejudicado, sob qualquer forma, em função da presença de doença genética ou em função do seu património genético,*" para além de prever certas proibições relativas ao uso de testes genéticos na área dos seguros (art

---

49. Cf. CURADO, Manuel / FERREIRA, Ana / PEREIRA, André (Coord.), *Vanguardas da Responsabilidade: Direito, Neurociências e Inteligência Artificial*, Coimbra, Petrony, 2019.

50. SANTOS, Heloísa / PEREIRA, André, *Genética para Todos – de Mendel à Revolução Genómica do Século XXI – a prática, a ética, as leis e a sociedade*, Lisboa, Gradiva, 2019.

12.º) do trabalho (art. 13.º) e da adoção (14.º). Os riscos de discriminação são hoje já sentidos em alguns sistemas de saúde em que se aplicam *estimativas de anos de vida ajustados pela qualidade*, afetando os tratamentos que são cobertos e orientando as decisões de contratação, empréstimo ou seguro de saúde.

2) A *confidencialidade* assume ainda maior importância num tempo em que a informação clínica é entregue a sistemas informáticos expostos a grandes riscos de ataques por parte de empresas de *big data*, que usam a nossa informação como o petróleo do século XXI, donde o reforço das precauções e a proteção dos dados pessoais assume extrema relevância atualmente. Por isso, a União Europeia produziu o Regulamento Geral de Proteção de Dados e entre nós, foi recentemente publicada a Lei n.º 58/2019, de 8 de agosto, que procura compatibilizar a organização jurídica nacional com o novo Regulamento de Proteção de Dados. A regulação e a proteção dos biobancos assume uma especial importância neste tempo de investigações na área da bioinformática.[51]

3) A Medicina Personalizada apresenta o risco de *eliminar a autonomia*, ainda mesmo em tempos pré-sintomáticos, pois os sistemas de informática digital vão dar regras de conduta e orientações preventivas, ao nível dos estilos de vida e medicação preventiva, ao qual o cidadão terá dificuldade de resistir. E numa fase sintomática, o elevado grau de fiabilidade do tratamento aconselhado, reduz a margem de tratamentos alternativos ou mesmo de uma "razoável" recusa de tratamentos.

4) Também o *direito a não saber* sairá provavelmente prejudicado, pois a capacidade de antecipar problemas clínicos futuros e a disponibilização de informação ao paciente, sem lhe dar a hipótese de querer saber e de querer não saber, colocam esse direito em causa.

5) Por fim, antevemos que a Medicina Personalizada acentue a **desigualdade de acesso**, potencie o alto custo da medicina, sendo mais um fator de perturbação do princípio da justiça no acesso aos cuidados de saúde. Esta medicina é muito cara e os sistemas de saúde não estão em condições de os oferecer de forma universal.

6.   UMA MEDICINA MAIS PERSONALIZADA

Perante este quadro, o que se exige dos profissionais de saúde e dos médicos? Mais humanismo!

Urge reconstruir uma relação médico-doente com base na *Empatia*. A empatia é a capacidade de entender ou sentir o que outra pessoa está experimentando dentro de seu quadro de referência, ou seja, a capacidade de se colocar na posição de outra.

Os médicos devem recuperar a velha arte de cuidar e curar. O *consentimento informado* assume-se como o instrumento moderno privilegiado para o reforço desse elo dialógico. Mais do que medicina personalizada precisamos de medicina humanizada, o que nos levanta um conjunto de interrogações: (1) Teremos o direito ao contacto

---

51. "Em um futuro não muito distante, cada paciente será cercado por uma nuvem virtual de bilhões de pontos de dados que definirão exclusivamente seu histórico médico passado e seu status atual de saúde. Bilhões de pontos de dados de centenas de milhões de indivíduos para gerar algoritmos para ajudar a prever as futuras necessidades clínicas de cada paciente." COLIJN, C. *et al.* (2017) Toward Precision Healthcare: Context and Mathematical Challenges. *Front. Physiol.* 8:136.

humano, designadamente perante a robotização da medicina e a telemedicina? (2) Estará garantido o direito à confidencialidade dos dados médicos e o direito a não saber? (3) O *direito a um futuro aberto* e à *autodeterminação*, num quadro de abundância de informação genética e de *big data* que conseguem dar respostas a perguntas ainda não formuladas?

Neste âmbito destaca-se o enunciado pelo Parlamento Europeu das **regras europeias de direito civil em robótica**, já referidas.

Em concreto, sobre os **robôs de assistência**, escreve-se:

"...O contacto humano é um dos aspetos fundamentais do cuidado humano; considera que substituir o fator humano por robôs pode desumanizar as práticas de assistência."

Sobre os **robôs médicos** sublinha a relevância da formação e da preparação adequadas para médicos e prestadores de cuidados, a fim de assegurar o mais elevado nível possível de competência profissional, bem como proteger a saúde dos doentes;

Este primeiro documento europeu precisará de aprofundamento e aperfeiçoamento. Mas uma linha de força se destaca da sua redação: o direito a manter contactos humanos!

Nesta mesma linha de preocupações, acompanhamos, o futurologista Gerd Leonhard[32] que propõe «cinco [novos] direitos humanos básicos (...) para integrar um futuro Manifesto de Ética Digital:

1. O direito de permanecer natural, ou seja, biológico [...existir num estado não aumentado...]

2. O direito de ser ineficiente se e quando tal definir a nossa humanidade [...podermos escolher ser mais lentos...]

3. O direito a desligar [...da conectividade, de "desaparecer" da rede...]

4. O direito a ser anónimo [...ter a opção de não sermos identificados e localizados...]

5. O direito a empregar ou envolver pessoas em vez de máquinas [...empresas e empregadores não serem prejudicados se quiserem utilizar pessoas...]»

7. CONCLUSÃO: EMPATIA PRECISA-SE!

O "Admirável Mundo Novo" que temos o privilégio de viver nestas gerações de 2020-2050 oferece-nos instrumentos extraordinários de disseminação do conhecimento e das possibilidades de prestação de cuidados de saúde em terras mais distantes, através da telemedicina, a custos mais baixos em muitos diagnósticos, com recurso à inteligência artificial, e da prevenção da doença em larga escala, graças à bioinformática e à medicina personalizada. Mas esta nova *medicina digital* – realçámos neste texto – coloca fortes riscos de *iniquidade* no acesso à medicina (de precisão) e, em geral, pode conduzir à violência de uma medicina sem rosto humano e sem empatia. Urge assim garantir que os centros de decisão não serão apoderados pelos senhores da economia digital.

---

52. LEONHARDT, Gerd, *Tecnologia versus Humanidade – o confronto futuro entre a Máquina e o Homem*, Gradiva, 2019.

Urge, pois, melhorar a formação dos profissionais de saúde no sentido de a humanização da prestação ser uma realidade e de as grandes decisões na política de saúde contarem com uma voz forte dos profissionais de saúde e das associações de doentes.

8. REFERÊNCIAS

ANDERSEN, Michael/ ANDERSEN, Susan Leigh, *Machine Ethics*, New York, Cambridge University Press, 2011.

BERAN, Roy G./ PEREIRA, Andre G. Dias/ BARBOSA, Carla/ POSPELOVA, Svetlana I./ PAVLOVA, Yulia V./ KAMENSKAYA, Natalia A., "Telemedicine – Legal Regulation and Role of Telemedicine in Australia, Portugal and Russia", in Medicine and Law, Vol. 38, n.º 4, 2019, p.677-710. (ISSN 0723-1393).

CAVALLERO, Eric, "Opportunity and Responsibility for Health" *in The Journal of Ethics* (2019) 23:369-386.

CICARELLI, Roberto, "Norm/Exception – Exceptionalism and government prospects in the shadow of political theology" In (Alessandro Dal LAGO, Salvatore PALIDDA, eds.), *Conflict, Security And The Reshaping Of Society: The Civilization of War*, London, Taylor & Francis, 2010, pp. 57 – 69, p. 57.

DESCOLA, Philippe, *Par-delà nature et culture*, Gallimard, 2005.

DURKHEIM, Émile, *De la division du travail social* (1983), Paris, PUF, 1994.

FREUD, Sigmund, *O Mal-estar na Civilização*, São Paulo, LeBooks, 2019.

HONNETH, Axel, "Decentered Autonomy: The Subject After the Fall" *in Disrespect: The Normative Foundations of Critical Theory*, Cambridge, Polity Press, 2007, trad. Para o inglês de John Farrell.

JUNG, Carl Gustav, *Tipos Psicológicos*, Petrópolis, Editora Vozes, 1991, Coleção Obras Completas de C. G. Jung, vol. 6, trad. Lúcia Orth.

LEONHARDT, Gerd, *Tecnologia versus Humanidade – o confronto futuro entre a Máquina e o Homem*, Gradiva, 2019.

MATOS, Hugo, *Cirurgia Robótica em ORL – uma abordagem ao sistema «Da Vinci»*, 2017, p. 15, Lisboa, FMUL, disponível em contacto humano.

MCNEELY, Deldon Anne, *Becoming: An Introduction to Jung's Concept of Individuation*, Carmel, Fisher King Press, 2010.

PEREIRA, André G. Dias/ FIGUEIREDO, Eduardo, "Diálogo(s) de Direitos Fundamentais no Direito Biomédico", *Erga Omnes*, Escola de Magistrados da Bahia, n.º 17, (ISSN 1984-5618) jul/dez 2018.

PEREIRA, André G. Dias/ CAMPOS, Juliana "O envelhecimento: apontamento acerca dos deveres da família e as respostas jurídico-civis e criminais", in *Revista da Faculdade de Direito e Ciência Política da Universidade Lusófona do Porto*, (ISSN 2184-1020), 2018, pp. 61-80.

SANTOS, Heloísa / PEREIRA, André, *Genética para Todos – de Mendel à Revolução Genómica do Século XXI – a prática, a ética, as leis e a sociedade*, Lisboa, Gradiva, 2019.

SILVA, Miguel Oliveira da, *Eutanásia, Suicídio ajudado, Barrigas de aluguer – Para um debate de cidadãos*, Caminho, 2017.

SCHWAB, Klaus, *Moldando a Quarta revolução industrial*, Prefácio, 2018.

SUNSTEIN, Cass R., *Laws of Fear: Beyond the Precautionary Principle*, Cambridge, Cambridge University Press, 2005, pp. 39 e 40. Contra, HARCOURT, Bernard. E. *Exposed: Desire and Disobedience in the Digital Age*, Harvard, Harvard University Press, 2015.

NOVOS OLHARES SOBRE A RESPONSABILIDADE CIVIL NA SAÚDE: AUTONOMIA, INFORMAÇÃO E DESAFIOS DO CONSENTIMENTO NA RELAÇÃO MÉDICO-PACIENTE

Gabriel Schulman

Advogado. Doutor em Direito na Universidade Estadual do Rio de Janeiro (UERJ). Mestre em Direito pela Universidade Federal do Paraná. (UFPR). Especialista em Direito da Medicina pela Universidade de Coimbra. Bacharel em Direito (UFPR). Professor da Universidade Positivo, onde coordena a Pós-Graduação em Direito e Tecnologia e nos cursos de especialização da PUC-Rio e USP. Membro da Comissão de Direito à Saúde da Ordem dos Advogados do Brasil (OAB/PR) e do Comitê Executivo da Saúde do CNJ. Membro do Instituto Brasileiro de Estudos de Responsabilidade Civil (IBERC).

Vitor Almeida

Doutor e Mestre em Direito Civil pela Universidade do Estado do Rio de Janeiro (UERJ). Professor Adjunto de Direito Civil da Universidade Federal Rural do Rio de Janeiro (ITR/UFRRJ). Professor dos cursos de especialização do CEPED-UERJ, PUC-Rio e EMERJ. Vice-diretor do Instituto de Biodireito e Bioética (IBIOS). Membro do Instituto Brasileiro de Estudos de Responsabilidade Civil (IBERC). Pós-doutorando em Direito Civil pela Universidade do Estado do Rio de Janeiro (UERJ).

> É bom promover debates de dimensão curativa das plantas medicinais com ação educativa sem que haja desavenças para evitar doenças receitar ação preventiva. (Zé Antonio)[1]

Sumário: 1. Autonomia, informação e consentimento na era da medicalização: perspectivas a partir de novos riscos e danos autônomos – 2. Autonomia do paciente, participação ativa e consentimento informado: novos horizontes – 3. Desafios que brotam no campo da responsabilidade civil médica – 4. Referências

1. AUTONOMIA, INFORMAÇÃO E CONSENTIMENTO NA ERA DA MEDICALIZAÇÃO: PERSPECTIVAS A PARTIR DE NOVOS RISCOS E DANOS AUTÔNOMOS

O paciente Luis[2] sofreu traumatismo craniano. Após os tratamentos iniciais, sua recuperação alcançou sensível avanço. Luís recuperou as habilidades de falar e caminhar.

---

1. ZÉ ANTONIO. *Medicina popular decantada em cordel.* RIO DE JANEIRO. Núcleo de Cultura, Ciência e Saúde – Secretaria Municipal de Saúde do Rio de Janeiro. Disponível em: <http://nccsrio.blogspot.com/2012/03/medicina-popular-decantada-em-cordel.html>. Acesso em: 05 dez. 2019.
2. Adotou-se um nome fictício em atenção a promoção da privacidade.

Para tratar os tremores que permaneciam, o especialista recomendou um procedimento complementar, com 2 horas de duração e anestesia local. A despeito do que havia sido acordado entre as partes, Luis foi surpreendido, posteriormente, ao descobrir que havia sido submetido a procedimento diverso, mais complexo do que havia sido acordado. A questão foi levada ao Poder Judiciário. Em sede pericial, avaliou-se não haver falha na técnica empregada para o procedimento, ou, nos termos dos autos, não houve "erro médico". O Tribunal de Justiça do Distrito Federal considerou que não seria possível atribuição do dever de reparar ao médico, diante da inexistência de conduta culposa na realização do procedimento.

Em sede de recurso especial, o Superior Tribunal de Justiça condenou o médico e o hospital à reparação por danos morais, no montante de R$ 200.000,00, dos quais metade ao paciente e metade aos seus familiares[3]. A Corte reconheceu o acesso à informação como direito autônomo, pressuposto indispensável para o exercício da autonomia do paciente. Nesse sentido, entendeu-se, no caso em concreto, que a responsabilidade civil médica restava configurada pela violação ao dever de informação. Vale realçar que a falta de informação específica impediu o indispensável consentimento qualificado do paciente. Em acertada decisão, o Tribunal afirmou que tal situação ofende o direito à autodeterminação, em nítida desvalorização da pessoa concretamente considerada por trás da abstrata figura do paciente.

Este caso disparador oferece importantes reflexões.

O intenso processo de medicalização,[4] nos mais diversos aspectos da vida humana, descortina a questão da preservação e promoção da autonomia na tomada de decisão a respeito da sua saúde e integridade psicofísica. Em franca ascensão, o discurso biomédico condiciona a existência humana não somente em corpos debilitados e enfermos, mas alcança a prescrição de comportamentos individuais e estilos de vida, em nítido movimento de ampliação dos saberes médicos e proliferação das suas práticas interventivas em domínio individual e coletivo.[5]

---

3. BRASIL. Superior Tribunal de Justiça. REsp. 1.540.580, Rel. Min. Lázaro Guimarães (Des. Convocado do TRF 5ª Região), Rel. p/ Acórdão Min. Felipe Salomão, 4ª. Turma, julg. 02 ago. 2018, publ. 04 set. 2018.

4. CRAWFORD, Robert. Salutarismo e medicalização da vida cotidiana. *RECIIS – Revista Eletrônica de Comunicação. Informação & Inovação em Saúde*, v. 13, n. 1, 2019, jan./mar., *passim*. Cf. também BARBOZA, Heloisa Helena. A proteção da pessoa humana no limiar do Século XXI: o florescer da biopolítica. In: BARBOZA, Heloisa Helena; ALMEIDA, Vitor; LEAL, Livia Teixeira (Coords.). *Biodireito:* tutelas jurídicas das dimensões da vida. Indaiatuba: Foco, 2021. p. IX-XXIII.

5. O processo de medicalização da vida humana, segundo Heloisa Helena Barboza, constitui "fenômeno social difuso nas sociedades ocidentais, que se instaurou talvez de modo não deliberado, mas, sem dúvida, definitivo". Tal processo foi acelerado "no século XX, graças à marcante atuação da biomedicina". Desse modo, "nascimento, desenvolvimento e preservação da vida, e mesmo a morte deixaram de ser fatos naturais, transformando-se em ações médicas, de todo influentes para o direito. Nascimentos e mortes ocorrem em hospitais, para grande parte da população brasileira, incluídos os mais carentes. A medicina determina como nascer, quando morrer, como viver: o que comer, o que fazer ou não, num processo contínuo de acompanhamento do indivíduo, de forma direta ou indireta, como a que ocorre por meio de campanhas ou orientação pelos meios de comunicação em massa". BARBOZA, Heloisa Helena. Reprodução humana como direito fundamental. *In:* DIREITO, Carlos Alberto Menezes; TRINDADE, Antônio Augusto Cançado; PEREIRA, Antônio Celso Alves (Orgs.). *Novas Perspectivas do Direito Internacional Contemporâneo*. Rio de Janeiro: Renovar, 2008, p. 778-779.

A saúde protagoniza as atenções e passa a ser o foco central das sociedades contemporâneas, em nítido movimento que se denominou "healthism"[6], que, em certa medida, inundou o Poder Judiciários com demandas relativas ao bem-estar físico, mental e social, cujo fenômeno se convencionou designar de "judicialização da saúde".[7]

Sob certas concepções, hoje, "ter saúde" ou "ser saudável" não significa ausência de doenças, e nem bem-estar físico, psíquico e social. As definições englobam para além da ausência de sintomas, um agir de acordo com performances e estilos de vida compreendidos como vitais no cotidiano para um padrão de "vida saudável". Abre-se o debate da saúde não apenas como um direito do cidadão, mas até mesmo como um dever, sob a ótica de uma transição paradigmática da concepção de saúde a partir das práticas sanitárias atuais ditadas pelo Estado.[8]

No Supremo Tribunal Federal, a temática foi trazida à pauta no contexto da vacinação da COVID-19. Para a Corte, com base em interpretação conforme à Constituição do art. 3º, III, *d*, da Lei nº 13.979/2020, entendeu-se pela possibilidade de impor penalidades a quem recusar-se a vacinar, desde que com as devidas evidências científicas, critérios de razoabilidade e proporcionalidade[9]. Ao mesmo tempo em que reconheceu os impactos em relação a terceiros, a Corte negou a possibilidade de se implementar a imunização forçada.[10]

Tal cenário revela a necessidade indeclinável de garantir a autonomia do paciente como forma de promover a soberania da pessoa sobre sua própria vida, saúde e corpo, de modo a afastar intervenções indevidas sobre esfera que se confunde com sua própria

---

6. O "healthism" ou, em livre tradução, "salutarismo" é termo utilizado "como forma de cristalizar algumas importantes contradições da nova consciência de saúde e dos movimentos por ela orientados (para um uso anterior, consulte Irving Zola). Em linhas gerais, salutarismo é definido aqui como a preocupação com a saúde pessoal como foco primário – muitas vezes 'o' principal foco – para a definição e realização do bem-estar. Um objetivo que deve ser atingido primeiramente por meio da modificação de estilos de vida, com ou sem ajuda terapêutica. A etiologia da doença pode ser vista como complexa, mas o salutarismo trata do comportamento individual, de atitudes e emoções como sintomas relevantes que necessitam de atenção". CRAWFORD, Robert. Salutarismo e medicalização da vida cotidiana. *RECIIS – Revista Eletrônica de Comunicação. Informação & Inovação em Saúde*, v. 13, n. 1, 2019, jan./mar., p. 104.

7. Cf. SANTOS, Alethele de Oliveira (Org.). *Coletânea Direito à Saúde Dilemas do Fenômeno da Judicialização da Saúde*. Brasília, CONASS, 2018; SCHULMAN, Gabriel; SILVA, Alexandre Barbosa. (Des)judicialização da saúde: mediação e diálogos interinstitucionais. *Revista Bioética* – Conselho Federal de Medicina, v. 25, n. 2, p. 290-300, 2017; MAPELLI JÚNIOR, Reynaldo. *Judicialização da saúde*: regime jurídico do SUS e intervenção na administração pública. São Paulo: Atheneu, 2017; WANG, DANIEL WEI L.; *et. al*. Os impactos da judicialização da saúde no município de São Paulo: gasto público e organização federativa. *Revista de Administração Pública* v. 48, p. 1191-1206, 2014.

8. Segundo Fermin Roland Schramm: "Se olharmos não somente os aspectos criticáveis da saúde pública, como a medicalização do corpo social, mas também – e – dialeticamente – seus aspectos positivos e razoáveis, as atuais estratégias biopolíticas não podem, sem mais, ser reduzidas à dimensão do autoritarismo biomédico aplicado aos estilos de vida de indivíduos, grupos e populações. Podem ser vistas, mais corretamente, como uma tensão dialética entre "uma medicalização do social e do individual" e "uma socialização e individualização da medicina, a qual, desta maneira, excede a si mesma e se transfigura de forma radical". SCHRAMM, Fermin Roland. A saúde é um direito ou dever? Autocrítica da saúde pública. *Revista Brasileira de Bioética*, Brasília, v. 2, n. 2, p. 187-200, 2006, p. 198.

9. BRASIL. Supremo Tribunal Federal. ADI n. 6586, Rel. Min. Ricardo Lewandowski. DJe: 17.12.2020.

10. Para uma leitura sucinta do tema: SCHULMAN, Gabriel. Vacinação obrigatória: uma reflexão sobre solidariedade e liberdade na saúde. *Gazeta do Povo*, 17 de nov. de 2020.

existência[11]. Nessa direção, indiscutível que o princípio do consentimento informado, laconicamente previsto no art. 15 do Código Civil, porém afirmado em diversas Resoluções de diferentes Conselhos profissionais para casos específicos, como o Conselho Federal de Medicina, é o vetor para as intervenções médicas, cirúrgicas ou não. Tal princípio, ancorado na autonomia privada e na dignidade da pessoa humana, exige de forma essencial a prestação de informação adequada e clara, ajustada para o paciente-alvo.

Sobretudo, a partir de uma leitura constitucional, a compreensão das vulnerabilidades é imprescindível para a densificação, especialização e adequação do conteúdo da informação transmitida para o exercício da autonomia existencial de crianças, adolescentes, pessoas com deficiência, mulheres, usuários de drogas, idosos, etc. É fundamental preservar e promover a autonomia de grupos vulneráveis, cujos riscos à integridade psicofísica são sempre maiores, reforçando a necessidade de consentimento específico na medida de suas vulnerabilidades e em respeito à sua dignidade.[12]

O binômio esclarecimento-consentimento, já consagrado na esfera dos ensaios clínicos, amplia sua repercussão como pressuposto de uma nova compreensão das atividades de autodeterminação sobre o corpo em suas mais variadas projeções – tais como tratamentos clínicos, autonomia sobre a sexualidade e sobre o gênero, direitos reprodutivos, entre outros.

Ademais, torna-se ainda mais dramático a obtenção do consentimento nas hipóteses de incapacidade dos vulneráveis[13] ou incompetência para a tomada de decisão a respeito de procedimento, intervenções ou pesquisas em seu próprio corpo, o que exige redobrada atenção para se buscar preservar a autonomia possível da pessoa.[14]

As resistências a um processo de livre consentimento informado e, de modo geral, o protagonismo do paciente são de variadas ordens, mas residem, sobretudo, na perenidade do paternalismo médico, que se baseia no domínio exclusivo do saber e da técnica pelos *experts* e na crença de uma tomada de decisão sempre mais acertada por parte da equipe médica em detrimento das escolhas individuais, ainda que acráticas e não compatíveis com a intangibilidade da vida.

Na medida em que "consentir equivale a ser"[15], indiscutível que o trinômio informação-autonomia-consentimento se transforma em fórmula-base para as relações entre

---

11. SZASZ, Thomas. *Faith in Freedom*: Libertarian Principles and Psychiatric Practices. New Brunswick (Estados Unidos): Transaction Books, 2004; O'NEILL, Onora. Paternalism and partial autonomy. *Journal of Medical Ethics*, v. 10, p. 173-178, 1984.

12. Cf., por todos, BARBOZA, Heloisa Helena; ALMEIDA, Vitor. A tutela das vulnerabilidades na legalidade constitucional. *In*: TEPEDINO, Gustavo; TEIXEIRA, Ana Carolina Brochado; ALMEIDA, Vitor (Orgs.). *Da dogmática à efetividade do Direito Civil*: Anais do Congresso Internacional de Direito Civil Constitucional – IV Congresso do IBDCIVIL. Belo Horizonte, MG: Fórum, 2017, p. 37-50.

13. WONG, Grace Josephine, et al. Capacity to make health care decisions: its importance in clinical practice, *Psychological Medicine*, v. 29 n. 2, p. 437-446, 1999.

14. Cf., no caso de consentimento para atos na saúde de pessoas com deficiência, PEREIRA, Paula Moura Francesconi de Lemos. Arts. 11 a 13. *In*: BARBOZA, Heloisa Helena; ALMEIDA, Vitor (orgs.). *Comentários ao Estatuto da Pessoa com Deficiência à luz da Constituição da República*. Belo Horizonte: Fórum, 2018, pp. 92-102. SCHULMAN, Gabriel. Consentimento para atos na saúde à luz da convenção de direitos da pessoa com deficiência: da discriminação ao empoderamento. *In*: BARBOZA, Heloisa Helena; MENDONÇA. Bruna Lima; ALMEIDA JUNIOR, Vitor de Azevedo (Orgs.). *O Código Civil e o Estatuto da Pessoa com deficiência*. Rio de Janeiro: Processo, 2017, p. 271-297.

15. RODOTÀ, Stefano. *Il diritto di avere diritti*, Roma-Bari, Laterza, 2012, p. 260.

os profissionais da saúde e pacientes, uma vez que o exercício da autonomia para fins de saúde e integridade psicofísica depende da informação adequada para um consentimento efetivamente livre e esclarecido. Ao passo que o dever de informar se torna um padrão de conduta exigido nas relações entre médicos e pacientes, inevitavelmente, a responsabilidade civil é convocada como ferramenta para compensar os danos sofridos em razão de intervenções e procedimentos realizados sem o devido consentimento ou com informações equivocadas ou incompletas.

As transformações em curso atingem o direito de danos e a responsabilidade dos profissionais da saúde. A ideia de "erro médico" calcada em danos físicos ou psíquicos causados aos pacientes em razão de condutas culposas, em sentido subjetivo ou psicológico, cede terreno para a responsabilização civil médica orientada a partir de uma noção normativa de culpa, ancorada em deveres específicos de conduta profissional a depender das circunstâncias de cada caso concreto.[16]

Nesse passo, o dever de informar os pacientes a respeito das intervenções médicas inscritas em seu corpo é nodal no exercício da autonomia existencial em questões sensíveis e limítrofes em um mundo altamente medicalizado e no qual a ideia de saúde é profundamente supervalorizada. A autonomia do paciente é enaltecida a partir do vetor fundante da cláusula geral de dignidade da pessoa humana e, por conseguinte, o respeito às suas decisões se torna peça-chave a guiar a relação médico-paciente.[17]

A informação é um dever imputado ao médico e seu efetivo cumprimento depende de esclarecimentos específicos em relação ao caso da pessoa-paciente, "não se mostrando suficiente a informação genérica". O esclarecimento deve ser feito de maneira efetiva, clara, lastreado em um processo de livre e esclarecido consentimento realizado de forma pessoalizada[18], o que torna sem valor[19] a mera obtenção do consentimento de forma genérica[20] (*blanket consent*).[21]

---

16. Conforme leciona Eduardo Nunes de Souza, "[A]afirmada sua natureza subjetiva, a análise da responsabilidade civil do médico exige cautela. Com efeito, o direito civil contemporâneo não se coaduna com o tradicional conceito psicológico de culpa, exigindo, em vez dele, a atenção a standards de conduta, procedimentos-padrão cuja observância permite evidenciar a conduta diligente do profissional. Tais procedimentos, de difícil tipificação em abstrato, devem ser extraídos da prática profissional da própria comunidade médica, conduzindo o julgador a um imprescindível diálogo com especialistas. O desafio atual, portanto, consiste na busca de mecanismos para harmonizar o parecer do perito médico diante do caso concreto e o juízo realizado pelo hermeneuta, a quem cabe juridicizar e conferir segurança à aplicação das normas e procedimentos profissionais". SOUZA, Eduardo Nunes de. Do erro à culpa na responsabilidade civil do médico. *Civilistica.com*. Rio de Janeiro, a. 2, n. 2, abr.-jun./2013. Disponível em: http://civilistica.com/wp-content/uploads/2015/02/Souza-civilistica.com-a.2.n.2.2013.pdf. Acesso em 26 dez. 2019.

17. Cf. PEREIRA, Paula Moura Francesconi Lemos. *Relação médico-paciente*: o respeito à autonomia do paciente e a responsabilidade civil do médico pelo dever de informar. Rio de Janeiro: Lumen Juris, 2011. Sobre o consentimento para atos de fim de vida, conferir: DADALTO, Luciana. *Testamento Vital*. 4ª ed. Indaiatuba: Foco, 2018. p. 14 e ss

18. MEIRELLES, Jussara Maria Leal de; TEIXEIRA, Eduardo Didonet. Consentimento livre, dignidade e saúde pública: o paciente hipossuficiente. *In*: RAMOS, Carmen Lucia Silveira; TEPEDINO, Gustavo; BARBOZA, Heloisa Helena *et al*. (orgs.) *Diálogos sobre Direito Civil: construindo uma racionalidade contemporânea*. Rio de Janeiro: Renovar, 2002.

19. CURRAN, William Public health and the law. Informed consent and blanket consent forms. *American journal of public health*, Jun; 1971, v. 61, n. 6, p. 1245-6.

20. ROSENVALD, Nelson; BRAGA NETTO, Felipe. Responsabilidade civil na área médica. *Actualidad Jurídica Ibero-americana*, v. 8, p. 373-420, 2018. p. 387.

21. Para resgatar o caso com o qual se iniciou este estudo, vide item 5 da ementa: "Haverá efetivo cumprimento do dever de informação quando os esclarecimentos se relacionarem especificamente ao caso do paciente, não se

O presente trabalho se debruça justamente sobre os (novos) contornos e desafios da responsabilidade civil médica em razão da violação do princípio do consentimento informado, expressão da autonomia existencial do paciente nas relações médicas.

2. AUTONOMIA DO PACIENTE, PARTICIPAÇÃO ATIVA E CONSENTIMENTO INFORMADO: NOVOS HORIZONTES

> *How does your patient, doctor?*
>
> **Doctor**Not so sick, my lord,
> *As she is troubled with thick coming fancies,*
> *That keep her from her rest.*
>
> **MACBETH**
>
> *Cure her of that.*
> *Canst thou not minister to a mind diseased,*
> *Pluck from the memory a rooted sorrow,*
> *Raze out the written troubles of the brain*
> *And with some sweet oblivious antidote*
> *Cleanse the stuff'd bosom of that perilous stuff*
> *Which weighs upon the heart?*
>
> **Doctor**
>
> *Therein the patient*
> *Must minister to himself.*[22]

Se, no estágio atual, encontram-se superados não apenas a soberania da decisão do profissional da saúde, como também a concepção do consentimento como mera formalidade, os passos seguintes são tão importantes, quanto nebulosos.

A partir do caso inicialmente apresentado, em que o paciente Luís não teve a oportunidade de compreender para que pudesse, de forma adequada, consentir, resta claro que a falha na prestação de informações é fonte autônoma do dever de reparar. Indo mais além, é preciso ter em conta que a consagração do binômio esclarecimento-consentimento atrai novas questões, tais como os critérios que sinalizam a adequada prestação das informações, os meios de demonstração do consentimento, a natureza do dever de informar, a existência ou não de relevância da prestação do tratamento consistir obrigação classificada como de meio ou de resultado, a diferenciação entre procedimentos estéticos e estritamente terapêuticos, a personalização para pacientes com singularidades em razão de idade, capacidade cognitiva, maturidade, sofrimento psíquico, entre outros.

Há questões complexas também sobre a possibilidade (e os limites) da recusa[23] a procedimentos, a imposição de tratamento[24], dispensa do consentimento, ou mesmo a

---

mostrando suficiente a informação genérica. Da mesma forma, para validar a informação prestada, não pode o consentimento do paciente ser genérico (*blanket consent*), necessitando ser claramente individualizado". BRASIL. Superior Tribunal de Justiça. REsp. 1.540.580, Rel. Min. Lázaro Guimarães (Des. Convocado do TRF 5ª Região), Rel. p/ Acórdão Min. Felipe Salomão, 4ª. Turma, julg. 02 ago. 2018, publ. 04 set. 2018.

22. SHAKESPEARE, William. *Macbeth*. Disponível em: <http://shakespeare.mit.edu/macbeth/full.html>. Acesso em 25 nov. 2019.

23. Como apontam Buchanan e Brock, faz-se necessário levar em conta o conflito entre autodeterminação e bem-estar, já que pode haver um conflito entre a proteção do direito do paciente decidir e o interesse na tutela da saúde do paciente. BUCHANAN, Alan; BROCK, Dan. *Deciding for Others*: The Ethics of Surrogate Decision Making. Cambridge: Cambridge University Press, 1989. p. 319.

24. Consinta-se referir: SCHULMAN, Gabriel. *Saúde mental, drogas e internação forçada*. Indaiatuba: Foco, 2020.

renúncia ao direito de receber informações[25]. Também é preciso pensar sobre os diferentes modelos de relação paciente-médico, diferentes concepções de autonomia e de modelo de deliberação do processo de consentimento para atos em saúde. Embora nem todas as questões possam aqui ser aprofundadas, a seguir, procura-se apresentar alguns elementos que possam contribuir para uma reflexão sobre o tema.

No campo da Telemedicina, de maneira interessante a Resolução do Conselho Regional de Medicina do Ceará n. 56/2020 define a necessidade de se indicar a "plataforma utilizada para comunicação, possibilidade de gravação e arquivamento da consulta, imagens e outros documentos"[26]. O cuidado sobre os mecanismos de transmissão de dados pessoais, além de atenderem ao direito ao corpo e ao consentimento, harmonizam-se com o reconhecimento, pelo Supremo Tribunal Federal, do direito fundamental à proteção de dados pessoais e da autodeterminação informativa[27], com uma dimensão muito mais ampla do que o tradicional sigilo profissional inerente às profissões da saúde, cujo conteúdo se traduz, sobretudo, em um dever de guardar para si a informação.

Com base nos elementos usualmente oferecidos pela literatura médica e jurídica, pode-se estabelecer como elementos essenciais para a prestação do dever de informar o esclarecimento correto acerca dos riscos envolvidos, das alternativas possíveis e dos efeitos de cada procedimento médico. A partir desses elementos, é possível estabelecer um conjunto de perguntas que podem (ou eventualmente devem) estar presentes como parte do processo de informação para que seja devidamente preenchido o dever de esclarecer. Entre as possíveis questões a serem enfrentadas, sugere-se: Qual o impacto de um certo procedimento? Quais os riscos de sua realização? Quais as consequências de um adiamento? Há alternativas razoáveis? Há efeitos colaterais? Qual o tempo de recuperação? Haverá restrições a qualidade de vida? Qual o prognóstico usual? Quais os cuidados necessários no pós-operatório? Enfim, quais as vias e perigoso em cada caso?

A adoção de modelos fechados pode também não oferecer uma resposta completa para as questões propostas. Nesse sentido, deve-se ter em conta também que há diferentes modelos de relação médico paciente, com variações de aspectos tais como os objetivos do médico na interação, as obrigações do profissional de saúde, o papel atribuído aos valores de paciente e a distintas concepções sobre autonomia do paciente.[28]

Refletir sobre tais questões é importante para que não se promova a superação apenas do consentimento como ato formal, mas também do próprio dever de informar.

Uma melhor definição desses aspectos se faz necessária, o que envolve avaliar a fundamental mudança em curso da própria relação paciente-médico. Mesmo que timi-

---

25. O "exercício do direito de não-saber deixará de ser considerado um gesto positivo excepcional, que carece de documentação". OLIVEIRA, Guilherme de Nota sobre a informação para o consentimento (a propósito do Ac. do STJ de 09.10.2014) / Guilherme de Oliveira Lex Medicinae. *Revista Portuguesa de Direito da Saúde*, Coimbra, a.12 n.23-24 (2015), p.149-153. p. 152.

26. BRASIL. *Resolução n. 56/2020 do Conselho Regional de Medicina do Ceará*. Dispõe sobre o atendimento médico por Telemedicina durante a pandemia de SARS-CoV2/COVID-19. DOU: 03.04.2020.

27. BRASIL. Supremo Tribunal Federal. ADI n. 6387. Relª. Minª. Rosa Weber. Tribunal pleno. DJe: 11.11.2020.

28. Tais critérios são propostos por EMANUEL, Ezekiel J; EMANUEL, Linda L. The Physician-Patient Relationship, *Journal of the American Medical Association – JAMA*, v. 267, n. 16, April, 1992, p. 2221-2226.

GABRIEL SCHULMAN E VITOR ALMEIDA

damente, observa-se um gradativo fenômeno de superação do paternalismo médico[29] hipocraticamente considerado – cujo desiderato era o de sempre tomar decisões no lugar do paciente – para ceder espaço a uma relação dialógica, na qual convoca-se o paciente a uma participação ativa na tomada de decisões a respeito da sua vida e saúde.[30]

Se, por um lado, a centralidade do profissional de saúde resta superada, aclarar a maneira como ocorrerá a colaboração entre paciente e médico é uma tarefa que precisa ser enfrentada. Nas palavras de Ronald Dworkin, o paternalismo consiste em uma "interferência na liberdade de ação do indivíduo, justificada por razões que se referem exclusivamente ao bem-estar, ao benefício, à felicidade, às necessidades, aos interesses ou valores da pessoa coagida"[31]. Uma de suas facetas se expressa no chamado paternalismo médico, que dominou a relação médico-paciente nos últimos tempos e ainda se encontra presente na formação dos profissionais médicos.[32]

O enfraquecimento da ética paternalista no campo biomédico e, por consequência, a prática do consentimento informado como expressão da autonomia de pacientes é recente nas rotinas dos serviços de saúde[33]. O respeito aos pacientes e a sua vontade é o

---

29. PEREIRA, André Gonçalo Dias. *Consentimento Informado na Relação Médico-Paciente.* Estudo de Direito Civil, Coimbra, Coimbra Editora, 2004.

30. TEIXEIRA, Ana Carolina Brochado. *Saúde, Corpo e Autonomia Privada.* Rio de Janeiro: Renovar, 2010.

31. DWORKIN, Ronald. *Levando os direitos a sério.* São Paulo: Martins Fontes, 2002, p. 156.

32. Dentre as críticas ao consentimento informado do ponto de vista da área médica, vale transcrever: "*Clinicians critical of the doctrine of informed consent (or informed choice, which is a more meaningful expression) might argue that there is not enough time to spend talking about personal values and patient preferences when there are lives to be saved and operations to be performed. Clinicians can also argue that valuable clinical time should not be spent discussing things which patients do not need to know and are unlikely to understand. These arguments may have some validity, but they should not be used as an excuse for failing to involve patients in their care. Time constraints are an everyday reality in the business of providing patient care, and what may be advisable is a sensible policy on delegating all or part of the process of seeking patients' consent (provided the person appointed to the task has the appropriate knowledge). Affording the luxury of extensive consultations with senior staff would be counterproductive if ultimately it resulted in denial of care or unnecessary delays for other patients further down the line*". WORTHINGTON, R. Clinical issues on consent: some philosophical concerns. *Journal of Medical Ethics*, n. 28, p. 377-80, 2002, p. 378. Em tradução livre: "Críticos da doutrina do consentimento informado (ou escolha informada, que é uma expressão mais significativa) podem argumentar que não há tempo suficiente para falar sobre valores pessoais e preferências do paciente quando há vidas a serem salvas e operações a serem realizadas. Os médicos também podem argumentar que um valioso tempo não deveria gasto para discutir aspectos que os pacientes não precisam compreender e dificilmente entenderão. Esses argumentos podem ter alguma validade, mas não devem ser usados como desculpa para não se envolver os pacientes nos cuidados com sua saúde. As restrições de tempo são uma realidade cotidiana na atividade de prestação de atenção à saúde do paciente, e o que pode ser recomendável é uma política sensata para delegar todo ou parte do processo de busca do consentimento dos pacientes (desde que a pessoa nomeada para a tarefa tenha o conhecimento adequado). Proporcionar o luxo de consultas longas com funcionários seniores seria contraproducente se, em última análise, resultasse na negação de atendimento ou atrasos desnecessários para outros pacientes na fila".

33. De acordo com Vera Mincoff Menegon, as trajetórias entre o consentimento informado e as rotinas de serviços de saúde "mostram o entrelaçamento entre os campos biomédico, jurídico-legal e filosófico, apresentando em sua matriz, conforme conceito de Hacking, reflexões éticas sobre direitos e deveres de pacientes e profissionais, alimentadas por situações-chave, tais como: processos por erro médico; o julgamento e Código de Nüremberg (e mais tarde a Declaração de Helsinque) e os avanços da biotecnologia moderna, com a concomitante formação do campo bioético. É comum citar o Código de Nüremberg, formulado no final de 1946 e que utiliza a nomeação *consentimento voluntário do paciente humano*, como marco do consentimento informado. Esse código, entretanto, vincula-se mais à obtenção de consentimento para pesquisa do que para rotina assistencial, cuja trajetória remete aos processos legais impetrados contra médicos, ocorridos nos Estados Unidos, a partir da passagem para o século XX. Nessa ocasião institui-se a necessidade de comunicar possíveis riscos antes da intervenção; na década de 1950 é nomeado de consentimento informado, em sua versão na língua inglesa, *informed consente*". MENEGON, Vera

fundamento legitimador da exigência do consentimento submetido às práticas, procedimentos, intervenções médicas. Dessa forma, com a existência, sob o prisma bioético, da primazia do princípio do respeito à autonomia[34] do paciente envolvido numa intervenção clínica, afirma-se que a pessoa tem competência e direito à escolha autônoma, devendo-se, ao menos, se considerar, na díade médico-paciente, a decisão como compartilhada.

Vale sublinhar o reconhecimento do consentimento livre e esclarecido como direito fundamental. Como define o Código de Nuremberg, "1. O consentimento voluntário do ser humano é absolutamente essencial". Em sintonia, o Pacto de San José da Costa Rica, assegura, art. 5º, item 1, que "Toda pessoa tem o direito de que se respeite sua integridade física, psíquica e moral". Não custa lembrar que o consentimento é também assegurado como direito fundamental às pessoas com deficiência intelectual,[35] legalmente incapazes[36], como sublinha o Comissariado para Direitos Humanos do Conselho da Europa,[37] a Corte Interamericana de Direitos Humanos[38] e também o Conselho Federal de Medicina.[39]

Desse modo, o consentimento informado requer sempre uma atuação participativa entre médicos e pacientes[40]. Como bem observa Worthington, "[...] a validade ética do consentimento livre e esclarecido não depende da palavra escrita, mas da qualidade da interação entre um paciente e um especialista. Formalizar o registro é apenas uma parte do processo [...]"[41]. Nessa perspectiva, a partir do paradigma assumido de valorização da vontade do paciente, busca-se a fixação de critérios para o exercício juridicamente seguro e eficaz da autonomia existencial em atos de saúde, em que somente poderiam ser

---

Mincoff. Consentindo ambigüidades: uma análise documental dos termos de consentimento informado, utilizados em clínicas de reprodução humana assistida. *Cadernos de Saúde Pública*, v. 20, n. 3, Rio de Janeiro, 2004, p. 846.

34. BEAUCHAMP TL, CHILDRESS JF. *Principles of biomedical ethics*. 4th ed. New York: Oxford, 1994.

35. BARIFFI, Francisco José. *El Régimen jurídico internacional de la capacidad jurídica de las personas con discapacidad*. Madrid: Grupo Editorial Cinca, 2014. p. 280-281; V., tb., ALMEIDA, Vitor. *A capacidade civil das pessoas com deficiência e os perfis da curatela*. Belo Horizonte: Fórum, 2019, pp. 146-193.

36. LEITE, Gustavo Pereira. Consentimento informado e pessoa com deficiência psíquica/intelectual. *In*: MENEZES, Joyceane Bezerra de. (Org.). *Direito das pessoas com deficiência psíquica e intelectual nas relações privadas após a Convenção de Nova York e a Lei Brasileira de Inclusão*. Rio de Janeiro: Processo, 2016. p. 733-762. p. 738. A Resolução CFM nº 1.598/2000, a qual "Normatiza o atendimento médico a pacientes portadores de transtorno mental", estabelece: Art. 6º - Nenhum tratamento deve ser administrado a paciente psiquiátrico sem o seu consentimento esclarecido, salvo quando as condições clínicas não permitirem a obtenção desse consentimento, e em situações de emergência, caracterizadas e justificadas em prontuário, para evitar danos imediatos ou iminentes ao paciente ou a outras pessoas.

37. CONSELHO DA EUROPA; Comissariado para Direitos Humanos. *Who gets to decide?* Right to legal capacity for persons with intellectual and psychosocial disabilities. França: Abril, 2012. p. 11 e 16.

38. Confira-se a sentença do caso Ximenes Lopes. CORTE INTERAMERICANA DE DIREITOS HUMANOS. Caso Ximenes Lopes *versus* Brasil. Sentença de 4 de julho de 2006.

39. A respeito, confira-se a Resolução CFM nº 1.598/2000 e a Recomendação do CFM n. 01/2016, que "Dispõe sobre o processo de obtenção de consentimento livre e esclarecido na assistência médica".

40. "O consentimento livre e esclarecido, também chamado de vontade qualificada, constitui elemento essencial na relação médico-paciente, é um ato de decisão voluntária e consciente do paciente, livre de qualquer vício, que ocorre quando este, após devidamente informado e orientado pelo médico, é capaz de decidir acerca do tratamento médico, aceitando ou recusando a indicação médica". PEREIRA, Paula Moura Francesconi Lemos. *Relação médico-paciente*: o respeito à autonomia do paciente e a responsabilidade civil do médico pelo dever de informar. Rio de Janeiro: Lumen Juris, 2011, p. 114.

41. WORTHINGTON, R. Clinical issues on consent: some philosophical concerns. *Journal of Medical Ethics*, n. 28, pp. 377-80, 2002, p. 378, *apud* ANDANDA, Pamela. Consentimento livre e esclarecido. In: DINIZ, Débora; GUILHEM, Dirce; SUGAI, Andréa; SCHÜKLENK, Udo (Orgs.). *Ética em pesquisa*: experiência de treinamentos em países sul-africanos. 2. ed., rev. e ampli., Brasília: Letra sLivres e Editora UnB, 2008, p. 50.

válidas as vontades manifestadas caso o emitente tivesse competência para decidir sobre o ato específico, houvesse recebido e compreendido todas as informações pertinentes para sua situação, sem, ainda, ter sido vítima de qualquer espécie de coação.

Assim, estabelecem-se como elementos do consentimento a capacidade para consentir ou competência, informação ou esclarecimento, compreensão dos dados expostos e voluntariedade, não só para participar ou aceitar, mas também para recusar ou se retirar da pesquisa/procedimento a qualquer momento. Além disso, acrescenta-se que ele deve ser exercido por meio de um processo contínuo e ininterrupto, através do qual a interação entre médicos e pacientes deve permanecer mesmo após a assinatura de algum documento escrito que venha a formalizá-lo, não sendo a forma solene parte integrante de sua essência. Basicamente, o consentimento informado se compõe da competência ou capacidade, informação adequada e específica e do consentimento voluntário.

Funda-se o processo de consentimento livre e informado, que culmina no termo formalmente documentado, na essencialidade da autonomia dos partícipes no terreno médico, servindo como uma forma de resguardar os profissionais e outros integrantes destas relações, na tentativa de antever seus possíveis efeitos. Contudo, o consentimento informado atua como instrumento de preservação da autonomia privada existencial ao permitir que a vontade válida do paciente seja respeitada. Indiscutível que a autonomia privada desvincula-se exclusivamente da liberdade de celebrar negócio jurídicos patrimoniais e, atualmente, sobretudo, abarca as questões ligadas ao desenvolvimento pessoal, à autorrealização existencial de cada indivíduo dentro de suas singularidades e vulnerabilidades, com âncora na cláusula geral de tutela e promoção da dignidade da pessoa humana.

A autonomia existencial[42] tem por objetivo a realização de escolhas ligadas não ao patrimônio, mas aos atributos que constituem a identidade que individualiza e caracteriza cada pessoa em sua teia social. Desse modo, é fundamental para a garantia do seu pleno desenvolvimento, "que a pessoa possa escolher a forma de vida que mais lhe realize, bem como concretize o seu projeto de vida individual".[43]

No campo da saúde, os atos de autonomia nas decisões afetas ao próprio corpo[44], saúde e vida são cruciais para o viver com dignidade. O consentimento informado espelha, dessa forma, a esfera de liberdade dos indivíduos – a autonomia privada, constituindo o principal instrumento jurídico posto à disposição das pessoas envolvidas nas práticas médicas. O principal objetivo por trás do imperativo de buscar consentimento válido dos pacientes antes de uma intervenção é defender e reforçar o conceito de autonomia do paciente.

---

42. V. TEIXEIRA, Ana Carolina Brochado. Autonomia existencial. *Revista Brasileira de Direito Civil* – RBD Civil, Belo Horizonte, v. 16, p. 75-104, abr./jun. 2018; ALMEIDA JUNIOR, Vitor de Azevedo. Dignidade, autonomia e escolhas existenciais. *Revista Fórum de Direito Civil* – RFDC, v. 4, p. 253-278, 2015.

43. TEIXEIRA, Ana Carolina Brochado; KONDER, Carlos Nelson de Paula. Autonomia e solidariedade na disposição de órgãos para depois da morte. *Revista da Faculdade de Direito da UERJ*, v. 18, 2010. Disponível em: <http://www.e-publicacoes.uerj.br/index.php/rfduerj/article/viewFile/1357/1145>. Acesso em 25 nov. 2019.

44. V. MORAES, Maria Celina Bodin de; CASTRO, Thamis Dalsenter Viveiros de. A autonomia existencial nos atos de disposição do próprio corpo. *Pensar*, Fortaleza, v. 19, n. 3, p. 779-818, set./dez., 2014.

O consentimento informado valoriza os pacientes e permite que eles participem da tomada de decisões críticas, desde que aceitem desempenhar um papel ativo e tenham capacidade/competência para fazê-lo. A rigor, o respeito à autonomia do paciente é totalmente compatível com a tendência hodierna de valorização aos direitos do paciente no contexto geral da prestação de serviços de saúde. É de se buscar, no entanto, os desafios a obtenção de um consentimento informado nos casos de pacientes vulneráveis ou incapazes de exprimir sua vontade de forma válida. Tal tarefa torna-se ainda mais importante quando se tem que, a despeito da omissão legislativa[45], não resta dúvida que o consentimento do paciente, legitimamente prestado, constitui hipótese apta a afastar o dever de reparar.[46]

3. DESAFIOS QUE BROTAM NO CAMPO DA RESPONSABILIDADE CIVIL MÉDICA

Expostas as premissas, identifica-se a consagração da autonomia como elemento-chave do novo momento das relações médico-paciente. Esse novo contexto traz à tona, por outro lado, um importante conjunto de novos desafios, para os quais, não há respostas totalmente seguras. Uma leitura crítica do consentimento deve ser apta a superar não apenas a adoção de termos de consentimento genéricos, como também deve ser capaz de estabelecer critérios para uma avaliação do efetivo concretização do ciclo informação-consentimento. À luz de uma visão concreta, é preciso ter em conta inúmeros desafios, entre os quais, o privilégio terapêutico (hipótese em que o paciente não deve ser informado) e os limites da possibilidade de compreensão do paciente.

Outros elementos relevantes envolvem a própria possibilidade de desinteresse do paciente em tomar a decisão. Uma pesquisa realizada pelo *Institute of Medicine* com pacientes de língua inglesa identificou que mais da metade dos pacientes preferia não ter que tomar decisões, e 44% sinalizaram preferir confiar nos médicos para obter as informações necessárias para tratamentos, do que buscar por si as informações[47]. Como lidar com a inércia do paciente ou sua opção por concordar com o que o médico entender como mais adequado?

A respeito, é de grande importância observar que a pesquisa não sustenta um modelo que ignora o paciente. Como explica o estudo:

---

45. SCHREIBER, Anderson. *Direitos da Personalidade*. 3ª ed. São Paulo: Atlas, 2014. p. 53. FACCHINI NETO, Eugênio. Da Responsabilidade Civil no Novo Código. *Revista do Tribunal Superior do Trabalho*, v. 76, p. 17-63, 2010. p. 58. Vale salientar que, a despeito do silêncio da legislação sobre o consentimento como excludente do dever de reparar, há inúmeras disposições normativas que reafirmam sua essencialidade, inclusive a Lei n. 8080/90, art. 7º, Lei de Saúde Mental (Lei n. 10.216/2011); Lei Brasileira da Inclusão (Estatuto da Pessoa com deficiência – Lei n. 13.146). Sublinha-se ainda seu fundamento constitucional e seu caráter de direito fundamental.

46. Segundo Giselda Hironaka: "apresentar-se-á como situação de descarte da responsabilidade, porque destrói a relação de causalidade aquela circunstância em que a vítima efetivamente sofre dano, mas é certo que o mesmo se produziu sob a sua própria aquiescência". HIRONAKA, Giselda Maria Fernandes Novaes. Responsabilidade civil: circunstâncias naturalmente, legalmente e convencionalmente escusativas do dever de indenizar o dano. *Revista IMES*. Direito, São Caetano do Sul, v. 3, p. 62-74, 2001. Dados os estritos limites deste artigo, deixa-se de aprofundar o instigante tema das excludentes do dever de reparar.

47. LEVINSON, Wendy *et. al.* Not all patients want to participate in decision making. *Journal of General Internal Medicine*, v. 20, n. 6, 2005, p. 531–535.

the vast majority of people want to discuss options and share their opinions about treatment with physicians. During discussions about options, patients can clarify their views and can share their personal reflections about the advantages and disadvantages of treatment approaches. This deliberation is a bilateral interaction in which physician and patient weigh the choices in light of an individual patient's wishes, desires, and personal circumstances. Our findings support the idea that this component of decision making is widely valued by patients.[48]

Além disso, embora o levantamento apresente limites, assinala a importância de se levar em conta padrões e preferências nem sempre iguais, nem racionais. Igualmente, deve-se ter presente a possibilidade de o paciente optar por recusar o recebimento de informações. Ao lado deste aspecto, há um difícil equilíbrio entre a proteção do paciente de si mesmo e sua autonomia. Se *prima facie* a autodeterminação deve abranger, inclusive como pressuposto lógico, a possibilidade de recusar tratamentos e tomar decisões aparentemente ruins ou incomuns, de outro lado exige apurada avaliação da compreensão do paciente tal como, aliás, deve ocorrer também quando o paciente escolhe dentro do que é considerado o padrão esperado. Naturalmente a proteção do paciente é importante, todavia, é indispensável notar que não há autonomia se restrita a concordar com o que o médico espera, é o que se extrai das lições de lições de Stuart Mill[49] e Gerald Dworkin.[50]

O dever de informação, sob tal perspectiva, não se resume a apresentar dados ao paciente. É preciso integrá-lo no processo de tomada de decisão. Em sintonia, Liana Fraenkel e Sarah McGraw[51] sublinham a importância do incentivo, pelo médico, da participação do paciente. Embora possa soar contraditório que ao mesmo tempo em que haja crítica a centralidade do médico, haja a percepção de que o paciente por vezes não apresenta tanto interesse na prática, quanto nos modelos teóricos, tal circunstância reforça os deveres dos profissionais de saúde, eis que alcançarão o dever de promover a aderência do paciente.

Para Fraenkel e McGraw são motivadores da participação do paciente: "i-) grau conhecimento, ii-) incentivo ativo à participação na decisão; ii-) apreciação da responsabilidade / direitos do paciente de desempenhar um papel ativo papel na tomada de decisão; iv-) conscientização da escolha; v-) tempo". Trata-se de aspectos úteis para assegurar uma tomada de decisão mais qualificada, com participação efetiva.

---

48. LEVINSON, Wendy *et. al.* Not all patients want to participate in decision making. *Journal of General Internal Medicine,* v. 20, n. 6, 2005, p. 531–535. Em tradução livre: "A vasta maioria das pessoas deseja discutir suas opções e compartilhar suas opiniões sobre tratamentos com os médicos. Durante a discussão sobre as opiniões, os pacientes podem esclarecer suas visões e dividir com o profissional reflexões sobre as vantagens e desvantagens das diferentes abordagens de tratamento. A deliberação é uma interação bilateral na qual o paciente e o profissional de saúde ponderam as possibilidades à luz dos desejos individuais do paciente, seus sentimentos e circunstâncias pessoais. Os resultados de nossa pesquisa corroboram a ideia de que este componente do processo de decisão é amplamente valorizado pelos pacientes".

49. MILL, John Stuart. *On Liberty.* Ontario (Canada): Batoche Books: Kitchener, 2001, p. 85.

50. DWORKIN, Gerald. *The Theory and Practice of Autonomy.* Cambridge (Reino Unido): Cambridge University Press, 2008, p. 123. (Coleção: Cambridge Studies in Philosophy).

51. FRAENKEL Liana; McGRAW Sara. What are the essential elements to enable patient participation in medical decision making? *Journal of General Internal Medicine.* v. 22, n. 5, May, 2007, p. 614-619, p. 615.

O próprio processo de comunicação com o paciente passa a ser alvo de atenção.[52] Grosso modo, implica deslocar a atenção do que foi informado para aquilo que foi apreendido. Naturalmente não se propõe aqui a prevalência do que o paciente ouviu (ou quis ouvir). No entanto, não se pode desprezar que a distância entre os dois pontos assinala também demanda a construção de pontos importantes no processo informacional.

Tradicionalmente o campo da responsabilidade civil enfoca a possibilidade (ou não) de fixação de um dano reparável. Na seara da saúde, como adverte a Organização Mundial da Saúde, os registros de demandas judiciais são uma potencial fonte de estudo para aprimoramento das práticas e, não obstante, são raramente empregadas para tal finalidade.[53] O estudo mais adequado pode identificar correlações entre corte de gastos e resultados, uso de Medicina defensiva (com indicações desnecessárias por medo de ações judiciais), ou mesmo subnotificações. É interessante notar que no caso da China, as ações de responsabilidade civil saltaram de 75 em 2010 para 6947, em 2014, das quais mais de um quarto se devem a alegação de falta de consentimento.[54]

Entre as novas perspectivas, pode-se afirmar que a falta ou a insuficiência de informações ao paciente é fonte autônoma do dever de reparar, assim como a falta de consentimento. Portanto, a falha na intervenção corporal não é indispensável para que haja a imposição do dever de reparar na esfera dos atos da saúde. Na medida em que a informação é pressuposto para o consentimento, que por sua vez é indispensável para atender à autodeterminação do paciente. A *contrario sensu*, a falta de informação adequada atinge o consentimento e, por sua vez, impõe o dever de reparar.

Ademais, é preciso advertir que a sistemática segundo a qual se possa admitir a presunção de que o paciente teria consentido, segundo uma análise hipotética, como é admitida, por vezes, no ordenamento português,[55] tende a fragilizar os avanços obtidos que colocam como central o efetivo consentimento. Quanto mais concreta a análise, tanto mais acertada será a apreciação. Neste sentido, reitere-se a comparação feita com a recente Lei Geral de Proteção de Dados Pessoais que demanda consentimento específico e inequívoco.

Como exposto, a transformação das relações paciente-médico demanda novas reflexões, com profundas repercussões para as discussões do direito de danos. A gradativa superação do paternalismo médico, com a valorização da autonomia do paciente, tanto na esfera da ética médica, quanto no plano jurídico, oferece respostas importantes, ao mesmo tempo em que proporciona novas questões. A consagração do caráter essencial do consentimento do paciente e seu reconhecimento como direito fundamental constitui ponto de partida para novas indagações. As mudanças em curso exigem uma (re)leitura crítica do processo de consentir, bem como de seus critérios.

---

52. LEVINSON, Wendy. Patient-centred communication: a sophisticated procedure. *British Medical Journal*. v. 20, n. 10, may, 2011, p. 823-825, p. 823.

53. WORLD HEALTH ORGANIZATION. *Bulletin of the World Health Organization*, n. 95, Genebra, WHO, 2011. Disponível em: https://www.who.int/bulletin/volumes/95/6/16-179143/en/. Acesso em 21 nov. 2019.

54. WORLD HEALTH ORGANIZATION. *Bulletin of the World Health Organization*, n. 95, Genebra, WHO, 2011. Disponível em: https://www.who.int/bulletin/volumes/95/6/16-179143/en/. Acesso em 21 nov. 2019.

55. PEREIRA, André Gonçalo Dias Pereira. O consentimento informado em Portugal: breves notas. *Revista Eletrônica da Faculdade de Direito de Franca*. v.12, n.2, dez. 2017, p. 21-34, p. 31.

Vale enfatizar, a simples afirmação da importância do consentimento de forma vazia pode terminar por substituir a soberania da decisão do médico, pela utilização do consentimento como simples burocracia – ou até mesmo como maliciosa tentativa para fugir de responsabilidades. A percepção de diferentes modelos de relação paciente-médico, obriga problematizar tais questões, até mesmo para que se possa definir parâmetros mais claros para a avaliação do preenchimento do dever de informar que, por sua vez, é pressuposto para a efetiva deliberação do paciente e por consequência, constitui condição *sine qua non* para a validade do consentimento.

De modo a procurar organizar alguns critérios ou ao menos considerações úteis sobre a temática sob exame, permita-se sintetizar algumas proposições aqui lançadas:

a. É preciso uma leitura humanista do processo de consentimento, com o reconhecimento da proteção da pessoa concreta e de seus diferentes fundamentais, inclusive na deliberação para atos que envolvem tratamentos e outras formas de disposição de corpo (inclusive esterilização, aborto, cirurgias terapêuticas e estéticas);

b. Não há consentimento adequado, sem informação adequada; a falta de consentimento impõe o dever de reparar, o qual pode ser imposto também em favor dos familiares, inclusive por *dano em ricochete*;

c. Assim como o consentimento não constitui mera burocracia, o ato de informar também não deve ser visto como simples formalidade. Deve-se esclarecer o paciente, de maneira pessoalizada e adequada ao seu quadro clínico, idade, capacidade de compreensão;

d. Consentir não é ato, é processo substancial. Não há validade no consentimento se não se admitir ao paciente compreender e assumir riscos.

e. Não é essencial constar todas as possibilidades de tratamentos e riscos para que a informação seja considerada prestada;

f. O consentimento não se presume, portanto, mesmo quando devidamente prestada a informação o consentimento deve ser colhido. Essa circunstância se reforça pelo fato de o consentimento ser um processo e, portanto, pode não estar claro ao paciente o momento em que deve expressar sua concordância ou divergência sobre o procedimento sugerido;

g. Os riscos inerentes ao procedimento (e a sua não realização) devem ser esclarecidos, mas riscos remotos podem ser omitidos; a avaliação da relevância da informação deve levar em conta a pessoalização da estatística, ou seja, levar em conta o perfil do paciente (histórico familiar, idoso, mulher, preferências, etc.);

h. Em sintonia com as diretrizes do Código de Defesa do Consumidor, a informação deve ser inteligível, clara, adequada; como aponta a Lei Geral de Proteção de Dados Pessoais (Lei n. 13.709/2018), o consentimento deve ser uma "manifestação livre, informada e inequívoca";

i. O consentimento, se prestado adequadamente, constitui hipótese excludente do dever de reparar;

j. O consentimento do paciente é sempre revogável;

k. Deve ser admitida a renúncia, pelo paciente, ao direito de saber, a qual, todavia, é também revogável. Eventual renúncia do paciente à informação deve ser devidamente documentada por escrito. A qualquer tempo o paciente pode demandar novas informações e esclarecimentos;

l. A consagração dos direitos fundamentais à proteção de dados pessoais e à autodeterminação informativa repercutem no consentimento para atos na saúde. O consentimento do paciente para realização de determinado procedimento não pode ser esticado para alcançar o consentimento nos tratamentos de dados pessoais, sobretudo quando houver compartilhamento com terceiros ou outras práticas que o paciente não pode supor ou compreender sem receber a devida explicação. Na medida em que o consentimento não se presume, e deve ser informado, os riscos relativos ao tratamento de dados pessoais devem compor o processo de consentimento.

4. REFERÊNCIAS

ALMEIDA, Vitor. *A capacidade civil das pessoas com deficiência e os perfis da curatela*. Belo Horizonte: Fórum, 2019.

ALMEIDA JUNIOR, Vitor de Azevedo. Dignidade, autonomia e escolhas existenciais. *Revista Fórum de Direito Civil* – RFDC, v. 4, p. 253-278, 2015.

BARBOZA, Heloisa Helena. Reprodução humana como direito fundamental. *In*: DIREITO, Carlos Alberto Menezes; TRINDADE, Antônio Augusto Cançado; PEREIRA, Antônio Celso Alves (Orgs.). *Novas Perspectivas do Direito Internacional Contemporâneo*. Rio de Janeiro: Renovar, 2008.

BARBOZA, Heloisa Helena. A proteção da pessoa humana no limiar do Século XXI: o florescer da biopolítica. In: BARBOZA, Heloisa Helena; ALMEIDA Jr, Vitor; LEAL, Livia Teixeira (Coord.). *Biodireito*. Tutelas jurídicas das dimensões da vida. Indaiatuba: Foco, 2021.

BARBOZA, Heloisa Helena; ALMEIDA, Vitor (orgs.). *Comentários ao Estatuto da Pessoa com Deficiência à luz da Constituição da República*. Belo Horizonte: Fórum, 2018.

BARBOZA, Heloisa Helena; ALMEIDA, Vitor. A tutela das vulnerabilidades na legalidade constitucional. *In*: TEPEDINO, Gustavo; TEIXEIRA, Ana Carolina Brochado; ALMEIDA, Vitor (Orgs.). *Da dogmática à efetividade do Direito Civil*: Anais do Congresso Internacional de Direito Civil Constitucional – IV Congresso do IBDCIVIL. Belo Horizonte, MG: Fórum, 2017.

BARIFFI, Francisco José. *El Régimen jurídico internacional de la capacidad jurídica de las personas con discapacidad*. Madrid: Grupo Editorial Cinca, 2014.

BEAUCHAMP TL, CHILDRESS JF. *Principles of biomedical ethics*. 4th ed. New York: Oxford, 1994.

BRASIL. Resolução n. 56/2020 do Conselho Regional de Medicina do Ceará. Dispõe sobre o atendimento médico por Telemedicina durante a pandemia de SARS-CoV2/COVID-19. DOU: 03.04.2020.

BRASIL. Superior Tribunal de Justiça. REsp. 1.540.580, Rel. Min. Lázaro Guimarães (Des. Convocado do TRF 5ª Região), Rel. p/ Acórdão Min. Felipe Salomão, 4ª. Turma, julg. 02 ago. 2018, publ. 04 set. 2018.

BRASIL. Supremo Tribunal Federal. ADI n. 6387. Relª. Minª. Rosa Weber. Tribunal pleno. DJe: 11.11.2020.

BRASIL. Supremo Tribunal Federal. ADI n. 6586, Rel. Min. Ricardo Lewandowski. DJe: 17.12.2020.

BUCHANAN, Alan; BROCK, Dan. *Deciding for Others*: The Ethics of Surrogate Decision Making. Cambridge: Cambridge University Press, 1989.

CONSELHO DA EUROPA; Comissariado para Direitos Humanos. *Who gets to decide? Right to legal capacity for persons with intellectual and psychosocial disabilities*. França: Abril, 2012.

CRAWFORD, Robert. Salutarismo e medicalização da vida cotidiana. *RECIIS – Revista Eletrônica de Comunicação. Informação & Inovação em Saúde*, v. 13, n. 1, jan./mar., 2019.

CURRAN, William. Public health and the law. Informed consent and blanket consent forms. *American journal of public health*, v. 61, n. 6, p. 1245-6, jun., 1971.

DADALTO, Luciana. *Testamento Vital*. 4. ed. São Paulo: Foco, 2018.

DWORKIN, Gerald. *The Theory and Practice of Autonomy*. Cambridge (Reino Unido): Cambridge University Press, 2008.

DWORKIN, Ronald. *Levando os direitos a sério*. São Paulo: Martins Fontes, 2002.

EMANUEL, Ezekiel J; EMANUEL, Linda L. The Physician-Patient Relationship. *Journal of the American Medical Association – JAMA*, v. 267, n. 16, April, 1992, p. 2221-2226.

FACCHINI NETO, Eugênio. Da Responsabilidade Civil no Novo Código. *Revista do Tribunal Superior do Trabalho*, v. 76, p. 17-63, 2010.

FRAENKEL Liana; McGRAW Sara. What are the essential elements to enable patient participation in medical decision making? *Journal of General Internal Medicine*. v. 22, n. 5, May, p. 614-619, 2007.

HIRONAKA, Giselda Maria Fernandes Novaes. Responsabilidade civil: circunstâncias naturalmente, legalmente e convencionalmente escusativas do dever de indenizar o dano. *Revista IMES*. Direito, São Caetano do Sul, v. 3, p. 62-74, 2001.

LEITE, Gustavo Pereira. Consentimento informado e pessoa com deficiência psíquica/intelectual. *In*: MENEZES, Joyceane Bezerra de. (Org.). *Direito das pessoas com deficiência psíquica e intelectual nas relações privadas após a Convenção de Nova York e a Lei Brasileira de Inclusão*. Rio de Janeiro: Processo, 2016.

LEVINSON, Wendy *et. al*. Not all patients want to participate in decision making. *Journal of General Internal Medicine*, v. 20, n. 6, 2005.

LEVINSON, Wendy. Patient-centred communication: a sophisticated procedure. *British Medical Journal*. v. 20, n. 10, May, 2011.

MAPELLI JÚNIOR, Reynaldo. *Judicialização da saúde: regime jurídico do SUS e intervenção na administração pública*. São Paulo: Atheneu, 2017.

MEIRELLES, Jussara Maria Leal de; TEIXEIRA. Eduardo Didonet. Consentimento livre, dignidade e saúde pública: o paciente hipossuficiente. *In*: RAMOS, Carmen Lucia Silveira; TEPEDINO, Gustavo; BARBOZA, Heloisa Helena *et al.* (orgs.) *Diálogos sobre Direito Civil: construindo uma racionalidade contemporânea*. Rio de Janeiro: Renovar, 2002.

MENEGON, Vera Mincoff. Consentindo ambigüidades: uma análise documental dos termos de consentimento informado, utilizados em clínicas de reprodução humana assistida. *Cadernos de Saúde Pública*, v. 20, n. 3, Rio de Janeiro, 2004.

MILL, John Stuart. *On Liberty*. Ontario (Canada): Batoche Books: Kitchener, 2001.

MORAES, Maria Celina Bodin de; CASTRO, Thamis Dalsenter Viveiros de. A autonomia existencial nos atos de disposição do próprio corpo. *Pensar*, Fortaleza, v. 19, n. 3, p. 779-818, set./dez., 2014.

OLIVEIRA, Guilherme de Nota sobre a informação para o consentimento (a propósito do Ac. do STJ de 09.10.2014). *Revista Portuguesa de Direito da Saúde*, Coimbra, a. 12, n. 23-24, p. 149-153, 2015.

O'NEILL, Onora. Paternalism and partial autonomy. *Journal of Medical Ethics*, v. 10, p. 173-178, 1984.

PEREIRA, André Gonçalo Dias Pereira. O consentimento informado em Portugal: breves notas. *Revista Eletrônica da Faculdade de Direito de Franca.* v. 12, n. 2, p. 21-34, dez., 2017.

PEREIRA, André Gonçalo Dias. *Consentimento Informado na Relação Médico-Paciente.* Estudo de Direito Civil, Coimbra, Coimbra Editora, 2004.

PEREIRA, Paula Moura Francesconi Lemos. *Relação médico-paciente*: o respeito à autonomia do paciente e a responsabilidade civil do médico pelo dever de informar. Rio de Janeiro: Lumen Juris, 2011.

RODOTÀ, Stefano. *Il diritto di avere diritti.* Roma-Bari, Laterza, 2012.

ROSENVALD, Nelson; BRAGA NETTO, Felipe. Responsabilidade civil na área médica. *Actualidad Jurídica Iberoamericana,* v. 8, p. 373-420, 2018.

SANTOS, Alethele de Oliveira (Org.). *Coletânea Direito à Saúde Dilemas do Fenômeno da Judicialização da Saúde.* Brasília, CONASS, 2018.

SCHRAMM, Fermin Roland. A saúde é um direito ou dever? Autocrítica da saúde pública. *Revista Brasileira de Bioética*, Brasília, v. 2, n. 2, p. 187-200, 2006.

SCHREIBER, Anderson. *Direitos da Personalidade.* 3. ed. São Paulo: Atlas, 2014.

SCHULMAN, Gabriel. Consentimento para atos na saúde à luz da convenção de direitos da pessoa com deficiência: da discriminação ao empoderamento. *In*: BARBOZA, Heloisa Helena; MENDONÇA. Bruna Lima; ALMEIDA JUNIOR., Vitor de Azevedo (Orgs.). *O Código Civil e o Estatuto da Pessoa com deficiência.* Rio de Janeiro: Processo, 2017.

SCHULMAN, Gabriel. *Saúde mental, drogas e internação forçada.* São Paulo: Foco, 2020.

SCHULMAN, Gabriel. Vacinação obrigatória: uma reflexão sobre solidariedade e liberdade na saúde. *Gazeta do Povo,* 17 de nov. de 2020.

SCHULMAN, Gabriel; SILVA, Alexandre Barbosa. (Des)judicialização da saúde: mediação e diálogos interinstitucionais. *Revista Bioética* – Conselho Federal de Medicina, v. 25, n. 2, p. 290-300, 2017.

SOUZA, Eduardo Nunes de. Do erro à culpa na responsabilidade civil do médico. *Civilistica.com.* Rio de Janeiro, a. 2, n. 2, abr.-jun./2013. Disponível em: http://civilistica.com/wp-content/uploads/2015/02/Souza-civilistica.com-a.2.n.2.2013.pdf. Acesso em 26 dez. 2019.

SZASZ, Thomas. *Faith in Freedom*: Libertarian Principles and Psychiatric Practices. New Brunswick (Estados Unidos): Transaction Books, 2004.

TEIXEIRA, Ana Carolina Brochado. Autonomia existencial. *Revista Brasileira de Direito Civil* – RBD Civil, Belo Horizonte, v. 16, p. 75-104, abr./jun. 2018;

TEIXEIRA, Ana Carolina Brochado. *Saúde, Corpo e Autonomia Privada.* Rio de Janeiro: Renovar, 2010.

TEIXEIRA, Ana Carolina Brochado; KONDER, Carlos Nelson de Paula. Autonomia e solidariedade na disposição de órgãos para depois da morte. *Revista da Faculdade de Direito da UERJ,* v. 18, 2010. Disponível em: <http://www.e-publicacoes.uerj.br/index.php/rfduerj/article/viewFile/1357/1145>. Acesso em 25 nov. 2019.

WANG, DANIEL WEI L. *et. al.* Os impactos da judicialização da saúde no município de São Paulo: gasto público e organização federativa. *Revista de Administração Pública* v. 48, p. 1191-1206, 2014.

WONG, Grace Josephine, et al. Capacity to make health care decisions: its importance in clinical practice, *Psychological Medicine*, v. 29 n. 2, p. 437-446, 1999.

WORLD HEALTH ORGANIZATION. *Bulletin of the World Health Organization*, n. 95, Genebra, WHO, 2011.

WORTHINGTON, R. Clinical issues on consent: some philosophical concerns. *Journal of Medical Ethic*, n. 28, pp. 377-80, 2002.

O *QUANTUM* INDENIZATÓRIO NAS RELAÇÕES MÉDICO-PACIENTE

Luciana Fernandes Berlini

Pós-doutora em Direito das Relações Sociais pela UFPR. Doutora e Mestre em Direito Privado pela PUC/Minas. Professora e Coordenadora Adjunta do Curso de Direito da Universidade Federal de Lavras. Professora do Curso de Direito Médico do IEC – PUC/Minas. Membro do IBERC. Presidente da Comissão de Responsabilidade Civil da OAB/MG. Membro do IBDFam. Autora de livros e artigos jurídicos. Advogada. Lattes: http://lattes.cnpq.br/8274959157658475. Orcid: https://orcid.org/0000-0001-5379-974X. Email: luciana@berlini.com.br.

Sumário: 1. Introdução – 2. Das indenizações por erro médico – 3. Dos critérios de fixação dos danos por erro médico na jurisprudência do Superior Tribunal de Justiça; 3.1 Do sistema bifásico de quantificação dos danos extrapatrimoniais – 4. Considerações finais – 5.Referências

1. INTRODUÇÃO

O presente trabalho teve por objetivo analisar a difícil tarefa do Judiciário de arbitrar o *quantum* indenizatório nas relações médico-paciente. Trata-se de relevante e atual tema a ser investigado, ante a falta de harmonização na fixação dos danos extrapatrimoniais por erro médico no ordenamento jurídico brasileiro.

Ressalva-se, desde já, que a opção pela terminologia "erro médico" foi feita em razão de ser a expressão mais utilizada pelo Judiciário quando se trata de responsabilização civil na relação médico paciente. Assim, por estratégia científica elegeu-se a expressão, mas sem desconsiderar as limitações que ela carrega, optando-se por sua utilização tão somente para uniformizar a busca e a linguagem do presente trabalho.

Adentrando a temática, a responsabilidade médica é subjetiva e, consequentemente, o dano deverá ser fruto de ação ou omissão negligente, imprudente ou imperita para que surja o dever de reparar ou compensar os danos. O regime jurídico de responsabilidade civil tem como fundamento o princípio da reparação integral. O que significa dizer que a responsabilização médica abarca, portanto, a indenização por danos materiais e a compensação por danos morais e danos estéticos. No entanto, a fixação dos danos extrapatrimoniais é ainda tormentosa, gerando grandes discrepâncias em casos similares.

Isso porque, o direito brasileiro não prevê critérios objetivos para fixação desses danos extrapatrimoniais, motivo pelo qual compete, exclusivamente, ao Judiciário a apreciação do *quantum*.

Ademais, não se pode estabelecer uma tabela ou critérios absolutos para fixação de danos, sob pena de prejuízo e não compensação razoável em casos semelhantes.

Para tentar entender a problemática atividade de determinar os valores que visem a compensar os danos morais e estéticos, pretendeu-se apresentar os critérios objetivos e subjetivos que norteiam a temática, investigando a fundamentação e variáveis utilizadas nas mais recentes decisões do Superior Tribunal de Justiça, na tentativa de se alcançar uma racionalização desses parâmetros.

Tornou-se, nesse aspecto, imprescindível para alcançar a racionalização pretendida, a análise jurisprudencial, uma vez que o legislador não trouxe critérios objetivos. Por outro lado, resultou necessário, delimitar no tempo e espaço a investigação, motivo pelo qual elegeu-se para a análise o Superior Tribunal de Justiça, em razão de sua competência como uniformizador de jurisprudência. Além disso, restringiu-se a pesquisa às decisões mais recentes, preferencialmente de 2019, pela atualidade que o tema exige.

Nesse cenário, o recorte metodológico proposto permitiu traçar um panorama da responsabilização por erro médico a partir da eleição das mais recentes decisões do Superior Tribunal de Justiça para se entender o processo de fixação dos danos extrapatrimoniais quando o dano é cometido na relação médico-paciente.

Pretendeu-se, desse modo, estabelecer as tendências e as correlações entre os critérios analisados, os problemas que precisam ser solucionados, para se alcançar uma visão panorâmica da jurisprudência sobre a quantificação dos danos oriundos de erro médico e a viabilização de soluções possíveis.

A pesquisa não se debruçou nos aspectos gerais e conceituais relativos à responsabilidade civil propriamente ditos, tampouco adentrou no direito médico, concentrando seus esforços tão somente na análise dos critérios relativos à fixação dos danos extrapatrimoniais por erro médico, em razão do objetivo delineado.

Outrossim, para se alcançar o objetivo proposto percorreu-se o tortuoso caminho de critérios subjetivos e objetivos adotados pelo Judiciário, perpassando pela discussão entre o sistema aberto e fechado de parametrização dos danos extrapatrimoniais, apresentando os critérios objetivos já consolidados pelo Superior Tribunal de Justiça relativos ao *quantum* indenizatório nos casos de erro médico, até se chegar no método bifásico pelo qual são aplicados esses critérios, finalizando-se com a comparação da quantificação dos danos em diversos julgados.

Com isso, foi possível demonstrar que o tema ainda está longe de consenso, mas algumas correlações, tendências e diretrizes se revelam ao longo do trabalho, a partir da análise da jurisprudência, conjugada com a doutrina e legislação pertinentes ao tema.

2. DAS INDENIZAÇÕES POR ERRO MÉDICO

É expressivo o número de demandas judiciais em razão de erro médico. Em pesquisa realizada pelo Conselho Nacional de Justiça, entre os anos de 2014 e 2017 foram ajuizadas 83.728 ações demandando indenizações por "erro médico"[1].

---

1. BRASIL. Conselho Nacional de Justiça. *Justiça em Números 2018*: ano-base 2017/Conselho Nacional de Justiça – Brasília: CNJ, 2018. Disponível em http://www.cnj.jus.br/programas-e-acoes/pj-justica-em-numeros. Acesso: 10 nov. 2019.

Acredita-se que o crescente número de demandas não esteja atrelado necessariamente ao crescimento dos danos causados na prática médica, mas à mudança da própria relação médico-paciente, que hodiernamente deixou de ser uma relação de absoluta confiança e se aproximou da noção que se tem de relação de consumo.

> O cuidado que o médico deve ter com o paciente não se exaure no procedimento em si, estende-se para depois dele, e na verdade inicia-se antes, com os severos deveres de informar com lealdade e clareza. A boa-fé objetiva torna ainda mais fortes os deveres que cabem ao médico, podendo ser civilmente responsabilizado se agir de modo desinteressado e pouco zeloso com o paciente, em quaisquer das fases temporais da relação. Necessário, contudo, para que a indenização se faça presente, que tenhamos nexo causal entre o dano e a conduta médica.[2]

Diferentemente da responsabilidade médica, a responsabilidade dos hospitais e planos de saúde é objetiva. O presente trabalho não tem por escopo tratar da responsabilidade dos planos de saúde, mas a responsabilidade dos hospitais é aqui contemplada, no que se refere aos danos causados pelo médico que está subordinado ao hospital e, portanto, o hospital também acaba por responder pelo "erro médico". No entanto, a responsabilidade do hospital é subjetiva, nesses casos, quando se refere à conduta médica, como se confirma pelo entendimento já consolidado do Superior Tribunal de Justiça:

> AÇÃO DE REPARAÇÃO DE DANOS MATERIAIS E COMPENSAÇÃO DE DANOS MORAIS. ERRO MÉDICO. RESPONSABILIDADE SUBJETIVA DO HOSPITAL. DANO MORAL.
>
> A responsabilidade dos hospitais, no que tange à atuação dos médicos que neles trabalham ou são ligados por convênio, é subjetiva, dependendo da demonstração da culpa. Assim, não se pode excluir a culpa do médico e responsabilizar objetivamente o hospital. Precedentes. (REsp 1642999/PR, Rel. Ministra NANCY ANDRIGHI, TERCEIRA TURMA, julgado em 12/12/2017, DJe 02/02/2018).[3]

O erro médico ou, mais amplamente, o dano causado em razão da atuação médica, pode ser de ordem patrimonial ou extrapatrimonial, nesse último caso subdividindo-se em danos morais e danos estéticos.

Embora o foco do trabalho se refira ao *quantum* indenizatório por danos extrapatrimoniais nas relações médico-paciente, opta-se por apresentar também critérios objetivos que vêm sendo utilizados pelo Superior Tribunal de Justiça na fixação dos danos materiais que interessam ao presente trabalho, para compreensão do princípio da reparação integral na fixação das indenizações por erro médico.

Os danos materiais não encontram maiores problemas em seu arbitramento, uma vez que deverão restabelecer a condição anterior, reparar o prejuízo sofrido ou aquilo que se deixou de ganhar, em clara referência aos danos emergentes e aos lucros cessantes.[4]

Se esses danos materiais ocorrem na relação médico-paciente, estabelece o artigo 949 do Código Civil que, "no caso de lesão ou outra ofensa à saúde, o ofensor indenizará

---

2. BRAGA NETTO, Felipe; FARIAS, Cristiano Chaves de; ROSENVALD, Nelson. Novo tratado de responsabilidade civil. – 2 ed. São Paulo: Saraiva, 2017. p.1119.
3. BRASIL. *Superior Tribunal de Justiça*. REsp 1642999/PR, Rel. Ministra NANCY ANDRIGHI, TERCEIRA TURMA, julgado em 12/12/2017, DJe 02/02/2018.
4. Artigo 402, do Código Civil: "salvo as exceções expressamente previstas em lei, as perdas e danos devidas ao credor abrangem, além do que ele efetivamente perdeu, o que razoavelmente deixou de lucrar."

o ofendido das despesas do tratamento e dos lucros cessantes até ao fim da convalescença, além de algum outro prejuízo que o ofendido prove haver sofrido".

Posto isso, há que se falar ainda, que tanto no caso dos danos materiais, quanto extrapatrimoniais, a possibilidade de indenização existirá, sempre que os requisitos de responsabilidade civil forem preenchidos, quais sejam, o dano, o nexo de causalidade e a conduta culposa ou o abuso de direito, que em última análise correspondem à teoria do ato ilícito.[5]

Os danos materiais são mais fáceis de serem demonstrados, o próprio Código Civil normatiza a fixação dos danos materiais como fez no artigo 949 acima apresentado e como pode ser observado no artigo 948:

> Art. 948. No caso de homicídio, a indenização consiste, sem excluir outras reparações:
>
> I – no pagamento das despesas com o tratamento da vítima, seu funeral e o luto da família;
>
> II – na prestação de alimentos às pessoas a quem o morto os devia, levando-se em conta a duração provável da vida da vítima.

A partir destes critérios, o Superior Tribunal de Justiça vem estabelecendo parâmetros para a fixação dos alimentos indenizatórios (lucros cessantes) nos casos de homicídio ou incapacitação por erro médico, como se verifica:

> AÇÃO INDENIZATÓRIA. ERRO MÉDICO. VALOR DA INDENIZAÇÃO, DEFERIMENTO DE PENSÃO VITALÍCIA E VALOR.
>
> O acórdão combatido asseverou que: "houve respeito aos critérios da razoabilidade e proporcionalidade na fixação do valor do montante fixado da indenização a título de dano moral e estético para os autores (...), Quanto ao direito da coautora Francisca ao percebimento da pensão, por lucros cessantes, o v. acórdão foi claro ao entender que é devida, pois comprovado o exercício da atividade laborativa de faxineira (...), a pensão vitalícia mensal fixada em favor do coautor, menor, Daniel também é devida e está adequada aos dados do processo, atento às graves sequelas permanentes e irreversíveis decorrentes da lesão e por consequente à redução da capacidade laborativa É certo que a legislação admite o trabalho a partir de 14 anos como aprendiz, mas igualmente prevê a percepção de salário, em que são consideradas as horas destinadas às atividades práticas, às aulas teóricas, ao descanso semanal remunerado e feriado (art. 428, da CLT e art. 17, parágrafo único do Decr. n° 5.598/05). A pensão instituída em favor do coautor Daniel decorre da redução da capacidade". Recurso Especial parcialmente conhecido e, nessa parte, não provido. (REsp 1824691/SP, Rel. Ministro HERMAN BENJAMIN, SEGUNDA TURMA, julgado em 01/10/2019, DJe 11/10/2019).[6]

O Superior Tribunal de Justiça estabelece ainda como parâmetro desses lucros cessantes pensionamento mensal em 2/3 (dois terços) do salário mínimo para os parentes da vítima falecida, desde que demonstrem dependência econômica. Valor esse que será reduzido para 1/3 (um terço) a partir do dia em que a vítima completaria 25 anos, sendo devido até a data em que o ofendido completaria 65 anos.[7]

---

5. Respectivamente artigo 186: "Aquele que, por ação ou omissão voluntária, negligência ou imprudência, violar direito e causar dano a outrem, ainda que exclusivamente moral, comete ato ilícito" e artigo 187: "Também comete ato ilícito o titular de um direito que, ao exercê-lo, excede manifestamente os limites impostos pelo seu fim econômico ou social, pela boa-fé ou pelos bons costumes", ambos do Código Civil.

6. BRASIL. Superior Tribunal de Justiça. REsp 1824691/SP, Rel. Ministro HERMAN BENJAMIN, SEGUNDA TURMA, julgado em 01/10/2019, DJe 11/10/2019.

7. BRASIL. Superior Tribunal de Justiça. AgRg no AgRg no REsp 1483628/MT, Rel. Ministro MOURA RIBEIRO, TERCEIRA TURMA, julgado em 19/03/2015, DJe 26/03/2015.

Verifica-se que o patamar de lucros cessantes estabelecido em dois terços dos ganhos da pessoa falecida parte do pressuposto de que em geral um terço deles são gastos com a própria pessoa e o restante é utilizado para as despesas familiares.

Já a idade de 25 anos é em média a idade que comumente a pessoa constitui nova família e, portanto, presume o Superior Tribunal de Justiça que a contribuição a partir dessa idade deva ser minorada.

Como visto, o período de pagamento desses lucros cessantes observará a expectativa média de vida do indivíduo, fornecida pelo IBGE, mas, nas hipóteses em que a vítima falece após tal expectativa, entende-se que o período de pensão indenizatória deve ser de 5 anos.

A dependência econômica dos familiares, por sua vez, é determinante para a fixação dos lucros cessantes, e, por isso, algumas presunções são estabelecidas para respeitar este critério.

Como ocorre na hipótese de falecimento de filho menor, especialmente quando membro de família de baixa renda, em razão da presunção de que o mesmo, por ser de família pobre, contribui para o sustento de sua família, pelo menos dos quatorze aos vinte e cinco anos. Nesse sentido a jurisprudência já pacificada do Superior Tribunal de Justiça:

> RESPONSABILIDADE CIVIL. PENSIONAMENTO. SÚMULA N. 83/STJ. PROCESSO CIVIL. TERMO INICIAL DOS JUROS MORATÓRIOS. JULGAMENTO FORA DOS LIMITES DA LIDE. PEDIDO EXPRESSO. PRINCÍPIO DA VINCULAÇÃO.
>
> 1. A jurisprudência do STJ é pacífica no sentido de ser devida a indenização por dano material aos pais de família de baixa renda, em decorrência da morte de filho menor, independentemente do exercício de trabalho remunerado pela vítima.
>
> 2. Havendo pedido expresso da parte a respeito do termo inicial da fixação dos juros, não pode o magistrado decidir diversamente, condenando o réu em quantidade superior do que lhe foi demandado, sob pena de violação ao princípio da vinculação.
>
> 3. Recurso especial conhecido parcialmente e, nesta parte, provido (REsp 840.320/RS, Rel. Ministro JOÃO OTÁVIO DE NORONHA, QUARTA TURMA, julgado em 09/02/2010, DJe 18/02/2010).[8]

Este também o entendimento do Supremo Tribunal Federal ao editar a súmula 491: "é indenizável o acidente que cause a morte de filho menor, ainda que não exerça trabalho remunerado".

Ainda sobre o tema, o bem de família pode ser usado para o pagamento dos lucros cessantes relativos aos alimentos indenizatórios, pois embora se caracterizem como indenização, têm natureza alimentar, o que enseja a exceção do artigo 3º, III, da Lei 8009/90.

> EMBARGOS DE DIVERGÊNCIA. BEM DE FAMÍLIA. OBRIGAÇÃO ALIMENTÍCIA DECORRENTE DE ATO ILÍCITO. EXCEÇÃO À IMPENHORABILIDADE.
>
> Ambas as Turmas que compõem a Terceira Seção do Superior Tribunal de Justiça possuem entendimento de que "a impenhorabilidade do bem de família prevista no artigo 3º, III, da Lei 8.009/90 não pode ser oposta ao credor de pensão alimentícia decorrente de indenização por ato ilícito. Precedentes." (EREsp 679456/SP, Rel. Ministro SIDNEI BENETI, SEGUNDA SEÇÃO, julgado em 08/06/2011, DJe 16/06/2011)

---

8. BRASIL. Superior Tribunal de Justiça. REsp 840.320/RS, Rel. Ministro JOÃO OTÁVIO DE NORONHA, QUARTA TURMA, julgado em 09/02/2010, DJe 18/02/2010.

3. Não cabem embargos de divergência quando a jurisprudência do Tribunal se firmou no mesmo sentido do acórdão embargado. (Súmula 168/STJ).

Agravo regimental a que se nega provimento.

(AgRg nos EAg 1232795/RS, Rel. Ministro LUIS FELIPE SALOMÃO, SEGUNDA SEÇÃO, julgado em 13/03/2013, DJe 15/03/2013).[9]

Apresentados, sucintamente, os balizamentos utilizados para a fixação dos danos materiais, passa-se à análise da complexa tarefa de fixar o *quantum* indenizatório dos danos extrapatrimoniais.

3. DOS CRITÉRIOS DE FIXAÇÃO DOS DANOS POR ERRO MÉDICO NA JURISPRUDÊNCIA DO SUPERIOR TRIBUNAL DE JUSTIÇA

Embora não haja norma específica que regulamente a fixação dos danos extrapatrimoniais, o ordenamento jurídico brasileiro dispõe de normas capazes de fundamentar a compensação pecuniária para as vítimas de erro médico.

Cumpre distinguir, desde já, que

valoração e quantificação do dano moral são conceitos próximos, porém distintos. Em comum, ambos implicam um esforço de particularização e de concreção, mas a valoração importa em determinar o conteúdo intrínseco do dano moral, a índole do interesse existencial violado e as projeções desvaliosas da lesão na subjetividade do ofendido. Uma vez que o dano tenha sido valorado, será necessário ponderar a repercussão no plano compensatório em um processo de quantificação que procura determinar quanto deve se pagar, de forma justa e equilibrada.[10]

Dessa forma, o bem jurídico tutelado deve ser protegido de qualquer ameaça ou lesão, encontrando na responsabilidade civil, por danos materiais e extrapatrimoniais, proteção jurisdicional.

Na responsabilidade civil por danos materiais é possível reparar propriamente o dano, com o ressarcimento ou a recomposição do prejuízo suportado pela vítima, como foi apresentado. Mas, a responsabilização civil deve ser integral, cumulando-se, assim os danos patrimoniais e extrapatrimoniais.

ERRO MÉDICO. PLANO DE SAÚDE. ATO ILÍCITO. DANOS MORAIS. INDENIZAÇÃO. PENSÃO MENSAL. CAPACIDADE LABORATIVA.

A circunstância de se presumir a capacidade laborativa da vítima para outras atividades, diversas daquela exercida no momento do acidente, não exclui o pensionamento civil, observado o princípio da reparação integral do dano. (AgInt no AREsp 1289696/RJ, Rel. Ministro RICARDO VILLAS BÔAS CUEVA, TERCEIRA TURMA, julgado em 29/04/2019, DJe 06/05/2019).[11]

Seguindo essa linha argumentativa, a discussão sobre o *quantum* indenizatório ganha relevo quando o dano proveniente do erro médico recai sobre bens não patrimoniais,

---

9. BRASIL. Superior Tribunal de Justiça. AgRg nos EAg 1232795/RS, Rel. Ministro LUIS FELIPE SALOMÃO, SEGUNDA SEÇÃO, julgado em 13/03/2013, DJe 15/03/2013.

10. BRAGA NETTO, Felipe; FARIAS, Cristiano Chaves de; ROSENVALD, Nelson. *Novo tratado de responsabilidade civil.* – 2 ed. São Paulo: Saraiva, 2017. p. 354.

11. BRASIL. Superior Tribunal de Justiça. AgInt no AREsp 1289696/RJ, Rel. Ministro RICARDO VILLAS BÔAS CUEVA, TERCEIRA TURMA, julgado em 29/04/2019, DJe 06/05/2019.

ou seja, quando se está diante de danos morais ou estéticos. Isso porque, nos casos de danos extrapatrimoniais, estes só terão o condão de compensar o dano experimentado, tendo em vista que são danos irreparáveis.

Independentemente da espécie de dano causado, sabe-se que a responsabilidade civil médica é de natureza subjetiva. Assim, no tocante à indenização, o Código Civil faz ressalva que, "se houver excessiva desproporção entre a gravidade da culpa e o dano, poderá o juiz reduzir, equitativamente, a indenização"[12]. Mas a responsabilização na seara médica tem suas peculiaridades, exatamente por isso sugere a doutrina que,

> Essa redução causada, no entanto, deve ser enxergada com muita cautela se o dano sofrido guardar relação com a saúde ou com a vida humanas (um médico que, por desatenção, prescreve medicamento a paciente alérgico, que vem a sofrer um choque anafilático e falecer).
>
> (...) A culpa da vítima poderá atuar, seja rompendo o nexo causal, se exclusiva, seja autorizando a redução do *quantum* indenizatório, se concorrente.[13]

O segundo ponto a ser tratado é que no cálculo utilizado para determinação dos danos não patrimoniais, não se deve utilizar o valor já estabelecido a título de danos materiais para elevar ou diminuir o valor dos danos morais e estéticos, já que o fundamento e os danos são distintos. Ainda que a condenação por danos materiais seja muito elevada ou irrisória, isso não deve influenciar o julgador no momento de calcular os danos extrapatrimoniais, pois as dificuldades próprias imputadas pela fisionomia deste tipo de dano carecem de uma análise especial e não podem ser confundidas

O ponto de partida para essa análise é o artigo 944 do Código Civil, um dos poucos momentos em que o legislador civilista se ocupou em tratar do *quantum* indenizatório, ao estabelecer que "a indenização mede-se pela extensão do dano".

Esse critério, se objetivamente considerado, deve observar a natureza do dano, a possibilidade ou não de recuperação, o risco de agravamento no tempo, sequelas, consequências físicas, psíquicas e sociais desse dano e até a capacidade de resiliência da vítima. Mas outros critérios também aparecem nas decisões, como se observa:

> AÇÃO DE COMPENSAÇÃO POR DANOS MORAIS E INDENIZAÇÃO POR DANOS MATERIAIS. ERRO MÉDICO.
>
> O propósito recursal consiste em dizer se deve ser mantido o arbitramento de R$ 1 milhão a título de compensação por danos morais devidos por erro médico na realização de parto com fórceps causador de tetraplegia no bebê que após quinze anos de incessante internação veio a óbito.
>
> O valor fixado a título de danos morais somente comporta revisão nesta sede nas hipóteses em que se mostrar ínfimo ou exagerado.
>
> Na hipótese, deve ser levado em conta o fato de a família estar envolvida com esta gravíssima situação ao longo de 15 anos, pois durante toda a vida do seu filho tiveram que experimentar sua limitação a depender do auxílio de terceiros, 24 horas por dia, bem como de ventilação mecânica, situação esta que perdurou até o seu falecimento.

---

12. Artigo 944, parágrafo único, do Código Civil.
13. BRAGA NETTO, Felipe; FARIAS, Cristiano Chaves de; ROSENVALD, Nelson. Novo tratado de responsabilidade civil. – 2 ed. São Paulo: Saraiva, 2017. p.1118.

Não se pode perder de vista que a recorrente está submetida ao regime falimentar e que houve efetiva colaboração, diante da dramática situação criada, em favor do núcleo familiar com diversas providências tomadas antes mesmo da judicialização da controvérsia.

Recurso especial conhecido e provido, para reduzir o valor da compensação por danos morais em favor de cada genitor para R$ 300 mil.

(REsp 1749965/SP, Rel. Ministra NANCY ANDRIGHI, TERCEIRA TURMA, julgado em 12/11/2019, DJe 19/11/2019)[14]

Na jurisprudência do Superior Tribunal de Justiça o critério relativo à extensão do dano aparece na fundamentação das decisões de forma aleatória, quase sempre sem maiores explicações sobre a observância ou os parâmetros utilizados para a fixação do montante arbitrado.

No caso acima, quando se analisa o inteiro teor da decisão, verifica-se a tentativa de se objetivar os critérios utilizados, afirmando-se em um primeiro momento, como se extrai da ementa a referência à extensão do dano: "deve ser levado em conta o fato de a família estar envolvida com esta gravíssima situação ao longo de 15 anos, pois durante toda a vida do seu filho tiveram que experimentar sua limitação a depender do auxílio de terceiros, 24 horas por dia, bem como de ventilação mecânica, situação esta que perdurou até o seu falecimento".

No entanto, mesmo apontando critérios mais objetivos é difícil distinguir objetivamente o grau de influência e sopesamento deste critério na quantificação dos danos extrapatrimoniais, até porque, embora o julgado faça referência à gravidade do dano e sua extensão, bem como ao montante arbitrado em decisões de mesma natureza, entendeu por bem reduzir o *quantum* indenizatório com base em critérios subjetivos:

Por outro lado, não se pode perder de vista que a recorrente está submetida ao regime falimentar e que houve efetiva colaboração, diante da dramática situação criada, em favor do núcleo familiar com as providências tomadas antes mesmo da judicialização da controvérsia. Essas peculiaridades servem como circunstâncias atenuantes na fixação do valor compensatório.[15]

Ora, como se verifica, a menção a esses critérios no julgado apresentado (situação que se repete em quase todos os julgados analisados), muito embora tenha levado em consideração outros fundamentos, não distinguiu em quanto foi elevada ou reduzida a quantia em razão desses critérios.

Em outras palavras, a utilização dos critérios não evidencia o peso de cada um e o impacto de forma sistematizada desses critérios nas reduções ou aumento das indenizações.

Ademais, as variáveis utilizadas na fundamentação das decisões, a exemplo do que foi acima mencionado, causam divergência doutrinária. Isso porque, nesta tarefa de determinar o *quantum* indenizatório, o Tribunal faz referência a critérios relacionados com as características pessoais dos envolvidos, comportamento das partes, situação econômica, etc.

---

14. BRASIL. Superior Tribunal de Justiça. REsp 1749965/SP, Rel. Ministra NANCY ANDRIGHI, TERCEIRA TURMA, julgado em 12/11/2019, DJe 19/11/2019.

15. BRASIL. *Superior Tribunal de Justiça*. REsp 1749965/SP, Rel. Ministra NANCY ANDRIGHI, TERCEIRA TURMA, julgado em 12/11/2019, DJe 19/11/2019.

A polêmica sobre a consideração do contexto financeiro das partes se deve ao fato de que essa utilização de critérios subjetivos acaba por gerar problemas e distorções no próprio fundamento teórico da responsabilização civil, já que acaba, muitas vezes, por desconsiderar a noção de reparação e compensação. Nesse sentido:

> CIVIL. DANO MORAL. INDENIZAÇÃO. A condição social da vítima, de pobre, não pode ser valorizada para reduzir o montante da indenização pelo dano moral; a dor das pessoas humildes não é menor do que aquela sofrida por pessoas abonadas ao serem privadas de um ente querido. Recurso especial conhecido e provido. (REsp 951.777/DF, Rel. Ministro HUMBERTO GOMES DE BARROS, Rel. p/ Acórdão Ministro ARI PARGENDLER, TERCEIRA TURMA, julgado em 19/06/2007, DJ 27/08/2007, p. 252)[16]

Ainda nessa linha de raciocínio, assevera Maria Celina Bodin de Moraes que, "se a vítima vive em más condições econômicas, isto não significa que ela está fadada a apresentar para sempre tais condições."[17]

Dessa forma, a condição econômica da vítima não deve ser considerada para redução do *quantum*, pelas razões já expostas, mas, de outro modo, a condição econômica de quem causa o dano pode ser considera, sempre que a quantia arbitrada possa importar sua miserabilidade. Significa dizer que o patrimônio mínimo[18] deve ser critério a ser utilizado na determinação do montante indenizatório.

Em contrapartida, a vedação ao enriquecimento sem causa, em razão da condição econômica da vítima não deve prosperar. Muitas decisões utilizam esse critério como fundamento para redução do *quantum*, dando a entender que o montante compensatório não pode enriquecer a vítima, devendo tão somente reparar o dano. Ocorre que em nenhuma das decisões pesquisadas encontrou-se de forma racionalizada o que configura esse enriquecimento.

Até porque, a doutrina já demonstrou, em importante pesquisa sobre a quantificação do dano moral[19], que as condenações por danos extrapatrimoniais no Brasil são baixas. Investigou-se decisões em 15 tribunais, totalizando 1.044 acórdãos levantados. A referida pesquisa constatou que não há indícios, no ordenamento jurídico brasileiro, de que a ausência de critérios legislativos para a quantificação dos danos morais tenha comprometido o princípio da igualdade.

---

16. BRASIL. *Superior Tribunal de Justiça*. NEREsp 951.777/DF, Rel. Ministro HUMBERTO GOMES DE BARROS, Rel. p/ Acórdão Ministro ARI PARGENDLER, TERCEIRA TURMA, julgado em 19/06/2007, DJ 27/08/2007, p. 252

17. MORAES, Maria Celina Bodin. *Danos à Pessoa Humana*: uma leitura civil-constitucional dos danos morais. Rio de Janeiro, São Paulo: Renovar, 2003. p.301.

18. "A pessoa natural, ao lado de atributos inerentes à condição humana, inalienáveis e insuscetíveis de apropriação, pode ser também, à luz do Direito Civil brasileiro contemporâneo, dotada de uma garantia patrimonial que integra sua esfera jurídica. Trata-se de um patrimônio mínimo mensurado consoante parâmetros elementares de uma vida digna e do qual não pode ser expropriada ou desapossada. Por força desse princípio, independente de previsão legislativa específica instituidora dessa figura jurídica, e, para além de mera impenhorabilidade como abonação, ou inalienabilidade como gravame, sustenta-se existir imunidade juridicamente inata ao ser humano, superior aos interesses dos credores". FACHIN, Luiz Edson. *Estatuto Jurídico do Patrimônio Mínimo*. Rio de Janeiro: Renovar, 2001, p. 1.

19. Püschel, Flavia Portella; Corrêa, André Rodrigues; Salama, Bruno Meyerhof; Hirata, Alessandro. *A quantificação do Dano Moral no Brasil: Justiça, segurança e eficiência*. Série Pensando o Direito nº 37/2011. Disponível em: http://pensando.mj.gov.br/wp-content/uploads/2015/07/37Pensando_Direito1.pdf. Acesso em: 14 nov. 2019.

Ainda, segundo a pesquisa, o *quantum* indenizatório dos danos morais costumam ser baixos, sendo que apenas 3% dos casos analisados tiveram condenação superior a cem mil reais, ou seja, "a temida indústria de reparações milionárias não é uma realidade no Brasil, mesmo diante da situação atual de ausência de critérios legais para o cálculo do valor da reparação por danos morais".[20]

Pelo exposto, acredita-se que o fundamento de vedação ao enriquecimento sem causa não deve ser utilizado como critério. Isso porque, o problema geral da fixação do *quantum* reside na discricionariedade nesse processo decisório e na utilização indiscriminada dos critérios subjetivos. Mas, compete ao julgador, diante de um pedido de indenização por danos extrapatrimoniais, valendo-se das normas vigentes, dos parâmetros legais, da jurisprudência e, principalmente da peculiaridade do caso concreto, fixar a indenização adequada à compensação dos danos suportados pela vítima.

No Brasil, adota-se o sistema aberto de quantificação dos danos morais e não o sistema de tarifação, motivo pelo qual compete subjetivamente ao juiz fixar o *quantum* indenizatório.

Argumenta-se que a adoção do sistema aberto seja mais condizente com a equidade que se pretende alcançar, quando comparada com o sistema tarifário de fixação de danos extrapatrimoniais, mas a questão não é pacífica e reacendeu-se a discussão com a Reforma Trabalhista.

Isso porque, em 2017, a Consolidação das Leis do Trabalho sofreu diversas modificações, dentre elas, a que interessa a este trabalho, referente à parametrização da indenização por danos extrapatrimoniais nas relações trabalhistas, haja vista que se estabeleceu uma tarifação legislativa do dano, qual seja:

Art. 223-G. Ao apreciar o pedido, o juízo considerará:

I – a natureza do bem jurídico tutelado;

II – a intensidade do sofrimento ou da humilhação;

III – a possibilidade de superação física ou psicológica;

IV – os reflexos pessoais e sociais da ação ou da omissão;

V – a extensão e a duração dos efeitos da ofensa;

VI – as condições em que ocorreu a ofensa ou o prejuízo moral;

VII – o grau de dolo ou culpa;

VIII – a ocorrência de retratação espontânea;

IX – o esforço efetivo para minimizar a ofensa;

X – o perdão, tácito ou expresso;

XI – a situação social e econômica das partes envolvidas;

XII – o grau de publicidade da ofensa.

§ 1º Se julgar procedente o pedido, o juízo fixará a indenização a ser paga, a cada um dos ofendidos, em um dos seguintes parâmetros, vedada a acumulação:

I – ofensa de natureza leve, até três vezes o último salário contratual do ofendido;

---

20. Püschel, Flavia Portella; Corrêa, André Rodrigues; Salama, Bruno Meyerhof; Hirata, Alessandro. *A quantificação do Dano Moral no Brasil: Justiça, segurança e eficiência*. Série Pensando o Direito nº 37/2011. Disponível em: http://pensando.mj.gov.br/wp-content/uploads/2015/07/37Pensando_Direito1.pdf. Acesso em: 14 nov. 2019.

II – ofensa de natureza média, até cinco vezes o último salário contratual do ofendido;

III – ofensa de natureza grave, até vinte vezes o último salário contratual do ofendido;

IV – ofensa de natureza gravíssima, até cinquenta vezes o último salário contratual do ofendido.

§ 2º Se o ofendido for pessoa jurídica, a indenização será fixada com observância dos mesmos parâmetros estabelecidos no § 1º deste artigo, mas em relação ao salário contratual do ofensor.

§ 3º Na reincidência entre partes idênticas, o juízo poderá elevar ao dobro o valor da indenização.

O dispositivo em comento, embora não se aplique às indenizações por erro médico, retoma a discussão sobre os critérios de fixação dos danos extrapatrimoniais e os problemas já apresentados sobre o arbitramento com base na condição econômica do ofendido.

Apesar da aparente inconstitucionalidade do dispositivo, uma vez que o Superior Tribunal de Justiça editou a súmula 281 para afirmar que "a indenização por dano moral não está sujeita à tarifação prevista na Lei de Imprensa", por entender que a tarifação fere a Constituição, o artigo 223-G segue válido. Assim, a tarifação preestabelecida, acima transcrita, vem sendo utilizada em matéria trabalhista, em clara tentativa do legislador de restringir a subjetividade do magistrado na definição do *quantum* indenizatório.

Embora alguns autores defendam o sistema tarifário[21], parece desarrazoado defender a predefinição do montante de danos extrapatrimoniais, em razão da própria natureza desses danos, cabendo ao juiz diante do caso concreto e de suas peculiaridades arbitrar uma quantia razoável.[22]

Assim, o *quantum* indenizatório deverá ser alcançado, sem contudo, comprometer a dignidade do médico, nem deixar de verificar a extensão e a repercussão do dano para o paciente. Na tentativa de solucionar o problema entende o Superior Tribunal de Justiça que,

as principais circunstâncias a serem consideradas como elementos objetivos e subjetivos de concreção são: a) a gravidade do fato em si e suas conseqüências para a vítima (dimensão do dano); b) a intensidade do dolo ou o grau de culpa do agente (culpabilidade do agente); c) a eventual participação culposa do ofendido (culpa concorrente da vítima); d) a condição econômica do ofensor; e) as condições pessoais da vítima (posição política, social e econômica).Ocorre que, na responsabilidade civil, diferentemente do Direito Penal, não existem parâmetros mínimos e máximos para balizar a quantificação da indenização. Desse modo, embora as circunstâncias judiciais moduladoras sejam importantes elementos de concreção na operação judicial de quantificação da indenização por danos. No futuro, na hipótese de adoção de um tarifamento legislativo, poder-se-iam estabelecer parâmetros mínimos e máximos bem distanciados, à semelhança das penas mínima e máxima previstas no Direito Penal, para as indenizações relativas aos fatos mais comuns. Mesmo essa solução não se mostra alinhada com um dos consectários lógicos do princípio da reparação integral, que é a avaliação concreta dos prejuízos

---

21. Por exemplo: CASILLO, João. *Dano à Pessoa e sua Indenização*. São Paulo: Editora Revista dos Tribunais, 1987 e SANTOS, Enoque Ribeiro dos. *O dano extrapatrimonial na lei n. 13.467/2007, da reforma trabalhista*. Revista Eletrônica: Reforma Trabalhista II, v. 7, n. 62, set.-out. 2017.

22. Para Homero Batista da Silva é necessário compreender a essencialidade da fixação de critérios para a quantificação da reparação por danos não patrimoniais na seara do direito do trabalho. Isso porque pode haver casos nos quais as sentenças auferem indenizações excessivas para acontecimentos ocasionados durante o período contratual. E é justamente por isso que decidiu o legislador pelo tabelamento, limitando o teto dos valores a serem fixados. Entretanto, acrescenta o autor que a estratégia de tarifação poderá chocar-se com a complexidade de situações que ocorre nas relações trabalhistas, acarretando numa possível impossibilidade de enquadrá-lo no rol de patamares do artigo 223-G da CLT. SILVA, Homero Batista da. *Comentários à reforma trabalhista*. São Paulo: Revista dos Tribunais, 2017.

indenizáveis. De todo modo, no momento atual do Direito brasileiro, mostra-se impensável um tarifamento ou tabelamento da indenização para os prejuízos extrapatrimoniais, pois a consagração da sua reparabilidade é muito recente, havendo necessidade de maior amadurecimento dos critérios de quantificação pela comunidade jurídica. Deve-se ter o cuidado, inclusive, com o tarifamento judicial, que começa silenciosamente a ocorrer, embora não admitido expressamente por nenhum julgado, na fixação das indenizações por danos extrapatrimoniais de acordo com precedentes jurisprudenciais, considerando apenas o bem jurídico atingido.[23]

Acredita-se que, exatamente por isso, o Superior Tribunal de Justiça, tenha estabelecidos parâmetros objetivos, com relação aos danos extrapatrimoniais, para que as decisões dos tribunais estaduais sejam analisadas e reformadas tão somente quando apresentarem valores muito distintos desses parâmetros, mas nem sempre essa adequação é tão simples, fora os problemas já apresentados relativo a certos critérios.

Para se entender essa dificuldade é preciso apresentar os parâmetros e depois contrapô-los com os julgados que fixam as indenizações por erro médico, o que tem sido feito pelo método bifásico adotado pelo Superior Tribunal de Justiça.

3.1 Do sistema bifásico de quantificação dos danos extrapatrimoniais

O Superior Tribunal de Justiça tem-se utilizado do método bifásico para quantificação dos danos extrapatrimoniais. Método este que

> resulta da reunião dos dois critérios (valorização sucessiva tanto das circunstâncias como do interesse jurídico lesado). Na primeira fase, arbitra-se o valor básico ou inicial da indenização, considerando-se o interesse jurídico lesado, em conformidade com os precedentes jurisprudenciais acerca da matéria (grupo de casos). Assegura-se, com isso, uma exigência da justiça comutativa que é uma razoável igualdade de tratamento para casos semelhantes, assim como que situações distintas sejam tratadas desigualmente na medida em que se diferenciam. Na segunda fase, procede-se à fixação definitiva da indenização, ajustando-se o seu montante às peculiaridades do caso com base nas suas circunstâncias. Partindo-se, assim, da indenização básica, eleva-se ou reduz-se esse valor de acordo com as circunstâncias particulares do caso (gravidade do fato em si, culpabilidade do agente, culpa concorrente da vítima, condição econômica das partes) até se alcançar o montante definitivo. Procede-se, assim, a um arbitramento efetivamente equitativo, que respeita as peculiaridades do caso. Chega-se, com isso, a um ponto de equilíbrio em que as vantagens dos dois critérios estarão presentes. De um lado, será alcançada uma razoável correspondência entre o valor da indenização e o interesse jurídico lesado, enquanto, de outro lado, obter-se-á um montante que corresponda às peculiaridades do caso com um arbitramento equitativo e a devida fundamentação pela decisão judicial.[24]

O método bifásico, portanto, alcança inicialmente o valor que normalmente se fixa para casos semelhantes e posteriormente agregam-se as circunstâncias específicas do caso, majorando ou reduzindo o valor básico localizado na fase inicial.

Cumpre ressaltar que, diferentemente do que se admitia no antigo Código de Processo Civil, o novo código processual não admite o pedido genérico de indenização por danos morais. Vale dizer que, segundo o artigo 292, do atual diploma processual, na ação

---

23. BRASIL. *Superior Tribunal de Justiça.* AgInt no REsp 1608573/RJ, Rel. Ministro LUIS FELIPE SALOMÃO, QUARTA TURMA, julgado em 20/08/2019, DJe 23/08/2019
24. BRASIL. *Superior Tribunal de Justiça.* AgInt no REsp 1608573/RJ, Rel. Ministro LUIS FELIPE SALOMÃO, QUARTA TURMA, julgado em 20/08/2019, DJe 23/08/2019.

indenizatória, inclusive a fundada em dano moral, o valor pretendido deve constar na petição inicial como valor da causa.

Essa ressalva afeta o método bifásico, tendo em vista que o magistrado, na primeira fase deve observar o valor normalmente arbitrado, mas estará limitado ao valor da causa. Se por ventura o advogado na inicial fizer um pedido de compensação por danos morais inferior ao patamar que vem sendo arbitrado pelo Tribunal, o julgador não poderá elevar a condenação a um valor que ultrapasse o pedido inicial. Feita a ressalva,

> O referido método bifásico parece ser o que melhor atende às exigências de um arbitramento equitativo da indenização por danos extrapatrimoniais, uma vez que minimiza eventual arbitrariedade ao se adotar critérios unicamente subjetivos do julgador, além de afastar eventual tarifação do dano. Nesse sentido, pacificou-se a jurisprudência da 3ª Turma desta Corte Superior, posteriormente encampada pela 4ª Turma, na qual se constata, primeiramente, a existência do dano moral pela violação a situações jurídicas existenciais, isto é, a valoração do fato lesivo, e, num segundo momento, a extensão e a quantificação do dano extrapatrimonial, individualizando-o de acordo com as peculiaridades do caso concreto.[25]

Nesse sentido, tendo em vista a necessidade de ajustar o valor normalmente fixado em demandas parecidas, estabelece o Superior Tribunal de Justiça como parâmetro objetivo que "a indenização por dano moral decorrente de morte aos familiares da vítima é admitida, geralmente, até o montante equivalente a 500 (quinhentos) salários mínimos.[26]

Desse modo, caso o erro médico culmine com a morte do paciente, a responsabilização do médico, pelos danos morais devidos aos familiares da vítima, deverá estar próxima desse patamar, sem desconsiderar os outros critérios objetivos e as peculiaridades do caso.

Ainda sobre o evento morte, o Tribunal estabelece como parâmetro o montante de 100 (cem) salários mínimos, para à morte do filho em razão do parto:

> DANO MORAL. MORTE DO FILHO NO PARTO.
>
> Verifica-se a irrisoriedade da condenação fixada pela origem em R$ 30 mil para cada genitor em decorrência de morte do filho por ocasião do parto, após ter sido a mãe mantida em espera, no hospital, por 17 horas sem tratamento e diagnóstico adequados. Quando submetida à cirurgia, o bebê já se encontrava asfixiado pelo líquido meconial.
>
> Na linha de precedentes, o parâmetro mínimo identificado por esta Corte como razoável em hipóteses similares é de cerca de 100 salários mínimos para cada autor. Inexistindo razões particulares ao caso para fixação em patamar inferior, majora-se para tal quantia a condenação, no equivalente aos valores vigentes por ocasião deste julgamento. (AgInt no AgInt no REsp 1712285/TO, Rel. Ministro OG FERNANDES, julgado em 13/12/2018, DJe 18/12/2018)[27]

Embora haja parâmetros já bem definidos no Superior Tribunal de Justiça, cumpre salientar que não se trata de tabela ou tarifação de danos extrapatrimoniais.

Exatamente por isso, mesmo utilizando se do método ora apresentado, há uma variação no montante dos danos extrapatrimoniais arbitrados pelo Tribunal.

---

25. BRASIL. *Superior Tribunal de Justiça.* AgInt no REsp 1608573/RJ, Rel. Ministro LUIS FELIPE SALOMÃO, QUARTA TURMA, julgado em 20/08/2019, DJe 23/08/2019.
26. BRASIL. *Superior Tribunal de Justiça.* AgRg no AREsp 514.556/SP, Rel. Ministro RAUL ARAÚJO, julgado em 16/09/2014, DJe 20/10/2014.
27. BRASIL. Superior Tribunal de Justiça. AgInt no AgInt no REsp 1712285/TO, Rel. Ministro OG FERNANDES, julgado em 13/12/2018, DJe 18/12/2018.

DANO MORAL. QUANTUM IRRISÓRIO. MORTE DA CRIANÇA NO VENTRE MATERNO. QUANTUM INDENIZATÓRIO. CRITÉRIOS DE ARBITRAMENTO EQUITATIVO PELO JUIZ. MÉTODO BIFÁSICO. VALORIZAÇÃO DO INTERESSE JURÍDICO LESADO E CIRCUNSTÂNCIAS DO CASO. DECISÃO MANTIDA.

O método bifásico, como parâmetro para a aferição da indenização por danos morais, atende às exigências de um arbitramento equitativo, pois, além de minimizar eventuais arbitrariedades, evitando a adoção de critérios unicamente subjetivos pelo julgador, afasta a tarifação do dano, trazendo um ponto de equilíbrio pelo qual se consegue alcançar razoável correspondência entre o valor da indenização e o interesse jurídico lesado, bem como estabelecer montante que melhor corresponda às peculiaridades do caso. 3. Na primeira fase, o valor básico ou inicial da indenização é arbitrado tendo-se em conta o interesse jurídico lesado, em conformidade com os precedentes jurisprudenciais acerca da matéria (grupo de casos).

Na segunda fase, ajusta-se o valor às peculiaridades do caso com base nas suas circunstâncias (gravidade do fato em si, culpabilidade do agente, culpa concorrente da vítima, condição econômica das partes), procedendo-se à fixação definitiva da indenização, por meio de arbitramento equitativo pelo juiz. Irrisório, no caso, os danos morais em R$ 10 mil, devendo ser elevados para R$ 90 mil, mantido o julgado de origem quanto à correção monetária, juros de mora e honorários advocatícios. Recurso especial provido. Agravo interno não provid. AgInt no REsp 1608573/RJ, Rel. Ministro LUIS FELIPE SALOMÃO, QUARTA TURMA, julgado em 20/08/2019, DJe 23/08/2019.[28]

Ainda sobre a aplicação do método, o Superior Tribunal de Justiça utiliza de outros precedentes, relacionados ao erro médico em obstetrícia, para justificar sua decisão:

Utilizando-se do método bifásico de arbitramento de dano moral, colhem-se dos precedentes desta Corte, relacionados à prática da má prestação de serviço médico a parturientes, as seguintes condenações: i) R$ 90.000,00, em favor da genitora cujo filho veio a óbito após um parto tardio (AgInt no REsp 1608573/RJ, 4ª Turma, DJe de 23/08/2019); ii) R$ 80.000,00, em favor da genitora cuja filha veio a óbito após a insistência do médico para a realização de parto normal (AgInt no ARESP 1.249.098/SP, 3ª Turma, DJe de 27/06/2018); iii) R$ 360.000,00, em favor de uma criança que ficou em estado vegetativo (AgInt no REsp 1.649.484/AM, 4ª Turma, DJe 26/03/2018); v) R$ 200.000,00, em favor da genitora de uma criança portadora de deficiência neurológica e física que veio a óbito (REsp 1.642.999/PR, 3ª Turma, DJe 02/02/2018); v) R$ 111.600,00, em razão de sequelas motoras e neurológicas em menor (AgInt nos EDcl no REsp 1.593.653/RJ, Terceira Turma, DJe 24/04/2017); vi) R$ 200.000,00, em favor de cada autor tendo em vista o estado vegetativo da criança (AgInt no ARESP 724.092/SP, 3ª Turma, DJe de 08/09/2016); vii) R$ 163.500,00, em favor da genitora cujo filho veio a óbito após um parto tardio (AgRg no AREsp 180.480/SP, 3ª Turma, DJe de 28/02/2014); viii) 250 salários mínimos, em favor de menor e sua genitora por retardamento na realização de parto, do qual advieram seqüelas irreversíveis (REsp 1.195.656/BA, 3ª Turma, DJe 30/08/2011).[29]

Observa-se dos julgados acima citados que, embora os valores não tenham sido iguais, as variações, de um modo geral, não fugiram do parâmetro de 100 salários mínimos preestabelecido e considerou-se as peculiaridades do caso.

A dificuldade aumenta, no entanto, quando se aumenta o espectro de erro médico, como se verifica dos julgados esquematizados a seguir:

---

28. BRASIL. *Superior Tribunal de Justiça*. AgInt no REsp 1608573/RJ, Rel. Ministro LUIS FELIPE SALOMÃO, QUARTA TURMA, julgado em 20/08/2019, DJe 23/08/2019.
29. BRASIL. Superior Tribunal de Justiça. REsp 1749965/SP, Rel. Ministra NANCY ANDRIGHI, TERCEIRA TURMA, julgado em 12/11/2019, DJe 19/11/2019.

O *QUANTUM* INDENIZATÓRIO NAS RELAÇÕES MÉDICO-PACIENTE

a) Perda de Visão. Mantido o valor de 18 mil reais por danos morais e 15 salários mínimos por danos estéticos, por se entender que a quantia anteriormente fixada não é irrisória nem exorbitante.[30]

b) Perda de Visão. Mantido o valor de 200 mil reais por danos morais e 15 salários mínimos por danos estéticos, por se entender que a quantia anteriormente fixada não é irrisória nem exorbitante.[31]

c) Perda de Visão. Mantido o valor de 50 mil reais por danos morais, por se entender que a quantia anteriormente fixada não é irrisória nem exorbitante[32]

Nota-se desses três primeiros julgados, todos relacionados à perda de visão por erro médico, uma quantificação bastante variável. E não se defende aqui que não seja. Até porque, são muitas as variáveis, como se nota dos julgados. Por exemplo, idade das vítimas, extensão do dano (perda total ou parcial da visão), etc. Ainda sim, parece muito discrepante a variação de 18 para 200 mil reais, sem uma fundamentação objetiva para a hipótese.

---

30. INDENIZAÇÃO POR DANOS MORAIS. DEFEITO NA PRESTAÇÃO DE SERVIÇO DE SAÚDE. PERDA DA VISÃO.
Em relação ao valor dos danos morais, o Tribunal a quo, à luz das provas dos autos e em vista das circunstâncias fáticas do caso, reduziu o valor da indenização por danos morais, arbitrado, pela sentença, em R$ 28.110,00 (vinte e oito mil e cento e dez reais), a R$ 18.000,00 (dezoito mil reais), considerando ser o valor mais razoável e adequado ao caso, "mantida a sentença em seus demais termos e condenações, inclusive e especialmente quanto ao valor da indenização pelo dano estético (15 salários mínimos)". Nesse contexto, "a jurisprudência do Superior Tribunal de Justiça é no sentido de que a revisão dos valores fixados a título de danos morais somente é possível quando exorbitante ou insignificante, em flagrante violação aos princípios da razoabilidade e da proporcionalidade, o que não é o caso dos autos. A verificação da razoabilidade do quantum indenizatório esbarra no óbice da Súmula 7/STJ" (STJ, AgInt no AREsp 927.090/SC, Rel. Ministro HERMAN BENJAMIN, SEGUNDA TURMA, DJe de 08/11/2016). Incidência, no caso, da Súmula 7/STJ diante das peculiaridades da causa, expostas no acórdão recorrido. (AgInt no AREsp 1533637/AP, Rel. Ministra ASSUSETE MAGALHÃES, SEGUNDA TURMA, julgado em 05/12/2019, DJe 12/12/2019)

31. DANO CAUSADO POR ERRO MÉDICO. PERDA TOTAL DA VISÃO EM CRIANÇA COM 8 ANOS DE IDADE. INDENIZAÇÃO FIXADA PELA CORTE DE ORIGEM EM R$ 200.000,00. VALOR QUE NÃO SE AFIGURA EXORBITANTE. Não obstante, permanece a conclusão da decisão agravada quanto à impossibilidade de diminuição do referido valor, por exigir o reexame do conjunto fático-probatório. Afinal, consoante se colhe do acórdão recorrido, a indenização foi fixada em razão de erro médico que levou à perda total da visão do recorrido, criança com apenas 8 anos de idade. Diante da gravidade do dano causado pela conduta negligente da parte agravante, não se pode afirmar que é exorbitante a indenização arbitrada pelas instâncias ordinárias em R$ 200.000,00. Agravo Interno da Municipalidade a que se nega provimento. (AgInt no AREsp 1139209/SP, Rel. Ministro NAPOLEÃO NUNES MAIA FILHO, PRIMEIRA TURMA, julgado em 08/04/2019, DJe 15/04/2019)

32. PROCEDIMENTO CIRÚRGICO REALIZADO NO HOSPITAL UNIVERSITÁRIO DA UNIRIO. PERDA DA VISÃO DO OLHO DIREITO. DANOS MATERIAL E MORAL CONFIGURADOS. PRETENDIDA REVISÃO DO QUANTUM INDENIZATÓRIO. Trata-se, na origem, de demanda judicial em que se pleiteava indenização no valor de 2000 salários mínimos por erro médico em virtude de erro médico atestado em perícia médica judicial realizada. A recorrente após ter sido submetida à cirurgia oftalmológica, teve drástica perda da visão do olho direito, a incapacitando parcialmente para o mercado de trabalho já que exercia a função de vigilante. A sentença julgou o pedido parcialmente procedente, condenando à União ao pagamento de R$ 50.000,00 (cinquenta mil reais) a título de danos morais. Foi interposta apelação visando a majoração do valor da indenização. O Tribunal Regional Federal da 2ª Região manteve a decisão de procedência do pedido inicial. No caso, o Tribunal de origem, à luz das provas dos autos e em vista das circunstâncias fáticas do caso, manteve o valor da indenização por danos morais, arbitrado, pela sentença, em R$ 50.000,00 (cinquenta mil reais), quantum que não se mostra excessiva, diante das peculiaridades da causa, expostas no acórdão recorrido. Incidência da Súmula 7/STJ. Agravos conhecidos para negar provimento aos Recursos Especiais. (AREsp 1228571/RJ, Rel. Ministro HERMAN BENJAMIN, SEGUNDA TURMA, julgado em 01/10/2019, DJe 18/10/2019).

A decisão a seguir também demonstra uma variação bastante considerável, haja vista que o parâmetro para evento morte é de 500 salários mínimos, como já se demonstrou, sendo que a condenação abaixo ficou bem distante do parâmetro:

d) Morte por infecção hospitalar. Mantido o valor de 80 mil reais, por se entender que a quantia anteriormente fixada não é irrisória nem exorbitante.[33]

Corroborando o posicionamento anterior referente a desarmonia dos valores arbitrados, observa-se a manutenção de uma condenação de 80 mil reais (mesmo valor mantido na decisão acima para falecimento), sendo que o dano não culminou com a morte. Ao que parece a decisão que desrespeitou o parâmetro é a decisão anterior (d).

e) Lesão de natureza grave. Necessidade de 3 cirurgias para minimizar a lesão e as fortes dores (referência à extensão do dano). Mantido o valor de 80 mil reais, por se entender que a quantia anteriormente fixada não é irrisória nem exorbitante[34]

Por fim, traz-se um comparativo entre decisões relativas ao erro médico que culminaram em estado vegetativo à vítima:

f) Estado Vegetativo. 360 mil reais em favor de uma criança. (AgInt no REsp 1.649.484/AM, 4ª Turma, DJe 26/03/2018).[35]

g) Estado Vegetativo. 200 mil reais em favor dos genitores de criança que ficou em estado vegetativo. (AgInt no ARESP 724.092/SP, 3ª Turma, DJe de 08/09/2016).[36]

---

33. AÇÃO INDENIZATÓRIA. MORTE POR INFECÇÃO HOSPITALAR. PACIENTE INTERNADO POR DISTÚRBIOS PSICOLÓGICOS. DANOS MORAIS. QUANTUM INDENIZATÓRIO. VALOR ADEQUADO. RAZOABILIDADE.
    O Tribunal de origem, com fundamento no conjunto probatório dos autos, reconheceu a falha na prestação de serviços hospitalares que implicou a morte do filho dos agravados por pneumonia e infecções hospitalares. O valor arbitrado pelas instâncias ordinárias a título de indenização por danos morais pode ser revisto por esta Corte tão somente nas hipóteses em que a condenação se revelar irrisória ou exorbitante, distanciando-se dos padrões de razoabilidade, o que não se evidencia no presente caso, em que fixado em R$ 80.000,00 (oitenta mil reais). Agravo interno não provido. (AgInt no AREsp 1359566/SP, Rel. Ministro RAUL ARAÚJO, QUARTA TURMA, julgado em 18/06/2019, DJe 28/06/2019).

34. ERRO MÉDICO. DANOS MATERIAIS E MORAIS. CABIMENTO. QUANTUM INDENIZATÓRIO. REVISÃO.
    Somente é admissível o exame do valor fixado a título de danos morais em hipóteses excepcionais, quando for verificada a exorbitância ou a natureza irrisória da importância arbitrada, em flagrante ofensa aos princípios da razoabilidade e da proporcionalidade. 5. No caso, não se mostra excessivo, a justificar sua reavaliação em recurso especial, o montante estabelecido pelo Tribunal de origem em R$ 80.000,00 (oitenta mil reais), arbitrado a título de reparação moral sofrida pela parte recorrida, por erro médico com lesão grave, no qual o "o autor apenas teve seu problema clínico estabilizado após a terceira cirurgia corretiva. Além disso, passou por três cirurgias de grande porte durante o lapso temporal de um ano, duas delas fracassadas em virtude da negligência, imperícia e imprudência do atendimento aqui tratado, sempre acometido de fortes dores e grande limitação física".(AgInt no AREsp 1398080/SP, Rel. Ministro RAUL ARAÚJO, QUARTA TURMA, julgado em 23/04/2019, DJe 22/05/2019)

35. ERRO MÉDICO. CIRURGIA DE ADENOAMIGDALECTOMIA. CRIANÇA EM ESTADO VEGETATIVO. DANOS MORAIS. VALOR DA INDENIZAÇÃO.
    Somente em hipóteses excepcionais, quando irrisório ou exorbitante o valor da indenização por danos morais arbitrado na origem, a jurisprudência desta Corte permite o afastamento do referido óbice, para possibilitar a revisão. No caso, o valor estabelecido pelo Tribunal de origem não se mostra excessivo, a justificar sua reavaliação em recurso especial. (AgInt no REsp 1649484/AM, Rel. Ministro ANTONIO CARLOS FERREIRA, QUARTA TURMA, julgado em 13/03/2018, DJe 26/03/2018).

36. RESPONSABILIDADE CIVIL. ERRO MÉDICO. ESTADO VEGETATIVO. DANOS MORAIS. VALOR DA INDENIZAÇÃO EM HARMONIA COM OS PRINCÍPIOS DA PROPORCIONALIDADE E DA RAZOABILIDADE. REVISÃO. IMPOSSIBILIDADE. SÚMULA 07/STJ. AGRAVO INTERNO DESPROVIDO.(AgInt no AREsp 724.092/SP, Rel. Ministro PAULO DE TARSO SANSEVERINO, TERCEIRA TURMA, julgado em 01/09/2016, DJe 08/09/2016)

h) Estado Vegetativo. 70 mil reais em favor de paciente adulta.[37]

No último caso o valor da condenação foi bem abaixo das condenações anteriormente verificadas, mesmo em se tratando de estado vegetativo de pessoa adulta. Não há maiores digressões pelo Tribunal sobre os fundamentos da decisão, tendo em vista que se limitou a confirmar a decisão do Tribunal Estadual, mas o fez afirmando não se tratar de valor irrisório ou exorbitante, como fez em quase todos os outros julgados aqui apresentados e tantos outros pesquisados.

O que se observa é que há uma variação grande, de 514% entre as decisões apresentadas pelo Superior Tribunal de Justiça no tocante ao estado vegetativo provocado pelo erro médico. Ainda que a pesquisa[38] anteriormente apresentada tenha afirmado que as variações são baixas e, apenas excepcionalmente, haja condenações acima dos cem mil reais, fato é que em um mesmo tribunal e, diga-se de passagem, um tribunal superior, há oscilações consideráveis.

Não se pretende aqui afirmar que a quantificação dos danos deva ser equivalente para situação similares, porque as particularidades do caso, especialmente a repercussão do dano na esfera da vítima precisa ser verificada. No entanto, o que mais instiga o presente estudo é a falta de fundamentação clara e coerente para não se reformar, por exemplo, uma decisão que variou 514% para menos.

O que se está a questionar é a falta de racionalização de critérios para se determinar tamanha variação do montante de danos extrapatrimoniais em casos semelhantes.

Ademais, se se considerar que o Superior Tribunal de Justiça já definiu que o "estado vegetativo é considerado tão grave quanto a morte, ou talvez até mais, haja vista a dor diária vivenciada pelos parentes que têm de cuidar do ente querido em tal situação, bem como presenciar o seu sofrimento",[39] conclui-se que a variação foi ainda maior, pois o parâmetro para os casos de morte é de 500 salários mínimos, como já se demonstrou.

Como desde o início se afirmou, a tarefa de fixar o *quantum* indenizatório é complexa e, por mais, parâmetros que se tenha, a discussão está longe de se findar.

---

37. CIRURGIA PARA CORREÇÃO DE FRATURA NO TORNOZELO. COMPLICAÇÕES. ANESTESIA PERIDURAL. PACIENTE EM ESTADO VEGETATIVO. ERRO MÉDICO. CULPA CONFIGURADA. HOSPITAL. RESPONSABILIDADE SUBJETIVA.

     No caso em apreço, o acórdão recorrido concluiu, com base na prova dos autos, que houve falha médica quando da aplicação da anestesia peridural para correção de fratura no tornozelo da autora, que se encontra em estado vegetativo.

     A comprovação da culpa do médico atrai a responsabilidade do hospital embasada no artigo 932, inciso III, do Código Civil, mas permite ação de regresso contra o causador do dano.

     O Superior Tribunal de Justiça, afastando a incidência da Súmula nº 7/STJ, tem reexaminado o montante fixado pelas instâncias ordinárias apenas quando irrisório ou abusivo, circunstâncias inexistentes no presente caso, em que arbitrada indenização no valor de R$ 70.000,00 (setenta mil reais).

     Agravo interno não provido. (AgInt no AREsp 1375970/SP, Rel. Ministro RICARDO VILLAS BÔAS CUEVA, TERCEIRA TURMA, julgado em 10/06/2019, DJe 14/06/2019).

38. PÜSCHEL, Flavia Portella; CORRÊA, André Rodrigues; SALAMA, Bruno Meyerhof; Hirata, Alessandro. *A quantificação do Dano Moral no Brasil: Justiça, segurança e eficiência*. Série Pensando o Direito nº 37/2011. Disponível em: http://pensando.mj.gov.br/wp-content/uploads/2015/07/37Pensando_Direito1.pdf. Acesso em: 14 nov. 2019.

39. Nesse sentido: BRASIL. *Superior Tribunal de Justiça*. AgInt no ARESP 724.092/SP, 3ª Turma, DJe de 08/09/2016; e, AgInt no REsp 1.649.484/AM, 4ª Turma, DJe 26/03/2018. BRASIL. Superior Tribunal de Justiça. REsp 1749965/SP, Rel. Ministra NANCY ANDRIGHI, TERCEIRA TURMA, julgado em 12/11/2019, DJe 19/11/2019.

Acredita-se, no entanto, que se a fundamentação das decisões fosse mais objetiva no tocante aos critérios, variáveis e parâmetros, as partes teriam mais segurança para deixar de recorrer. Ou teriam mais segurança para recorrer de decisões que fogem da parametrização predefinida pelo próprio Judiciário, ainda que a decisão tente afirmar o contrário, como no exemplo acima explorado.

Não há, e nem deve haver, um critério absoluto passível de ser determinado no momento de fixação dos danos morais, uma vez que se adota no Brasil o sistema aberto de quantificação de tais danos, daí a importância de as decisões serem motivadas e bem fundamentadas.

Pelo exposto, diante da apresentação e comparação entre os mais recentes julgados sobre erro médico foi possível verificar o cenário de quantificação dos danos extrapatrimoniais, a partir da análise dos critérios observados pelo julgador, como o teto a nortear as decisões, a verificação da extensão do dano, a capacidade econômica das partes, a idade e o grau de culpa, por exemplo.

4. CONSIDERAÇÕES FINAIS

A pesquisa aqui apresentada abordou a complexidade de se determinar o *quantum* indenizatório envolvendo erro médico, a partir da análise jurisprudencial do Superior Tribunal de Justiça.

Verificou-se que, há uma variação significativa na amostra de recentes decisões do Superior Tribunal de Justiça no tocante ao erro médico. Se essas variações são consideráveis, as oscilações nos demais tribunais e juízos de primeira instância revelam-se ainda maiores, muito embora não tenham sido objeto da pesquisa.

Mesmo em se tratando do Superior Tribunal de Justiça, muitas vezes, os critérios são apresentados de forma imprecisa e sem uma justificativa racionalizada dos parâmetros utilizados para tal variação do *quantum* em casos similares.

Essa constatação dá ensejo a outras considerações, haja vista que a variação por si só já dificulta possíveis acordos e, portanto, a diminuição dos litígios oriundos da relação médico-paciente. Mas, a falta de fundamentação de algumas dessas decisões que se limitam a afirmar que não haverá alteração do *quantum*, por não ser o valor irrisório ou exorbitante, fomenta a insegurança jurídica pela ausência de balizamentos dos critérios de quantificação dos danos extrapatrimoniais, além de comprometerem a possibilidade de recurso, ainda que a manutenção da decisão contrarie os parâmetros trazidos pelo próprio Superior Tribunal de Justiça.

A partir da análise jurisprudencial apresentada, sem prejuízo dos posicionamentos contrários acerca dos lineamentos que a partir das decisões foram traçados, foi possível descrever o estado atual da jurisprudência em torno do erro médico e da fixação do montante indenizatório nessas hipóteses.

Apesar dos esforços em sentido contrário, a determinação do *quantum* indenizatório ainda está impregnada de certa discricionariedade, por na maioria das vezes, não correlacionarem da forma expressa o critério com o aumento, redução ou manutenção do montante indenizatório.

Além disso, observou-se que não há uma uniformidade de critérios, nem na doutrina, nem na jurisprudência, tampouco na legislação, como se exemplificou com as alterações na Consolidação das Leis Trabalhistas.

Paradoxalmente, defende-se no presente trabalho que, apesar das dificuldades trazidas pelo sistema aberto de fixação do *quantum* indenizatório, a tarifação não parece resolver o problema, ao revés, o engessamento do Judiciário, com valores pré-fixados compromete a igualdade substancial e a reparação integral que decorre da própria natureza da responsabilidade civil.

Assim, diante do cenário ainda em construção da fixação dos danos extrapatrimoniais por erro médico, o que se espera é que o método elegido pelo Superior Tribunal de Justiça seja claro, racionalizado e fundamentado, ainda que a natureza do dano seja a própria inexatidão. O caminho a ser percorrido não pode ser a ausência de um caminho ou a simples menção de utilização desse caminho.

5. REFERÊNCIAS

AGUIAR JR., Ruy Rosado. *Responsabilidade Civil do Médico*. Publicada na RJ nº 231 – JAN/97.

BARROS BOURIE, Enrique. *Tratado de Responsabilidad Extracontractual*. Santiago, Editorial Jurídica de Chile, 2006.

BRAGA NETTO, Felipe; FARIAS, Cristiano Chaves de; ROSENVALD, Nelson. *Novo tratado de responsabilidade civil*. – 2 ed. São Paulo: Saraiva, 2017.

BRASIL. Conselho Nacional de Justiça. *Justiça em Números* 2018: ano-base 2017/Conselho Nacional de Justiça – Brasília: CNJ, 2018. Disponível em http://www.cnj.jus.br/programas-e-acoes/pj-justica-em-numeros. Acesso: 10 nov. 2019.

CAHALI, Yussef Said. *Dano moral*. 23. ed. São Paulo: Editora Revista dos Tribunais, 1998.

ROMEO CASABONA, Carlos María; SÁ, Maria de Fátima Freire de (Coord.). *Direito biomédico: Espanha-Brasil*. Belo Horizonte: Ed. PUC Minas, 2011.

CASILLO, João. *Dano à Pessoa e sua Indenização*. São Paulo: Editora Revista dos Tribunais, 1987.

CAVALIERI FILHO, Sérgio. *Programa de Responsabilidade Civil*. São Paulo: Atlas, 2013.

GIOSTRI, Hildegard Taggesell. *Erro Médico: à luz da jurisprudência comentada*. Juruá. 2004.

KFOURI NETO, Miguel. *Responsabilidade civil do médico*. 6.ed. rev. atual. e ampl. São Paulo: Revista dos Tribunais, 2007.

MILAGRES, Marcelo; ROSENVALD, Nelson. (Org.). *Responsabilidade Civil: Novas Tendências*. 2. ed. Indaiatuba-SP: Foco, 2018.

MORAES, Maria Celina Bodin. *Danos à Pessoa Humana: uma leitura civil-constitucional dos danos morais*. Rio de Janeiro, São Paulo: Renovar, 2003.

PÜSCHEL, Flavia Portella; CORRÊA, André Rodrigues; SALAMA, Bruno Meyerhof; Hirata, Alessandro. *A quantificação do Dano Moral no Brasil*: Justiça, segurança e eficiência. Série Pensando o Direito nº 37/2011. Disponível em: http://pensando.mj.gov.br/wp-content/uploads/2015/07/37Pensando_Direito1.pdf. Acesso em: 14 nov. 2019.

SA, Maria de Fátima Freire de. (Org.); NAVES, Bruno Torquato de Oliveira (Org.); SOUZA, Iara Antunes de. (Org.). *Direito e Medicina: Autonomia e vulnerabilidade em ambiente hospitalar*. 1. ed. Indaiatuba, SP: Editora Foco, 2018.

SANTOS, Enoque Ribeiro dos. *O dano extrapatrimonial na lei n. 13.467/2007, da reforma trabalhista*. Revista Eletrônica: Reforma Trabalhista II, v. 7, n. 62, set.-out. 2017.

SCHREIBER, Anderson. *Novos paradigmas da responsabilidade civil*: da erosão dos filtros da reparação à diluição dos danos. São Paulo: Atlas, 2013. SILVA, Homero Batista da. *Comentários à reforma trabalhista*. São Paulo: Revista dos Tribunais, 2017.

THEODORO JÚNIOR, Humberto. *Responsabilidade civil- danos morais e patrimoniais – acidente no trabalho – ato de preposto*. ST n° 84 – JUN/96.

TERMO DE CONSENTIMENTO LIVRE E ESCLARECIDO E RESPONSABILIDADE CIVIL DO MÉDICO E DO HOSPITAL

Maria de Fátima Freire de Sá

Doutora em direito pela UFMG e mestre em direito pela PUCMinas. Professora na graduação e no programa de pós-graduação *stricto sensu* em direito na PUCMinas. Coordenadora e professora no curso de especialização em direito médico e bioética do IEC-PUCMinas. Pesquisadora do Centro de Estudos em Biodireito – CEBID. @ cebid_biodireito. @mariadefatimafreiredesa.

Iara Antunes de Souza

Doutora e mestre em direito privado pela PUCMinas. Professora na graduação em direito e no mestrado acadêmico "Novos Direitos, Novos Sujeitos" da Universidade Federal de Ouro Preto – UFOP. Pesquisadora do Centro de Estudos em Biodireito – CEBID. @ cebid_biodireito. @souza_iara_antunes.

Sumário: 1. Introdução – 2. O termo de consentimento livre e esclarecido; 2.1. Contexto de aplicabilidade do TCLE; 2.2. Princípio da autonomia do paciente; 2.3. Origem, conceito, conteúdo e forma do TCLE – 3. A responsabilidade civil do médico e do hospital; 3.1. O TCLE como meio limitador da responsabilidade civil do médico e do hospital – 4. Referências

1. INTRODUÇÃO

O Termo de Consentimento Livre e Esclarecido – TCLE é comumente concretizado por meio de documento escrito, pelo qual o paciente consente com a prática médica, exercendo, assim, sua autonomia. Nasce, portanto, da necessidade de proteção de direitos do paciente. Entretanto, pretende-se trabalhar nesse capítulo, sem perder de vista a visão primeva, a possível utilização do TCLE como meio jurídico protetivo e limitador da responsabilidade civil do médico e do hospital.

Trata-se de pesquisa cunhada na vertente metodológica teórico-dogmática para – a partir do sistema jurídico posto, pela via da coleta de dados em fonte bibliográfica e documental – promover, de modo argumentativo, a utilização do TCLE como instrumento jurídico limitador de responsabilidade civil do médico e do hospital em suas relações com os pacientes.

A relevância do tema evidencia-se pela aplicação na prática médica e hospitalar, alterando a visão do profissional e da instituição, de modo que o TCLE, visto como garantidor único de direitos do paciente, seja compreendido como instrumento protetivo e comprobatório da boa prática médica e, portanto, limitador de responsabilidade civil.

Para tanto, apresenta-se o aspecto teórico do TCLE, a teoria geral da responsabilidade civil do médico e do hospital e, por fim, a aplicação do TCLE no contexto acima citado.

2. O TERMO DE CONSENTIMENTO LIVRE E ESCLARECIDO

2.1. Contexto de aplicabilidade do TCLE

O TCLE tem sua aplicabilidade na pesquisa com seres humanos, nos termos das Resoluções n.º 466/12[1] e n.º 510/16[2] do Conselho Nacional de Saúde – CNS; e junto à relação médico-paciente, de acordo com a Recomendação n.º 1/16[3] do Conselho Federal de Medicina – CFM. Interessa ao presente capítulo esta última abordagem.

O TCLE encontra campo de atuação prática junto à relação médico-paciente, que sofreu alterações significativas ao longo do tempo. Não custa lembrar que o médico era aquele que cuidava de todos os componentes de um grupo familiar, o chamado "médico de cabeceira" ou "médico de família", não havendo espaço para desconfiança e questionamentos acerca das condutas praticadas[4] por ele. Havia, na verdade, certo temor reverencial, sendo as ordens (prescrições) médicas cumpridas à risca, sem qualquer contestação. Tratava-se de uma relação paternalista.

Atualmente é cada vez mais raro encontrar esse profissional, em razão do grande desenvolvimento científico, das constantes especializações da medicina, do surgimento de grandes hospitais e centros de saúde e, em especial, diante da necessidade cada vez maior do paciente em se vincular a um plano de saúde ou a um seguro saúde. Os hospitais são centros de medicina, guarnecidos de grande aparato médico, pessoal e instrumental. A saúde é dotada de recursos financeiros que movimentam toda a economia, desde o setor químico-farmacêutico até o de equipamentos hospitalares[5].

As mudanças na medicina e nas relações médico-paciente, hospital-paciente e plano de saúde-paciente não foram as únicas a sofrer sensível alteração. O próprio paciente mudou e, conforme disposto no Código de Ética Médica[6], é ele o principal personagem da relação, não havendo que se falar no paternalismo exacerbado de outrora. Segundo Diego Gracia[7], o paciente é, hoje, quem escolhe as atuações médicas de acordo com o que ele entende como saúde ou doença, procurando o sistema de saúde para a solução do seu problema, tanto de forma curativa como preventiva.

Tal alteração justifica-se, tanto na área médica quanto na jurídica, em razão da reviravolta paradigmática instada pela Declaração Universal dos Direitos Humanos da

---

1. CONSELHO NACIONAL DE SAÚDE. *Resolução n.º 466*, de 12 de dezembro de 2012. Disponível em: https://bvsms.saude.gov.br/bvs/saudelegis/cns/2013/res0466_12_12_2012.html. Acesso em: 28 out. 2019.
2. CONSELHO NACIONAL DE SAÚDE. *Resolução n.º 510*, de 07 de abril de 2016. Disponível em: http://conselho.saude.gov.br/resolucoes/2016/Reso510.pdf. Acesso em: 28 out. 2019.
3. CONSELHO FEDERAL DE MEDICINA. Recomendação CFM n.º 1/2016. *Dispõe sobre o processo de obtenção de consentimento livre e esclarecido na assistência médica.* Disponível em: https://sistemas.cfm.org.br/normas/visualizar/recomendacoes/BR/2016/1. Acesso em: 28 out. 2019.
4. SÁ, Maria de Fátima Freire de.; NAVES, Bruno Torquato de Oliveira. *Bioética e Biodireito.* 4ª ed. Belo Horizonte: Del Rey, 2018. p.101.
5. SOUZA, Iara Antunes de. *Aconselhamento genético e responsabilidade civil:* as ações por concepção indevida (*wrongful conception*), nascimento indevido (*wrongful birth*) e vida indevida (*wrongful life*). Belo Horizonte: Arraes Editores, 2014. p.8.
6. CONSELHO FEDERAL DE MEDICINA. Resolução CFM n.º 2.217/2018. *Aprova o Código de Ética Médica.* Disponível em: https://sistemas.cfm.org.br/normas/visualizar/resolucoes/BR/2018/2217. Acesso em: 28 out. 2019.
7. GRACIA, Diego. *Pensar a bioética:* metas e desafios. São Paulo: Centro Universitário São Camilo; Loyola, 2010. p.48.

Organização das Nações Unidas[8], concretizada na Constituição da República de 1988[9] que alocou a dignidade da pessoa humana como fundamento do estado democrático de direito.

Nesse passo, a dignidade do paciente é exercida pela manifestação dos seus interesses, das suas vontades, das suas expectativas e escolhas, por meio de uma relação contratual[10] eis que baseada no consentimento livre e esclarecido.

2.2. Princípio da autonomia do paciente

A autonomia é um princípio bioético apresentado no Relatório de Belmont, em 1978, que foi elaborado pela Comissão Nacional para a Proteção dos Interesses Humanos de Biomédica e Pesquisa Comportamental dos Estados Unidos[11]. Tal princípio também é previsto na Declaração Universal de Bioética e Direitos Humanos da UNESCO[12] de 2005, que buscou agregar a dimensão social como intrínseca à bioética, trazendo um novo referencial de orientação, voltado à real efetivação da aplicação dos direitos humanos[13].

O princípio da autonomia na bioética representa a liberdade das pessoas na autodeterminação e na escolha das intervenções que poderão ser realizadas em seu próprio corpo e é fundamento para o princípio da autonomia no biodireito, que concede poderes de atuação à pessoa. A expressão externa da autonomia se dá por meio da manifestação de vontade[14], sendo o discernimento seu elemento essencial, representando a capacidade do sujeito de direito dotado de personalidade jurídica desde que capaz de estabelecer diferença, distinguir, fazer apreciação[15]. Na medicina trabalha-se com o conceito de competência[16] que representa, em termos clínicos, a capacidade.

---

8. ONU. *Declaração Universal dos Direitos Humanos*. 1948. Disponível em: https://nacoesunidas.org/wp-content/uploads/2018/10/DUDH.pdf. Acesso em: 28 out. 2019.

9. BRASIL. *Constituição da República Federativa do Brasil de 1988*. Disponível em: http://www.planalto.gov.br/ccivil_03/constituicao/ConstituicaoCompilado.htm. Acesso em: 14 out. 2015.

10. Diaulas Costa Ribeiro trata a relação médico-paciente como uma relação contratual *sui generis*. *In.*: RIBEIRO, Diaulas Costa. Autonomia do paciente e consentimento informado: *voluntas aegroti suprema lex esto!* In.: RIBEIRO, Diaulas Costa (Org.). *A relação médico-paciente*: velhas barreiras, novas fronteiras. São Paulo: Centro Universitário São Camilo, 2010. p.199.

11. SÁ, Maria de Fátima Freire de.; NAVES, Bruno Torquato de Oliveira. *Bioética e Biodireito*. 4ª ed. Belo Horizonte: Del Rey, 2018. p.8

12. UNESCO. *Declaração Universal sobre Bioética e Direitos Humanos*. 2005. Disponível em: http://unesdoc.unesco.org/images/0014/001461/146180por.pdf. Acesso em: 29 out. 2019.

13. SOUZA, Iara Antunes de; LISBÔA, Natalia de Souza. PRINCÍPIOS BIOÉTICOS E BIOJURÍDICOS: UMA VISÃO BASEADA NOS DIREITOS HUMANOS. In: SÁ, Maria de Fátima Freire de; NOGUEIRA, Roberto Henrique Pôrto; SCHETTINI, Beatriz. (Org.). *Novos direitos privados*. 1ª ed. Belo Horizonte: Arraes Editores, 2016, v. 1, p. 1-15.

14. Observa-se que a redação atual do artigo 4º do Código Civil, após as alterações perpetradas pelo Estatuto da Pessoa com Deficiência, traz a vontade como elemento jurídico de constituição da in(capacidade), contudo acredita-se que a vontade só é qualificada juridicamente pelo discernimento: "Art. 4º São incapazes, relativamente a certos atos ou à maneira de os exercer: [...] III – aqueles que, por causa transitória ou permanente, não puderem exprimir sua vontade; (Redação dada pela Lei nº 13.146, de 2015)".

15. SÁ, Maria de Fátima Freire de.; NAVES, Bruno Torquato de Oliveira. *Bioética e Biodireito*. 4ª ed. Belo Horizonte: Del Rey, 2018. p.108

16. MOREIRA, Luiza Amélia Cabus; OLIVEIRA, Irismar Reis de. Algumas questões éticas no tratamento da anorexia nervosa. *Jornal de Psiquiatria*, Rio de Janeiro, v. 57, n. 3, 2008. Disponível em: http://www.scielo.br/pdf/jbpsiq/v57n3/01.pdf. Acesso em: 28 out. 2019.

O artigo 5^{o17} da Declaração Universal de Bioética e Direitos Humanos da UNESCO agrega os termos autonomia e responsabilidade. Sendo assim, a autonomia é exercida com responsabilidade e concretizada pelo consentimento, previsto no artigo 6^{o18}, que representa a anuência da pessoa para práticas em seu próprio corpo, em especial médicas/científicas. O consentimento deve ser prévio, livre e esclarecido, antecedido de informações completas, com a utilização de linguajar compreensível, permitindo, assim, o exercício da autonomia de forma adequada. No biodireito, o consentimento é exercido por meio do termo de consentimento livre e esclarecido – TCLE, que representa a forma de exteriorização deste e a expressão da vontade para a formação da relação com qualquer profissional bio-médico-científico.

Se a pessoa for incapaz de exprimir o seu consentimento, de modo a manifestar sua vontade, o artigo 7^{o19} da Declaração Universal de Bioética e Direitos Humanos da UNESCO prevê que, observado o ordenamento interno de cada país, as decisões devem ser tomadas em benefício da pessoa com incapacidade. No direito brasileiro, a curatela não pode incidir sobre questões existenciais, nos termos do artigo 85^{20} do Estatuto da Pessoa com Deficiência – Lei n.º 13.146/16. Logo, caso a pessoa capaz não se sinta apta a tomar decisões sobre sua própria saúde, poderá se valer do instituto da tomada de decisão apoiada – TDA, prevista no artigo 1.783-A[21] do Código Civil, para fins, inclusive do TCLE. Entretanto, não se olvida da possibilidade fática de que a pessoa, em especial em razão de questões atinentes à sua saúde mental, não tenha discernimento e competência para se autodeterminar[22]. Neste caso, excepcionalmente, admitir-se-á que o curador adentre

---

17. Artigo 5º. Autonomia e responsabilidade individual. A autonomia das pessoas no que respeita à tomada de decisões, desde que assumam a respectiva responsabilidade e respeitem a autonomia dos outros, deve ser respeitada. No caso das pessoas incapazes de exercer a sua autonomia, devem ser tomadas medidas especiais para proteger os seus direitos e interesses.

18. Artigo 6º. Consentimento. 1.Qualquer intervenção médica de carácter preventivo, diagnóstico ou terapêutico só deve ser realizada com o consentimento prévio, livre e esclarecido da pessoa em causa, com base em informação adequada. Quando apropriado, o consentimento deve ser expresso e a pessoa em causa pode retirá-lo a qualquer momento e por qualquer razão, sem que daí resulte para ela qualquer desvantagem ou prejuízo.

19. Artigo 7º. Pessoas incapazes de exprimir o seu consentimento. Em conformidade com o direito interno, deve ser concedida proteção especial às pessoas que são incapazes de exprimir o seu consentimento: (a)a autorização para uma investigação ou uma prática médica deve ser obtida em conformidade com o superior interesse da pessoa em causa e com o direito interno. No entanto, a pessoa em causa deve participar o mais possível no processo de decisão conducente ao consentimento e no conducente à sua retirada; (b)a investigação só deve ser realizada tendo em vista o benefício directo da saúde da pessoa em causa, sob reserva das autorizações e das medidas de protecção prescritas pela lei e se não houver outra opção de investigação de eficácia comparável com participantes capazes de exprimir o seu consentimento. Uma investigação que não permita antever um benefício directo para a saúde só deve ser realizada a título excepcional, com a máxima contenção e com a preocupação de expor a pessoa ao mínimo possível de riscos e incómodos e desde que a referida investigação seja efectuada no interesse da saúde de outras pessoas pertencentes à mesma categoria, e sob reserva de ser feita nas condições previstas pela lei e ser compatível com a protecção dos direitos individuais da pessoa em causa. Deve ser respeitada a recusa destas pessoas em participar na investigação.

20. Art. 85. A curatela afetará tão somente os atos relacionados aos direitos de natureza patrimonial e negocial.

21. Art. 1.783-A. A tomada de decisão apoiada é o processo pelo qual a pessoa com deficiência elege pelo menos 2 (duas) pessoas idôneas, com as quais mantenha vínculos e que gozem de sua confiança, para prestar-lhe apoio na tomada de decisão sobre atos da vida civil, fornecendo-lhes os elementos e informações necessários para que possa exercer sua capacidade.

22. SOUZA, Iara Antunes de. *Estatuto da Pessoa com Deficiência*: curatela e saúde mental. 1ª ed. Belo Horizonte: D'Plácido Editora, 2016. v. 1. p.288.

nesta esfera[23] de decisão, contudo, sempre em seu nome, (re)construindo sua vontade, e em benefício do incapaz.

Eis aí um tema espinhoso que merece atenção especial. Em um contexto de estudo acerca da velhice, por exemplo, essa questão assume especial relevância porque, com a idade, problemas neurológicos e psiquiátricos tendem a se agravar, e outros podem surgir nessa fase da vida. Sobre a limitação da curatela a questões patrimoniais, vale a reflexão:

> Essa limitação poderá, no entanto, em dadas situações, prejudicar o idoso quando forem necessárias decisões rápidas sobre questões não patrimoniais. Tais questões são, frequentemente, de natureza médica e vêm sendo resolvidas no âmbito da relação médico-paciente. (...)
>
> A limitação da curatela da pessoa com deficiência tem sido alvo de muitas críticas e nosso entendimento é que, se necessário para resguardar os interesses do curatelado, esse objetivo maior do Estatuto deve se sobrepor à literalidade do dispositivo que limita os poderes do curador. Afinal, as atribuições do curador deverão ser fixadas pelo juiz, considerando as peculiaridades de cada caso.[24]

De todo modo, em existindo qualquer resquício de discernimento, a pessoa deve ter a opção de manifestar-se, exercendo sua autonomia, ainda que assistida por outrem.

Diante do exposto, após devidamente informado, o paciente estará apto a manifestar sua autonomia por meio do consentimento à prática médica. Isso é externado pelo que se denomina termo de consentimento livre e esclarecido – TCLE.

2.3. Origem, conceito, conteúdo e forma do TCLE

A origem do consentimento livre e esclarecido é derivada de fenômenos complementares. Conforme ensinamentos de Carlos María Romeo-Casabona[25], tem-se, de um lado, a necessidade de reconhecimento e consequente tutela dos direitos dos pacientes; e, de outro lado, a transformação da relação médico-paciente, conforme visto na seção 2.1. A posição adotada pelo direito é a de que todo procedimento terapêutico deve contar com a concordância do paciente, pois trata-se, em primeiro lugar, de sua vida, de sua saúde, de sua integridade física. Logo, em regra, não seria legítima qualquer intervenção médica sem o seu consentimento.

A primeira referência ao consentimento e à informação na relação médico-paciente data de 1.767 na Inglaterra, conforme afirma Miguel Kfouri Neto[26]. Entretanto, instrumentos que subsidiaram fundamentos para a necessidade de colher o consentimento expresso do paciente em intervenções médicas e demais procedimentos médicos, também foram previstos no Código de Nuremberg, de 1947; na Declaração de Direitos dos Pacientes, oriunda dos Estados Unidos e datada de 1972; na Declaração Universal dos Direitos

---

23. TEIXEIRA, Ana Carolina Brochado; SOUZA, Iara Antunes de. Algumas reflexões sobre a limitação da curatela às questões patrimoniais no Estatuto da Pessoa com Deficiência. In: LIMA, Taisa Maria Macena de; SÁ, Maria de Fátima Freire de; MOUREIRA, Diogo Luna (Org.). *Autonomia e vulnerabilidade.* 1ª ed. Belo Horizonte: Arraes Editores, 2017, v. 1, p. 154-167.
24. LIMA, Taisa Maria Macena de; SÁ, Maria de Fátima Freire de. *Ensaios sobre a velhice.* 2ª ed. Belo Horizonte: Arraes, 2018, p.32.
25. ROMEO-CASABONA, Carlos María. O consentimento informado na relação entre médico e paciente: aspectos jurídicos. In.: ROMEO-CASABONA, Carlos Maria; QUEIROZ, Juliane Fernandes (coord.). *Biotecnologia e suas implicações ético-jurídicas.* Belo Horizonte: Del Rey, 2004. p.132.
26. KFOURI NETO, Miguel. *Responsabilidade civil do médico.* 7ª ed. São Paulo: Revista dos Tribunais, 2010. p.41-42.

Humanos de 1948; em alguns documentos internacionais, tais como na Declaração de Lisboa sobre Direitos do Paciente, de 1981, adotada na 34º Assembleia Médica Mundial; na Carta do Enfermo Usuário do Hospital, aprovada pela Assembleia Plenária do Comitê Hospitalar da Comunidade Econômica e Europeia, de 1979; na Resolução n.º 613 de 1976 e na Recomendação n.º 779 de 1976 da Assembleia parlamentar do Conselho da Europa, relativas ao direito dos enfermos e moribundos; na Recomendação do Comitê de Ministros da Assembleia Parlamentar do Conselho da Europa, de 1980[27].

No Brasil, o termo de consentimento livre e esclarecido é especificado nas Resoluções n.º 466/12 e n.º 510/16 do CNS e na Recomendação n.º 1/16 do CFM, conforme informado na seção 2.1. Importa frisar que não é possível tratar como sinônimos os termos "consentimento livre e esclarecido", "consentimento informado", "consentimento livre e informado" e "consentimento pós-informado". Afinal, como exposto na seção 2.2 trabalha-se com o exercício das autonomias bioética e biojurídica que demandam não apenas a manifestação de vontade, mas, também, a manifestação de vontade discernida, proveniente da capacidade/competência da pessoa em receber informações completas e adequadas e, então, se autodeterminar, livre de condicionantes externos. Logo, acredita-se que a nomenclatura "consentimento livre e esclarecido" é a adequada. Ademais, é a prevista na normativa atual.

Ainda que as regulamentações tratem do "termo" de consentimento livre e esclarecido, o que poderia levar a compreender que o TCLE se resume a documento escrito (o que na maioria das vezes se vê na prática da relação médico-paciente ou hospital-paciente), na verdade trata-se de um processo que resulta no termo, mas nele não se esgota. Segundo o item IV da Resolução CNS n.º 466/12: "Entende-se por Processo de Consentimento Livre e Esclarecido todas as etapas a serem necessariamente observadas para que o convidado a participar de uma pesquisa possa se manifestar, de forma autônoma, consciente, livre e esclarecida." Ainda segundo a Resolução, a primeira fase do processo é a de esclarecimento, a segunda é a da leitura do termo quando escrito e, por fim, após estar devidamente esclarecido e sem qualquer condicionante, cabe ao paciente anuir com a prática médica ou científica, como terceira fase.

Por outro lado, quando o paciente for relativamente incapaz, ou seja, quando for assistido para os atos da vida civil nos termos do artigo 4º do Código Civil (os maiores de dezesseis e menores de dezoito anos; os ébrios habituais e os viciados em tóxico; aqueles que, por causa transitória ou permanente, não puderem exprimir sua vontade; os pródigos), o termo tem nomenclatura própria, qual seja, "assentimento livre e esclarecido". É o que se depreende do item 4.1[28] da Recomendação CFM n.º 1/16 e do item II.2[29] da

---

27. ROMEO-CASABONA, Carlos María. O consentimento informado na relação entre médico e paciente: aspectos jurídicos. In.: ROMEO-CASABONA, Carlos Maria; QUEIROZ, Juliane Fernandes (coord.). *Biotecnologia e suas implicações ético-jurídicas.* Belo Horizonte: Del Rey, 2004. p.133-134.

28. "O assentimento livre e esclarecido consiste no exercício do direito de informação do paciente legalmente incapaz, para que, em conjunto com seu representante legal, possa, de forma autônoma e livre, no limite de sua capacidade, anuir aos procedimentos médicos que lhe são indicados ou deles discordar. Crianças, adolescentes e pessoas que, mesmo com deficiência de ordem física ou mental, estão aptas a compreender e a manifestar sua vontade por internédio do assentimento, de forma livre e autônoma, não devem ser afastadas do processo de informação e compreensão do procedimento médico que lhes é recomendado."

29. "[...] assentimento livre e esclarecido – anuência do participante da pesquisa, criança, adolescente ou legalmente incapaz, livre de vícios (simulação, fraude ou erro), dependência, subordinação ou intimidação. Tais participantes

Resolução CNS n.º 466/12. Logo, seguindo a lógica exposta na seção 2.2, a autonomia do paciente deve ser exercida na maior medida possível.

Portanto, verifica-se que o TCLE é requisito essencial para legitimar a atuação de um terceiro sobre a pessoa, contando com seu devido consentimento. Segundo Diego Gracia, o que o TCLE apresentou "[...] ao mundo da saúde foi um novo modo de tomar decisões, um novo modo, portanto, de definir o que é saúde e o que é doença, um novo critério para definir o que é uma necessidade de saúde."[30] De fato, de um lado tem-se o TCLE como exercício de autonomia do paciente em relação às práticas médicas por ele consentidas; de outro lado, tem-se o TCLE como legitimação da prática médica, nos limites do consentimento. Tanto é assim que o Código de Ética Médica[31] garante a livre decisão do paciente nos termos dos artigos 22, 24 e 31[32], admitindo exceção apenas no caso de risco iminente de morte.

No entanto o pensamento que aqui se externaliza vai ao encontro do que escreve Carlos María Romeo-Casabona[33] pois se entende que não se trata propriamente de uma exceção ao direito ao consentimento mas:

> [...] ocorre que, faticamente, por motivos de grave urgência, não é possível esperar sua obtenção [consentimento], seja diretamente do paciente (por se encontrar inconsciente), seja por intermédio de seus representantes legais ou de seus familiares ou pessoas de seu entorno (se não são localizáveis de forma imediata).

Assim, excepcionalmente, é possível admitir um consentimento tardio. Sob essa ótica, a única situação na qual se pode afirmar haver, de fato, uma exceção ao direito de prestar o consentimento, encontra-se naquelas hipóteses em que a não intervenção do médico importe em risco para a saúde pública. Isto é, o médico poderá agir, sem que haja consentimento do paciente, ante a ideia de prevalência ou supremacia do interesse público, por exemplo, no caso de epidemia, de pandemia ou de doença infectocontagiosa. A ação do médico se restringe à notificação compulsória para os órgãos de saúde e sanitários competentes.

O Código Civil, em seu artigo 15, também exige o TCLE como meio de legitimar a intervenção médica, a partir do momento que determina que: "Ninguém pode ser

---

     devem ser esclarecidos sobre a natureza da pesquisa, seus objetivos, métodos, benefícios previstos, potenciais riscos e o incômodo que esta possa lhes acarretar, na medida de sua compreensão e respeitados em suas singularidades; [...]."

30. GRACIA, Diego. *Pensar a bioética*: metas e desafios. São Paulo: Centro Universitário São Camilo; Loyola, 2010. p.94.

31. CONSELHO FEDERAL DE MEDICINA. Resolução CFM n° 2.217, de 27 de setembro de 2018. *Código de Ética Médica*. Disponível em: https://portal.cfm.org.br/images/PDF/cem2019.pdf. Acesso em: 01 Dez. 2019.

32. É vedado ao médico: Art. 22. Deixar de obter consentimento do paciente ou de seu representante legal após esclarecê-lo sobre o procedimento a ser realizado, salvo em caso de risco iminente de morte.
[...]
Art. 24. Deixar de garantir ao paciente o exercício do direito de decidir livremente sobre sua pessoa ou seu bem-estar, bem como exercer sua autoridade para limitá-lo.
[...]
Art. 31. Desrespeitar o direito do paciente ou de seu representante legal de decidir livremente sobre a execução de práticas diagnósticas ou terapêuticas, salvo em caso de iminente risco de morte.

33. ROMEO-CASABONA, Carlos María. O consentimento informado na relação entre médico e paciente: aspectos jurídicos. In.: ROMEO-CASABONA, Carlos María; QUEIROZ, Juliane Fernandes (coord.). *Biotecnologia e suas implicações ético-jurídicas*. Belo Horizonte: Del Rey, 2004. p. 164.

constrangido a submeter-se, com risco de vida, a tratamento médico ou a intervenção cirúrgica." Cabe aqui dizer que a redação da referida norma é infeliz porquanto pode levar à conclusão de que, não havendo risco de morte, alguém poderia ser constringido a determinado tratamento médico ou alguma intervenção cirúrgica. Diante disso, o conceito de TCLE e, também, do assentimento livre e esclarecido, é:

> O consentimento livre e esclarecido consiste no ato de decisão, concordância e aprovação do paciente ou de seu representante legal, após a necessária informação e explicações, sob a responsabilidade do médico, a respeito dos procedimentos diagnósticos ou terapêuticos que lhe são indicados[34].

Na relação médico-paciente, o TCLE é, portanto, o instrumento de exteriorização dos atos e das vontades das partes que se unem em favor de um objeto, qual seja, a prática médica. Assim, para que tenha validade jurídica, especialmente na seara médica, considerando tratar-se da manifestação de vontade em um contrato (negócio jurídico bilateral), o TCLE deve preencher os requisitos do artigo 104[35] do Código Civil.

A vontade deve ser emanada de agentes capazes, ser esclarecida (informação correta e suficiente; manifestação de vontade com discernimento/competência) e ser livre de quaisquer condicionantes que a vicie (erro, dolo, coação, estado de perigo e lesão). A autonomia do paciente para dita manifestação foi trabalhada na seção 2.2. Ademais, o objeto oriundo dos procedimentos terapêuticos deve ser lícito, possível, determinado ou determinável e é representado pela prática médica.

A manifestação de vontade do médico se dá, de um lado, pela real e completa informação passada ao paciente; e, de outro lado, pela manifestação de vontade do paciente que se perfaz pelo seu consentimento à prática médica. O destinatário da informação é o próprio paciente ou pessoa a quem ele permita conhecer o seu conteúdo. Como a relação médico-paciente é dinâmica haverá sempre a possibilidade de reavaliações e a informação deve renovar-se sempre que forem obtidos novos dados . O mesmo ocorrerá com o consentimento livre e esclarecido.

Sobre o conteúdo do TCLE, a Recomendação CFM n.º 1/16 estabelece em seu item 9.1.3. que:

> O termo de consentimento livre e esclarecido deve, obrigatoriamente, conter:
>
> a) Justificativa, objetivos e descrição sucinta, clara e objetiva, em linguagem acessível, do procedimento recomendado ao paciente;
>
> b) Duração e descrição dos possíveis desconfortos no curso do procedimento;
>
> c) Benefícios esperados, riscos, métodos alternativos e eventuais consequências da não realização do procedimento;
>
> d) Cuidados que o paciente deve adotar após o procedimento;

---

34. CONSELHO FEDERAL DE MEDICINA. Recomendação CFM n.º 1/2016. *Dispõe sobre o processo de obtenção de consentimento livre e esclarecido na assistência médica.* Disponível em: https://sistemas.cfm.org.br/normas/visualizar/recomendacoes/BR/2016/1. Acesso em: 28 out. 2019. Item 4.
35. Art. 104. A validade do negócio jurídico requer: I – agente capaz; II – objeto lícito, possível, determinado ou determinável; III – forma prescrita ou não defesa em lei.

TERMO DE CONSENTIMENTO LIVRE E ESCLARECIDO **67**

e) Declaração do paciente de que está devidamente informados e esclarecido acerca do procedimento, com sua assinatura;

f) Declaração de que o paciente é livre para não consentir com o procedimento, sem qualquer penalização ou sem prejuízo a seu cuidado;

g) Declaração do médico de que explicou, de forma clara, todo o procedimento;

h) Nome completo do paciente e do médico, assim como, quando couber, de membros de sua equipe, seu endereço e contato telefônico, para que possa ser facilmente localizado pelo paciente;

i) Assinatura ou identificação por impressão datiloscópica do paciente ou de seu representante legal e assinatura do médico;

j) Duas vias, ficando uma com o paciente e outra arquivada no prontuário médico[36].

A obtenção do consentimento livre e esclarecido não exige forma determinada. No entanto, sua falta de rigidez traz complicações relativas a prova de sua existência, o que pode repercutir na responsabilidade civil. Por isso, o CFM recomenda que ele seja feito por escrito:

> Sob o ponto de vista da comprovação da concordância do paciente, assim como sobre se o consentimento foi obtido com respeito à autonomia, se foi obtido de forma suficiente ao perfeito esclarecimento do paciente, não há dúvidas de que o consentimento escrito é o que melhor se presta a tal.

> No entanto, a atividade médica, por natureza muito ampla, variada e dinâmica, também realiza procedimentos para os quais a exigência do consentimento livre e esclarecido escrito pode causar até estranheza e dificultar, dependendo das circunstâncias, a dinâmica do procedimento e o próprio relacionamento médico-paciente. Nestas situações, o que mais importa é a comunicação e a explicação de viva voz, oral, gestual, entre o médico e o paciente, e a confiança mútua que deve ser estabelecida entre os mesmos. Sempre, no entanto, deve-se respeitar a autonomia do paciente e a obrigação, por parte do médico, de esclarecer todas as dúvidas e incertezas do paciente[37].

Contudo, caso o consentimento livre e esclarecido não seja obtido por escrito, o médico deve atentar-se para o cuidado quanto ao uso da utilização de testemunhas, gravações ou qualquer outro meio de prova[38] não escrito, para que não corra o risco de violação do sigilo médico.

Para garantir a veracidade das manifestações de vontade no TCLE, o item 9.1.1 da Recomendação CFM n.º 1/16, sugere que o termo seja digitado (não manuscrito), com uso de linguagem clara e acessível, redigido na fonte Times New Roman, Arial ou outras de formato similar; em tamanho 12 (doze) ou maior, de forma que o documento seja de fácil visualização. Ademais, considerando a dinamicidade da relação médico-paciente, ainda que o termo seja preparado previamente, o CFM sugere que "[...] o documento contenha espaços em branco para serem preenchidos pelo paciente no momento da leitura, ou alternativas para assinalar, favorecendo e comprovando sua participação no processo."

---

36. CONSELHO FEDERAL DE MEDICINA. Recomendação CFM n.º 1/2016. *Dispõe sobre o processo de obtenção de consentimento livre e esclarecido na assistência médica.* Disponível em: https://sistemas.cfm.org.br/normas/visualizar/recomendacoes/BR/2016/1. Acesso em: 28 out. 2019.

37. CONSELHO FEDERAL DE MEDICINA. Recomendação CFM n.º 1/2016. *Dispõe sobre o processo de obtenção de consentimento livre e esclarecido na assistência médica.* Disponível em: https://sistemas.cfm.org.br/normas/visualizar/recomendacoes/BR/2016/1. Acesso em: 28 out. 2019. Item 9.

38. São meios de prova admitidos em direito, segundo o artigo 212 do Código Civil: "[...] I – confissão; II – documento; III – testemunha; IV – presunção; V – perícia".

3. A RESPONSABILIDADE CIVIL DO MÉDICO E DO HOSPITAL

Pode-se resumir o apresentado aqui com a ideia de que a ação do médico só é legitima no limite do consentimento livre e esclarecido do paciente. Assim, nesse contexto, é possível aferir quando e em que base se dará a responsabilidade civil do profissional e do hospital.

3. A RESPONSABILIDADE CIVIL DO MÉDICO E DO HOSPITAL

Responsabilidade jurídica tem o sentido positivo que compreende cumprir os deveres morais, sociais e legais; e o sentido que importa ao presente capítulo, e é o mais utilizado na prática, é o negativo[39], que representa a sanção estatal diante do descumprimento dos deveres atinentes à responsabilidade positiva na esfera civil.

Como aventado na seção 2.1 e confirmado na 2.3, as relações médico-paciente e hospital-paciente são, em regra, de cunho contratual, eis que se formam pelo acordo de vontade das partes. De fato, segundo a teoria geral do direito privado, contrato é um negócio jurídico, ou seja, fato jurídico humano, que visa criar, modificar ou extinguir relações ou situações jurídicas[40] e cujos efeitos decorrem mais da vontade das partes do que da lei. A exceção, conforme desenvolvido na seção 2.3, representa aquelas hipóteses em que é dispensado ou inexigível o consentimento do médico para atuar, ou seja, nos casos de risco para a saúde pública.

As obrigações assumidas no dito contrato representam a responsabilidade positiva contratual. Como exemplo da obrigação do médico tem-se, em especial, o dever de informar, de comunicar todas as especificidades da situação clínica do e para o paciente, bem como o consequente dever de manter sigilo acerca das informações médicas. Os hospitais, por sua vez, têm o dever de prestar os serviços tipicamente hospitalares que são:

> [...] aqueles que se vinculam às atividades desenvolvidas pelos hospitais, voltados diretamente à promoção da saúde e que, em regra, mas não necessariamente, são prestados no interior do estabelecimento hospitalar, excluindo-se as simples consultas médicas, atividade que não se identifica com as prestadas no âmbito hospitalar, mas nos consultórios médicos[41].

Uma vez descumprida a obrigação contratual surge a responsabilidade contratual, com fulcro nos artigos 389[42] e seguintes; e 395[43] e seguintes do Código Civil, que tratam do inadimplemento da obrigação e da mora. Não se olvida, entretanto, da necessidade de apuração dos elementos da responsabilidade civil extracontratual,

---

39. SOUZA, Iara Antunes de. *Aconselhamento genético e responsabilidade civil*: as ações por concepção indevida (*wrongful conception*), nascimento indevido (*wrongful birth*) e vida indevida (*wrongful life*). Belo Horizonte: Arraes Editores, 2014. p.87-88.

40. FIUZA, César. *Direito Civil*: curso completo. 14ª ed. Belo Horizonte: Del Rey, 2010. p.201-203.

41. BRASIL. Superior Tribunal de Justiça. *REsp n.º 1141299/SC*. RECURSO ESPECIAL 2009/0095794-1. Relator Ministro CASTRO MEIRA. Órgão Julgador T2 – SEGUNDA TURMA. Data do Julgamento: 17/12/2009. Disponível em: https://ww2.stj.jus.br/processo/revista/documento/mediado/?componente=ATC&sequencial=8068467&num_registro=200900957941&data=20100210&tipo=5&formato=PDF. Acesso em: 07 Dez. 2019.

42. Art. 389. Não cumprida a obrigação, responde o devedor por perdas e danos, mais juros e atualização monetária segundo índices oficiais regularmente estabelecidos, e honorários de advogado.

43. Art. 395. Responde o devedor pelos prejuízos a que sua mora der causa, mais juros, atualização dos valores monetários segundo índices oficiais regularmente estabelecidos, e honorários de advogado.

nos termos dos artigos 186 e 187[44] que tratam do ilícito civil, cumulados com o artigo 927[45] do Código Civil.

Logo, para haver a responsabilização civil e o dever de indenizar, o Código Civil exige a prática culposa de um ato ilícito (violação do contrato ou outra norma jurídica), a presença do dano e do nexo de causalidade que os liga. Trata-se da responsabilidade subjetiva. Outra hipótese é da prescindibilidade da apuração da culpa, nos termos do artigo 927, parágrafo único[46] do Código Civil, quando a lei determinar ou quando "a atividade normalmente desenvolvida pelo autor do dano implicar, por sua natureza, risco para os direitos de outrem."

Passa-se a uma breve análise desses elementos/pressupostos da responsabilidade civil sob o viés do médico e do hospital.

A ilicitude contratual se perfaz no descumprimento das obrigações assumidas. A ilicitude extracontratual se caracteriza das seguintes formas[47]: em sentido estrito (subjetivo), pelo descumprimento de normas jurídicas (artigo 186 do Código Civil), e em sentido objetivo, pelo abuso de direito ou ilícito funcional (artigo 187 do Código Civil). Aqui, o que interessa discutir, independente dessa classificação, são os ilícitos indenizantes[48], que têm como efeito a indenização de danos eventualmente causados.

O ilício que importa à responsabilidade civil é aquele que advém de um ato jurídico próprio do ser humano ou deste, por meio das pessoas jurídicas. O que interessa discutir são os atos de médicos e atos de hospitais (que, nesse caso, são assumidos por seus prepostos). Trata-se de conduta por ação (comissão) ou negativa (omissão), responsável por gerar dano.

A conduta do médico deve necessariamente ser culposa, em razão de sua responsabilidade civil ser subjetiva. No direito civil, a noção de culpa é ampla e engloba o dolo. Segundo César Fiuza[49]:

> A diferença entre culpa e dolo, sem entrar em meandros distintivos, reside em que dolo é ação ou omissão voluntária, e culpa é ação ou omissão negligente, imprudente ou imperita. O art. 186 do Código Civil não fala em imperícia, mas ela está implícita.
>
> Negligência é a falta de cuidado, de atenção. [...]
>
> Imprudência é a assunção de risco desnecessário. [...]
>
> Imperícia é a falha técnica de quem, em tese, possui a habilidade necessária. É o médico que aplica a técnica errada.

---

44. Art. 186. Aquele que, por ação ou omissão voluntária, negligência ou imprudência, violar direito e causar dano a outrem, ainda que exclusivamente moral, comete ato ilícito.

    Art. 187. Também comete ato ilícito o titular de um direito que, ao exercê-lo, excede manifestamente os limites impostos pelo seu fim econômico ou social, pela boa-fé ou pelos bons costumes.
45. Art. 927. Aquele que, por ato ilícito (arts. 186 e 187), causar dano a outrem, fica obrigado a repará-lo.
46. Art. 927. [...] Parágrafo único. Haverá obrigação de reparar o dano, independentemente de culpa, nos casos especificados em lei, ou quando a atividade normalmente desenvolvida pelo autor do dano implicar, por sua natureza, risco para os direitos de outrem.
47. POLI, Leonardo Macedo. Ato ilícito. In: FIUZA, César (coord.). *Curso avançado de direito civil*. São Paulo: IOB Thomson, 2004. p.294.
48. BRAGA NETTO, Felipe Peixoto. *Teoria dos ilícitos civis*. Belo Horizonte: Del Rey, 2003. p.99-107.
49. FIUZA, César. *Direito Civil*: curso completo. 14ª ed. Belo Horizonte: Del Rey, 2010. p.736.

Geralmente, a culpa do médico configura-se em negligência ou imperícia. Já em relação ao hospital, a responsabilidade é objetiva e prescinde da comprovação da culpa, conforme artigos 932, III e 933[50] do Código Civil, bem como do artigo 14[51] do Código de Defesa do Consumidor – CDC[52]. Contudo, quando o médico não for empregado do hospital, a responsabilidade deste, segundo entendimento do STJ, transmuda-se para o caráter subjetivo, eis que só se configura, em solidariedade, nos termos do artigo 25, parágrafo primeiro[53] do CDC, se provada a culpa do médico:

> O reconhecimento da responsabilidade solidária do hospital não transforma a obrigação de meio do médico, em obrigação de resultado, pois a responsabilidade do hospital somente se configura quando comprovada a culpa do médico integrante de seu corpo plantonista, conforme a teoria de responsabilidade subjetiva dos profissionais liberais abrigada pelo Código de Defesa do Consumidor. Precedentes[54].

A conduta culposa pode ser conceituada na seara médica como erro[55] médico ou, como melhor entendido do ponto de vista jurídico, falha médica ou má prática profissional, *mala práxis* médica, conduta imprópria ou inadequada, falha ou falta médica. Nesse passo, fala-se em iatrogenia (*iatros*: médico; *genia*: origem). Trata-se de termo utilizado para designar atos médicos adequados e que, portanto, não geradores de responsabilidade civil, ainda que o resultado, em razão da condição humana, não seja o esperado pelo paciente ou pelo próprio médico.

Diante da repersonalização do direito civil, o dano é o elemento central da responsabilidade civil hodierna, eis que desloca o epicentro da responsabilidade civil do autor do ilícito para a vítima, em execução de um solidarismo social[56] e da reparação integral.

O dano pode ser patrimonial ou moral. Dano patrimonial é aquele aferível economicamente, que gera prejuízo de ordem material para a vítima. Na relação

---

50. Art. 932. São também responsáveis pela reparação civil: [...] III – o empregador ou comitente, por seus empregados, serviçais e prepostos, no exercício do trabalho que lhes competir, ou em razão dele; [...].
   Art. 933. As pessoas indicadas nos incisos I a V do artigo antecedente, ainda que não haja culpa de sua parte, responderão pelos atos praticados pelos terceiros ali referidos.

51. Art. 14. O fornecedor de serviços responde, independentemente da existência de culpa, pela reparação dos danos causados aos consumidores por defeitos relativos à prestação dos serviços, bem como por informações insuficientes ou inadequadas sobre sua fruição e riscos.

52. BRASIL. Lei n.º 8.078, de 11 de setembro de 1990. *Dispõe sobre a proteção do consumidor e dá outras providências.* Disponível em: http://www.planalto.gov.br/ccivil_03/leis/l8078.htm. Acesso em: 01 Dez. 2019.

53. Art. 25. É vedada a estipulação contratual de cláusula que impossibilite, exonere ou atenue a obrigação de indenizar prevista nesta e nas seções anteriores.
   § 1º Havendo mais de um responsável pela causação do dano, todos responderão solidariamente pela reparação prevista nesta e nas seções anteriores.

54. BRASIL. Superior Tribunal de Justiça. *REsp 1579954/MG.* RECURSO ESPECIAL 2016/0020993-7. Relatora Ministra NANCY ANDRIGHI. Órgão Julgador T3 – TERCEIRA TURMA. Data do Julgamento: 08/05/2018. Disponível em: https://ww2.stj.jus.br/processo/revista/documento/mediado/?componente=ATC&sequencial=82469578&num_registro=201600209937&data=20180518&tipo=5&formato=PDF. Acesso em: 07 Dez. 2019.

55. Afinal, o conceito jurídico de erro para o direito civil é o de falsa percepção da realidade que não se poderia concretizar em negligência, imprudência, imperícia ou dolo médico.

56. NAVES, Bruno Torquato de Oliveira; SOUZA, Iara Antunes de. Da afetividade à responsabilidade: O pretenso "Princípio Jurídico da Afetividade" no Direito de Família frente ao Princípio da Reparação Integral na Responsabilidade Civil. In: MARÇAL, Antônio Cota; PIMENTA, Eduardo Goulart; NUNES, Maria Emília Naves; MAGALHÃES, Rodrigo Almeida. (Org.). *Os princípios na construção do Direito.* Rio de Janeiro: Lumen Juris, 2013, v. 1, p. 134.

médico-paciente ou hospital-paciente, podem ser aqueles danos de cunho econômico em razão da perda de dias de trabalho decorrentes da incapacidade por erro médico/hospitalar.

Por seu turno, os danos morais são os que atingem uma das espécies do direito da personalidade: "[...] tais como: direito à vida; direito à liberdade; direito à intimidade (privacidade); direito à vida privada (privacidade); direito à honra (reputação); direito à imagem (privacidade); direito moral de autor; direito ao sigilo (privacidade); direito à identificação pessoal; e direito à integridade física e psíquica.[57]" O STJ ainda reconhece, como espécie autônoma o dano estético, nos termos da Súmula n.º 387[58]: "É lícita a cumulação das indenizações de dano estético e dano moral.". Contudo, entende-se que o dano estético é espécie de dano moral, eis que se refere à personalidade no seu viés integridade física e imagem. Assim, caso ocorra um erro médico por imperícia que deixe uma cicatriz desnecessária em um paciente, por exemplo, poder-se-ia configurar violação da integridade física, que representa direito da personalidade, logo, dano moral.

Nelson Rosenvald, por outro lado, entende que:

> Para superar a abordagem tradicional do direito brasileiro pela qual dano moral e dano extrapatrimonial se equivalem – tal como dois lados de um mesmo quadrado –, doravante, para o direito civil pátrio sustento a existência de um gênero, o "dano extrapatrimonial", dividido em 4 espécies, quais sejam: dano à imagem; dano estético; dano existencial e dano moral[59].

Presentes a conduta e o dano, é necessário aferir, ainda, o liame entre eles para fins de configuração de responsabilidade civil. Isto é, entre a conduta e o dano deve existir um nexo de causalidade. O Código Civil parece adotar a teoria da causalidade necessária, prevista expressamente no seu artigo 403: "Ainda que a inexecução resulte de dolo do devedor, as perdas e danos só incluem os prejuízos efetivos e os lucros cessantes por efeito dela direto e imediato, sem prejuízo do disposto na lei processual." Dessa forma, a conduta médica ou do hospital que é causa do dano e, portanto, sujeita à responsabilidade civil, é aquela que se liga direta e imediatamente ao dano.

Contudo, se o foco é a reparação integral da vítima do dano, aceita-se a responsabilidade civil sem a apuração da culpa e, também, a responsabilidade ainda que não haja a prova do nexo, o que se observa, em especial, nos casos de responsabilidade civil objetiva e concorrência de culpa da vítima. Já na responsabilidade civil subjetiva, haverá necessidade de prova do nexo.

Apresentada a teoria geral da responsabilidade civil médica e do hospital, passa-se a defender o TCLE como elemento limitador de responsabilidade.

---

57. LÔBO, Paulo Luiz Netto. Danos morais e direitos da personalidade. *Jus Navigandi,* Teresina, ano 7, n. 119, 31 out. 2003. Disponível em: http://jus2.uol.com.br/doutrina/texto.asp?id=4445. Acesso em: 01 Dez. 2019.

58. BRASIL. Superior Tribunal de Justiça. *Súmula n.º 387.* Disponível em: https://ww2.stj.jus.br/docs_internet/revista/eletronica/stj-revista-sumulas-2013_35_capSumula387.pdf. Acesso em: 07 Dez. 2019.

59. ROSENVALD, Nelson. Por uma tipologia aberta dos danos extrapatrimoniais. *Migalhas.* Migalhas de Responsabilidade Civil, 23 Abr. 2020. Disponível em: https://migalhas.uol.com.br/coluna/migalhas-de-responsabilidade-civil/325209/por-uma-tipologia-aberta-dos-danos-extrapatrimoniais. Acesso em: 21 Dez. 2020.

3.1. O TCLE como meio limitador da responsabilidade civil do médico e do hospital

Importa trabalhar aqui, a limitação da responsabilidade do médico e do hospital em razão (i) da obrigação assumida no contrato (TCLE), bem como (ii) em razão da adequada prática médica no processo de obtenção do TCLE.

A responsabilidade civil médica e do hospital (i) vincula-se diretamente ao tipo de obrigação assumida. A regra, em qualquer caso, é a assunção contratual de obrigação de meio, ou seja, aquela na qual o profissional médico compromete-se a envidar todos os esforços, com aplicação da melhor técnica médica, para o tratamento, sem, contudo, assegurar propriamente a cura ou um resultado específico; e o hospital compromete-se a prestar adequadamente o serviço de natureza hospitalar.

Excepcionalmente, entende-se pela possibilidade de assunção da obrigação de resultado, segundo a qual o médico ou o hospital se compromete a um resultado específico, sem o qual não será adimplente[60]. Apesar de excepcional, há entendimento[61] de que ela seria regra para algumas especialidades médicas, como nos serviços radiológicos[62], nos que tenham por objeto a realização de exames e diagnósticos, nas anestesias e na cirurgia plástica estética[63]. Contudo, acredita-se mais adequada a doutrina encabeçada por César Fiuza[64], no sentido de que a obrigação do médico é, em qualquer caso, de meio. Afinal, o resultado na área médica é extremamente subjetivo, não sendo possível sua aferição objetiva. Nesse sentido, assim se posicionou o Tribunal de Justiça do Estado de Minas Gerais – TJMG:

> Quanto à natureza da obrigação do cirurgião plástico, se de meio ou de resultado, é hora oportuna de rever meu posicionamento acerca do tema.
>
> Acreditava antes que a responsabilidade do médico na cirurgia plástica era de resultado, mas vislumbro que esse posicionamento é por demais injusto.
>
> Primeiro, porque o conceito de "resultado" na cirurgia plástica é extremamente subjetivo. Às vezes, o resultado pode ter sido alcançado para o cirurgião, e não para o paciente.
>
> Segundo, me afigura nem sempre possível alcançar o resultado pretendido, por não depender exclusivamente da vontade e habilidade técnica do médico, mas de reações do organismo humano que são, muitas vezes, imprevisíveis.

---

60. FARIAS, Cristiano Chaves de; ROSENVALD, Nelson. *Direito das Obrigações*. 4ª ed. Ed. Rio de Janeiro: Lumen Juris, 2009. p.280.

61. CAVALIERI FILHO, Sérgio. *Programa de Responsabilidade Civil*. 9ª ed. São Paulo: Atlas, 2010. p.391.

62. "[...] 7. Consoante preconiza a jurisprudência desta Corte, os laboratórios possuem, na realização de exames médicos, efetiva obrigação de resultado, e não de meio, restando caracterizada sua responsabilidade civil na hipótese de falso diagnóstico. Precedentes." BRASIL. Superior Tribunal de Justiça. *REsp 1386129/PR*. RECURSO ESPECIAL 2013/0160290-4. Relatora Ministra NANCY ANDRIGHI. Órgão Julgador: T3 – TERCEIRA TURMA. Data do Julgamento: 03/10/2017. Disponível em: https://ww2.stj.jus.br/processo/revista/documento/mediado/?componente=ATC&sequencial=77128761&num_registro=201301602904&data=20171013&tipo=5&formato=PDF. Acesso em: 07 Dez. 2019.

63. "Possuindo a cirurgia estética a natureza de obrigação de resultado cuja responsabilidade do médico é presumida, cabe a este demonstrar existir alguma excludente de sua responsabilização apta a afastar o direito ao ressarcimento do paciente." BRASIL. Superior Tribunal de Justiça. *AgRg no REsp 1468756 / DF*. AGRAVO REGIMENTAL NO RECURSO ESPECIAL 2014/0173852-5. Relator Ministro MOURA RIBEIRO. Órgão Julgador: T3 – TERCEIRA TURMA. Data do Julgamento 19/05/2016. Disponível em: https://ww2.stj.jus.br/processo/revista/documento/mediado/?componente=ATC&sequencial=61371543&num_registro=201401738525&data=20160524&tipo=5&formato=PDF. Acesso em: 07 Dez. 2019.

64. FIUZA, César. *Direito Civil*: curso completo. 14ª ed. Belo Horizonte: Del Rey, 2010. p.332.

Para melhor compreensão da causa, recentemente participei de encontro com médicos legistas para debater, em especial, a natureza da responsabilidade do médico esteticista, oportunidade em que me convenci acerca do acima consignado.

Assim, passo a me filiar à corrente sustentada pelo professor mineiro Cezar Fiúza (sic), que vêm ganhando grandes adeptos no Tribunal de Justiça do Rio Grande do Sul[65].

Ainda nesse sentido:

O profissional médico, não obstante a natureza estética da cirurgia plástica, não deve responder por um resultado automaticamente e, caso o assuma, não pode responder por resultado diverso daquele assegurado ao paciente, no momento no qual se deu o seu esclarecimento acerca de todas as variáveis possíveis decorrentes da intervenção cirúrgica buscada, ordinária e extraordinariamente, notadamente, ante a possibilidade de manutenção da insatisfação do paciente com o próprio corpo, característica das sociedades contemporâneas[66].

Logo, conclui-se que a responsabilidade civil do médico e do hospital será decorrente de uma obrigação de meio como regra, em qualquer especialidade; e, somente decorrerá de uma obrigação de resultado, quando o médico ou o hospital assim se responsabilizarem expressamente em termos contratuais por meio do TCLE.

No entanto, a afirmação acima não leva à conclusão de que a obrigação de meio resulta em uma responsabilidade civil subjetiva; tampouco, que a obrigação de resultado se vincula a uma responsabilidade civil objetiva. Por exemplo, quando o médico ou o hospital expressamente se manifestar pela assunção de obrigação de resultado no TCLE, o que poderá ocorrer é a inversão do ônus da prova, eis que aquele que não alcança o resultado prometido poderá ser considerado presumidamente culpado, o que é diferente da imposição de uma responsabilização objetiva.

O STJ, apesar de reconhecer a cirurgia estética como obrigação de resultado, não entende por uma automática responsabilidade objetiva, como no seguinte julgado: "Possuindo a cirurgia estética a natureza de obrigação de resultado cuja responsabilidade do médico é presumida, cabe a este demonstrar existir alguma excludente de sua responsabilização apta a afastar o direito ao ressarcimento do paciente." [67]

Nesse contexto, o TCLE auxilia na limitação de responsabilidade do médico e do hospital na medida em que a declaração quanto a natureza da obrigação assumida deve

---

65. MINAS GERAIS. Tribunal de Justiça do Estado. *Apelação cível n. 1.0145.06.330041-5/001.* Relator Desembargador Antônio Bispo. Data do Julgamento: 12/03/2009. Disponível em: https://www5.tjmg.jus.br/jurisprudencia/pesquisaNumeroCNJEspelhoAcordao.do;jsessionid=573EE29535FD9C681E-9175590C95496A.juri_node1?numeroRegistro=1&totalLinhas=1&linhasPorPagina=10&numeroUnico=1.0145.06.330041-5%2F001&pesquisaNumeroCNJ=Pesquisar. Acesso em: 07 Dez. 2019.

66. SOUZA, Iara Antunes de; FERNANDES, Rafaela Leite. Cirurgias plásticas estéticas: obrigação de meio ou de resultado X responsabilidade civil médica. In.: SÁ, Maria de Fátima Freire de; NAVES, Bruno Torquato de Oliveira; SOUZA, Iara Antunes de (coord.). *Direito e Medicina*: autonomia e vulnerabilidade em ambiente hospitalar. Indaiatuba (SP): Editora Foco, 2018. p.73.

67. BRASIL. Superior Tribunal de Justiça. *AgRg no REsp 1468756/DF* AGRAVO REGIMENTAL NO RECURSO ESPECIAL 2014/0173852-5. Relator Ministro MOURA RIBEIRO. Órgão Julgador T3 – TERCEIRA TURMA. Data do Julgamento: 19/05/2016. Disponível em: https://ww2.stj.jus.br/processo/revista/documento/mediado/?componente=ATC&sequencial=61371543&num_registro=201401738525&data=20160524&tipo=5&formato=PDF. Acesso em: 07 Dez. 2019.

74 MARIA DE FÁTIMA FREIRE DE SÁ E IARA ANTUNES DE SOUZA

ser informada e explicada de forma clara ao paciente e constar expressamente do termo, de modo a não gerar consequências não desejadas.

Já em relação ao uso do TCLE como comprovante da boa prática médica (ii), observa-se que quando o procedimento de obtenção do consentimento livre e esclarecido é feito de forma adequada (informação acerca de todas as possibilidades terapêuticas junto ao caso, as possíveis consequências positivas e negativas reconhecidas pela literatura médica, a utilização de linguagem acessível ao paciente, anuência livre após devido esclarecimento da prática médica), caso ocorra uma das consequências negativas previstas, não há como imputar responsabilidade ao médico ou ao hospital, em especial considerando a iatrogenia. É o que se reconhece na seguinte decisão do TJMG:

> A pretensão funda-se na existência de erro médico, bem como na falta de consentimento informado para a retirada de seu útero em momento prévio à cirurgia.
>
> [...]
>
> Comprovou-se, ainda, que o objetivo da cirurgia, desde o princípio, era a histerectomia total. Ou seja, não houve uma decisão unilateral do médico durante a cirurgia.
>
> A documentação acostada nos autos indica que, desde a internação, a paciente sabia que iria se submeter à histerectomia total. Logo, houve consentimento da paciente para o ato[68].

Nesse sentido, também é a seguinte decisão do STJ:

> A autora foi previamente orientada sobre os cuidados a serem tomados antes e após o procedimento, conforme consta no Contrato de Prestação de Serviços e Consentimento Livre e Esclarecido de fls. 94/96, não impugnado. O item 4 informa os cuidados a serem observados pelo paciente no pós-operatório dentre os quais a necessidade de se alimentar apenas de líquidos e não fumar (fls. 95).
>
> A demandante, contudo, em consulta-retorno ao primeiro requerido, lhe reportou não estar conseguindo ingerir alimentos sólidos, conforme narra na petição inicial às fls. 2, indicando a inobservância à orientação acima quanto à dieta líquida a ser seguida.
>
> Ainda a secretária da clínica requerida, Amanda da Silva Lopes, em seu depoimento, informou que a autora era fumante à época dos fatos e que, ao lhe indagar havia fumado no período pós-operatório, esta o negou, mostrando, no entanto, um cigarro elétrico (fls. 301/302).
>
> Ora, esse tipo de cigarro, embora não contenha outras substâncias nocivas, é rico em nicotina, a qual, se sabe, é danosa ao corpo e interfere em processos de cicatrização e osseointegração, principalmente na boca, onde feito o implante pelo primeiro requerido, conforme se extrai dos esclarecimentos da assistente técnica Roberta Kaeche, prestado em depoimento testemunhal (fls. 306/307)[69].

Assim, nos casos acima citados, a responsabilidade civil do médico e do hospital foi afastada em razão da correta aplicação do TCLE. Por consequência lógica, quando

---

68. MINAS GERAIS. Tribunal de Justiça do Estado. *Apelação Cível 1.0396.15.001791-3/001 – 0017913-12.2015.8.13.0396 (1)*. Relator Des. Carlos Henrique Perpétuo Braga. Órgão Julgador / Câmara: 15ª CÂMARA CÍVEL. Data de Julgamento: 13/12/2018. Disponível em: https://www5.tjmg.jus.br/jurisprudencia/pesquisaPalavrasEspelhoAcordao.do?&numeroRegistro=2&totalLinhas=48&paginaNumero=2&linhasPorPagina=1&palavras=consentimento%20informado&pesquisarPor=ementa&orderByData=2&referenciaLegislativa=Clique%20na%20lupa%20para%20pesquisar%20as%20refer%EAncias%20cadastradas...&pesquisaPalavras=Pesquisar&. Acesso em: 09 Dez. 2019.

69. BRASIL. Superior Tribunal de Justiça. *AREsp 1510619*. Relator Ministro JOÃO OTÁVIO DE NORONHA. Data da Publicação: 06/08/2019. Disponível em: https://scon.stj.jus.br/SCON/SearchBRS?b=DTXT&livre=@docn=%27006402459%27. Acesso em: 09 Dez. 2019.

o TCLE não é submetido ao paciente ou o é de forma falha, alargam-se as hipóteses de responsabilidade civil:

A conduta dos médicos cirurgião e anestesista, bem como do nosocômio, ao realizarem procedimento cirúrgico em paciente de risco, sem exigir dele o "termo de consentimento informado", deixando ainda de realizar "consulta pré-anestésica" importou em violação dos ditames do CDC, do Código de Ética Médica e da Resolução nº 1.802/2006 do CFM[70].

[...] – O formulário padrão, onde consta o consentimento dado pela recorrente, não contém informações detalhadas, claras e precisas a respeito da cirurgia sob anestesia geral a que seria submetida a criança, pelo que não se configurou o consentimento informado dos pais do paciente.

- A despreocupação em obter do paciente seu consentimento informado pode significar-nos casos mais graves – negligência no exercício profissional.[71]

[...] o fato de ser a Santa Casa uma entidade filantrópica não a isenta da responsabilidade de atender ao dever de informação, e de responsabilizar-se pela falta cometida pelo seu médico, que deixa de informar a paciente de cirurgia de risco sobre as possíveis consequências da intervenção. A obrigação de obter o consentimento informado do paciente decorre não apenas das regras de consumo, mas muito especialmente das exigências éticas que regulam a atividade médico-hospitalar, destacando-se entre elas o consentimento informado[72].

Assim, o que se apresenta é a necessidade de conscientização do médico e do hospital no sentido de que o TCLE é um instrumento de garantia da autonomia do paciente, mas é, também, instrumento de garantia de direitos do profissional e da instituição, capaz de limitar ou excluir sua responsabilidade. Por outro lado, se não é feito adequadamente é instrumento de prova para configuração de responsabilidade civil. Logo, o TCLE deve ser encarado como meio de proteção e promoção dos direitos do médico e do hospital e não apenas como corolário do direito dos pacientes.

4. REFERÊNCIAS

BRAGA NETTO, Felipe Peixoto. *Teoria dos ilícitos civis*. Belo Horizonte: Del Rey, 2003.

BRASIL. *Constituição da República Federativa do Brasil de 1988*. Disponível em: http://www.planalto.gov.br/ccivil_03/constituicao/ConstituicaoCompilado.htm. Acesso em: 14 out. 2015.

---

70. MINAS GERAIS. Tribunal de Justiça do Estado. *Apelação Cível 1.0672.10.028979-8/001028979826.2010.8.13.0672 (1)*. Relator(a): Des.(a) Sérgio André da Fonseca Xavier. Data de Julgamento: 15/12/2015. Disponível em: https://www5.tjmg.jus.br/jurisprudencia/pesquisaPalavrasEspelhoAcordao.do?&numeroRegistro=1&totalLinhas=8&paginaNumero=1&linhasPorPagina=1&palavras=responsabilidade%20civil%20m%E9dico%20consentimento%20informado&pesquisarPor=ementa&orderByData=2&referenciaLegislativa=Clique%20na%20lupa%20para%20pesquisar%20as%20refer%EAncias%20cadastradas...&pesquisaPalavras=Pesquisar&. Acesso em: 07 Dez. 2019.

71. MINAS GERAIS. Tribunal de Justiça do Estado. *Apelação Cível 2.0000.00.413571-7/0004135717-79.2000.8.13.0000 (1)*. Relator(a): Des.(a) Heloisa Combat. Data de Julgamento: 04/03/2004. Disponível em: https://www5.tjmg.jus.br/jurisprudencia/pesquisaPalavrasEspelhoAcordao.do?&numeroRegistro=8&totalLinhas=8&paginaNumero=8&linhasPorPagina=1&palavras=responsabilidade%20civil%20m%E9dico%20consentimento%20informado&pesquisarPor=ementa&orderByData=2&referenciaLegislativa=Clique%20na%20lupa%20para%20pesquisar%20as%20refer%EAncias%20cadastradas...&pesquisaPalavras=Pesquisar&. Acesso em: 07 Dez. 2019.

72. BRASIL. Superior Tribunal de Justiça. *REsp 467878 / RJ*. RECURSO ESPECIAL 2002/0127403-7. Relator Ministro RUY ROSADO DE AGUIAR. Órgão Julgador T4 – QUARTA TURMA. Data do Julgamento: 05/12/2002. Disponível em: https://ww2.stj.jus.br/processo/revista/documento/mediado/?componente=ATC&sequencial=591627&num_registro=200201274037&data=20030210&tipo=51&formato=PDF. Acesso em: 09 Dez. 2019.

BRASIL. Superior Tribunal de Justiça. *REsp n.º 1141299 / SC.* RECURSO ESPECIAL 2009/0095794-1. Relator Ministro CASTRO MEIRA. Órgão Julgador T2 – SEGUNDA TURMA. Data do Julgamento: 17/12/2009. Disponível em: https://ww2.stj.jus.br/processo/revista/documento/mediado/?componente=ATC&sequencial=8068467&num_registro=200900957941&data=20100210&tipo=5&formato=PDF. Acesso em: 07 Dez. 2019.

BRASIL. Superior Tribunal de Justiça. *REsp 1579954 / MG.* RECURSO ESPECIAL 2016/0020993-7. Relatora Ministra NANCY ANDRIGHI. Órgão Julgador T3 – TERCEIRA TURMA. Data do Julgamento: 08/05/2018. Disponível em: https://ww2.stj.jus.br/processo/revista/documento/mediado/?componente=ATC&sequencial=82469578&num_registro=201600209937&data=20180518&tipo=5&formato=PDF. Acesso em: 07 Dez. 2019.

BRASIL. Superior Tribunal de Justiça. *AREsp 1510619.* Relator Ministro JOÃO OTÁVIO DE NORONHA. Data da Publicação: 06/08/2019. Disponível em: https://scon.stj.jus.br/SCON/SearchBRS?b=DTXT&livre=@docn=%27006402459%27. Acesso em: 09 Dez. 2019.

BRASIL. Superior Tribunal de Justiça. *REsp 467878 / RJ.* RECURSO ESPECIAL 2002/0127403-7. Relator Ministro RUY ROSADO DE AGUIAR. Órgão Julgador T4 – QUARTA TURMA. Data do Julgamento: 05/12/2002. Disponível em: https://ww2.stj.jus.br/processo/revista/documento/mediado/?componente=ATC&sequencial=591627&num_registro=200201274037&data=20030210&tipo=51&formato=PDF. Acesso em: 09 Dez. 2019.

BRASIL. Superior Tribunal de Justiça. *REsp 1386129 / PR.* RECURSO ESPECIAL 2013/0160290-4. Relatora Ministra NANCY ANDRIGHI. Órgão Julgador: T3 – TERCEIRA TURMA. Data do Julgamento: 03/10/2017. Disponível em: https://ww2.stj.jus.br/processo/revista/documento/mediado/?componente=ATC&sequencial=77128761&num_registro=201301602904&data=20171013&tipo=5&formato=PDF. Acesso em: 07 Dez. 2019.

BRASIL. Superior Tribunal de Justiça. *AgRg no REsp 1468756 / DF.* AGRAVO REGIMENTAL NO RECURSO ESPECIAL 2014/0173852-5. Relator Ministro MOURA RIBEIRO. Órgão Julgador: T3 – TERCEIRA TURMA. Data do Julgamento 19/05/2016. Disponível em: https://ww2.stj.jus.br/processo/revista/documento/mediado/?componente=ATC&sequencial=61371543&num_registro=201401738525&data=20160524&tipo=5&formato=PDF. Acesso em: 07 Dez. 2019.

BRASIL. Lei n.º 8.078, de 11 de setembro de 1990. *Dispõe sobre a proteção do consumidor e dá outras providências.* Disponível em: http://www.planalto.gov.br/ccivil_03/leis/l8078.htm. Acesso em: 01 Dez. 2019.

BRASIL. Superior Tribunal de Justiça. *Súmula n.º 387.* Disponível em: https://ww2.stj.jus.br/docs_internet/revista/eletronica/stj-revista-sumulas-2013_35_capSumula387.pdf. Acesso em: 07 Dez. 2019.

CAVALIERI FILHO, Sérgio. *Programa de Responsabilidade Civil.* 9.ed. São Paulo: Atlas, 2010. p.391.

CONSELHO FEDERAL DE MEDICINA. Resolução CFM n.º 2.217/2018. *Aprova o Código de Ética Médica.* Disponível em: https://sistemas.cfm.org.br/normas/visualizar/resolucoes/BR/2018/2217. Acesso em: 28 Out. 2019.

CONSELHO FEDERAL DE MEDICINA. Resolução CFM nº 2.217, de 27 de setembro de 2018. *Código de Ética Médica.* Disponível em: https://portal.cfm.org.br/images/PDF/cem2019.pdf. Acesso em: 01 Dez. 2019.

CONSELHO FEDERAL DE MEDICINA. Recomendação CFM n.º 1/2016. *Dispõe sobre o processo de obtenção de consentimento livre e esclarecido na assistência médica.* Disponível em: https://sistemas.cfm.org.br/normas/visualizar/recomendacoes/BR/2016/1. Acesso em: 28 Out. 2019. Item 4

CONSELHO NACIONAL DE SAÚDE. *Resolução n.º 466*, de 12 de dezembro de 2012. Disponível em: https://bvsms.saude.gov.br/bvs/saudelegis/cns/2013/res0466_12_12_2012.html. Acesso em: 28 Out. 2019.

CONSELHO NACIONAL DE SAÚDE. *Resolução n.º 510*, de 07 de abril de 2016. Disponível em: http://conselho.saude.gov.br/resolucoes/2016/Reso510.pdf. Acesso em: 28 Out. 2019.

CONSELHO FEDERAL DE MEDICINA. Recomendação CFM n.º 1/2016. *Dispõe sobre o processo de obtenção de consentimento livre e esclarecido na assistência médica.* Disponível em: https://sistemas.cfm.org.br/normas/visualizar/recomendacoes/BR/2016/1. Acesso em: 28 Out. 2019.

FARIAS, Cristiano Chaves de; ROSENVALD, Nelson. *Direito das Obrigações.* 4.ed. Ed. Rio de Janeiro: Lumen Juris, 2009.

FIUZA, César. *Direito Civil:* curso completo. 14 ed. Belo Horizonte: Del Rey, 2010.

GRACIA, Diego. *Pensar a bioética:* metas e desafios. São Paulo: Centro Universitário São Camilo; Loyola, 2010. p.48.

KFOURI NETO, Miguel. *Responsabilidade civil do médico.* 7.ed. São Paulo: Editora Revista dos Tribunais, 2010. p.41-42.

LIMA, Taisa Maria Macena de; SÁ, Maria de Fátima Freire de. *Ensaios sobre a velhice.* 2ª ed. Belo Horizonte: Arraes, 2018.

LÔBO, Paulo Luiz Netto. Danos morais e direitos da personalidade. *Jus Navigandi,* Teresina, ano 7, n. 119, 31 out. 2003. Disponível em: http://jus2.uol.com.br/doutrina/texto.asp?id=4445. Acesso em: 01 Dez. 2019.

MINAS GERAIS. Tribunal de Justiça do Estado. *Apelação cível n. 1.0145.06.330041-5/001.* Relator Desembargador Antônio Bispo. Data do Julgamento: 12/03/2009. Disponível em: https://www5.tjmg.jus.br/jurisprudencia/pesquisaNumeroCNJEspelhoAcordao.do;jsessionid=573EE29535F-D9C681E9175590C95496A.juri_node1?numeroRegistro=1&totalLinhas=1&linhasPorPagina=10&numeroUnico=1.0145.06.330041-5%2F001&pesquisaNumeroCNJ=Pesquisar. Acesso em: 07 Dez. 2019.

MINAS GERAIS. Tribunal de Justiça do Estado. *Apelação Cível 1.0396.15.001791-3/001 – 0017913-12.2015.8.13.0396 (1).* Relator Des. Carlos Henrique Perpétuo Braga. Órgão Julgador / Câmara: 15ª CÂMARA CÍVEL. Data de Julgamento: 13/12/2018. Disponível em: https://www5.tjmg.jus.br/jurisprudencia/pesquisaPalavrasEspelhoAcordao.do?&numeroRegistro=2&totalLinhas=48&paginaNumero=2&linhasPorPagina=1&palavras=consentimento%20informado&pesquisarPor=ementa&orderByData=2&referenciaLegislativa=Clique%20na%20lupa%20para%20pesquisar%20as%20refer%EAncias%20cadastradas...&pesquisaPalavras=Pesquisar&. Acesso em: 09 Dez. 2019.

MINAS GERAIS. Tribunal de Justiça do Estado. *Apelação Cível 1.0672.10.028979-8/001028979826.2010.8.13.0672 (1).* Relator(a): Des.(a) Sérgio André da Fonseca Xavier. Data de Julgamento: 15/12/2015. Disponível em: https://www5.tjmg.jus.br/jurisprudencia/pesquisa-PalavrasEspelhoAcordao.do?&numeroRegistro=1&totalLinhas=8&paginaNumero=1&linhas-PorPagina=1&palavras=responsabilidade%20civil%20m%E9dico%20consentimento%20informado&pesquisarPor=ementa&orderByData=2&referenciaLegislativa=Clique%20na%20lupa%20para%20pesquisar%20as%20refer%EAncias%20cadastradas...&pesquisaPalavras=Pesquisar&. Acesso em: 07 Dez. 2019.

MINAS GERAIS. Tribunal de Justiça do Estado. *Apelação Cível 2.0000.00.413571-7/0004135717-79.2000.8.13.0000 (1).* Relator(a): Des.(a) Heloisa Combat. Data de Julgamento: 04/03/2004. Disponível em: https://www5.tjmg.jus.br/jurisprudencia/pesquisaPalavrasEspelhoAcordao.do?&numeroRegistro=8&totalLinhas=8&paginaNumero=8&linhasPorPagina=1&palavras=responsabilidade%20civil%20m%E9dico%20consentimento%20informado&pesquisarPor=ementa&orderByData=2&referenciaLegislativa=Clique%20na%20lupa%20para%20pesquisar%20as%20refer%EAncias%20cadastradas...&pesquisaPalavras=Pesquisar&. Acesso em: 07 Dez. 2019.

MOREIRA, Luiza Amélia Cabus; OLIVEIRA, Irismar Reis de. Algumas questões éticas no tratamento da anorexia nervosa. *Jornal de Psiquiatria,* Rio de Janeiro, v. 57, n. 3, 2008. Disponível em: http://www.scielo.br/pdf/jbpsiq/v57n3/01.pdf. Acesso em: 28 Out. 2019.

NAVES, Bruno Torquato de Oliveira; SOUZA, Iara Antunes de. Da afetividade à responsabilidade: O pretenso "Princípio Jurídico da Afetividade" no Direito de Família frente ao Princípio da Reparação Integral na Responsabilidade Civil. In: MARÇAL, Antônio Cota; PIMENTA, Eduardo Goulart; NUNES, Maria Emília Naves; MAGALHÃES, Rodrigo Almeida. (Org.). *Os princípios na construção do Direito.* Rio de Janeiro: Lumen Juris, 2013, v. 1, p. 134.

ONU. *Declaração Universal dos Direitos Humanos.* 1948. Disponível em: https://nacoesunidas.org/wp-content/uploads/2018/10/DUDH.pdf. Acesso em: 28 Out. 2019.

POLI, Leonardo Macedo. Ato ilícito. In: FIUZA, César (Coord.). *Curso avançado de direito civil.* São Paulo: IOB Thomson, 2004.

RIBEIRO, Diaulas Costa (Org.). *A relação médico-paciente*: velhas barreiras, novas fronteiras. São Paulo: Centro Universitário São Camilo, 2010. p.199.

ROMEO-CASABONA, Carlos María. O consentimento informado na relação entre médico e paciente: aspectos jurídicos. In.: ROMEO-CASABONA, Carlos Maria; QUEIROZ, Juliane Fernandes (Coord.). *Biotecnologia e suas implicações ético-jurídicas.* Belo Horizonte: Del Rey, 2004.

ROSENVALD, Nelson. Por uma tipologia aberta dos danos extrapatrimoniais. *Migalhas.* Migalhas de Responsabilidade Civil, 23 Abr. 2020. Disponível em: https://migalhas.uol.com.br/coluna/migalhas-de-responsabilidade-civil/325209/por-uma-tipologia-aberta-dos-danos-extrapatrimoniais. Acesso em: 21 Dez. 2020.

SÁ, Maria de Fátima Freire de.; NAVES, Bruno Torquato de Oliveira. *Bioética e Biodireito.* 4.ed. Belo Horizonte: Del Rey, 2018.

SÁ, Maria de Fátima Freire de; NAVES, Bruno Torquato de Oliveira; SOUZA, Iara Antunes de. A BIOÉTICA DA RESPONSABILIDADE E A RESPONSABILIDADE CIVIL DOS PROFISSIONAIS DE SAÚDE EM TEMPOS DE PANDEMIA. *Revista Jurídica,* [S.l.], v. 5, n. 62, p. 113 - 140, dez. 2020. ISSN 2316-753X. Disponível em: http://revista.unicuritiba.edu.br/index.php/RevJur/article/view/4887. Acesso em: 15 jan. 2021.

SOUZA, Iara Antunes de. *Aconselhamento genético e responsabilidade civil*: as ações por concepção indevida (*wrongful conception*), nascimento indevido (*wrongful birth*) e vida indevida (*wrongful life*). Belo Horizonte: Arraes Editores, 2014. p.8.

SOUZA, Iara Antunes de; LISBÔA, Natalia de Souza. PRINCÍPIOS BIOÉTICOS E BIOJURÍDICOS: UMA VISÃO BASEADA NOS DIREITOS HUMANOS. In: SÁ, Maria de Fátima Freire de; NOGUEIRA, Roberto Henrique Pôrto; SCHETTINI, Beatriz. (Org.). *Novos direitos privados.* 1ed.Belo Horizonte: Arraes Editores, 2016, v. 1, p. 1-15.

SOUZA, Iara Antunes de. *Estatuto da Pessoa com Deficiência*: curatela e saúde mental. 1. ed. Belo Horizonte: D'Plácido Editora, 2016. v. 1.

SOUZA, Iara Antunes de; FERNANDES, Rafaela Leite. Cirurgias plásticas estéticas: obrigação de meio ou de resultado X responsabilidade civil médica. In.: SÁ, Maria de Fátima Freire de; NAVES, Bruno Torquato de Oliveira; SOUZA, Iara Antunes de (Coord.). *Direito e Medicina*: autonomia e vulnerabilidade em ambiente hospitalar. Indaiatuba (SP): Editora Foco, 2018.

TEIXEIRA, Ana Carolina Brochado; SOUZA, Iara Antunes de. Algumas reflexões sobre a limitação da curatela às questões patrimoniais no Estatuto da Pessoa com Deficiência. In: LIMA, Taisa Maria Macena de; SÁ, Maria de Fátima Freire de; MOUREIRA, Diogo Luna. (Org.). *Autonomia e vulnerabilidade.* 1ed. Belo Horizonte: Arraes Editores, 2017, v. 1, p. 154-167.

UNESCO. *Declaração Universal sobre Bioética e Direitos Humanos.* 2005. Disponível em: http://unesdoc.unesco.org/images/0014/001461/146180por.pdf . Acesso em: 29 Out. 2019.

O IDOSO COM DEMÊNCIA SENIL OU DEFICIENTE MENTAL NA RELAÇÃO JURÍDICA MÉDICO-PACIENTE: CONSENTIMENTO INFORMADO E RESPONSABILIDADE CIVIL

Débora Gozzo

Pós-doutora pelo *Max-Planck-Institut für ausländisches und internationales Privatrecht*, Hamburgo/Alemanha. Doutora em Direito pela Universidade de Bremen/Alemanha. Mestre em Direito pela Universidade de Münster/Alemanha e pela Universidade de São Paulo. Ex-bolsista da *Alexander von Humboldt- Stiftung*. Professora Titular de Direito Civil da USJT. Ex-Professora Titular do Mestrado em Direito e da Graduação do UNIFIEO. Professora Colaboradora do Mestrado em Ciência do Envelhecimento da Universidade São Judas Tadeu/SP; Coordenadora do Núcleo de Biodireito e Bioética da ESA-OAB/SP. *Visiting Professor do Institut für Deutsches, Europäisches und internationales Medizinrecht, Gesundheitsrecht und Bioethik der Universitäten Heidelberg und Mannheim*, Mannheim/Alemanha. *Fellow* do *Käte-Hamburger-Kolleg* (Center for Advanced Studies in the Humanities) da Universidade de Bonn/Alemanha. *Visiting professor do Referenzzentrum für Bioethik in den Biowissenschaften*, da Universidade de Bonn/Alemanha. *Visiting professor da Bucerius Law School*/Alemanha. Membro do IBERC; da Rede de Direito Civil Contemporâneo; do Instituto de Direito Privado. Coordenadora da Comissão de Direitos Fundamentais do IASP. Líder do Grupo de Pesquisa Inovações Tecnológicas e Direito pela USJT. E-mail: deboragozzo@gmail.com.

Juliano Ralo Monteiro

Doutor em Direito Civil pela Pontifícia Universidade Católica de São Paulo. Atualmente é Coordenador do Curso de Direito da Universidade Nilton Lins; Professor Adjunto da Graduação da Faculdade de Direito da Universidade Federal do Amazonas – UFAM (FD-UFAM); Professor Permanente do Programa de Mestrado da FD-UFAM; Líder do Grupo de Pesquisa Direito Civil Contemporâneo na Amazônia pela FD-UFAM; Professor Adjunto da Faculdade Martha Falcão|Wyden. Membro da Rede de Direito Civil Contemporâneo. Associado ao Instituto de Direito Privado. Associado ao Instituto Brasileiro de Estudos de Responsabilidade Civil – IBERC. Advogado. E-mail: ralojuliano@gmail.com.

Sumário: 1. Introdução – 2. A Lei n. 10.741/2003 e a vulnerabilidade da pessoa idosa – 3. Idoso com demência senil, o Idoso deficiente mental e o Estatuto da Pessoa com Deficiência – 4. Relação médico-paciente: Código de Ética Médica e Código de Defesa do Consumidor – 5. Consentimento Informado e Princípio da Transparência; 5.1 A informação na relação médico-paciente e os padrões de divulgação médica; 5.2 O consentimento e sua obtenção – 6. O consentimento informado do idoso com demência senil ou deficiente mental – 7. Responsabilidade do médico frente o idoso deficiente ou com demência senil pela ausência do consentimento informado – 8. Conclusão – 9. Referências

1. INTRODUÇÃO

A cada dia que passa, em razão dos avanços da chamada biotecnologia, cresce a tendência à longevidade da pessoa. Com isso, aumenta a probabilidade de as sociedades em geral, inclusive a brasileira, tornarem-se locais com predominância de pessoas idosas. Apesar do estágio atual de desenvolvimento da medicina, com a idade e, consequentemente com o declínio do corpo e da mente, muitas pessoas podem vir a estar acometidas por doenças mentais. Estas podem retirar-lhes a possibilidade de interagirem e de se autodeterminarem como qualquer pessoa que tenha alcançado a maioridade e responsável por seus atos, independentemente de um representante ou assistente legal. Eventualmente a deficiência mental acompanha essa pessoa ao longo da vida, resultando muitas vezes em uma mesma situação de incapacidade cognitiva, como no caso da demência senil.

Para garantir a efetivação do princípio da dignidade humana, previsto no inciso III do art. 5º da Constituição da República, surgiram no ordenamento jurídico brasileiro não só o Estatuto do Idoso, em 2003, mas o Estatuto da Pessoa com Deficiência, em 2015, que abarca todas as formas de deficiência, inclusive a mental. Procurou, aqui, garantir que a pessoa deficiente não seja discriminada e exerça seus direitos em igualdade de condições com as demais.

O objetivo do presente artigo é investigar o quanto essa pessoa idosa, em especial aquela que já alcançou os oitenta (80) anos, e que tem algum tipo de demência ou de deficiência mental, é capaz de exercer sua autonomia existencial, no que diz respeito à sua saúde e ao seu corpo. Isto tudo, tendo-se como pano de fundo a situação de vulnerabilidade que a acomete, porquanto nem sempre é capaz de autodeterminar-se, face às fragilidades que vivencia. Assim, questiona-se se ela tem capacidade de, numa relação médico-paciente, prestar seu consentimento informado acerca do tratamento a que será submetida. A partir disso, e na parte final, portanto do trabalho, discute-se sobre a responsabilidade do médico, levando-se em conta o disposto na lei consumerista, em em vigor desde 1991.

2. A LEI N. 10.741/2003 E A VULNERABILIDADE DA PESSOA IDOSA

Desde 2003, com a entrada em vigor da Lei n. 10.741, o idoso passou a receber tratamento diferenciado pelo legislador pátrio, da mesma forma que já havia acontecido com o menor, a partir do momento em que o Estatuto da Criança e do Adolescente (ECA, Lei n. 8.069/1990) foi promulgado e entrou em vigor. Desse modo, as duas pontas mais vulneráveis da vida de uma pessoa, a saber, seu início e seu fim, passaram a merecer proteção integral por parte da legislação pátria. Isto deve ser considerado um verdadeiro marco na efetivação do livre desenvolvimento da pessoa humana. Todas essas conquistas só foram possíveis por conta da aprovação pelo Congresso, em 5 de outubro de 1988, da Constituição da República atualmente em vigor no país. Foi este texto, indubitavelmente, que colocou a pessoa humana como centro do ordenamento jurídico, por meio do estabelecimento do *princípio da dignidade humana* como um dos pilares da sociedade brasileira.[1] A introdução do mencionado princípio como um valor foi revolucionário, pois o país deixava para trás uma ditadura militar de duas décadas (1964-1985), período durante o qual as liberdades individuais foram solapadas.

O fato de terem sido destacados o *início* e o *fim* da vida em leis especiais, leva à conclusão que a sociedade brasileira, na pessoa de seus congressistas, entendeu que deveria amparar aqueles que apresentam um maior grau de vulnerabilidade frente aos desafios da vida.

O legislador pátrio, a partir de 1988, realmente entendeu ser necessário garantir que determinados grupos de pessoas recebessem proteção mais efetiva por parte da lei, em razão de sua maior vulnerabilidade.[2] No caso da criança e do adolescente, por serem elas personagens frágeis, mais ainda quando em situação irregular, dependentes que são de um adulto para cuidar de seus interesses pessoais e patrimoniais. Quanto ao idoso, por ser ele alguém que necessita, de um arcabouço legal que leve em conta as peculiaridades relativas às fragilidades do corpo e, eventualmente, da mente, que a idade traz consigo. Pelo Estatuto do Idoso, toda pessoa acima dos sessenta (60) anos é considerada idosa, portanto, merecedora de proteção especial da lei.[3]

Com os avanços da medicina, abre-se a cada dia a possibilidade real de as pessoas tornarem-se mais e mais longevas, o que fez com que em 2017, por meio da Lei n. 13.446/2015, fosse introduzido no Estatuto do Idoso (Lei n. 10.741/2003) o parágrafo 2° ao art. 3°. Este artigo disciplina sobre a pessoa que se encontra com oitenta (80) anos ou mais: "Dentre os idosos, é assegurada prioridade especial aos maiores de oitenta anos, atendendo-se suas necessidades sempre *preferencialmente* em relação aos demais idosos." (Grifos Nossos). Desse modo a lei pátria, sabiamente, fez distinção entre os *idosos*, considerando-se aqui aqueles que se encontram entre os sessenta (60) e os oitenta (80) anos incompletos e, dessa idade para frente como *mais* idosos, da mesma forma que o

---

1. Quanto ao princípio da dignidade humana na temática que ora se menciona, Anna Candida da Cunha Ferraz e Fernando Pavan Baptista, após analisarem-no no contexto relativo ao idoso na Constituição da República vigente, afirmam: "(...) no século XX, cognominado 'O Século da Terceira Idade', tratar de modo especial os idosos não constitui privilégio, nem tratamento discriminatório, mas legítima aplicação dos princípios que inserem a justiça social como meta e fundamento da democracia brasileira, especialmente os contidos no art. 3° da Constituição, que, ao estabelecer entre os objetivos fundamentais da República Federativa do Brasil: I- Constituir uma sociedade livre, justa e solidária; [...]; IV- promover o bem de todos, sem preconceito de origem, raça, sexo, cor, idade e quaisquer outras formas de discriminação". Comentários à Lei n. 10.417/2003, in: CUNHA FERRAZ, Anna Candida. BAPTISTA, Fernando Pavan. PINTO FILHO, Ariovaldo de Souza. (Org.). *Comentários ao art. 2° do Estatuto do Idoso*: Efetivação legislativa, administrativa e jurisprudencial. Osasco: Edifieo, 2015, p. 51.
2. Neste sentido vale a pena trazer a lume a lição de Heloísa Helena Barboza: "Para os fins do Direito, se todas as pessoas são vulneráveis, é preciso estar atento a 'situações substanciais específicas', para que seja dado o tratamento adequado a cada uma delas. Não basta, portanto, afirmar a vulnerabilidade que têm, por conceito, todas as pessoas humanas e que se encontram protegidas pela cláusula geral de tutela implícita na Constituição da República. É indispensável verificar as peculiaridades dos diferentes situações de cada grupo, como vem sendo feito com as crianças e adolescentes, com os consumidores, a partir de 2003 com o idoso, e em data mais recente em relação à pessoa com deficiência. (...)." BARBOZA, Heloísa Helena. O princípio do melhor interesse da pessoa idosa, efetividade e desafios, in: BARLETTA, Fabiana R.. ALMEIDA, Vitor. *A Tutela Jurídica da Pessoa Idosa*. Indaiatuba: Foco, 2020, p. 14-15.
3. Importante a lição de Patrícia Albino Galvão Pontes: "É objetivo do estatuto conferir proteção integral ao idoso. Desta maneira, em seu segundo artigo, já demonstra a sua finalidade ao visar que estas pessoas, já tão discriminadas pela sociedade, quando não pela própria família, tenham os seus direitos, como pessoas que são, assegurados e resguardados". PONTES, Patrícia Albino Galvão. Comentários ao art. 2° da Lei n. 10.147/2003, in: PINHEIRO, Naíde Maria. (Coord.). *Estatuto do Idoso Comentado*. Campinas: LZN, 2003, p. 17.

ECA diferencia entre criança, dos zero (0) aos doze (12) anos incompletos, e adolescente, isto é, dos doze (12) anos completos até os dezoito (18).

A alteração legal permite, pois, que se tenha dois estágios no âmbito da menoridade – infância e adolescência -, e dois no da maioridade – idoso e *mais* idoso -, porquanto em cada uma dessas fases da vida, as necessidades são distintas e, só regulamentando-as de modo diferenciado é que se pode dar efetiva proteção a esses grupos de vulneráveis.[4]

Mas o que se deve entender pelo termo "vulnerável"?[5] Nas palavras de Cláudia Lima Marques e Bruno Miragem, vulnerável seria um estado da pessoa, um estado inerente de risco ou um sinal de confrontação excessiva de interesses identificados no mercado, é uma situação permanente ou provisória, individual ou coletiva, que fragiliza, enfraquece o sujeito de direitos, desequilibrando a relação. A vulnerabilidade não é, pois, o fundamento das regras de proteção do sujeito mais fraco, é apenas a 'explicação' destas regras de proteção do sujeito mais fraco, é a técnica para as aplicar bem, é a noção instrumental que guia e ilumina a aplicação destas normas protetivas e reequilibradoras, à procura do fundamento da Igualdade e da Justiça equitativa.[6]

No que concerne à vulnerabilidade do idoso, inicia-se o tratamento da matéria, constatando-se que a partir do momento em que a pessoa nasce ela já começa a envelhecer. Sua fragilidade já estaria aqui. Pode parecer exagero, mas fato é que a pessoa passa por vários ciclos como a infância, a adolescência, estágios que como afirmado acima, também representam a vulnerabilidade humana, posto a pessoa ainda não estar completamente formada física e psicologicamente; a juventude; a maturidade; e a velhice. Na

---

4. Ao analisar inicialmente o Estatuto do Idoso sob a perspectiva da democracia representativa, Anna Candida da Cunha Ferraz e Fernando Pavan Baptista, entendem que os idosos integram um grupo minoritário dentro da sociedade. E esclarecem o que segue: "se definirmos *minoria* sob o aspecto puramente quantitativa, obteremos um conceito técnico, que não satisfaz as aspirações da democracia nos quesitos igualdade e liberdade. Por outro lado, se definirmos *minoria* sob o aspecto qualitativo, obteremos um conceito amplo e impreciso, através do qual um grupo qualquer, tido como vulnerável, hipossuficiente, rejeitado ou perseguido, pode ser incluído, ainda que representando a maioria numérica da população". E complementam: "Trata-se, portanto, de um conceito teórico especulativo que, na visão denotativa, não possui referência na realidade social. Já na visão conotativa, minoria abrange todo grupo, independentemente da porcentagem numérica que representa da população, que se está em posição de inferioridade em relação aos direitos humanos fundamentais e à participação nas esferas de decisão política." CUNHA FERRAZ, Anna Candida. BAPTISTA, Fernando Pavan. Comentários à Lei n. 10.417/2003, *in*: CUNHA FERRAZ, Anna Candida. BAPTISTA, Fernando Pavan. PINTO FILHO, Ariovaldo de Souza. (Org.). *Comentários ao Estatuto do Idoso*: Efetivação legislativa, administrativa e jurisprudencial. Osasco: Edifieo, 2015, p. 28.

5. Sobre o conceito de vulnerabilidade v.: KONDER, Carlos Nelson. Vulnerabilidade Patrimonial e Vulnerabilidade existencial: por um sistema diferenciador. Disponível em: https://www.revistadostribunais.com.br/maf/app/resultList/document?&src=rl&srguid=i0ad82d9b0000016f4f6c42f0ee2cbda7&docguid=I1a727600310311e5b-0c2010000000000&hitguid=I1a727600310311e5b0c2010000000000&spos=1&epos=1&td=2&context=54&-crumbaction=append&crumblabel=Documento&isDocFG=false&isFromMultiSumm=&startChunk=1&end-Chunk=1. Acesso em: 28 dez.2019.

6. MARQUES, Cláudia Lima. MIRAGEM, Bruno. *O novo direito privado e a proteção dos vulneráveis*. São Paulo: Revista dos Tribunais, 2012, p. 117. Nas palavras de Javier Barraca Mairal, "[v]ulnerabilidad comporta fragilidad. Pero habitualmente, en el sentido preciso de que el daño advenido llega a nosotros desde fuera. Vulnerable es la realidad que resulta susceptible de verse dañada por otra. En sentido contrario, invulnerable se dice lo que no puede sufrir daño externo; como, por ejemplo, una fortaleza. Por esto, se señala que los seres humanos somos vulnerables ante o frente a determinadas realidades exteriores, como una enfermedad, un enemigo, un ataque, una actuación externa, etc. Los sujetos humanos no somos fortalezas invulnerables, imperturbables, impasibles. Desde fuera de nuestro ser, se nos amenaza, perturba, mina socava, debilita, cerca, ataca, daña y quebranta." El ser humano como sujeto vulnerable, *in*: FERRÉ, Esther A... FERNANDÉZ, Carmen F. HUARTE, Elena G., *et. alli* (Coord.). *La Persona en el S. XXI*. Una vision desde el derecho. Pamplona: Aranzadi, 2019, p. 145-146.

primeira fase da vida, isto é, na infância, a pessoa pode ser acometida por vários tipos de doenças consideradas típicas dessa faixa etária como caxumba, catapora, sarampo entre outras. Isto ocorre por conta da fragilidade do corpo humano, que ainda não alcançou seu desenvolvimento completo. Sendo assim, ele é mais vulnerável a desenvolver essas enfermidades que podem inclusive causar a morte do menor. As vacinas contra tais moléstias, desde que ministradas adequadamente, evitam o adoecimento.

Situação similar sucede com aquele que já alcançou a idade da velhice. Ele se torna mais fragilizado, mais dependente, e prevalentemente aqueles acima dos 80 anos, são mais propensos à problemas de saúde, não só *físicos*, uma vez que o corpo está mais debilitado pelos anos já vividos, mas também *mentais*, posto ser esse grupo de pessoas mais facilmente vítima de doenças como Alzheimer, Parkinson entre outras, e para as quais a medicina ainda não encontrou a cura. É neste momento, por exemplo, que a pessoa idosa necessita de amparo não só de seus familiares – a família desempenha aqui um papel de extrema importância na garantia, em especial dos direitos fundamentais e sociais fundamentais do idoso -, que atuarão como seus cuidadores, auxiliando-os e amparando-os nesta última etapa da vida. Na ausência de familiar que possa exercer essa função, muitos recorrem aos chamados cuidadores profissionais. Neste sentido, aliás, o *caput*, do art. 3° do Estatuto do Idoso dá bem a noção de sua vulnerabilidade, ao estabelecer ser "obrigação da família, da comunidade, da sociedade e do Poder Público assegurar ao idoso, com absoluta prioridade a efetivação do direito à vida, à saúde, à alimentação, à educação, à cultura, ao esporte, ao lazer, ao trabalho, à cidadania, à liberdade, à dignidade, ao respeito e à convivência familiar e comunitária"[7]. Em alguns países, como a Suécia, essas funções estão sendo igualmente exercidas pelos chamados "robôs cuidadores."[8] Por trás dessa máquina, todavia, há uma pessoa humana a controlá-la, a fim de que o cuidado seja exercido plenamente.

A vulnerabilidade do idoso, contudo, só tende a aumentar, uma vez que os avanços da medicina conseguem mantê-lo vivo por mais tempo.[9] A imortalidade, que vem sendo

---

7. Quanto aos cuidadores, inclusive, lecionam Ariovaldo de Souza Pinto Filho e Luiz Eduardo Alves de Siqueira, que o termo *cuidador*, "significa aquele [que] busca efetivar os direitos dos idosos, aquele que cuida deles. Têm-se como obrigados à efetivação dos direitos do idoso: os cuidadores familiares (família), o cuidador estatal (Estado) e os cuidadores sociais (comunidades e sociedades). PINTO FILHO, Ariovaldo de Souza. SIQUEIRA, Luiz Eduardo Alves de. Comentários ao art. 3° da Lei n. 10.417/2003, in: CUNHA FERRAZ, Anna Candida. BAPTISTA, Fernando Pavan. PINTO FILHO, Ariovaldo de Souza. (Org.). *Comentários ao Estatuto do Idoso*: Efetivação legislativa, administrativa e jurisprudencial. Osasco: Edifieo, 2015, p. 40. V., ainda: FAGUNDES, Tainã Alves. PEREIRA, Danielle Aparecida Gomes. BUENO, Kátia Maria Penido; et. al. Incapacidade Funcional em Idosos com Demência. Disponível em: http://dx.doi.org/10.4322/0104-4931.ctoAO0818. Acesso em: 23 dez. 2019.

8. Robots in health care are raising ethical dilemmas. Disponível em: https://sverigesradio.se/sida/artikel.aspx?programid=2054&artikel=6097870. Acesso em: 1 dez. 2019.

9. Neste sentido, interessante salientar as palavras de Anna Candida da Cunha Ferraz e de Fernando Pavan Baptista, sobre o crescimento dos idosos no mundo: "Na proporção em que o progresso científico e tecnológico aplicado à área da saúde aumenta a longevidade humana, a camada populacional dos idosos também aumenta, sobrevindo a preocupação, nos países mais desenvolvidos, de que no futuro a pirâmide etária se inverterá. Os idosos se tornarão maioria, o que acarretará, inevitavelmente, maiores custos sociais e econômicos, que terão de ser financiados por escassos recursos públicos e privados. Essa tendência já foi detectada inclusive em países em desenvolvimento como o Brasil, onde a população de idosos mais do que dobrou nos últimos dez anos, beirando os 25 milhões atualmente. Comentários ao art. 1° da Lei n. 10.417/2003, in: CUNHA FERRAZ, Anna Candida. BAPTISTA, Fernando Pavan. PINTO FILHO, Ariovaldo de Souza. (Org.). *Comentários ao Estatuto do Idoso*: Efetivação legislativa, administrativa e jurisprudencial. Osasco: Edifieo, 2015, p. 26. V., ainda, neste sentido: "A velhice tornou-se um problema social.

discutida e cujos estudos vêm sendo patrocinados especialmente por futurólogos como Elon Musk[10] e Ray Kurzweil[11], por exemplo, começa a bater à porta de cada pessoa idosa.[12] Viver mais, entretanto, ainda não significa maior qualidade de vida. Este o grande desafio da medicina atual.

Vulnerável, desse modo, para efeitos deste estudo, será considerado o *mais* idoso, isto é, aquele que já tiver alcançado os oitenta (80) anos, e, mais especificamente, aquele que vier a ser ou que já estiver acometido por uma das várias formas de demência senil, sendo a principal delas o Alzheimer. Neste caso, além de o corpo muitas vezes já se apresentar combalido pela idade, esta pessoa mostra-se incapaz de expressar sua vontade, seu real querer, tornando-se ainda mais vulnerável perante as demais.

3. IDOSO COM DEMÊNCIA SENIL, O IDOSO DEFICIENTE MENTAL E O ESTATUTO DA PESSOA COM DEFICIÊNCIA

Os artigos 15 a 19 da Lei n. 10.741/2003 integram o conjunto de dispositivos legais que amparam o Direito à Saúde dos idosos. No *caput* do artigo 17, encontra-se regulamentado: "Ao idoso que esteja no *domínio* de suas *faculdades mentais*, é assegurado o direito de optar pelo tratamento de saúde que lhe for reputado mais favorável". (Grifos Nossos). Pode e deve, a pessoa idosa, exercer em relação à sua saúde, sua liberdade plena, sua autonomia existencial, a fim de que ela tenha a palavra final sobre o tratamento ao qual pretende ou não submeter-se.[13] Neste sentido, aliás, relevante chamar a atenção para o art. 15 do Código Civil[14] que garante a toda e qualquer pessoa, idosa ou não, o direito de negar-se a submeter-se a tratamento médico, se com ele colocar sua vida em risco.[15] Por sua vez, o Enunciado 533 da VI

O progresso da medicina e o avanço da tecnologia trouxeram para a sociedade moderna o aumento da expectativa de vida. Porém essa mesma sociedade não foi capaz de suportar o aumento do contingente populacional das pessoas idosas. (...) Todos querem viver muito, mas ninguém quer ser velho. Tal condição já traz uma conotação depreciativa, dando a impressão de fim da linha. É como se passasse do estágio da utilidade para a inutilidade acarretando, em consequência, a exclusão social dessas pessoas. A maioria dos idosos é considerada como um peso para a família, esquecendo-se esta de que, no passado, eram aqueles quem a sustentavam". PONTES, Patrícia Albino Galvão. Comentários ao art. 2º da Lei n. 10.147/2003, *in*: PINHEIRO, Naíde Maria. (Coord.). *Estatuto do Idoso Comentado*. Campinas: LZN, 2003, p. 17.

10. Elon Musk é um dos patrocinadores das pesquisas sobre imortalidade, v.: WARD, Tom. We will extend our lives but not attain immortality, says anti-aging researcher. Disponível em: https://futurism.com/neoscope/we-will-extend-our-lives-but-not-attain-immortality-says-anti-aging-researcher. Acesso em: 29 dez. 2019.

11. KURZWEIL, Ray. *Singularity is near*: When humans transcend biology. New York: Penguin, 2005, p. 320 e s.

12. Laurent Alexandre afirma que o "homem que viverá mil anos talvez já tenha nascido." E aduz que "[u]m inacreditável choque tecnológico vai transformar profundamente a medicina e acelerar o recuo da morte. Para além da simples leitura de nosso DNA, ele terá como base quatro principais avanços: a terapia gênica, as nanotecnologias, a biologia de síntese e a clonagem terapêutica.". ALEXANDRE, Laurent. *A morte da morte*. Barueri: Manole, 2018, p. 27.

13. Trata-se aqui do princípio da autonomia, um dos quatro princípios presentes na chamada "Bioética Principialista", como desenvolvido por Tom Beauchamp e James F. Childress, ao lado dos da beneficência, o da não maleficência e o da justiça. Sobre autonomia v.: BEAUCHAMP, Tom. CHILDRESS, James L. *Princípios de Ética Biomédica*. 2ª. ed. Trad. Luciana Pudenzi. São Paulo: Loyola, 2011, p. 137 e s.

14. V. item 4, infra, sobre o art. 15 do Código Civil e o consentimento informado.

15. Este dispositivo legal foi criticado duramente por João Baptista Villela em 2003, quando da entrada em vigor do Código Civil vigente. Em trecho importante de seu comentário sobre a recusa ao tratamento médico escreveu o autor: "Ao dispor no art. 15 que 'ninguém pode ser constrangido a submeter-se, com risco de vida, a tratamento médico ou intervenção cirúrgica', o Código Civil Brasileiro, na contramão das tendências autonomistas do direito moderno, afirma a legitimidade da intervenção compulsória sobre o corpo e restringe o exercício da liberdade

O IDOSO COM DEMÊNCIA SENIL OU DEFICIENTE MENTAL NA RELAÇÃO JURÍDICA MÉDICO-PACIENTE

Jornada de Direito Civil (2013), estabelece que o doente *"plenamente capaz* poderá deliberar sobre todos os aspectos concernentes a tratamento médico que possa lhe causar risco de vida, seja imediato ou mediato, salvo as situações de emergência ou no curso de procedimentos médicos cirúrgicos que não possam ser interrompidos". (Grifos Nossos).

Ainda pelo normatizado no Estatuto do Idoso, se o maior de sessenta (60) anos não for capaz de manifestar sua vontade livremente, ele deverá ser representado por seu curador ou por algum familiar. Ele também poderá ser representado pelo médico nas hipóteses em que não houver tempo para pedir a autorização de parente ou curador, ou se não houver ninguém nessas situações, e o idoso se encontrar em risco de vida (Lei n. 10.741/2003, art. 17, parágrafo único e incisos).

Estas são as determinações legais contidas na Lei n. 10.741/2003. Mas poderia o paciente idoso, que não seja capaz de manifestar sua vontade, por apresentar um quadro de demência senil ou deficiência mental, ser representado pelo seu curador, por algum familiar ou até mesmo pelo médico? O Estatuto da Pessoa com Deficiência teria revogado tacitamente alguns dos incisos do parágrafo único do art. 17 do Estatuto do Idoso, uma vez que não há mais pessoa absolutamente incapaz?

Antes de se adentrar no tema proposto, exsurge a necessidade de se mencionar que pessoas idosas muitas vezes são acometidas por alguma espécie de demência, chamada de demência senil. As manifestações mais comuns da perda de cognição encontram-se precipuamente na doença de Alzheimer[16] e na chamada demência

---

pessoal. Põe-se por esta opção em continuidade com a cultura médica oficial, se assim se pode chamar a que se exprime nas normas e condutas do Conselho Federal de Medicina. O Código de Ética Médica, aprovado por sua Resolução n. 1.246, de 8 de janeiro de 1988, dispõe, com efeito, em seu art. 56, ser defeso ao médico: "Desrespeitar o direito do paciente de decidir livremente sobre a execução de práticas diagnósticas ou terapêuticas, salvo em caso de iminente perigo de vida". E continua: Com a ressalva, o Código faz da vida matéria de dever. Um dever a que nenhum ser humano pode subtrair-se e que estaria acima de qualquer potestade criada. Terá nisso razão?" E ele responde: Suponha-se alguém de cujo trabalho dependa o sustento e a sobrevivência de outras pessoas. Um pai, por exemplo, relativamente a seus filhos menores ou inválidos. Parece não haver dúvida de que, neste caso, está-se diante de um dever moral de viver. Ou – como isso não depende apenas da pessoa em causa, senão também de outras circunstâncias – haverá aí um dever de empenhar-se por se manter vivo. Só que esse dever é estritamente moral. Com ele se haverá cada qual no foro de sua consciência. Nesse tribunal de silêncio e sem teatro, não será impossível nem absurdo que, confrontada com outros deveres ou direitos, a vida como opção não seja o melhor caminho. Drama e liberdade de cada qual. E em cuja intimidade nem o Estado nem o estamento médico têm o direito de intervir". VILLELA, João Baptista. O novo Código Civil brasileiro e o direito à recusa de tratamento médico, in: *Atti del Congresso Internazionale "Il nuovo Codice Civile del Brasile e il sistema giuridico latinoamericano"*. Modena: Mucchi, 2003, p. 61. Em sentido também crítico ao art. 15 do Código Civil, v.: ROSENVALD, Nelson. BRAGA NETTO, Felipe. *Código Civil Comentado*. Salvador: Juspodium, 2020, p. 87 e s.

16. Salienta-se, neste ponto, a lição de Ronald Dworkin sobre a doença de Alzheimer: "(...). Devemos considerar a autonomia e os interesses fundamentais das pessoas que sofrem de demência grave e permanente e também aquilo que exige o devido respeito para com o valor intrínseco de *suas* vidas. A causa mais importante da demência é o mal de Alzheimer, uma doença progressiva do cérebro que deve seu nome a um psiquiatra e neuropatologista alemão, Alois Alzheimer, que pela primeira vez a identificou e descreveu em 1906. Nos últimos estágios dessa doença, os pacientes perdem praticamente toda a memória de sua vida anterior e não conseguem, a não ser periodicamente e de modo fragmentário, reconhecer ou responder a outras pessoas, inclusive àquelas que até então lhes foram mais próximas. Podem tornar-se incapazes de mais de uma ou duas palavras. Em quase todos os casos, tornam-se incontinentes, caem frequentemente ou não conseguem mais andar. São incapazes de concretizar planos, projetos ou desejos, inclusive os de estrutura mais simples. Expressam desejos e aspirações, mas estes mudam rapidamente, e quase sempre demonstram muito pouca continuidade em suas ações, mesmo em períodos de dias ou horas".

vascular [17], decorrente de um Acidente Vascular Cerebral – AVC – ou de seus vários possíveis pequenos episódios. Neste sentido, importante transcrever-se aqui a lição sobre a síndrome demencial, a fim de que se entenda do que se trata de fato:

> A síndrome demencial, cuja prevalência aumenta com a idade, corresponde a uma das principais causas de incapacidade e dependência na velhice, ocasionando a necessidade de cuidados constantes durante o curso da doença. O tipo predominante de demência é a Doença de Alzheimer (DA) correspondendo de 60% a 70% dos casos, seguindo-se da Demência Vascular (DV), Demência por Corpos de Lewy (DCL) e Demência Frontotemporal (DFT) (...).
>
> O comprometimento cognitivo pode interferir na habilidade do indivíduo para compreender e integrar as informações, etapas necessárias para a realização das atividades de vida diária. *Dessa forma, o idoso com demência pode apresentar maior dificuldade em tomar decisões, planejar e desempenhar tarefas individuais, associar informações, entre outras. As alterações das funções cognitivas também se relacionam com a restrição da participação social, o que pode favorecer situações de isolamento e depressão (...).*
>
> Dessa forma, a disfunção cognitiva pode repercutir negativamente na capacidade funcional em todas as áreas de desempenho ocupacional do indivíduo, incluindo as atividades básicas de vida diária (ABVD), como tomar banho, vestir-se e alimentar-se, as atividades instrumentais de vida diária (AIVD), como administrar os medicamentos, pagar contas e realizar tarefas domésticas, o descanso e sono, a educação, o trabalho, o brincar (no caso das crianças), o lazer e a participação social (...). [18] (Grifos Nossos)

Fato é que, além da incapacidade funcional que acomete os idosos, quase todas as demências senis costumam ser irreversíveis e graduais, acarretando em fase mais avançada, a impossibilidade de autodeterminação da pessoa por ela afetada.[19] Aqui, aliás, ela se apresenta com maior necessidade de proteção em razão de sua vulnerabilidade.

Poder-se-ia, agora, mencionar inclusive ser o mais idoso *hipervulnerável*, posto não ser só sua idade mais avançada, que já não lhe permite fazer tudo o que poderia e gostaria se mais novo fosse, mas por apresentar os sintomas incapacitantes decorrentes da demência. Esta torna a pessoa *mais* vulnerável[20], porquanto ela já se encontra ou está a caminho de não ter mais capacidade para autodeterminar-se em qualquer campo de sua vida.

DWORKIN, Ronald. *Domínio da Vida*: Aborto, eutanásia e liberdades individuais. São Paulo: Martins Fontes, 2003, p. 309. Ainda sobre a doença de Alzheimer v. o estado citado na nota 14, infra, de H. Pandelidakis.

17. PANTELIDAKIS, H. Autonomy and Dementia. Disponível em: https://www.academia.edu/4169328/Advance_directives?email_work_card=interaction_paper. Acesso em: 28 dez. 2019.

18. FAGUNDES, Tainá Alves. PEREIRA, Danielle Aparecida Gomes. BUENO, Kátia Maria Penido; et. al. Incapacidade Funcional em Idosos com Demência. Disponível em: http://dx.doi.org/10.4322/0104-4931.ctoAO0818. Acesso em: 23 dez. 2019.

19. No estudo citado na nota anterior, os autores chegaram à seguinte conclusão, que vem ao encontro do que aqui se expõe: "Os achados deste estudo evidenciaram a correlação entre o estágio da demência e a incapacidade funcional, confirmando a existência de declínio funcional à medida que a doença progride. Foi possível verificar ainda o processo de hierarquização desse declínio, iniciado pelo comprometimento do desempenho das AIVD, seguido pelas ABVD. Não foi observada correlação entre o tipo de demência e o nível de incapacidade funcional, tópico este que necessita de investigações subsequentes, visto o impacto que pode causar nas intervenções com diferentes populações, além de ser ainda pouco explorado na literatura". FAGUNDES, Tainá Alves. PEREIRA, Danielle Aparecida Gomes. BUENO, Kátia Maria Penido; et. al. Incapacidade Funcional em Idosos com Demência. Disponível em: http://dx.doi.org/10.4322/0104-4931.ctoAO0818. Acesso em: 23 dez. 2019.

20. Quanto ao termo hipervulnerável escreve Cristiano Heineck Schmitt: "O prefixo hiper deriva do termo grego *hypér* e serve para designar um alto grau ou aquilo que excede a medida normal. Uma vez acrescentado este à palavra *vulnerabilidade*, obtém-se uma situação de intensa fragilidade, que supera os limites do que seria uma situação de fraqueza. Na ótica do consumidor idoso, tratá-lo como hipervulnerável significa compreender que a sua idade potencializa sua fragilidade como consumidor, exigindo-lhe um tratamento especial. A teor do art. 227 da CF/88, em especial do seu caput, há um valor que deve ser realizado tanto pelo Estado, quanto pela sociedade e pela família,

Com o artigo 2° da Lei n. 13.146/2015 (EPD) muda-se o enfoque da demência para o da deficiência. Conforme consta do *caput* do mencionado artigo, é "pessoa com deficiência aquela que tem impedimento de longo prazo de natureza física, mental, intelectual ou sensorial, o qual, em interação com uma ou mais barreiras, pode obstruir sua participação plena e efetiva na sociedade em igualdade de condições com as demais pessoas". O legislador especificou, pois, quem é o deficiente que deve estar sob sua proteção, isto é: os deficientes físico, intelectual, sensorial, e *mental*. Cumpre, pois, antes de se dar continuidade ao texto, chamar a atenção para o fato de que ao elencar todas essas formas de deficiência, a lei acabou por igualar situações que são visivelmente desiguais. Ora, um deficiente físico não padece, necessariamente de deficiência mental, bem como um deficiente sensorial não é um deficiente intelectual.

Feita esta observação, passa-se a investigar o que é a deficiência mental, objeto que interessa a esta pesquisa, para os efeitos aqui pretendidos de proteção ao idoso. Incumbe ademais sublinhar que, no parágrafo 1° do mesmo artigo 2° da Lei n. 13.146/2015, estão arrolados os critérios de avaliação da deficiência que, em se fazendo necessária, "será biopsicossocial, realizada por equipe multiprofissional e interdisciplinar e considerará: I – os impedimentos nas funções e nas estruturas do corpo; II – os fatores socioambientais, psicológicos e pessoais; III – a limitação no desempenho de atividades; e, IV – a restrição de participação".

Apesar de o Estatuto da Pessoa com Deficiência não ter definido o que se deve entender por cada uma das deficiências nele mencionadas, tais conceitos encontram-se delimitados no art. 4° do Decreto n. 3.298/1990, que regulamentou a Lei n. 7.853/1989. Esta disciplina basicamente sobre "o apoio às pessoas portadoras de deficiência" e dá outras providências. No inciso IV do citado artigo, tem-se o conceito de deficiência mental. Ou seja, a pessoa que tem "funcionamento intelectual significativamente inferior à média, *com manifestação antes dos dezoitos anos* e limitações associadas a duas ou mais áreas de habilidades adaptativas, tais como: a) comunicação; b) cuidado pessoal; c) habilidades sociais; d) (...); e) saúde e segurança; f) habilidades acadêmicas; g) lazer; h) trabalho; (...)."[21]

Como se pode depreender do exposto, a demência senil, como a própria terminologia indica, só irá atingir pessoas mais velhas, enquanto a deficiência mental, que acomete pessoas antes dos dezoito anos, se permanente e incapacitante, poderá estender-se ao longo da vida, podendo ter as mesmas consequências para um idoso que a demência senil. Assim, como o texto legal não faz diferença, nem poderia, uma vez que o Estatuto da Pessoa com Deficiência busca a igualdade entre todos, o idoso que sofrer qualquer tipo de comprometimento em sua saúde mental, que tenha por causa alguma espécie de

---

que é a proteção do idoso, colocando-o a salvo de toda e qualquer exploração, inclusive a econômica, bastante saliente no mercado de consumo". SCHMITT, Cristiano Heineck. *Consumidores Hipervulneráveis*: A proteção do idoso no mercado de consumo. São Paulo: Altas, 2014, p. 217-218.

21. Decreto n. 3.298/90, com a redação dada pelo Decreto n. 5.296/2004. Disponível em: http://www.planalto.gov.br/ccivil_03/decreto/D3298.htm. Acesso em: 20 dez. 2019.

demência senil, também será protegido pelo Estatuto da Pessoa com Deficiência. Com isto, aduza-se, efetiva-se o princípio bioético da justiça/equidade.[22]

Retoma-se agora o questionamento sobre ser possível ao idoso, que esteja acometido por algum tipo de demência senil ou até mesmo de deficiência mental, nos termos da Lei n. 13.146/2015, deixar de manifestar sua vontade, tendo-a substituída por um curador, por alguém da família ou pelo próprio médico que venha a prestar-lhe atendimento.

Em primeiro lugar, sobressai o fato de que o Estatuto do Idoso não foi revisto depois da entrada em vigor do Estatuto da Pessoa com Deficiência, Lei n. 13.146/2015, que alterou os arts. 3° e 4° do Código Civil vigente, estabelecendo que a partir de agora só a pessoa abaixo de dezesseis (16) anos é considerada, legalmente, como absolutamente incapaz. Todas as demais são consideradas relativamente incapazes, desde que apresentem algum tipo de deficiência, e tenham sido submetidas a um procedimento de interdição para a nomeação de curador (CPC, arts. 747 e s.). Este terá poderes restritos à pura administração do patrimônio do curatelado, não mais à pessoa do curatelado, como era possível antes do Estatuto da Pessoa com Deficiência – EPD. Isto tudo por conta do *caput* do art. 85, que prevê: "A curatela afetará somente os atos relacionados aos *direitos de natureza patrimonial e negocial.*" (Grifos Nossos). Este texto é complementado entre outros, pelo seu parágrafo 1°: "A definição da curatela não alcança o direito ao próprio corpo, à sexualidade, ao matrimônio, à privacidade, à educação, à *saúde*, ao trabalho e ao voto." (Grifos Nossos). O que o curatelado mantém atualmente é a sua autonomia existencial[23], que tem a ver com os atos relativos à sua pessoa, ao seu corpo, e não mais a autonomia privada. Esta poderá ser suprimida por sentença prolatada em Procedimento de Interdição, posto ela ter a ver com "direitos de natureza patrimonial e negocial" (Lei n. 13.146/2015, art. 85, *caput*).[24]

---

22. V. BEAUCHAMP, Tom. CHILDRESS, James L. *Princípios da Ética Biomédica.* 2ª. ed. Trad. Luciana Pudenzi. São Paulo: Loyola, 2011, p. 351 e s.; quanto à equidade, mais especificamente, p. 367 e s.

23. Maurício Requião leciona acerca do termo autonomia existencial como segue: "A autonomia existencial (...) se identifica com a liberdade do sujeito em gerir sua vida, sua personalidade, de forma digna. É nesse ponto que se encontram questões delicadas como o uso ativo dos direitos da personalidade e as discussões sobre o direito à morte digna, eutanásia, aborto, pena de morte, manipulação de embriões, direitos pessoais de família, sexualidade e identidade de gênero". E, mais adiante, complementa: "A autonomia existencial, embora aqui entendida como um conceito pertinente ao direito se aproxima em seu objeto do princípio da autonomia na bioética, como apresentado por Beauchamp e Childress na sua teoria do principialismo. Este se vincula com a ideia de fornecer ao indivíduo o conhecimento e a liberdade necessários para tomar uma decisão de modo consciente e independente. Sua aplicabilidade, entretanto, é mais restrita à área médica, vinculando-se a questões como consentimento informado, decisão substituta e testamento vital. Não que esses aspectos não se enquadrem no rol de decisões relacionadas com a autonomia pessoal, mas esta tem sua aplicabilidade para além dos problemas relacionados a questões médicas, como já salientado. REQUIÃO, Maurício. Autonomias e suas limitações, https://www.revistadostribunais.com.br/maf/app/resultList/document?&src=rl&srguid=i0ad82d9b0000016f2f487ccdee2b54b4&docguid=I0074aec0568a11e49aa4010000000000&hitguid=I0074aec0568a11e49aa4010000000000&spos=2&epos=2&td=7&context=90&crumb-action=append&crumb-label=Documento&isDocFG=false&isFromMultiSumm=&startChunk=1&endChunk=1. Acesso em: 22 dez. 2019. Sobre autonomia existencial v. tb: MORAES, Maria Celina Bodin. CASTRO, Thamis D. Viveiros de. Autonomia existencial nos atos de disposição do próprio corpo. Disponível em: https://periodicos.unifor.br/rpen/article/view/3433/pdf_1. Acesso em: 22 dez. 2019. GOZZO, Débora. MONTEIRO, Juliano Ralo. A concretização da autonomia existencial e a Lei n. 13.146/15: apontamentos sobre o casamento da pessoa com deficiência. Disponível em: http://civilistica.com/wp-content/uploads/2019/04/Gozzo-e-Monteiro-civilistica.com-a.8.n.1.2019.pdf. Acesso em: 20 dez. 2019.

24. Antes da entrada em vigor da Lei n. 13.146/2015, o EPD, a pessoa plenamente capaz poderia ser colocada sob curatela por incapacidade absoluta ou incapacidade relativa, a depender dos parâmetros que viessem a ser estabele-

Pelos textos legais acima referidos, ainda que o idoso deficiente mental não tenha como manifestar sua vontade, *teoricamente* ele será obrigado a fazê-lo, quando demandado, pois a lei não prevê a possibilidade de outrem decidir por ele (v. item 5, infra, sobre consentimento informado). E por que grifar o advérbio *teoricamente*? Porque, na prática, os médicos procedem exatamente em conformidade com o que consta do parágrafo único do art. 17 do Estatuto do Idoso, ouvindo eventual curador, familiar, ou tomando a decisão necessária em caso de risco de vida, ou na ausência de curador ou parente. O próprio Código de Ética Médica, de 2018, em seu art. 22 veda ao médico "deixar de obter consentimento do paciente ou de seu representante legal [pais, tutor ou curador] após esclarecê-lo sobre o procedimento a ser realizado, salvo em casos de risco iminente de morte".

Como coadunar, porém, os dispositivos legais acima citados com o teor do art. 85 da Lei n. 13.146/2015?

A resposta mostra-se relativamente simples. Se o idoso tiver como manifestar sua vontade, o médico deverá respeitá-la, mesmo que esta seja no sentido de o paciente recusar-se a receber tratamento.[25] Afinal, ninguém se torna incapaz por única e exclusivamente ter chegado aos sessenta (60) anos – ou mais. Por outro lado, se o idoso estiver totalmente incapacitado para manifestar sua vontade, não só por motivo de doença mental, mas também por estar em estado vegetativo, por exemplo, e não tiver deixado um "testamento vital"[26] com seu assistente legal, deverá manifestar-se sobre como o médico deverá proceder, para dar efetividade à vontade desse idoso. Para isto sugere-se que ele busque a saída mais condizente com a vida do paciente idoso até o instante em que ele ainda teria tido condições de autodeterminar-se.[27]

Interessante ressaltar que pelo menos em dois julgados do Tribunal de Justiça do Estado de São Paulo, ambos do ano de 2019, os magistrados entenderam que os poderes do curador deveriam ser estendidos também à pessoa do curatelado. Em outras palavras,

---

cidos em sentença proferida em Procedimento de Interdição. Entrementes, com a entrada em vigor do Estatuto da Pessoa com Deficiência, que implementou no país a Convenção de Nova Iorque sobre Pessoas com Deficiência, o ordenamento jurídico não mais contém regra que permita a interdição de pessoa maior, por incapacidade absoluta. Para maiores informações sobre a Convenção citada: Disponível em: https://www2.senado.leg.br/bdsf/bitstream/handle/id/496487/Direito_das_pessoas_com_deficiencia.pdf?sequence=1. Acesso em: 22 dez. 2019.

25. Neste sentido o Enunciado 403 das Jornadas de Direito Civil: "O direito à inviolabilidade de consciência e de crença, previsto no art. 5°, VI, da Constituição Federal, aplica-se também à pessoa que se nega a tratamento médico, inclusive transfusão de sangue, com ou sem risco de morte, em razão do tratamento ou da falta dele, desde que observados os seguintes critérios: a) capacidade civil plena, excluído o suprimento pelo representante ou assistente; b) manifestação de vontade livre, consciente e informada; e c) oposição que diga respeito exclusivamente à própria pessoa do declarante."

26. Testamento vital é conceituado por Roxana Cardoso Brasileiro Borges como "um documento em que a pessoa determina, de forma escrita, que tipo de tratamento ou não tratamento deseja para a ocasião em que se encontrar doente, em estado incurável ou terminal, e incapaz de manifestar sua vontade". BORGES, Roxana Cardoso Brasileiro. *Direito da Personalidade e autonomia privada*. São Paulo: Saraiva, 2007, p. 241. A Resolução n. 1.995/2012 do Conselho Federal de Medicina define como Diretiva Antecipada de vontade como "o conjunto de desejos, prévia e expressamente manifestados pelo paciente, sobre cuidados e tratamentos que quer, ou não, receber no momento em que estiver incapacitado de expressar, livre e autonomamente, sua vontade". Acerca desses dois termo v.: DADALTO, Luciana. *Testamento vital*. Rio de Janeiro: Lumen Juris: 2010, p. 63-76. A autora traça nestas páginas o que se deve entender por diretivas antecipadas e suas modalidades tradicionais.

27. Sobre a autonomia, em especial em relação ao paciente com Alzheimer, v.: DWORKIN, Ronald. *Domínio da Vida*: Aborto, eutanásia e liberdades individuais. São Paulo: Martins Fontes, 2003, p. 320 Sobre essa posição de Dworkin v.: PANTELIDAKIS, H. Autonomy and Dementia. Disponível em: https://www.academia.edu/4169328/Advance_directives?email_work_card=interaction_paper. Acesso em: 28 dez. 2019.

abarcar também o corpo, à saúde dele. Na Apelação nº 1005365-40.2016.8.26.0072, de relatoria da Des. Clara Maria Araújo Xavier, o entendimento da Corte foi no sentido de estender os efeitos da sentença de curatela também para a pessoa da curatelada, no que diz respeito à sua saúde. Trata-se de pessoa com Alzheimer em estágio avançado, e que já não está mais em condições de exercer sua autonomia existencial. O Acórdão de 29 de novembro de 2019, contudo, deixa claro que não é esta a orientação do Estatuto da Pessoa com Deficiência:

> Há que se acolher, no entanto, a pretensão exarada pelo apelante no sentido de se ampliar os poderes do curador.
>
> Isto porque, em que pese ser relativa a incapacidade manifestada pela requerida, pode ser ampliada a extensão da curatela estabelecida no artigo 85 da lei 13.146/15, o que, registre-se, não significa negar vigência ao dispositivo legal.
>
> A documentação carreada aos autos (...) comprova que a requerida "apresenta quadro de demência avançada", razão pela qual encontra-se "incapacitada para exercer atos da vida civil".[28]

Antes dessa decisão, em 18 de outubro do mesmo ano, desta feita no julgamento da Apelação nº 1006612-60.2016.8.26.0006, sob a relatoria do Des. Rômulo Russo, o Tribunal paulista acabou por afastar a aplicação do Estatuto da Pessoa com Deficiência, decidindo pela incapacidade plena da interditanda que, como no primeiro caso referido, igualmente apresenta quadro de demência senil em estágio avançado – Alzheimer. Segue a ementa do acórdão, que com bastante precisão resume o caso:

> Interdição. Pretensão do autor deduzida em face da mãe idosa e enferma. Alegação de incapacidade absoluta decorrente do Mal de Alzheimer. Sentença de parcial procedência. Irresignação. Acolhimento. Interditanda portadora de anomalia psíquica, com quadro de demência de Alzheimer em estágio moderado a grave e irreversível. Prova técnica categórica no sentido de que aquela não detém nenhuma capacidade civil. Imperiosa necessidade de auxílio de terceiros para realizar atividades habituais, além de mostrar-se desorientada e com o raciocínio lógico comprometido. Laudo pericial conclusivo, não impugnado ou contrariado por qualquer outro elemento de prova seguro e coeso. Interdição que constitui medida excepcional, mas que está fundada em juízo de certeza e segurança (artigo 84, §3º, do Estatuto da Pessoa com Deficiência, e artigo 1.767, I, do Código Civil). Perito que atestara que a interditanda é portadora de doença mental grave e incurável, não reunindo condições necessárias de exprimir sua vontade ou de exercer os atos da vida civil de forma autônoma (art. 1.767, I, do Cód. Civil). Sentença reformada. Recurso provido.[29]

Observa-se que o Tribunal de Justiça do Estado de São Paulo está atento às situações existenciais que lhe têm sido trazidas para julgamento, procurando dar o maior amparo possível ao vulnerável, sem ferir sua dignidade. Pelo menos este parece ser o objetivo dos magistrados ao justificarem suas respectivas decisões.

Pode-se afirmar, desta feita, que o idoso acometido por demência senil em estágio avançado, a partir da entrada em vigor do Estatuto da Pessoa com Deficiência, será, em princípio, plenamente capaz em relação à sua pessoa, conforme consta do art. 85, § 1º. Na ausência de manifestação de sua vontade, esta poderá ser suprida pelo seu curador,

---

28. Disponível em: https://documentcloud.adobe.com/link/track?uri=urn%3Aaid%3Ascds%3AUS%3A93ae4f6f--31ae-43c3-a81c-e96ec7146de3. Acesso em: 29 dez. 2019.

29. Disponível em: https://documentcloud.adobe.com/link/track?uri=urn%3Aaid%3Ascds%3AUS%3Aedc801f-1-460d-405d-aac3-a5dc6111a6e2. Acesso em: 29 dez. 2019.

O IDOSO COM DEMÊNCIA SENIL OU DEFICIENTE MENTAL NA RELAÇÃO JURÍDICA MÉDICO-PACIENTE **91**

por algum familiar ou pelo médico, em caso de urgência, e desde que ele não tenha acesso a nenhuma das pessoas ora mencionadas.

4. RELAÇÃO MÉDICO-PACIENTE: CÓDIGO DE ÉTICA MÉDICA E CÓDIGO DE DEFESA DO CONSUMIDOR

Há muito se discute se a relação médico-paciente estaria ou não abarcada pela Lei n. 8.078/1990, o conhecido *Código de Defesa do Consumidor* – CDC. Para o atual Código de Ética Médica em vigor desde 2018 (Res. CFM n. 2.217/2018)[30], profissionais da área médica não estão sujeitos às normas consumeristas. Dispõe o número XX do Capítulo I, que disciplina sobre os Princípios Fundamentais: "A natureza personalíssima da atuação profissional do médico não caracteriza relação de consumo".[31]

O fato de a relação médico-paciente, ser *personalíssima* e, acrescente-se, de confiança, envolvendo, a boa-fé objetiva que as relações obrigacionais e consumeristas requerem, nada tem a ver com ela ser ou não uma relação de consumo. O que interessa para que esta obrigação de fazer (CC, arts. 247 e s.) seja subsumida aos preceitos da lei consumerista tem única e exclusivamente a ver com os elementos que a compõem: as partes e seu objeto. Relevante para o ordenamento é que a relação de consumo tenha de um lado um fornecedor de produtos ou serviços (Lei n. 8.078/1990, art. 3°) e, do outro, um consumidor (Lei n. 8.078/1990, arts. 2° e seu § único, 17, 39), e que a prestação envolvida (obrigação de dar, fazer ou não fazer, conforme arts. 233 e s. do CC) seja um produto (Lei n. 8.078/1990, art. 3°, § 1°) ou um serviço (Lei n. 8.078/1990, art. 3°, § 2°). Isto é o que se constata na relação médico-paciente, posto ser a pessoa do médico, quem presta serviços para melhorar ou curar aquele que, por lei, recebe, como destinatário final, os serviços prestados pelo profissional da saúde, o paciente/consumidor.[32]

O legislador consumerista excluiu o médico do campo de incidência da responsabilidade objetiva, porque tem-se de comprovar que ele agiu com dolo ou culpa, a fim de que injustiças não sejam cometidas. Esse agente, como profissional liberal que é, só responde subjetivamente pelo dano causado.[33] Tem-se, portanto, de investigar se ele agiu ou não com culpa. Isto é o que consta do § 4°, art. 14 da Lei n. 8.078/1990: "A responsabilidade

---

30. Disponível em: https://portal.cfm.org.br/images/PDF/cem2019.pdf. Acesso em: 10 dez. 2019.
31. Em comentário a este entendimento do Conselho Federal de Medicina, que já existia em códigos anteriores, escreveu Débora Gozzo: "Tal assertiva contraria claramente a visão jurídica da relação que se estabelece entre médico e paciente, como sendo de consumo. Ora, como o próprio Código de Ética disciplina, expressamente, que suas normas estão subordinadas às normas constitucionais, como não poderia deixar de ser, as relações nele previstas subsumem-se, necessariamente, ao disposto no art. 5°, XXXII, do texto constitucional pátrio, que estabelece ser garantia fundamental de todo cidadão, brasileiro ou estrangeiro a defesa do consumidor (...)." (Grifos do Original). GOZZO, Débora. Transparência, Informação e a relação médico-paciente, *in:* GOZZO, Débora. (Coord.) *Informação e Direitos Fundamentais:* A eficácia horizontal das normas constitucionais. São Paulo: Saraiva, 2012, p. 80.
32. V. FRANÇA, Genival Veloso de. *Direito Médico.* 12ª. ed. Rio de Janeiro: Forense, 2014, p. 113. Sobre esse tema, inclusive, explicando o por quê de o Conselho Federal de Medicina defender a não incidência da Lei n. 8.078/90 nesse tipo de relação: GOZZO, Débora. Transparência, Informação e a relação médico-paciente, in: GOZZO, Débora. (Coord.) *Informação e Direitos Fundamentais:* A eficácia horizontal das normas constitucionais. São Paulo: Saraiva, 2012, p. 79-82.
33. FRANÇA, Genival Veloso de. *Direito Médico.* 12ª. ed. Rio de Janeiro: Forense, 2014, p. 114.

pessoal dos profissionais liberais será apurada mediante a verificação de culpa". Por outro lado, a do hospital para o qual trabalhar, será objetiva. No entanto, a obrigação entre ambos, comprovada a responsabilidade subjetiva do médico, será solidária, conforme determina o parágrafo único do art. 7° da Lei n. 8.078/1990: "Tendo mais de um autor a ofensa, todos responderão *solidariamente* pela reparação dos danos previstos nas normas de consumo." (Grifos Nossos). A jurisprudência pátria, inclusive a do Superior Tribunal de Justiça – STJ – desde há muito se mostra favorável ao entendimento de que a relação médico-paciente está sob a proteção da lei consumerista, inclusive sentenciando pela solidariedade obrigacional entre o hospital e o médico que causar o dano culposamente.[34]

Resta inequívoco que, a despeito do entendimento do Conselho Federal de Medicina, de não aceitar a relação médico-paciente como sendo sujeita às normas do Código de Defesa do Consumidor, não é esta a posição do ordenamento jurídico sobre o tema.

5. CONSENTIMENTO INFORMADO E PRINCÍPIO DA TRANSPARÊNCIA

Apesar de possuir conceitos distintos conforme a ciência a qual se aplica[35] sob o contexto da dogmática jurídica, o consentimento informado pode ser compreendido como um direito fundamental exteriorizado por meio de uma declaração de vontade negocial, proferida dentro de um processo comunicativo com razoável duração no tempo, formado entre o médico e seu paciente (ou responsáveis legais) de maneira que o primeiro ofereça adequada e abrangente informação clínica para que o segundo, sendo capaz de recebê-la e entendê-la, possa, voluntariamente, decidir dentro dos limites estabelecidos pela dignidade da pessoa humana, se aceita ou recusa o tratamento colocado à sua disposição, bem como os termos da intervenção.[36]

A necessidade de se obter o consentimento informado decorre do já citado artigo 15 do Código Civil (v. item 2, supra) e do 6°, III da Lei n. 8.078/1990, e conjuga de forma complexa três grandes questões da saúde: ética médica, o dever de informação do pa-

---

34. V. quanto ao tema: REsp. 1851418, de relatoria do Ministro Moura Ribeiro, de 19 de dezembro de 2019, em que a relação de consumo entre médico e paciente resta comprovada, tanto quanto a obrigação solidária entre o hospital e o médico. Disponível em: https://scon.stj.jus.br/SCON/decisoes/toc.jsp?livre=RELA%C7%-C3O+M%C9DICO-PACIENTE+E++CDC&b=DTXT&thesaurus=JURIDICO&p=true. Acesso em: 29 dez. 2019. Outros exemplos: REsp. 1506388, de relatoria do Ministro Marco Buzzi. Disponível em: https://ww2.stj.jus.br/websecstj/cgi/revista/REJ.cgi/MON?seq=80757008&tipo=0&nreg=201403375108&SeqCgrmaSessao=&CodOrgaoJgdr=&dt=20180306&formato=PDF&salvar=false. Acesso em: 28 dez. 2019.

35. APPELBAUM, Paul S., LIDZ, Charles W. e; MEISEL, Alan. *Informed consent*: legal theory and clinical practice. New York: Oxford University, 1987, p. 12.

36. No Brasil, o plano normativo do Conselho Nacional de Saúde por meio da Resolução n° 01/88 de 13 de junho de 1988 definiu consentimento informado como uma concordância por escrito, pela qual o sujeito da pesquisa (ou seu representante legal) aceita participar do estudo, totalmente informado sobre os procedimentos e riscos, com total independência para concordar ou não em participar, livre de qualquer forma de coerção. Por fim, vale destacar que no âmbito da Recomendação n° 1/2016 do Conselho Federal de Medicina, houve preferência para o termo consentimento livre e esclarecido, de origem francesa e considerou: "que o consentimento livre e esclarecido consiste no ato de decisão, concordância e aprovação do paciente ou de seu representante, após a necessária informação e explicações, sob a responsabilidade do médico, a respeito dos procedimentos diagnósticos ou terapêuticos que lhe são indicados". Na doutrina v., entre outros: AMERICAN MEDICAL ASSOCIATION: *Informed Consent*. 1998. GIOSTRI, Hildegard Taggesell. *Responsabilidade médica – as obrigações de meio e de resultado*: avaliação, uso e adequação. Curitiba: Juruá, 2003, p. 83. RODRIGUES, João Vaz. *O consentimento informado para o ato médico no ordenamento jurídico português*. Coimbra: Coimbra, 2001, p. 29. CLOTET, *Joaquim. Bioética*: uma aproximação. Porto Alegre: EDIPUCRS, 2006, p. 89/92.

ciente e seu consentimento e a responsabilidade civil do médico.[37] De acordo com esses dispositivos legais, tratamentos médicos devem ser precedidos de ampla informação médica, dever inerente não só ao contrato que está a se formar, como também decorrente da própria *lex artis*. A matéria, aliás, foi bem detalhada na seara do Código de Defesa do Consumidor, como forma de expressão concreta do princípio da transparência e base para o estudo do dever de informação médica no Brasil.[38]

Para o correto entendimento do consentimento informado, contudo, como autêntico direito fundamental, é preciso decompor seus elementos essenciais: (1) informação e (2) consentimento. Com efeito, o *elemento informação* se refere à revelação e compreensão de dados e componentes sobre o estado clínico do paciente, plano de tratamento, entre outras questões. Somente após a informação, deve o paciente consentir com o tratamento que lhe está sendo proposto, de modo que apenas a sua anuência desprovida de vícios, seja responsável por transportar os riscos da atividade médica para o paciente, desde que, é claro, o médico atue dentro dos deveres de sua profissão e o paciente, podendo exprimir sua vontade, possa autodeterminar-se para tanto. Pacientes hipervulneráveis, como visto no item 2, supra, portanto, podem ter dificuldade para tal.

Já o *elemento consentimento* refere-se à decisão e à anuência voluntária do indivíduo capaz para se submeter a um procedimento recomendado pelo seu médico ou equipe médica.[39] "Com o avanço cada dia mais eloquente dos direitos humanos, o ato médico só alcança sua verdadeira dimensão e o seu incontestável destino com a obtenção do consentimento do paciente ou de seus responsáveis legais. Assim, em tese, um procedimento profissional nesse particular necessita de uma autorização prévia. Isso atende ao princípio da autonomia ou da liberdade, pelo qual todo indivíduo tem por consagrado o direito de ser autor do seu próprio destino e de optar pelo caminho que quer dar a sua vida."[40]

Estes dois elementos serão analisados com mais vagar nos itens que seguem.

---

37. VENOSA, Silvio. *Direito Civil*: parte geral. 19ª Ed. São Paulo: Atlas, 2019, vol. I, p. 187.
38. Parte da doutrina demonstra que o princípio da transparência se encontra ligado à necessidade de trazer informações objetivas, claras e precisas sobre o produto ou serviço colocado no mercado. No entanto, Débora Gozzo vai além e procura demonstrar o conteúdo do princípio da transparência sob a ótica de proteção do direito do consumidor em solo europeu. Conforme esclarece a autora, o princípio da transparência guarda, em seu aspecto formal dois requisitos: um de ordem *objetiva* e outro de ordem *subjetiva*. Objetivamente o princípio da transparência pode ser traduzido por "clareza", "nitidez", que se encontra ligado com a forma em que a informação é transmitida ao consumidor, em todas as fases negociais. *Subjetivamente*, significa a "compreensão" por parte do consumidor da informação transmitida. Ao transpor esse pensamento à relação médico-paciente, Débora Gozzo menciona que será devido à clareza tanto na fase da oferta – que consiste na transparência que é devida, sobretudo, na fase inicial de diagnóstico, em que ambas as partes conversam sobre o problema de saúde existente – quanto na fase contratual propriamente – caso em que as cláusulas do contrato, como honorários médicos ou de consentimento informado, por exemplo, devem ser transmitidas oralmente ou por escrito, estando a "compreensão", apesar de ser elemento naturalmente complementar à informação, está ligado à capacidade intelectiva do consumidor. GOZZO, Débora. Transparência, informação e a relação médico-paciente, in: GOZZO, Débora. (Coord.). *Informação e direitos fundamentais*: a eficácia horizontal das normas constitucionais. São Paulo: Saraiva, 2012, p. 83.
39. Nesse sentido, Wilson Ricardo Ligiera atesta que o consentimento informado tem por pressuposto dois requisitos: primeiro que o médico obtenha o consentimento do paciente antes de realizar uma intervenção e, segundo, que ele forneça ao paciente, antes que este consinta no tratamento, uma informação clara e adequada ao seu grau de compreensão, a fim de que o paciente possa participar inteligentemente na tomada de decisão acerca das medidas propostas. LIGIERA, Wilson Ricardo. Consentimento informado do paciente, in: GOZZO, Débora. (Coord.). *Informação e direitos fundamentais*: a eficácia horizontal das normas constitucionais. São Paulo: Saraiva, 2012, p. 96.
40. FRANÇA, Genival Veloso. *Direito Médico*. Rio de Janeiro: Forense, 2014, p. 43-44.

5.1 A informação na relação médico-paciente e os padrões de divulgação médica

Na área médica a informação deve ser compreendida como o conhecimento técnico-médico, coletado e refletido de forma científica e/ou empírica pelo profissional, que deve ser transmitida de forma simples, clara e compreensível ao paciente, atendendo ao princípio da transparência -, enquanto vulnerável que é nessa relação, para que ele tenha ciência da questão de saúde que lhe aflige. Qualitativamente, a informação prestada ao paciente deve, portanto, ser correta, clara, precisa, ostensiva e em língua portuguesa, conforme determina o artigo 31 do Código de Defesa do Consumidor.

No plano da medicina, a informação é um processo contínuo[41] que deve ser transmitida com antecedência suficiente para que o paciente possa ponderar e absorver os riscos e benefícios da intervenção em seu corpo. Apesar do direito à informação, que possui assento constitucional, não ser disciplinado expressamente no Código Civil Brasileiro, no sistema jurídico pátrio, a informação se desenvolveu como um dever lateral[42] decorrente do princípio da boa-fé objetiva, em verdadeiro processo colaborativo entre as partes.[43] Isto porque, o direito à informação está diretamente relacionado com a liberdade de escolha daquele que consome. Afinal, "a autodeterminação do consumidor depende essencialmente da informação que lhe é transmitida, pois esse é um dos meios de formar a opinião e produzir a tomada de decisão a respeito do que é consumido".[44]

Além da qualidade, tem-se a questão da quantidade da informação que deve estar devidamente alinhada ao padrão de divulgação médica (*medical standard of disclosure*). Nesse sentido, três são os padrões adotados na jurisprudência da *common law* para a transmissão da informação dentro do processo comunicativo na relação médico-paciente, de forma a averiguar quando a informação é quantitativamente recomendável: a) o padrão do médico razoável (*professional standard*);[45] b) o padrão do paciente

---

41. FRANÇA, Genival Veloso. *Direito Médico*. Rio de Janeiro: Forense, 2014, p. 44-45, em especial.
42. V. COUTO E SILVA, Clovis V. *A obrigação como processo*. São Paulo: José Bushatsky, 1976, p. 115 e s. O autor cuida aqui dos deveres de indicação e esclarecimento. Afirma ele: "O dever de esclarecimento, como seu nome indica, dirige-se ao outro participante da relação jurídica, para tornar clara certa circunstância de que o 'alter' tem conhecimento imperfeito, ou errôneo, ou ainda ignora totalmente. Esclarecimento, evidentemente, relacionando com algumas circunstância relevantes. Não se trata de dever para consigo mesmo, mas em favor de outro. (...)."
43. Com efeito, já se pronunciou o STJ: "Mais do que obrigação decorrente de lei, o dever de informar é uma forma de cooperação, uma necessidade social. Na atividade de fomento ao consumo e na cadeia fornecedora, o dever de informar tornou-se autêntico ônus proativo incumbido aos fornecedores (parceiros comerciais, ou não, do consumidor), pondo fim à antiga e injusta obrigação que o consumidor tinha de se acautelar (*caveat emptor*)" (STJ, REsp 1.364.915. Rel. Min. Humberto Martins, 2ª Turma, j. 14/05/2013).
44. STJ, EREsp 1.515.895, Rel. Min. Humberto Martins, Corte Especial, j. 20/09/2017. Com efeito, o STJ também entendeu que o "direito à informação visa a assegurar ao consumidor uma escolha consciente, permitindo que suas expectativas em relação ao produto ou serviço sejam de fato atingidas, manifestando o que vem sendo denominado de consentimento informado ou vontade qualificada" (REsp 1.121.275/SP, Rel. Ministra Nancy Andrighi, j. em 27.03.2012).
45. O modelo do *padrão do médico razoável*, também denominado de modelo da prática profissional ou critério da prática profissional considera suficiente a informação repassada ao paciente quando outro médico, em seu lugar, agisse da mesma forma, transmitindo as mesmas informações. Significa dizer que se houver consenso dentro da classe médica de que a quantidade, qualidade e conteúdo das informações prestadas foram satisfatórios, o médico adimpliu com a sua obrigação. A grande crítica que sempre se fez a esse modelo é que bastaria ao médico acusado de negligência apresentar outros peritos que concordassem e ratificassem o procedimento escolhido, que inviabilizaria sua condenação por negligência. Ademais, lembram Tom L. Beauchamp e James F. Childress que esse modelo subverte o direito de escolha autônoma do paciente. Isto porque ponderar sobre riscos "no contexto das crenças, temores e esperanças subjetivas de uma pessoa não é habilidade profissional e a informação devida aos

razoável,[46] e; c) o padrão do paciente concreto ou subjetivo.[47] Neste último, se analisa o que deverá ser informado ao paciente. Em particular, dentro de suas próprias circunstâncias e condições, é considerado o modelo que melhor representa o objetivo final do consentimento informado, pois analisa o paciente dentro de suas próprias circunstâncias e condições.

Em relação ao conteúdo da informação, de acordo com o item 9.1.3 da Recomendação nº 1 do Conselho Federal de Medicina de 2016, o termo de consentimento livre e esclarecido deve, obrigatoriamente, prever: "a) justificativa, objetivos e descrição sucinta, clara e objetiva, em linguagem acessível, do procedimento recomendado ao paciente; b) duração e descrição dos possíveis desconfortos no curso do procedimento; c) benefícios esperados, riscos, métodos alternativos e eventuais consequências da não realização do procedimento; d) cuidados que o paciente deve adotar após o procedimento; e) declaração do paciente de que está devidamente informado e esclarecido acerca do procedimento, com sua assinatura; f) declaração de que o paciente é livre para não consentir com o procedimento, sem qualquer penalização ou sem prejuízo a seu cuidado; g) declaração do médico de que explicou, de forma clara, todo o procedimento; h) nome completo do paciente e do médico, assim como, quando couber, de membros de sua equipe, seu endereço e contato telefônico, para que possa ser facilmente localizado pelo paciente; i) assinatura ou identificação por impressão datiloscópica do paciente ou de seu representante legal e assinatura do médico; j) duas vias, ficando uma com o paciente e outra arquivada no prontuário médico." [48]

Nota-se que se trata de conteúdo direcionado aos médicos dentro do processo comunicativo que deverá, dentro do possível, obedecer a esses parâmetros, embora não

---

pacientes tem de ser libertada dos valores inerentes da medicina." BEAUCHAMP, Tom. L; CHILDRESS, James F. *Princípios de ética biomédica*. 2ª. ed. Trad. de Luciana Pudenzi, São Paulo: Loyola, 2011, p. 169.

46. Por sua vez, o *padrão do paciente razoável* (*reasonable person standard ou material risk*), também considerado modelo do doente médio ou da pessoa sensata, trata-se de um padrão emergente a partir de 1972, em três casos muito bem definidos pelas Cortes Norte-Americanas: *Canterbury v. Spence, Cobbs v. Grant e Wilkinson v. Vesey*. Referidos julgados entenderam que a pessoa razoável seria o melhor parâmetro para definir o que é devido ao paciente dentro da relação médica. Esse padrão determina o que a pessoa razoável necessita saber sobre os riscos, alternativas e consequências da intervenção. O grau de divulgação a ser determinado deve ser o materialmente adequado, ou seja, a informação deve abranger tudo o que for relevante para que o paciente possa tomar a decisão em saúde. O paciente, em vez do médico, será o julgador se a informação foi relevante. Tem-se notícias de que este é o modelo mais aceito pela jurisdição norte-americana, conquistando espaço em pelo menos vinte e três Estados daquele país. KING, Jaime Staples; MOULTON, Benjamin. Rethinking Informed Consent: The Case for Shared Medical Decision-Making, *in: American Journal of Law & Medicine*, 32, 2006, p. 445.

47. Já no que diz respeito ao *padrão do paciente concreto ou subjetivo* (*subjective patient standard*), simplesmente denominado por alguns como modelo subjetivo ou padrão subjetivo do doente, determina que "a adequação da informação é julgada por referência às necessidades específicas da pessoa individual, mais do que da 'pessoa sensata hipotética' ". Cf. BEAUCHAMP, Tom. L.; CHILDRESS, James F. *Princípios de ética biomédica*. 2ª. ed. Trad. de Luciana Pudenzi, São Paulo: Loyola, 2011, p. 171. Nesse padrão analisa-se o que deveria ser informado ao paciente em particular, dentro de suas próprias circunstâncias e condições. Conforme demonstra André Gonçalo Dias Pereira, esse critério tem por base o que o *paciente concreto queria conhecer* e não o que uma pessoa razoável quereria conhecer. PEREIRA, André Gonçalo Dias. *O consentimento informado na relação médico-paciente*. Estudo de Direito Civil. Coimbra: Coimbra, 2004, p. 443. Da mesma forma, João Vaz Rodrigues alerta que esse modelo "permite exigir ao agente médico explicações mais exaustivas e direcionadas, por forma a garantir o direito daquele a tomar decisões que, inclusive, sejam más opções à luz dos critérios do médico e do paciente razoável." Busca-se uma informação mais individualizada possível. RODRIGUES, João Vaz. *O consentimento informado para o ato médico no ordenamento jurídico português*. Coimbra: Coimbra, 2001, p. 258.

48. Disponível em: https://portal.cfm.org.br/images/Recomendacoes/1_2016.pdf. Acesso em: 20 dez. 2019.

haja sanções para o seu descumprimento por se tratar de recomendação expedida por seu órgão de classe.

Em acréscimo, como a forma de divulgação da informação é livre, salvo quando a lei expressamente determine que seja exercida pela via escrita, caso em que deverá seguir linguagem clara, acessível ao entendimento do paciente sobre o procedimento e suas consequências, dentro de sua capacidade de compreensão, em tamanho de letra mínima 12 (CDC, art. 54 § 3º).

Por oportuno, para a formação do consentimento informado não basta aos médicos apenas informarem. É preciso que os destinatários tenham consciência, de forma clara e precisa, de suas opções, caso em que surge o *dever médico de confirmar a compreensão do doente*. Trata-se de um dever inerente ao princípio da boa-fé objetiva de forma a garantir que o paciente exerça plenamente seu direito de autodeterminação do próprio corpo. De nada adiantaria a simples aposição de uma assinatura pelo paciente em um termo de consentimento informado, visto que essa prática será mera formalidade, desprovida de qualquer validade jurídica (CC, artigo 166, VI). Essa atitude é ainda mais esperada, quando se estiver diante de idosos com demência senil ou algum tipo de deficiência mental, pois estes necessitarão de um processo informacional de forma mais detida, cautelosa e com razoável duração no tempo. E, isto, se tiverem condições de entender o que lhes está sendo transmitido e puderem concordar com os termos do consentimento. Como visto no item 2, supra, o Tribunal de Justiça de São Paulo já atribuiu a decisão sobre questões do corpo da pessoa para o curador.

5.2 O consentimento e sua obtenção

Após o cumprimento do dever médico de confirmar a *compreensão* do paciente, surge o segundo elemento essencial ao consentimento informado, que é a obtenção do consentimento em si. Este deve ser entendido como uma declaração de vontade emitida no processo de comunicação entre o médico e seu paciente (ou responsáveis legais), de maneira que este último seja capaz de recebê-la e entendê-la, a fim de que possa voluntariamente decidir, dentro dos limites estabelecidos pela dignidade da pessoa humana, se aceita ou recusa o tratamento colocado a sua disposição, bem como os limites da intervenção.[49]

O processo informativo deve estar baseado em diálogo que impõe lealdade e confiança recíprocas entre médico e paciente. Trata-se, pois, do exercício do direito que todos têm de se autodeterminarem a respeito dos cuidados da própria saúde.

Para seu apropriado desenvolvimento é importante reconhecer que a autodeterminação nos cuidados da saúde independente da autonomia privada, possibilidade que se

---

49. Não se deve confundir o consentimento (para aperfeiçoamento do contrato médico), com o consentimento informado, que se trata de ato legitimador da conduta médica sobre o corpo do paciente. O contrato em si aperfeiçoa-se com o consentimento simples do paciente em se submeter à opinião médica. Já o consentimento informado é figura autônoma à relação contratual, intimamente ligada à autodeterminação do ser humano. Como já esclareceu Javier Fernández Costales, o consentimento radica na formação do contrato médico; o assentimento se refere ao ato médico e reside em sua execução. COSTALES, Javier Fernández. *El contrato de servicios*. Madrid: Civitas, 1988, p. 142.

O IDOSO COM DEMÊNCIA SENIL OU DEFICIENTE MENTAL NA RELAÇÃO JURÍDICA MÉDICO-PACIENTE **97**

apresenta ao jurista decorrente da atual dialética do direito civil e a bioética. Para tanto, o direito à autodeterminação deve ser entendido como a capacidade de escolha livre e independente do indivíduo da gestão de sua existência, preservando sua integridade corporal e mental[50], como típico negócio jurídico existencial.

Partindo-se deste pressuposto de ser o consentimento informado um negócio jurídico existencial, por estar intrinsicamente ligado aos direitos da personalidade (CC, art. 15), compreende-se que a anuência do paciente será válida, à luz dos planos do negócio jurídico, quando ele puder deliberar a respeito dos cuidados, ou seja, trata-se da capacidade para consentir acerca dos cuidados de sua saúde.

Para tanto é importante esclarecer que a *capacidade para consentir para cuidados da saúde* equivale ao *"competence"* extraído da *common law*. Trata-se de capacidade civil particular em que os conceitos tradicionais não se mostram mais suficientes para dirimir as questões voltadas à disciplina dos direitos da personalidade, possuindo contornos próprios[51].

De fato, a medicina percebeu que muitas vezes um incapaz de praticar atos da vida civil (desprovido de capacidade patrimonial) tem discernimento suficiente para deliberar acerca dos cuidados de sua saúde (provido de capacidade existencial)[52] como também o inverso, ou seja, que o plenamente capaz sob a ótica civilista (detentor capacidade patrimonial) poderá se encontrar sem condições de deliberar a respeito dos cuidados de sua saúde (não detentor de capacidade existencial).[53]

---

50. Vale lembrar que Ana Prata esclarece que a autonomia privada não pode ser considerada como manifestação da autodeterminação humana ou da liberdade individual. Segundo afirma, estes "não são conceitos confundíveis, como são, em grande medida, antinômicos. PRATA, Ana. *A tutela constitucional da autonomia privada*. Coimbra: Almedina, 1982, p. 77. Procurando traçar as primeiras linhas de diferença, José de Oliveira Ascensão esclarece que "exerce-se a autodeterminação, por exemplo, quando se decide não exercer um direito que nos cabe" dentro do contexto do ser humano permitir fixar o que deseja para si, enquanto a autonomia é "a garantia de um espaço de atuação livre no seio da ordem jurídica, verdadeiro centro de gravidade que resulta na produção dos efeitos jurídicos ao alvedrio do sujeito" ASCENSÃO, José de Oliveira. *Direito Civil*: Teoria geral. Coimbra: Coimbra, 2002, v III, p. 77.

51. Nesse mesmo sentido, vide: NANNI, Giovanni Ettore. A capacidade para consentir: uma nova espécie de capacidade negocial, *in: Revista do IASP*, nº 96, set.-out./2011, p. 28-29.

52. Dentre vários exemplos cita-se o caso norte-americano julgado pela Corte do Arizona Large v. Superior Court of Arizona (714 P. 2d 399,1986). Ficou decidido que a capacidade para consentir a procedimentos cirúrgicos não necessariamente coincide com a capacidade necessária para executar outras atividades. No caso, a senhora Large, uma mulher com uma síndrome orgânica cerebral e função cognitiva comprometida foi admitida no hospital com uma fratura de quadril após uma queda. Os riscos e os resultados esperados da correção cirúrgica da fratura no quadril foram discutidos com a paciente pelo cirurgião. Nessa altura, a paciente sentiu-se a compreender o material apresentado e, posteriormente, autorizou o procedimento. Ao mesmo tempo, ela executou um testamento na presença de um advogado. No pós-operatório, a paciente acabou por falecer, questionando os herdeiros na Justiça tanto o consentimento para a cirurgia, quanto o testamento. No caso, o Tribunal do Arizona considerou que a vontade era inválida devido a sua falta de competência testamentária (o paciente não soube a extensão de seu patrimônio e dos membros de sua família). No entanto, no consentimento para o ato cirúrgico sua vontade foi considerada válida pelo Tribunal porque o paciente era capaz de entender o procedimento, seus riscos e dos potenciais benefícios MURRAY, Peter M. The History of Informed Consent, *in: Orthop J.*, 1990, v. 10, p. 107/108.

53. De acordo com Tom Beauchamp e James Childress "Algumas vezes, uma pessoa capaz, em geral competente na escolha dos meios apropriados para alcançar os objetivos que definiu, agirá de maneira incompetente numa circunstância específica. Consideremos o seguinte caso concreto de uma paciente hospitalizada com um problema agudo de disco, cujo objetivo é controlar a dor na coluna. A paciente decidiu resolver o problema usando uma cinta, método que já havia utilizado com sucesso no passado. Ela acredita decididamente que deve voltar a esse tipo de tratamento. Essa abordagem, porém, entra em conflito com a de seu médico, que defende firme e insistentemente uma cirurgia. Quando o médico – um eminente cirurgião que, na cidade, é o único qualificado para

Dessa forma deverá o paciente ser capaz de: (1) *compreender* as informações médicas, riscos, perspectivas e alternativas de tratamento; (2) *processá-las* diante de seus valores pessoais adquiridos ao longo das experiências vividas; (3) *projetar* o impacto que a intervenção causará em sua saúde e rotina para que, por fim, possa (4) *deliberar livremente e isento de vícios* a respeito do que deseja para si, emitindo sua declaração para os destinatários a quem se dirige e modulando os efeitos da intervenção.[54]

A capacidade para consentir só pode ser determinada por um médico, geralmente – embora não exclusivamente – por um psiquiatra, que deverá avaliar as habilidades psicológicas do indivíduo para formar decisões racionais, especificamente a sua capacidade de entender, apreciar e manipular informações e formular decisões racionais.[55]

Entretanto, quando reconhecida a incapacidade para consentir se faz necessário verificar se o paciente deixou, por ato de vontade anterior, um procurador para cuidados de saúde[56] ou mesmo um testamento vital (v. nota 26, supra), hipóteses as quais, quando da plenitude da capacidade, tomaram as precauções necessárias para o futuro.[57]

Não havendo um ato de liberalidade anterior do paciente, será nomeado um representante legal para agir em nome do paciente incapacitado em relação aos seus direitos existenciais, o cônjuge (ou convivente) ou parente, desde que maior de idade, obedecida a linha sucessória, reta ou colateral, até o segundo grau inclusive, por analogia ao artigo 4º da Lei n. 9.434/97.

---

tratá-la – pede à paciente que assine a permissão para a cirurgia, ela não está em condições psicológicas de recusar. As esperanças da paciente estão investidas nesse médico categórico, e, na sua opinião, poderoso e detentor de autoridade. Suas esperanças e seus temores estão exagerados em virtude da doença, e ela tem uma personalidade passiva. Psicologicamente, nas circunstâncias, seria arriscado demais para ela agir como desejasse. Ela é capaz de tomar decisões em geral, mas não é capaz de decidir nesta ocasião particular porque não possui a capacidade requerida". BEAUCHAMP, Tom. CHILDRESS, James F. *Princípios de ética biomédica.* Trad. de Luciana Pudenzi, São Paulo: Loyola, 2011, p. 154.

54. MONTEIRO, Juliano Ralo. *Repensando o consentimento informado à luz do direito civil-constitucional: a análise da relação jurídica médico-paciente.* 417 f. Tese (Doutorado em Direito) –Pontifícia Universidade Católica de São Paulo. 2013, p. 319.

55. LEO, Raphael J. Leo. Competency and the Capacity to Make Treatment Decisions: A Primer for Primary Care Physicians. Prim Care Companion, in: *J Clin Psychiatry.* 1999 October; 1(5): 131–141

56. A procuração para cuidados da saúde teve origem nos Estados Unidos da América a partir do caso da jovem Karen Ann Quinlan e encontra-se normatizada nos países anglo-saxônicos. Conforme Lei Portuguesa nº 25/2012, de 16 de julho, "[q]ualquer pessoa pode nomear um procurador de cuidados de saúde, atribuindo-lhe poderes representativos para decidir sobre os cuidados de saúde a receber, ou a não receber, pelo outorgante, quando este se encontre incapaz". Disponível em: https://dre.pt/pesquisa/-/search/179517/details/normal?q=Lei+n.º%20 25/2012+de+16+de+julho. Acesso em: 20 dez. 2019.

57. Tom Beauchamp e James F. Childress utilizam de outra nomenclatura para esclarecer as formas de prevalência da vontade do paciente para o futuro, denominadas de diretrizes antecipadas (*advanced directives*): "(1) *living wills*, que são diretrizes substantivas específicas acerca de procedimentos médicos que devem ser fornecidos ou omitidos em circunstâncias específicas, e (2) uma procuração durável (*durable Power of attorney* – DPA) referente à assistência à saúde, designando um procurador responsável. Uma procuração durável é um documento legal no qual uma pessoa designa a autoridade de uma outra pessoa para realizar em nome do signatário ações específicas. A procuração é durável porque, diferentemente do poder usual conferido a um procurador, neste caso ele continua em vigor na hipótese do signatário do documento se torne incapaz." BEAUCHAMP, Tom. CHILDRESS, James F. *Princípios de ética biomédica.* 2ª. ed. Trad. de Luciana Pudenzi. São Paulo: Loyola, 2011, p. 270. Neste mesmo sentido v.: DADALTO, Luciana. *Testamento vital.* Rio de Janeiro: Lumen Juris, 2010, p. 63 e s.

6. O CONSENTIMENTO INFORMADO DO IDOSO COM DEMÊNCIA SENIL OU DEFICIENTE MENTAL

Por força do que determina o § 3º do art. 5º da Constituição da República, a Convenção sobre os Direitos das Pessoas com Deficiência e seu Protocolo Facultativo foi ratificada no Brasil para estar equiparada às emendas constitucionais. Na alínea "d" do artigo 25 do Decreto n. 6.949, de 25 de agosto de 2009, que promulgou a Convenção no Brasil[58], o Estado brasileiro, seguindo o número 4 igualmente do art. 25 da Convenção[59], se compromete a exigir dos profissionais de saúde, que obtenham o consentimento livre e esclarecido das pessoas com deficiência. Para esse fim, faz-se necessária a realização de atividades de formação e definição de regras éticas para os setores de saúde público e privado, de modo a conscientizar os profissionais ali atuantes acerca dos direitos humanos, da dignidade, autonomia e das necessidades das pessoas com deficiência. Neste sentido, houve a necessidade de regulamentação por norma infraconstitucional desses deveres, o que ocorreu com a chegada da Lei nº 13.146/2015, que em seu artigo 12 dispõe: "O consentimento prévio, livre e esclarecido da pessoa com deficiência é indispensável para a realização de tratamento, procedimento, hospitalização e pesquisa científica". Desse modo, em total harmonia com o já anteriormente citado art. 15 da lei civil, busca-se um tratamento específico no que tange ao consentimento informado para a pessoa deficiente, o que também deve ser aplicado quando diante de um idoso com demência senil ou deficiência mental.[60]

O preceito legal em análise apenas confirma o direito fundamental que o paciente idoso, muitas vezes hipervulnerável, tem de participar ativamente do processo comunicativo realizado com seu médico, para que se possa estabelecer os limites da intervenção clínica, de forma a receber a informação devida e expressamente consenti-la, sendo defeso os tratamentos ou institucionalização forçados.

Ainda acrescenta o parágrafo 1º do art. 12 da Lei nº 13.146/2015: "Em caso de pessoa com deficiência em situação de curatela, deve ser assegurada sua participação, no maior grau possível, para a obtenção de consentimento".

A análise desse dispositivo necessita ser conjugada em interpretação sistemática, com o art. 85 do Estatuto da Pessoa com Deficiência. Embora este último determine que

---

58. Disponível em: http://www.planalto.gov.br/ccivil_03/_ato2007-2010/2009/decreto/d6949.htm. Acesso em: 20 dez. 2019.

59. Disponível em: https://www.fundacaodorina.org.br/a-fundacao/deficiencia-visual/convencao-da-onu-sobre-direitos-das-pessoas-com-deficiencia/. Acesso em: 20 dez. 2019.

60. Importante mencionar que uma forma de eventualmente superar-se o consentimento livre e esclarecido do idoso com demência, encontra-se nas chamadas Diretivas Antecipadas de Vida, regulamentadas pelo Conselho Federal de Medicina já no ano de 2012 (Res. n. 1995). V. DADALTO, Luciana. VERDI, Natalia Carolina. As diretivas antecipadas de vontade no contexto protetivo do envelhecimento ativo, in: BARLETTA, Fabiana Rodrigues. ALMEIDA, Vitor. (Coord.). A Tutela Jurídica da Pessoa Idosa. Indaiatuba, Foco, 2020, p. 174 e s. Quanto às diretivas em relação ao idoso com demência, v.: CASELLA, Jéssica T.. MOREIRA, Virgílio G. O papel das Diretivas Antecipadas como respaldo legal ao médico com paciente idoso com demência. Disponível em: https://www.researchgate.net/publication/328053480_O_papel_das_Diretivas_Antecipadas_como_respaldo_legal_ao_medico_com_paciente_idoso_com_demencia. Acesso em: 14 Jan. 2021. No Brasil não há lei regulamentando o tema, diferentemente de outros países, como é o caso da Espanha. Acerca do idoso e as diretivas, ainda que no contexto do direito espanhol: CAMPOS, Juan Antonio F. Instrucciones previas y personas mayores, in: FERRÉ, Esther A. FERNANDÉZ, Carmen F. HUARTE, Elena G., et. allii (Coord.). La Persona en el S. XXI. Una vision desde el derecho. Pamplona: Aranzadi, 2019, p. 207 e s.

o deficiente mantém sua autonomia existencial em todas as circunstâncias, a verdade é que será necessário ser averiguado pelo médico se, de fato, o idoso com demência senil ou deficiência mental tem condições para emitir sozinho sua vontade para seu tratamento e cuidados da saúde. Em outras palavras, será necessário verificar se, independentemente de sua capacidade e autonomia patrimonial, esse paciente hipervulnerável possui capacidade existencial específica para cuidados de saúde. Portanto, se o idoso, ainda que com demência senil ou deficiência mental, puder manifestar sua vontade, não necessitará de qualquer assistência. Do contrário, se ele tiver sob regime curatelar para atos patrimoniais haverá, obrigatoriamente, a necessidade de se averiguar se ele preenche os requisitos da capacidade para consentir para cuidados da saúde, conforme visto no item anterior. Isto porque referidas capacidades são autônomas e não se confundem. Sendo o caso de preenchimento dos requisitos legais, poderá livremente o idoso consentir ou dissentir sobre o que diz respeito à sua saúde.[61]

Complementando esse posicionamento, importante mencionar as interessantes conclusões de Denise Paranhos e Aline Albuquerque acerca da autonomia dos idosos no contexto dos cuidados da saúde. Segundo afirmam, o ideal é buscar a autonomia relacional para os idosos, pois só a partir do reconhecimento de sua especial vulnerabilidade e levando-se em conta seus valores, cultura, relacionamentos e contexto social é possível entendê-los como um todo, integrá-los ao processo de cuidados e, assim, motivá-los a participar do tratamento. Afirmam as autoras:

> Constata-se, no Brasil, a forte tendência de rotular o paciente idoso como pessoa incapaz de tomar decisões sobre os seus cuidados. Contudo, não se pode conceber que sejam tomadas decisões que lhe dizem respeito de forma paternalista, pois não cabe ao profissional da saúde ou ao familiar decidir, isoladamente, o que é melhor para o paciente idoso. Ao contrário, ele deve ser motivado a participar dos cuidados e a manifestar suas vontades de forma autônoma e a partir de seus valores. Autonomia é uma capacidade socialmente construída, ou seja, seu exercício pelo paciente idoso ocorre a partir da integração do elemento relacional. Em razão de sua especial condição de pessoa vulnerável, deve-se reconhecer que autonomia não significa apenas obter do paciente idoso o seu consentimento informado. Mais do que isso, profissionais da saúde devem estar atentos às condições que afetam a capacidade da pessoa idosa de tomar decisões autônomas e que mitigam sua vontade de participar do tratamento. Não se deve desvincular a autonomia do contexto relacional em que o paciente idoso vive, portanto há que se estabelecer uma rede de proteção que impeça que relacionamentos abusivos, meio social repressivo ou políticas institucionais inadequadas prejudiquem o desenvolvimento e o exercício da autonomia. Com efeito, frisa-se que o desrespeito à autonomia do paciente idoso constitui violação de seus direitos e caracteriza situação contrária aos direitos humanos.[62]

Tratando-se de idoso com demência senil ou deficiência mental, o médico e seus familiares, estes na qualidade de responsáveis legais, devem ter o especial cuidado de analisar o

---

61. Mencionam Cristiano Chaves de Farias, Rogério Sanches Cunha e Ronaldo Batista Pinto: "Quando necessária uma atuação médica em pessoa com deficiência, com curatela já estabelecida judicialmente, não sendo obtido o seu regular consentimento, permite-se o suprimento judicial através de um procedimento de jurisdição voluntária (CPC, art. 721 e seguintes). A competência é do juízo da vara de família, por se tratar de ação que versa sobre o estado da pessoa. A legitimidade recai sobre qualquer interessado, como, por exemplo, o cônjuge, ou companheiro, e os familiares, além, por óbvio, do próprio curador". FARIAS, Cristiano Chaves; CUNHA, Rogério Sanches; PINTO, Ronaldo Batista. *Estatuto da Pessoa Com Deficiência Comentado artigo por artigo*. 2ª Ed. Salvador: Juspodivm, 2016, p. 64.

62. PARANHOS, Denise G. A. M; ALBUQUERQUE, Aline. Autonomia do paciente idoso no contexto dos cuidados em saúde, in: *Revista de Direito Sanitário*. São Paulo mar./jun. 2018, v. 19 n.1, p. 48.

contexto de vida e valores carregados pelo paciente, adequando o discurso informativo para atender qualitativamente ao *padrão do paciente concreto ou subjetivo*, em suas circunstâncias e condições, de forma a auxiliá-lo a efetivar seu consentimento informado.[63]

O foco deverá recair sobre o que o paciente avaliaria ser melhor para si, desconsiderando o que o médico, em sua visão de mundo, pondera como sendo de melhor interesse, se estivesse naquela posição.[64] Nesse contexto, deve-se procurar aplicar o princípio bioético da beneficência, uma vez que se trata de uma "obrigação de ajudar outras pessoas promovendo seus interesses legítimos e mais importantes".[65]

Desse modo, para pacientes idosos com demência ou deficiência mental deverão ser considerados plenamente autônomos, se capazes forem de compreender, ainda que não de forma absoluta, a informação médica, de julgar o seu conteúdo, de decidir com a intencionalidade de produzir determinado resultado, e de comunicar livremente seus desejos a seus cuidadores.[66] Em sendo o caso de um paciente idoso com demência senil ou deficiência mental, em que a doença não afete sua autonomia existencial e, por consequência, sua capacidade existencial, deverá ser reconhecida sua capacidade para exercício de seus cuidados de saúde. Por outro lado, na hipótese de não ser possível a

---

63. V. nota 16, supra.

64. Um dos claros exemplos dessa situação é o chamado *case* Saikewicz. Joseph Saikewicz vivera mais de quarenta anos de sua vida em instituições estaduais, uma vez que seu coeficiente intelectual era semelhante ao de uma criança de dois anos e oito meses. Sua comunicação era via gesticulações e grunhidos, só respondendo a gestos e contatos físicos. Segundo consta, em 1967, Joseph Saikewicz, com então 67 anos de idade, foi diagnosticado com leucemia monocítica mieloblástica aguda, um dos tipos mais agressivos da doença, com a recomendação de um tratamento quimioterápico que poderia variar de dois a treze meses, com pequenas chances de resultado para pacientes acima dos 60 anos. A quimioterapia teria, no caso, efeitos colaterais graves, como anemia e infecções. Para decidir acerca dos cuidados da saúde de Saikewicz, foi nomeado pelo Tribunal de Massachusetts um tutor para tomar as decisões necessárias para o seu tratamento. O tutor observou que a doença, além de incurável, trazia enorme desconforto ao paciente, bem como diversos efeitos colaterais, sendo que Saikewicz não podia compreender porque seria submetido a tanto sofrimento e dor. Foi então que o tutor concluiu que "não tratar o Sr. Saikewicz seria do seu melhor interesse". Referida decisão foi ratificada pela *Supreme Judicial Court of Massachusetts* em 9 de julho de 1976, falecendo o paciente três meses depois. Para alguns, esse posicionamento pode soar como uma aberração, uma vez que não se garantiu ao paciente o direito a um tratamento e a chance de perpetuação de sua existência. No entanto, pensa-se que a decisão bem demonstra um contraponto que deve ser feito sobre o que seja o melhor interesse do paciente. Com efeito, merece ser refletido, nesse caso, o fato de que um deficiente mental não tem condições para a prospecção de um futuro. Não há planos, possibilidade de construção ou um evoluir. As perspectivas de Saikewicz eram apenas e tão somente a vivência do presente e a manutenção de seu bem-estar. O que importava para um paciente nessa conjectura era, ainda que não soubesse, posto seu agir era instintivo, não sofrer, não sentir dor. Por isso, verificou-se que diante da ponderação do caso o melhor interesse era realmente atender aos desejos de vida do paciente. É exatamente isso que significa o *princípio do melhor interesse do paciente*: proteger os seus verdadeiros anseios. Ainda que fosse diagnosticada a sua incapacidade mental, suas funções vitais, sobretudo os sentimentos de sofrimento, sempre se mantiveram intactos. Por isso que se mostra importante a análise: o que traz maior dignidade a essa pessoa em concreto? Será a intervenção e o tratamento médico? Será deixar tudo como está seguindo a vida o seu destino? São questões que se colocam para ponderação. Cf.: BEAUCHAMP, Tom. CHILDRESS, James F. *Princípios de ética biomédica*. 2ª. ed. Trad. de Luciana Pudenzi, São Paulo: Loyola, 2011, p. 556.

65. BEAUCHAMP, Tom. CHILDRESS, James F. *Princípios de ética biomédica*. Trad. de Luciana Pudenzi, São Paulo: Loyola, 2002, p. 283. Esses autores complementam que o princípio da beneficência positiva fundamenta uma série de regras morais mais específicas, como, por exemplo: "1. Proteger e defender os direitos dos outros; 2. Evitar que outros sofram danos; 3. Eliminar as condições que causarão danos a outros; 4. Ajudar pessoas inaptas; 5. Socorrer pessoas que estão em perigo." BEAUCHAMP, Tom. CHILDRESS, James F. *Princípios de ética biomédica*. Trad. de Luciana Pudenzi, São Paulo: Loyola, 2002, p. 284.

66. Nesse mesmo sentido: ". BEAUCHAMP, Tom. CHILDRESS, James F. *Princípios de ética biomédica*. 2ª. ed. Trad. de Luciana Pudenzi, São Paulo: Loyola, 2011, p. 106.

emissão de vontade para consentir em seus cuidados de saúde, deverá o responsável legal do idoso com problemas mentais sempre buscar atender ao princípio do melhor interesse do *paciente (the best interests of patient.)* para que se tenha respeitada, ao máximo, sua autonomia quando ainda possuía condições para consentir acerca de sua saúde.

Voltando-se à análise da legislação dos deficientes, é importante lembrar que existem hipóteses que caracterizarão exceção ao consentimento informado, como as previstas no art. 13 da Lei nº 13.146/2015: "A pessoa com deficiência somente será atendida sem seu consentimento prévio, livre e esclarecido em casos de risco de morte e de emergência em saúde, resguardado seu superior interesse e adotadas as salvaguardas legais cabíveis". Importante ressaltar que, apesar do legislador ter mencionado somente as hipóteses de risco de morte e emergência em saúde, esse rol deve ser visto como meramente exemplificativo, podendo ser acrescentadas as hipóteses de urgências médicas; de renúncia por seu titular do direito de ser informado, a caracterizar o *direito a não saber (right not to know)* e seu consentimento em branco; hipóteses de internações compulsórias; situações em que o paciente já se encontra informado, por ter conhecimentos aprofundados na respectiva área de tratamento médico, como no caso de o paciente ser bacharel em medicina ou outra área de saúde ou, ainda, por já possuir conhecimentos da doença a que está acometido; privilégio terapêutico, ou seja, hipóteses em que a informação repassada ao paciente, pelo estado em que se encontra, trar-lhe-á mais malefícios do que benefícios. Ainda pode ser acrescentado a esse rol: privilégio terapêutico; quando o paciente tiver outorgado a terceiros uma procuração de cuidados de saúde, entre outros exemplos.

7. RESPONSABILIDADE DO MÉDICO FRENTE O IDOSO DEFICIENTE OU COM DEMÊNCIA SENIL PELA AUSÊNCIA DO CONSENTIMENTO INFORMADO

O dever de prestar o consentimento informado e a responsabilidade civil médica encontram-se intimamente ligadas, principalmente diante da confiança que deve existir nessa relação. Constata-se que as ações de responsabilidade civil dos médicos podem ser de dois tipos: uma "ação por má prática médica, demanda fundada na responsabilidade por erros técnicos (*malpractice actions*) ou ação por violação ou desrespeito dos direitos dos pacientes, sobretudo, ações por violações do consentimento informado (*informed consent actions*)".[67] Os esforços serão concentrados nesse último aspecto, muito embora convenha deixar inequívoca a independência dos danos do consentimento informado em relação aos danos iatrogênicos e aos danos desconforme à *lex artis*.

Para a responsabilização civil do médico por violação ao consentimento informado é necessária a demonstração de culpa (negligência, imperícia ou imprudência), eis que é subjetiva, conforme previsto no já citado parágrafo 4º do art. 14 do Código de Defesa do Consumidor (v. item 3, supra). Por força da teoria do diálogo das fontes, o artigo 951 do Código Civil acrescenta que: "O disposto nos artigos 948, 949 e 950 aplica-se ainda no caso de indenização devida por aquele que, no exercício de atividade profissional,

---

67. PEREIRA, André Gonçalo Dias. *Responsabilidade médica e consentimento informado*. Ônus da prova e nexo de causalidade. Conferência apresentada no Centro de Estudos Jurídicos e Judiciários da Região Administrativa Especial de Macau, República Popular da China em 18 de julho de 2008, p. 1-2.

por negligência, imprudência ou imperícia, causar a morte do paciente, agravar-lhe o mal, causar-lhe lesão, ou inabilitá-lo para o trabalho."

Para responsabilização, mesmo nos casos de consentimento informado, também é necessária a comprovação do dano. Segundo Agostinho Alvim, o primeiro requisito ou pressuposto do dever de indenizar é o dano. Para o autor, ainda que haja a violação de um dever jurídico e que tenha existido culpa ou até mesmo dolo por parte do infrator, nenhuma indenização será devida, uma vez que não se tenha verificado o prejuízo.[68] O dano deve ser compreendido como um prejuízo decorrente da atuação (ou sua omissão) em determinada situação de prestação de serviços.[69]

Ponto importante, todavia, está em verificar-se, se a transgressão do direito ao consentimento informado caracteriza, por si só, dano passível de reparação. Seria a violação ao direito de disposição sobre o próprio corpo (plasmado no consentimento informado) um dano autônomo a ser indenizado?

Para responder a essa indagação, mostra-se importante verificar duas questões fundamentais: a) a problemática do nexo de causalidade entre a omissão ou prestação defeituosa ou incompleta do dever de informar e o dano da intervenção médica, e; b) a ausência de consentimento em si, mesmo que tenha havido o correto adimplemento pelo médico do dever de informar.

O nexo de causalidade no consentimento informado deve ser entendido como o elemento virtual da responsabilidade civil, constituindo a relação de causa e efeito entre a conduta culposa ou o risco criado pelo médico e o dano suportado pelo paciente pela ausência da informação ou do próprio consentimento em si, temas que serão analisados individualmente.

No direito brasileiro poderá haver a responsabilidade civil do médico pela falta ou deficiência no cumprimento do dever de informar, ainda que não se possa provar

---

68. ALVIM, Agostinho. *Da inexecução das obrigações e suas consequências*. São Paulo: Saraiva, 1980, p. 180-181.

69. Por esse motivo, normalmente se recorre à tradicional classificação dos danos como sendo patrimoniais ou extra-patrimoniais, também chamados morais, embora de abrangência diversa. Essa classificação, contudo, por envolver o consentimento informado, um direito da personalidade, não parece ser eficiente. Vale a pena, nesse momento, chamar a atenção à classificação proposta por José Jairo Gomes que inova a tradicional forma de se enxergar a responsabilidade civil por influência dos valores constitucionais da cooperação e solidariedade (CR, arts. 4º, IX e 3º, I, respectivamente). Em sua obra *Responsabilidade civil e eticidade* propõe como classificação ideal dividir a responsabilidade da seguinte forma: "a) responsabilidade civil por danos à personalidade, e; b) responsabilidade civil por patrimonial ou pessoal-patrimonial. Esta categoria compreende a responsabilidade: b1) *negocial*, e, b2) *extranegocial*. A negocial decorre do negócio jurídico, abrangendo, pois, a responsabilidade contratual e a relativa ao *negócio jurídico unilateral*. Por sua vez, a extranegocial abarca a responsabilidade relativa a fatos em que não há um negócio jurídico, aí incluída a decorrente de *ato jurídico unilateral*". A importância de verificar a classificação dos direitos da personalidade à luz da solidariedade constitucional diz respeito à necessidade de se procurar impedir, de forma eficaz, que a lesão venha a se concretizar. GOMES, José Jairo. *Responsabilidade civil e eticidade*. Belo Horizonte: Del Rey, 2006, p. 251. O posicionamento do autor pode ser explicado por uma questão simples. Normalmente a lesão a direitos da personalidade integra uma categoria difícil ou impossível de restituição ao *status* anterior. Significa, dessa forma, que a única forma de reparação é a compensação em dinheiro, o que nem sempre é o desejado pela vítima. Com efeito, interessante verificar que para a proteção dos direitos da personalidade o dano não se faz necessário para fins de reparação, pois é possível que um ato tão só ilícito já seja o suficiente para se acionar a via jurisdicional. Nesse sentido, Luiz Guilherme Marinoni afirma que "se o dano não é elemento constitutivo do ilícito, podendo este último existir independentemente do primeiro. Não há razão para não se admitir uma tutela que leve em consideração apenas o ilícito, deixando de lado o dano". MARINONI, Luiz Guilherme. *A tutela inibitória*. São Paulo: Revista dos Tribunais, 2000, p. 37.

claramente ter havido culpa no descumprimento da obrigação principal[70], ou que haja efetivamente ocorrido dano[71], ou não[72], decorrente da intervenção médica. Entretanto, na hipótese de o médico não ter meios para demonstrar que foi diligente e que informou seus pacientes da forma, quantidade, qualidade e conteúdo devidos haverá responsabilização.

Nesse sentido, para Sérgio Cavalieri Filho embora os médicos e hospitais, em princípio, não respondam pelos riscos inerentes da atividade que exercem, podem eventualmente responder se deixarem de informar aos pacientes as consequências possíveis do tratamento a que serão submetidos. "Só o consentimento informado pode afastar a responsabilidade médica pelos riscos inerentes à sua atividade"[73], afirma o autor.

Conclui-se que é pertinente a indenização por decorrência da violação ao consentimento informado, que agride a liberdade de autodeterminação do paciente.

Por outro lado, em busca de *amenizar* ou até mesmo *exonerar* o rigor da indenização contra os prestadores de saúde quando da violação do dever de informar, cumpre constatar a chamada exceção de comportamento alternativo lícito (*pflichtgemässes Alternativverhalten*) desenvolvida em solo alemão.[74] Por ela o médico ou entidade hospitalar deverá provar que, se houvesse o adimplemento do dever de informação, o paciente consentiria com a intervenção da maneira que foi executada, o que faz crer a inexistência de qualquer dano ao paciente. Trata-se da aplicação do *consentimento hipotético,* porque o paciente teria igualmente consentido se fosse devidamente esclarecido.

A *teoria da exceção de comportamento alternativo lícito* foi recepcionada em solo nacional como uma das expressões da função reativa do princípio da boa-fé objetiva, em que é possível opor-se à atuação infundada ou injusta de uma parte contra a outra, ou seja, o exercício defensivo da boa-fé objetiva na ordem processual por meio da *exceptio doli*. Nessas hipóteses, não seria prudente e lógico que o paciente fosse

---

70. KFOURI NETO, Miguel. *Responsabilidade Civil do Médico.* São Paulo: Revista dos Tribunais, 2007, p. 39.
71. Com efeito, vale a pena destacar o entendimento da Corte Superior a esse respeito: "(...) O princípio da autonomia da vontade, ou autodeterminação, com base constitucional e previsão em diversos documentos internacionais, é fonte do dever de informação e do correlato direito ao consentimento livre e informado do paciente e preconiza a valorização do sujeito de direito por trás do paciente, enfatizando a sua capacidade de se autogovernar, de fazer opções e de agir segundo suas próprias deliberações. (...) O dever de informar é dever de conduta decorrente da boa-fé objetiva e sua simples inobservância caracteriza inadimplemento contratual, fonte de responsabilidade civil per se. A indenização, nesses casos, é devida pela privação sofrida pelo paciente em sua autodeterminação, por lhe ter sido retirada a oportunidade de ponderar os riscos e vantagens de determinado tratamento, que, ao final, lhe causou danos, que poderiam não ter sido causados, caso não fosse realizado o procedimento, por opção do paciente." STJ, RESP 1.540.580, Rel. Des. Convocado do TRF 5ª Região LÁZARO GUIMARÃES. j. em 26/10/2017.
72. Vide, por exemplo: TJSC, AC164502 Rel. Des. Jaime Luiz Vicari, j. 27.10.2009.
73. CAVALIERI FILHO, Sérgio. *Programa de Responsabilidade Civil.* São Paulo: Atlas, 2010, p. 393. Nesse sentido: Acerca da possibilidade de se afastar a responsabilidade com base na informação do paciente, via consentimento informado, vide: Na hipótese, o contexto probatório evidencia que as lesões apresentadas pela parte autora não são decorrentes de um ato de imperícia médica, e nem podem ser imputadas à eventual incorreção do procedimento empregado. Dever de informar que restou atendido. Sentença de improcedência mantida. (TJRS. AC nº 70023509813, Rel. Des. Paulo Antônio Kretzmann, j. 26.06.2008).
74. PEREIRA, André Gonçalo Dias. Responsa*bilidade médica e consentimento informado.* Ônus da prova e nexo de causalidade. Conferência apresentada no Centro de Estudos Jurídicos e Judiciários da Região Administrativa Especial de Macau, República Popular da China em 18 de julho de 2008, p. 10-11.

indenizado, à medida que não há quaisquer danos à autodeterminação que possam ser reclamados.

No caso do idoso com demência senil ou deficiência mental haverá um *plus* ao médico ou familiares, primeiro de estabelecer o processo informativo respeitando sua autonomia de forma relacional e, na hipótese desse idoso não ter deixado uma procuração para cuidados de saúde ou testamento vital, as decisões envolvendo sua saúde sempre deverão respeitar o princípio do melhor interesse do paciente.

Por outro lado, ainda poderá recair a responsabilização sobre o médico quando ausente o *consentimento* em si. Aqui, enquanto o paciente não autorizar a atuação do médico, ainda que adimplido o dever de informação, o profissional retém para si os riscos da intervenção. Isto porque somente com a anuência é que se transfere para o paciente o ônus de suportar as consequências do ato sanitário, porque se assim não o fosse, o médico chamaria para si os próprios riscos da intervenção, mesmo que não fosse culpado do resultado ocorrido.[75] Assim, o consentimento é, de fato, uma autorização para "tornar lícito o que, sem ele, seria ilícito".[76]

No Brasil, a jurisprudência considera que o direito ao consentimento informado é dever do médico que, se não for observado, além de ferir os direitos da personalidade, age o prestador de serviços com *negligência*, restando seu dever de indenizar.[77] Isto porque, "age com cautela e conforme os ditames da boa-fé objetiva o médico que colhe a assinatura do paciente em 'termo de consentimento informado', de maneira a alertá-lo acerca de eventuais problemas que possam surgir durante o pós-operatório".[78]

De acordo com Carlos Maria Romeo Casabona:

> O consentimento compreende tanto as possibilidades de êxito como os riscos possíveis, os quais também são assumidos pelo paciente. Entretanto, o consentimento do paciente só pode se estender ao *tratamento realizado corretamente,* ou seja, medicamente indicado como medida terapêutica e realizado conforme a *lex artis,* sem importar então que o tratamento tenha alcançado ou não o objetivo proposto, pois nisto consiste a assunção do risco, uma vez que não depende sempre do médico o resultado favorável. Em nenhum caso, ficará coberto pelo consentimento o tratamento que não cumpra estas condições e, em consequência, não serão lícitos os danos produzidos por uma conduta imprudente, podendo neste caso ser o médico responsabilizado por lesões (ou homicídio) imprudentes. Esta conclusão encontra sua explicação no fato de que o paciente só tem consciência, vontade e assume por isto um tratamento correto – ainda que não necessariamente favorável -, e, ademais, não caberia, segundo foi visto, uma

---

75. FRANÇA, Genival Veloso de. *Direito Médico.* 12ª. ed. Rio de Janeiro: Forense, 2014, p. 284.
76. PONTES DE MIRANDA, Francisco Cavalcanti. *Tratado de Direito Privado.* São Paulo: Revista dos Tribunais, 1984, vol. LIII, p. 242.
77. Responsabilidade Civil. Médico. Consentimento informado. A despreocupação do facultativo em obter do paciente seu consentimento informado pode significar – nos casos mais graves – negligência no exercício profissional. As exigências do princípio do consentimento informado devem ser atendidas com maior zelo na medida em que aumenta o risco, ou o dano. Recurso conhecido. (STJ, REsp 436827/SP. Rel. Min. Ruy Rosado de Aguiar, j. 30.09.2002. Na Itália, nos últimos anos, houve um aumento expressivo de ações fundadas em negligência médica diante da não obtenção do consentimento informado e isso influenciou substancialmente a prática médica e a necessidade de regulamentação do assunto pela Lei 219/2017 no país mais centrada na assistência médica e no respeito ao princípio do melhor interesse dos pacientes. PAOLO, Marco Di, et al. A review and analysis of new Italian law 219/2017: 'provisions for informed consente and advance directives treatment', in: *BMC Medical Ethics* (2019) 20:17, p. 2.
78. STJ, REsp 1180815 MG, Rel. Ministra Nancy Andrighi, j. em 18.08.2010.

renúncia ao bem jurídico protegido (saúde e vida), ainda que ele quisesse consentir também em tratamento falido pela falta do médico no cumprimento dos deveres de cuidado"[79].

Como preleciona, ainda, Francisco Cavalcanti Pontes de Miranda, o consentimento não afasta a responsabilidade do médico por seus erros, ou descuidos, inclusive quanto ao diagnóstico, tanto mais quanto o cliente ou pessoa atendida em caso de acidente pode somente ter consentido porque o médico lhe expôs erradamente, ou de má-fé (e.g. para ganhar o dinheiro da operação) o que seria sua doença.[80]

Não obstante, é preciso deixar claro que a capacidade decisória para cuidados da saúde, na prática, dependem da qualidade do processo de informação e de um bom processo de comunicação entre o médico e seu paciente, com a avaliação da capacidade decisória dos pacientes, para que estes possam tomar de forma hígida suas decisões[81], em especial quando de trada de idosos com demência ou deficiência mental, caso em que deve ser respeitadas suas condições de vida e valores dentro do *padrão do paciente concreto*.

8. CONCLUSÃO

A partir da discussão ao longo do presente artigo, parece restar inequívoco que a pessoa idosa, em especial aquela que já alcançou os oitenta (80) anos ou mais, apresenta-se como um ser *vulnerável* – ou *hipervulnerável*, dependendo do caso -, e que precisa de amparo, principalmente nos casos em que ela apresenta um quadro de demência senil ou de deficiência mental. Como visto (item 2, supra), as duas situações são análogas, diferenciando-se apenas no que diz respeito ao momento de sua constatação. A partir do Estatuto do Idoso, que entrou em vigor em 2003, o legislador começa a se preocupar com essa fragilidade de modo mais concreto, estatuindo uma série de normas que visam à proteção dessa pessoa, também no concernente à sua saúde. A questão do consentimento informado, inclusive, encontra-se presente nele, do mesmo modo como ocorre com o Estatuto da Pessoa com Deficiência. Por esta lei, contudo, que alterou o Código Civil no que diz respeito à teoria das incapacidades, disciplinando que não há mais pessoa maior de idade que possa ser considerada absolutamente incapaz, a situação do idoso com demência ou deficiência mental torna-se mais delicada. Assim é que ele poderá administrar a sua pessoa, decidindo em termos do seu corpo e da sua saúde, como bem lhe aprouver.

No entanto, julgados há que contestam a norma do Estatuto da Pessoa com Deficiência, determinando que o curador também seja responsável pela pessoa do curatelado.

Em uma relação médico/paciente, se o idoso, como explicitado no texto, mostrar-se incapaz de prestar seu consentimento, este deverá ser feito por seu curador ou algum familiar, ou o próprio médico, se o procedimento for de urgência e, portanto, não houver

---

79. CASABONA, Carlos María Romeo. O consentimento informado na relação entre médico e paciente: aspectos jurídicos, in: SÁ, Maria de Fátima Freire de. NAVES, Bruno Torquatro de Oliveira. *Bioética e biodireito e o Novo Código Civil de 2002*. Belo Horizonte: Del Rey, 2004, p. 159-160.

80. PONTES DE MIRANDA, Francisco Cavalcanti. *Tratado de Direito Privado*. São Paulo: Revista dos Tribunais, 1984, vol. LIII, p. 436.

81. SCHILDMANN, MD, PhD and FLORIAN BRUNS, MD. Informed Consent and Phase I Trials: Cognitive Failure and Additional Challenges to Informed Decision Making. Journal of Clinical Oncology. Disponível em https://ascopubs.org/doi/full/10.1200/JCO.18.01136. Acesso em 23 dez. 2019.

tempo para obtê-lo com o curador ou algum parente. Desse modo, se ele tiver condições de se expressar de forma consciente, ele deverá ter sua vontade respeitada, ainda que esta seja no sentido de ele recusar-se a submeter-se a algum tratamento, o que poderá vir a lhe causar a morte.

A responsabilidade do médico exsurgirá daqui. Pelo Código de Defesa do Consumidor, a despeito de o Código de Ética Médica entender que a relação médico/paciente não é de consumo, esta matéria é pacífica para o mundo jurídico brasileiro, como se procurou deixar claro no texto. O médico, por ser profissional liberal terá sua responsabilidade dependente da demonstração de culpa. Sua responsabilidade, pois, é subjetiva e estará presente quando violados os deveres médicos de informação e também o dever de obtenção do consentimento. Além disso, sua responsabilidade será solidária, como prevê igualmente a lei consumerista.

Espera-se que o leitor tenha conseguido ter uma ideia, ainda que breve, sobre o tratamento dessa matéria – idoso, demência ou deficiência mental, consentimento informado e a responsabilidade na relação médico/paciente -, que tem sido tão pouco explorada pela doutrina pátria.

9. REFERÊNCIAS

ALEXANDRE, Laurent. *A morte da morte*. Barueri: Manole, 2018.

ALVIM, Agostinho. *Da inexecução das obrigações e suas consequências*. São Paulo: Saraiva, 1980.

AMERICAN MEDICAL ASSOCIATION. *Informed Consent*. 1998.

APPELBAUM, Paul S., LIDZ, Charles W. e; MEISEL, Alan. *Informed consent*: legal theory and clinical practice. New York: Orford University, 1987.

ASCENSÃO, José de Oliveira. *Direito Civil*: teoria geral. Coimbra: Coimbra, 2002, vol. III.

BARBOZA, Heloisa Helena. O princípio do melhor interesse da pessoa idosa, efetividade e desafios, *in*: BARLETTA, Fabiana R.. ALMEIDA, Vitor. *A Tutela Jurídica da Pessoa Idosa*. Indaiatuba: Foco, 2020, p. 3-20.

BEAUCHAMP, Tom. L; CHILDRESS, James F. *Princípios de ética biomédica*. Trad. de Luciana Pudenzi. São Paulo: Loyola, 2011.

BORGES, Roxana Cardoso Brasileiro. *Direito da Personalidade e autonomia privada*. São Paulo: Saraiva, 2007.

CAMPOS, Juan Antonio F. Instrucciones previas y personas mayores, *in*: FERRÉ, Esther A. FERNANDÉZ, Carmen F. HUARTE, Elena G., *et. allii* (Coord.). *La Persona en el S. XXI*. Una vision desde el derecho. Pamplona: Aranzadi, 2019, p. 207-216.

CASABONA, Carlos María Romeo. O consentimento informado na relação entre médico e paciente: aspectos jurídicos, *in*: SÁ, Maria de Fátima Freire de. NAVES, Bruno Torquatro de Oliveira. *Bioética e biodireito e o Novo Código Civil de 2002*. Belo Horizonte: Del Rey, 2004.

CAVALIERI FILHO, Sérgio. *Programa de Responsabilidade Civil*. São Paulo: Atlas, 2010.

CASELLA, Jéssica T.; MOREIRA, Virgílio G. O papel das Diretivas Antecipadas como respaldo legal ao médico com paciente idoso com demência. Disponível em: https://www.researchgate.net/publication/328053480_O_papel_das_Diretivas_Antecipadas_como_respaldo_legal_ao_medico_com_paciente_idoso_com_demencia. Acesso em: 14 Jan. 2021.

CLOTET, Joaquim. *Bioética*: uma aproximação. Porto Alegre: EDIPUCRS, 2006.

COSTALES, Javier Fernández. El contrato de servicios. Madrid: Civitas, 1988.

COUTO E SILVA, Clovis V. *A obrigação como processo*. São Paulo: José Bushatsky, 1976.

CUNHA FERRAZ, Anna Candida. BAPTISTA, Fernando Pavan. Comentários à Lei n. 10.417/2003, *in*: CUNHA FERRAZ, Anna Candida. BAPTISTA, Fernando Pavan. PINTO FILHO, Ariovaldo de Souza. (Org.). *Comentários ao Estatuto do Idoso*: Efetivação legislativa, administrativa e jurisprudencial. Osasco: Edifieo, 2015.

DADALTO, Luciana. VERDI, Natalia Carolina. As diretivas antecipadas de vontade no contexto protetivo do envelhecimento ativo, *in*: BARLETTA, Fabiana Rodrigues. ALMEIDA, Vitor. (Coord.). A Tutela Jurídica da Pessoa Idosa. Indaiatuba, Foco, 2020, p. 163-178.

DADALTO, Luciana. *Testamento vital*. Rio de Janeiro: Lumen Juris: 2010.

DINIZ, Maria Helena. *Dicionário Jurídico*. São Paulo: Saraiva, 2008.

FAGUNDES, Tainá Alves. PEREIRA, Danielle Aparecida Gomes. BUENO, Kátia Maria Penido; et. al. Incapacidade Funcional em Idosos com Demência. Disponível em: http://dx.doi.org/10.4322/0104-4931.ctoAO0818. Acesso em: 23 Dez. 2019.

FARIAS, Cristiano Chaves; CUNHA, Rogério Sanches; PINTO, Ronaldo Batista. *Estatuto da Pessoa Com Deficiência Comentado artigo por artigo*. 2ª Ed. Salvador: Juspodivm, 2016.

FRANÇA, Genival Veloso. *Direito Médico*. Rio de Janeiro: Forense, 2014.

GIOSTRI, Hildegard Taggesell. *Responsabilidade médica – as obrigações de meio e de resultado*: avaliação, uso e adequação. Curitiba: Juruá, 2003.

GOMES, José Jairo. *Responsabilidade civil e eticidade*. Belo Horizonte: Del Rey, 2006.

GOZZO, Débora. MONTEIRO, Juliano Ralo. A concretização da autonomia existencial e a Lei n. 13. 146/15: apontamentos sobre o casamento da pessoa com deficiência. Disponível em: http://civilistica.com/wp-content/uploads/2019/04/Gozzo-e-Monteiro-civilistica.com-a.8.n.1.2019.pdf. Acesso em: 20 Dez. 2019.

GOZZO, Débora. Transparência, Informação e a relação médico-paciente, *in*: GOZZO, Débora. (Coord.) *Informação e Direitos Fundamentais*: A eficácia horizontal das normas constitucionais. São Paulo: Saraiva, 2012, p. 75-90

KFOURI NETO, Miguel. *Responsabilidade Civil do Médico*. São Paulo: Revista dos Tribunais, 2007.

KING, Jaime Staples; MOULTON, Benjamin. Rethinking Informed Consent: The Case for Shared Medical Decision-Making, *in*: *American Journal of Law & Medicine*, 32, 2006, p. 445.

KONDER, Carlos Nelson. Vulnerabilidade Patrimonial e Vulnerabilidade existencial: por um sistema diferenciador. Disponível em: https://www.revistadostribunais.com.br/maf/app/resultList/cument?&src=rl&srguid=i0ad82d9b0000016f4f6c42f0ee2cbda7&docguid=11a727600310311e5b-0c2010000000000&hitguid=I1a727600310311e5b0c2010000000000&spos=1&epos=1&td=2&-context=54&crumbaction=append&crumblabel=Documento&isDocFG=false&isFromMulti-Summ=&startChunk=1&endChunk=1. Acesso em: 28 Dez.2019.

LEO, Raphael J. Leo. Competency and the Capacity to Make Treatment Decisions: A Primer for Primary Care Physicians. Prim Care Companion, *in*: *J Clin Psychiatry*. 1999 October; 1(5): 131–141.

LIGIERA, Wilson Ricardo. Consentimento informado do paciente. Informação e direitos fundamentais: a eficácia horizontal das normas constitucionais. *in*: GOZZO, Débora. (Coord.) *Informação e Direitos Fundamentais*: A eficácia horizontal das normas constitucionais. São Paulo: Saraiva, 2012, p. 91-105.

MAIRAL, Javier Barraca. El ser humano como sujeto vulnerable. El ser humano como sujeto vulnerable, in: FERRÉ, Esther A... FERNANDÉZ, Carmen F. HUARTE, Elena G., *et. allii* (Coord.). *La Persona en el S. XXI.* Una vision desde el derecho. Pamplona: Aranzadi, 2019, p. 143-152.

MARINONI, Luiz Guilherme. *A tutela inibitória.* São Paulo: Revista dos Tribunais, 2000.

MARQUES, Cláudia Lima. MIRAGEM, Bruno. *O novo direito privado e a proteção dos vulneráveis.* São Paulo: Revista dos Tribunais, 2012.

MORAES, Maria Celina Bodin. CASTRO, Thamis D. Viveiros de. Autonomia existencial nos atos de disposição do próprio corpo. Disponível em: https://periodicos.unifor.br/rpen/article/view/3433/pdf_1. Acesso em: 22 Dez. 2019.

MURRAY, Peter M. The History of Informed Consent, *in: Orthop J.,* v. 10, 1990

NANNI, Giovanni Ettore. A capacidade para consentir: uma nova espécie de capacidade negocial, *in: Revista do IASP,* nº 96, set.-out./2011.

PANTELIDAKIS, H. Autonomy and Dementia. Disponível em: https://www.academia.edu/4169328/Advance_directives?email_work_card=interaction_paper. Acesso em: 28 Dez. 2019.

PAOLO, Marco Di, et al. A review and analysis of new Italian law 219/2017: 'provisions for informed consent and advance directives treatment'. Pisa: BMC Medical Ethics (2019) 20:17, p. 2.

PARANHOS, Denise G. A. M; ALBUQUERQUE, Aline. Autonomia do paciente idoso no contexto dos cuidados em saúde, *in: Revista de Direito Sanitário.* São Paulo, mar./jun. 2018, v.19 n.1, p. 32-49.

PEREIRA, André Gonçalo Dias. *O consentimento informado na relação médico-paciente.* Estudo de Direito Civil. Coimbra, 2004.

PEREIRA, André Gonçalo Dias. *Responsabilidade médica e consentimento informado.* Ônus da prova e nexo de causalidade. Conferência apresentada no Centro de Estudos Jurídicos e Judiciários da Região Administrativa Especial de Macau, República Popular da China em 18 de julho de 2008.

PINTO FILHO, Ariovaldo de Souza. SIQUEIRA, Luiz Eduardo Alves de. Comentários ao art. 3º da Lei n. 10.417/2003, *in*: CUNHA FERRAZ, Anna Candida. BAPTISTA, Fernando Pavan. PINTO FILHO, Ariovaldo de Souza. (Org.). *Comentários ao Estatuto do Idoso*: Efetivação legislativa, administrativa e jurisprudencial. Osasco: Edifieo, 2015, p. 40.

PONTES, Patrícia Albino Galvão. Comentários ao art. 2º da Lei n. 10.147/2003, *in*: PINHEIRO, Naide Maria. (Coord.). *Estatudo do Idoso Comentado.* Campinas: LZN, 2003.

PONTES DE MIRANDA, Francisco Cavalcanti. *Tratado de Direito Privado.* São Paulo: RT, 1984, vol. LIII.

PRATA, Ana. *A tutela constitucional da autonmia privada.* Coimbra: Almedina, 1982.

REQUIÃO, Maurício. Autonomias e suas limitações, https://www.revistadostribunais.com.br/maf/app/resultList/document?&src=rl&srguid=i0ad82d9b0000016f2f487c-cdee2b54b4&docguid=I0074aec0568a11e49aa4010000000000&hitguid=I0074a-ec0568a11e49aa4010000000000&spos=2&epos=2&td=7&context=90&crum-b-action=append&crumb-label=Documento&isDocFG=false&isFromMultiSumm=&start-Chunk=1&endChunk=1. Acesso em: 22 Dez. 2019.

RODRIGUES, João Vaz. *O consentimento informado para o ato médico no ordenamento jurídico português.* Coimbra: Coimbra, 2001.

ROSENVALD, Nelson. BRAGA NETTO, Felipe. *Código Civil Comentado.* Salvador: Juspodium, 2020.

SCHMITT, Cristiano Heineck. *Consumidores Hipervulneráveis*: A proteção do idoso no mercado de consumo. São Paulo: Altas, 2014.

VENOSA, Silvio. *Direito Civil*: parte geral. 19ª Ed. São Paulo: Atlas, vol. I. 2019.

VILLELA, João Baptista. O novo Código Civil brasileiro e o direito à recusa de tratamento médico, *in Atti del Congresso Internazionale "Il nuovo Codice Civile del Brasile e il sistema giuridico latinoamericano"*. Modena: Mucchi, 2003, p. 56-64.

WARD, Tom. We will extend our lives but not attain immortality, says anti-aging researcher. Disponível em: https://futurism.com/neoscope/we-will-extend-our-lives-but-not-attain-immortality-says-anti-aging-researcher. Acesso em: 29 Dez. 2019.

DA NECESSÁRIA REVISÃO
DO ENTENDIMENTO JURISPRUDENCIAL
A RESPEITO DA RESPONSABILIDADE CIVIL
DO CIRURGIÃO PLÁSTICO

Eduardo Dantas

Advogado, inscrito nas Ordens do Brasil e de Portugal; Bacharel em Direito pela Universidade Federal de Pernambuco (1995); Especialista em Direito de Consumo pela *Universidad de Castilla-La Mancha* (2001); Mestre em Direito Médico pela *University of Glasgow* (2007); Doutorando em Direito Civil pela Universidade de Coimbra; Ex Vice-Presidente e membro do *Board of Governors* da *World Association for Medical Law*; Procurador Jurídico do Conselho Regional de Odontologia de Pernambuco; Autor dos livros Direito Médico (Editora GZ, 2009), Comentários ao Código de Ética Médica (Editora GZ, 2010), *Droit Médical au Brésil* (Editora GZ, 2013); Aspectos Jurídicos da Reprodução Humana Assistida (Editora GZ, 2018); e *Contemporary Issues in Medical Law* (Editora GZ, 2018); Autor de diversos artigos publicados no Brasil, Portugal, Israel, EUA, Polônia, República Checa e França; Membro da Comissão Especial de Direito Médico do Conselho Federal da Ordem dos Advogados do Brasil (Gestões 2013/2015 e 2016/2018); Professor do Curso de Pós-Graduação em Direito de Família da Universidade Federal de Pernambuco – UFPE; Professor do curso de pós-graduação em Direito Médico e Hospitalar da EPD – Escola Paulista de Direito (São Paulo – SP); Ex-Presidente da Comissão de Direito e Saúde da OAB/PE; Presidente da Associação Pernambucana de Direito Médico e da Saúde; Vice-Presidente da Asociación Latinoamericana de Derecho Médico; Membro fundador e integrante da Comissão Diretiva da ALDIS – Associação Lusófona de Direito da Saúde; Membro da *Association Française de Droit de la Santé*; Membro da *European Association for Health Law*; Coordenador pedagógico da *Association de Recherche et de Formation en Droit Médical* (Toulouse, França); Membro do *International Advisory Board* do Observatório de Direitos Humanos: Bioética, Saúde e Ambiente, da Universidade de Salerno, Itália; Vice-Presidente da Comissão de Bioética e Biodireito do IBDFAM – Instituto Brasileiro de Direito de Família.

Contato: eduardodantas@eduardodantas.adv.br

Sumário: 1. Introdução – 2. Definições conceituais – 3. O posicionamento da doutrina nacional e estrangeira – 4. O posicionamento dos tribunais – 5. Considerações finais – 6. Referências

1. INTRODUÇÃO

No campo do Direito Médico, a cirurgia plástica assume lugar de destaque, uma vez que a incidência de processos versando sobre tal especialidade assume proporções desmedidas, sendo digno de nota a quantidade de cirurgiões plásticos que sofrem ou já sofreram questionamentos judiciais à sua prática profissional.

Não bastasse, o Brasil é um dos países onde mais se realizam procedimentos estéticos em cirurgia plástica, sendo necessário estabelecer conceitos jurídicos – em nome da estabilidade e da segurança – que estejam em consonância com os aspectos técnicos dos procedimentos realizados, especialmente em se tratando de uma atividade que não se traduz em uma ciência exata, onde múltiplos fatores influenciam em seu resultado.

Muito se discute na doutrina nacional, quando se trata da natureza jurídica da obrigação médica, sobre obrigação de meio, e obrigação de resultado. É consenso que a atividade médica é considerada uma obrigação de meio, ou seja, que o exercício da medicina não promete cura, mas sim tratamento adequado, segundo as normas de prudência, perícia e diligência, e padrão de conduta ético e comprometido por parte do profissional em favor da melhora de seu paciente.

Isto ocorre porque a atividade médica, por definição, está sujeita ao acaso, ao imprevisível comportamento da fisiologia humana, que por vezes insiste em desafiar o senso comum, os prognósticos mais acurados, e às expectativas mais prováveis.

Enfim, além da resposta de cada organismo ser única (ainda que sejam esperados determinados padrões de resposta), ainda se encontra a intervenção médica sujeita ao acaso, ao infortúnio, à força maior.

Por estas e mais outras tantas razões, a atividade médica não se sujeita a um comprometimento com o resultado, mas sim ao dever de diligência.

Todavia, temos visto a repetição – por vezes irrefletida – de que dentre as exceções a esta regra, se encontraria a cirurgia plástica com finalidade estética (ou desprovida de finalidade terapêutica). Esta seria considerada uma obrigação de resultado, implicando comprometimento do cirurgião com o êxito satisfatório de sua intervenção.

Em princípio, "êxito satisfatório" pode parecer redundante. Não o é, todavia, neste caso, uma vez que – dado o alto grau de subjetividade envolvido na apreciação do resultado de uma cirurgia plástica estética não reparadora, por parte do paciente. O que pode parecer belo e tecnicamente perfeito para uns, não o será necessariamente para outros.

Um dos elementos centrais aqui a serem discutidos, portanto, versa sobre o fato de a cirurgia plástica estética não reparadora ser uma obrigação de meio, ou obrigação de resultado.

2. DEFINIÇÕES CONCEITUAIS

Apenas a título de definição conceitual, Maria Helena Diniz assim as distingue:

"A obrigação de meio é aquela em que o devedor se obriga tão-somente a usar de prudência e diligência normais na prestação de certo serviço para atingir um resultado, sem, contudo, se vincular a obtê-lo. Infere-se daí que sua prestação não consiste num resultado certo e determinado a ser conseguido pelo obrigado, mas tão-somente numa atividade prudente e diligente deste em benefício do credor. Seu conteúdo é a própria atividade do devedor, ou seja, os meios tendentes a produzir o escopo almejado, de maneira que a inexecução da obrigação se caracteriza pela omissão do devedor em tomar certas precauções, sem se cogitar do resultado final."[1]

Em linhas pretéritas, muito já se falou sobre a necessidade – e o dever – de se agir com prudência, diligência, precaução e perícia. Tal fato se justifica porque, em se tratando de

---

1. DINIZ, Maria Helena. *Curso de direito civil*: responsabilidade civil. 12ª ed. São Paulo: Saraiva, 1998. v. 7. p. 230.

uma obrigação de meio, na hipótese da superveniência de um resultado adverso, o que será analisado para a verificação da existência ou não de culpa, será a conduta do médico.

A comprovação do dano deverá passar, necessariamente, pela verificação da prudência, da perícia, do comportamento profissional adotado durante todo o procedimento. O que o atual estágio da medicina (e todo o seu aparato tecnológico) não permite mais tolerar, seja por parte do médico, da clínica ou do hospital, é o descuido, o descaso, a negligência, a imperícia e a imprudência.

A negligência vem a ser a ausência do emprego de precauções adequadas para a prática de determinados atos ou adoção de procedimentos, revelando desleixo, desatenção, indolência – enfim – o desinteresse, o descaso e descompromisso para com a atividade desempenhada.

A imperícia consiste na incapacidade, na falta de conhecimentos técnicos ou habilitação para o exercício de determinada atividade. Ou ainda, pode ser qualificada como o desempenho de uma atividade relativa a uma profissão desconhecida pelo praticante, revelando inaptidão genérica ou específica. No caso do exercício da medicina, este requisito é tido por suprido pelo registro do diploma, e pela inscrição no Conselho Regional de Medicina de sua área de atuação.

Por fim, a imprudência se caracteriza pela inobservância do dever de cautela na adoção de certas práticas ou procedimentos. É o triunfo da falta de moderação, da insensatez e da precipitação sobre a experiência, o bom senso e o profissionalismo

É nossa opinião que, sob nenhum aspecto, a cirurgia plástica pode ou deve ser considerada obrigação de resultado. Esta é uma classificação muito difundida, e repetida sem qualquer reflexão pelos menos avisados, que se limitam a fazer coro com entendimento que se mostra ultrapassado, à luz da doutrina atual.

A simples impossibilidade de pré-determinar o resultado de qualquer procedimento jurídico desautoriza esta distinção, afirma Hildegard Taggesell Giostri[2].

Tal equívoco permaneceu durante muito tempo presente na doutrina nacional, mas vem sendo corrigido ao longo dos últimos anos, por obra de doutrinadores que se debruçaram sobre o Direito Médico, ramo novo e promissor do Direito.

Muito se fala em impor diferença de tratamento jurídico à chamada cirurgia plástica desprovida de finalidade terapêutica. Ocorre que este termo, por si só, é equivocado.

Há relativamente pouco tempo atrás, era generalizado o conceito de que a cirurgia plástica de caráter meramente embelezador, sem finalidades terapêuticas, se constituía em simples capricho do paciente, sendo, portanto, desnecessária.

Com a evolução dos conceitos, se considera atualmente a saúde não apenas o bem estar físico, mas também a incolumidade psíquica e social, não havendo espaço para dúvidas sobre a finalidade curativa da cirurgia estética.

Neste sentido, advogam Antonio Ferreira Couto Filho e Alex Pereira Souza[3]:

---

2. *Erro Médico à luz da jurisprudência comentada.* Ed. Juruá, 1ª ed, Curitiba, 2001, p. 122.
3. In *Instituições de Direito Médico.* Ed. Forense, Rio de Janeiro, 2004, 1ª ed., p. 16.

"Hodiernamente, esta questão de outrora se encontra pacificada, pois é dever da medicina zelar pela saúde física e mental dos pacientes. Nesta marcha, não se pode olvidar que mesmo alguém aparentemente perfeito, que se enquadre nos padrões normais de beleza, e que deseje realizar certa cirurgia para modificar, por exemplo, a mama, tornando-a menor, não esteja, em algum nível, sofrendo de um mal, ainda que em órbita mental. Resulta que esse mal vai desde a angústia e a sofreguidão, por achar-se com uma mama feia, até o profundo estado de depressão. Portanto, não há de se raciocinar, em tempos atuais, que a cirurgia estética se consubstancia em intervenção desnecessária, em cirurgia de luxo, que não possui licitude. Ao contrário, é uma especialidade médica como outra qualquer, onde as obrigações do cirurgião são iguais às dos demais médicos de diferentes especialidades."

3. O POSICIONAMENTO DA DOUTRINA NACIONAL E ESTRANGEIRA

A respeito do tema, Miguel Kfouri Neto diz em sua obra Responsabilidade Civil do Médico[4]:

"Hodiernamente, não há dúvida que a cirurgia plástica integra-se normalmente ao universo do tratamento médico e não deve ser considerada uma 'cirurgia de luxo' ou mero capricho de quem a ela se submete. Dificilmente um paciente busca a cirurgia estética com absoluta leviandade e sem real necessidade, ao menos de ordem psíquica. Para ele, a solução dessa imperfeição física assume um significado relevante no âmbito de sua psique – daí se poder falar, ainda que em termos brandos, como afirma Avecone – de 'Estado Patológico'."

Mais adiante, continua:

"Em qualquer situação, também ao cirurgião plástico é possível demonstrar a interferência – no desencadeamento do resultado danoso – de fatores imprevisíveis e imponderáveis, devidos a aspectos subjacentes à saúde do paciente, que o médico não conhecia, nem podia conhecer, mesmo agindo com diligência e acuidade. Noutras palavras, seu objetivo frustrou-se pela superveniência de causas que ele não podia prever, nem evitar".

E finalmente, às fls. 176/177 da mesma obra, conclui:

"Em recente publicação, Luís O. Andorno[5] expõe as seguintes reflexões: 'Se bem que tenhamos participado durante algum tempo deste critério de ubicar a cirurgia plástica no campo das obrigações de resultado, um exame meditado e profundo da questão levou-nos à conclusão de que resulta mais adequado não fazer distinções a respeito, ubicando também a cirurgia estética no âmbito das obrigações de meios, isto é, no campo das obrigações gerais de prudência e diligência'.

Para o jurista platino, o comportamento da pele humana, de fundamental importância na cirurgia plástica, revela-se imprevisível em numerosos casos. Acrescenta que toda intervenção sobre o corpo humano é aleatória. Anota, por fim, que a doutrina e a jurisprudência francesas têm se orientado nesse sentido.

E arremata: 'A nosso juízo, o cirurgião plástico não está obrigado a obter um resultado satisfatório para o cliente, mas somente a empregar todas as técnicas e meios adequados, conforme o estado atual da ciência, para o melhor resultado da intervenção solicitada pelo paciente".

Em brilhante trabalho posterior, denominado Culpa Médica e Ônus da Prova[6], o Des. Kfouri transcreve trechos do julgamento do Recurso Especial 81.101-PR[7], onde se

---

4. Ed. Revista dos Tribunais, 4ª edição, São Paulo, 2001, pág. 160
5. ANDORNO, Luís O. La responsabilidad civil médica, *Ajuris*, 59/224-235.
6. Ed. Revista dos Tribunais, São Paulo, 2002, 1ª ed., p. 252 e ss.
7. DJU 31.05.1999. RSTJ 119/290.

decidiu sobre recurso relativo à responsabilidade civil em cirurgia plástica estética. Ali, destaca trechos extremamente elucidativos do voto proferido pelo Ministro Carlos Alberto Menezes Direito, aqui emprestados em virtude de sua relevância e clareza elucidativa:

"Pela própria natureza do ato cirúrgico, cientificamente igual, pouco importando a subespecialidade, a relação entre o cirurgião e o paciente está subordinada a uma expectativa do melhor resultado possível, tal como em qualquer atuação terapêutica, muito embora haja possibilidade de bons ou não muito bons resultados, mesmo na ausência de imperícia, imprudência ou negligência, dependente de fatores alheios, assim, por exemplo, o próprio comportamento do paciente, a reação metabólica, ainda que cercado o ato cirúrgico de todas as cautelas possíveis, a saúde prévia do paciente, a sua vida pregressa, a sua atitude somatopsíquica em relação ao ato cirúrgico. Toda intervenção cirúrgica, qualquer que ela seja, pode apresentar resultados não esperados, mesmo na ausência de erro médico. E, ainda, há em certas técnicas conseqüências que podem ocorrer, independentemente da qualificação do profissional e da diligência, perícia e prudência com que realize o ato cirúrgico.

Anote-se, nesse passo, que a literatura médica , no âmbito da cirurgia plástica, indica, com claridade, que não é possível alcançar 100% de êxito.

(...)

A mesma Plastic and Reconstructive Surgery (vol. 95, junho de 1995, p. 1.195 a 1.204) publica os resultados de reconstrução mamária obtidos por dois cirurgiões em 111 pacientes, mostrando complicações importantes em cerca de 20% dos casos, observados ao longo de 18 meses.

No que se refere à plástica para redução do volume mamário (mamoplastia redutora), o Annals of Plastic Surgery (vol. 34, 1995, p. 113 a 116) divulga os resultados obtidos por dois cirurgiões, indicando melhora clínica satisfatória em não mais de 74%, 81% e 88% dos casos, conforme o critério escolhido.

Também no British Journal of Plastic Surgery (vol. 48, outubro de 1995, p. 451 a 454), foram analisadas 218 plásticas nasais (rinoplastia), observando-se não mais de 5% de complicações, mas cerca de um de cada dez pacientes necessitou de revisão cirúrgica do procedimento realizado pela mesma instituição, e um de cada cinco daqueles que haviam sido operados em outros centros.

J. Gérald Rheault, mostrando a realidade sob o regime legal do Canadá, que segue o sistema do Common Law, a exceção de Quebec, que herdou as tradições do Código Civil de Napoleão, destacou que a responsabilidade dos médicos está limitada a uma obrigação de meios, não de resultados, na medida em que os cirurgiões não estão obrigados a obter sempre bons resultados, mas estão sim obrigados a fornecer competente informação e tratamento aos pacientes. Assim, a responsabilidade do cirurgião depende da prova de ele não ter agido prudentemente e diligentemente como um profissional razoavelmente competente teria agido nas mesmas circunstâncias. E, em casos de cirurgia estética, esse princípio vem sendo desafiado até a Suprema Corte por algumas pessoas que gostariam de imputar ao cirurgião plástico uma responsabilidade de resultados e não de meios ('Professional responsibility of physicians is limited to an obligation of means, not of results. We do not have an obligation of always obtaining good results, but must provide competent information and treatment to our patients. Briefly put, the existence of a fault on the physician's part will be established if it can be proven that he did not act as prudently and diligently as a reasonable competent physician would have in the same circumstances. In cases of elective care such as in aesthetic surgery, this principle is being challenged all the way to the Supreme Court by some people who would like to hold us responsible not only for means, but of results', The Canadian Journal of Plastic Surgery, 30, 1995, via internet).

(...)

Finalmente, nesse patamar, é bom não esquecer que não se pode presumir, como parece vem sendo admitido pela jurisprudência, que o cirurgião plástico tenha prometido maravilhas ou que não tenha prestado as informações devidas ao paciente, configurando o contrato de resultado certo e determinado. A só afirmação do paciente em uma inicial de ação indenizatória não é suficiente para acarretar a presunção de culpa do médico, invertendo-se o ônus da prova, como no presente caso. O paciente deve provar que tal ocorreu, que não recebeu informações competentes e amplas sobre a cirurgia.

Não bastasse tal fundamentação para afastar a cirurgia estética do campo das obrigações de resultado, o Código de Defesa do Consumidor estipulou, expressamente, no art. 14, § 4º, verbis:

§ 4º A responsabilidade pessoal dos profissionais liberais será apurada mediante a verificação da culpa.

Ora, tal regra não separa o ato cirúrgico em obrigação de meio ou de resultado, não destaca a cirurgia estética, nem, tampouco, explicita que destina-se a incidir sobre a responsabilidade aquiliana, não sobre a responsabilidade contratual. Com todo respeito, a interpretação que situa a questão neste ângulo não tem lastro na lei, repetindo, apenas, a jurisprudência anterior ao Código que enxergava a dicotomia. E não poderia faze-lo, sob pena de grave disparidade na própria lei que impõe ser a responsabilidade pessoal do profissional liberal apurada mediante a verificação da culpa.

(...)

A jurisprudência, todavia, insiste em dispensar à cirurgia estética tratamento draconiano: ou se atinge o resultado 'embelezamento' ou responde o médico pela frustração – mesmo que o cliente não melhore nem piore sua aparência inicial.

De qualquer modo, as soluções alvitradas são casuísticas e nada satisfatórias. Em regra, se o paciente sai da cirurgia em condições piores que as ostentadas anteriormente, o cirurgião é penalizado pelo insucesso.

Decisiva, sempre, há de ser a constatação de ter havido imperícia, imprudência ou negligência do profissional. Ao se admitir, pura e simplesmente, que o dever assumido pelo cirurgião plástico configura obrigação de resultado, não ocorre apenas presunção de culpa: nem mesmo se aceita prova que o médico eventualmente produza em seu favor. O resultado danoso firma a inarredável obrigação de indenizar.

Torna-se desinfluente a realização correta da cirurgia. Não tendo sido alcançado o resultado – melhoramento estético – firma-se a procedência da demanda indenizatória.

Insto equivale a afirmar que a cirurgia estética nunca sofre influência das condições pessoais do próprio paciente[8] – insuscetíveis de avaliação prévia."

É antijurídico, por conseguinte, a pretexto de a cirurgia plástica estética ser classificada como *obrigação de resultado*, inverter-se o ônus da prova. Ao médico, em qualquer hipótese, aplica-se o regramento da *responsabilidade subjetiva* – incompatível com essa inversão.

Também a doutrina Argentina se manifesta sobre o tema, através das lições de Ricardo Rabinovich-Berkman[9], que vai além e levanta diversos outros questionamentos, tais como as condições mentais do paciente que, lúcido e capaz, se submete a cirurgia plástica em

---

8. O cirurgião plástico Walter Soares Pinto – *Informativo Incijur* 13/9, ano 2, ago. 2000 – indica tais peculiaridades: "a) qualidade da pele (fina, grossa, gordurosa, tendência a manchas e quelóides); b) ausência de reações alérgicas: medicamentos, esparadrapos, fio de sutura, luvas de borracha, etc.; c) ausência de complicações (infecção, cicatrização, etc.); d) cuidados pré e pós-operatórios: exposição ao sol, repouso, esforços violentos, etc.". Esclarece ainda que, como qualquer outra, a cirurgia plástica sujeita-se a problemas, dentre os quais menciona: "Deiscência (abertura de pontos da sutura); - Infecção (seja de origem hospitalar ou não). Um exemplo notório foi a cirurgia de blefaroplastia (rugas e bolsas palpebrais) efetuada em 1981 pelo Prof. Ivo Pitanguy no presidente João Figueiredo. Houve um hematoma (derrame de sangue) na pálpebra inferior esquerda, que acarretou inúmeros problemas por vários meses. Existe figura de maior destaque que o rosto de um presidente da república em exercício? Existe alguém capaz de acusar o Prof. Pitanguy de imperito? O problema, entretanto, existiu, causou deformidade e inconvenientes por longo tempo e em absoluto pode ser classificado como erro médico. Do mesmo modo são importantes os conceitos de intercorrências e complicações. – *Intercorrências* são problemas surgidos após a cirurgia que devidamente orientados, não prejudicam o resultado final; - *Complicações*: São problemas que, mesmo devidamente orientados, afetam o resultado final. Como exemplos temos tromboses e embolias (obstrução por coágulos de sangue, ou gordura, levando a gangrena de tecidos ou até a morte do paciente". Na aferição da imperícia, leva-se em consideração somente o ato sob exame. Assim, o melhor cirurgião, eventualmente, poderá – em determinado caso – revelar imperícia. A constatação da culpa direciona-se, tão-somente, ao caso *sub judice*".

9. RABINOVICK-BERKMAN, Ricardo D., *Responsabilidad del Médico*. Buenos Aires: Astrea, 1999, p. 482.

RESPONSABILIDADE CIVIL DO CIRURGIÃO PLÁSTICO **117**

busca de corrigir o que considera um defeito, uma característica que foge aos padrões do que considera beleza, tratando aquele "desvio estético" como verdadeira doença.

Continua, ainda, ressaltando questões por vezes esquecida nos julgamentos, tais como a consciente e efetiva vontade do paciente em correr os riscos – absolutamente normais e conhecidos pelo ser humano médio – de uma intervenção cirúrgica, seja ela de qualquer espécie, manifestando expressamente esta sua vontade, em busca da realização de seu sonho de aperfeiçoamento estético.

Ignorar tais situações representa um grave desvio da realidade, incompatível com o devido processo legal, a busca da verdade e a justa análise dos procedimentos adotados.

Diz, portanto, o prof. Rabinovich-Berkman:

> "Em suma, no creemos que existan motivos científicos para caracterizar de um modo genérico a las obligaciones de los cirujanos estéticos como de resultado, diferenciándolas así de las de los demás especialistas quirúrgicos. Estimamos, por el contrario, que la diversificación reside más en raíces inherentes a nuestra cultura judeo-cristiana, proclive a declamar (a menudo hipócritamente) un desprecio de la belleza física (esa "coquetería" de que hablaba el fallo antes transcripto), y a no considerar la fealdad como una forma de enfermedad.
>
> (...)
>
> Si la paciente se sometió a la operación plástica, es porque así lo quiso, en su evaluación de riesgos y de beneficios. Es decir, porque entendió que para volver a lucir un busto agradable (lo cual constituye un deseo más que respetable) valía la pena correr los peligros que toda intervención quirúrgica entraña. Presumir lo contrario importa considerar a la interesada una persona fatua, por no decir una tonta, sin que evidencia alguna indique que lo sea".

Também Ricardo Luis Lorenzetti[10], afirma:

> "En el campo de la cirugía pl"astica el profesional médico no tiene plenas seguridades de éxito en la aplicación de su ciencia, técnicas y arte sobre quien requiere su actuación, ya que no todas las reacciones del organismo son abarcables y controlables por ella. En las operaciones plásticas no cabe entender que el facultativo se obliga a lograr el resultado buscado por él y su cliente sino, más bien, a ejecutar con diligencia lo que la ciencia, la técnica y el arte médicos indican como conducente para ello, según las circunstancias de las personas, del tiempo y del lugar.
>
> Sin perjuicio de que el cumplimiento de las obligaciones asumidas por el galeno deberán valorarse com mayor rigor, se trata de una imputación subjetiva y de un compromiso de medios y o de resultado."

Não se pode ignorar que o paciente tem consciência dos riscos envolvidos em qualquer procedimento[11]. Eximi-lo desta responsabilidade em favor de uma falsa responsabilidade objetiva do médico (não prevista pela legislação, diga-se) é absolutamente contraproducente. O consentimento, a conduta e o comportamento do paciente são – mais que atenuantes, excludentes de responsabilidade.

Rosana Jane Magrini, em substancioso artigo doutrinário[12], conclui:

---

10. In *Responsabilidad Civil de los médicos*, vol II, p. 377
11. Neste sentido, acórdão publicado na Revista de Jurisprudência do Tribunal de Justiça do Estado de São Paulo (RJTJESP 109/127), traz orientação bastante significativa: "**Obviamente nenhum leigo pode ignorar os riscos decorrentes de qualquer cirurgia**".
12. MAGRINI, Rosana Jane. Médico – Cirurgia plástica reparadora e estética: obrigação de meio ou de resultado para o cirurgião. *Revista Jurídica Notadez 280/92-1993, fev. 2001.*

EDUARDO DANTAS

"O que se exige do médico, seja qual for sua especialidade, é a prestação de serviços zelosos, atentos, conscienciosos, a utilização de recursos e métodos adequados e de agir conforme as aquisições da ciência. O que não se pode admitir, sempre com a maxima vênia, é uma corrente jurisprudencial em desalinho com a realidade moderna dos avanços da ciência médica e da ciência jurídica."

Expõem, ainda, Antonio Ferreira Couto Filho e Alex Pereira Souza, em sua obra Instituições de Direito Médico[13], que:

"Impor à cirurgia plástica estética a pecha de obrigação de resultado é, ao nosso ver, grande preconceito, existente em tempos longínquos, além de negar o próprio sistema biológico de cada ser humano que, por vezes, se mostra rebelde, seja numa simples cauterização de uma verruga ou numa cirurgia de mama para a colocação de uma prótese, com a finalidade de aumentá-la de tamanho.

Partir da idéia de que o cirurgião plástico já tem, intrinsecamente, em caso de alegação do paciente de mau resultado, culpa no suposto evento danoso (culpa presumida) é colocar sobre seus ombros um fardo muito pesado, totalmente desvirtuado da realidade e do bom-senso".

Finaliza Miguel Kfouri, em passagem de seu já referido livro Culpa Médica e Ônus da Prova[14], em definitiva opinião:

"Em qualquer hipótese, não milita, em desfavor do cirurgião plástico, nessas intervenções embelezadoras, presunção de culpa, nem tampouco se aplicam os princípios da responsabilidade sem culpa.

Por fim, as novas tendências verificadas no âmbito da prova da culpa médica, em especial a atribuição dinâmica do encargo probatório, não mais justificam que apenas ao cirurgião plástico seja aplicado tratamento diferenciado, gravoso.

Todas as especialidades cirúrgicas submetem-se ao imprevisível – conseqüência natural, já examinada, das características individuais de cada pessoa.

Assim, a cirurgia plástica embelezadora há de enquadrar no figurino da verificação da culpa, a exemplo das demais especialidades médicas – arredando-se a aplicação extremada dos princípios da responsabilidade objetiva ao profissional liberal, que também se submete ao estatuto da culpa".

O que se pretende demonstrar é que, sob todos os aspectos, a cirurgia plástica é intervenção cirúrgica equiparável a todos os demais procedimentos cirúrgicos, e que as reações do organismo humano são imprevisíveis e conseqüências indesejadas podem sobrevir, ainda que toda a técnica, recursos disponíveis, prudência e perícia tenham sido empregados ao caso concreto, não se podendo, por sua vez, simplesmente culpar o médico pelo infortúnio, por ele também não desejado.

Cada corpo humano, em sua individualidade, pode apresentar somatizações, hipersensibilidades, reações diversas verdadeiramente imprevisíveis. A evolução de quadros clínicos ou patológicos, diante da intervenção médica, não é sempre igual, não obedece sempre a uma fórmula preestabelecida.

Em qualquer procedimento cirúrgico, conforme comprovado por incontáveis estudos médicos, o organismo pode reagir de forma inesperada, negativa ou adversa, comprometendo o resultado.

---

13. Op. Cit., p. 18.
14. Op. Cit. , p. 267.

Na prática, ainda, é de destacar que o sucesso da cirurgia plástica depende muito dos cuidados pós-operatórios tomados pelo próprio paciente, o que em parte também escapa do controle do médico.

4. O POSICIONAMENTO DOS TRIBUNAIS

Este entendimento começa a ganhar corpo em nossos Tribunais, como bem demonstram as ponderações do Des. Carpena Amorim, do TJRJ, ao proferir seu voto em já clássico julgado[15]:

> "Não me parece, data venia, que se possa classificar uma cirurgia, e nesse plano as cirurgias plásticas se equiparam às de qualquer outra espécie, de obrigação de resultado, porque, como se sabe, quando se trata de mexer com fisiologia humana, além da técnica empregada pelo médico, havida no conhecimento específico, há sempre um outro componente que o homem, frágil e impotente diante do desconhecido, chama de imprevisível. (...) Nenhum homem seria capaz de afirmar que uma cirurgia tem 100% de possibilidade de êxito e 0% de insucesso. Sintetizando: não há cirurgia sem risco".

Neste mesmo diapasão, observa-se decisão proferida em acórdão do *Tribunal de Justiça do Estado de Alagoas*, em caso extremamente similar, em lúcido voto do Des. Barreto Accioly:

> Processo Inflamatório Crônico. EMENTA – Ação Ordinária de Indenização. Responsabilidade Civil. Erro Médico. A responsabilidade civil dos médicos por atos de seu ofício repousa na culpa. Assim, realizada a intervenção prescrita ao paciente, com a técnica adequada, não se pode atribuir à negligência, imprudência ou imperícia do cirurgião as conseqüências desfavoráveis, provenientes de um mal evolutivo, decorrente de um processo inflamatório crônico e inespecífico. Recurso Provido. TJ AL – Ap. Civ. 9038 – Capital. Rel. Des. B. Barreto Accioly. Recorrente: Joaquim Paulo Vieira Malta Neto. Recorrida Maria Rita Lyra de Almeida. Julg. 30/08/89.

> Acórdão Publicado em Código do Consumidor Comentado, de Paulo Brasil Dill Soares, 5ª ed., Ed. Destaque, RJ, 1999p. 275.

Em 25 de setembro de 2019, a 5ª Câmara Cível do TJRS assim decidiu[16]:

> AÇÃO DE INDENIZAÇÃO. RESPONSABILIDADE CIVIL. ERRO MÉDICO. COLOCAÇÃO DE PRÓTESE DE SILICONE APÓS CIRURGIA BARIÁTRICA. LATERALIZAÇÃO DA MAMA. NATUREZA REPARADORA DO PROCEDIMENTO. AUSÊNCIA DE PROVA DA FALHA NA PRESTAÇÃO DO SERVIÇO. HONORÁRIOS RECURSAIS.

> I. A responsabilidade civil é a obrigação de reparar o dano causado a alguém. No que se refere à responsabilização civil do médico, tal como se dá em relação aos demais profissionais liberais, é necessária a análise subjetiva de sua conduta, não prescindindo da demonstração do agir culposo para sua caracterização. Inteligência do art. 14, § 4º, do CDC.

> II. Ainda dentro do campo da subjetividade, é de salientar que a responsabilidade civil do médico, na ótica da natureza avençada com o paciente, comporta outra classificação, qual seja, "obrigação de meio", que exige a prova da culpa para a sua caracterização, e "obrigação de resultado", situação em que a culpa é presumida no caso de insucesso do procedimento. No caso concreto, a cirurgia em

---

15. TJRJ – ApCiv 1.239/90 – 25.09.1990 – ADV/COAD, *Se. Jur.*, p. 78, maio 1994.
16. TJRS - JAPG Nº 70081937153 (Nº CNJ: 0165624-33.2019.8.21.7000) 2019/CÍVEL.

questão possui natureza reparatória, uma vez que realizada pós-cirurgia bariátrica, razão pela qual não é necessário analisar a responsabilidade da médica quanto ao objetivo estético.

III. No caso concreto, não restou evidenciada a ocorrência de falha na prestação do serviço, uma vez que, de acordo com o laudo pericial, embora efetivamente haja a lateralização maior de uma mama durante o decúbito dorsal, o resultado do procedimento foi bastante adequado para uma cirurgia reparadora mamária, devendo ser ressaltado que, como as próteses estão no plano submuscular, caso a autora praticasse exercícios e os músculos não estivessem débeis, provavelmente as próteses não rotariam. Ademais, a autora não trouxe qualquer argumento técnico ou outro laudo médico capaz de refutar as conclusões da perícia efetuada pelo Departamento Médico Judiciário, tendo apenas referido que houve violação ao dever de informação por parte da requerida, o que não ocorreu, tendo em vista que, segundo a ficha médica da demandante, a requerida orientou, após a segunda cirurgia, que a autora utilizasse sutiã e praticasse exercícios. Por sua vez, a prova testemunhal corrobora as conclusões exaradas pelo laudo pericial no sentido de não ter havido qualquer irregularidade ou falha no procedimento realizado.

IV. Nestas circunstâncias, a par da incidência do CDC, mas considerando a falta de verossimilhança das alegações da autora e que a mesma não comprovou os fatos constitutivos do seu direito, ônus que lhe incumbia, na forma do art. art. 373, I, do CPC, deve ser mantida a sentença de improcedência do feito.

V. De acordo com o art. 85, § 11, do CPC, ao julgar recurso, o Tribunal deve majorar os honorários fixados anteriormente ao advogado vencedor, observados os limites estabelecidos nos §§ 2º e 3º para a fase de conhecimento.

APELAÇÃO DESPROVIDA.

Dois julgados produzidos pelo Tribunal de Justiça do Rio de Janeiro são muito emblemáticos, por trazerem a seguinte situação: ambos mencionam ser a obrigação do cirurgião plástico em procedimento estético uma obrigação de resultado. Mas ao mesmo tempo, afastam a responsabilidade objetiva que daí adviria, em razão das particularidades dos procedimentos médicos, da singularidade da fisiologia de cada paciente, e da impossibilidade de se garantir resultado.

Ou seja, tem-se, como se vê, uma repetição de um entendimento falho, mesmo com as evidências demonstrando o contrário, produzindo um julgado que se adequa à realidade médica, mas que insiste em persistir no equívoco doutrinário ainda majoritário:

0062629-76.2009.8.19.0038 – APELAÇÃO. Des(a). MARIA ISABEL PAES GONÇALVES - Julgamento: 06/02/2019 - SEGUNDA CÂMARA CÍVEL. APELAÇÃO CÍVEL. RELAÇÃO DE CONSUMO. RESPONSABILIDADE SUBJETIVA. AÇÃO INDENIZATÓRIA POR DANOS MORAIS, MATERIAIS E ESTÉTICOS. CIRURGIA PLÁSTICA. LIPOASPIRAÇÃO E IMPLANTES DE PRÓTESES DE SILICONE. ALEGAÇÃO DE ERRO MÉDICO NO PROCEDIMENTO DE LIPOASPIRAÇÃO E PLÁSTICA MAMÁRIA, COM O SURGIMENTO DE LESÕES NA REGIÃO TORÁCICA E DEFORMIDADE NOS SEIOS DA AUTORA. SENTENÇA DE IMPROCEDÊNCIA. IRRESIGNAÇÃO AUTORAL QUE NÃO MERECE ACOLHIDA. CIRURGIA ESTÉTICA. OBRIGAÇÃO DE RESULTADO QUE NÃO TORNA OBJETIVA A RESPONSABILIDADE DO CIRURGIÃO PLÁSTICO, MAS QUE TRANSFERE PARA O MÉDICO O ÔNUS DE DEMONSTRAR QUE OS EVENTOS DANOSOS DECORRERAM DE FATORES EXTERNOS E ALHEIOS À SUA ATUAÇÃO DURANTE A CIRURGIA. RESPONSABILIDADE CIVIL QUE CONTINUA SENDO SUBJETIVA, NOS TERMOS DO §4º, DO ARTIGO 14, DO CDC. PRECEDENTES DO STJ. PERÍCIA COMPROBATÓRIA DE QUE AS LESÕES NA REGIÃO TORÁCICA DA APELANTE SÃO ORIUNDAS DE QUELOIDES E NÃO DE ERRO MÉDICO. MARCAS PROVOCADAS PELO PRÓPRIO ORGANISMO DA PACIENTE E NÃO PELA TÉCNICA EMPREGADA NO PROCEDIMENTO DE LIPOASPIRAÇÃO. PROVA PERICIAL QUE AFASTA ATUAÇÃO IMPERITA OU NEGLIGENTE DO RECORRIDO NA FASE PRÉ-OPERATÓRIA, DURANTE A CIRURGIA DE LIPOASPIRAÇÃO E NO PÓS-OPERATÓRIO.

EXCLUDENTES DE RESPONSABILIDADE CIVIL QUE AFASTAM O DEVER DE INDENIZAR DIANTE DA SITUAÇÃO DE IMPREVISIBILIDADE DOS RESULTADOS DE CICATRIZAÇÃO E OUTROS FATORES GENÉTICOS, CONHECIDOS PELA RECORRENTE ANTES DA REALIZAÇÃO DA LIPOASPIRAÇÃO. RISCO ASSUMIDO PELA APELANTE. ALEGAÇÃO DE OMISSÃO DO DEVER DE INFORMAÇÃO DO MÉDICO ACERCA DE COMPLICAÇÕES POSTERIORES À REALIZAÇÃO DO ATO CIRÚRGICO QUE É MATÉRIA ADUZIDA SOMENTE NA RÉPLICA, CARACTERIZANDO INOVAÇÃO QUE NÃO COMPORTA, POR CONSEGUINTE, APRECIAÇÃO, SOB PENA DE VIOLAÇÃO AO PRINCÍPIO DA ISONOMIA, DA AMPLA DEFESA E DO CONTRADITÓRIO. PROVA PERICIAL QUE TAMBÉM AFASTA ERRO MÉDICO NA PLÁSTICA MAMÁRIA. DESPROPORÇÃO DOS SEIOS DA AUTORA PRÉ-EXISTENTES À CIRURGIA. ADOÇÃO DE PROCEDIMENTO ADEQUADO ÀS CONDIÇÕES FÍSICAS DA APELANTE NA COLOCAÇÃO DAS PRÓTESES. AUSÊNCIA DE PROVA DE FALHA NA PRESTAÇÃO DO SERVIÇO. INCIDÊNCIA DOS §§ 1º, 2º E 11 DO ARTIGO 85, DO CPC/2015. DESPROVIMENTO DO RECURSO.

0198898-25.2012.8.19.0004 – APELAÇÃO. Des(a) MARCOS ANDRE CHUT - Julgamento: 05/09/2018 - VIGÉSIMA TERCEIRA CÂMARA CÍVEL. APELAÇÃO CÍVEL. RESPONSABILIDADE CIVIL. DANOS MATERIAIS E MORAIS. ERRO MÉDICO. CIRURGIA ESTÉTICA. ALEGAÇÃO DE QUE A AUTORA APRESENTOU SEQUELAS DECORRENTES DE ERRO MÉDICO COMETIDO EM CIRURGIA PLÁSTICA ESTÉTICA DE MAMAS, GLÚTEOS E ABDOMINOPLASTIA. LAUDO PERICIAL QUE NÃO CONFIRMA A OCORRÊNCIA DE ERRO MÉDICO. SENTENÇA DE IMPROCEDÊNCIA. INCONFORMISMO DA PARTE AUTORA. CIRURGIA PLÁSTICA ESTÉTICA. A OBRIGAÇÃO DO MÉDICO É DE RESULTADO, NESTE CASO. LAUDO MÉDICO QUE CONCLUIU PELA CORREÇÃO DOS PROCEDIMENTOS ADOTADOS. MÁ CICATRIZAÇÃO DAS FERIDAS QUE DECORRE DE CONDIÇÕES BIOLÓGICAS PRÓPRIAS DE CADA PACIENTE. CIRCUNSTÂNCIA ALHEIA À ATUAÇÃO DO PROFISSIONAL, APTA A AFASTAR SUA RESPONSABILIDADE. ERRO MÉDICO NÃO CONFIGURADO. SENTENÇA QUE SE MANTÉM. NEGADO PROVIMENTO AO RECURSO.

Entendimento semelhante foi adotado pelo Tribunal de Justiça do Estado do Paraná, durante o julgamento da Apelação Cível nº 0007967-12.2014.8.16.0026, em 20 de setembro de 2019:

APELAÇÃO CÍVEL. AÇÃO INDENIZATÓRIA. CIRURGIA DE MASTOPEXIA COM COLOCAÇÃO DE IMPLANTE MAMÁRIO. ALEGADO ERRO MÉDICO. RESULTADO ESPERADO NÃO ATINGIDO. SENTENÇA DE IMPROCEDÊNCIA. RECURSOS INTERPOSTOS POR AMBAS AS PARTES.

APELAÇÃO CÍVEL (1).RECURSO MANEJADO PELA REQUERIDA. ÔNUS DE PAGAMENTO DOS HONORÁRIOS DE SUCUMBÊNCIA DA LIDE SECUNDÁRIA. ADIMPLEMENTO A CARGO DA DENUNCIANTE NO CASO DE DENUNCIAÇÃO FACULTATIVA, COMO NA SITUAÇÃO DOS AUTOS. ART. 129, PARÁGRAFO ÚNICO, DO CPC/2015. PRECEDENTES.

APELAÇÃO CÍVEL (1) CONHECIDA E DESPROVIDA.

APELAÇÃO CÍVEL (2).RECURSO AVIADO PELA AUTORA. RESPONSABILIDADE SUBJETIVA DA PROFISSIONAL LIBERAL. ART. 14, §4º, DO CDC. OBRIGAÇÃO DE RESULTADO. CIRURGIA DE CORREÇÃO DE QUADRO DE PTOSE E ASSIMETRIA MAMÁRIA. PERÍCIA QUE ATESTA QUE NÃO HOUVE NEGLIGÊNCIA, IMPRUDÊNCIA OU IMPERÍCIA. RESULTADO INSATISFATÓRIO DO PROCEDIMENTO QUE DECORREU DOS FATORES GENÉTICOS APRESENTADOS PELA AUTORA ALIADOS AO DESCUIDO DA PACIENTE NA ADOÇÃO DAS RECOMENDAÇÕES MÉDICAS FORNECIDAS PARA O PERÍODO PÓS-OPERATÓRIO. AUSÊNCIA DE FALHA NA PRESTAÇÃO DO SERVIÇO. INEXISTÊNCIA DE DEVER INDENIZATÓRIO. SENTENÇA MANTIDA.

APELAÇÃO CÍVEL (2) CONHECIDA E DESPROVIDA.

FIXAÇÃO DE HONORÁRIOS RECURSAIS.

Sérgio Cavalieri Filho entende e leciona no sentido de que não se deixa de reconhecer, em tais caso, a responsabilidade subjetiva, mas com culpa presumida[17].

Esse o mesmo entendimento do Superior Tribunal de Justiça, como se nota do acórdão abaixo transcrito:

> AGRAVO REGIMENTAL NO AGRAVO EM RECURSO ESPECIAL. CONSUMIDOR. INDENIZAÇÃO POR DANOS MORAIS E ESTÉTICOS. CIRURGIA PLÁSTICA. OBRIGAÇÃO DE RESULTADO. DANO ESTÉTICO COMPROVADO. RECURSO NÃO PROVIDO. 1. A jurisprudência desta Corte entende que "A cirurgia estética é uma obrigação de resultado, pois o contratado se compromete a alcançar um resultado específico, que constitui o cerne da própria obrigação, sem o que haverá a inexecução desta" (REsp 1.395.254/SC, Rel. Ministra NANCY ANDRIGHI, TERCEIRA TURMA, julgado em 15/10/2013, DJe de 29/11/2013) . (...) 4. Agravo regimental não provido.
>
> (AgRg no AREsp 678.485/DF, Rel. Ministro RAUL ARAÚJO, QUARTA TURMA, julgado em 19/11/2015, DJe 11/12/2015) (original sem grifos)

Com a devida vênia, tal entendimento pode ser aplicado a um contrato de transporte de mercadoria, mas não a um procedimento cirúrgico. Não há justificativa alguma para qualificar de maneira diferente um procedimento "estético" de um "reparador". Ou seria o elemento vaidade, um fator a ser considerado, quando comparado com os demais procedimentos médicos?

O que diferencia o compromisso de "alcançar um resultado específico" em uma cirurgia plástica estética, programada, de uma outra cirurgia – também programada – desta feita realizada na área de cardiologia, para a troca de uma válvula coronariana?

5. CONSIDERAÇÕES FINAIS

A doutrina admite a distinção entre cirurgia estética reparadora de enfermidades congênitas e outra de finalidade puramente estética. Ocorre que a fronteira entre tais casos pode ser extremamente difusa.

A correção de um lábio leporino, por exemplo, é considerada reparação de enfermidade congênita. Por que, então, a modificação corretiva de um nariz enorme, ou de orelhas desproporcionalmente grandes não pode assim também ser considerada, se em ambos os casos o que se persegue é um melhoramento estético?

Em nosso sentir, o verdadeiro problema nas cirurgias plásticas não é o fato de a mesma ser reparadora ou não, de possuir finalidade terapêutica ou não. Em qualquer

---

17. *E como se justifica essa obrigação de resultado do médico em face da responsabilidade subjetiva estabelecida no Código do Consumidor para os profissionais liberais? A indagação só cria embaraço para aqueles que entendem que a obrigação de resultado gera sempre responsabilidade objetiva. Entendo, todavia, que a obrigação de resultado em alguns casos apenas inverte o ônus da prova quanto à culpa; a responsabilidade continua sendo subjetiva, mas com culpa presumida. O Código do Consumidor não criou para os profissionais liberais nenhum regime especial, privilegiado, limitando-se a afirmar que a apuração de sua responsabilidade continuaria a ser feita de acordo com o sistema tradicional, baseado na culpa. Logo, continuam a ser-lhes aplicáveis as regras da responsabilidade subjetiva com culpa provada nos casos em que assume obrigação de meio; e as regras de responsabilidade subjetiva com culpa presumida nos casos em que assumem obrigação de resultado.*
(*Programa de Responsabilidade Civil*. 13ª ed. São Paulo: Atlas, 2019. p. 505/507)

situação, a obrigação continuará a ser de meio, não de resultado, em virtude das várias razões já expostas.

O verdadeiro problema, causador de tantas celeumas e pendências jurídicas, é a falta de adequada e prévia informação ao paciente. Por vezes, a oferta do serviço não traz uma apresentação clara dos riscos envolvidos, inclusive os riscos anestésicos do procedimento, sendo sugeridos resultados que não podem ser garantidos.

Cabe ao cirurgião plástico prestar ao paciente informação clara, completa, precisa e inteligível, de modo que o mesmo, conhecendo os riscos advindos de suas decisões e do tratamento perseguido, assuma as responsabilidades de seu consentimento informado, e se comprometa em seguir as instruções para o período pós-operatório.

Assim, em caso de resultados indesejados, necessitará o cirurgião plástico comprovar que se desincumbiu de seu prévio dever de informação, e que não agiu com dolo, negligência, imprudência ou imperícia, não se lhe podendo atribuir culpa por evento danoso superveniente.

6. REFERÊNCIAS

DINIZ, Maria Helena. *Curso de Direito Civil:* responsabilidade civil. 12ª ed., Ed. Saraiva, São Paulo, 1998.

GIOSTRI, Hildegard Taggesell. *Erro Médico à Luz da jurisprudência comentada.* Ed. Juruá, 1ª ed., Curitiba, 2001.

_____. *Responsabilidade Médica.* Ed. Juruá, 1ª ed., Curitiba, 2001.

KFOURI NETO, Miguel. *Responsabilidade Civil do Médico.* Ed. Revista dos Tribunais, 4ª ed., São Paulo, 2001.

_____. *Culpa Médica e Ônus da Prova.* Ed. Revista dos Tribunais, São Paulo, 2002.

LORENZETTI, Ricardo Luis. *Responsabilidad Civil de los Médicos.* Rubinzal-Culzoni Editores, Tomo II, 1ª ed., Buenos Aires, 1997.

MAGRINI, Rosana Jane. Médico – Cirurgia plástica reparadora e estética: obrigação de meio ou de resultado para o cirurgião. *Revista Jurídica Notadez 280/92-1993, fev. 2001.*

RABINOVICK-BERKMAN, Ricardo D., *Responsabilidad del Médico.* Ed. Astrea, 1ª ed., Buenos Aires, 1999.

SEBASTIÃO, Jurandir. *Responsabilidade Médica, civil, criminal e ética.* 2ª ed., Ed. Del Rey, Belo Horizonte, 2001.

SOUZA, Alex Pereira *e Couto Filho,* Antonio Ferreira. *Instituições de Direito Médico.* Ed. Forense, 1ª ed., Rio de Janeiro, 2004.

DOS MÉDICOS COM E SEM VÍNCULO DE SUBORDINAÇÃO E A LEGITIMIDADE PASSIVA SOLIDÁRIA DO NOSOCÔMIO

Daniela Courtes Lutzky

Possui graduação em Direito pela Pontifícia Universidade Católica do Rio Grande do Sul (1997), especialização em Direito Empresarial pela PUC/RS, mestrado em Processo Civil pela PUC/RS (2003), é doutora em Direito pela PUC/RS e está em estágio pós-doutoral pela UCS/Università di Padova. É advogada, professora da Pontifícia Universidade Católica do Rio Grande do Sul, além de professora em cursos preparatórios para concursos e cursos de pós-graduação. Atua com ênfase em responsabilidade civil médica e hospitalar.

Sumário: 1. Introdução – 2. Da responsabilidade subjetiva dos facultativos e objetiva dos nosocômios – 3. Dos médicos empregados/prepostos, dos que apenas compõem o corpo clínico e a análise da legitimidade do nosocômio – 4. Considerações finais – 5. Referências

1. INTRODUÇÃO

A escolha do tema é decorrente de um longo convívio com a classe médica e da constatação de que médicos e hospitais, como de resto toda a coletividade brasileira, vivem em clima de instabilidade constante devido a problemas sociais, políticos e econômicos que são a tônica em países em desenvolvimento.

É óbvio que, no campo da medicina, onde se trabalha com a saúde e, portanto, com o bem mais precioso que é a vida, os cuidados devem ser redobrados para que não se deixe impune o infrator, sendo, também, preciso ter cautela para não punir o inocente.

A ressalva acima se faz necessária, pois em diversas situações, muito embora o profissional tenha utilizado todos os meios adequados e disponíveis para a obtenção de um resultado satisfatório, o mesmo não se verifica porque diagnóstico e tratamento são procedimentos complexos, que dependem não só dos conhecimentos técnico-científicos como, também, do organismo do paciente, do modo como ele seguirá as instruções médicas e de uma série de fatores externos à relação médico-paciente; assim, o dano sofrido nem sempre poderá ser atribuído ao médico, muito menos ao hospital que os acolheu.

Segundo a OMS (Organização Mundial da Saúde) o conceito de saúde não implica apenas ausência de doença, ele é muito mais amplo, significando um completo bem-estar físico, mental e social, o que dificulta, sobremaneira, o alcance do sucesso tanto do médico quanto do nosocômio.

Assim, mister analisar a responsabilidade do hospital diante de dano cometido por médico que compõe o corpo clínico, tanto o fechado quanto o aberto, para que se possa refletir se realmente cabe ao nosocômio responder por erro de alguém que não esteja a ele subordinado, mas que faça uso das instalações.

Para que se possa chegar às conclusões que se espera necessário passar pela responsabilidade subjetiva dos médicos e objetiva dos hospitais, para entender quando e porque razões deverá, ou não, ser a instituição de saúde demandada solidariamente com o facultativo.

2. DA RESPONSABILIDADE SUBJETIVA DOS FACULTATIVOS E OBJETIVA DOS NOSOCÔMIOS

Para se chegar até a legitimidade, ou não, dos hospitais, diante de danos causados por médicos que atuam dentro das suas instalações, necessário trazer à baila, ainda que sucintamente, a importância da responsabilidade subjetiva a que se submetem os profissionais da medicina, bem como o diferencial da responsabilidade objetiva[1] para as instituições de saúde, cenário da atividade dos facultativos.

Há dois aspectos a serem analisados pelo autor da demanda: a prestação do serviço *intuitu personae*, direta e pessoalmente realizada pelo médico enquanto profissional liberal; e a prestação do serviço de forma empresarial, com o hospital em que foi realizado o procedimento, internação, cirurgia ou afins.[2]

Quanto ao primeiro aspecto, *"Por profissional liberal há que se entender o prestador de serviço solitário, que faz do seu conhecimento uma ferramenta de sobrevivência"*[3], abrangendo tão somente a responsabilidade pessoal deste, sem se estender à pessoa jurídica para a qual trabalhe.[4]

O profissional liberal da saúde, conforme já mencionado, responde mediante culpa; isto é, enquadra-se na responsabilidade subjetiva prevista no parágrafo 4º, do art. 14 do Código de Defesa do Consumidor, bem como nos artigos 186 e 927, *caput*, do Código Civil[5], sendo que culpa é *"o desvio do modelo ideal de conduta,*

---

1. Segundo Bruno Miragem a responsabilidade das instituições hospitalares é objetiva, independente, portanto, do elemento culpa. Todavia, em se tratando de clínicas e hospitais particulares, prestadores de serviço no mercado de consumo mediante remuneração é aplicável o artigo 14 do Código de Defesa do Consumidor. Salienta, o autor, no entanto, que nos casos de hospitais públicos, a responsabilidade fica condicionada ao regime de responsabilidade próprio da Administração Pública, nos termos do artigo 37, § 6º da Constituição Federal. MIRAGEM, Bruno Barbosa. *Direito civil: responsabilidade civil*. São Paulo: Saraiva, 2015, p. 613.
2. CAVALIERI FILHO, Sérgio. *Programa de Responsabilidade Civil*. 10ª ed. São Paulo: Atlas, 2012, p. 403.
3. BENJAMIN, Antônio Herman V.; MARQUES, Claudia Lima; BESSA, Leonardo Roscoe. *Manual de direito do consumidor*. 7ª ed. São Paulo: Revista dos Tribunais, 2016, p. 199.
4. CAVALIERI FILHO, Sérgio. *Programa de Responsabilidade Civil*. 10ª ed. São Paulo: Atlas, 2012, p 404.
5. "Muito embora seja necessário tomar conhecimento da existência de críticas ao modelo de cláusulas gerais, é também forçoso reconhecer que a opção do legislador de 2002 foi de fazer uso generoso de cláusulas gerais, principalmente no concerne à matéria da responsabilidade civil, e isso representa grande vantagem ao Ordenamento brasileiro, porque esse sistema poderá acompanhar a evolução da realidade social, podendo ser mudada a interpretação dos dispositivos legislativos conforme a evolução da sociedade. [...] A legislação atual instituiu quatro novos paradigmas disciplinados nos arts. 186, 187, 927, parágrafo único, e 931, que são equivalentes por estarem estruturados sob a forma de cláusulas gerais, mas que têm âmbitos de incidência distintos. Em virtude disso, o sistema das ilicitudes do Código Civil de 2002 é composto por cláusulas gerais, que podem ser separadas em regimes tradicionais de ilicitude, nos quais estão a ilicitude pela violação de um direito e pelo abuso do direito, e em novos regimes de ilicitude, fundados no risco, que deixaram de ser uma regra específica para ganhar o *status* de regime geral. Houve o abandono do sistema de ilicitude que era consagrado no Código Civil de 1916, o qual prestigiava a culpa como principal nexo de imputação da responsabilidade civil. Essa constatação é essencial para compreenderem-se as regras gerais que autorizam a responsabilidade objetiva imputada pelo risco da atividade ou pelo risco do empreendimento. A substituição do sistema da responsabilidade civil objetiva, fundada na casuís-

descrito no tipo legal ou negocial, de forma explícita ou implícita (como é o caso da boa-fé)".[6]

A culpa em sentido amplo divide-se em dolo e culpa em sentido estrito[7]; e a culpa em sentido estrito engloba a imprudência, a negligência e a imperícia[8]. O dolo[9] é a violação intencional de um dever de cuidado[10]. É imprudente o sujeito que resolve enfrentar desnecessariamente o perigo[11]; isto é, caracteriza-se pela conduta comissiva, com um agir precipitado e sem cautela.[12] A negligência é um ato omissivo, é um não agir quando deveria ter agido.[13] E, por sua vez, o agente imperito é aquele que age com culpa profissional ou habilidade específica.[14] Rui Stoco acredita que *"Há imperícia quando a técnica é correta e adequada, mas a conduta ou atuação do médico é incorreta ou desastrosa. O médico aplica mal uma técnica boa"*[15], consiste, então, na falta de aptidão técnica, teórica ou prática no desempenho da atividade profissional.[16]

Fato é que a culpa, por si só, não é caracterizadora da responsabilidade civil subjetiva, sendo necessários, também, os três pressupostos básicos da responsabilidade civil, quais sejam: ação ou omissão, danos[17] e nexo causal[18], acerca dos quais não se falará a fim

---

tica, pelo modelo de cláusulas gerais da responsabilidade objetiva, que está disciplinado nos arts. 927, Parágrafo Único, e 931, pode ser considerada a grande inovação trazida pelo atual Código Civil, pois o modelo fundado na tipificação impedia o desenvolvimento da jurisprudência". WESENDONCK, Tula. *O regime de responsabilidade civil pelo fato dos produtos postos em circulação: uma proposta de interpretação do artigo 931 do Código Civil sob a perspectiva do direito comparado.* Porto Alegre: Livraria do Advogado Editora, 2015, p. 102.

6. LISBOA, Roberto Senise. *Manual de direito civil.* 4ª ed. São Paulo: Saraiva, 2009, p. 266.
7. Irany Novah Moraes fale em tipologia de erro médico: "1. Provocar dano intencional – ato doloso (crime) 2. Devassar dados do paciente – quebra de sigilo médico (crimes) 3. Causar dano sem querer – erro médico (culposo) 4. Não fazer o que devia – negligência 5. Fazer o que não devia – imprudência 6. Fazer errado – imperícia". MORAES, Irany Novah. *Erro médico e a justiça.* São Paulo: Revista dos Tribunais, 2003, p. 506.
8. ARAÚJO, Vanessa Donato de (Coordenação). *Responsabilidade Civil – Direito Civil – Volume 5.* São Paulo: Revista dos Tribunais, 2008, p. 38.
9. Logicamente haverá responsabilização do médico se vier a agir de forma dolosa, ou seja, quando buscar de forma intencional a ocorrência do dano aos seus pacientes. Desta forma, segundo sustenta Bruno Miragem: "A responsabilidade civil médica, em nosso sistema, vem exigindo tradicionalmente a presença de culpa para sua configuração, ou seja, a demonstração de uma falta do profissional em relação aos deveres decorrentes da obrigação de prestação de serviços médicos, que denote o dolo, a negligência, a imprudência ou a imperícia no cumprimento dessa obrigação". MIRAGEM, Bruno Barbosa. *Direito civil: responsabilidade civil.* São Paulo: Saraiva, 2015, p. 572.
10. GAGLIANO, Pablo Stolze, PAMPLONA FILHO, Rodolfo. *Novo Curso de Direito Civil - Responsabilidade Civil.* 2ª ed. São Paulo: Saraiva, 2004, p. 141.
11. GAGLIANO, Pablo Stolze, PAMPLONA FILHO, Rodolfo. *Novo Curso de Direito Civil - Responsabilidade Civil.* 2ª ed. São Paulo: Saraiva, 2004, p. 144.
12. KFOURI NETO, Miguel. *Responsabilidade Civil do médico.* São Paulo: Revista dos Tribunais, 2001, p. 87.
13. KFOURI NETO, Miguel. *Responsabilidade Civil do médico.* São Paulo: Revista dos Tribunais, 2001, p. 83.
14. GAGLIANO, Pablo Stolze, PAMPLONA FILHO, Rodolfo. *Novo Curso de Direito Civil – Responsabilidade Civil.* 2ª ed. São Paulo: Saraiva, 2004, p. 144.
15. STOCO, Rui. *Tratado de responsabilidade civil: doutrina e jurisprudência.* 8ª ed. São Paulo: Revista dos Tribunais, 2011, p. 626.
16. CROCE, Delton; CROCE JÚNIOR, Delton. *Erro médico e o direito.* São Paulo: Saraiva, 2002, p. 25.
17. "O dano tem uma dupla acepção: em um sentido amplo, identifica-se como sendo uma lesão de um direito ou de um bem jurídico qualquer (...); em uma segunda acepção, apresenta significado mais preciso e limitado, sendo considerado como um menoscabo de valores econômicos ou patrimoniais. (...) Os danos extrapatrimoniais são aqueles que atingem os sentimentos, a dignidade, a estima social ou a saúde física ou psíquica; ou seja, alcançam o que se pode denominar de direitos de personalidade ou extrapatrimoniais". LUTZKY, Daniela Courtes. *A reparação de danos imateriais como direito fundamental.* Porto Alegre: Livraria do Advogado, 2012, p. 130.
18. O nexo de causalidade é formado pela culpa *lato sensu* no âmbito da responsabilidade subjetiva; enquanto que é composto pela lei que qualifica a conduta ou pela atividade de risco desempenhada pelo autor do dano na responsabilidade objetiva. TARTUCE, Flávio. *Manual de responsabilidade civil: volume único.* 1ª ed. Rio de Janeiro: Forense; São Paulo: Método, 2018, p. 295.

de não desvirtuar o foco do presente estudo.[19] Assim, a culpa não é elemento essencial, mas acidental para a configuração da responsabilidade civil. [20]

Diante da dificuldade da prova da culpa em inúmeros casos o legislador teve que pensar em outro fundamento para o ressarcimento dos prejuízos, e surgiu o risco como justificador do dever de indenizar; ou seja, "*A teoria do risco serve para resolver questões que a teoria da culpa em face da complexidade da vida moderna não tem o condão de fazer, seja pela dificuldade ou inconveniência do dever de reparação da vítima de um dano*"[21].

A relação entre hospital e paciente acabou ganhando *status* de contrato de consumo consubstanciado, portanto, na responsabilidade objetiva justificada na hipossuficiência do consumidor frente ao fornecedor e na tentativa de amenizar a desigualdade das relações de mercado[22].

Quanto ao segundo aspecto; ou seja, o hospital enquanto prestador de serviço, está-se diante de uma responsabilidade sem culpa para todos os casos de acidente de consumo provocados pelo fornecimento de serviço com defeito, desde que o dano seja resultante de ações ou omissões do profissional vinculado, ou que estejam conexas a sua atividade, o que vem previsto no art. 14 do Código de Defesa do Consumidor[23], bem como no parágrafo único do art. 927 do CC – regra geral de responsabilidade objetiva. "*Os hospitais realizam uma atividade de alto risco porque inevitavelmente as pessoas estão doentes e os tratamentos modernos são feitos em ritmo acelerado, num ambiente de alta pressão, envolvendo muitas tecnologias complexas e muitos profissionais*".[24]

Deve-se ter em mente que a responsabilidade pelo fato do produto ou do serviço consiste em imputar ao fornecedor a responsabilidade pelos danos causados em razão de defeito na concepção ou fornecimento de produto ou serviço, consequência da violação de um dever geral de segurança[25] que é inerente a atuação no mercado de consumo. Então, "*a responsabilidade pelo fato do produto ou do serviço decorre da violação de um dever de segurança; ou seja, quando o produto ou serviço não oferece a segurança que o consumidor deveria legitimamente esperar*"[26].

Defeito do serviço é uma espécie de imperfeição mais grave, capaz de causar danos à saúde ou à segurança do consumidor. O defeito pressupõe uma violação do dever de

---

19. FORSTER, Nestor José. *Erro Médico*. São Leopoldo: Editora Unisinos, 2002, p. 58-59.

20. GAGLIANO, Pablo Stolze, PAMPLONA FILHO, Rodolfo, *Novo Curso de Direito Civil – Responsabilidade Civil*. 2ª ed. São Paulo: Saraiva, 2004, p. 29.

21. MIRAGEM, Bruno Nubens Barbosa. *Direito Civil: Responsabilidade Civil*. São Paulo: Saraiva, 2015, p. 274.

22. PASQUALOTTO, Adalberto. *O Código de Defesa do Consumidor em face do Código Civil de 2002*, in Código de Defesa do Consumidor e o Código Civil de 2002, coordenado por Adalberto Pasqualotto e Roberto Augusto Castellanos Pfeiffer. São Paulo: Revista dos Tribunais, 2005, p. 145.

23. KFOURI NETO, Miguel. *Responsabilidade Civil dos Hospitais*. São Paulo: Revista dos Tribunais, 2010, p. 89.

24. CAVALIERI FILHO, Sérgio. *Programa de Responsabilidade Civil*. 10ª ed. São Paulo: Atlas, 2012, p. 419.

25. "O dever de segurança do fornecedor, estabelecido no artigo 8º do CDC, expressa a proteção integral dos interesses legítimos do consumidor no mercado de consumo, estabelecendo a nítida eficácia do princípio da proteção da confiança legítima – ou entre nós do princípio da boa-fé". CALVÃO DA SILVA, João. *Responsabilidade civil do produtor*. Coimbra: Almedina, 1990, p. 642.

26. MIRAGEM, Bruno. *Direito do Consumidor*. São Paulo: Revista dos Tribunais, 2008, p. 260. Refere o § 1º, do art. 14: "O serviço é defeituoso quando não fornece a segurança que o consumidor dele pode esperar, levando-se em consideração as circunstâncias relevantes, entre as quais: I – o modo de seu fornecimento; II – o resultado e os riscos que razoavelmente dele se esperam; III – a época em que foi fornecido. § 2º. O serviço não é considerado defeituoso pela adoção de novas técnicas".

segurança, o que não quer dizer, em hipótese alguma, o dever de oferecer segurança absoluta, mas tão somente aquela que legitimamente se espera do serviço[27].

Vamos admitir que a saúde[28] seja definida como "*o bem-estar do indivíduo, em seu sentido mais amplo; que a doença seja concebida como tudo que o afaste de tal situação e, finalmente, que o serviço médico envolva os procedimentos do médico para debelar a doença e restabelecer a saúde*". Nesse esquema, "*o erro médico é um desvio, maior ou menor, do objetivo a ser atingido*"; ou seja, pode-se dizer que "*erro médico é, portanto, a falha do médico no exercício da profissão*". [29]

O hospital, enquanto prestador dos serviços, é formado por um conjunto de instalações, aparelhos, instrumentos médicos e cirúrgicos destinados ao tratamento da saúde, mas que não realiza ato médico. Quando se fala em hospital, a referência sempre será a pessoa jurídica que o mantém[30].

A natureza jurídica dos hospitais perante seus pacientes é contratual, pois se estabelece uma relação de consumo em que o nosocômio, como fornecedor, firma com o paciente, consumidor, um contrato de prestação de serviço hospitalar, composto pelo fornecimento de hospedagem e pela prestação de serviços paramédicos. [31]

Trata-se, na verdade, de obrigação semelhante à dos hoteleiros, pois tanto compreende deveres de assistência médica, como de hospedagem, cada qual na medida e proporção em que respondem, isoladamente, os respectivos agentes[32].

---

27. ROCHA, Sílvio Luís Ferreira da. *Responsabilidade civil do fornecedor pelo fato do produto no direito brasileiro*. São Paulo: RT, 1992, p. 93.

28. "A explicitação constitucional de uma série de direitos fundamentais, entre os quais se destacam os direitos sociais e, dentre estes, o direito à saúde, é certamente uma das características marcantes da Constituição Federal de 1988. Pode-se notar a opção expressa do constituinte por uma certa e determinada ordem de valores, centrada no protagonismo do ser humano como fundamento fim e último do Estado Democrático de Direito assim instituído. [...] A mudança de paradigma fica mais evidente quando se compara a CF/88 aos textos constitucionais anteriores, em que a saúde era objeto apenas de normas esparsas, mais comumente voltadas, ou à distribuição de competências legislativas e executivas entre União, Estados e Municípios; ou à proteção da saúde do trabalhador, não havendo falar, nessa época, no acesso universal e igualitário hoje assegurado. Com a CF/88, o direito à saúde passou a ser consagrado entre os direitos sociais fundamentais (CF, art. 6º), contando ainda com uma normatização específica nos arts. 196 a 200 do texto constitucional". FIGUEIREDO, Mariana Filchtiner. *Direito à saúde*. Bahia: Editora JusPodivm, 2018, p. 15.

29. MORAES, Irany Novah. *Erro médico e a lei*. São Paulo: Revista dos Tribunais, 1995, p. 220.

30. AGUIAR JÚNIOR, Ruy Rosado de. *Responsabilidade civil dos médicos*. Revista Jurídica, v.45, n.231, jan. 1997. p.143. "[...], malgrado não titularizem os direitos de personalidade, as pessoas jurídicas merecem a proteção que deles decorre (CC, art. 52), por conta de uma expansão da sua tutela jurídica, procurando assegurar as suas finalidades. Essa expansão é fruto de um verdadeiro atributo da elasticidade inerente aos direitos da personalidade, permitindo que a proteção jurídica decorrente dos direitos da personalidade alcance os entes personificados. Em síntese: a pessoa jurídica não é titular de direitos da personalidade, mas merece a proteção efetiva que deles decorre. [...] E é exatamente por isso que a pessoa jurídica pode sofrer dano moral, no que couber, como estampado no enunciado 227 da Súmula de jurisprudência do STJ. Exemplificativamente, a pessoa jurídica pode sofrer dano moral decorrente da violação de sua honra objetiva ou de sua imagem, mas não pode ser vítima de dano moral por afronta à integridade física ou psíquica, por conta da incompatibilidade com a sua falta de estrutura biopsicológica. Por óbvio, a pessoa jurídica também pode titularizar direitos reais (propriedade, usufruto...), obrigacionais (ser credora) e sucessórios (ser herdeira ou legatária). Nessa linha de intelecção, não é reconhecida à pessoa jurídica a proteção de direitos de personalidade incompatíveis com a sua falta de estrutura biopsicológica, como os direitos típicos de Família ou como a proteção da integridade física". FARIAS, Cristiano Chaves de; ROSENVALD, Nelson. *Curso de Direito Civil*. Salvador: Ed. JusPodivm, 2018, p. 490.

31. MELO, Nehemias Domingos de. *Responsabilidade civil por erro médico: doutrina e jurisprudência*. São Paulo: Atlas, 2008, p. 114.

32. DIAS, José de Aguiar. *Da responsabilidade civil*. Rio de Janeiro: Renovar, 2006, p.382.

A responsabilidade objetiva dos hospitais tem duas razões: a primeira por se responsabilizar por atos de seus empregados ou prepostos, nos termos do artigo 932, do Código Civil[33]; e a segunda, por desempenhar uma atividade empresarial, que, em regra, objetiva o lucro.

A responsabilidade prevista no art. 932 do Código Civil exige uma relação de subordinação entre quem dá a ordem e quem a recebe; isto é, se o médico for empregado ou preposto do hospital e estiver ligado à atividade, a instituição será solidariamente responsável pelos atos culposos daquele. Dessa feita, o nosocômio, enquanto empregador, literalmente assume o risco pelo trabalho desempenhado por seus subordinados, já que tem o poder diretivo sobre eles[34], e deverá ser responsabilizado pelos danos causados pelos mesmos no exercício de suas funções ou em virtude delas.[35] Não se pode olvidar, todavia, que o subordinado não se exime do dever de reparar, cabendo, inclusive, direito de regresso da instituição para com seu empregado, desde que ele tenha agido com culpa. Aliás, diante de alegado erro profissional, caso inexista culpa do preposto[36], o nosocômio não será obrigado a indenizar[37].

O conceito de empregador[38] e empregado[39] estão positivados na CLT e, em outros termos, tem-se o "*empregado como a pessoa física que presta serviços de natureza contínua*

---

33. Art. 932. São também responsáveis pela reparação civil:

III - o empregador ou comitente, por seus empregados, serviçais e prepostos, no exercício do trabalho que lhes competir, ou em razão dele;

34. GAGLIANO, Pablo Stolze, PAMPLONA FILHO, Rodolfo. *Novo Curso de Direito Civil* – Responsabilidade Civil. 2ª ed. São Paulo: Saraiva, 2004, p. 175.

35. MIRAGEM, Bruno Nubens Barbosa. *Direito Civil: Responsabilidade Civil*. São Paulo: Saraiva, 2015, p. 317.

36. Para ilustrar esse entendimento segue ementa da Sexta Câmara Cível do Tribunal de Justiça do Rio Grande do Sul: "APELAÇÃO CÍVEL. RESPONSABILIDADE CIVIL. AÇÃO DE INDENIZAÇÃO. RESPONSABILIDADE CIVIL OBJETIVA DO HOSPITAL PELOS DANOS OCASIONADOS PELOS SEUS PROFISSIONAIS MÉDICOS. RESPONSABILIDADE SUBJETIVA DOS PROFISSIONAIS LIBERAIS. NECESSIDADE DE APURAÇÃO DE CULPA. AUSÊNCIA DE PROVA. DANO MORAL NÃO CONFIGURADO. Trata-se de ação de indenização na qual a parte autora afirma negligência no atendimento médico prestado pelos demandados, que não procederam no atendimento adequado ao paciente, julgada improcedente na origem. É aplicável o Código de Defesa do Consumidor, na medida em que a relação vertida nos autos se trata de relação de consumo, consoante traduz o artigo 3°, § 2° do CDC. O hospital demandado, como fornecedor de serviço, tem a responsabilidade civil objetiva pelos defeitos relativos à sua prestação. [...] *Não obstante, para que o hospital responda objetivamente pelos danos ocasionados pelos seus profissionais médicos, o autor tem o dever de demonstrar a existência de conduta culposa, mormente porque a responsabilidade do nosocômio depende da análise da conduta culposa do profissional a ele vinculado, tendo em vista o disposto no artigo 14, § 4°, do Código de Defesa do Consumidor, cabendo a parte autora comprovar o ato ilícito ocorrido por culpa do médico profissional, o nexo de causalidade e o dano sofrido. In casu, da análise do conjunto fático-probatório, não é possível concluir que o atendimento prestado ao autor pela médica vinculada ao hospital tenha sido imprudente, negligente ou imperito, o que descaracteriza a suposta falha na prestação de serviços.* Isto porque, a prova pericial coligida no caderno processual foi conclusiva no sentido de que o autor recebeu o tratamento e diagnóstico correto pelo médico do hospital demandado, haja vista que o paciente não apresentava sintomas de problemas cardíacos no momento da consulta médica.[...] em se tratando de responsabilidade civil subjetiva, cabia a parte requerente comprovar a existência de conduta culposa, sobretudo porque a responsabilidade da parte ré dependia exclusivamente da análise da conduta culposa do médico, cabendo a parte autora comprovar o ato ilícito ocorrido por culpa do médico profissional, o nexo de causalidade e o dano sofrido. Dessa feita, diante da ausência dos pressupostos imprescindíveis ao reconhecimento do dever de indenizar, quais sejam, a culpa e o nexo causal, impõe-se a manutenção da sentença de improcedência e o desprovimento do recurso. Sentença mantida. APELAÇÃO DESPROVIDA". (Grifou-se) RIO GRANDE DO SUL. Tribunal de Justiça do Rio Grande do Sul. Apelação Cível n° 70039527312, Sexta Câmara Cível. Relator: Des. Niwton Carpes da Silva. Julgado em 29 de agosto de 2013. Disponível em: <http://tj-rs.jusbrasil.com.br/jurisprudencia/113223922/apelacao-civel-ac- 70039527312-rs>. Acesso em: 23 de julho de 2019.

37. KFOURI NETO, Miguel. *Responsabilidade Civil dos Hospitais*. São Paulo: Revista dos Tribunais, 2010, p. 103.

38. Art. 2° - Considera-se empregador a empresa, individual ou coletiva, que, assumindo os riscos da atividade econômica, admite, assalaria e dirige a prestação pessoal de serviço.

39. Art. 3° - Considera-se empregado toda pessoa física que prestar serviços de natureza não eventual a empregador, sob a dependência deste e mediante salário.

ao empregador, sob subordinação deste, mediante pagamento de salário e pessoalmente"[40] sendo que "uma das características do empregador é assumir os riscos de sua atividade, ou seja, tanto os resultados positivos como os negativos. Esses riscos da atividade econômica não podem ser transferidos para o empregado".[41] Já preposto é a pessoa que trabalha sob direção alheia, não bastando o mero laço de subordinação, sendo necessário que o preponente esteja agindo em proveito do comitente[42] é, portanto, aquele que atua em prol dos interesses de outro[43].

A definição de empregador é, portanto, bastante ampla, sendo desnecessário contrato escrito de trabalho, pois um simples comando ou ordem para realização da tarefa, por si só, configura o vínculo de subordinação.[44] Denota-se, então, que o hospital responderá por ação ou omissão de todo aquele que tiver vínculo com ele, bem como quando a atividade desempenhada pelo sujeito se der em proveito do nosocômio. Ou seja, apenas um terceiro absolutamente estranho à atividade é que não será da alçada da pessoa jurídica[45].

Para os hospitais, a responsabilidade calcada no risco resta justificada, portanto, em regra, em decorrência do desenvolvimento de uma atividade econômica pelo agente, em seu próprio benefício, tendo de arcar com as consequências lesivas dessa atividade.[46] Há quem sustente que é a ideia do lucro da empresa que faz com que ele, hospital, se enquadre na regra geral do Código de Defesa do Consumidor, com o respectivo dever de zelar pela integridade física dos seus pacientes/consumidores[47]. E há quem aduza, também, que "como a colocação do produto ou do serviço no mercado é feita em benefício do fornecedor, imputa-se a este a responsabilidade pelo ressarcimento dos danos causados aos consumidores, ainda que não esteja clara o suficiente a ocorrência de um defeito"[48]; afinal, ubi emolumentum, ibi onus (quem aufere os bônus deve estar preparado para assumir os ônus).[49]

---

40. MARTINS, Sergio Pinto. *Direito do Trabalho*. São Paulo: Saraiva, 2017, p. 235.
41. MARTINS, Sergio Pinto. *Direito do Trabalho*. São Paulo: Saraiva, 2017, p. 309.
42. GONÇALVES, Carlos Roberto. *Direito Civil Brasileiro*. Responsabilidade Civil. 13ª ed. São Paulo: Saraiva, 2018, p. 128.
43. Uma das novidades trazidas pela Reforma Trabalhista, Lei nº 13.467/17, foi a possibilidade de o preposto (representante da empresa) não ser empregado, conforme prevê o artigo 843, §3º da CLT. Tal prática não era aceita antes da entrada em vigor da Lei nº 13.467/17, sendo que o comparecimento de um representante que não fosse empregado teria como consequência a aplicação da pena de confissão. Essa possibilidade foi bem recebida pelas empresas, uma vez que o empregado não teria mais sua jornada de trabalho interrompida, com evidente redução de custos, se considerada a necessidade de despesas com transportes e hospedagem para os empregados distantes dos locais das audiências. Assim, a única exigência do §1º, do art. 843 é que o preposto tenha conhecimento dos fatos. Salienta-se, no entanto, quanto a possíveis entendimentos no sentido de que o preposto não empregado seria aceito apenas para naqueles processos distribuídos após a entrada em vigor da nova lei.
44. STOCO, Rui. *Tratado de responsabilidade civil: doutrina e jurisprudência*. 8ª ed. São Paulo: Revista dos Tribunais, 2011, p. 1082.
45. MELLO, Cleyson de Moraes. *Responsabilidade Civil: e sua interpretação pelos Tribunais*. 2ª ed. Campo Grande: Contemplar, 2012, p. 37.
46. SANSEVERINO, Paulo de Tarso Vieira. *Responsabilidade civil no código do consumidor e a defesa do fornecedor*. São Paulo: Saraiva, 2002, p. 179.
47. ARAÚJO, Vanessa Donato de (Coordenação). *Responsabilidade Civil – Direito Civil*. São Paulo: Revista dos Tribunais, 2008, p. 156.
48. SANSEVERINO, Paulo de Tarso Vieira. *Responsabilidade civil no código do consumidor e a defesa do fornecedor*. São Paulo: Saraiva, 2002, p. 180.
49. COUTO FILHO, Antonio Ferreira; SOUZA, Alex Pereira. *Responsabilidade civil médica e hospitalar: repertório jurisprudencial por especialidade médica; teoria da eleição procedimental; iatrogenia*. Belo Horizonte: Editora Del Rey, 2001, p. 147-148.

Do já disposto depreende-se, portanto, que em uma ação por erro médico proposta contra o facultativo e o nosocômio deverá coexistir a responsabilidade subjetiva do médico e objetiva do hospital, pois para que o hospital seja responsabilizado há a necessidade, prévia, da apuração da culpa do médico, sob pena de o hospital ser tido como o garantidor universal e não possa trazer em seu benefício nenhuma forma de defesa[50]. Tem-se, nesse caso, o que a autora desse texto costuma chamar de responsabilidade objetiva diferenciada, já que não basta a prova do dano e do nexo causal, senão, também, a prova do ato ilícito praticado pelo profissional da saúde.

Com o intuito de dar andamento ao presente estudo inevitável, nesse momento, o seguinte questionamento: quando a responsabilidade deverá ser imposta ao médico pessoal e individualmente, e quando poderá se falar em solidariedade entre médico e hospital, diante de um dano causado única e exclusivamente por um médico? Esclarecendo: o paciente, quando vítima de um suposto erro médico, poderá escolher entre intentar uma ação perante o profissional da saúde, sob o fundamento da responsabilidade subjetiva, devendo comprovar a culpa, ou mover a ação contra o hospital, com suporte na teoria da responsabilidade objetiva. Contudo, se a ação for ajuizada em face do nosocômio, por erro médico, o ofendido terá o dever de provar a culpa do médico como uma premissa lógica inevitável à responsabilização do estabelecimento de saúde. Ressalta-se que o hospital, caso condenado, terá direito a ingressar com ação de regresso contra o médico, se este tiver sua culpa comprovada[51].

Para se chegar às respostas passar-se-á, a partir de agora, para a análise da existência, ou não, de um vínculo de subordinação entre médico e hospital[52], já que nos casos em que inexiste a subordinação, tanto a doutrina quanto a jurisprudência divergem.

3. DOS MÉDICOS EMPREGADOS/PREPOSTOS, DOS QUE APENAS COMPÕEM O CORPO CLÍNICO E A ANÁLISE DA LEGITIMIDADE DO NOSOCÔMIO

Para que se possa classificar um médico como preposto ou empregado do hospital faz-se necessária uma análise ampla de suas atividades, pois a simples constatação de ligação entre o médico e a instituição de saúde não gera a conclusão da vinculação, como demonstra acórdão do Superior Tribunal de Justiça, relatado pelo Ministro João Otávio Noronha:

---

50. A jurisprudência do Tribunal de Justiça do Estado do Rio Grande do Sul assim tem entendido: "APELAÇÃO CÍVEL. RESPONSABILIDADE CIVIL. AÇÃO DE INDENIZAÇÃO POR DANO MORAL. ERRO MÉDICO. HISTERECTOMIA TOTAL ATENDIMENTO DE EMERGÊNCIA. RESPONSABILIDADE SUBJETIVA DO MÉDICO E OBJETIVA DO HOSPITAL. DEVER DE INDENIZAR DO PROFISSIONAL E DO NOSOCÔMIO NÃO CONFIGURADO. (...) RESPONSABILIDADE DO NOSOCÔMIO - *A responsabilidade do nosocômio por defeito na prestação do serviço é objetiva, a qual resta afastada em caso de comprovação de que o defeito inexistiu ou decorreu de culpa exclusiva do consumidor ou de terceiro, nos termos do art. 14, caput e §3º do Estatuto Consumerista.* (...) APELAÇÃO DESPROVIDA" RIO GRANDE DO SUL. Tribunal de Justiça. **Apelação Cível nº 70074917543**. Sexta Câmara Cível. Rel. Sylvio José Costa da Silva Tavares. Julgado em 28/09/2017. Publicação em 05/10/2017 Disponível em < https://tj-rs.jusbrasil.com.br/jurisprudencia/506965273/apelacao-civel-ac-70074917543-rs?ref=serp>. Acesso em 29 jul. 2019.

51. VIOLA, Mario. Responsabilidade civil dos médicos, dos hospitais e das seguradoras e operadoras de planos de assistência à saúde por erro médio. *Revista Jurídica da Pontifícia Universidade Católica de Campinas*. Vol.23. n 01, p. 93.

52. STOCO, Rui. *Tratado de responsabilidade civil: doutrina e jurisprudência*. 8ª ed. São Paulo: Revista dos Tribunais, 2011, p. 853.

DOS MÉDICOS COM E SEM VÍNCULO DE SUBORDINAÇÃO **133**

O cadastro que os hospitais normalmente mantêm de médicos que utilizam suas instalações para a realização de cirurgias não é suficiente para caracterizar relação de subordinação entre médico e hospital. Na verdade, tal procedimento representa um mínimo de organização empresarial. O conceito de preposto não se amolda a um simples cadastro, vai bem além, pois pressupõe que uma pessoa desenvolva atividade no interesse de outra, sob suas instruções, havendo, portanto, caráter de subordinação.[53]

Sendo o médico empregado[54] do estabelecimento hospitalar, ele está submetido às ordens da administração do hospital, caracterizando a subordinação, que "consiste, assim, na situação jurídica derivada do contrato de trabalho, pela qual o empregado se compromete a acolher o poder de direção empresarial no modo de realização de sua prestação de serviços"; ou seja, continua o autor, traduz-se na situação em que se encontra o trabalhador, decorrente da limitação contratual da autonomia de sua vontade, alcançando ao preponente o poder de direção acerca da atividade desenvolvida[55].

O critério de subordinação envolve três aspectos: pessoal, técnico e econômico. Como se está tratando de um profissional liberal (ele é a pessoa prestadora do serviço), o aspecto técnico é rarefeito, pois o médico possui a subordinação *pessoal* quando se encarrega de cumprir os horários e as ordens; ou seja, na parte técnica a natureza da prestação médica faz com que esse aspecto sofra uma variação, já que se trata de uma atividade intelectual e com técnica elevada.[56] Já a subordinação econômica resta traduzida pelo pagamento do salário a esse profissional.

Se for comprovado que o médico possui vínculo com o hospital e é empregado e/ou preposto dele, aplica-se, então, a já mencionada regra do inciso III do artigo 932 do Código Civil. Sendo assim, "o hospital não poderá ser compelido a indenizar, a não ser que a culpa do médico, preposto seu, resulte suficientemente clara"[57].

Deduz-se, portanto, na mesma linha já exposta[58], que a responsabilidade do estabelecimento, mesmo sendo objetiva, é vinculada à comprovação da culpa do médico,

---

53. BRASIL. Superior Tribunal de Justiça. *Recurso Especial nº 351.178/SP.* Quarta Turma. Rel. Min. Massami Uyeda. Julgado em 24 de junho de 2008. DJe 24/11/2008 Disponível em < https://stj.jusbrasil.com.br/jurisprudencia/2049594/recurso-especial-resp-351178/inteiro-teor-12228499>. Acesso em 29 jul. 2019.

54. Reiterando "Empregado pode ser conceituado como a pessoa física que presta serviço de natureza não eventual a empregador mediante salário e subordinação jurídica. Esses serviços podem ser de natureza técnica, intelectual ou manual, integrantes das mais diversas categorias profissionais ou diferenciadas". BARROS, Alice Monteiro de. *Curso de Direito do Trabalho.* 7ª ed. ª ed. São Paulo: LTr, 2011. p. 207.

55. DELGADO, Maurício Godinho. *Curso de Direito do Trabalho.* 9ª ed.ª ed. São Paulo: LTr, 2010, p. 281.

56. ROMITA, Arion Sayão. *A subordinação no contrato de trabalho.* Rio de Janeiro: Forense, 1979, p. 77-78.

57. KFOURI NETO, Miguel. *Responsabilidade Civil dos Hospitais.* São Paulo: Revista dos Tribunais, 2010, p. 103.

58. "Em caso de responsabilidade civil de hospitais e clínicas médicas em geral, por ato de seus prepostos no exercício da Medicina, embora a pessoa jurídica responda objetivamente nos termos do CDC, quando o ato decorre do exercício da atividade médica a responsabilidade deve ser precedida do exame da culpa subjetiva do profissional da Medicina. Isso porque a responsabilidade dos nosocômios, no que tange à atuação técnico-profissional dos médicos que neles atuam ou a eles sejam ligados por convênio, é subjetiva, ou seja, dependente de comprovação de culpa dos prepostos (REsp 258389/SP). Hipótese em que a obrigação assumida pelo médico é de meio e não de resultado. Destarte, não se considera como objeto da obrigação a cura do paciente, e, sim, o emprego do tratamento adequado de acordo com o estágio atual da ciência, e, evidentemente, os recursos disponíveis ao profissional da Medicina, o qual deve agir, sempre, da maneira mais cuidadosa e consciente possível. Ademais, não é função de o julgador avaliar questões de alta indagação científica, e, tampouco, pronunciar-se acerca do tratamento mais indicado para a cura do doente. Ao julgador cabe, na realidade, verificar as diligências que os profissionais da Medicina poderiam e deveriam ter dispensado ao paciente no caso concreto, de forma a concluir se ocorreu, efetivamente, falha humana que ensejou prejuízo reparáveis aos lesados". RIO GRANDE DO SUL. Tribunal de Justiça. *Apelação*

pois ainda que se desconsidere a atuação culposa da pessoa jurídica, a responsabilização desta depende da atuação culposa do médico, sob pena de não haver o dito erro médico indenizável. Observe-se que nesse ponto não está incluída a responsabilidade pelas coisas – aparelhos, instrumentos – utilizadas na prestação do serviço, cujo defeito independe da atuação, cautelosa ou não, do profissional.[59]

Assim, o médico empregado ou preposto do hospital encontra-se subordinado ao poder de direção empresarial no modo de realização de sua prestação de serviço, de forma que o nosocômio será solidariamente responsável pelos atos médicos profissionais que sejam realizados por esses facultativos.

Diferente é a situação, no entanto, quando entre o médico autônomo e o hospital existe apenas uma relação de locação de centro clínico ou de internação nas dependências da casa de saúde, com a finalidade do profissional atender seus pacientes particulares, caso em que se defende a ilegitimidade passiva do hospital, não sendo o nosocômio responsável por danos eventualmente causados por esse profissional da saúde[60].

Hodiernamente é possível encontrar posicionamentos divergentes quando se questiona acerca da responsabilidade do hospital por erro de médico que apenas compõe o corpo clínico, havendo quem entenda que o nosocômio é polo passivo legítimo na ação de reparação de danos, e outros que defendem a ilegitimidade passiva da instituição. Para tanto faz-se necessário entender o conceito de corpo clínico.

Um primeiro esclarecimento se faz absolutamente necessário: todo aquele profissional da saúde que desenvolve sua atividade em um hospital precisa pertencer ao corpo clínico. Alguns trabalham para o hospital, mediante relação de emprego, já outros desempenham suas tarefas como profissionais liberais, de modo que sua permanência no corpo clínico representa apenas o livre trânsito dentro da instituição hospitalar para o exercício médico, sempre respeitando e atendendo às normas administrativas da Direção Técnica do hospital, mas sem qualquer relação de subordinação[61]. Do exposto pode-se concluir que a mera alegação de que o médico é integrante do corpo clínico não pode, por si só, significar que esse médico tenha algum vínculo de subordinação com o hospital[62], tema acerca do qual passa-se a discorrer em detalhes.

Cível n° 70029719267. Nona Câmara Cível. Rel. Tasso Caubi Soares Delebary. Julgado em 16 dez. 2009. Disponível em < http://www1.tjrs.jus.br/busca/?tb=proc> Acesso em 31 jul. 2019.

59. RIO GRANDE DO SUL. Tribunal de Justiça. *Apelação Cível n° 70019891795/2001*. Nona Câmara Cível. Rel. Iris Helena Medeiros Nogueira. Julgado em 12 de outubro de 2007. Disponível em < http://www1.tjrs.jus.br/busca/?tb=proc> Acesso em 31 jul. 2019.

60. KFOURI NETO, Miguel. *Responsabilidade Civil dos Hospitais*. São Paulo: Revista dos Tribunais, 2010, p. 108.

61. MENEZES, Bruno Seligman de. *O Médico, o Corpo Clínico e o SUS – Uma análise do delito de concussão frente ao artigo 327 do Código Penal*. Sorocaba: Editora Minelli, 2007, p. 43.

62. "(...) Os hospitais normalmente mantêm cadastros dos médicos que de suas instalações se utilizam para a realização de cirurgias. Tal procedimento é indispensável, pois não se pode pretender que o hospital forneça suas instalações a qualquer um que se apresente como médico especializado em cirurgia. Todavia, isso não confere ao hospital a atribuição de fiscalizar os serviços prestados pelos médicos que lá operam. (...) Assim, não tendo os médicos em questão prestado quaisquer serviços no interesse ou sob as ordens do hospital, não há porque se falar em responsabilidade do nosocômio quanto ao sucesso da cirurgia questionada nos autos". BRASIL. Superior Tribunal de Justiça. *Recurso Especial n° 1019404* RN 2007/0309531-5. Rel. Min. João Otávio de Noronha. Julgado em 22/03/2011. DJe 01/04/2011. Disponível em < https://stj.jusbrasil.com.br/jurisprudencia/18718189/recurso--especial-resp-1019404-rn-2007-0309531-5/inteiro-teor-18718190>

A Resolução de número 1.481/97, do Conselho Federal de Medicina[63], informa que corpo clínico é "o conjunto de médicos de uma instituição com a incumbência de prestar assistência aos pacientes que a procuram, gozando de autonomia profissional, técnica, científica, política e cultural", e por conjunto de médicos entenda-se aqueles com e sem vínculo de subordinação. Na realidade, corpo clínico é o conjunto de profissionais habilitados que, *sem a necessidade de subordinação,* estão aptos a exercer o ofício num determinado estabelecimento de saúde[64].

De acordo com o SJT: "O cadastro que os hospitais normalmente mantêm de médicos que utilizam suas instalações para a realização de cirurgias não é suficiente para caracterizar relação de subordinação entre médico e hospital", pois referido cadastro, continua o julgado apenas "representa um mínimo de organização empresarial"[65]; aliás como já comentado.

Em razão do exposto acabam surgindo duas linhas de pensamento: uma majoritária, que defende a ilegitimidade passiva do hospital diante de dano causado por médico que apenas compõe o corpo clínico, sem vínculo de subordinação; e outra, minoritária, que entende ser o nosocômio legítimo a responder, solidariamente com o médico, por danos por ele causados, mesmo que esse facultativo não seja empregado/preposto da casa de saúde.

Os partidários da corrente majoritária doutrinam que se o médico apenas utiliza o hospital para internar seus pacientes particulares, somente o profissional da saúde é que responderá pelos seus erros, afastada a responsabilidade do estabelecimento[66]. Assim, para que o hospital seja responsável por eventual dano causado por um médico, em suas dependências, há que se provar a subordinação do profissional com a instituição, seja porque o nosocômio disponibilizou o médico para atender determinado paciente, a exemplo do que ocorre nas emergências, seja porque a casa da saúde vincula-se ao médico nos seus anúncios,[67] exemplificativamente.

Pode ocorrer, também, de o hospital permitir que o médico utilize o ambiente, sem nenhum vínculo empregatício entre eles, desde que pagando pela locação do espaço, mas essa contraprestação financeira, por si só, não tem o condão de tornar a casa de saúde responsável, o que significa que o argumento do eventual lucro do hospital não enseja a responsabilidade do mesmo por danos causados por esse médico, até porque há gastos fixos com higienização do ambiente e funcionários do hospital para auxílio e assepsia do bloco cirúrgico, por exemplo, que precisam ser pagos, mas não geram a subordinação[68]. Então, "*o fato de o hospital auferir lucro com essa locação em nada altera*

---

63. CONSELHO FEDERAL DE MEDICINA. Resolução CFM nº 1.481/97. Brasília, 1997. Disponível em <http://www.portalmedico.org.br/resolucoes/CFM/1997/1481_1997.htm>.
64. MENEZES, Bruno Seligman de. *O Médico, o Corpo Clínico e o SUS – Uma análise do delito de concussão frente ao artigo 327 do Código Penal.* Sorocaba: Editora Minelli, 2007, p. 35.
65. BRASIL. Superior Tribunal de Justiça. *Recurso Especial nº 908359* SC 2006/0256989-8. Rel. Min. Nancy Andrighi. Julgado em 27/08/2008. Dje 17/08/2008. Disponível em < https://stj.jusbrasil.com.br/jurisprudencia/2351157/recurso-especial-resp-908359-sc-2006-0256989-8>. Acesso em 31 jul. 2019.
66. GONÇALVES, Carlos Roberto. *Direito Civil Brasileiro.* Responsabilidade Civil. 13ª ed. São Paulo: Saraiva, 2018, p. 277.
67. KFOURI NETO, Miguel. *Responsabilidade Civil dos Hospitais.* São Paulo: Revista dos Tribunais, 2010, p. 108.
68. KFOURI NETO, Miguel. *Responsabilidade Civil dos Hospitais.* São Paulo: Revista dos Tribunais, 2010, p. 112.

a questão da responsabilidade. O lucro é necessário, sob pena de inviabilizar a atividade, mas não é um fim em si mesmo"[69].

Mister entender, para que realmente se faça justiça, que há dois contratos de prestação de serviço: uma relação contratual entre paciente e hospital, onde caberá ao segundo hospedar o primeiro, sem ministrar qualquer tipo de tratamento, servindo apenas de apoio logístico ao agir médico, surgindo a responsabilização do nosocômio tão somente se o dano for oriundo de defeito na prestação de serviço[70] decorrente da hospedagem ou do fornecimento de apoio, portanto meramente instrumental[71]; e um segundo contrato, entre paciente e médico, caso em que se o médico foi escolhido pelo paciente, mas não tem vínculo com o hospital que os recebe, não deverá, por certo, compor ele o polo passivo de qualquer demanda ressarcitória por parte do eventual lesado[72].

Sendo assim, e esse também é o entender do SJT[73], se o dano decorre de ato exclusivo do médico que apenas utilizou as instalações do hospital para atendimento, inexistindo vínculo de preposição, ele responderá sozinho, pois nesse caso o nosocômio atua como mero prestador de serviços de hospedagem, alimentação e assistência[74].

Para que se atenda, então, ao objetivo precípuo do presente artigo, mister esclarecer que consoante entendimento do Superior Tribunal de Justiça, a instituição hospitalar não possui legitimidade passiva para responder por atos praticados exclusivamente por profissional médico com quem não mantém vínculo de emprego ou preposição. Essa tem sido a orientação da Terceira Turma, tendo por base o paradigmático Recurso Especial 908.359/SC, pois de acordo com a jurisprudência desta Corte, "*restando inequívoco o*

---

69. KFOURI NETO, Miguel. *Responsabilidade Civil dos Hospitais.* São Paulo: Revista dos Tribunais, 2010, p. 45.

70. Deve-se analisar, portanto, o caso concreto, para se constatar se houve, ou não, uma adequada prestação de serviço, pois havendo falha na prestação de serviço do hospital como hospedeiro, por exemplo, somente ele, e não o médico, é que deverá ocupar o polo passivo da ação de reparação. VENDRAMINI, Sylvia Maria Machado; DIAS, Wagner Inácio Freitas. *A responsabilidade médica: um cotejo legal, jurisprudencial e doutrinário acerca da teoria da culpa.* Viçosa: Editora UFV, 2002, p. 23.

71. "Resulta que a responsabilidade civil do hospital por conduta de médico que não é seu empregado e/ou preposto está restrita aos serviços única e exclusivamente relacionados com o estabelecimento empresarial propriamente dito; ou seja, aqueles que digam respeito à estadia do paciente (internação), instalações, equipamentos, serviços auxiliares (enfermagem, exames, radiologia), etc." RIO GRANDE DO SUL, Tribunal de Justiça. *Agravo de Instrumento nº 70077345585.* Nona Câmara Cível. Rel. Tasso Caubi Delabary. Julgado em 13.06.2018.

72. STOCO, Rui. *Tratado de responsabilidade civil: doutrina e jurisprudência.* 8ª ed. São Paulo: Revista dos Tribunais, 2011, p. 861.

73. "RECURSO ESPECIAL. AÇÃO DE INDENIZAÇÃO. RESPONSABILIDADE CIVIL. ERRO MÉDICO. NEGLIGÊNCIA. INDENIZAÇÃO. 1. A doutrina tem afirmado que a responsabilidade médica empresarial, no caso de hospitais, é objetiva, indicando o parágrafo 1º do art. 14 do CDC como a norma sustentadora de tal entendimento. Contudo, a responsabilidade do hospital somente tem espaço quando o dano decorrer de falha de serviços cuja atribuição é afeta única e exclusivamente ao hospital. Nas hipóteses de dano decorrente de falha técnica restrita ao profissional médico, mormente quando este não tem nenhum vínculo com o hospital – seja de emprego ou de mera preposição, não cabe atribuir ao nosocômio a obrigação de indenizar (...)". BRASIL. Superior Tribunal de Justiça. *Recurso Especial nº 908359 SC 2006/0256989-8.* Rel. Min. Nancy Andrighi. Julgado em 27/08/2008. Dje 17/08/2008. Disponível em < https://stj.jusbrasil.com.br/jurisprudencia/2351157/recurso-especial-resp--908359-sc-2006-0256989-8> . Acesso em 24 jul. 2019. Esse entendimento tem sido consolidado pelas 3ª e 4ª Turma do STJ. Neste sentido: AgRg no REsp 1474047/SP, 3ª Turma, DJe 17/12/2014; Documento: 1553532 - Inteiro Teor do Acórdão - Site certificado - DJe: 14/11/2016 Página 6 de 11 Superior Tribunal de Justiça AgRg no AREsp 628634/RJ, 3ª Turma, DJe 15/09/2015; AgRg no REsp 1385734/RS, 4ª Turma, DJe 01/09/2014; AgRg no AREsp 457611/SP, 4ª Turma, DJe 06/02/2015; AgRg no AREsp 809925/RS, 4ª Turma, DJe 15/02/2016.

74. MELO, Nehemias Domingos de. *Responsabilidade civil por erro médico: doutrina e jurisprudência.* São Paulo: Atlas, 2008, p. 123.

fato de que o médico a quem se imputa o erro profissional não possuía vínculo com o hospital onde realizado o procedimento cirúrgico, não se pode atribuir a este a legitimidade para responder à demanda indenizatória" (REsp 908.359/SC, Segunda Seção, Rel. p/ acórdão Min. João Otávio de Noronha, DJe 17/12/2008), e nessa demanda o Tribunal de origem consignou, expressamente, que *"as dependências do nosocômio foram utilizadas como hotelaria hospitalar, sem vínculo de qualquer ordem com o profissional médico responsável pela intervenção cirúrgica"*, sendo, portanto, impossível o reconhecimento da legitimidade passiva da sociedade empresária hospitalar[75].

Merece destaque, igualmente, e para não deixar de prestigiar o TJRS, recente julgado da Colenda 10ª Câmara Cível, sob a relatoria do Des. Paulo Roberto Lessa Franz, em que foi reconhecida a ilegitimidade passiva de outro nosocômio em caso análogo, em harmonia com o entendimento do STJ, afirmando: *"Hipótese em que não há vínculo empregatício ou de preposição entre o médico e o nosocômio, sendo que a parte autora, na peça angular, embasa o pleito indenizatório unicamente em erro médico, não sendo legítimo o nosocômio para figurar no polo passivo da demanda"*.[76]

---

75. BRASIL. SUPERIOR TRIBUNAL DE JUSTIÇA. *AgRg no REsp 1474047/SP*, Rel. Ministro RICARDO VILLAS BÔAS CUEVA, Terceira Turma. Julgado em 09/12/2014. DJe 17/12/2014. Disponível em < https://stj.jusbrasil.com.br/jurisprudencia/456257048/recurso-especial-resp-1373121-rn-2013-0071530-1> Acesso em 25 jul. 2019.

76. RIO GRANDE DO SUL. TRIBUNAL DE JUSTIÇA. *Embargos de Declaração Nº 70075672295*, Décima Câmara Cível. Rel. Paulo Roberto Lessa Franz. Julgado em 26/04/2018. Data de publicação: Diário de Justiça 07/05/2018. Disponível em < https://tj-rs.jusbrasil.com.br/jurisprudencia/574615085/embargos-de-declaracao-ed-70075672295-rs/inteiro-teor-574615095> Acesso em 25 jul. 2019. No mesmo sentido: "APELAÇÃO CÍVEL. RESPONSABILIDADE CIVIL. AÇÃO DE INDENIZAÇÃO POR DANO MORAL. ERRO MÉDICO. CIRURGIA NASAL (SEPTOPLASTIA). AUSÊNCIA DE NEXO CAUSAL. IMPROCEDÊNCIA. I) HOSPITAL. ILEGITIMIDADE PASSIVA. Erro na cirurgia, imputado única e exclusivamente ao médico, não havendo alegação de defeito na prestação dos serviços pelo hospital/réu, não respondendo o nosocômio, portanto, por eventual conduta negligente, imprudente ou imperita do profissional que não integra o seu corpo clínico. Ilegitimidade passiva mantida. PRECEDENTES DO STJ E DO TJRS. [...]. Preliminares rejeitadas. APELAÇÃO DESPROVIDA". RIO GRANDE DO SUL. TRIBUNAL DE JUSTIÇA. *Apelação Cível Nº 70074178393*, Décima Câmara Cível. Rel. Catarina Rita Krieger Martins. Julgado em 28/09/2017. Disponível em: < https://tj-rs.jusbrasil.com.br/jurisprudencia/507552383/apelacao-civel-ac-70074178393-rs/inteiro-teor-507552402?ref=juris-tabs> Acesso em 25 jul. 2019). E, ainda: "APELAÇÃO CÍVEL. RECURSO ADESIVO. RESPONSABILIDADE CIVIL. ALEGAÇÃO DE ERRO MÉDICO. DEVER DE INFORMAÇÃO. RISCOS DE FALHA DO PROCEDIMENTO DE LAQUEADURA TUBÁRIA. AUSENTE VÍNCULO DE PREPOSIÇÃO COM HOSPITAL DEMANDADO. ILEGITIMIDADE PASSIVA CONFIGURADA. RESPONSABILIDADE CIVIL DO MÉDICO RÉU. SUBJETIVA. DEVER DE INFORMAÇÃO. INVERSÃO DO ÔNUS DA PROVA. PROVA UNILATERAL E FRÁGIL. AUSÊNCIA DE TERMO DE CONSENTIMENTO EXPRESSO. RESPONSABILIDADE CONFIGURADA. DANOS MORAIS IN RE IPSA CONFIGURADOS. DANOS MATERIAIS. NÃO CONFIGURADOS. LUCROS CESSANTES. GRAVIDEZ DE RISCO E AFASTAMENTO LABORAL. CONFIGURADOS. A responsabilidade civil do hospital por conduta de médico que não é seu empregado e/ou preposto está restrita aos serviços única e exclusivamente relacionados com o estabelecimento empresarial propriamente dito, ou seja, aqueles que digam respeito à estadia do paciente (internação), instalações, equipamentos, serviços auxiliares (enfermagem, exames, radiologia), etc. Precedentes desta Corte e do STJ. Estando a causa de pedir da pretensão indenizatória embasada exclusivamente na alegada falha do procedimento realizado pelo médico réu, e não havendo qualquer vínculo de preposição entre o profissional liberal e o hospital demandado, cuja atuação se limitou ao fornecimento das instalações físicas e estruturais necessárias à atividade médica, sobre as quais não há qualquer insurgência na petição inicial, o Hospital não possui legitimidade para figurar no polo passivo da demanda. Embora o Código do Consumidor preveja a responsabilidade objetiva dos prestadores de serviço, inegavelmente excepcionou a regra geral ao tratar dos profissionais liberais, quando no artigo 14, § 4º, previu que atinente a estes a responsabilidade pessoal será apurada mediante a verificação de culpa. (...) APELAÇÃO E RECURSO ADESIVO DESPROVIDOS". RIO GRANDE DO SUL. TRIBUNAL DE JUSTIÇA. *Apelação Cível Nº 70074252180*, Nona Câmara Cível. Rel. Tasso Caubi Soares Delabary. Julgado em 30/08/2017. Disponível em: <https://tj-rs.jusbrasil.com.br/jurisprudencia/495934696/apelacao-civel-ac-70074252180-rs/inteiro-teor-495934731>. Acesso em 25 jul. 2019).

Assim, forçoso concluir que o hospital somente possui legitimidade passiva em demanda indenizatória fundamentada em erro médico, quando expressamente declinado na inicial, ou comprovado *a posteriori*, a existência de vínculo do médico com o hospital, ou na hipótese de falha decorrente dos serviços disponibilizados pelo hospital.

Com efeito, caso a parte autora não atribua diretamente ao hospital a responsabilidade pelos danos experimentados, e ainda alegue exclusivamente a existência de erro por médicos sem qualquer vinculação com hospital, a ilegitimidade da casa de saúde deverá, por questão de justiça, prosperar, já que inequívoco que a causa de pedir está arrimada em erro médico.

Oportuno enfatizar, como já feito alhures, que o serviço prestado pelo hospital consiste na disponibilização de um complexo construtivo composto de instalações apropriadas ao atendimento médico, servida de equipamentos e instrumentos necessários à prática cirúrgica. Já a atividade médica é prerrogativa exclusiva daqueles profissionais legalmente graduados e habilitados para o desempenho dessa função; ou seja, o hospital, enquanto instituição, administração ou funcionários, não pode prescrever procedimentos de competência exclusiva e pessoal dos médicos, tal como, exemplificativamente, a realização de procedimento cirúrgico.

O vínculo entre médico e hospital é facilmente comprovado mediante a apresentação de declarações alcançadas pelo próprio nosocômio; além disso, essas declarações podem ser reforçadas por intermédio de eventual expedição de ofício ao Ministério do Trabalho e Emprego, para que ele igualmente ateste a inexistência de vínculo laboral entre o facultativo e a instituição de saúde.

Assim, se o médico não é indicado pelo hospital, mas, sim, procurado pelo próprio paciente, trata-se de escolha íntima do sujeito, baseada na pessoalidade, conveniência e liberdade de escolha, sem qualquer intervenção do hospital e, por consequência, diante de eventual dano, o profissional da saúde deverá responder sozinho.

Raciocínio diverso colocaria o hospital como um garantidor universal dos pacientes, como já mencionado no texto. Deve-se ter em mente que já que a atividade médica, em regra, é uma obrigação de meio, ou seja, o profissional deverá empregar todas as técnicas e recursos possíveis, sem garantir um resultado, não caberá ao hospital assumir uma obrigação de resultado responsabilizando-se por erro que ocorra durante a atividade médica, visto que, a despeito de outras diversas razões, o corpo humano é imprevisível e as intervenções cirúrgicas são, na maioria das vezes, de alto risco, o que se depreende do entendimento do próprio STJ.[77]

---

77. " (...) 2. Na hipótese de prestação de serviços médicos, o ajuste contratual – vínculo estabelecido entre médico e paciente – refere-se ao emprego da melhor técnica e diligência entre as possibilidades de que dispõe o profissional, no seu meio de atuação, para auxiliar o paciente. Portanto, não pode o médico assumir compromisso com um resultado específico, fato que leva ao entendimento de que, se ocorrer dano ao paciente, deve-se averiguar se houve culpa do profissional – teoria da responsabilidade subjetiva. *No entanto, se, na ocorrência de dano impõe-se ao hospital que responda objetivamente pelos erros cometidos pelo médico, estar-se-á aceitando que o contrato firmado seja de resultado, pois se o médico não garante o resultado, o hospital garantirá. Isso leva ao seguinte absurdo: na hipótese de intervenção cirúrgica, ou o paciente sai curado ou será indenizado – daí um contrato de resultado firmado às avessas da legislação*" (Grifou-se). BRASIL. Superior Tribunal de Justiça. *Recurso Especial nº 908.359-SC*. Rel. Min. João Otávio Noronha. Brasília. Julgado em 27 de agosto de 2008. Disponível em: < https://www.conjur.com.br/dl/hospital-nao-indenizar-erro-medico.pdf> Acesso em 25 jul. 2019.

Sendo assim, a responsabilidade do hospital será afastada nos casos em que o profissional liberal somente compõe o corpo clínico aberto da instituição, ou aluga as dependências do hospital para procedimentos particulares, sem olvidar a necessidade da comprovação da culpa médica para a responsabilização do facultativo, em qualquer hipótese.

Caso falte, portanto, na relação hospital/médico, os pressupostos de admissão, remuneração, subordinação e não eventualidade, todos compulsórios e cumulativos para a verificação de relação de emprego, não se pode concluir pela legitimidade passiva solidária da casa de saúde por erro desse médico.

Não se fala em admissão quando na relação médico/hospital existe mero ato de credenciamento, consistente na verificação, pelo hospital, dos pressupostos mínimos para que seja autorizada a atuação do referido profissional em suas dependências, como por exemplo: exibição de diploma e títulos. Trata-se, como já dito, de providência meramente administrativa, cuja execução segue orientação do Conselho Federal de Medicina. Alçar o ato de mero credenciamento ao *status* de admissão é extrapolar o limite do razoável e, com isso, criar uma cadeia infindável de legitimados, pois, nesse caso, estar-se-ia admitindo a imputação não só ao hospital, mas também à Instituição que concedeu o título de especialista ao médico; ao Conselho Regional de Medicina que o habilitou; à Universidade que lhe conferiu grau e, assim, regressivamente.

O requisito da remuneração exige apenas uma análise objetiva. Não tendo sido o médico sugestão da instituição, tendo o hospital servido como mero hospedeiro, resta claro que a eleição, e por consequência, a remuneração do médico, ambas foram ajustadas entre o paciente e o profissional da saúde.

No tocante ao pressuposto da subordinação, sem comprovação de vínculo empregatício entre o médico e o hospital, por meio das já comentadas declarações, é óbvia a ausência desse requisito. Salienta-se que, *tecnicamente*, é o nosocômio que está subordinado aos comandos especializados dos médicos; já quanto ao aspecto *administrativo*, não há que se falar em subordinação por parte do médico que apenas compõe o corpo clínico, mas mera atenção às regras gerais de convívio, o que não se confunde com a subordinação funcional exigida para demarcação de vínculo. Aliás, fácil é perceber, sob o viés da preposição, quando a subordinação inexiste, e isso se dá quando, em momento algum, o médico atua em favor dos interesses do hospital, mas, financeiramente, apenas em interesse próprio.

Com o intuito de finalizar o raciocínio até agora exposto, mister reafirmar que é voz corrente, que a responsabilidade dos hospitais é objetiva, "*e a responsabilidade objetiva, contudo, veio para alterar o posicionamento do Judiciário, exigindo atenção especial no que concerne ao nexo causal, porquanto a interrupção deste consiste em um dos únicos caminhos para o réu não precisar indenizar*"[78]. Explica-se: caso o paciente proponha a demanda contra o hospital, por falha na prestação de serviço, visto o nosocômio como um hoteleiro, o autor deverá demonstrar, na inicial, a ação ou omissão, os danos sofridos,

---

78. LUTZKY, Daniela Courtes. *A reparação de danos imateriais como direito fundamental*. Porto Alegre: Livraria do Advogado, 2012, p. 122.

bem como o nexo causal, pois se não restar demonstrado o agir faltoso da casa de saúde como a causa necessária à produção do dano, ela não será responsabilizada. A mesma relevância tem o nexo quando o hospital for demandado por erro médico, caso em que caberá ao autor provar a conduta comissiva ou omissiva, os danos, a culpa do médico, e o nexo causal; afinal, só responderá o hospital se restar demonstrado que foi a culpa do médico que ensejou a lesão[79].

Assim, quando o nexo causal só puder ser estabelecido com a conduta do profissional médico não vinculado ao hospital, e não houver participação do nosocômio na produção do prejuízo, por certo se estará diante da ilegitimidade passiva do último quando acionado judicialmente pelo autor. Nesse sentido, já adentrando no mérito de uma contestação, caso o juiz efetivamente entenda pela configuração do erro médico, o hospital deverá alegar em seu favor uma das excludentes da responsabilidade civil, qual seja, o fato de terceiro, uma vez que a suposta falha decorreu de ato praticado por médico que não é seu preposto ou empregado. Afinal, os hospitais têm, em regra, um corpo clínico aberto e, portanto, não têm competência para restringir o exercício profissional em suas dependências, senão por justo motivo, relacionado a impedimentos éticos, disciplinares ou técnicos.

Mostra-se, assim, descabido, cogitar-se a respeito da aplicação do disposto nos artigos 932, III, e 933, ambos do Código Civil, na medida em que não há qualquer relação de emprego, preposição ou, de uma maneira geral, subordinação entre o médico e o hospital demandado. Ademais, conforme previsão constante no artigo 265 do Código Civil, *"a solidariedade não se presume; resulta da lei ou da vontade das partes"*, de forma que impossível o reconhecimento de uma possível responsabilização solidária entre hospital e médico já que ausente qualquer previsão, seja na lei, seja no contrato, de que o hospital demandado deva responder pelos danos eventualmente praticados pelos médicos não empregados e/ou prepostos, e que tão somente componham seu corpo clínico.

Adentrando na parte processual do assunto, percebe-se, infelizmente, que *"nem sempre a legitimidade passiva é facilmente aferível para a propositura da demanda. É comum, dada a possível complexidade fática existente, o autor não saber seguramente contra quem demandar"*[80], mas em o hospital tendo ciência de sua ilegitimidade, por quaisquer das razões expostas, deverá alegá-la, em preliminar de contestação, de acordo com o art. 337, IV do CPC[81]; afinal, "quem não pratica qualquer ato lesivo, não pode ser legitimado passivo"[82].

Em complementação, o art. 338 do CPC aduz que, quando o réu alegar ilegitimidade, o juiz facultará, ao autor, no prazo de 15 dias, a alteração da petição para a substituição

---

79. "(...) quando o paciente é internado sob a responsabilidade de seu médico, previamente escolhido, a responsabilidade do hospital fica confinada aos seus domínios, como antes mencionado, não havendo nexo de causalidade com o erro do médico propriamente dito. (...)". BRASIL. SUPERIOR TRIBUNAL DE JUSTIÇA. *Recurso Especial nº 400843/RS*. Terceira Turma. Rel. Min. Carlos Alberto Menezes Direito. Julgado em 17/02/2005. DJ 18/04/2005. Disponível em < https://stj.jusbrasil.com.br/jurisprudencia/19320442/recurso-especial-resp-400843-rs-2001-0196593-7> Acesso em 26 jul. 2019.

80. SÁ, Renato Montans de. *Manual de direito processual civil*. São Paulo: Saraiva Educação, 2018, p. 510.

81. Art. 337: "Incumbe ao réu, antes de discutir o mérito, alegar: XI – ausência de legitimidade ou de interesse processual";

82. KFOURI NETO, Miguel. *Responsabilidade Civil dos Hospitais*. São Paulo: Revista dos Tribunais, 2010, p. 102.

do réu, atendendo, por óbvio, ao princípio da economia processual no sentido *lato*; ou seja, o juiz não extinguirá a inicial diante de uma alegação de ilegitimidade passiva, ele dará, ao autor, o prazo de 15 dias para a emenda da inicial a fim de seja redirecionada a demanda a quem verdadeiramente de direito.

O parágrafo único do art. 338 do CPC menciona, ainda, que uma vez realizada a substituição do polo passivo, o autor deverá reembolsar as despesas do réu, pagando, inclusive, honorários ao procurador do réu excluído, que deverão ser fixados entre três e cinco por cento do valor da causa ou, sendo irrisório, nos termos do art. 85, §8º do CPC.

Já o art. 339 do CPC diz que incumbe ao réu ilegítimo, *sempre que possível*, informar ao autor quem é o correto legitimado, sob pena de arcar com as despesas processuais e indenizar o autor pelos prejuízos provenientes da falta de indicação, como uma espécie de cooperação[83], inclusive para o andamento mais rápido da lide.

Sendo, portanto, notória a ilegitimidade passiva do centro de saúde, deverá a ação ser extinta sem resolução de mérito, com fundamento nos artigos 485, inciso VI do CPC/2015.[84]

Analisados os argumentos da posição majoritária; ou seja, que defende a ilegitimidade passiva do hospital diante de dano causado por médico que apenas compõe o corpo clínico, não se pode deixar de mencionar os fundamentos da corrente minoritária, que pugna pela legitimidade do nosocômio, ainda que o médico não seja seu empregado ou preposto[85].

Os defensores desse pensamento doutrinam que a partir do momento em que a casa de saúde disponibiliza suas instalações para o atendimento do paciente, seja para seu corpo médico, seja para profissionais que não mantêm vínculo de emprego com a instituição, torna-se responsável pelos procedimentos realizados[86]. Há julgados, portanto, que acolhem a ideia de "além de o hospital ter responsabilidade sobre os profissionais que integram seu quadro clínico", ele tem a mesma responsabilidade sobre os profissio-

---

83. Art. 6º do CPC: "Todos os sujeitos do processo devem cooperar entre si para que se obtenha, em tempo razoável, decisão de mérito justa e efetiva". Isto é, partes, órgão jurisdicional e terceiros devem colaborar entre si para que o processo alcance seu objetivo em um tempo razoável. Por certo que as partes têm interesses contrapostos, mas devem colaborar para que se possa obter, com brevidade e eficácia, a justa composição da lide, como afirma, também, o art. 266 do CPC português. MEDINA, José Miguel García. *Curso de Direito processual civil moderno*. São Paulo: Revista dos Tribunais, 2017, p. 127.

84. Art. 485. O juiz não resolverá o mérito quando: [...] VI - verificar ausência de legitimidade ou de interesse processual.

85. "AÇÃO DE INDENIZAÇÃO. DANOS MORAIS. ERRO MÉDICO. ESQUECIMENTO DE CORPO ESTRANHO NO ORGANISMO DA PACIENTE. NEXO DE CAUSALIDADE E DEFEITO NA PRESTAÇÃO DO SERVIÇO. COMPROVAÇÃO. HOSPITAL. LEGITIMIDADE PASSIVA. PRESTADOR DE SERVIÇOS. AUSÊNCIA DE VÍNCULO DE EMPREGO. IRRELEVÂNCIA. SOLIDARIEDADE. INDENIZAÇÃO DEVIDA. A relação entre o hospital e o médico que realiza procedimentos cirúrgicos em suas dependências não precisa ser de emprego para que haja responsabilidade solidária entre eles. Como fornecedor de serviços, o hospital responde civilmente pelos danos causados aos pacientes, exceto quando restarem comprovadas as circunstâncias excludentes da responsabilidade. (...)". MINAS GERAIS. TRIBUNAL DE JUSTIÇA. *Apelação Cível nº 1.0245.06.084104-7/001*. Décima Câmara Cível. Rel. Pereira da Silva. Julgado em 29/09/2009. DJe 16/10/2009. Disponível em < https://tj-mg.jusbrasil.com.br/jurisprudencia/6012535/102450608410470011-mg-1024506084104-7-001-1/inteiro-teor-12148180> Acesso em 24 jul. 2019.

86. RIO GRANDE DO SUL. Tribunal de Justiça. *Apelação Cível nº 70029290798*. Décima Câmara Cível. Rel. Jorge Alberto S. Pestana. Julgado em 29/04/2010. Disponível em <http://www1.tjrs.jus.br/busca/?tb=proc>. Acesso em 31 jul. 2019

nais que apenas "exercem atividades em suas dependências, não se mostrando possível o reconhecimento de ilegitimidade passiva"[87].

Outrossim, alegam que o contrato de locação do espaço, por médico não empregado nem preposto do hospital, gera, por si só, uma responsabilidade objetiva e solidária, tendo em vista que referido negócio jurídico é lucrativo e oneroso, nos moldes de um contrato de consumo[88]. Denota-se, dessa feita, que há quem consinta que, a despeito de os médicos apenas utilizarem, eventualmente, a estrutura física e logística do hospital para a realização de uma cirurgia, por exemplo, existe um vínculo jurídico entre eles, fazendo com que o estabelecimento de saúde responda objetivamente pelos danos causados por esses profissionais, sem prejuízo de um eventual direito de regresso contra o facultativo culpado[89].

4. CONSIDERAÇÕES FINAIS

Já que se está a pensar em demanda ressarcitória, essencial que estejam presentes os pressupostos configuradores da responsabilidade civil, quais sejam: a ação ou omissão; os danos (que podem ser materiais e/ou imateriais) e o nexo causal.

Diante do contrato de prestação de serviços são médicos e hospitais enquadrados como fornecedores, submetendo-se os nosocômios à regra da responsabilidade objetiva fundada no risco, e os facultativos à exceção do mesmo Diploma; isto é, a responsabilidade civil subjetiva com base na culpa.

Deduz-se, assim, que para que exista a responsabilização médica deverá ser provada a culpa *lato sensu* do profissional (dolo, imprudência, negligência ou imperícia) juntamente com os demais pressupostos básicos da responsabilidade civil. Já no que pertine à responsabilidade do hospital, fornecedor do serviço, ela é tida como objetiva, pois fundada no risco da atividade. O nosocômio, por sua vez, responsabiliza-se tanto por atos próprios, no desenvolver a atividade enquanto hotel/hospedeiro, como por atos de determinadas pessoas que tenham ligação de subordinação com ele, como os seus empregados e prepostos.

Entre os hospitais e seus pacientes há um contrato. Relação de consumo essa que tem por objeto a prestação de serviço hospitalar, composto pelo fornecimento de hospedagem e pela prestação de serviços paramédicos. É uma obrigação semelhante à dos hoteleiros, compreendendo tanto deveres de assistência médica, como de hospedagem. Havendo defeito na prestação desse serviço bastará ao lesado comprovar os danos e o nexo causal; ou seja, estar-se-á diante de uma responsabilidade objetiva direta.

---

87. RIO GRANDE DO SUL. Tribunal de Justiça. *Apelação Cível nº 70047085311*. Sexta Câmara Cível. Rel. Sylvio José Costa da Silva Tavares. Julgado em 09/04/2015. Disponível em <http://www1.tjrs.jus.br/busca/?tb=proc>. Acesso em 31 jul. 2019.

88. ARAÚJO, Vanessa Donato de (Coord.). **Responsabilidade Civil – Direito Civil** – São Paulo: Revista dos Tribunais, 2008, p. 276.

89. GAGLIANO, Pablo Stolze, PAMPLONA FILHO, Rodolfo. **Novo Curso de Direito Civil** – Volume III – Responsabilidade Civil. 2ª ed. São Paulo: Saraiva, 2004, p. 285.

DOS MÉDICOS COM E SEM VÍNCULO DE SUBORDINAÇÃO

Seguindo o raciocínio acima proposto, se for comprovado que o médico possui vínculo com o hospital e é empregado e/ou preposto dele, aplica-se a regra do inciso III do artigo 932 do Código Civil, combinada com o art. 933 também do CC; caso em que se estará diante da responsabilidade objetiva diferenciada: prova-se a culpa do médico como um antecedente lógico indeclinável à responsabilização objetiva do nosocômio. Então, a responsabilidade do estabelecimento, mesmo sendo objetiva, é vinculada à comprovação da culpa do médico, sendo o nosocômio solidariamente responsável pelos danos causados por esses médicos. Raciocínio diverso colocaria o hospital na posição de um garantidor universal dos pacientes, pois diante da desnecessidade de provar a culpa médica, o nosocômio restaria sempre responsável, não tendo defesa, o que ensejaria uma espécie de responsabilidade objetiva com base no risco integral, ônus demasiado severo para casas de saúde que, não raro, trabalham com parcas condições.

O problema aparece quando o médico não possui vínculo de subordinação com a instituição. Parece correto e tende a se consolidar, tanto na doutrina quanto na jurisprudência, inclusive do STJ, o entendimento da corrente hoje majoritária, que defende que o dano causado exclusivamente por médico profissional liberal sem subordinação, e que apenas integra o corpo clínico (ou corpo clínico aberto) da instituição, não torna o estabelecimento de saúde solidário na demanda reparatória, mesmo que tenha sido ofertado a ele um ambiente de trabalho mediante pagamento.

Ainda, diante de uma demanda de reparação de danos em que o nosocômio foi demandado indevidamente, deverá alegar, em sede de preliminar de contestação, a sua ilegitimidade passiva, devendo indicar, desde logo e se possível, o autor do dano, sob pena de arcar com os ônus sucumbenciais e indenização ao autor. Caso seja acolhido o pedido feito em preliminar de contestação, será o hospital retirado do polo passivo da demanda, e ela continuará apenas contra o facultativo, se ele também foi acionado. Cumpre lembrar, todavia, que a título de defesa alternativa deverá a casa de saúde, no mérito da contestação, alegar fato de terceiro como real causa do dano e razão de rompimento do nexo causal entre o agir do hospital e os danos, motivo que pode conduzir a isenção de responsabilidade para o hospital.

5. REFERÊNCIAS

AGUIAR JÚNIOR, Ruy Rosado de. *Responsabilidade civil dos médicos*. Revista Jurídica, v.45, n.231, jan. 1997.

ARAÚJO, Vanessa Donato de (Coordenação). *Responsabilidade Civil – Direito Civil*. São Paulo: Revista dos Tribunais, 2008.

BARROS, Alice Monteiro de. *Curso de Direito do Trabalho*. 7ª ed. São Paulo: LTr, 2011.

BENJAMIN, Antônio Herman V.; MARQUES, Claudia Lima; BESSA, Leonardo Roscoe. *Manual de direito do consumidor*. 7. ed. São Paulo: Revista dos Tribunais, 2016.

BRASIL. *Código de Ética Médica*. Resolução CFM Nº 1931/2009, de 24 de setembro de 2009. Disponível em <http://www.portalmedico.org.br/novocódigo/integra_5.asp>.

BRASIL. Superior Tribunal de Justiça. *Recurso Especial nº 400843/RS*. Terceira Turma. Rel. Min. Carlos Alberto Menezes Direito. Julgado em 17/02/2005. DJe 18/04/2005.

BRASIL. Superior Tribunal de Justiça. *Recurso Especial nº 351.178/SP.* Quarta Turma. Rel. Min. Massami Uyeda. Julgado em 24 de junho de 2008. DJe 24/11/2008.

BRASIL. Superior Tribunal de Justiça. *Recurso Especial nº 908359 SC 2006/0256989-8.* Rel. Min. Nancy Andrighi. Julgado em 27/08/2008. DJe 17/08/2008.

BRASIL. Superior Tribunal de Justiça. *Recurso Especial nº 1019404 RN 2007/0309531-5.* Rel. Min. João Otávio de Noronha. Julgado em 22/03/2011. DJe 01/04/2011.

BRASIL. Superior Tribunal de Justiça. *AgRg no REsp 1474047/SP,* Rel. Ministro RICARDO VILLAS BÔAS CUEVA, Terceira Turma. Julgado em 09/12/2014. DJe 17/12/2014.

CALVÃO DA SILVA, João. *Responsabilidade civil do produtor.* Coimbra: Almedina, 1990.

CAVALIERI FILHO, Sérgio. *Programa de Responsabilidade Civil.* 10ª ed. São Paulo: Atlas, 2012.

CONSELHO FEDERAL DE MEDICINA. *Resolução CFM nº 1.481/97.* Brasília, 1997. Disponível em http://www.portalmedico.org.br/resolucoes/CFM/1997/1481_1997.htm>.

COUTO FILHO, Antonio Ferreira; SOUZA, Alex Pereira. *Responsabilidade civil médica e hospitalar: repertório jurisprudencial por especialidade médica; teoria da eleição procedimental; iatrogenia.* Belo Horizonte: Editora Del Rey, 2001.

CROCE, Delton; CROCE JÚNIOR, Delton. *Erro médico e o direito.* São Paulo: Saraiva, 2002.

DELGADO, Maurício Godinho. *Curso de Direito do Trabalho.* 9ª ed. São Paulo: LTr, 2010.

DIAS, José de Aguiar. *Da responsabilidade civil.* Rio de Janeiro: Renovar, 2006.

FARIAS, Cristiano Chaves de; ROSENVALD, Nelson. *Curso de Direito Civil.* Salvador: Ed. JusPodivm, 2018.

FIGUEIREDO, Mariana Filchtiner. *Direito à saúde.* Salvador: Ed. JusPodivm, 2018.

FILOMENO, José Geraldo Brito. *Manual de Direitos do Consumidor.* São Paulo: Atlas, 2016.

FORSTER, Nestor José. *Erro Médico.* São Leopoldo: Editora Unisinos, 2002.

GAGLIANO, Pablo Stolze, PAMPLONA FILHO, Rodolfo. *Novo Curso de Direito Civil - Responsabilidade Civil.* 2. ed. São Paulo: Saraiva, 2004.

GONÇALVES, Carlos Roberto. *Direito Civil Brasileiro: Responsabilidade Civil.* 13. ed. São Paulo: Saraiva, 2018.

KFOURI NETO, Miguel. *Responsabilidade civil do médico.* 4. ed. São Paulo: Revista dos Tribunais, 2001.

KFOURI NETO, Miguel. *Responsabilidade Civil dos Hospitais.* São Paulo: Revista dos Tribunais, 2010.

LISBOA, Roberto Senise. *Manual de direito civil.* 4. ed. São Paulo: Saraiva, 2009.

LUTZKY, Daniela Courtes. *A reparação de danos imateriais como direito fundamental.* Porto Alegre: Livraria do Advogado, 2012.

MARTINS, Sergio Pinto. *Direito do Trabalho.* São Paulo: Saraiva, 2017.

MEDINA, José Miguel Garcia. *Curso de Direito processual civil moderno.* São Paulo: Revista dos Tribunais, 2017.

MELLO, Cleyson de Moraes. *Responsabilidade Civil: e sua interpretação pelos Tribunais.* 2. ed. Campo Grande: Contemplar, 2012.

MELO, Nehemias Domingos de. *Responsabilidade civil por erro médico: doutrina e jurisprudência.* São Paulo: Atlas, 2008.

MENEZES, Bruno Seligman de. *O Médico, o Corpo Clínico e o SUS – Uma análise do delito de concussão frente ao artigo 327 do código penal*. Sorocaba: Minelli, 2007.

MINAS GERAIS. TRIBUNAL DE JUSTIÇA. *Apelação Cível nº 1.0245.06.084104-7/001*. Décima Câmara Cível. Rel. Pereira da Silva. Julgado em 29/09/2009. DJe 16/10/2009.

MIRAGEM, Bruno. *Direito do Consumidor*. São Paulo: Revista dos Tribunais, 2008.

MIRAGEM, Bruno Nubens Barbosa. *Direito Civil: Responsabilidade Civil*. São Paulo: Saraiva, 2015.

MORAES, Irany Novah. *Erro médico e a lei*. São Paulo: Revista dos Tribunais, 1995.

MORAES, Irany Novah. *Erro médico e a justiça*. São Paulo: Revista dos Tribunais, 2003.

PASQUALOTTO, Adalberto; PFEIFFER, Roberto Augusto Castellanos. *Código de Defesa do Consumidor e o Código Civil de 2002*. São Paulo: Revista dos Tribunais, 2005.

RIO GRANDE DO SUL. Tribunal de Justiça. *Apelação Cível nº 70019891795/2001*. Nona Câmara Cível. Relatora: Iris Helena Medeiros Nogueira. Julgado em 12 de outubro de 2007.

RIO GRANDE DO SUL. Tribunal de Justiça. *Apelação Cível nº 70029719267*. Nona Câmara Cível. Relator: Tasso Caubi Soares Delebary. Julgado em 16 dez. 2009.

RIO GRANDE DO SUL, Tribunal de Justiça do. *Apelação Cível Nº 70029290798*, Décima Câmara Cível, Relator: Jorge Alberto Schreiner Pestana, Julgado em 29/04/2010.

RIO GRANDE DO SUL. Tribunal de Justiça do Rio Grande do Sul. *Apelação Cível nº 70039527312*, Sexta Câmara Cível. Relator: Des. Niwton Carpes da Silva. Julgado em 29 de agosto de 2013.

RIO GRANDE DO SUL, Tribunal de Justiça do. *Apelação Cível Nº 70047085311*, Sexta Câmara Cível, Relator: Sylvio José Costa da Silva Tavares, Julgado em 09/04/2015.

RIO GRANDE DO SUL. TRIBUNAL DE JUSTIÇA. *Apelação Cível Nº 70074178393*, Décima Câmara Cível. Rel. Catarina Rita Krieger Martins. Julgado em 28/09/2017.

RIO GRANDE DO SUL. TRIBUNAL DE JUSTIÇA. *Apelação Cível Nº 70074252180*, Nona Câmara Cível. Rel. Tasso Caubi Soares Delabary. Julgado em 30/08/2017.

RIO GRANDE DO SUL. Tribunal de Justiça. *Apelação Cível nº 70074917543*. Sexta Câmara Cível. Rel. Sylvio José Costa da Silva Tavares. Julgado em 28/09/2017.

RIO GRANDE DO SUL, Tribunal de Justiça do. *Agravo de Instrumento Nº 70077345585*, Nona Câmara Cível, Relator: Tasso Caubi Soares Delabary, Julgado em 13/06/2018.

RIO GRANDE DO SUL. TRIBUNAL DE JUSTIÇA. *Embargos de Declaração Nº 70075672295*, Décima Câmara Cível. Rel. Paulo Roberto Lessa Franz. Julgado em 26/04/2018. Data de publicação: Diário de Justiça 07/05/2018.

ROCHA, Sílvio Luís Ferreira da. *Responsabilidade civil do fornecedor pelo fato do produto no direito brasileiro*. São Paulo: RT, 1992.

ROMITA, Arion Sayão. *A subordinação no contrato de trabalho*. Rio de Janeiro: Forense, 1979.

SÁ, Renato Montans de. *Manual de direito processual civil*. 3ª ed. São Paulo: Saraiva Educação, 2018.

SANSEVERINO, Paulo de Tarso Vieira. *Responsabilidade civil no código do consumidor e a defesa do fornecedor*. São Paulo: Saraiva, 2002.

STOCO, Rui. *Tratado de responsabilidade civil: doutrina e jurisprudência*. 8. ed. São Paulo: Revista dos Tribunais, 2011.

TARTUCE, Flávio. *Manual de responsabilidade civil: volume único*. 1ª ed. Rio de Janeiro: Forense; São Paulo: Método, 2018.

VENDRAMINI, Sylvia Maria Machado; DIAS, Wagner Inácio Freitas. *A responsabilidade Médica: um cotejo legal, jurisprudencial e doutrinário acerca da Teoria da Culpa*. Viçosa: Editora UFV, 2002.

VIOLA, Mario. Responsabilidade civil dos médicos, dos hospitais e das seguradoras e operadoras de planos de assistência à saúde por erro médio. *Revista Jurídica da Pontifícia Universidade Católica de Campinas*. Vol.23. nº 01, p. 93.

WESENDONCK, Tula. *O regime de responsabilidade civil pelo fato dos produtos postos em circulação: uma proposta de interpretação do artigo 931 do Código Civil sob a perspectiva do direito comparado*. Porto Alegre: Livraria do Advogado Editora, 2015.

RESPONSABILIDADE HOSPITALAR POR ERRO MÉDICO: A NECESSIDADE DA COMPROVAÇÃO DA CULPA EM RAZÃO DA APLICAÇÃO DA TEORIA DA RESPONSABILIDADE OBJETIVA MITIGADA[1]

Ana Beatriz Nóbrega Barbosa

Graduanda em Direito pelo Centro Universitário UNIFACISA. E-mail: anabeatriznb24@gmail.com.

Igor de Lucena Mascarenhas

Doutorando em Direito pela Universidade Federal da Bahia e pela Universidade Federal do Paraná. Mestre pela Universidade Federal da Paraíba. Especialista em Direito da Medicina pelo Centro De Direito Biomédico da Universidade de Coimbra. Professor da graduação e pós-graduação do Centro Universitário UNIFIP e do Centro Universitário UNIFACISA. Membro do IBERC, ABDE e IBDCivil. Advogado. E-mail: imascarenhas@mbrp.adv.br.

Sumário: 1. Introdução – 2. Responsabilidade subjetiva e objetiva dos médicos e hospitais – 3. Tipos de serviços/ atos médico-hospitalares – 4. Responsabilidade objetiva mitigada dos hospitais face aos erros médicos – 5. Conclusão – 6. Referências.

1. INTRODUÇÃO

O mundo da responsabilidade civil deve, para fins de definição sobre a natureza da responsabilidade, enfrentar o questionamento sobre quem foi o causador do dano, pessoa natural ou jurídica. Esse enfrentamento prévio é fundamental para definir qual o regime a ser aplicado, se a responsabilidade civil objetiva ou a responsabilidade civil subjetiva.

O problema, sobretudo em razão da crescente judicialização das relações médico-hospitalares, é que, seja por uma perspectiva estritamente financeira, seja em razão de uma perspectiva de viabilidade da execução, os hospitais e clínicas são acionados judicialmente nas situações de erro médico.

Se a responsabilidade civil se guia pela finalidade reparatória (danos materiais), compensatória (danos extrapatrimoniais), punitiva e preventiva, analisar quem será o demandado é extremamente relevante para as duas últimas citadas, na medida em que

---

1. Os autores agradecem a leitura, críticas e contribuições formuladas por Rafaella Nogaroli e Adriano Godinho no processo de elaboração do texto.

não são direcionadas especificamente ao dano propriamente dito, mas com o intuito dissuasório e punitivo apresentam uma natureza subjetiva em relação à figura do réu.

Sabe-se que o Código de Defesa do Consumidor fixa a responsabilidade objetiva para os fornecedores, nos termos do art. 14, e a responsabilidade subjetiva, nos termos do § 4° do mesmo artigo, porém qual a responsabilidade em desfavor das pessoas jurídicas em razão dos profissionais ali lotados?

O presente artigo, através de uma revisão bibliográfica e documental, pretende analisar a teoria da responsabilidade objetiva mitigada, ou seja, a necessidade de se aferir a culpa dos profissionais de saúde nas hipóteses em que uma pessoa jurídica for demandada em razão de erros dos profissionais atuantes na unidade.

2. RESPONSABILIDADE SUBJETIVA E OBJETIVA DOS MÉDICOS E HOSPITAIS

Diante do aumento no número de demandas judiciais envolvendo o direito médico, desponta a necessidade de analisar qual a conduta dos agentes na ocorrência de eventual erro médico.[2] Isso porque, em se tratando de procedimentos na área da saúde, o alto grau de especificidade da atividade enseja a possibilidade de falhas, necessitando da existência de um juízo que apure o tipo de responsabilidade correspondente.

Com vistas a compreender qual o tipo de responsabilidade será imputado é preciso precipuamente definir quem provocou o erro médico. A depender dessa análise será possível a aferição da obrigação individualizada de cada agente. Por isso, existe a diferenciação entre a responsabilidade dos estabelecimentos hospitalares e dos médicos, posto que a atividade por eles desempenhada abarca peculiaridades que os diferenciam.

A responsabilização dos médicos é de natureza subjetiva, ou seja, está condicionada à verificação da culpa para sua caracterização. Essa acepção está consagrada no artigo 14, §4° do Código de Defesa do Consumidor, assim como no art. 951 do Código Civil, de modo que a responsabilidade do profissional liberal é subjetiva.

No caso concreto será necessário apurar se a atuação médica foi proveniente de imperícia[3], imprudência ou negligência. Quando da verificação de algum desses elementos tem-se caracterizada a culpa *strictu sensu*. Na seara médica, a imprudência ocorre quando o profissional descura da cautela necessária para realização do procedimento, pois, embora conheça a técnica, desconsidera o risco a ele inerente. Por sua vez, a negligência é

---

2. De acordo com Clênio Jair Schulze, o Brasil alcançou a incrível marca de mais de 30 mil processos novos processos sobre erro médico em 2019. Cf. SCHULZE, Clênio Jair. *Judicialização da saúde em números*: Foram 459.076 demandas judicializadas, com aproximadamente 135 mil relativas à Saúde Suplementar. 2020. Disponível em: https://www.jota.info/opiniao-e-analise/artigos/judicializacao-da-saude-em-numeros-03112020#sdfootnote2sym. Acesso em: 05 jan. de 2021.

3. Sobre a imperícia, Genival Veloso de França aponta que não é possível responsabilizar o médico por tal conduta, na medida em que a conclusão do curso de Medicina o habilita para o exercício profissional, de modo que ele possui habilidade para o exercício da tarefa. Em sentido contrário, Walter Bloise destaca que o médico imperito é um risco para a sociedade. Cf. FRANÇA, Genival Veloso de. *Direito médico*. Rio de Janeiro: Forense, 2019.p.213 e BLOISE, Walter. *A responsabilidade civil e o dano médico*: legislação, jurisprudência, seguros e o dano médico. Rio de Janeiro: Forense, 1987.

aferida quando do descumprimento de um dever preexistente. Já a imperícia é verificada a partir da ausência ou deficiência das habilidades e técnicas necessárias àquela profissão.[4]

A culpa também pode ser visualizada sob o viés subjetivo, destacando-se nesse caso a designada culpa médica *lato sensu*. Esta é definida como o elemento subjetivo que pressupõe a ocorrência de violação aos ditames da atuação médica padrão, isto é, aquela exigível de qualquer profissional em situação similar. [5]

Em que pese a responsabilidade dos médicos estar atrelada à análise subjetiva, é permitida em determinados casos a possibilidade da inversão do ônus da prova, levando em consideração a suposta hipossuficiência técnica do paciente em relação ao médico, possuidor de conhecimento específico do assunto.[6]

Saliente-se que a culpa médica está correlacionada à inobservância das *leges artis*, de modo que sua aferição deve ser pautada em verificar se o tratamento aplicado é adequado ou indicado conforme os conhecimentos, experiências e preceitos adotados pela comunidade médica e científica. [7]

Para a determinação da culpa médica não é suficiente uma análise perfunctória, sendo essencial que o juiz observe se no caso concreto a atuação do profissional infringiu os deveres de conduta exigíveis em qualquer situação. Contudo, não se pode olvidar que se trata de uma matéria eminentemente técnica, não sendo prudente impor ao juiz a deliberação sobre o tema sem a existência da prova pericial.[8] Vale salientar que é importante ao julgador a cautela para uma observação objetiva dos fatos, de modo a evitar uma valorização extremada do caráter exclusivamente técnico da prova.[9]

A responsabilidade médica é comumente decorrente do descumprimento de um dever jurídico preexistente, ainda que considerada a relação sui generis dessa relação contratual, o que exige a reparação do dano provocado. Todavia, a natureza contratual da relação não desnatura a necessidade da comprovação da culpa por parte do ofensor.[10]

Quanto aos hospitais, a responsabilidade por regra é do tipo objetiva, por expressa dicção legal do *caput* do artigo 14 do Código de Defesa do Consumidor. Assim, prescindirá da comprovação da culpa para sua verificação, sendo suficiente a apresentação de uma conduta omissiva/comissiva, existência de dano e nexo de causalidade. Sob essa ótica, o nosocômio atuará na condição de prestador de serviços à saúde, sendo responsável sempre que houver falhas ou rupturas na continuidade daqueles. [11]

---

4. KFOURI NETO, Miguel; DANTAS, Eduardo; NOGAROLI, Rafaella. Medidas extraordinárias para tempos excepcionais: da necessidade de um olhar diferenciado sobre a responsabilidade civil dos médicos na linha de frente do combate à COVID-19. In: KFOURI NETO, Miguel; NOGAROLI, Rafaella (Org.). *Debates contemporâneos em Direito Médico e da Saúde*. São Paulo: Thompson Reuters Brasil, 2020. p. 508-509.

5. CAVALIERI FILHO, Sérgio. *Programa de responsabilidade civil*. 13. ed. Atlas: São Paulo, 2019, p. 494.

6. GONÇALVES, Carlos Roberto. *Direito civil brasileiro*: responsabilidade civil. 15 ed. Saraiva: São Paulo, 2020, p. 285.

7. PEREIRA, André Gonçalo Dias. *Direitos dos pacientes e responsabilidade médica*. 879 fls. Coimbra, 2012. Doutoramento em ciências jurídico-civilistas. Faculdade de Direito da Universidade de Coimbra. p. 390.

8. CAVALIERI FILHO, Sérgio. *Programa de responsabilidade civil*. 13. ed. Atlas: São Paulo, 2019. p. 499.

9. NETO, Miguel Kfouri. A Responsabilidade civil do médico. *Revista dos Tribunais*, v. 654, p. 57-76, 1990. p. 59.

10. ROSENVALD, Nelson e NETTO, Felipe Peixoto. Responsabilidade civil na área médica. *Actualidad Jurídica Iberoamericana*, n. 8, p. 373-420, 2018, p. 381 e 382.

11. VIEGAS, Cláudia Mara de Almeida Rabelo. A responsabilidade civil dos médicos e hospitais, à luz do direito consumerista. *Revista dos Tribunais*, v. 81, p. 39-66, 2017, p. 45 e 46.

Em certa medida, essa análise diferenciada está correlacionada à natureza distinta dos vínculos firmados. Se nas relações diretas entre profissional–paciente, há uma relação de confiança de natureza pessoal e individual, na relação paciente-hospital, o que se observa é uma perspectiva muito mais complexa, dada a rede de contratos e obrigações existentes que permite a existência de faltas anônimas e faltas coletivas.[12]

Com efeito, apesar da regra geral implicar na responsabilidade objetiva dos estabelecimentos hospitalares, em se tratando de erro decorrente dos serviços essencialmente médicos, requer-se análise diferenciada, pois será preciso perquirir a culpa do profissional subordinado ao nosocômio. Eis aqui a aplicação da responsabilidade objetiva mitigada.[13] Em sentido contrário, Nehemias Domingo de Melo aponta que a responsabilidade do hospital é sempre objetiva e prescinde da discussão de culpa, bastando a demonstração do dano e nexo de causalidade, de modo que a argumentação nosocomial fica restrita às excludentes de responsabilidade.[14] Nelson Nery Júnior, na mesma linha contrária de posicionamento, defende que "quando o profissional liberal integra pessoa jurídica ou presta serviços a pessoas jurídicas, a responsabilidade é destas e objetiva, já que não se pode falar, nestes casos, em responsabilidade pessoal, como mencionada na norma do art. 14, § 4.º, do CDC"[15].

Registre-se que a responsabilização imputada aos hospitais independe de a prestação ser ou não a título gratuito, uma vez que a saúde deve ser observada enquanto direito fundamental de importância suprema e não como mero componente de uma relação jurídica contratual.[16]

3. TIPOS DE SERVIÇOS/ ATOS MÉDICO-HOSPITALARES

Com o intuito de identificar precisamente qual o tipo de responsabilidade deverá ser imputado aos estabelecimentos hospitalares, quando da verificação de eventual erro, é necessário precipuamente definir qual o tipo de ato/serviço fora desempenhado.

---

12. VASCONCELOS, Pedro Pais de. Responsabilidade civil médica hospitalar. *Revista de Direito da Responsabilidade*, n. 2, p. 367-377, 2020. p. 370-372.

13. Para fins desse artigo, utilizar-se-á a denominação responsabilidade objetiva mitigada utilizada por Maurilio Casas Maia, salientando que, para o mesmo fenômeno, há a utilização de outros nomes, a saber "responsabilidade objetiva diferenciada" por Daniela Courtes Lutzky e "responsabilidade objetiva indireta" por Camila Lemos Azi Pessoa. No âmbito do Superior Tribunal de Justiça, em que pese a aplicação da teoria da responsabilidade objetiva mitigada, não há menção de um termo específico para designá-la, sendo por vezes tratada como responsabilidade objetiva dependente da aferição de culpa do profissional de saúde e em outras como responsabilidade subjetiva. Cf. MAIA, Maurilio Casas. A responsabilidade objetiva mitigada hospitalar por dano médico: releitura jurisprudencial e a culpa médica como defeito e nexo causal na harmonização entre o caput e o § 4° do artigo 14 do CDC. *Revista dos Tribunais*, v. 99, p. 233-257, 2015 e LUTZKY, Daniela Courtes. Dos médicos com e sem vínculo de subordinação e a legitimidade passiva do nosocômio. In: ROSENVALD, Nelson; MENEZES, Joyceane Bezerra de; DADALTO, Luciana. *Responsabilidade Civil e Medicina*. Indaiatuba: Editora Foco, 2020. p.123-144 e PESSOA, Camila Lemos Azi. Responsabilidade civil do hospital: considerações à luz da Análise Econômica do Direito. *Revista de Direito Privado*, v. 99, p. 169-190, 2019. p. 172-173.

14. MELO, Nehemias Domingo de. *Responsabilidade Civil por erro médico*: doutrina e jurisprudência. 3 ed. São Paulo: Atlas, 2014.

15. NERY JÚNIOR, Nelson. Os princípios gerais do Código Brasileiro de Defesa do Consumidor. *Revista de Direito do Consumidor*, v. 3, p. 44-77, 1992. p. 53.

16. STOCO, Rui. Responsabilidade civil dos hospitais, sanitários, clínicas, casas de saúde e similares em face do código de defesa do consumidor. *Revista dos Tribunais*, v. 712, p. 71-77, 1995, p. 72.

Tradicionalmente, a doutrina aponta que os hospitais são prestadores de serviços médicos e de hospedagem.[17] Gustavo Tepedino afirma que a prestação de serviço de saúde apresenta três contratos distintos, a saber: entre o paciente e o profissional relativo ao tratamento de saúde; entre o paciente e o hospital relativo ao serviço de hospedaria; e entre o médico e a instituição de saúde para a realização do tratamento.[18] Apesar de acatar em parte a proposta de divisão, entendemos que, em especial o contrato firmado entre paciente e instituição, alberga um número maior de obrigações como hospedagem, alimentação, medicação, uso de equipamentos necessários para o tratamento, além das prestações de serviços de saúde e administrativo relativos aos recursos humanos existentes na unidade.[19]

Há serviços enquadrados como tipicamente hospitalares, quais sejam, os serviços de hospedagem, fornecimento de medicamentos e materiais cirúrgicos, a fiscalização dos atos de seus prepostos e supervisão do estado de seus pacientes. Caso haja infração a esses deveres por parte do nosocômio é evidente a necessidade da sua responsabilização. Por outro lado, na hipótese de danos decorrentes de serviços essencialmente médicos, a responsabilização hospitalar exige a culpa.[20]

Nesses casos, a doutrina majoritária aproxima a responsabilidade dos hospitais à dos hoteleiros, sendo derivada de um vínculo contratual, mediante o qual o estabelecimento nosocomial pactuou realizar atos assistenciais aos serviços médicos. Desse modo, em havendo falha na prestação do serviço, não há outra alternativa senão a caracterização da responsabilidade objetiva dos hospitais.

Ao lado das atividades precipuamente hospitalares apresentam-se aquelas estritamente médicas, de incumbência privativa dos profissionais de saúde. Ao analisar erros decorrentes de atos médicos, torna-se essencial diferenciar os casos em que há vínculo de subordinação entre o médico e o estabelecimento, daqueles em que o médico atua de forma isolada, como por exemplo, utilizando apenas o espaço físico do hospital para atendimento dos seus pacientes. Isso porque, na primeira hipótese poderá se reconhecer a responsabilidade solidária entre o médico e o nosocômio, já na segunda, este não poderá sequer ser responsabilizado.[21]

Miguel Kfouri pontua as situações em que o paciente procura especificamente um médico para realização de procedimento e o profissional não apresenta vínculo de subordinação com o nosocômio. Em tais casos, se ocorrer danos ao paciente e o erro advir exclusivamente da conduta do médico, este será autonomamente responsabilizado; por

---

17. STOCO, Rui. Responsabilidade civil dos hospitais, sanatórios, clínicas, casas de saúde e similares em face do Código de Defesa do Consumidor. *Revista dos Tribunais*, v. 712, p. 71-77, 1995. p. 73.
18. TEPEDINO, Gustavo. A Responsabilidade Médica na Experiência Brasileira Contemporânea. *Revista Trimestral de Direito Civil*, v. 2, p. 41-75, 2000. p. 52.
19. MELO, Nehemias Domingo de. *Responsabilidade Civil por erro médico*: doutrina e jurisprudência. 3 ed. São Paulo: Atlas, 2014. p. 157.
20. MAIA, Maurilio Casas. Responsabilidade civil hospitalar: entre a jurisprudência e o atuar ministerial. *Revista Jurídica do Ministério Público do Estado do Amazonas*, v. 14, n. 1/2, p. 260-287, 2013, p. 265.
21. OTERO, Cleber Sanfelici; ARDUINI, Tamara Simão. A vulnerabilidade do paciente e a responsabilidade civil advinda de danos morais e existenciais ocasionados na relação triangular entre pacientes, médicos e hospitais. *Revista Eletrônica do Curso de Direito da UFM*, v.13, n.3, p. 1-33, 2019, p. 20.

sua vez, se advir apenas dos atos da gestão hospitalar ou defeitos em materiais/equipamentos o hospital será o único responsável.[22]

Por sua vez, tem-se a existência dos serviços paramédicos, os quais se relacionam com os procedimentos desempenhados por outros profissionais da saúde, auxiliares e colaboradores não médicos.[23] A aferição da responsabilidade nesses casos é lastreada em análise semelhante àquela aplicada aos médicos. De modo que, caso não exista vínculo de subordinação entre o profissional e o hospital, não há que se falar em responsabilidade do estabelecimento. De outro lado, configurado tal vínculo, o hospital poderá responder objetivamente, precisando precipuamente caracterizar a culpa do profissional subordinado.[24]

4. RESPONSABILIDADE OBJETIVA MITIGADA DOS HOSPITAIS FACE AOS ERROS MÉDICOS

É notório, ao abordar a temática da responsabilidade civil dos estabelecimentos hospitalares, que esta será objetiva ao se tratar de rupturas na prestação dos serviços tipicamente hospitalares. Afinal, tanto pela expressa dicção do Código de Defesa do Consumidor[25], como pela característica de risco da atividade, nos termos do Código Civil,[26] justifica-se essa acepção.

Situação diferente, e não prevista expressamente em lei, ocorre se o hospital é responsabilizado pelos atos causados por médicos prepostos ou empregados do estabelecimento. Isso porque, se por um lado tem-se que a responsabilidade dos hospitais é por regra objetiva, a dos médicos é subjetiva.

Nessas circunstâncias, embora a responsabilidade do nosocômio sob a égide do Código de Defesa do Consumidor seja objetiva, quando se tratar da indenização por dano provocado por médico integrante do corpo hospitalar será preciso precipuamente a aferição da culpa do médico. Assim, apenas diante de tal comprovação é que será possível tratar da culpa derivada do hospital.[27] Essa exigência de culpa para aplicação da responsabilidade objetiva visa, em certa medida, inserir um filtro de responsabilidade, mitigando os efeitos de oneração excessiva da atividade e os custos advindos da contínua litigância.[28]

---

22. KFOURI NETO, Miguel. *Responsabilidade Civil dos hospitais*: código civil e código de defesa do consumidor. 2. ed. Revistas dos Tribunais: São Paulo, 2015, p. 114-116.

23. FROTA Pablo Malheiros da Cunha e COSTA, José Pedro Brito. Responsabilidade hospitalar pela atividade médica autônoma: uma questão de coligação contratual. *Revista IBERC*, v. 1, n. 1, p.1-47, 2019, p. 15.

24. OTERO, Cleber Sanfelici; ARDUINI, Tamara Simão. A vulnerabilidade do paciente e a responsabilidade civil advinda de danos morais e existenciais ocasionados na relação triangular entre pacientes, médicos e hospitais. *Revista Eletrônica do Curso de Direito da UFM*, v. 13, n. 3, p. 1-33, 2019, p. 20.

25. Art. 14. O fornecedor de serviços responde, independentemente da existência de culpa, pela reparação dos danos causados aos consumidores por defeitos relativos à prestação dos serviços, bem como por informações insuficientes ou inadequadas sobre sua fruição e riscos.

26. Art. 927. Aquele que, por ato ilícito (arts. 186 e 187), causar dano a outrem, fica obrigado a repará-lo.
    Parágrafo único. Haverá obrigação de reparar o dano, independentemente de culpa, nos casos especificados em lei, ou quando a atividade normalmente desenvolvida pelo autor do dano implicar, por sua natureza, risco para os direitos de outrem.

27. AGUIAR, Ruy Rosado. Reponsabilidade civil do médico. *Revista dos Tribunais*, v. 718, p. 33-53, 1995, p. 43.

28. PESSOA, Camila Lemos Azi. Responsabilidade civil do hospital: considerações à luz da Análise Econômica do Direito. *Revista de Direito Privado*, v. 99, p. 169-190, 2019. p. 179.

RESPONSABILIDADE HOSPITALAR POR ERRO MÉDICO **153**

Diante das demandas ajuizadas em face de erros médicos, em que figurarem no polo passivo o médico e o hospital, para que possa se exigir a responsabilização do último será necessário antes comprovar a culpa do profissional médico. Continua a existir a responsabilidade subjetiva para os médicos e objetiva para os nosocômios, contudo, em relação à última, trata-se de uma responsabilidade objetiva diferenciada, haja vista não ser suficiente a existência de um ato, comprovação do dano e do nexo causal. [29]

Interessante frisar que essa análise referente à ocorrência do dano médico é de competência do Poder Judiciário. Assim sendo, cabe ao julgador observar, para além da culpa, os demais requisitos essenciais da responsabilidade médica, a saber: conduta, nexo de causalidade e dano provocado em face da intervenção médica.

Essa consideração merece prosperar, tendo em vista que a inexistência de compatibilização entre os dois tipos de responsabilidade configura-se como verdadeiro empecilho à segurança jurídica. Isso porque, imaginando que eventual paciente ajuíze uma ação em decorrência de dano médico, se ele puder escolher quem demandar – se o médico ou o hospital – evidente a preferência pelo último, visto que será prescindível a comprovação da culpa. Viabilizar à parte litigante a escolha do polo passivo comprometeria inclusive a funcionalidade do instituto da responsabilidade civil, qual seja, permitir que o agente causador do dano, e não terceiros totalmente estranhos à relação, responda pelas consequências negativas que causou à outra parte.

Exigir a culpa para responsabilização médica em hipóteses de erro médico é basicamente garantir uma sistemática uniforme para o mesmo caso. Caso contrário, teríamos situações em que o autor poderia optar por litigar apenas em desfavor do Hospital e, consequentemente, fugir do debate acerca da culpa e o nosocômio seria fatalmente condenado, ao passo que em uma eventual ação de regresso, o tópico da culpa ganharia um protagonismo para procedência/improcedência do feito.

É possível, então, tratar da responsabilidade objetiva dos hospitais mitigada, levando em consideração que, em se tratando de responsabilização hospitalar decorrente de erro médico, deve ser pressuposto a verificação da ausência do dever de cuidado por parte do profissional. De modo que, se esta condição não estiver presente, não podendo ser imputado ao agente imperícia, imprudência ou negligência, há ruptura do nexo de causalidade e, consequentemente, inexistência da culpa derivada do hospital. [30]

Maurílio Casas Maia[31] reverbera a importância da aplicação da responsabilidade objetiva mitigada como alternativa à hipótese inconcebível dos estabelecimentos nosocomiais se transformarem em "seguradores universais", uma vez que arcariam com o ônus de responder inclusive nas situações em que o médico atuou de forma diligente. Ora, uma vez comprovado que o profissional não causou erro por desvio de conduta, não

---

29. LUTZKY, Daniela Courtes. Dos médicos com e sem vínculo de subordinação e a legitimidade passiva do nosocômio. *Responsabilidade Civil e Medicina*. 9. ed. p.123-144, p.130, 2020.
30. MAIA, Maurilio Casas. A responsabilidade objetiva mitigada hospitalar por dano médico: releitura jurisprudencial e a culpa médica como defeito e nexo causal na harmonização entre o caput e o § 4º do artigo 14 do CDC. *Revista dos Tribunais*, v. 99, p. 233-257, 2015, p. 239.
31. MAIA, Maurilio Casas. A responsabilidade objetiva mitigada hospitalar por dano médico: releitura jurisprudencial e a culpa médica como defeito e nexo causal na harmonização entre o caput e o § 4º do artigo 14 do CDC. *Revista dos Tribunais*, v. 99, p. 233-257, 2015, p. 237.

há que se falar em falha na prestação de serviço, e por óbvio o hospital não terá culpa. Nesse cenário seriam enquadradas, por exemplo, hipóteses de danos iatrogênicos, danos imprevisíveis, erros honestos[32] e estrito cumprimento do dever legal, que, a despeito de poderem resultar em danos, não representam danos indenizáveis, por exemplo.

Gustavo Tepedino aponta que não seria possível responsabilizar o Hospital/Clínica por supostos danos decorrentes da atividade médica se não houver um vínculo com a culpa profissional, na medida em que o suposto dano não estaria vinculado ao serviço hospitalar/clínico propriamente dito, mas a um "erro profissional típico". Nessas situações, apenas a culpa é que desencadeia a responsabilidade hospitalar por erro profissional.[33]

Nesse sentido, interessante o posicionamento do Superior Tribunal de Justiça[34] ao pontuar que, embora a doutrina conceitue a responsabilidade dos hospitais de forma objetiva, quando se está diante de um erro médico, como a obrigação é do emprego das técnicas e diligências adequadas, será preciso a prova de culpa. Logo, a responsabilidade dos hospitais em tais circunstâncias dependerá da prévia análise da culpa do médico.

Não há conflito entre as responsabilidades existentes no CDC, na medida em que os Hospitais continuam respondendo objetivamente nas hipóteses de reconhecimento de culpa dos profissionais atuantes em suas dependências e nas hipóteses do serviço estar relacionado às obrigações hospitalares propriamente ditas como relativas aos equipamentos, internação, instalações e serviços auxiliares dissociados dos serviços técnicos profissionais.[35]

Os julgados do Tribunal da Cidadania ratificam que esse é o atual entendimento da Corte. No julgamento do REsp 1677309/SP[36], pontuou-se que "A responsabilidade dos hospitais, no que tange à atuação dos médicos contratados que neles laboram, é subjetiva, dependendo da demonstração de culpa do preposto, não se podendo, portanto, excluir a culpa do médico e responsabilizar objetivamente o hospital". No mesmo sentido, os seguintes acórdãos: AgInt no AResp 1375970[37]; AResp 1624846[38].

---

32. Expressão cunhada por Genival Veloso para tratar de supostos erros que estão enquadrados em uma zona de penumbra, na medida em que o quadro clínico do paciente é grave e confuso e a conduta médica é considerada correta para um espectro mais amplo. Em sentido idêntico, Gustavo Tepedino aponta que algumas situações de erro diagnóstico são, em verdade, produto da própria ciência médica, enquanto saber incerto e conjuntural. Cf. FRANÇA, Genival Veloso de. *Direito Médico*. Rio de Janeiro: Forense, 2019. p. 213 e TEPEDINO, Gustavo. A Responsabilidade Médica na Experiência Brasileira Contemporânea. *Revista Trimestral de Direito Civil*, v. 2, p. 41-75, 2000. p. 68.

33. TEPEDINO, Gustavo. A Responsabilidade Médica na Experiência Brasileira Contemporânea. *Revista Trimestral de Direito Civil*, v. 2, p. 41-75, 2000. p. 55.

34. BRASIL. Superior Tribunal de Justiça. Resp 908.359/SC, rel. Min. Nancy Andrighi, terceira turma, rel. p/ Acórdão Ministro João Otávio Noronha, segunda seção, j. 27.08.2008, Dje 17.12.2008.

35. GONÇALVES, Carlos Roberto. Responsabilidade Civil. 15 ed. São Paulo, 2014. p. 348-349.

36. BRASIL. Superior Tribunal de Justiça. Resp 1677309/SP, rel. Min. Ministra Nancy Andrighi, terceira turma, j. 20.03.2018, Dje 03.04. 2018.

37. BRASIL. Superior Tribunal de Justiça. AgInt no AResp 1375970/SP, rel. Min. Ricardo Villas Bôas Cuevas, terceira turma, j. 10.06.2019, Dje 14.06.2020.

38. BRASIL. Superior Tribunal de Justiça. AResp 1624846/SP, rel. Min. Luiz Felipe Salomão, quarta turma, j 07.10.2020, Dje 12.11.2020.

No julgamento AgInt no AResp 1375970 restou reconhecida a "falha médica quando da aplicação da anestesia peridural para correção de fratura no tornozelo da autora, que se encontra em estado vegetativo". Em razão da culpa do profissional contratado do hospital, restou caracterizada a responsabilidade nosocomial e expressamente consignada a possibilidade de regresso em desfavor do profissional, condenando-se o Hospital ao pagamento de R$70.000,00 (setenta mil reais).

Já no AResp 1624846, o STJ reconheceu que um profissional atuante em unidade Hospitalar atendeu, em duas oportunidades, um paciente e promoveu um erro diagnóstico. Em razão da evolução das queixas, procurou um outro serviço médico e foi internado, onde permaneceu na UTI. Reconhecida a falha do profissional, o Hospital e a Operadora de Plano de Saúde foram condenados solidariamente.

Corroborando com o posicionamento, o Tribunal de Justiça do Rio Grande do Sul[39] aponta que o fato da responsabilidade dos hospitais ser, como regra, objetiva, não enseja a responsabilização do estabelecimento por erro médico sem a demonstração efetiva que o médico atuou no tratamento do paciente de forma negligente, imprudente ou imperita. No caso apontado, o Hospital e o profissional foram condenados, solidariamente, por falha no dever de informar em razão de cicatrizes alargadas na região periareolar, ou seja, reconheceu-se que houve culpa do profissional e, portanto, legítima a condenação da instituição de saúde.

Em 2019, o Superior Tribunal de Justiça[40], ao analisar um caso envolvendo gaze esquecida em paciente e consequente infecção pós operatória que impediu que uma paciente acompanhasse seu filho recém-nascido que contava com apenas 05 dias no momento da internação, reconheceu que houve erro médico do profissional contratado pelo Hospital e, apesar da responsabilidade hospitalar ser objetiva, uma vez reconhecida a culpa profissional, a instituição de saúde pôde ser responsabilizada. Na oportunidade, restou expressamente consignado que a responsabilidade dos hospitais seria subjetiva, o que não nos parece o mais adequado, na medida em que a sua responsabilidade não decorre de culpa própria, decorrendo da culpa do profissional, de forma que independente a aferição de culpa do Hospital.

Infere-se que, se não for possível atribuir ao médico culpa, e, portanto, sua conduta não ter infringido os parâmetros razoáveis de diligência, também não há que se falar em responsabilização dos hospitais. Nessas circunstâncias, se não houve falha do profissional médico, tampouco poderá ser imputado qualquer encargo ao hospital.

Diante do exposto, nos casos em que houver erros decorrentes dos atos essencialmente médicos, os quais não guardem relação imediata com as obrigações hospitalares, não é possível aplicar a teoria da responsabilidade civil objetiva, nos termos do Código de Defesa do Consumidor. Então, aplicar-se-á a responsabilidade objetiva mitigada, uma vez que é imprescindível a comprovação da culpa do médico para a partir dessa aferir a do estabelecimento hospitalar.

---

39. BRASIL. Tribunal de Justiça do Rio Grande do Sul. AC 70075880633/RS, rel. Des. Carlos Eduardo Richinitti, j 24.02.2018, Dje 02.03.2018.
40. BRASIL. Superior Tribunal de Justiça. AResp 1490689/SP 2019. Relator: Ministro Antônio Carlos Ferreira, j. 19.06.2019, Dje. 01.07.2019.

5. CONCLUSÃO

A existência de um duplo tipo de responsabilidade civil não significa a livre escolha pelas partes demandantes de eleger qual o sistema que será implementado à discussão do possível dano sofrido.

É incontroverso que, caso haja um erro profissional ocorrido no interior de uma clínica ou Hospital, há uma potencial solidariedade entre a pessoa jurídica e o profissional envolvido, porém, ao permitir que o autor escolha se demandará em face da pessoa jurídica ou do profissional, não há uma autorização tácita do ordenamento para opção do sistema de responsabilidade existente.

Dizer que o Direito e a Responsabilidade Civil estão à disposição dos autores não significa a potencial manipulação daqueles em benefício destes, o que não é verdade. O Direito e a Responsabilidade Civil não podem ser capturados privativamente para reparar, compensar, punir e prevenir danos causados sem culpa e consequente responsabilização apenas por um exercício estratégico do direito de ação. A funcionalidade da responsabilidade civil exige uma resposta adequada e coerente para situações análogas.

A permissão do autor de escolher contra quem pretende litigar não tem o condão de alterar a responsabilidade subjetiva em objetiva, na medida em que essa suposta permissividade viabilizaria uma escolha estratégica com um duplo objetivo: transformar uma responsabilidade subjetiva em objetiva e majorar o pleito indenizatório, na medida em que uma pessoa jurídica detentora de uma maior capacidade financeira, estaria ocupando o polo passivo da demanda.

Esse exercício estratégico representaria um subterfúgio jurídico para objetivar a responsabilidade quando o *gérmen* do suposto dano seria justamente um ato regido pela responsabilidade subjetiva.

Desta forma, reconhecer que tipo de conduta está sendo debatida é fundamental para fixar o tipo de responsabilidade aplicável. Se estivermos debatendo uma violação no âmbito hospitalar de um dever do profissional, por exemplo, tem-se a responsabilidade subjetiva, ou seja, deve-se comprovar a culpa do profissional, independentemente deste ocupar o polo passivo da demanda, ante a existência de um litisconsórcio facultativo e potencial solidariedade. Todavia, nas hipóteses de dano causado pela prestação do serviço hospitalar propriamente dito, a responsabilidade é objetiva, prescindindo da aferição da culpa. Ou seja, a pergunta para fixar o tipo de responsabilidade não deve estar centrada no "quem está no polo passivo", mas "qual foi a origem do dano".

Nesse debate acerca da aferição da culpa para hipóteses de responsabilidade objetiva é que repousa a Teoria da Responsabilidade Objetiva Mitigada, de forma a garantir um tratamento mais adequado à responsabilidade civil e, sobretudo, evitar paradoxos de viabilizar a condenação dos nosocômios por supostos danos sem que haja a culpa e inviabilizar o direito de regresso, na medida em que não houve culpa do profissional. A exigência da culpa nas hipóteses de erro profissional mostra-se como um requisito para dar racionalidade ao sistema de responsabilização civil.

Desta forma, a responsabilidade dos hospitais e estabelecimentos de saúde é objetiva, todavia, na hipótese de o debate recair sobre erro profissional, é necessário apurar a culpa do profissional de saúde. Uma vez comprovada a culpa do profissional, não cabe debater eventual culpa da instituição de saúde, uma vez que aplica-se teoria da responsabilidade objetiva mitigada. Logo, a mitigação da responsabilidade objetiva é aplicada no momento de se aferir se houve culpa do profissional, porém, uma vez esta restando caracterizada, tem-se a responsabilidade objetiva institucional.

É necessário reconhecer que aqui não se pretende aplicar a responsabilidade subjetiva de forma indiscriminada para os fornecedores, independentemente de serem profissionais liberais ou pessoas jurídicas, mas restringir a aplicação da responsabilidade objetiva às hipóteses típicas de danos causados em relação às obrigações hospitalares, ao passo que os danos causados em razão de supostos erros profissionais devem ser regidos pela responsabilidade subjetiva, garantindo uma maior uniformidade ao sistema da responsabilização civil.

6. REFERÊNCIAS

AGUIAR, Ruy Rosado. Reponsabilidade civil do médico. *Revista dos Tribunais*, v. 718, p. 33- 53, 1995.

BLOISE, Walter. *A responsabilidade civil e o dano médico*: legislação, jurisprudência, seguros e o dano médico. Rio de Janeiro: Forense, 1987.

BRASIL. Superior Tribunal de Justiça. AgInt no AResp 1375970/SP, rel. Min. Ricardo Villas Bôas Cuevas, terceira turma, j. 10.06.2019, Dje 14.06.2020.

BRASIL. Superior Tribunal de Justiça. AResp 1624846/SP, rel. Min. Luiz Felipe Salomão, Quarta Turma, j 07.10.2020, Dje 12.11.2020.

BRASIL. Superior Tribunal de Justiça. Resp 1677309/SP, rel. Min. Ministra Nancy Andrighi, Terceira Turma, j. 20.03,2018, Dje 03.04. 2018.

BRASIL. Superior Tribunal de Justiça. Resp 908359/SC, rel. Min. Nancy Andrighi, terceira turma, rel. p/ Acórdão Ministro João Otávio Noronha, segunda seção, j. 27.08.2008, Dje 17.12.2008.

BRASIL. Superior Tribunal de Justiça. AResp 1490689/SP, rel. Min. Antônio Carlos Ferreira, j. 19.06.2019, Dje. 01.07.2019.

BRASIL. Tribunal de Justiça do Rio Grande do Sul. Apelação Cível 70075880633/ RS. Rel. Desembargador Carlos Eduardo Richinitti, julgado em 24 de fevereiro de 2018. Disponível em: https://www.tjrs.jus.br/buscas/jurisprudencia/exibe_html.php. Acesso em 28 set 2020. Acesso em 28 set 2020.

CAVALIERI FILHO, Sérgio. *Programa de Responsabilidade Civil*. 13. ed. São Paulo: Atlas, 2019.

FRANÇA, Genival Veloso de. *Direito Médico*. Rio de Janeiro: Forense, 2019.

FROTA Pablo Malheiros da Cunha e COSTA, José Pedro Brito. Responsabilidade hospitalar pela atividade médica autônoma: uma questão de coligação contratual. *Revista IBERC*, v. 1, n. 1, p.1-47, 2019, p. 15.

GONÇALVES, Carlos Roberto. *Direito Civil Brasileiro*: Responsabilidade Civil. 15 ed. Saraiva: São Paulo, 2020.

GONÇALVES, Carlos Roberto. *Responsabilidade Civil*. 15 ed. São Paulo, 2014.

KFOURI NETO, Miguel. A Responsabilidade Civil do Médico. *Revista dos Tribunais*, v. 654, p. 57-76, 1990.

KFOURI NETO, Miguel. *Responsabilidade Civil dos hospitais*: Código Civil e Código de Defesa do Consumidor. 2. ed. São Paulo: Ed. RT, 2015.

KFOURI NETO, Miguel; DANTAS, Eduardo; NOGAROLI, Rafaella. Medidas extraordinárias para tempos excepcionais: da necessidade de um olhar diferenciado sobre a responsabilidade civil dos médicos na linha de frente do combate à COVID-19. In: KFOURI NETO, Miguel; NOGAROLI, Rafaella (Org.). *Debates contemporâneos em Direito Médico e da Saúde*. São Paulo: Thompson Reuters Brasil, 2020.

LUTZKY, Daniela Courtes. Dos médicos com e sem vínculo de subordinação e a legitimidade passiva do nosocômio. In: ROSENVALD, Nelson; MENEZES, Joyceane Bezerra de; DADALTO, Luciana. *Responsabilidade Civil e Medicina*. Indaiatuba: Editora Foco, 2020.

MAIA, Maurilio Casa. A responsabilidade objetiva mitigada hospitalar por dano médico: releitura jurisprudencial e a culpa médica como defeito e nexo causal na harmonização entre o caput e o § 4° do artigo 14 do CDC. *Revista dos Tribunais*, v. 99, p. 233-257, 2015.

MAIA, Maurilio Casas. Responsabilidade civil hospitalar: entre a jurisprudência e o atuar ministerial. *Revista Jurídica do Ministério Público do Estado do Amazonas*, v. 14, n. 1/2, p. 260-287, 2013.

MELO, Nehemias Domingo de. *Responsabilidade Civil por erro médico*: doutrina e jurisprudência. 3 ed. São Paulo: Atlas, 2014.

NERY JÚNIOR, Nelson. Os princípios gerais do Código Brasileiro de Defesa do Consumidor. *Revista de Direito do Consumidor*, v. 3, p. 44-77, 1992.

OTERO, Cleber Sanfelici e ARDUINI, Tamara Simão. A vulnerabilidade do paciente e a responsabilidade civil advinda de danos morais e existenciais ocasionados na relação triangular entre pacientes, médicos e hospitais. *Revista Eletrônica do Curso de Direito da UFM*, v. 13, n.3, p. 1-33, 2019.

PEREIRA, André Gonçalos Dias. *Direitos dos pacientes e responsabilidade médica*. 879 fls. Coimbra, 2012. Doutoramento em ciências jurídico-civilistas. Faculdade de Direito da Universidade de Coimbra.

PESSOA, Camila Lemos Azi. Responsabilidade civil do hospital: considerações à luz da Análise Econômica do Direito. *Revista de Direito Privado*, v. 99, p. 169-190, 2019.

ROSENVALD, Nelson e NETTO, Felipe Peixoto. Responsabilidade Civil na área médica. *Actualidad Jurídica Iberoamericana*, n. 8, p. 373-420, 2018.

SCHULZE, Clênio Jair. *Judicialização da saúde em números*: Foram 459.076 demandas judicializadas, com aproximadamente 135 mil relativas à Saúde Suplementar. 2020. Disponível em: https://www.jota.info/opiniao-e-analise/artigos/judicializacao-da-saude-em-numeros-03112020#sdfootnote2sym. Acesso em: 05 jan. de 2021.

STOCO, Rui. Responsabilidade civil dos hospitais, sanitários, clínicas, casas de saúde e similares em face do código de defesa do consumidor. *Revista dos Tribunais*, v. 712, p. 71-77, 1995.

TEPEDINO, Gustavo. A Responsabilidade Médica na Experiência Brasileira Contemporânea. *Revista Trimestral de Direito Civil*, v. 2, p. 41-75, 2000.

VASCONCELOS, Pedro Pais de. Responsabilidade civil médica hospitalar. *Revista de Direito da Responsabilidade*, n. 2, p. 367-377, 2020.

VIEGAS, Cláudia Mara de Almeida Rabelo. A responsabilidade civil dos médicos e hospitais, à luz do direito consumerista. *Revista dos Tribunais*, v. 81, p. 39-66, 2017.

RESPONSABILIDADE CIVIL E TELEMEDICINA

> "Damos voltas e voltas, mas, na realidade, só há duas coisas: ou escolhes a vida ou afastas-te dela."
>
> José Saramago

Alexandre Guerra

Doutor e Mestre em Direito Civil pela PUC/SP. Pós-doutoramento (em curso) em Ciências Histórico-Jurídicas pela Faculdade de Direito da Universidade de Lisboa. Pós-graduado em Direito Público pela Escola Paulista da Magistratura. Professor titular de Direito Civil da Faculdade de Direito de Sorocaba. Coordenador e professor dos cursos de pós-graduação da Escola Paulista da Magistratura. Professor convidado nos cursos de especialização da PUC/COGEAE, ENFAM, EPM e outras Escolas de Magistratura. Juiz de Direito no Estado de São Paulo. Juiz da 3ª Turma Cível do Colégio Recursal de Sorocaba. Autor e coordenador de artigos e obras jurídicas. Fundador do IBERC e IBDCONT.

Sumário: 1. Introdução – 2. Telemedicina: perfil dogmático (o estado da arte) – 3. A evolução da disciplina jurídica da telemedicina no Brasil – 4. Como enfrentar hoje, no Brasil, a responsabilidade civil na telemedicina? – 5. Proposições conclusivas – 6. Referências

1. INTRODUÇÃO

O artigo que ora vem a público teve como inspiração o tema desenvolvido no III Congresso Internacional de Responsabilidade Civil, realizado pelo Instituto Brasileiro de Estudos de Responsabilidade Civil (IBERC) em parceria com a Escola Paulista da Magistratura (EPM), em São Paulo/SP, nos dias 10 e 11 de outubro de 2019. Na ocasião, tive a grata satisfação de dividir painel intitulado *Responsabilidade Civil e desafios na área médica*, ao lado dos ilustres juristas Professores Doutores Maria de Fátima Freire de Sá, Miguel Kfouri Neto e Ana Rita de Figueiredo Nery, sob a presidência dos trabalhos da Professora Dra. Renata Domingues Soares. Apresentei o estudo sob o título *Responsabilidade civil do médico na prestação de serviços por telemedicina à luz do Código de Ética Médica brasileiro*. Alguns pontos lá suscitados serviram como inspiração a esse brevíssimo ensaio. Em particular, registro especiais votos de agradecimento aos Professores Drs. Nelson Rosenvald e Francisco Eduardo Loureiro.

O ensaio é dividido em três partes. Primeiro, analisarei o perfil dogmático que se deve entender por *telemedicina*. Segundo, apresentarei a evolução legislativa do tema no Brasil. Terceiro, no que particularmente importa ao diálogo que se estabelece entre a responsabilidade civil e a telemedicina, proporei alguns critérios de identificação/delimitação do dever de indenizar em situações jurídicas dessa natureza. O tema é rico, novo e desafia o intérprete do Direito. Não há qualquer pretensão de esgotar o assunto, mas, ao contrário, é um convite à reflexão que se faz à comunidade jurídica. Se se *escolhe a vida*, como adverte José Saramago, é preciso também se entregar aos novos (e permanentes) desafios com os quais ela, a vida, sempre arguta, insiste em nos desafiar.

2. TELEMEDICINA: PERFIL DOGMÁTICO (O ESTADO DA ARTE)

A telemedicina pode ser definida, em breves palavras, como o emprego de tecnologias contemporâneas de informação e telecomunicações com o objetivo de prestar, com a maior eficiência possível, os cuidados médicos em favor de pacientes e de outros profissionais de saúde que se encontram à distância. A ideia de um distanciamento (físico) entre os profissionais de saúde ou entre eles e os pacientes é fulcral para entender-se do que se está a tratar. A locução *Telemedicina* tem como expressão análoga a *Cibermedicina*. Caracteriza-se como o emprego da medicina por *internet* (ou *intranet*). Não se trata de um conceito que nasce nos dias que correm. Na verdade, o conceito de telemedicina representa um passo na marcha evolutiva do desenvolvimento das relações estabelecidas entre o médico e paciente ou entre os próprios médicos. Na sua essência, está o desejo (necessidade) de melhor servir o paciente de um ou de ambos os profissionais. Não é recente, aliás, o uso de *smartphones*, telefonia convencional e *tablets* no exercício da atividade própria do profissional em causa. A exponencial evolução dos meios de comunicação que assola a *Sociedade da Informação* (que testemunhamos vertiginosamente florescer) permite que o contato entre o médico e o paciente possa se estabelecer à distância.

As vantagens do emprego dos métodos de telemedicina são evidentes. Em primeiro lugar, permite a consulta imediata e a troca de informações eletronicamente, situação que gera celeridade e eficiência nos tratamentos a serem dispensados. Em segundo lugar, garante o acesso e troca de informações próprias em relação a resultados laboratoriais (*medicina diagnóstica*), que são, dia a dia, de crescente importância nos diagnósticos. Em terceiro lugar, a telemedicina garante permanente e assistência da pacientes crônicos, idosos, pacientes de alto risco e com sérios comprometimentos de deslocamento, assim facilita seja prestada a assistência médica remota. Ainda, a telemedicina viabiliza a realização da educação à distância, não somente a voltada aos próprios pacientes (no plano da orientação/assessoramento), mas também aos profissionais médicos, nas suas diversas especialidades. Possibilita a real promoção da saúde, a prevenção e a troca de informações acerca do tratamento de doenças.

A telemedicina permite a real redução dos riscos (danos) próprios da permanência em hospitais, em especial quando se trata de pacientes com proteção imunológica reduzida. Serve, dessa forma, como relevante mecanismo de mitigação dos riscos próprios de infecções hospitalares. A telemedicina é vital ferramenta no contínuo processo de humanização da prestação de serviço de saúde, permitindo o acompanhamento remoto (à distância) dos resultados de exames laboratoriais e discussões técnicas sobre é o mais adequado tratamento a ser dispensado no caso concreto que se lhe apresenta. A telemedicina possibilita a prestação de serviços de atendimento a clientes para esclarecimento de dúvidas a respeito de sintomas relatados e medicamentos de uso necessário em caráter emergencial, com a finalidade de prevenir, por celeridade na adoção das medidas, o agravamento do quadro clínico.

No aspecto econômico, a telemedicina mostra-se igualmente importante como meio de redução dos custos dos procedimentos médicos e de ampliação da atuação dos profissionais de saúde. Para o mais profundo exame do estudo, valem as lições de Miguel Carlos Teixeira Patrício, autor de obra monográfica de peso a respeito.[1] Ela serve como meio de redução dos custos de transporte de pacientes e equipe médica, propiciando a melhor (e mais eficiente) alocação de recursos de saúde pela avaliação remota, com a possibilidade a anamnese por especialistas à distância. Reduz, ademais disso, os riscos (e os danos) próprios das visitas recorrentes aos nosocômios, minimizando as infecções hospitalares. Permite, enfim, o emprego eficiente dos recursos, servindo como um instrumento de redução das despesas na prestação de serviço médico. Como consequência dessa redução possível de custos, em contrapartida, há a possibilidade de prestar-se mais amplo acesso à rede de saúde, conectando os profissionais envolvidos nesse processo.

Certo é, ainda, que a telemedicina potencializa a troca de informações entre os pesquisadores, com a criação de teia de cooperação e de compartilhamento remoto e eficiente de registros clínicos em tempo real. Servindo como um meio de permitir a permanente capacitação e o treinamento contínuo de profissionais da área de saúde, é um recurso de especial valia ao se tratar de profissionais localizados em regiões distantes, em especial quando fora dos grandes centros urbanos de referência. A telemedicina é ferramenta útil na prestação de assistência médica primária a comunidades carentes em geográficas longínquas, com a ampliação dos serviços e das ações de profissionais e agentes comunitários de saúde na prevenção e controle de epidemias, com considerável redução de riscos de contaminação aos profissionais responsáveis por medidas de contenção. Enfim, de todo o exposto, é evidente que a telemedicina viabiliza um meio de comunicação à distância de cardeal importância no processo de permanente integração dos serviços de saúde em hospitais e nos centros de referência, com o atendimento médico contínuo voltado à prevenção, diagnóstico e tratamento de doenças.

No plano axiológico, a telemedicina opera seus esforços no continuo processo de Humanização da Saúde. Nessa especial relação jurídica e social, todos bem sabem, é essencial prevalecerem os valores e bens jurídicos existenciais. A relação jurídica em foco envolve paciente (consumidores) em uma situação de especial vulnerabilidade (vulnerabilidade agravada) pelos próprios males que os acometem e fragilizam (hipervulnerabilidade). Nesse especial quadro, os valores constitucionais da proteção e primazia da pessoa humana são especialmente caros ao Direito e à vida, permitindo que corporifiquem os princípios constitucionais da dignidade da pessoa humana, da solidariedade social e primazia das relações existenciais sobre as patrimoniais, como expressamente determina a Carta Constitucional do Brasil. A possibilidade (hoje real) de realizarem-se procedimentos cirúrgicos com profissionais à distância, com o emprego de máquinas remotamente controladas (e sem prejuízo dos cuidados e assistência prestados por pro-

---

1. A respeito dos aspectos econômicos da atividade médica, ver: PATRÍCIO, Miguel Carlos Teixeira. *Análise econômica da responsabilidade civil médica*. Lisboa, AAFDL Editora, 2017.

fissionais em contato com o procedimento), longe de ser um tema reservado ao que há décadas julgávamos ocorrer somente nas obras de ficção, hoje são procedimentos reais.

Como demonstrarei no tópico a seguir, a telemedicina recebeu importante regulamentação jurídica, tanto no plano nacional, quanto no ambiente internacional. No exterior, a regulamentação inicial parte da *American Telemedicine Association* (ATA), entidade sediada nos Estados Unidos da América. No Brasil, na condição de autoridade acadêmica, destacam-se os estudos do Prof. Dr. Chao Lung Wen, Chefe da Disciplina Telemedicina no Brasil na Universidade de São Paulo. São indevidas as críticas à telemedicina lançadas contra a disciplina normativa contida nas Resoluções CFM nº 1.643/02 e 2.227/18.

O Código de Ética Médica, da forma em que hoje está em vigor ao disciplinar a matéria, representa retrocesso na criação de um regime jurídico mínimo (suficiente) ao desenvolvimento da telemedicina no Brasil. O Código de Ética Médica afirma, por exemplo, que a relação médico-paciente dever ser "*presencial, como premissa obrigatória*". Somente por exceção, diz, o atendimento médico à distância será considerado possível, mas sempre excepcional e realizado após a consulta presencial. Mais não o fosse, exige o consenso a respeito da remota assistência e orientação na prestação serviço entre o médico e paciente. *De lege lata*, é o que se tem a respeito da telemedicina no Brasil com o advento do Código de Ética Médica: a frenagem na marcha de aprimoramento eletrônico da qualidade de prestação de serviço.[2]

3. A EVOLUÇÃO DA DISCIPLINA JURÍDICA DA TELEMEDICINA NO BRASIL

No Brasil, merece destaque a robustez da Resolução CFM nº 2.227/18. Foi, sem dúvida, um avanço na disciplina normativa da telemedicina. Entretanto, a sua vigência foi breve. Dentre outros méritos, a resolução foi clara ao caracterizar quais são os tipos de serviços médicos que podem ser realizados por meio de telemedicina. Como medida importante no processo de prevenção de danos (em cumprimento à *função preventiva* da responsabilidade civil), a resolução impôs, dentre outras medidas, a necessidade de criar-se adequada infraestrutura tecnológica de tratamento e troca de informações, exigindo a formação e a capacitação de profissionais habilitados para o controle e tratamento de *dados sensíveis* (tais como os dados contidos no *Prontuário Digital de Pacientes*). A resolução afirmou a necessidade e delineou os contornos mínimos do regime jurídico do termo de consentimento livre e esclarecido do paciente em relação a tratamentos, procedimentos, riscos e às consequências assumidas (assim incrementando um processo de criação de responsabilidade digital). A Resolução primou pela ética, pela responsabilidade e pela segurança digital (como relevante é tratar-se de Bioética Digital). Determinou, ademais

---

2. Os exemplos que podem ser colhidos do emprego da telemedicina não infindos. Há empresas operadoras de planos e assistência à saúde no Brasil que disponibilizam ter o seu médico à palma de sua mão, por meio de aplicativos em smartphones. A empresa GetConnect, por exemplo, desenvolve o programa Tele AVC: como a telemedicina pode ajudar a salvar vítimas de AVC (Disponível em: http://getconnect.com.br/?gclid=EAIaIQobChMI1Mbc__WW4wl-ViIKRCh0TWQCKEAAYASAAEgIAbfD_BwE: Acesso em 1 jul. 2019). Na academia, os estudos a respeito do tema ganham crescente importância no cenário. O Dr. Chao Lung Wen, Professor da Universidade de São Paulo Chefe da Disciplina *Telemedicina*, desenvolveu estudos pioneiros sobre a importância da telemedicina (e telesaúde), destacando que há importantes pontos que merecem ser examinados pelos juristas (Disponível em: https://hcm.grupomidia.com/chao-lung-wen-analisa-o-cenario-da-telemedicina-no-brasil/ Acesso em 01.12.2019).

disso, a estruturação de um Grupo Técnico Jurídico para realizar auditoria digital periódica nas empresas que ofertam serviço de Telemedicina. Não descurou, por certo, sempre que possível e eficiente, do atendimento domiciliar do paciente (*telehomecare* ou *TeleMulticare*).

A despeito de todos os aprimoramentos destacados, no dia de hoje, a telemedicina não mais é expressamente permitida pelo Conselho Federal de Medicina (CFM). Com efeito, em fevereiro de 2019, o Conselho Federal de Medicina (conquanto tivesse ele próprio reconhecido a importância da inovação e regulamentado a prática da telemedicina pela Resolução CFM nº 2.217/18) atendeu às pressões das entidades médicas e conselhos regionais de medicina e retrocedeu. Sob o receio de que a tecnologia afaste o paciente do médico e fragilize essa especial relação jurídica e social, a Resolução CFM nº 2.217/18 foi revogada. Tal revogação, entretanto, não inibe os mesmos questionamentos que lhe serviram como alicerce. Cabe indagar, por exemplo: quando o médico atende o paciente por redes sociais ou quando responde a uma dúvida por mensagem eletrônica, a relação que se estabelece entre ambos é enfraquecida ou robustecida? Com o devido respeito aos que pensam de forma diversa, "a telemedicina é vital".[3]

Na jurisprudência do Brasil, raros são os arestos que examinam a responsabilidade civil na telemedicina. Em pesquisa temática no *site* do Tribunal de Justiça de São Paulo, apenas seis julgados referiram à *telemedicina*: em nenhum deles enfrentou-se, especificamente, os danos e sua reparação. Entretanto, antes de tratar da legislação que disciplina o tema, é digno de exame o paradigmático aresto da Sexta Turma do Superior Tribunal de Justiça, datado de 17 de março de 2009 (*Habeas Corpus* nº 82.742/MG, Rel. Ministra MARIA THEREZA DE ASSIS MOURA). Em primeiro lugar, a questão central que a Corte pôs-se a apreciar diz respeito à licitude (ou não) da conduta médica prestada por meio de telemedicina. A resposta foi afirmativa. Em primeiro lugar, destacou com acerto a Corte que o atendimento prestado por telefone envolvendo profissionais de uma mesma equipe médica não traz em si qualquer efeito de ilicitude. "Tal prática é comum entre médicos, principalmente quando há entrosamento entre a equipe".

O Superior Tribunal de Justiça afirma que a telemedicina é prática admitida no plano internacional desde a Declaração de Tel Aviv, do ano de 1999. A referida declaração dispõe sobre a responsabilidade e as normas éticas na utilização da Telemedicina. Traça as diretrizes adotadas pela 51ª Assembleia Geral da Associação Médica Mundial em Tel Aviv, Israel. E não poderia ser de modo diverso: há anos, é de amplo conhecimento que médicos se valem da tecnologia das comunicações (por telefone e o *fac-símile*, por exemplo), em benefício da eficiência nos cuidados a serem prestados aos seus pacientes. As novas técnicas de informação e comunicação facilitam sobremaneira a troca de informações entre médicos e pacientes, nas quais se inclui a telemedicina. Como define a Corte Especial, a telemedicina é "é o exercício da medicina à distância, cujas intervenções, diagnósticos, decisões de tratamentos e recomendações estão baseados em dados, documentos e outra informação transmitida através de sistemas de telecomunicação".

---

3. Revista Veja. *A telemedicina é vital*. Disponível em: https://veja.abril.com.br/saude/a-telemedicina-e-vital/Edição 12.08.2019. Acesso: 10 dez.2019.

O julgado apresenta os dois tipos essenciais de exercício da telemedicina. Primeiro, aquela que fornece meios que permitem a interação entre dois médicos. Nesse caso, um dos médicos encontra-se fisicamente presente com o paciente e o outro médico (de regra, especialista), encontra-se à distância. Nesse caso, a informação médica é transmitida por via eletrônica para o médico que, por sua vez, realiza a consulta. Nesse panorama, há a possibilidade de o especialista à distância deliberar a respeito das condições suficientes a oferecer com segurança sua opinião médica, com base nas informações transmitidas pelo próprio profissional médico em contato direto (físico) com o paciente. No segundo tipo essencial de exercício da telemedicina, há a interação direta entre o paciente e o médico, que a ele transmite as informações essenciais a respeito de seus sintomas e quadro clínico (atento às limitações próprias de interpretação do paciente leigo).

Seja qual for o sistema de telecomunicação de que se utiliza o médico, como sublinha a Corte Especial, os *princípios universais da ética médica* jamais podem ser comprometidos. No Brasil, prossegue o aresto, o Conselho Federal de Medicina recepcionou a Declaração de Tel Aviv. E assim o fez por meio da Resolução CFM nº 1.643/02. Nela, define-se e disciplina-se a prestação de serviço por telemedicina, o que, urge repetir, como expressamente decidiu a Corte Superior, nada em si traz de ilícito; "Trata-se da telemedicina, por meio da qual não é imprescindível a presença física no hospital do profissional especializado, o qual pode, sim, orientar por telefone os médicos que, *in loco*, implementam o tratamento".[4]

Como se percebe, antes mesmo de o legislador disciplinar o exercício da telemedicina, as Cortes de Justiça já haviam reconhecido sua licitude. No plano normativo, o *primeiro passo* no desenvolvimento legislativo da telemedicina no Brasil deve-se à Resolução CFM nº 1.643/02. Depois de referir ao teor das Resoluções CFM nº 1.638/2002 e nº 1.639/2002, a Resolução em foco, em vigor desde 7 de agosto de 2002 (art. 7º), "define e disciplina a prestação de serviços através da telemedicina". Dentre os seus *consideranda*, merece destaque o fato de a telemedicina, antes e acima de tudo, prestar-se a atender às exigências de um processo de "constante desenvolvimento de novas técnicas de informação e comunicação que facilitam o intercâmbio de informação entre médicos e entre estes e os pacientes". A resolução em causa adota por premissa que "o médico tem liberdade e completa independência para decidir se utiliza ou não recomenda o uso da Telemedicina para seu paciente, e que tal decisão deve basear-se apenas no benefício do paciente", bem como que "o médico que exerce a Medicina a distância, sem ver o paciente, deve avaliar cuidadosamente a informação que recebe, só pode emitir opiniões e recomendações ou tomar decisões médicas se a qualidade da informação recebida for suficiente e pertinente para o cerne da questão".

O seu artigo 1º da Resolução CFM nº 1.643/02 define a telemedicina "como o exercício da Medicina através da utilização de metodologias interativas de comunicação audio-visual e de dados, com o objetivo de assistência, educação e pesquisa em Saúde". O artigo 2º veicula importante preocupação com a guarda e tratamento de dados médicos

---

4. Para profundo estudo sobre o tema, com rica análise de dados estatísticos a respeito do emprego dos recursos próprios da telemedicina, ver: KFOURI NETO, Miguel. *Responsabilidade civil dos hospitais: Código Civil e Código de Defesa do Consumidor.* 4ª ed. rev. Atual. Amp. São Paulo: Revista dos Tribunais, p. 2010, p. 273-296.

sensíveis: "os serviços prestados através da Telemedicina deverão ter a infraestrutura tecnológica apropriada, pertinentes e obedecer às normas técnicas do CFM pertinentes à guarda, manuseio, transmissão de dados, confidencialidade, privacidade e garantia do sigilo profissional." Na tarefa de estabelecer o regramento legal da responsabilidade civil na telemedicina, o art. 4º da mencionada resolução estabelece que "*a responsabilidade profissional do atendimento cabe ao médico assistente do paciente. Os demais envolvidos responderão solidariamente na proporção em que contribuírem por eventual dano ao mesmo*".

O *segundo passo* no tratamento legislativo da telemedicina provém da Resolução CFM nº 2.227/18. Consoante estatui o seu art. 22, tal resolução expressamente revogou a Resolução CFM nº 1.643/02 "*e todas as disposições em contrário*". De sua *Exposição de Motivos* são colhidas importantes lições, a cuja leitura se pede vênia a remeter.[5] A evolução tecnológica das comunicações eletrônicas trouxe inegáveis mudanças sistêmicas no cotidiano da vida em sociedade. As pessoas, de regra, sentem-se seguras no seu uso para receber/compartilhar informações, também sobre vida pessoal e profissional. "O impacto da ascensão da telemedicina com o crescente e variável número de aplicativos e *dispositivos móveis amigáveis* permite que os pacientes usem a tecnologia para monitorar e rastrear sua saúde"; "dispositivos de uso doméstico simples, que podem monitorar sinais vitais, permitem a coleta de informações necessárias para diagnóstico por um médico".

Não há dúvida de que a relação entre o médico e paciente é delicada, complexa, pautada pela *compreensão mútua da responsabilidade compartilhada pelos cuidados com a saúde do paciente*. A telemedicina é uma ferramenta com potencial para reunir as novas soluções em saúde, em como visto, diversos procedimentos e atendimentos presenciais podem vir a ser substituídos por relações (igualmente fiéis) intermediadas por tecnologias. O fato que merece destaque é que os mesmos problemas éticos que podem ser identificados no atendimento pessoal estão igualmente presentes com o emprego de

---

5. RESOLUÇÃO CFM nº 2.227/2018. Define e disciplina a telemedicina como forma de prestação de serviços médicos mediados por tecnologias. O CONSELHO FEDERAL DE MEDICINA, no uso das atribuições (...). CONSIDE-RANDO que cabe ao Conselho Federal de Medicina (CFM) disciplinar o exercício profissional médico e zelar pela boa prática médica no país; CONSIDERANDO a constante inovação e o desenvolvimento de novas tecnologias de informação e comunicação que facilitam o intercâmbio de informação entre médicos e entre estes e os pacientes; CONSIDERANDO que a despeito das consequências positivas da telemedicina existem muitos preceitos éticos e legais que precisam ser assegurados; CONSIDERANDO que a telemedicina deve favorecer a relação médico-paciente; CONSIDERANDO que as informações sobre o paciente identificado só podem ser transmitidas a outro profissional com prévia permissão do paciente, mediante seu consentimento livre e esclarecido e com protocolos de segurança capazes de garantir a confidencialidade e integridade das informações; CONSIDERANDO que o médico que utilizar a telemedicina sem examinar presencialmente o
    paciente deve decidir com livre arbítrio e responsabilidade legal se as informações recebidas são qualificadas, dentro de protocolos rígidos de segurança digital e suficientes para emissão de parecer ou laudo; CONSIDERANDO o teor da "Declaração de Tel Aviv sobre responsabilidades e normas éticas na utilização da Telemedicina", adotada pela 51ª Assembleia Geral da Associação Médica Mundial, em Tel Aviv, Israel, em outubro de 1999; CONSIDE-RANDO que o registro digital para atuar por telemedicina deve ser obrigatório e confidencial nos termos das leis vigentes e dos Princípios de Caldicott (2013), do *National Health Service* (NHS), que definem: I - que seu uso deve ser necessário, justificado e restrito àqueles que deles precisem; II - que todos aqueles que os utilizem devem ser identificados, estar conscientes de sua
    responsabilidade e se comprometer tanto a compartilhar como a proteger os dados e informações a que tiverem acesso e forem colocados à disposição dos médicos ou anotados em Sistemas de Registro Eletrônico/Digital de Saúde (...) RESOLVE: Art. 1º Definir a telemedicina como o exercício da medicina mediado por tecnologias para fins de assistência, educação, pesquisa, prevenção de doenças e lesões e promoção de saúde. (...)."

instrumentos de comunicação eletrônica. O respeito à integridade e privacidade do paciente, por exemplo, com a buscar os melhores resultados possíveis, é presente em quaisquer circunstâncias, seja o atendimento presencial, seja à distancia com o emprego de recursos eletrônicos.

A Resolução CFM nº 2.227/18, no seu art. 1º, serve a "definir a telemedicina como o exercício da medicina mediado por tecnologias para fins de assistência, educação, pesquisa, prevenção de doenças e lesões e promoção de saúde.". O art. 2º preceitua que "a *telemedicina* e a *teleassistência* médica, em tempo real *on-line* (síncrona) ou *off-line* (assíncrona), por multimeios em tecnologia, é permitida dentro do território nacional, nos termos desta resolução." A preocupação com a proteção de dados registrada no art. 3º é de todo legítima: "nos serviços prestados por telemedicina, os dados e imagens dos pacientes devem trafegar na rede mundial de computadores (*internet*) com infraestrutura, gerenciamento de riscos e requisitos obrigatórios para assegurar o registro digital apropriado e seguro, obedecendo às normas do CFM pertinentes a guarda, manuseio, integridade, veracidade, confidencialidade, privacidade e garantia do sigilo profissional das informações".

Certo é que a Resolução CFM nº 2.227/18 traz importantes conceitos. O art. 7º afirma que "o *telediagnóstico* é o ato médico a distância, geográfica e/ou temporal, com a transmissão de gráficos, imagens e dados para emissão de laudo ou parecer por médico com Registro de Qualificação de Especialista (RQE) na área relacionada ao procedimento". Nos termos do art. 8º, "a *telecirurgia* é a realização de procedimento cirúrgico remoto, mediado por tecnologias interativas seguras, com médico executor e equipamento robótico em espaços físicos distintos". Prossegue no parágrafo primeiro acentuando que "a telecirurgia somente poderá ser realizada em infraestrutura adequada e segura, com garantia de funcionamento de equipamento, largura de banda eficiente e redundante, estabilidade do fornecimento de energia elétrica e segurança eficiente contra vírus ou invasão de hackers". Segundo o seu art. 11, "o *telemonitoramento* (ou *televigilância*, permito-me acrescentar) é o ato realizado sob orientação e supervisão médica para monitoramento ou vigilância a distância de parâmetros de saúde e/ou doença, por meio de aquisição direta de imagens, sinais e dados de equipamentos e/ou dispositivos agregados ou implantáveis nos pacientes em regime de internação clínica ou domiciliar, em comunidade terapêutica, em instituição de longa permanência de idosos ou no translado de paciente até sua chegada ao estabelecimento de saúde".

O art. 13 da Resolução CFM nº 2.227/18 preceitua que "a *teleorientação* é o ato médico realizado para preenchimento a distância de declaração de saúde e para contratação ou adesão a plano privado de assistência à saúde", certo que, em conformidade com o que preconiza o seu parágrafo único, "na *teleorientação* são vedadas indagações a respeito de sintomas, uso de medicamentos e hábitos de vida". Ainda, o art. 14 dispõe a respeito da *teleconsultoria*, considerada "o ato de consultoria mediada por tecnologias entre médicos e gestores, profissionais e trabalhadores da área da saúde, com a finalidade de esclarecer dúvidas sobre procedimentos, ações de saúde e questões relativas ao processo de trabalho". Note, antes e acima de tudo, que a regra de prudência que inspira a conduta médica (e coordena os preceitos da responsabilidade civil subjetiva própria dos profissionais de saúde) que o art. 15 da Resolução em destaque afirma que "ao médico é assegurada a liberdade e completa independência de decidir se utiliza ou recusa a telemedicina, indicando a consulta presencial sempre que entender necessário".

O *terceiro passo* na disciplina normativa da telemedicina no Brasil, de modo paradoxal, é, na verdade, um retrocesso: *constitui-se na revogação, pelo Conselho Federal de Medicina, na data de 22 de fevereiro de 2019, da Resolução nº 2.227/18*. "Sensíveis às manifestações dos médicos brasileiros e entidades representativas da classe, os conselheiros efetivos do CFM decidiram revogar a Resolução CFM nº 2.227/2018", sob o argumento de se dever "atenção ao clamor de inúmeras entidades médicas, que pedem mais tempo para analisar o documento e enviar também suas sugestões de alteração"

No entanto, a esperança em que haja uma adequada disciplina normativa da telemedicina no Brasil está na própria Resolução CFM nº 2.217/18. Ao aprovar o Código de Ética Médica e disciplinar a relação entre o médico e paciente e familiares, a referida resolução faz constar, no seu art. 37, que é vedado ao médico "prescrever tratamento e outros procedimentos sem exame direto do paciente, salvo em casos de urgência ou emergência e impossibilidade comprovada de realizá-lo, devendo, nesse caso, fazê-lo imediatamente depois de cessado o impedimento, assim como consultar, diagnosticar ou prescrever por qualquer meio de comunicação de massa.". O parágrafo 1º da regra em estudo preconiza que "*o atendimento médico a distância, nos moldes da telemedicina ou de outro método, dar-se-á sob regulamentação do Conselho Federal de Medicina.*" E mais, no parágrafo 2º, pondera-se que "ao utilizar mídias sociais e instrumentos correlatos, o médico deve respeitar as normas elaboradas pelo Conselho Federal de Medicina." É esse o *quarto passo*, no qual hoje nos encontramos no Brasil, na senda de um regime normativo próprio ao exercício da telemedicina.

4. COMO ENFRENTAR HOJE, NO BRASIL, A RESPONSABILIDADE CIVIL NA TELEMEDICINA?

No plano legislativo, em primeiro lugar, é certo que se frenou o desenvolvimento legislativo da telemedicina no Brasil. Isso não significa, entretanto, que a telemedicina tenha sido sepultada, entre nós, com a revogação, pelo Conselho Federal de Medicina, pela Resolução CFM nº 2.227/18 (em sessão plenária extraordinária, datada de 26 de fevereiro de 2019).

Os argumentos são múltiplos. Primeiro, porque o Código de Ética Médica, no parágrafo 1ª do art. 37, prossegue afirmando que "o atendimento médico a distância, nos moldes da telemedicina ou de outro método, dar-se-á sob a regulamentação do Conselho Federal de Medicina." Segundo, pelo fato de a Corte Superior, ao pronunciar-se no ano de 2009 a respeito da telemedicina, afirmou expressamente ser admitida no Brasil. Terceiro, porque se internalizou no direito positivo do Brasil as diretrizes adotadas pela 51ª Assembleia Geral da Associação Médica Mundial em Tel Aviv, Israel (Declaração de Tel Aviv). E a Declaração de Tel Aviv, por certo, não foi expressamente excluída do cenário jurídico brasileiro. Quarto, e fundamentalmente, porque não há no Brasil a expressa proibição legislativa de que a relação de prestação de serviço entre médico e paciente seja (também) realizada por meio eletrônico de comunicação *à distância*.

A possibilidade de telemedicina, portanto, subsiste, em prestígio aos princípios da autonomia privada, da autodeterminação individual e do direito fundamental de liberdade e segurança no plano negocial. É importante lembrar que o Direito fundamental de liberdade imbrica-se com as exigências do princípio constitucional da legalidade. O princípio da legalidade é garantia que se fez inscrever em mandamento constitucional: ninguém é obrigado a fazer ou a deixar de fazer alguma coisa senão em virtude de lei. (CF/1988, art. 5º, inc. II). Por mais óbvia que possa parecer essa recordação, a experiência no processo de (permanente) sedimentação de direitos fundamentais ensina que, por vezes, é vital recordar-se do que é óbvio.

Se assim o é, isto é, se de um lado deve ser admitida a prestação de serviço médico com os recursos próprios da telemedicina, por outro lado é evidente que se deve respeitar à proteção ao paciente sob as luzes do Código de Defesa do Consumidor do Brasil. Tal premissa protetiva do paciente-consumidor é fulcral para o correto enfrentamento da responsabilidade civil. Tudo o que se construiu no Brasil a respeito da proteção do consumidor aplica-se com vigor a essa especial relação jurídica em um ambiente tecnológico.

É fato notório que a relação médico-paciente no Brasil, salvo raras exceções, é relação jurídica de natureza consumerista.[6] Sendo assim, ao analisar o direito (fundamental) à reparação dos danos verificados nesse contexto, o intérprete deve atentar à garantia (efetiva) do direito fundamental de tutela do consumidor, como prevê explicitamente o art. 5º, XXXII, da Constituição Federal de 1988. Todo arcabouço jurídico que tutela o paciente hipossuficiente põe-se a realizar a defesa a ele desejada pelo legislador constitucional.

Como vetor de incidência das regras e dos princípios da responsabilidade civil, Princípio da prevenção de danos ao paciente assume relevo. O dever de precaução[7] é, nesse solo, agravado, em virtude da situação de especial vulnerabilidade (*hipervulnerabilidade*)[8] do consumidor-paciente. Importa à telemedicina o dever de transparência na real apresentação de todos os fatores de risco e na orientação a respeito das consequências da informação deficiente ao médico prestado pelo paciente.

Como já referi em outras ocasiões, o dever de informação (como, aliás, são todas as situações jurídicas existenciais e patrimoniais) é um dever *bilateral*.[9] É o dever de informar, de um lado, mas de buscar-se informar, de outro. É dever de veracidade e de correção, de parte a parte. Não é apenas o direito de ser informado e o dever de informar-

---

6. Desenvolvi o tema em maior profundidade em: GUERRA, Alexandre Dartanhan de Mello. *O fenecer da distinção entre a obrigação de meio e resultado na responsabilidade civil contratual médica*. In: Cadernos da Lex Medicinae n.º 4 · Saúde, novas tecnologias e responsabilidades nos 30 Anos do Centro de Direito Biomédico. Vol. I. Coimbra: Faculdade de Direito da Universidade de Coimbra, 2019, p. 33-50. Disponível em: https://www.uc.pt/fduc/ij/publicacoes/pdfs/LM_C1/Caderno_4_1_-_Lex_Medicinae_2018.pdf.pdf. Acesso: 01.01.2020.

7. A respeito do dever de precaução na responsabilidade civil, ver: LOPEZ, Teresa Ancona. *Princípio da precaução e evolução da responsabilidade civil*. São Paulo: Quartier Latin, 2010.

8. A respeito do conceito de vulnerabilidade agravada (hipervulnerabilidade), ver: MARQUES, Claudia Lima. *Contratos no Código de Defesa do Consumidor: o novo regime das relações contratuais*. 3ª ed. rev. atual. ampl. São Paulo: Revista dos Tribunais, 2006.

9. Por todos, ver: GUERRA, Alexandre. *Responsabilidade civil por abuso do direito: entre o exercício inadmissível de posições jurídicas e o direito de danos*. São Paulo: Saraiva, 2011. No mesmo sentido, a respeito das situações jurídicas ativas e passivas, ver: PERLINGIERI, Pietro. *Il Diritto Civile nella Legalità Costituzionale*, Napoli: Edizioni Scientifiche Italiane, 1991. PERLINGIERI, Pietro. *Perfis do direito civil: introdução ao direito civil constitucional*. 3ª ed. rev. e ampl. Rio de Janeiro: Renovar, 1997.

-se, como, também, é o dever de prestar a informação cabal, integral, efetiva, a respeito das (nefastas) consequências do mal (deficientemente) informar, por parte do paciente ao profissional da área de saúde que lhe assiste.

São evidentes os danos que podem ser acarretados à integridade físico-psíquico do paciente na inverídica transmissão de informações pelo paciente. Amenizar os sintomas ou negar determinados fatos pode, sem dúvida, acarretar o óbito do paciente. Dito por outras palavras, no processo comunicacional que se trava entre médico e o paciente, há um especial (agravado) *dever de veracidade* no que diz respeito às informações que o paciente deve oferecer. A linguagem ao se pronunciar, à medida do possível e em especial consideração às condições culturais e sociais do paciente, deve ser clara, objetiva, concreta, ostensiva, em relação a quais são as consequências da conduta que se está a adotar.

Em se tratando da responsabilidade civil na telemedicina, é preciso, uma vez mais, por em destaque o que a doutrina refere como a função preventiva da responsabilidade civil. É preciso que os mecanismos sejam todos postos de modo a prevenir a ocorrência dos danos e não a repara-los, como se entendeu no passado ser o papel central a responsabilidade civil fulcrada no princípio da reparação integral, e como se poderia intuir de uma primeira leitura da regra contida no *caput* dos artigos 927 e 944 do Código Civil do Brasil. A adoção de medidas voltadas à prevenção da ocorrência de danos é, sem dúvida, um importante papel a cumprir-se na responsabilidade civil contemporânea. Daí se dever exigir, por exemplo, que a prudência do profissional de saúde a ele exija a adoção de cautelas no sentido, a partir de um plexo de informações prestadas pelo paciente à distância, verificar qual é o real quadro de saúde que se expõe. A *expertise* médica entra em cena nesse contexto como vital elemento de prevenção de danos.

Uma questão derradeira se faz decisiva no estudo da responsabilidade civil por telemedicina: por expressa determinação da lei de consumo do Brasil, a responsabilidade civil dos profissionais liberais (conceito no qual se incluem os médicos, enfermeiros e profissionais da área de saúde) é de natureza subjetiva, dependendo, portanto, da prova da culpa do agente para estabelecer-se o dever de indenizar. É o que decorre do parágrafo 4º do art. 14, do CDC, segundo o qual "*responsabilidade pessoal dos profissionais liberais será apurada mediante a verificação de culpa*". Entretanto, em se tratando de prestação de serviço por telemedicina em relação às demais empresas de desenvolvimento de *software* e de guarda/manipulação de dados, cabe refletir se se poderia estar diante de uma nova hipótese de responsabilidade civil objetiva pelo risco da atividade.

Em relação às empresas que se dedicam à telemedicina, caberia aplicar a regra contida no art. 931 do Código Civil do Brasil, segundo a qual "ressalvados outros casos previstos em lei especial, *os empresários individuais e as empresas respondem independentemente de culpa pelos danos causados pelos produtos postos em circulação*"?

A telemedicina alargará as hipóteses de aplicação da regra contida na parte final do parágrafo único do art. 927 do Código Civil? No dizer de Cláudio Luiz Bueno de Godoy, o legislador traz no parágrafo único do art. 927 do Civil uma cláusula geral de responsabilidade civil pelo risco da atividade independentemente de culpa e sem que se esteja diante da prévia afirmação pelo legislador de que trata de hipótese de objetivação da responsabilidade civil. Nos termos da regra em destaque, vale sempre rememorar, "haverá obrigação de reparar o dano, independentemente de culpa, nos casos especificados em lei, *ou quando a atividade normalmente desenvolvida pelo autor do dano implicar, por sua natureza, risco para os direitos de outrem*". A questão está posta e exige a acurada reflexão dos estudiosos da responsabilidade civil médica.

5. PROPOSIÇÕES CONCLUSIVAS

> *"O que dá o verdadeiro sentido ao encontro é a busca,*
> *e é preciso andar muito para se alcançar o que está perto."*
>
> (José Saramago)

"A telemedicina poderá ser o indutor de um novo ecossistema de saúde, onde usa a tecnologia para aumentar a eficiência, reduzir desperdícios e acelerar processos decisórios e resolutivos". A lição do Prof. Dr. Chao Lung Wen[10] está a merecer a reflexão da comunidade jurídica nacional e internacional que se dedica à responsabilidade civil médica. É dever do jurista identificar soluções e modelos de compatibilização entre a evolução da ciência e os mecanismos de prevenção e reparação de danos na sociedade de consumo.

A ampla tutela e o pleno desenvolvimento da pessoa humana são o núcleo axiológico da pós-modernidade. Deve a ciência servir a bem e ao desenvolvimento das potencialidades do ser humano em sociedade, e não o inverso. O desenvolvimento exponencial da inteligência artificial, por exemplo, por mais sedutor que possa ela ser, jamais deve sobrepor-se as exigências da eficiente tutela jurídica integral da condição humana.

No Brasil, o advento de disciplina jurídica suficiente à prestação de serviço de telemedicina é emergencial, certo que a revogação da Resolução CFM nº 2.227 não apresenta, como expus, avanço algum no seu desenvolvimento. Se a segurança é um dos direitos fundamentais agasalhados pelo Direito, a existência de uma regulação jurídica suficiente é essencial para identificar o padrão de conduta a ser adotado pelos profissionais na área de saúde na tormentosa seara da telemedicina. Não se está, contudo, a salvo de novos questionamentos e desafios, tais como a identificação de uma (nova) hipótese de objetivação da responsabilidade civil pelo risco da atividade das empresas que a ela se dedicam. Enfim, como alerta Saramago, também no campo da telemedicina, *o que dará o verdadeiro sentido ao encontro é a busca*.

6. REFERÊNCIAS

GUERRA, Alexandre. *Responsabilidade civil por abuso do direito: entre o exercício inadmissível de posições jurídicas e o direito de danos*. São Paulo: Saraiva, 2011.

_____. *O fenecer da distinção entre a obrigação de meio e resultado na responsabilidade civil contratual médica*. In: Cadernos da Lex Medicinae n.º 4. Saúde, novas tecnologias e responsabilidades nos 30 Anos do Centro de Direito Biomédico. Vol. I. Coimbra: Faculdade de Direito da Universidade de Coimbra, 2019, p. 33-50.

---

10. Disponível em: https://grupomidia.com/hcm/chao-lung-wen-analisa-o-cenario-da-telemedicina-no-brasil/ Acesso em: 01 jan. 2020.

LOPEZ, Teresa Ancona. *Princípio da precaução e evolução da responsabilidade civil.* São Paulo: Quartier Latin, 2010.

KFOURI NETO, Miguel. *Responsabilidade civil dos hospitais: Código Civil e Código de Defesa do Consumidor.* 4ª ed. rev. Atual. Amp. São Paulo: Revista dos Tribunais, p. 2010.

MARQUES, Claudia Lima. *Contratos no Código de Defesa do Consumidor: o novo regime das relações contratuais.* 5ª ed. rev. atual. ampl. São Paulo: Revista dos Tribunais, 2006.

PATRÍCIO, Miguel Carlos Teixeira. *Análise econômica da responsabilidade civil médica.* Lisboa, AAFDL Editora, 2017.

PERLINGIERI, Pietro. *Il Diritto Civile nella Legalità Costituzionale,* Napoli: Edizioni Scientifiche Italiane, 1991.

_____. *Perfis do direito civil: introdução ao direito civil constitucional.* 3ª ed. rev. e ampl. Rio de Janeiro: Renovar, 1997.

RESPONSABILIDADE CIVIL PELO INADIMPLEMENTO DO DEVER DE INFORMAÇÃO NA CIRURGIA ROBÓTICA E TELECIRURGIA: UMA ABORDAGEM DE DIREITO COMPARADO (ESTADOS UNIDOS, UNIÃO EUROPEIA E BRASIL)

Miguel Kfouri Neto

Pós-Doutor em Ciências Jurídico-Civis junto à Faculdade de Direito da Universidade de Lisboa. Doutor em Direito das Relações Sociais pela Pontifícia Universidade Católica de São Paulo. Mestre em Direito das Relações Sociais pela Universidade Estadual de Londrina. Bacharel em Direito pela Universidade Estadual de Maringá. Licenciado em Letras-Português pela Pontifícia Universidade Católica do Paraná. Professor-Doutor integrante do Corpo Docente Permanente do Programa de Doutorado e Mestrado em Direito Empresarial e Cidadania do Centro Universitário Curitiba – UNICURITIBA Coordenador do grupo de pesquisas em "Direito da Saúde e Empresas Médicas" (UNICURITIBA). Membro do Instituto Brasileiro de Estudos de Responsabilidade Civil (IBERC). Desembargador no Tribunal de Justiça do Paraná (TJPR).
Endereço eletrônico: mkfourin@gmail.com

Rafaella Nogaroli

Mestranda em Direito das Relações Sociais pela Universidade Federal do Paraná (UFPR). Especialista em Direito Aplicado pela Escola da Magistratura do Paraná (EMAP) e em Direito Processual Civil pelo Instituto de Direito Romeu Felipe Bacellar. Bacharel em Direito e pós-graduanda em Direito Médico pelo Centro Universitário Curitiba (UNICURITIBA). Coordenadora do grupo de pesquisas em "Direito da Saúde e Empresas Médicas" (UNICURITIBA). Membro do Instituto Brasileiro de Estudos de Responsabilidade Civil (IBERC) e do grupo de pesquisas em direito civil-constitucional "Virada de Copérnico" (UFPR). Assessora de Desembargador no Tribunal de Justiça do Estado do Paraná (TJPR).
Endereço eletrônico: nogaroli@gmail.com

Sumário: 1. Considerações preliminares sobre novas tecnologias na área da saúde; 1.1. Os riscos associados na cirurgia robótica presencial e à distância; 1.2. As demandas indenizatórias por eventos adversos na cirurgia robótica – 2. Responsabilidade civil pela ausência do consentimento do paciente nas cirurgias robóticas; 2.1. O conteúdo da informação nas cirurgias assistidas por robôs; 2.2. Reponsabilidade civil e quantificação de danos na ausência de consentimento informado na cirurgia robótica – 3. Considerações finais – 4. Referências

1. CONSIDERAÇÕES PRELIMINARES SOBRE NOVAS TECNOLOGIAS NA ÁREA DA SAÚDE

Novas tecnologias têm alterado profundamente a relação médico-paciente e todo o setor da saúde. Atualmente, a internet e demais plataformas e aplicativos de comunicação permitem que médicos diagnostiquem, tratem e até realizem cirurgias em pacientes à distância, nos locais mais remotos do mundo. Desenvolve-se, com muita ênfase, a denominada *Telemedicina*, que consiste na prestação de serviços de saúde com emprego de modernos aparatos de comunicação, em que o profissional da saúde e o paciente não estão presentes fisicamente no mesmo local. Conforme expõe o professor português Alexandre Libório Dias Pereira, a telemedicina "envolve a transmissão de dados e informação de saúde através de textos, sons, imagens ou outros que sejam necessários para a prevenção, diagnóstico, tratamento e acompanhamento de pacientes",[1] e está presente em diversas especialidades da medicina, "desde a teleradiologia à telecirurgia, passando pela teleconsulta".[2]

As inovações tecnológicas têm revolucionado também a forma como os procedimentos cirúrgicos são realizados. Cirurgias assistidas, amiúde, por robôs, já são realidade em muitos hospitais ao redor do mundo. O que se convencionou chamar de *cirurgia robótica* (ou assistida por robô) representa a evidência do futuro da medicina e uma das conquistas mais notáveis da tecnologia médica. Durante a cirurgia, o médico permanece num console, manuseando dois controladores gerais (*joysticks*) – e os movimentos das suas mãos são traduzidos pelo robô, em tempo real, em instrumentos dentro do paciente. Devido à maior flexibilidade dos braços robóticos em comparação com as ferramentas laparoscópicas convencionais, o procedimento e a sutura podem ser executados com maior precisão.

Ademais, o "punho" do robô tem capacidade infinitamente superior ao punho humano, pois aquele pode girar 360.º, tornando completamente acessíveis locais anteriormente de difícil acesso ou até mesmo inacessíveis. O robô-cirurgião opera com pequenos instrumentos dentro do corpo do paciente, sendo um deles o laparoscópico, um tubo fino com uma pequena câmera que envia imagens 3D em alta resolução para um monitor de vídeo. O aparato tecnológico é utilizado em cirurgias minimamente invasivas, sobretudo nas especialidades de urologia, ginecologia, cirurgia geral, torácica e abdominal, além da neurocirurgia – esta, pela necessidade de exatidão milimétrica na intervenção cirúrgica. A utilização do robô torna mais segura e precisa a cirurgia, eliminando o tremor natural das mãos do ser humano; a microcâmera amplia a visão do cirurgião e a tomada de decisões no decorrer da cirurgia se torna mais rápida e exata.

A Intuitive Surgical, empresa estadunidense fabricante do robô cirurgião chamado Da Vinci (*Da Vinci Surgical System*),[3] entre 2001 e 2018, vendeu mais de 2.900 platafor-

---

1. PEREIRA, Alexandre Libório Dias. *Telemedicina e Farmácia Online: Aspetos Jurídicos da Ehealth*. Disponível em: https://portal.oa.pt/upl/%7B79eff4f2-f05c-497e-9737-ca05830cc360%7D.pdf. Acesso em 09 jan. 2021. Ainda, destaca o autor: "O conceito de eHealth é mais amplo, abrangendo outros serviços como os portais de informação de saúde, as farmácias online, as bases de dados eletrónicas e a prescrição e transmissão eletrónica de receitas médicas."

2. Idem.

3. Os esboços de Leonardo da Vinci, que foram descobertos na década de 1950, demonstram o primeiro registro de um projeto de robô humanoide no chamado "Cavaleiro Mecânico". Este trabalho pode ser considerado como uma extensão de seu famoso estudo anatômico das proporções do corpo humano, em seus esboços do "Homem Vitruviano". Tudo isso inspirou a empresa Intuitive Surgical, atual fabricante de robôs cirúrgicos, para nomear seu

mas robóticas nos Estados Unidos e mais de 4.500 no restante do mundo.[4] Em 2014, foi lançada a quarta geração do robô, o "Sistema Cirúrgico Da Vinci Xi" (*Da Vinci Xi Surgical System*).[5] Apenas em 2017, 5.770 robôs cirúrgicos foram comercializados, sendo 65% deles vendidos para hospitais norte-americanos.[6] O número anual estimado de cirurgias robóticas nos Estados Unidos disparou de cerca de 136.000 em 2008, para 877.000 em 2017.[7] Estima-se que essa tecnologia já proporcionou a realização de cirurgias minimante invasivas para mais de 6 milhões de pessoas ao redor do mundo.[8]

Até 2008, havia três robôs em atividade no Brasil; hoje, são quase cinquenta – e a quantidade tende a aumentar.[9] Em quatorze anos, de 2000 a 2013, apenas nos Estados Unidos foram realizadas 1.745.000 cirurgias robóticas.[10] No Brasil, já ocorreram mais de 17.000 cirurgias assistidas por robôs e o Hospital Israelita Albert Einstein, em São Paulo, é o pioneiro na tecnologia, utilizando-a desde 2008, quando um paciente de 70 anos foi submetido à extirpação da próstata com a assistência do robô Da Vinci.[11] Em Portugal, a primeira cirurgia robótica, também de prostatectomia radical, foi realizada no Hospital da Luz, em 2010, num paciente de 50 anos.[12]

O Sistema Da Vinci contém três componentes principais: um console ergonômico onde fica o cirurgião, um totem de 4 braços interativos junto ao paciente e uma torre de vídeo de alta definição. A cirurgia robótica torna menor o risco de infecção, reduz a perda de sangue e o tempo da cirurgia; as incisões são menores e, por isso, as cicatrizes também diminuem; o risco de complicações é, em geral, menor e a recuperação, mais rápida. Os braços do robô e a rotação dos punhos, em 360.º, permitem movimentos e posições que a mão do cirurgião não pode executar. Esse alto grau de precisão é, em muitos casos, a melhor alternativa às cirurgias abertas ou laparoscópicas.

Em localidades que não dispõem de especialista, também podem ser realizadas telecirurgias. Em 2002, um cirurgião, localizado em Nova Iorque, realizou telecirurgia

---

robô pelo nome desse gênio arquiteto e inventor italiano. (KIM, Keith Chae. *Robotics in General Surgery*. Suíça: Springer, 2014. Ebook.)

4. Robotic Surgery Statistics Show Movement Towards More Minimally Invasive Procedures. Disponível em: https://idataresearch.com/robotic-surgery-statistics-show-movement-towards-more-minimally-invasive-procedures/. Acesso em 09 jan. 2021.

5. SCHANS, Emma M. van der et. al. From Da Vinci Si to Da Vinci Xi: realistic times in draping and docking the robot. *Journal of Robotic Surgery*, v. 4, p. 835-839, dez. 2020.

6. New questions about the $3B/year robotic surgery business. Disponível em: https://www.healthnewsreview.org/2018/08/new-questions-about-the-3b-year-robotic-surgery-business/. Acesso em 09 jan. 2021.

7. Idem.

8. About da Vinci Systems. Disponível em: https://www.davincisurgery.com/da-vinci-systems/about-da-vinci-systems##. Acesso em 09 jan. 2021.

9. Aumenta o número de cirurgias robóticas no Brasil. Disponível em: https://exame.abril.com.br/negocios/dino/aumenta-o-numero-de-cirurgias-roboticas-no-brasil/. Acesso em 08.02.2019. Ainda, destaque-se que, entre agosto de 2018 e fevereiro de 2020, houve um crescimento de mais de 90% no número de equipamentos de robótica cirúrgica instalados no Brasil. (Disponível em: https://www.terra.com.br/noticias/dino/aumenta-90-o-numero--de-robos-cirurgicos-instalados-no-brasil,c49d4fb7ad6efb97c9c73284ef078b3ai13y3eco.html. Acesso em 09 jan. 2021.

10. Adverse Events in Robotic Surgery: A Retrospective Study of 14 Years of FDA Data. Disponível em: https://www.ncbi.nlm.nih.gov/pmc/articles/PMC4838256/. Acesso em 09 jan. 2021.

11. Brasil comemora 10 anos de cirurgia robótica. Disponível em: https://www.einstein.br/sobre-einstein/imprensa/press-release/brasil-comemora-10-anos-de-cirurgia-robotica. Acesso em 09 jan. 2021.

12. Robô capaz de operar é usado pela primeira vez em Portugal. Disponível em: https://www.dn.pt/ciencia/saude/interior/robo-capaz-de-operar-e-usado-pela-primeira-vez-em-portugal-1602500.html. Acesso em 09 jan. 2021.

de colecistectomia laparoscópica em uma paciente de 68 anos, que estava a aproximadamente 7.000 quilômetros de distância, em Strasbourg (França).[13] Dois médicos locais permaneceram ao lado da paciente, acompanhando o ato e prontos para intervirem, caso necessário. Essa primeira cirurgia realizada remotamente, conhecida como "Operation Lindbergh", durou menos de 1 hora e foi concluída com sucesso.[14] No início do ano de 2019, um cirurgião realizou a primeira neurocirurgia remota no mundo, com a nova tecnologia 5G.[15] O Dr. Ling Zhipei, que estava em Pequim, implantou remotamente um neuroestimulador em um paciente, que sofria de Mal de Parkinson, localizado à 3.000 quilômetros de distância, em Hainan. A cirurgia durou cerca de três horas e foi finalizada também satisfatoriamente, sem intercorrências.

Recentemente, há estudos que indicam expressivas vantagens da cirurgia robótica em tempos de pandemia da Covid-19, devido ao seu potencial de minimizar a propagação de infecções virais, uma vez que há redução da perda de sangue e delicada manipulação dos tecidos durante a técnica minimamente invasiva.[16] Além disso, durante a operação, não há contato físico entre o paciente e o médico, o qual permanece afastado em um console especial, controlando o robô por meio de *joysticks*. Esta é certamente uma das mais expressivas benesses das cirurgias robóticas em tempos de pandemia: o número reduzido de profissionais da saúde na sala de operação e a distância entre os membros da equipe.[17] Assim, diminui-se o risco de transmissão do vírus. Outra vantagem apontada é a recuperação pós-operatória mais rápida e menor tempo de hospitalização, em comparação à tradicional cirurgia aberta, o que é especialmente relevante em tempos de escassez de leitos hospitalares e aumento do potencial de contaminação em internações mais longas.[18]

1.1. Os riscos associados na cirurgia robótica presencial e à distância

Os desenvolvimentos científicos em cirurgia robótica e telecirurgia, conforme expusemos, têm revolucionado a prestação dos cuidados à saúde. Contudo, há uma série de impactos éticos e legais que devem ser ponderados ao utilizar essa tecnologia, dentre eles: capacitação do profissional, privacidade e proteção de dados da saúde do paciente, lei aplicável (tendo em vista os possíveis conflitos de jurisdição), consentimento informado

---

13. Operation Lindbergh – A World First in TeleSurgery: The Surgical Act Crosses the Atlantic!. Disponível em: https://www.ircad.fr/wp-content/uploads/2014/06/lindbergh_presse_en.pdf. Acesso em 09 jan. 2021.

14. A cirurgia foi realizada a distância pela plataforma robótica "ZEUS Robotic Surgical System", fabricada pela empresa Computer Motion, a qual foi adquirida pela Intuitive Surgical em 2003, motivo pelo qual, após fusão das empresas, abandonou-se a produção da plataforma Zeus e se optou pelo desenvolvimento do sistema robótico Da Vinci. (FIORINI, Paolo. History of Robots and Robotic Surgery. In: FONG, Yuman. et.al. *The Sages Atlas of Robotic Surgery*. Suíça: Springer, 2018. Ebook.)

15. World's 1st remote brain surgery via 5G network performed in China. Disponível em: https://www.rt.com/news/454056-remote-brain-surgery-china. Acesso em 09 jan. 2021.

16. MOAWAD, Gaby N.; RAHMAN, Sara; MARTINO, Martin A.; KLEBANOFF, Jordan S. Robotic surgery during the COVID pandemic: why now and why for the future. *Journal of Robotic Surgery*, v. 14, p. 917-920, dez. 2020.

17. ZEMMAR, Ajmal; Lozano, Andres M; Nelson, Bradley J. The rise of robots in surgical environments during Covid-19. *Nature machine intelligence*, Londres, v. 2, p. 566-572, out. 2020.

18. ZAMPOLLI, Hamilton; RODRIGUEZ, Alejandro R. Laparoscopic and robotic urology surgery during global Pandemic Covid-19. International Brazilian Journal of Urology, v. 46, p. 215-221, jul. 2020.

do paciente, limitações da tecnologia etc.[19] Jacques Marescaux expõe que, tendo em vista a cirurgia remota poder ser realizada por um médico em um país ou estado diverso do paciente, podem surgir "conflitos de jurisdição e questões legais, tais como, se o cirurgião deve ou não ser responsável por erros relacionados a atrasos na transmissão ou falha do equipamento, ou se um consentimento especial deve ser obtido".[20]

Nos Estados Unidos, entre os anos de 2000-2013, há 10.624 relatos de eventos adversos envolvendo o robô Da Vinci, que foram protocolados junto à *Food and Drug Administration* (FDA). Dentro desse universo de eventos danosos relatados, ocorreram morte em 144 casos (1,4%), lesões ao paciente em 1.391 casos (13,1%) e mau funcionamento do dispositivo robótico em 8.061 casos (75,9 %). Os maiores relatos de mortes e lesões foram em cirurgias cardiotoráxicas (6,4%) e de cabeça e pescoço (19,7%). Em que pese a maior frequência da cirurgia robótica ser realizada nas especialidades de ginecologia e urologia (quase 90%), o índice de mortes nestas especialidades variou entre 1,4% e 1,6%, respectivamente.[21]

Na última década, promoveram-se 175 *recalls* do robô Da Vinci, ocorrendo decréscimo desse número nos últimos anos, atingindo o pico de 49 recalls em 2014 e caindo para apenas 1 recall por ano em 2010 e 2011. Já em 2018, ocorreram 8 *recalls*.[22] A empresa solicitou esses *recalls*, junto à FDA, tanto para pequenos ajustes no robô, como esclarecimentos de instrução e atualizações de *software*, bem como para questões mais sérias, como o caso de uma faca cirúrgica que não podia se mover quando necessária para realizar algum corte, braços cirúrgicos que apresentaram falhas e outros componentes do robô que poderiam se mover inesperadamente. Constatou-se o episódio de um componente robótico, durante a cirurgia, não liberar o tecido do paciente ou, ainda, mover-se de forma inesperada, perfurando órgãos próximos ao sítio cirúrgico.

Contudo, a FDA enviou, em 2013, uma carta de advertência à Intuitive Surgical, criticando seus procedimentos de notificação de segurança sobre o robô Da Vinci e alegando falha da empresa em relatar adequadamente todos os eventos adversos ocorridos na utilização do aparato tecnológico.[23] No mesmo ano, o valor das ações da fabricante caiu de US $ 573 para US $ 393 por ação, quando se constatou que a Intuitive Surgical havia encoberto da FDA a ocorrência de lesões e mortes causadas durante cirurgias robóticas. Diante disso, acionistas entraram com uma *class action* em face do conselho diretor da fabricante. Alegou-se a violação das leis federais de valores mobiliários, pois

---

19. BHATIA, Neera. Telesurgery and the Law. In: KUMAR, Sajeesh; MARESCAUX, Jacques. *Telesurgery*. Londres: Springer, 2008. Ebook.

20. MARESCAUX, Jacques; RUBINO, Francesco; SOLER, Luc. Computer-Assisted Remote Surgery. In: KUMAR, Sajeesh; MARESCAUX, Jacques. *Telesurgery*. Londres: Springer, 2008. Ebook.

21. Dados retirados do banco de dados "MAUDE" (*The Manufacturer and User Facility Device Experience*), um sistema de relatórios mantido pela FDA. A Intuitive Surgical, fabricante do robô Da Vinci, apresentou a grande maioria dos relatos, embora alguns também tenham sido apresentados por hospitais, médicos e pacientes. Análise dos dados extraídas do artigo: "A Retrospective Study of 14 Years of FDA Data". Disponível em: <https://arxiv.org/ftp/arxiv/papers/1507/1507.03518.pdf. Acesso 09 jan. 2021.

22. The da Vinci surgical robot: A medical breakthrough with risks for patients. Disponível em: https://www.nbcnews.com/health/health-news/da-vinci-surgical-robot-medical-breakthrough-risks-patients-n949341. Acesso em 09 jan. 2021.

23. Disponível em: https://www.fdanews.com/ext/resources/files/archives/10113-01/08-6-13-Intuitive.pdf . Acesso em 09 jan. 2021.

a empresa "fez declarações falsas e enganosas e omitiu certos fatos relevantes em determinadas declarações públicas e nos arquivos da empresa junto à Comissão de Valores Mobiliários".[24]

Os acionistas também alegaram que a Intuitive Surgical não reportou à FDA pelo menos três *recalls* realizados junto aos hospitais compradores do robô Da Vinci. Destaca-se, dentre eles, o mau funcionamento de uma parte do dispositivo robótico denominada "tip cover". Essas tampas são feitas de silicone e ficam na extremidade da tesoura cirúrgica chamada "Monopolar Curved Scissors", com objetivo de evitar que cargas elétricas vazem para outros tecidos e órgãos que não estão sendo operados. Contudo, muitos pacientes, entre 2011 e 2013, alegam que sofreram queimaduras graves em regiões externas ao sítio cirúrgico devido a coberturas defeituosas dessas pontas, pois as tampas das tesouras monopolares "tinham tendência a desenvolver microfissuras, causando queimaduras em órgãos e tecidos internos do paciente", informações estas que foram ocultadas da FDA por quase 2 anos. Em 2018, a Intuitive Surgical firmou um acordo de 42,5 milhões de dólares com os acionistas da *class action*.[25]

Ainda, vale destacar que, desde a primeira cirurgia robótica realizada remotamente (telecirurgia), a grande dificuldade na ampla aplicabilidade dessa tecnologia é a diminuição do tempo de latência (*time delay*) entre os movimentos realizados pelo cirurgião e a replicação pelo robô.[26] O aumento do tempo de latência é atribuído principalmente a problemas de roteamento e congestionamento de rede ou à sobrecarga do servidor. Esse *delay* não só gera uma operação demorada, mas pode também produzir imprecisões cirúrgicas significativas, comprometendo a segurança do paciente e retardando a sua recuperação. Mesmo pequenos atrasos no tempo de transmissão, como milissegundos, geram riscos ao paciente e podem levar a resultados desastrosos na telecirurgia.

De acordo com o neurocirurgião Paul J. Choi,[27] embora seja possível alcançar um tempo de latência de menos de 100 milissegundos, com cabos de fibra óptica e uma tecnologia especial de rede (Modo de Transferência Assíncrono - *Asynchronous Transfer Mode* - ATM), ainda assim seriam necessários quarenta (40) técnicos de TI trabalhando durante a cirurgia, para garantir a manutenção dessa velocidade. Por outro lado, há estudos que apontam a possibilidade de os médicos serem treinados para realizar procedimentos cirúrgicos mesmo existindo o *time delay*. Contudo, adverte-se para necessidade de constante treinamento e cuidado com a autoconfiança do profissional.[28]

Ugo Pagallo, no livro "The Law of Robots",[29] explica que, apesar dos sistemas cirúrgicos do robô Da Vinci poderem reduzir o tempo das hospitalizações em cerca

---

24. Intuitive Surgical pays $43m to settle class actions. Disponível em: https://www.massdevice.com/intuitive-surgical-pays-43m-to-settle-class-actions/. Acesso em 09 jan. 2021.
25. Idem.
26. MARESCAUX, Jacques; RUBINO, Francesco; SOLER, Luc, op. cit.
27. CHOI, Paul J.; OSKOUIAN, Rod J.; TUBBS, R. Shane. Telesurgery: Past, Present, and Future. *Cureus Journal of Medical Science*, São Francisco, v. 10, n. 5, mai. 2018. Disponível em: https://assets.cureus.com/uploads/review_article/pdf/12751/1550698319-20190220-655-3jlaza.pdf. Acesso em 09 jan. 2021.
28. SONG, Xu. et. al. Effect of Latency Training on Surgical Performance in Simulated Robotic Telesurgery Procedures. *The International Journal of Medical Robotics and Computer Assisted Surgery*, Chicago, v. 11, p. 290-295, 2014.
29. PAGALLO, Ugo. *The Laws of Robots*: Crimes, Contracts, and Torts. Londres: Springer, 2013. Ebook.

de metade e os custos hospitalares em cerca de um terço, "há o risco de erro médico devido ao treinamento deficiente com o sistema robótico".[30] Isso, porque "os cirurgiões não recebem tempo e recursos suficientes para aprender a utilizar o robô de forma adequada (...) os cirurgiões com extensa experiência na tecnologia robótica declaram que são necessárias pelo menos 200 cirurgias para se tornarem proficientes no sistema Da Vinci".[31]

Ademais, importante mencionar que, independentemente se a cirurgia robótica é realizada de modo presencial ou remoto, há a necessidade de um anestesista e outro cirurgião na sala de cirurgia, para intervirem em caso de mau funcionamento do robô ou quaisquer interrupções tecnológicas. Evidentemente, deve-se garantir que toda a equipe de profissionais da saúde envolvidos (médicos, enfermeiros, instrumentadores) seja apropriadamente capacitada e receba constantemente treinamento e atualização na nova tecnologia. Isso porque, não calibrar corretamente um instrumento robótico pode, por exemplo, aumentar a probabilidade de um movimento impreciso do robô cirurgião ou, ainda, ocasionar uma falha na transmissão da imagem do sítio cirúrgico.[32]

Ademais, deve-se levar em consideração que num modelo moderno de "telecirurgia integrada" (*integrated telesurgery model*), o cirurgião utiliza as informações eletrônicas do paciente em rede – tais como exames médicos e outros dados de saúde – e, enquanto realiza a cirurgia, analisa-as constantemente, através de um console especial. Caso ocorra alguma falha de conexão com a interface por uma interrupção da internet, há probabilidade de surgirem danos substanciais ao paciente.[33] Entre os anos de 2018 e 2020, 562 episódios de invasões de dados em organizações da saúde foram reportados ao *U.S. Department of Health and Human Services Office for Civil Rights*.[34] Diversas empresas e entidades hospitalares de países da Europa, como Espanha, Inglaterra e Portugal, foram alvos de ataques cibernéticos em 2017.[35] No Reino Unido, 16 hospitais do Serviço Público de Saúde foram afetados e alguns pacientes em situação de emergência precisaram ser transferidos. Além disso, informações sobre pacientes, agenda de consultas, linhas internas de telefone e e-mails ficaram temporariamente inacessíveis.[36] No mesmo ano, computadores do Hospital das Clínicas de Barretos, no Brasil, sofreram ataques cibernéticos, paralisando temporariamente o funcionamento de alguns atendimentos.[37]

Assim, um ponto importante a ser ponderado, no que se refere aos riscos associados à telecirurgia, é como garantir que os dados sensíveis de saúde dos pacientes, em atendimento remoto, sejam preservados, garantindo transmissão segura de informações, sem

---

30. Idem.
31. Idem.
32. BHATIA, Neera, op. cit.
33. MCLEAN, Thomas R. Cybersurgery: An Argument for Enterprise Liability. *Journal of Legal Medicine*, Los Angeles, vol. 23, n. 2, p. 167-210, nov. 2010.
34. U.S. Department of Health and Human Services Office for Civil Rights Breach Portal: Notice to the Secretary of HHS Breach of Unsecured Protected Health Information. Disponível em: https://ocrportal.hhs.gov/ocr/breach/breach_report.jsf. Acesso em 09 jan. 2021.
35. Disponível em: https://link.estadao.com.br/noticias/empresas,empresas-e-hospitais-sofrem-ataque-cibernetico--em-massa-na-europa,70001776946. Acesso em 09 jan. 2021.
36. Disponível em: https://brasil.elpais.com/brasil/2017/05/12/internacional/1494602389_458942.html. Acesso em 09 jan. 2021.
37. Disponível em: https://www.bbc.com/portuguese/brasil-40870377 Acesso em 09 jan. 2021.

MIGUEL KFOURI NETO E RAFAELLA NOGAROLI

que ocorra tratamento incorreto desses dados ou acesso ilícito de terceiros. Ocorrendo tal infortúnio, há normas específicas para determinar a responsabilização pela violação dos dados sensíveis de saúde: na União Europeia, o Regulamento Geral de Proteção de Dados (*General Data Protection Regulation* – GDPR) e, no Brasil, a Lei Geral de Proteção de Dados Pessoais (LGPD), que entrará em vigor em agosto de 2020.[38]

1.2. As demandas indenizatórias por eventos adversos na cirurgia robótica

Em 2015, um senhor de 69 anos morreu de falência múltipla de órgãos, após se submeter à cirurgia robótica cardíaca no Freeman Hospital, em Newcastle, Inglaterra.[39] O robô fez um movimento brusco e dilacerou parte do coração do paciente durante a cirurgia. Abriu-se inquérito policial para determinar a causa da morte e se constatou que a cirurgia, para tratamento de severa doença valvar mitral, demorou cerca de seis horas, tempo muito superior ao recomendado pelos graves riscos desse longo período ao posterior funcionamento do coração do paciente. Ademais, o cirurgião acabou revelando que "poderia ter realizado a cirurgia com mais treinamento prévio no robô, antes da intervenção cirúrgica" e, ainda, relatou que o *proctor* (médico altamente especializado em cirurgia robótica, que possui elevado grau de conhecimento do robô Da Vinci), que deveria estar presente durante toda a cirurgia, saiu da sala durante o procedimento cirúrgico. Além disso, constatou-se que a entidade hospitalar, onde ocorreu a intervenção, não possuía nenhuma política de treinamento dos médicos com a referida tecnologia. O diretor do hospital emitiu um pedido de desculpas, reconhecendo que "falhou em garantir um padrão de cuidado razoavelmente esperado na cirurgia robótica".[40]

Na situação acima narrada, fica evidente a hipótese de dano diretamente ocasionado por imperícia do profissional, a qual se caracteriza pela deficiência de conhecimentos técnicos, o despreparo prático, a falta de habilidade ou ausência dos conhecimentos necessários para realização da cirurgia robótica sem auxílio do *proctor*. Ressalta-se, contudo, que não basta a conduta médica inadequada para caracterizar o dever de indenização. Deve-se evidenciar também o nexo de causalidade entre a conduta culposa e o dano sofrido – tarefa que, na maioria das vezes, não será das mais fáceis.

Inclusive, nos Estados Unidos, os litígios sobre eventos adversos ocorridos durante cirurgias assistidas por robôs são conhecidos como "finger-pointing cases".[41] Isso, porque

---

38. Ao propósito da LGPD no contexto do tratamento de dados pessoais sensíveis de saúde na telemedicina, remeta-se a FALEIROS JUNIOR, José Luiz de Moura; NOGAROLI, Rafaella; CAVET, Caroline Amadori. Telemedicina e proteção de dados: reflexões sobre a pandemia da Covid-19 e os impactos jurídicos da tecnologia aplicada à saúde. *Revista dos Tribunais*, São Paulo, v. 1016, p. 327-362, jun. 2020. Ainda, sobre a responsabilidade civil na LGPD, cf.: DRESCH, Rafael de Freitas Valle; FALEIROS JÚNIOR, José Luiz de Moura. Reflexões sobre a Responsabilidade Civil na Lei Geral de Proteção de Dados (Lei Nº 13.709/2018). In: ROSENVALD, Nelson; DRESCH, Rafael de Freitas Valle; WESENDONCK, Tula. (Coords.). *Responsabilidade Civil*: Novos Riscos. Indaiatuba: Foco, 2019, p. 65-89.

39. Heart-breaking robotic surgery: Patient dies as a result of robotic assisted heart surgery. Disponível em: https://www.kingsleynapley.co.uk/insights/blogs/blog-medical-negligence-law/heart-breaking-robotic-surgery-patient-dies-as-a-result-of-robotic-assisted-heart-surgery#page=1. Acesso em 09 jan. 2021.

40. Não se tem notícia de que este caso tenha sido judicializado.

41. MCLEAN, Thomas R; Waxman, S. Robotic surgery litigation. Proceedings of the Institution of Mechanical Engineers, Part C: *Journal of Mechanical Engineering Science*, vol. 224, 2004.

há sempre o dilema de quem deve responder, o profissional da medicina (e/ou o hospital) ou o fabricante do equipamento. Em muitos casos, diante de um evento adverso, o fabricante, por um lado, aponta a conduta culposa do médico na cirurgia robótica, já, de outro lado, o profissional e o hospital indicam que o dano sofrido pelo paciente decorre de um mau funcionamento do robô durante a cirurgia.[42]

Contudo, em 2017, desenvolveu-se um dispositivo chamado "dVLogger",[43] espécie de "caixa preta" acoplada no robô cirurgião Da Vinci, que grava vídeo e metadados durante a cirurgia. Por meio desse recurso, captura-se o posicionamento dos instrumentos e como o médico está conduzindo o movimento do robô. Com a *metadata evidence*, auxilia-se na elucidação do que de fato ocorreu (culpa médica ou defeito do produto) no momento da intervenção médica. Pode-se constatar, por exemplo, que durante a cirurgia o robô emitiu algum aviso de erro, mas o médico desconsiderou o alerta e optou por assumir o risco de dar continuidade ao ato cirúrgico. Ou, ainda, pode-se verificar um mau funcionamento do próprio robô, que realizou inesperadamente algum movimento.

A grande complexidade na análise da responsabilidade civil, nesses casos, dá-se, sobretudo, na determinação de quem, efetivamente, causou o evento danoso[44] e, portanto, se o dano é decorrente de um ato essencialmente médico[45] (nas modalidades negligência, imprudência ou imperícia), paramédico[46] (advindo da intervenção dos enfermeiros, auxiliares ou instrumentadores) ou extramédico[47] ("serviços de "ho-

---

42. Idem.

43. Study: Intuitive's 'black box' recorder shows quantifiable skill differences among surgeons. Disponível em: https://www.therobotreport.com/study-intuitives-black-box-recorder-shows-quantifiable-skill-differences-among-surgeons. Acesso em 09 jan. 2021

44. Ao propósito da atribuição da responsabilidade civil na cirurgia robótica, v. KFOURI NETO, Miguel; NOGAROLI, Rafaella. Estudo comparatístico da responsabilidade civil do médico, hospital e fabricante na cirurgia assistida por robô. In KFOURI NETO, Miguel; NOGAROLI, Rafaella. (Coord.). *Debates contemporâneos em direito médico e da saúde*. São Paulo: Thomson Reuters Brasil, 2020, p. 33-67.

45. "Praticados exclusivamente pelos profissionais da medicina. Implicam formação e conhecimentos médicos, domínio das *leges artis* da profissão. O médico haverá de responder pelos danos decorrentes da própria atuação – desde que provada sua culpa. Quanto aos atos puramente médicos, responderá o hospital, solidariamente – como veremos a seguir – mediante comprovada imperícia, imprudência ou negligência do profissional da medicina." (KFOURI NETO, Miguel. *Responsabilidade Civil dos Hospitais*. 4ª ed. São Paulo: Revista dos Tribunais, 2019. Ebook.).

46. "Em geral, são praticados pela enfermagem e outros profissionais da saúde, auxiliares ou colaboradores, que executam ordens do médico. Alimentação parenteral, colocação de aparelho gessado em membro fraturado, administração de medicamentos, aplicação de injeções, exames radiológicos, curativos, controle de pressão arterial e temperatura – são alguns exemplos. Eventuais lesões sofridas pelos pacientes, advindas da má prestação desses serviços, também se subordinam às regras do CDC – e pelos danos torna-se responsável o hospital (...) No TJSP, o Des. Carlos Roberto Gonçalves, estudioso da Responsabilidade Civil, asseverou: 'Na responsabilidade pelos atos de auxiliares e enfermeiros, é preciso distinguir entre os danos cometidos por aqueles que estão diretamente sob as ordens do cirurgião, ou os destacados especialmente para servi-lo, daqueles cometidos por funcionários do hospital. No primeiro caso, o cirurgião responderá. No segundo, a culpa deverá ser imputada ao hospital, a menos que a ordem tenha sido mal dada ou que tenha sido executada sob a fiscalização do médico-chefe, como por exemplo, injeção aplicada diante do médico.' (...) O magistrado mineiro Jurandir Sebastião menciona exemplos da origem de possíveis danos causados ao paciente, pela ação ou omissão culposas de prepostos do hospital: infecção hospitalar, falta de oxigênio, uso de medicamentos vencidos, alimentos perecidos ou contaminados, transfusão de sangue coletado de pessoa portadora de doença contagiosa, exame laboratorial incorreto, higienização geral e controle do lixo hospitalar deficientes e monitoramento defeituoso." (KFOURI NETO, Miguel. *Responsabilidade Civil dos Hospitais*, op. cit.)

47. "Além dos cuidados comuns, o hospital deve adotar todas as medidas para assegurar a integridade física do doente, no interior de suas dependências – e evitar qualquer acidente que possa acarretar dano ao enfermo. Em regra,

telaria"): a) *serviço essencialmente médico*: quando o dano decorre de ato praticado exclusivamente por profissionais da medicina, implicando formação e conhecimentos médicos, isto é, domínio das *leges artis* da profissão. A responsabilidade do médico é subjetiva, calcada na culpa *stricto sensu* (art. 186 e 951 do Código Civil brasileiro e art. 487 do Código Civil português). Reconhecida a culpa do seu preposto, responderá solidariamente o hospital. Destaque-se que, caso o médico não tenha vínculo de preposição com o hospital, apenas alugue o espaço da entidade hospitalar, a fim de realizar o procedimento cirúrgico com auxílio do robô, o hospital não terá responsabilidade solidária pela conduta culposa do profissional; b) *serviço paramédico*: quando o dano advém da falha na intervenção dos enfermeiros com a correta regulagem do robô ou adequada limpeza dos instrumentos robóticos. Nessa situação, incide a responsabilidade objetiva do hospital, pelos atos da equipe de enfermagem;[48] c) *serviço extramédico*: quando o dano resulta da inadequada ou inexistente política hospitalar de treinamento de médicos e outros profissionais, defeito de qualquer instalação nas dependências do estabelecimento, má conservação do robô pelo não atendimento aos cuidados recomendados pelo fabricante. Nesses casos, também responderá o hospital, de forma objetiva. Por defeito do robô (ou nas informações prestadas sobre o aparato tecnológico), do *software* ou de qualquer outro componente robótico, a responsabilidade do fabricante será objetiva.[49]

No que se refere à maneira de atribuição da responsabilidade civil nos contratos de prestação de serviços médicos em Portugal, discorre o professor André Gonçalo Dias Pereira:

> "No caso de contrato total, é a clínica que responde por todos os danos ocorridos, sejam eles de carácter médico, assistencial, de equipamento ou de hotelaria. De acordo com o art. 800.º, a clínica responde pelos atos dos seus auxiliares, sejam estes médicos, enfermeiros ou auxiliares administrativos ou de limpeza, os quais, por sua vez, nenhuma relação contratual mantêm com o paciente. (...) Devemos ainda relembrar, acompanhando Carneiro da Frada, que os 'deveres do titular do estabelecimento de

---

esses serviços de alojamento, alimentação, conforto das instalações, deslocamento do doente nas dependências do hospital, manutenção e funcionamento regular dos equipamentos são desempenhados por pessoal auxiliar, sob as ordens da administração do hospital – e requerem muita atenção. (...)Os danos sofridos pelos pacientes, pela defeituosa prestação dos serviços extramédicos – queimaduras, fraturas devido a quedas, alimentos deteriorados, mau funcionamento de equipamentos etc. – acarretam a responsabilidade do hospital, pelo defeito do serviço, na forma do que preceitua o Código de Defesa do Consumidor." (KFOURI NETO, Miguel. *Responsabilidade Civil dos Hospitais*, op. cit.)

48. Art. 14 do Código de Defesa do Consumidor Brasileiro: "O fornecedor de serviços responde, independentemente da existência de culpa, pela reparação dos danos causados aos consumidores por defeitos relativos à prestação dos serviços, bem como por informações insuficientes ou inadequadas sobre sua fruição e riscos.". Art. 800, n. 1, do Código Civil Português: "O devedor é responsável perante o credor pelos actos dos seus representantes legais ou das pessoas que utilize para o cumprimento da obrigação, como se tais actos fossem praticados pelo próprio devedor.".

49. No direito brasileiro, há previsão, no Código de Defesa do Consumidor, de responsabilidade solidária de todos os partícipes na cadeia de fornecimento. Desse modo, poderá o paciente demandar diretamente o hospital, que responderá objetivamente, assegurado o direito de regresso contra o fabricante. No caso da responsabilidade civil do fabricante de um dispositivo médico, tal como o robô cirurgião Da Vinci, há normas específicas aplicáveis nos diversos ordenamento jurídicos: nos Estados Unidos, o *Restatement (Second) of Torts*; no Brasil, o Código de Defesa do Consumidor (Lei n.º 8.078/1990); em Portugal, o Decreto-Lei n.º 145/2009, que transportou para a ordem jurídica interna a Diretiva Europeia n.º 2007/47/CE, de 05/095. Destaque-se, ainda, a Resolução do Parlamento Europeu, de 16 de fevereiro de 2017 (2015/2103(INL)), que contém recomendações à Comissão sobre disposições de Direito Civil sobre Robótica.

saúde relativos aos recursos humanos de que se serve (médicos, enfermeiros, pessoal auxiliar), que incluem os tradicionais deveres *in elegendo, in instruendo* e *in vigilando,* dos deveres respeitantes aos equipamentos e meios de cura disponibilizados, os de higiene e conforto dos doentes, etc., cuja violação pode ser fonte de responsabilidade. Joga-se, aqui, com ênfase, a vertente organizacional, atento o dever de coordenar e planear corretamente a prestação dos serviços médicos (que, quando não é cumprido, pode ser tão ou mais gravoso como um ato médico defeituoso). A intervenção da doutrina da culpa de organização alarga o campo da responsabilidade e facilita a tutela dos lesados'."[50]

Evidentemente, na cirurgia assistida por robô é o médico quem continua a comandar o ato cirúrgico, valendo-se de instrumentos robóticos como extensão de suas próprias mãos. Alude-se à existência de sinergia entre o homem e a máquina, não à substituição daquele por esta. Assim, no eventual exame da responsabilidade civil, a equação é conhecida: em primeiro plano, analisa-se a atuação pessoal do médico, com o intuito de se reconhecer a ocorrência de culpa *stricto sensu* (imperícia, imprudência ou negligência), por parte do médico; reconhecida a culpa do seu preposto, responderá solidariamente o hospital.[51]

Para a caracterização da responsabilidade civil exige-se a conduta voluntária, o dano injusto e o nexo causal. São fatores de atribuição da responsabilidade por dano ao agente: subjetivos – dolo e culpa; objetivos – risco e equidade. Tais fatores de atribuição devem ser previstos na lei. Como exposto acima, a responsabilidade do médico é subjetiva, calcada na culpa *stricto sensu*. Frise-se que, para a caracterização da culpa, não se torna necessária a intenção – basta a simples voluntariedade de conduta, que deverá ser contrastante com as normas impostas pela prudência ou perícia comuns. Conforme leciona a professora Ana Mafalda Castanheira Neves de Miranda Barbosa, a partir de um juízo de censura ético-jurídico, aceita-se a determinação da culpa de acordo "com a ideia de conduta deficiente (...) falta de cuidado, de zelo (...) falta de senso, de perícia ou de aptidão".[52]

Admitida a conceituação de culpa médica como desvio ou inobservância dos padrões normais de conduta, deve-se firmar qual seria esse modelo idealizado, para a delimitação dos critérios de atuação do médico. Para melhor compreensão da forma de aferição da culpa médica, valemo-nos, *passim et passim*, de raciocínio exposto por um dos autores do presente trabalho, na obra *Responsabilidade Civil dos Hospitais* (2019):

> "O profissional da medicina deve atuar de acordo com o cuidado, a perícia e os conhecimentos compatíveis com o desempenho que seria razoável esperar-se de um médico prudente, naquelas mesmas circunstâncias. Aplicam-se ao médico os indicadores que medem e graduam a culpa em geral. Não deve ele olvidar qualquer dos ensinamentos que compõem a base da sua arte, nem tampouco deixar de dar importância a essas regras. Deve, pois, conhecer e fazer tudo aquilo quanto um outro diligente ou diligentíssimo médico que se encontrasse nas mesmas condições suas saberia e faria. Ao se afastar

---

50. PEREIRA, André Gonçalo Dias. *Direitos dos Pacientes e Responsabilidade Médica.* Coimbra: Coimbra Editora, 2015, p. 686-687.

51. "Se o médico for empregado do hospital – ou sócio-cotista, ou integrante do corpo clínico –, o estabelecimento será solidariamente responsável pelos atos culposos do seu preposto. (...) Em contrapartida, se o dano decorreu exclusivamente do ato médico, sem nenhuma forma de participação do hospital (inexistente vínculo de preposição entre médico e nosocômio), responderá tão só o profissional da medicina". (KFOURI NETO, Miguel. *Responsabilidade Civil dos Hospitais,* op. cit.).

52. BARBOSA, Ana Mafalda Castanheira Neves de Miranda. *Lições de Responsabilidade Civil.* Cascais: Editora Princípia, 2017, p. 236.

dos cânones da medicina, previstos para determinada hipótese, e caso daí sobrevenha dano, o médico agirá culposamente."[53]

Pode-se, contudo, restar provado que o médico, durante a realização da cirurgia robótica atuou com a diligência que legitimamente se esperava dele – ou seja, não agiu com culpa –, tampouco há defeito no robô cirurgião, sendo o evento danoso decorrente de um risco associado à própria terapêutica. Nesse caso, caberá ao profissional ou entidade hospitalar provar que obteve o consentimento livre e esclarecido do paciente sobre aquele possível risco específico na utilização da referida tecnologia. O fato gerador da indenização, nessas situações de violação do dever de informação, "não será o dano em si, mas a falha (ou ausência) de informação, isoladamente considerada. Noutras palavras, o médico responderá não como causador do dano, mas por não ter obtido o consentimento do paciente".[54]

Em 2017, a Suprema Corte de Washington julgou o caso *Taylor v. Intuitive Surgical Inc.*,[55] em que se discutia principalmente a responsabilidade da fabricante pela falha de informações adequadas fornecidas a um hospital quanto à utilização do robô Da Vinci. O médico, Dr. Bildsten, realizou, em 2008, cirurgia robótica de prostatectomia, utilizando o sistema Da Vinci, no paciente Fred Taylor, a fim de tratar o câncer de próstata. À época da cirurgia, Taylor pesava quase 130 kg e possuía IMC=39, índice superior ao indicado (30) pela fabricante do robô para realização da cirurgia robótica. Além disso, ele já tinha passado anteriormente por três cirurgias na região inferior do abdômen, o que também contrariava as indicações da cirurgia informadas pela fabricante ao médico. Mesmo sabendo que Taylor não se enquadrava como candidato adequado ao procedimento com auxílio do robô Da Vinci, o Dr. Bildstein optou por realizar a cirurgia e, ainda, durante a intervenção, não colocou o paciente na posição "Trendelenburg",[56] recomendada pela Intuitive Surgical.

No decorrer do ato cirúrgico, Taylor teve complicações, sua parede retal foi dilacerada e ele sofreu insuficiência respiratória, razões pelas quais o médico (Dr. Bildsten) precisou converter a intervenção robótica para uma cirurgia convencional (aberta) e, ainda, outro cirurgião (Dr. John Hedges) também interveio para corrigir a ruptura retal. Após o procedimento cirúrgico, a qualidade de vida de Taylor foi substancialmente prejudicada, passando a utilizar uma bolsa de colostomia e, ainda, sofreu danos neuromusculares, de modo que já não podia mais andar sem assistência.

O paciente Taylor buscou reparação pelos danos sofridos, em face dos médicos Dr. Bildstein e Dr. Hedges pela negligência médica, do hospital e, ainda, da fabricante Intuitive Surgical. Antes da demandada ser ajuizada, firmou-se acordo extrajudicial (com cláusula de confidencialidade sobre os seus termos) com os médicos e o hospital, de modo que remanesceu apenas a demanda em face da Intuitive Surgical. Alegou-se a

---

53. KFOURI NETO, Miguel. *Responsabilidade Civil dos Hospitais*, op. cit.
54. Idem.
55. Disponível em: https://law.justia.com/cases/washington/supreme-court/2017/92210-1.html. Acesso em 03 mar. 2019.
56. A posição de Trendelenburg é uma posição utilizada para cirurgias de órgãos pélvicos e laparotomia de abdômen inferior, onde a parte superior do dorso é abaixada e os pés são elevados. Mantém-se as alças intestinais na parte superior da cavidade abdominal.

negligência da empresa por não fornecer informações adequadas sobre o robô Da Vinci. Contudo, o veredicto do Júri Cível foi favorável à fabricante, vez que esta informou e instruiu de forma satisfatória o médico, Dr. Bildstein. Apelou-se dessa decisão, sob o argumento de que os jurados foram mal instruídos sobre o dever de informação, que só seria adimplido caso a Intuitive tivesse prestado informações completas sobre o aparato tecnológico também ao hospital (não apenas ao médico). Contudo, a Corte de Apelação, em decisão por maioria (2 a 1), negou provimento ao recurso e manteve a decisão anterior.

Quando o processo chegou à Suprema Corte de Washington, determinou-se a realização de novo julgamento, para a obtenção de outro veredicto do Júri Cível.[57] O fundamento dessa decisão por maioria assentou-se no fato de que o fabricante deve prestar informações também ao hospital, comprador do robô. Isso, porque "de acordo com o WPLA (*Washington Product Liability Act*), os fabricantes têm o dever de alertar os hospitais sobre os perigos de seus produtos. As advertências do fabricante para o Dr. Bildsten não eximiriam a empresa do seu dever de advertir também o Harrison Medical Center. (...) o tribunal errou ao não instruir o júri sobre este dever." Dentre essas advertências, destaca-se, *in casu*, que o dispositivo robótico não deve ser utilizado em cirurgia de próstata de pacientes com obesidade e que já passaram por anterior cirurgia abdominal.[58]

Essa decisão da Suprema Corte de Washington foi fortemente criticada por parte da comunidade jurídica, com embasamento nos votos divergentes apresentados, os quais entenderam que o paciente já tinha firmado acordo extrajudicial com o hospital e, além disso, esta suposta violação ao dever de informação do fornecedor para com o hospital não poderia ser indenizada ao paciente. Isso porque, de acordo com a chamada "learned intermediary doctrine", o fabricante de um produto cumpre com seu dever de cuidado ao fornecer todas as informações necessárias a um "intermediário instruído" que, em seguida, interage com o consumidor de um produto. Desse modo, o dever de informação do fornecedor do robô Da Vinci será devidamente cumprido em relação ao paciente quando todas as informações sobre o dispositivo médico tiverem sido previamente repassadas ao médico que realizou a cirurgia. Nesse sentido, interessante observar as discussões sobre a *learned intermediary doctrine* na cirurgia robótica, trazidas pelos professores Martin B. Adams e Glenn W. Dopf, no livro "The Sages Atlas of Robotic Surgery":

> "As advertências sobre o produto destinam-se ao médico, cujo dever é equilibrar os riscos *versus* os benefícios de vários tratamentos e prescrever os tratamentos que ele julgar melhores (...) Um médico atua como um 'intermediário informado' ... entre o fabricante e o paciente; e, portanto, o dever do fabricante de advertir contra os efeitos colaterais de um produto é cumprido mediante aviso adequado por parte do médico prescritor, e não diretamente ao paciente (...) Segundo a *learned intermediary doctrine*, o

---

57. Antes de ter ocorrido novo julgamento pelo Júri Cível, as partes firmaram acordo com cláusula de confidencialidade sobre os seus termos.

58. Sobre o dever de informação discutido nessa decisão judicial, cf.: "The court acknowledged that, under the learned-intermediary doctrine, 'manufacturers of medical products can satisfy their duty to warn patients of the risk of their products by providing those warnings to the doctors prescribing the products.' Id. at 524. But it deemed that doctrine to be inapplicable here because "the manufacturer has an independent duty to warn the purchaser of the product and because physicians do not function in the same intermediary capacity between the manufacturer and purchaser" when the purchaser is a hospital. The court further held that the failure-to-warn claim is governed by a strict liability standard, not a negligence standard." (Disponível em: https://s3.us-east-2.amazonaws.com/washlegal-uploads/upload/legalstudies/legalopinionletter/063017LOL_Miller.pdf. Acesso em 09 jan. 2021)

fabricante tem a obrigação de informar o tratamento médico dos riscos de um dispositivo médico (...) Um cirurgião pode estar ciente de um perigo potencial no uso de um dispositivo cirúrgico e pode ter escolhido usar o dispositivo apesar desses riscos. (...) O fabricante de um robô cirúrgico tem o dever de informar o médico. Esse dever de advertência não necessariamente deve ser prestado também para o hospital onde a cirurgia robótica é realizada.".[59]

Em sentido contrário, a professora portuguesa Vera Lúcia Raposo, no artigo "A Responsabilidade do Produtor por Danos Causados por Dispositivos Médicos", apresenta crítica à *learned intermediary doctrine*:

"Esta é uma questão assaz discutida nos Estados Unidos, a luz da *learned intermediary doctrine*, segundo a qual o produtor não está adstrito a informar o paciente acerca dos perigos e condições de utilização do produto, uma vez que tal obrigação recai sobre o médico, que para este efeito funciona como intermediário entre o produtor e o consumidor. Por conseguinte, o fabricante apenas terá que informar o médico dos riscos, benefícios e condições de utilização, podendo utilizar linguagem técnica, dado que será o médico a transmitir tal informação ao paciente. (...) Contudo, a *learned intermediary doctrine* tem sido muito contestada, na medida em que desonera as empresas fabricantes do cumprimento rigoroso de deveres de informação, dado que se limitam a transmiti-la - e não na íntegra, na medida em que sabem que muitas informações já serão do conhecimento dos profissionais de saúde - ao médico e, por conseguinte, os danos decorrentes da falta de informação passariam a correr por conta deste. O que parece ser uma solução iníqua face a empresas que lucram milhões com a venda dos seus produtos, logo, devem arcar com os respetivos riscos".[60]

Atualmente, nos Estados Unidos, tem-se notícia[61] de diversas pessoas pleiteando indenização por danos sofridos durante a performance dos robôs Da Vinci, tanto com base na violação do dever de informação (consentimento informado), como também na culpa médica ou defeito do produto.[62] Contudo, o resultado da grande maioria dos litígios não é publicado, pois são resolvidos extrajudicialmente, por meio de acordos com cláusula de confidencialidade sobre os seus termos. Não é difícil prever, a partir da experiência, sobretudo, dos Estados Unidos e Europa, que poderão surgir situações geradoras de ações indenizatórias por danos ocorridos durante uma cirurgia robótica no Brasil.[63]

---

59. ADAMS, Martin B.; DOPF, Glenn W. Legal Aspects of Setting Up a Robotic Program. In: FONG, Yuman. et.al. *The Sages Atlas of Robotic Surgery*. Suíça: Springer, 2018. Ebook.

60. RAPOSO, Vera Lúcia. A Responsabilidade do Produtor por Danos Causados por Dispositivos Médicos. *Revista do Instituto do Direito Brasileiro da Faculdade de Direito da Universidade de Lisboa (RIDB)*, ano 2, n. 5, 2013.

61. The da Vinci surgical robot: A medical breakthrough with risks for patients; Disponível em: https://www.nbcnews.com/health/health-news/da-vinci-surgical-robot-medical-breakthrough-risks-patients-n949341. Acesso em 03 mar. 2019.

62. Nesse sentido, julgamento do caso *Zarick v. Intuitive Surgical* (2016), pela California State Court, em que a paciente alegou defeito de um dispositivo robótico, que teria causado queimaduras não detectáveis nos seus órgãos no momento da cirurgia robótica. Também alegou a falta de informação da fabricante quanto aos riscos associados na utilização do robô.

63. No Brasil, as únicas demandas judiciais que falavam sobre cirurgia robótica discutiam a obrigação dos planos de saúde na cobertura da cirurgia com referida tecnologia. Nesse sentido, cf. decisão do STJ: "(...) Tratamento experimental é aquele em que não há comprovação médica-científica de sua eficácia, e não o procedimento que, a despeito de efetivado com a utilização equipamentos modernos, é reconhecido pela ciência e escolhido pelo médico como o método mais adequado à preservação da integridade física e ao completo restabelecimento do paciente. (...) o contrato celebrado entre as partes previa a cobertura para a doença que acometia o autor, é abusiva a negativa da operadora do plano de saúde de utilização da técnica mais moderna disponível no hospital credenciado pelo convênio e indicada pelo médico (...)" (REsp 1320805/SP, Rel. Ministra Maria Isabel Gallotti, Quarta Turma, julgado em 05/12/2013, DJe 17/12/2013). Recentemente, foi julgado, pela 4ª Vara Cível da Comarca

Em que pese nosso trabalho aqui não ter como foco a culpa médica em si – mas sim o consentimento informado do paciente e a violação do dever de informação pelo médico –, é de suma importância a compreensão dos riscos envolvidos e da forma de atribuição da responsabilidade civil nos eventos adversos na cirurgia robótica. Ademais, frise-se que o médico poderá ser responsabilizado pela violação do dever de informar o paciente, mesmo quando não tiver agido de maneira culposa. Os diversos riscos da cirurgia robótica – assim como os benefícios –, devem ser transmitidos ao paciente, antes de ser submetido ao procedimento cirúrgico. Isso porque, conforme exporemos a seguir, o médico deve respeitar o princípio da autonomia da vontade e dignidade do doente, sob pena de responsabilização pela ausência de consentimento livre e esclarecido do paciente.

2. RESPONSABILIDADE CIVIL PELA AUSÊNCIA DO CONSENTIMENTO DO PACIENTE NAS CIRURGIAS ROBÓTICAS

Imagine-se o cenário de um médico que realiza remotamente uma cirurgia robótica de revascularização miocárdica em uma paciente. Durante o procedimento, o braço robótico realiza um movimento, aparentemente inesperado, e corta uma artéria coronária. Caso o profissional seja demandado numa ação de reparação de danos, será de crucial importância, inicialmente, investigar o nexo causal entre a conduta médica e o dano sofrido. Pode-se chegar à conclusão de que o médico não agiu com culpa – atuou com a prudência, diligência e conhecimento exigíveis – e o dano causado ao paciente foi devido ao tempo de latência entre os movimentos do cirurgião e a replicação pelo robô. Nesse caso, mesmo que o médico tenha treinamento em cirurgia robótica e conhecimento prévio desse *delay*, deverá ser responsabilizado pelo risco associado à tecnologia? Obviamente, há riscos em qualquer intervenção médica e, na medida que novas tecnologias são inseridas na intervenção médica, novos riscos surgem, os quais são inerentes à própria tecnologia.

A complexidade do organismo humano e a inevitável influência de fatores externos fazem da álea terapêutica, ou seja, da incerteza um atributo indissociável da prática médica. Os avanços tecnológicos na área da saúde não eliminam o fator de imprevisibilidade no tratamento médico; pelo contrário, algumas vezes, os progressos da medicina podem tornar ainda mais aleatórios o diagnóstico e a terapia. Por isso, não se justifica transferir para o profissional todos esses riscos e áleas.[64] Todavia, o médico deve fornecer ao paciente uma informação leal, completa e acessível, tanto sobre o ato cirúrgico em si e cuidados pós-operatórios, bem como os riscos inerentes à cirurgia, aí incluídos aqueles que apresentem caráter específico e/ou excepcional, como na cirurgia robótica.

No contexto das cirurgias assistidas por robôs, seja de forma presencial ou à distância, o consentimento informado adquire certas peculiaridades, tendo em vista os diversos fatores aleatórios e riscos inerentes à própria tecnologia, como já expusemos

---

de Florianópolis-SC, o primeiro caso que se tem notícia sobre evento adverso em paciente submetido à cirurgia robótica. O paciente demandante alegou dano sofrido pela falta de esterilização dos instrumentos robóticos. A ação foi julgada procedente, condenando o hospital ao pagamento de R$ 10 mil em danos morais. Dessa sentença, foram interpostos recursos por ambas as partes, que, no dia 07.01.2021, ainda aguardavam julgamento pelo TJSC. (Autos n. 0307386-08.2014.8.24.0023).

64. KFOURI NETO, Miguel. *Responsabilidade Civil dos Hospitais*, op. cit.

amplamente na primeira parte deste trabalho. É de suma importância a compreensão de toda a dinâmica do consentimento do paciente nas novas tecnologias de robótica e telemedicina, o que envolve discussões sobre diversos aspectos, dentre eles: a forma e o conteúdo do termo de consentimento (quais informações devem ser prestadas), a maneira de imputação da responsabilidade pelo inadimplemento do dever de informar, o ônus da prova do consentimento etc. Todas essas questões serão adiante analisadas, contudo, é importante traçar um breve panorama do desenvolvimento dogmático, até o atual entendimento sobre a doutrina do consentimento livre e esclarecido do paciente.

Consentimento é o comportamento mediante o qual "se autoriza a alguém determinada atuação. No caso do consentimento para o ato médico, uma atuação na esfera físico-psíquica do paciente com o propósito de melhoria da saúde do próprio enfermo ou de terceiro".[65] Para Heloisa Helena Barboza, o "consentimento é a expressão máxima do princípio da autonomia, constituindo um direito do paciente e um dever do médico".[66] No mesmo sentido, Jessica Minor, no livro "*Informed Consent in Predictive Genetic Testing*",[67] explica que a autonomia é o princípio basilar do consentimento informado, porém vigorou por muito tempo a ideia de paternalismo ligada a Hipócrates, ou seja, uma visão acentuadamente paternalista da relação médico-paciente, na qual o enfermo é verdadeiramente tutelado pelo profissional e ocupa, então, posição de mero objeto da atuação médica.

A doutrina do consentimento informado recebeu forte influência norte-americana, onde a expressão *informed consent* foi incorporada, pela primeira vez. Em 1914, no caso *Schloendorff v. Society of New York Hospital*, afirmou o notável Juiz Benjamin Nathan Cardozo:

> "todo ser humano maior de idade e capaz tem o direito de determinar o que deve ser feito com o seu próprio corpo; e um cirurgião que realiza uma operação sem o consentimento do paciente comete uma ofensa pela qual será responsabilizado".[68]

Até o início do século XX, a ideia de consentir significava apenas "permissão dada pelo paciente ao médico para prosseguir com a intervenção recomendada". Contudo, com o julgamento do *caso Canterbury v. Spence*, em 1972, passou-se a definir que o médico "deve alertar o paciente sobre quaisquer riscos para que o paciente possa tomar uma decisão inteligente sobre o tratamento". O Tribunal entendeu pela não existência de erro médico durante a cirurgia, mas determinou a culpa do profissional pela ausência de consentimento livre e esclarecido, definindo a importância da autodeterminação do paciente, conforme observa-se no seguinte trecho da decisão:

> "a existência de verdadeiro consentimento do paciente, para o que acontece a si mesmo, ocorre com o exercício informado de uma escolha, e isso implica em uma oportunidade de avaliar, de modo inteligível, as opções disponíveis e riscos envolvidos em cada uma delas. O 'paciente médio' tem pouca ou nenhuma compreensão das artes médicas e, normalmente, tem apenas o seu médico a quem ele

---

65. KFOURI NETO, Miguel. *Responsabilidade Civil do Médico*. 10ª ed. São Paulo: Revista dos Tribunais, 2019. Ebook.
66. BARBOZA, Heloisa Helena. A Autonomia da Vontade e A Relação Médico-Paciente no Brasil. *Lex Medicinae - Revista Portuguesa de Direito da Saúde*, n.2, Coimbra, 2004, p.10.
67. MINOR, Jessica. *Informed Consent in Predictive Genetic Testing - A Revised Model*. Suíça: Springer, 2015. Ebook.
68. Disponível em: https://biotech.law.lsu.edu/cases/consent/schoendorff.htm. Acesso em 09 jan. 2021.

confia e pode procurar esclarecimentos, a fim de que possa chegar a uma decisão inteligente. Destas quase inquestionáveis considerações suscita a necessidade e, por sua vez, a exigência de do médico informar adequadamente o paciente para que ele possa tomar tal decisão."[69]

Discutiu-se o dever do médico em informar os riscos do tratamento ao paciente também no caso *Sidaway v. Governors of Bethlem Royal Hospital* (1985), julgado pela Corte de Apelação da Inglaterra e País de Gales. Esse julgamento foi considerado de extrema importância para a doutrina *do informed consent*, pois, trouxe à tona, pela primeira vez, a necessidade de o tribunal responder às seguintes questões:

"1) O paciente tem o direito legal de ser informado, e o médico tem o dever legal de informá-lo, quanto aos riscos inerentes ao tratamento recomendado pelo médico? 2) Se a lei reconhece esse direito [do paciente ser informado] e dever [do médico informar], devem ser repassadas todas as informações correlatas (*full disclosure*) ao tratamento ou o médico tem o poder discricionário para avaliar a natureza e extensão das informações a serem repassadas ao paciente? 3) Se esse direito pode ser 'qualificado' [informações repassadas pelo médico ao paciente podem ser selecionadas], qual critério o magistrado utilizará para verificar que a extensão e a qualidade das informações são suficientes para satisfazer o direito à informação do paciente?"[70].

Ao julgar o caso, a Corte de Apelação aplicou o chamado "Bolam principle" (princípio da beneficência), o qual determina que o dever de o médico informar seu paciente sobre os riscos inerentes ao procedimento é condicionado à obrigação primordial do médico de levar em consideração os melhores interesses do paciente.

Por outro lado, em 2015, julgou-se o paradigmático caso escocês *Montgomery v Lanarkshire Health Board*, que inaugurou uma nova fase da doutrina do consentimento informado, ao abandonar definitivamente a antiga visão paternalista da relação médico-paciente e relativizar o princípio da beneficência. Delineou-se o papel consultivo do médico, que envolve um processo de diálogo, cujo objetivo é assegurar que o paciente compreenda a gravidade de sua condição clínica, todos os benefícios e quaisquer riscos previstos do tratamento proposto, bem como razoáveis alternativas de tratamento, de modo que o doente esteja em posição de tomar uma decisão bem informada, livre e esclarecida. O dever de informação assumido pelo médico só restará cumprido de forma eficaz caso todas essas informações fornecidas forem compreensíveis. Desse modo, o dever do médico não é preenchido bombardeando-se o paciente com informações técnicas que ele não pode razoavelmente compreender, menos ainda exigindo sua assinatura em um termo padronizado e genérico de consentimento.

Atualmente, o consentimento informado paciente, com seu pilar no princípio da autonomia da vontade (ou autodeterminação), tem previsão em diversos documentos internacionais. Segundo disposições da Declaração Universal sobre Bioética e Direitos Humanos,[71] de 2005, da UNESCO, as "questões éticas suscitadas pelos rápidos avanços na ciência e suas aplicações tecnológicas devem ser examinadas com o devido respeito

---

69. Disponível em: https://www.leagle.com/decision/19721236464f2d77211045. Acesso em 09 jan. 2021.
70. Disponível em: https://swarb.co.uk/sidaway-v-board-of-governors-of-the-bethlem-royal-hospital-and-the-maudsley-hospital-hl-21-feb-1985/. Acesso em 09 jan. 2021.
71. Disponível em: http://bvsms.saude.gov.br/bvs/publicacoes/declaracao_univ_bioetica_dir_hum.pdf. Acesso em 09 jan. 2021.

à dignidade da pessoa humana e no cumprimento e respeito universais pelos direitos humanos e liberdades fundamentais". No artigo 5.º do referido documento é previsto que "deve ser respeitada a autonomia dos indivíduos para tomar decisões, quando possam ser responsáveis por essas decisões e respeitem a autonomia dos demais". Já o artigo 6.º prescreve que "qualquer intervenção médica preventiva, diagnóstica e terapêutica só deve ser realizada com o consentimento prévio, livre e esclarecido do indivíduo envolvido, baseado em informação adequada (...)".

Vale também mencionar a Declaração de Lisboa (1991), emendada pela 47.ª Assembleia Geral da Associação Médica Mundial (1995) em Bali, Indonésia. Quanto ao direito à autodeterminação do paciente dispõe-se que

"a) o paciente tem o direito a autodeterminação e tomar livremente suas decisões. O médico informará o paciente das consequências de suas decisões; b) Um paciente adulto mentalmente capaz tem o direito de dar ou retirar consentimento a qualquer procedimento diagnóstico ou terapêutico. O paciente tem o direito à informação necessária e tomar suas próprias decisões. O paciente deve entender qual o propósito de qualquer teste ou tratamento, quais as implicações dos resultados e quais seriam as implicações do pedido de suspensão do tratamento".[72]

A Declaração de Telaviv (1999) estabelece responsabilidades e normas éticas na utilização da telemedicina – incluída aí a telecirurgia – sublinhando a relevância do consentimento informado, no seu ponto 17:

"as regras correntes do consentimento e confidencialidade do paciente também se aplicam às situações da telemedicina. A informação sobre o paciente só pode ser transmitida ao médico ou a outro profissional de saúde se isso for permitido pelo paciente com seu consentimento esclarecido. A informação transmitida deve ser pertinente ao problema em questão. Devido aos riscos de filtração de informações inerentes a certos tipos de comunicação eletrônica, o médico tem a obrigação de assegurar que sejam aplicadas todas as normas de medidas de segurança estabelecidas para proteger a confidencialidade do paciente."[73]

Em 2017, o Parlamento Europeu elaborou um relatório com recomendações aos Estados-membros de disposições de Direito Civil sobre Robótica. Destacam-se suas disposições sobre o direito à privacidade e consentimento do paciente, no ponto 13:

"O direito à privacidade tem de ser sempre respeitado. Um engenheiro de robótica deve assegurar que as informações privadas sejam mantidas em segurança e utilizadas apenas de forma adequada. Além disso, um engenheiro de robótica deve garantir que os indivíduos não sejam identificáveis pessoalmente, salvo em circunstâncias excepcionais e, se for esse o caso, apenas o sejam com consentimento esclarecido e informado de forma inequívoca. O consentimento humano informado deve ser solicitado e obtido antes de qualquer interação homem-máquina. Como tal, os criadores de robótica são responsáveis por desenvolver e seguir procedimentos para o consentimento válido, para a confidencialidade, o anonimato, o tratamento justo e o processo equitativo. Os criadores cumprirão qualquer pedido no sentido da destruição de quaisquer dados conexos e da respetiva eliminação dos conjuntos de dados."[74]

---

72. Disponível em: http://www.dhnet.org.br/direitos/codetica/medica/14lisboa.html. Acesso em 09 jan. 2021.

73. Disponível em: http://www.dhnet.org.br/direitos/codetica/medica/27telaviv.html. Acesso em 09 jan. 2021.

74. Disponível em: http://www.europarl.europa.eu/doceo/document/A-8-2017-0005_PT.html?redirect. Acesso em 09 jan. 2021.

Em Portugal, o Código Penal, no artigo 157.º, prevê o direito dos indivíduos tomarem decisões sobre a sua própria saúde e que "o consentimento só é eficaz quando o paciente tiver sido devidamente esclarecido sobre o diagnóstico e a índole, alcance, envergadura e possíveis consequências da intervenção ou do tratamento". Pune-se a intervenção médica realizada sem o consentimento do paciente com o tipo penal "intervenções ou tratamentos médico-cirúrgicos arbitrários" (art. 156.º). Ainda, destaca-se o dever de esclarecimento consignado no artigo 44.º do Código Deontológico da Ordem dos Médicos. Há também a Norma 15/2013, da Direção-Geral da Saúde (2013), relativa ao consentimento informado, livre e dado por escrito. Tal regramento, de acordo com André Gonçalo Dias Pereira "tem influenciado no sentido de uma maior implementação da prática de obter o consentimento do doente, por escrito, no âmbito das intervenções médicas, em especial médico-cirúrgicas"[75]. Ainda, o professor português expõe:

> "Necessário seria que no cumprimento regular desta Norma, o consentimento dos doentes seja mais informado e mais livre e não se transforme num mero formalismo burocrático. (...) Numa leitura crítica, podem-se apontar algumas limitações a esta Norma 15/2013. A primeira deriva da sua natureza jurídica. Como visto, trata-se de uma Norma exarada da autoridade do Diretor Geral de Saúde, com o valor normativo limitado, o que determina o seu alcance, pois apenas se procura organizar de forma sintética todo um instituto jurídico que se encontra disperso pelo ordenamento jurídico (Código Civil, Código Penal, Lei n.º 15/2014, de 21 de março (direitos e deveres dos utentes do sistema de saúde), Convenção sobre os Direitos do Homem e a Biomedicina, etc.) (...)".[76]

André Pereira esclarece que o consentimento informado do paciente revela-se como "um instituto que visa permitir a autodeterminação dos riscos assumidos e assim uma delimitação do risco que impendem sobre o médico ou sobre o paciente.". Desse modo, os médicos são "obrigados a informar o paciente de forma clara e, se solicitado, por escrito, sobre o exame proposto e tratamento e sobre os desenvolvimentos relativos ao exame, o tratamento e a condição de saúde do paciente."[77] O entendimento jurisprudencial português, no que se refere à responsabilidade civil por violação do dever de informar o paciente, é atualmente orientado pelo Acórdão de 2 de junho de 2015 (relatora Clara Sottomayor), do Supremo Tribunal de Justiça:

> "(...) afirmou claramente a responsabilidade civil por violação do consentimento informado, tratando-se de um caso que vem orientando a jurisprudência, tanto na jurisdição comum (que julga os litígios emergentes em hospitais), como na jurisdição administrativa (que julga os litígios ocorridos em hospitais públicos), no sentido do respeito dos direitos dos pacientes, em especial do direito ao consentimento informado. Segundo se conhece é esta a primeira vez que o Supremo Tribunal condena um médico por violação do dever de obter o consentimento (informado) (...) A partir desta decisão, de 2/6/2015, torna-se claro que a Jurisprudência reconhece todos os efeitos civis da violação do consentimento informado. Em suma: serão assim ressarcíveis, não só os danos não patrimoniais causados pela violação do seu direito à autodeterminação e à liberdade, mas também por violação da sua integridade física (e, eventualmente, da vida), bem como os danos patrimoniais derivados do agravamento do estado de

---

75. PEREIRA, André Gonçalo Dias. O Consentimento Informado em Portugal: Breves Notas. *Revista Eletrônica da Faculdade de Direito de Franca*, Franca (SP), v. 12, n. 2, 2017.
76. Idem.
77. Idem.

saúde. Assim sendo, o montante das indemnizações resultantes de um processo de responsabilidade por violação do consentimento informado pode ser tão elevado como os casos de negligência médica".[78]

A moderna dogmática da responsabilidade médica vê no consentimento um instrumento que permite, para além dos interesses e objetivos médico-terapêuticos, incrementar o respeito pela pessoa doente, na sua dimensão holística. Ao paciente, em exercício do seu direito de liberdade, caberá determinar qual tratamento, dentre os que lhe forem apresentados, escolher, ou mesmo não optar por nenhum deles. A proteção dessa esfera físico-psíquica, conforme leciona João Vaz Rodrigues, encontra-se sob a tutela do direito geral de personalidade, pois o consentimento informado implica "mais do que a mera faculdade de o paciente escolher um médico, ou de recusar (dissentir sobre) um tratamento médico indesejado (da manifestação da liberdade como proteção contra invasões na esfera de qualquer pessoa humana"[79].

No Brasil, o princípio da autonomia da vontade (ou autodeterminação), com base constitucional,[80] representa-se como fonte do dever de informação e do correlato direito ao consentimento livre e informado do paciente. O dever de informar também encontra balizas no Código de Ética Médica (Resolução do CFM n. 2.217, de 27.9.2018), especialmente nos artigos 22 e 24 que prescrevem, respectivamente, ser vedado ao médico "deixar de obter consentimento do paciente ou de seu representante legal após esclarecê-lo sobre o procedimento a ser realizado, salvo em caso de risco iminente de morte" ou "deixar de garantir ao paciente o exercício do direito de decidir livremente sobre sua pessoa ou seu bem-estar, bem como exercer sua autoridade para limitá-lo".

Ainda, no contexto brasileiro, há recente decisão paradigmática do Superior Tribunal de Justiça,[81] no sentido de que há efetivo cumprimento do dever de informação quando os esclarecimentos se relacionarem especificamente ao caso concreto do paciente, não se mostrando suficiente a informação genérica. Por isso, não será considerado válido o consentimento genérico (*blanket consent*), necessitando ser claramente individualizado. Ainda, enfatiza a ementa do referido julgamento algumas questões relevantes sobre a doutrina do consentimento informado:

> "(...) 2. É uma prestação de serviços especial a relação existente entre médico e paciente, cujo objeto engloba deveres anexos, de suma relevância, para além da intervenção técnica dirigida ao tratamento da enfermidade, entre os quais está o dever de informação. 3. O dever de informação é a obrigação que possui o médico de esclarecer o paciente sobre os riscos do tratamento, suas vantagens e desvan-

---

78. Idem. Antes de 2015, o direito ao consentimento informado havia sido afirmado pelo STJ em, pelo menos, duas decisões judiciais, mas nestas o réu foi absolvido: Acórdão do Supremo Tribunal de Justiça de 18 de março de 2010 (Relator: Pires da Rosa) e Acórdão do Supremo Tribunal de Justiça de 9 de outubro de 2014 (Relator: João Bernardo).

79. RODRIGUES, João Vaz. *O Consentimento Informado para o Acto Médico*. Elementos para o Estudo da Manifestação de Vontade do Paciente. Coimbra: Coimbra Editora, 2001, p. 25.

80. Luís Roberto Barroso e Letícia Martel identificam a autonomia individual com a dignidade da pessoa humana, entendimento este subjacente às principais declarações de direitos humanos do séc. XX, especialmente das diversas constituições promulgadas no período Pós-guerra. (BARROSO, Luis Roberto; MARTEL, Letícia de Campos Velho. A morte como ela é: dignidade e autonomia individual no final da vida. In: GOZZO, Débora; LIGIERA, Wilson Ricardo. (Orgs.). *Bioética e Direitos Fundamentais*. São Paulo: Saraiva, 2012.)

81. STJ, REsp 1540580/DF, Rel. Ministro Lázaro Guimarães (Desembargador Convocado do TRF 5ª Região), Rel. p/ Acórdão Ministro Luis Felipe Salomão, Quarta Turma, julgado em 02/08/2018, DJe 04/09/2018.

tagens, as possíveis técnicas a serem empregadas, bem como a revelação quanto aos prognósticos e aos quadros clínico e cirúrgico, salvo quando tal informação possa afetá-lo psicologicamente, ocasião em que a comunicação será feita a seu representante legal. 4. O princípio da autonomia da vontade, ou autodeterminação, com base constitucional e previsão em diversos documentos internacionais, é fonte do dever de informação e do correlato direito ao consentimento livre e informado do paciente e preconiza a valorização do sujeito de direito por trás do paciente, enfatizando a sua capacidade de se autogovernar, de fazer opções e de agir segundo suas próprias deliberações. 5. Haverá efetivo cumprimento do dever de informação quando os esclarecimentos se relacionarem especificamente ao caso do paciente, não se mostrando suficiente a informação genérica. Da mesma forma, para validar a informação prestada, não pode o consentimento do paciente ser genérico (*blanket consent*), necessitando ser claramente individualizado. 6. O dever de informar é dever de conduta decorrente da boa-fé objetiva e sua simples inobservância caracteriza inadimplemento contratual, fonte de responsabilidade civil per se. A indenização, nesses casos, é devida pela privação sofrida pelo paciente em sua autodeterminação, por lhe ter sido retirada a oportunidade de ponderar os riscos e vantagens de determinado tratamento, que, ao final, lhe causou danos, que poderiam não ter sido causados, caso não fosse realizado o procedimento, por opção do paciente. 7. O ônus da prova quanto ao cumprimento do dever de informar e obter o consentimento informado do paciente é do médico ou do hospital, orientado pelo princípio da colaboração processual, em que cada parte deve contribuir com os elementos probatórios que mais facilmente lhe possam ser exigidos."[82]

No mesmo sentido, Cristiano Chaves de Farias, Felipe Braga Netto e Nelson Rosenvald expõem o atual posicionamento doutrinário no Brasil, do qual seguimos de pleno acordo, de que a autodeterminação do paciente somente é verdadeiramente exercida quando as informações prestadas são específicas, para o caso concreto daquele paciente específico, e não genéricas.[83] Portanto, o dever de informação assumido pelo médico restará cumprido a partir da análise do "critério do paciente concreto",[84] ou seja, a explicação do profissional deve ser extensa e adaptada ao nível intelectual e cultural do doente.

2.1. O conteúdo da informação nas cirurgias assistidas por robôs

A utilização cada vez mais acentuada das tecnologias na área da saúde, especialmente da robótica e telemedicina, implica maiores ponderações acerca do termo de consentimento livre e esclarecido do paciente.[85] A moderna doutrina do consentimento informado compreende um papel consultivo do médico, o que envolve um processo de diálogo, cujo objetivo é assegurar que o doente compreenda todas as circunstâncias do tratamento proposto, bem como as razoáveis alternativas terapêuticas, possibilitando a tomada de decisão bem informada.[86]

---

82. Idem.
83. FARIAS, Cristiano Chaves de, NETTO, Felipe Braga e ROSENVALD, Nelson. *Novo Tratado de Responsabilidade Civil*. 4ª ed. São Paulo: Saraiva, 2019, p. 1318.
84. PEREIRA, André Gonçalo Dias. *O Consentimento Informado na Relação Médico-Paciente*. Estudo de Direito Civil. Coimbra: Coimbra Editora, 2004, p. 556.
85. Ao propósito, remeta-se a DANTAS, Eduardo. NOGAROLI, Rafaella. Consentimento informado do paciente frente às novas tecnologias da saúde (telemedicina, cirurgia robótica e inteligência artificial). *Lex Medicinae - Revista Portuguesa de Direito da Saúde*, Coimbra, n. 13, ano 17, p. 25-63, jan./jun. 2020.
86. KFOURI NETO, Miguel. A Quantificação do Dano na Ausência de Consentimento Livre e Esclarecido do Paciente. *Revista IBERC*, Minas Gerais, v. 2, n. 1, p. 01-22, jan.-abr./2019.

Filipa Moreira Azevedo, no artigo "O Consentimento Informado Silenciado na Esfera da Telemedicina",[87] publicado na Revista portuguesa *Lex Medicinae*, explica que não basta o médico repassar informações ao paciente, a fim de cumprir com a sua obrigação de informar. Isso, porque o direito à informação e ao esclarecimento não findam no momento em que é manifestado o consentimento do paciente. É indispensável que

> "o paciente entenda e assimile o alcance dessa informação, caso contrário a obrigação de esclarecimento não se encontra satisfeita. Só depois de cabalmente executadas essas duas obrigações é que estão criadas as condições para o paciente manifestar a sua vontade, de forma livre, consentindo, ou não a intervenção, ou tratamento (..) o CI [consentimento informado] encerra a decisão a uma invocação recebida no campo da prestação de cuidados de saúde, através da qual o paciente expressa a sua autonomia, autodeterminação, exerce a sua liberdade de vontade e dispõe sobre atos que lhe são imanentes, identitários, fortificando à visto disso a sua dignidade."[88]

De igual modo, no termo de consentimento para a prática da cirurgia assistida por robô, seja realizada de forma presencial ou a distância (telecirurgia), deverão constar informações sobre os benefícios esperados e os possíveis riscos associados à utilização da tecnologia. Acima de tudo, o médico precisa expor claramente ao paciente quais as diferenças na adoção de uma cirurgia robótica em relação à convencional para aquele caso específico.

Dentre os riscos que deverão constar no termo de consentimento para realização da telecirurgia, destacam-se-se, incialmente: 1) possibilidade de interrupção da telecirurgia por algum problema de conexão com a internet ou mesmo falha do próprio equipamento; 2) existência de um *time delay* entre os movimentos do cirurgião e a reprodução pelo robô, que pode gerar algum evento adverso; 3) demais riscos técnicos decorrentes de falha do *software* ou da própria limitação tecnológica; 4) possibilidade de acesso ilícito por terceiros dos dados da saúde do paciente armazenados em rede.

A partir da experiência mundial dos diversos ciberataques aos hospitais e estabelecimentos de saúde, infelizmente parece razoável pensar na possibilidade de ocorrência durante uma telecirurgia. Imagine-se que um cirurgião, localizado num hospital em Londres, estivesse realizando uma telecirurgia em um paciente em Lisboa, no exato momento em que o sistema do hospital inglês sofre interrupção por invasão de um *hacker*. Diante disso, o monitor – que passava imagens do sítio cirúrgico do paciente português – de repente, fica preto, não sendo mais possível saber quais movimentos serão reproduzidos pelo robô em Portugal. Necessariamente, a equipe do hospital local de Lisboa estará em prontidão, ao lado do paciente e, verificando qualquer falha no sistema ou movimento imprevisível do robô cirurgião, deverá afastar este do paciente e, imediatamente, adotar as condutas emergenciais cabíveis, incluindo a transformação do procedimento cirúrgico em uma cirurgia convencional (aberta) sem a assistência do robô.

Esse é um exemplo, dentre tantos outros, de que podem ocorrer situações em que a cirurgia robótica precisará ser interrompida e substituída por uma cirurgia convencio-

---

87. AZEVEDO, Filipa Moreira. O Consentimento Informado Silenciado na Esfera da Telemedicina. *Cadernos da Lex Medicinae*, Coimbra, vol. II, n. 4, 2019. Saúde, Novas Tecnologias e Responsabilidades Nos 30 Anos do Centro de Direito Biomédico Vol. II, p. 253-262.

88. Idem. Ainda, sobre o consentimento informado do paciente na telemedicina, remeta-se a NOGAROLI, Rafaella. PIMENTEL, Willian. Dupla perspectiva do consentimento do paciente na telemedicina em tempos de Covid-19. In; DADALTO, Luciana. (coord.). *Bioética e Covid-19*. 2. ed. Indaiatuba: Foco, 2021, p. 285-306.

nal, realizada pelas próprias mãos do médico, sem interferência do aparato tecnológico. E, muitas vezes, surgirão cicatrizes maiores no corpo do paciente, pois aquela cirurgia robótica minimamente invasiva precisará ser transformada em uma cirurgia aberta, com cortes mais extensos. Segundo a própria empresa fabricante do robô Da Vinci, essa conversão do procedimento pode significar "um tempo cirúrgico mais longo, mais tempo sob anestesia e/ou a necessidade de incisões adicionais ou maiores e/ou aumento de complicações",[89] informações estas que deverão ser repassadas previamente ao paciente.

Ressalta-se, portanto, que a informação sobre a possibilidade de intercorrências no ato cirúrgico por falha do sistema ou do equipamento robótico, com a consequente transformação da cirurgia robótica para uma convencional, deve ser claramente transmitida ao paciente. Nesse sentido, Deborah Dubeck, no artigo "Robotic-Assisted Surgery: Focus on Training and Credentialing", explica algumas peculiaridades do consentimento informado na cirurgia robótica:

> "os pacientes precisam saber mais do que apenas os riscos gerais, benefícios e alternativas que estão associadas ao procedimento. O risco de falha do robô e a prontidão para implementar um plano de contingência, com a conversão para um procedimento aberto, são questões que devem ser abordadas no consentimento informado do paciente. Os cirurgiões precisam passar algum tempo com o paciente explicando os prós e contras da cirurgia robótica, comparando-a com outras alternativas terapêuticas".[90]

Além disso, na telecirurgia, conforme explana Neera Bhatia ("Telesurgery and the Law"), há também questões fundamentais de privacidade envolvidas, levantando-se a preocupação "de que os pacientes possam não saber até que ponto suas informações médicas podem ser divulgadas a outras pessoas. Praticamente, qualquer consulta de telecirurgia envolve a transferência eletrônica de registros médicos e informações do paciente".[91] Desse modo, a forma de compartilhamento dos dados de saúde – tanto a descrição da sua finalidade como dos sujeitos que terão acesso a essas informações – é um ponto de relevante importância, que deverá constar no termo de consentimento.[92]

No que se refere à abrangência da informação prestada pelo médico na telemedicina, expõe André Gonçalo Dias Pereira, que é imprescindível:

> "uma descrição do tipo de telemedicina que se vai realizar (telemonitoração, telemanipulação, ou cirurgia robótica), a experiência e a especialização do telecirurgião (ou consultor), os fins para os quais a informação médica pode ser usada (por exemplo, para diagnóstico ou fins educacionais), e quais os objetivos e meios de controlo de armazenamento da informação médica computadorizada numa base de dados. O paciente deve ter a garantia de que sua privacidade será respeitada tal como na medicina tradicional, mas que, enquanto estiverem a trabalhar *on line* sempre há o risco de um terceiro ter acesso (ilícito) às informações".[93]

---

89. Disponível em: https://www.intuitive.com/en-us/about-us/company/legal/safety-information. Acesso em 09 jan. 2021.

90. DUBECK, Deborah. *Robotic-Assisted Surgery: Focus on Training and Credentialing*. Disponível em: http://patient-safety.pa.gov/ADVISORIES/Pages/201409_93.aspx. Acesso em 09 jan. 2021.

91. BHATIA, Neera, op. cit.

92. . Sobre o consentimento informado do paciente no tratamento de dados sensíveis de saúde, no contexto de novas tecnologias, imperiosa a remissão ao artigo de KFOURI NETO, Miguel. SILVA, Rodrigo da Guia; NOGAROLI, Rafaella. Inteligência artificial e big data no diagnóstico e tratamento da Covid-19 na América Latina: novos desafios à proteção de dados pessoais. Direitos Fundamentais & Justiça, Belo Horizonte, ano 14, número especial, p. 149-178, nov. 2020.

93. PEREIRA, André Gonçalo Dias. *O Consentimento Informado na Relação Médico-Paciente*, op. cit., p. 557.

Observa-se que o professor português adota postura, da qual plenamente concordamos, sobre a obrigação do médico em revelar previamente ao paciente a sua especialização, bem como a sua experiência com a tecnologia robótica. Inclusive, nos Estados Unidos, o *Massachusetts Board of Registration in Medicine* adverte que "pacientes devem ser comunicados da experiência do cirurgião na prática do procedimento robótico recomendado".[94] Ainda, vale destacar que o próprio fabricante do robô Da Vinci recomenda que "os cirurgiões devem informar seus pacientes sobre a existência de outras técnicas cirúrgicas disponíveis"[95] e também precisam "discutir sua experiência cirúrgica e expor todos os riscos com seus pacientes".[96]

Expusemos, na primeira parte deste trabalho, o recente episódio (em 2015) de um paciente na Inglaterra que teve falência múltipla de órgãos e veio a óbito, logo após ser submetido à cirurgia cardíaca robótica. O cirurgião admitiu seu prévio treinamento insuficiente com a tecnologia e, ainda, o hospital admitiu sua falha em adotar políticas adequadas de treinamento em cirurgia robótica. Contudo, o paciente não teve ciência sobre essas questões, antes de ser submetido à cirurgia robótica. Em situações como a narrada, observa-se a imprescindibilidade de serem transmitidas ao paciente algumas informações: 1) qual o treinamento e a experiência do médico em cirurgias assistidas por robô; 2) qual é a política de treinamento em cirurgia robótica do hospital onde será realizado o procedimento; 3) se a cirurgia robótica em questão já foi realizada por qualquer outra pessoa no mesmo hospital ou em qualquer outra entidade hospitalar do país; 4) quais são os benefícios e riscos da cirurgia assistida por robô em relação à cirurgia convencional.[97]

Ainda, vale mencionar que, apesar da cirurgia robótica ter sido introduzida na medicina com o objetivo de superar algumas das limitações associadas à laparoscopia tradicional, proporcionando maior manobrabilidade com um conjunto de instrumentos articulados e uma visão tridimensional, precisam ser observadas certas limitações. A tecnologia não é recomendada para todos os casos e procedimentos médicos. A cirurgia aberta ainda é a opção preferida em determinadas situações e, além disso, a robótica não tem eficácia comprovada em todos os procedimentos médicos e cirúrgicos. Em 28.02.2019, a FDA emitiu alerta sobre a assistência robótica nas mastectomias e outras cirurgias oncológicas:

"Desde que os dispositivos robóticos foram disponibilizados nos EUA, os procedimentos cirúrgicos assistidos por robô foram amplamente adotados porque podem permitir uma recuperação mais rápida e melhorar a precisão cirúrgica. No entanto, a FDA está preocupada com o fato de que os prestadores de serviços de saúde e os seus pacientes podem não estar cientes de que a segurança e a eficácia desses dispositivos não foram estabelecidas para uso em procedimentos de mastectomia ou na prevenção ou

---

94. Commonwealth of Massachusetts Board of Registration in Medicine, Quality and Patient Safety Division, Advisory on Robot-Assisted Surgery, March 2013.

95. Disponível em: https://www.intuitive.com/en-us/about-us/company/legal/safety-information. Acesso em 09 jan. 2021.

96. Idem.

97. Nesse sentido, cf. reportagem de Josephine Burnett, atuante na área de responsabilidade civil médico-hospitalar, no escritório Kingsley Napley, em Londres, Disponível em: https://www.kingsleynapley.co.uk/insights/blogs/blog-medical-negligence-law/heart-breaking-robotic-surgery-patient-dies-as-a-result-of-robotic-assisted-hear-t-surgery#page=1. Acesso em 09 jan. 2021.

tratamento de câncer em geral. (...)Há pouca evidência sobre a segurança e a eficácia do uso de RASD em pacientes submetidas à mastectomia para a prevenção ou tratamento do câncer de mama, e a FDA não concedeu nenhuma autorização de comercialização do sistema RASD para a mastectomia".[98]

Diante disso, percebe-se a importância do médico repassar a informação ao paciente no que se refere à cirurgia robótica que ele está recomendando – se ela já foi realizada por qualquer outra pessoa no mesmo hospital ou em qualquer outra entidade hospitalar. Acima de tudo, o profissional deve aconselhar o paciente, em um processo de diálogo, sobre outras possibilidades de tratamento sem utilização da tecnologia robótica, traçando um comparativo dos benefícios e riscos que envolvem o procedimento cirúrgico com a assistência do robô ou sem ele.[99]

Nas cirurgias robóticas realizadas em tempos de pandemia da Covid-19, o termo de consentimento livre e esclarecido do paciente precisa conter algumas informações específicas. Deve-se considerar que a excepcionalidade da situação, e as dimensões da crise de saúde pública materializadas nesta pandemia criam um cenário de "tempestade perfeita", potencializada pela urgência de medidas a serem adotadas, sem a segurança de um protocolo de combate à doença, tampouco balizas que indiquem, com certeza, os limites seguros para a execução de procedimentos cirúrgicos com um coeficiente mínimo de segurança para evitar a transmissão do vírus.[100] Diante desse cenário caótico, há de se considerar também as futuras demandas judiciais que os profissionais de saúde provavelmente enfrentarão com base nas decisões que estão sendo forçados a tomar.[101]

Com o avanço do número de contaminados e sobrecarga dos sistemas de saúde, ao redor do mundo, hospitais públicos e privados suspenderam cirurgias eletivas. De modo excepcional, foram realizados procedimentos cirúrgicos essenciais, isto é, aqueles que podem gerar piora do quadro clínico, nas especialidades de cardiologia, urologia, oftal-

---

98. Disponível em: https://www.fda.gov/medical-devices/safety-communications/caution-when-using-robotically-assisted-surgical-devices-womens-health-including-mastectomy-and. Acesso em 09 jan. 2021.

99. ADAMS, Martin B.; DOPF, Glenn W. *Legal Aspects of Setting Up a Robotic Program*, op. cit. No mesmo sentido, cf.: "to promote informed decision-making and autonomy among patients considering innovative surgery, surgeons should disclose the novel nature of the procedure, potentially unknown risks and benefits, and whether the surgeon would be performing the procedure for the first time. When accurate volumes and outcomes data are available, surgeons should also discuss these with patients (...) What types of information are important to patients considering innovative surgery? Greater than 70% of patients reported they could not decide whether to have robotic surgery without the following information: a general description of the procedure, known risks and benefits, acknowledgement of potentially unknown risks and benefits, whether the surgeon was doing the procedure for the first time, and the surgeon's special training for the procedure". (CHAR, Susan J. Lee. et. al. Informed consent for innovative surgery: a survey of patients and surgeons. Disponível em: https://www.ncbi. nlm.nih.gov/pubmed/23218878. Acesso em 09 jan. 2021).

100. Sobre o tema, cf.: "Surgeons, in addition to counseling and treating a patient, must also take other factors into consideration. We must now consider the availability of the medical staff and hospital resources, the transmission risk of COVID-19 to health-care workers and non-infected patients, and perioperative outcomes when triaging surgeries (...) Surgeons must make every effort to minimize patient time inside the hospital, as this will always be a possible source of transmission. Additionally, as many infected individuals are asymptomatic, minimizing exposure to health-care facilities must be paramount until there is widely available rapid COVID-19 testing available". (MOAWAD, Gaby N.; RAHMAN, Sara; MARTINO, Martin A.; KLEBANOFF, Jordan S. Op. cit.).

101. Ao propósito dos reflexos da pandemia da Covid-19 na atribuição de responsabilidade médica, remeta-se a KFOURI NETO, Miguel; DANTAS, Eduardo; Rafaella Nogaroli. Medidas extraordinárias para tempos excepcionais: da necessidade de um olhar diferenciado sobre a responsabilidade civil dos médicos na linha de frente do combate à Covid-19. *In*: KFOURI NETO, Miguel; NOGAROLI, Rafaella. (Coord.). *Debates contemporâneos em direito médico e da saúde*. São Paulo: Thomson Reuters Brasil, 2020, p. 505-541.

mologia, oncologia e nefrologia, além das cirurgias inadiáveis pós-traumas. Conforme expusemos anteriormente, a cirurgia robótica é muito utilizada na urologia para tratar pacientes oncológicos e, assim como em outras especialidades, as cirurgias urológicas foram reduzidas basicamente aos casos mais urgentes. Adiaram-se as cirurgias eletivas para patologias benignas e cirurgias oncológicas eletivas foram recomendadas em casos selecionados de patologias com maior agressividade.[102]

Caso o quadro do paciente indique a necessidade de cirurgia nesse período, o paciente precisa ter ciência de que o procedimento cirúrgico assistido pelo robô, ao qual será submetido, se realizará na ocorrência da pandemia do novo coronavírus, o que implica em riscos de infecção, mesmo diante de todos os protocolos institucionais preventivos adotados pelo hospital.[103] Em resumo, destacam-se três importantes questões a serem esclarecidas ao paciente submetido à cirurgia robótica: 1) durante o período perioperatório (imediatamente antes da cirurgia, durante a cirurgia e após a cirurgia), o paciente e seus acompanhantes poderão ser expostos a eventual contaminação pelo novo coronavírus, seja por contato com outros pacientes e/ou com profissionais de saúde portadores do vírus, mesmo que assintomáticos e não sabedores de sua condição; 2) a possibilidade da ocorrência de contaminação pelo novo coronavírus poderá acarretar o desenvolvimento de sintomas variados, com diferentes graus de gravidade, podendo gerar necessidade de internação, inclusive em Unidade de Cuidados Intensivos, permanência hospitalar prolongada e até mesmo óbito; 3) em decorrência da pandemia, durante o período de tratamento, há possibilidade de um ou mais membros da equipe médica que assistem o paciente precisarem se afastar de suas atividades, resultando na transferência de seus cuidados a outros profissionais da instituição.

2.2. Reponsabilidade civil e quantificação de danos na ausência de consentimento informado na cirurgia robótica

É fora de qualquer dúvida que o médico incorre em responsabilidade, no caso da cirurgia robótica e telecirurgia serem realizadas sem o consentimento livre e esclarecido do paciente.[104] Pode-se afirmar que o consentimento é um pré-requisito essencial de todo tratamento ou intervenção médica. A ausência do consentimento pode constituir lesão autônoma, por si só danosa e passível de indenização.

Na cirurgia robótica e telecirurgia, assim como em quaisquer outras intervenções médicas, o dever de informar é um dever de conduta decorrente da boa-fé objetiva e sua simples inobservância caracteriza inadimplemento contratual.[105] A indenização é devida pela privação sofrida pelo paciente em sua autodeterminação, por lhe ter sido retirada

---

102. ZAMPOLLI, Hamilton; RODRIGUEZ, Alejandro R. Op. cit.

103. BRANCHE, Brandee et. al. Robotic Urological Surgery in the Time of COVID-19: Challenges and Solutions. *The Journal of Urology*, v. 7, issue 7, p. 547-553, nov. 2020.

104. TOMÉ, Patricia Rizzo. O Consentimento Informado e a Responsabilidade Civil Decorrente. Cadernos da Lex Medicinae, Coimbra, vol. II, n. 4, 2019. Saúde, Novas Tecnologias e Responsabilidades Nos 30 Anos do Centro de Direito Biomédico Vol. II, p. 409-422

105. Ao propósito dos princípios – da ética biomédica e das boas práticas médicas – que pautam o consentimento do paciente, remeta-se a SOARES, Flaviana Rampazzo. *Consentimento do paciente no direito médico*. São Paulo: Indaiatuba, 2021, p. 199-214.

a oportunidade de "ponderar os riscos e vantagens de determinado tratamento, que, ao final, lhe causou danos, que poderiam não ter sido causados, caso não fosse realizado o procedimento, por opção do paciente."[106]

A fim de se estabelecer o dever de indenizar, deve-se verificar o nexo causal entre a omissão de informação e o dano. Quando a intervenção médica é correta – mas não se informou adequadamente –, a culpa surge pela falta de informação – ou pela informação incorreta. Não é necessário negligência no tratamento. A vítima deve demonstrar que o dano provém de um risco acerca do qual deveria ter sido avisada, a fim de deliberar sobre a aceitação ou não do tratamento.

Discussão que paira na doutrina é sobre quem deve ser o responsável por obter o consentimento do paciente na realização da cirurgia robótica à distância ou de quaisquer outras intervenções médicas realizadas com o recurso da telemedicina. Na lei da Califórnia (*California Telemedicine Development Act, 1996*), por exemplo, apenas o médico assistente, que se encontra na mesma localidade do doente, tem o dever de obter o consentimento informado, pois ele tem maior proximidade e confiança com o paciente.

Contudo, o professor português André Gonçalo Dias Pereira, entende que há responsabilidade solidária do dever de informar:

> "(...) isto vale para a telecirurgia, bem como para a telemonitoração – que os princípios enunciados relativos à medicina de equipa e da colaboração entre os médicos devem prevalecer aqui, pelo que ambos são solidariamente responsáveis pelo cumprimento de dever de informar, sem embargo de, no plano das relações internas, se poder onerar o médico que está fisicamente presente junto do paciente e que, naturalmente, tem mais facilidade de estabelecer o diálogo propício ao consentimento informado".[107]

Partilhamos do parecer do ilustre autor, e defendemos que há responsabilidade solidária na ausência do consentimento livre e esclarecido do paciente, recaindo maior oneração da obrigação de informar ao médico que está mais próximo ao paciente.

Ressaltamos, por fim, que a quantificação da indenização pela violação ao dever de informar o paciente sempre suscita controvérsia, principalmente por inexistir balizamento legal – permanecendo a fixação do montante indenizatório ao alvedrio do órgão julgador, de quem se espera prudente arbítrio. A soma indenizatória pela ausência de informação na cirurgia robótica e telecirurgia não será fixada pela totalidade do dano, isoladamente considerado, como no caso de a lesão ter sido provocada por falha técnica ou deficiente atuação médico-cirúrgica, mas sim diante da probabilidade de o paciente, caso tivesse sido convenientemente informado, não se submeter ao tratamento com a referida tecnologia.[108]

Na quantificação desses danos, há quatro principais fatores a serem ponderados: 1) o estado de saúde do paciente, prognóstico e gravidade do processo patológico; 2) as alternativas terapêuticas existentes, ou seja, se a cirurgia robótica era necessária e quais os riscos e benefícios do procedimento ser realizado com a referida tecnologia, compa-

---

106. STJ, REsp 1540580/DF, rel. Min. Luis Felipe Salomão, 4. T., j. 02.08.2018.
107. PEREIRA, André Gonçalo Dias. *O Consentimento Informado na Relação Médico-Paciente*, op. cit., p. 559.
108. KFOURI NETO, Miguel. *A Quantificação do Dano na Ausência de Consentimento Livre e Esclarecido do Paciente*, op. cit.

rando-a com a cirurgia convencional. Deve-se verificar a existência (ou não) de terapias menos arriscadas ou até isentas de risco. Ponha-se em destaque, ainda uma vez: quanto mais grave o risco, mais agudo o dever de informar e obter o consentimento plenamente esclarecido do paciente; 3) se, à luz do que comumente ocorre, outro paciente, em idênticas condições, teria consentido, após inteirar-se dos perigos inerentes à intervenção; 4) se tais riscos, não informados, eram comuns ou excepcionais.

Após análise desses quatro fatores, incumbirá ao magistrado mensurar as consequências concretas da falta de consentimento, arbitrando reparação consentânea. De qualquer forma, segundo já exposto, por um dos autores do presente trabalho, no artigo intitulado "A Quantificação do Dano na Ausência de Consentimento Livre e Esclarecido do Paciente"[109], deverá o magistrado sempre se atentar ao fato de que o dano não foi causado por má prática médica, mas pela violação ao dever de informação, motivo pelo qual a indenização será menor que aquela estabelecida para a hipótese de dano diretamente ocasionado por imperícia, imprudência ou negligência do profissional.

3. CONSIDERAÇÕES FINAIS

Conforme visto ao longo deste trabalho, os avanços tecnológicos na área da saúde, especialmente em cirurgias assistidas por robôs, podem tornar ainda mais aleatória a intervenção médica. Obviamente, não se justifica transferir para o profissional todos esses riscos e áleas. Contudo, o médico tem a obrigação de fornecer ao paciente uma informação completa, tanto sobre o ato cirúrgico e cuidados pós-operatórios, bem como os riscos inerentes à própria cirurgia robótica, aí incluídos aqueles que apresentem caráter específico e/ou excepcional.

Por isso, procurou-se demonstrar, ao longo deste artigo, que há benefícios e riscos com a utilização da tecnologia robótica nas cirurgias, o que requer certas ponderações e reflexões sobre o conteúdo mínimo a ser disposto no termo de consentimento. Em que pese as inúmeras vantagens das cirurgias assistidas por robôs, há necessidade de informar o paciente sobre a experiência do médico e do hospital com a tecnologia robótica, além da possibilidade de eventos adversos levarem à necessidade de transformação da cirurgia robótica para uma cirurgia aberta, o que pode gerar maiores cicatrizes e elevado tempo de cirurgia, com acréscimo de riscos à saúde do paciente. Também expusemos a discussão sobre os especiais contornos da privacidade e proteção de dados da saúde do paciente na referida tecnologia. Na telecirurgia, há ainda o risco de eventos adversos decorrentes do tempo de latência (*time delay*) entre os movimentos realizados pelo cirurgião e a replicação pelo robô, os quais deverão ser também informados ao paciente. Caso todas essas informações mínimas, acima referidas, não forem devidamente repassadas ao paciente, o profissional da medicina será responsabilizado, não pela culpa médica em si, mas pela violação ao dever de informar o paciente.

---

109. Idem.

4. REFERÊNCIAS

ADAMS, Martin B.; DOPF, Glenn W. Legal Aspects of Setting Up a Robotic Program. In: FONG, Yuman. et.al. *The Sages Atlas of Robotic Surgery*. Suíça: Springer, 2018. Ebook.

AZEVEDO, Filipa Moreira. O Consentimento Informado Silenciado na Esfera da Telemedicina. *Cadernos da Lex Medicinae*, Coimbra, vol. II, n. 4, 2019. Saúde, Novas Tecnologias e Responsabilidades Nos 30 Anos do Centro de Direito Biomédico Vol. II, p. 253-262.

BARBOSA, Ana Mafalda Castanheira Neves de Miranda. *Lições de Responsabilidade Civil*. Cascais: Editora Princípia, 2017.

BARBOZA, Heloisa Helena. A Autonomia da Vontade e A Relação Médico-Paciente no BRASIL. *Lex Medicinae - Revista Portuguesa de Direito da Saúde*, n.2, Coimbra, 2004, p.10.

BARROSO, Luis Roberto; MARTEL, Letícia de Campos Velho. A morte como ela é: dignidade e autonomia individual no final da vida. In: GOZZO, Débora; LIGIERA, Wilson Ricardo. (Orgs.). *Bioética e Direitos Fundamentais*. São Paulo: Saraiva, 2012

BHATIA, Neera. Telesurgery and the Law. In: KUMAR, Sajeesh; MARESCAUX, Jacques. *Telesurgery*. Londres: Springer, 2008. Ebook.

BRANCHE, Brandee. et. Al. Robotic Urological Surgery in the Time of COVID-19: Challenges and Solutions. *The Journal of Urology*, v. 7, issue 7, p. 547-553, nov. 2020.

CHOI, Paul J.; OSKOUIAN, Rod J.; TUBBS, R. Shane. Telesurgery: Past, Present, and Future. *Cureus Journal of Medical Science*, São Francisco, v. 10, n. 5, mai. 2018. Disponível em: https://assets.cureus.com/uploads/review_article/pdf/12751/1550698319-20190220-655-3jlaza.pdf. Acesso em 05.03.2019

DANTAS, Eduardo. NOGAROLI, Rafaella. Consentimento informado do paciente frente às novas tecnologi-as da saúde (telemedicina, cirurgia robótica e inteligência artificial). *Lex Medicinae - Revista Portuguesa de Direito da Saúde*, Coimbra, n. 13, ano 17, p. 25-63, jan./jun. 2020

DRESCH, Rafael de Freitas Valle; FALEIROS JÚNIOR, José Luiz de Moura. Reflexões sobre a Responsabilidade Civil na Lei Geral de Proteção de Dados (Lei Nº 13.709/2018). In: ROSENVALD, Nelson; DRESCH, Rafael de Freitas Valle; WESENDONCK, Tula. (Coords.). *Responsabilidade Civil*: Novos Riscos. Indaiatuba: Foco, 2019, p. 65-89.

DUBECK, Deborah. *Robotic-Assisted Surgery*: Focus on Training and Credentialing. Disponível em: http://patientsafety.pa.gov/ADVISORIES/Pages/201409_93.aspx. Acesso em 04.03.2019.

FALEIROS JUNIOR, José Luiz de Moura; NOGAROLI, Rafaella; CAVET, Caroline Amadori. Telemedicina e proteção de dados: reflexões sobre a pandemia da Covid-19 e os impactos jurídicos da tecnologia aplicada à saúde. *Revista dos Tribunais*, São Paulo, v. 1016, p. 327-362, jun. 2020.

FARIAS, Cristiano Chaves de, NETTO, Felipe Braga e ROSENVALD, Nelson. *Novo Tratado de Responsabilidade Civil*. 4.ed. São Paulo: Saraiva, 2019.

FIORINI, Paolo. History of Robots and Robotic Surgery. In: FONG, Yuman. et.al. *The Sages Atlas of Robotic Surgery*. Suíça: Springer, 2018. Ebook.)

KFOURI NETO, Miguel. A Quantificação do Dano na Ausência de Consentimento Livre e Esclarecido do Paciente. *Revista IBERC*, Minas Gerais, v. 2, n. 1, p. 01-22, jan.-abr./2019.

_____. *Responsabilidade Civil dos Hospitais*. 4. ed. São Paulo: Revista dos Tribunais, 2019. Ebook.

_____. *Responsabilidade Civil do Médico*. 10. ed. São Paulo: Revista dos Tribunais, 2019. Ebook.

KFOURI NETO, Miguel; DANTAS, Eduardo; Rafaella Nogaroli. Medidas extraordinárias para tempos excepcionais: da necessidade de um olhar diferenciado sobre a responsabilidade civil dos médicos na linha de frente do combate à Covid-19. *In*: KFOURI NETO, Miguel; NOGAROLI, Rafaella. (Coord.). *Debates contemporâneos em direito médico e da saúde*. São Paulo: Thomson Reuters Brasil, 2020, p. 505-541.

KFOURI NETO, Miguel; NOGAROLI, Rafaella. Estudo comparatístico da responsabilidade civil do médico, hospital e fabricante na cirurgia assistida por robô. In KFOURI NETO, Miguel; NOGARO-LI, Rafaella. (Coord.). *Debates contemporâneos em direito médico e da saúde*. São Paulo: Thomson Reuters Brasil, 2020, p. 33-67

KFOURI NETO, Miguel. SILVA, Rodrigo da Guia; NOGAROLI, Rafaella. Inteligência artificial e big data no diagnóstico e tratamento da Covid-19 na América Latina: novos desafios à proteção de dados pessoais. *Direitos Fundamentais & Justiça*, Belo Horizonte, ano 14, número especial, p. 149-178, nov. 2020.

KIM, Keith Chae. *Robotics in General Surgery*. Suíça; Springer, 2014. Ebook

MARESCAUX, Jacques; RUBINO, Francesco; SOLER, Luc. Computer-Assisted Remote Surgery. In: KUMAR, Sajeesh; MARESCAUX, Jacques. *Telesurgery*. Londres: Springer, 2008. Ebook.

MCLEAN, Thomas R. Cybersurgery: An Argument for Enterprise Liability. *Journal Of Legal Medicine*, Los Angeles, vol. 23, n. 2, p. 167-210, nov. 2010.

MCLEAN, Thomas R; Waxman, S. Robotic surgery litigation. Proceedings of the Institution of Mechanical Engineers, Part C: *Journal of Mechanical Engineering Science*, vol. 224, 2004.

MINOR, Jessica. *Informed Consent in Predictive Genetic Testing - A Revised Model*. Suíça: Springer, 2015. Ebook.

MOAWAD, Gaby N.; RAHMAN, Sara; ·MARTINO, Martin A.; KLEBANOFF, Jordan S. Robotic surgery during the COVID pandemic: why now and why for the future. *Journal of Robotic Surgery*, v. 14, p. 917-920, dez. 2020.

NOGAROLI, Rafaella. PIMENTEL, Willian. Dupla perspectiva do consentimento do paciente na telemedicina em tempos de Covid-19. In; DADALTO, Luciana. (Coord.). *Bioética e Covid-19*. 2. ed. Indaiatuba: Foco, 2021, p. 285-306.

PAGALLO, Ugo. *The Laws of Robots*: Crimes, Contracts, and Torts. Londres: Springer, 2013. Ebook.

PEREIRA, Alexandre Libório Dias. *Telemedicina e Farmácia Online*: Aspetos Jurídicos da Ehealth. Disponível em: https://portal.oa.pt/upl/%7B79eff4f2-f05c-497e-9737-ca05830cc360%7D.pdf. Acesso em 08.03.2019.

PEREIRA, André Gonçalo Dias. *Direitos dos Pacientes e Responsabilidade Médica*. Coimbra: Coimbra Editora, 2015.

_____. O Consentimento Informado em Portugal: Breves Notas. *Revista Eletrônica da Faculdade de Direito de Franca*, Franca (SP), v. 12, n. 2, 2017.

_____. *O Consentimento Informado na Relação Médico-Paciente*. Estudo de Direito Civil. Coimbra: Coimbra Editora, 2004.

RAPOSO, Vera Lúcia. A Responsabilidade do Produtor por Danos Causados por Dispositivos Médicos. *Revista do Instituto do Direito Brasileiro da Faculdade de Direito da Universidade de Lisboa (RIDB)*, ano 2, n. 5, 2013.

RODRIGUES, João Vaz. *O Consentimento Informado para o Acto Médico*. Elementos para o Estudo da Manifestação de Vontade do Paciente. Coimbra: Coimbra Editora, 2001.

SCHANS, Emma M. van der et. al. From Da Vinci Si to Da Vinci Xi: realistic times in draping and docking the robot. *Journal of Robotic Surgery*, v. 4, p. 835-839, dez. 2020.

SOARES, Flaviana Rampazzo. *Consentimento do paciente no direito médico*. São Paulo: Indaiatuba, 2021.

SONG, Xu. et. al. Effect of latency training on surgical performance in simulated robotic telesurgery procedures. *The International Journal of Medical Robotics and Computer Assisted Surgery*, Chicago: John Wiley & Sons, v. 11, p. 290-295, 2014.

TOMÉ, Patricia Rizzo. O Consentimento Informado e a Responsabilidade Civil Decorrente. *Cadernos da Lex Medicinae*, Coimbra, vol. II, n. 4, 2019. Saúde, Novas Tecnologias e Responsabilidades Nos 30 Anos do Centro de Direito Biomédico Vol. II, p. 409-422.

ZAMPOLLI, Hamilton; RODRIGUEZ, Alejandro R. Laparoscopic and robotic urology surgery during global Pandemic Covid-19. *International Brazilian Journal of Urology*, v. 46, p. 215-221, jul. 2020

ZEMMAR, Ajmal; Lozano, Andres M; Nelson, Bradley J. The rise of robots in surgical environments dur-ing Covid-19. *Nature machine intelligence*, Londres, v. 2, p. 566-572, out. 2020.

TELEMEDICINA E LEI GERAL DE PROTEÇÃO DE DADOS PESSOAIS

Fernanda Schaefer

Pós-Doutora pelo Programa de Pós-Graduação *Stricto Sensu* em Bioética da PUC-PR, bolsista CAPES. Doutora em Direito das Relações Sociais na Universidade Federal do Paraná, curso em que realizou Doutorado Sanduíche nas Universidades do País Basco e Universidade de Deusto (Espanha) como bolsista CAPES. Professora e Coordenadora da Pós-Graduação *Lato Sensu* em Direito Médico e do Curso de Pós-Graduação em Direito Civil e Processual Civil EAD do UniCuritiba. Professora de Direito Civil, Direito do Consumidor e Biodireito do Curso de Direito. Advogada em Curitiba-PR.

Glenda Gonçalves Gondim

Doutora e Mestre em Direito das Relações Sociais no Programa de Pós-Graduação *Stricto Sensu* da Universidade Federal do Paraná. Professora de Direito Civil do Curso de Direito da Universidade Positivo. Advogada.

O corpo humano já foi metáfora da alma; depois foi a metáfora do sexo; hoje já não é mais metáfora de coisa alguma; é o lugar da metástase; do encadeamento maquínico de todos os seus processos, de uma programação infinita - Jean Baudrillard, 1996.

Sumário: 1. Introdução – 2. Telemática em Saúde – 3. Dimensão Informativa dos Dados de Saúde – 4. Proteção de Dados de Saúde e Lei Geral de Proteção de Dados Pessoais – 5. Considerações finais – 6. Referências

1. INTRODUÇÃO

No dia 06 de fevereiro de 2019 entrou em vigor a Resolução n. 2.227 do Conselho Federal de Medicina (CFM) e com ela, imediatamente, várias vozes de diferentes setores se manifestaram apontando inúmeras críticas ao documento. A polêmica resolução tinha por objeto definir e disciplinar a prestação de serviços médicos por meio da telemedicina, aperfeiçoando a genérica Resolução n. 1.643/2002 que já versava sobre o assunto.

Em seus considerandos o Conselho Federal de Medicina reconheceu que o desenvolvimento de novas tecnologias de informação e comunicação auxiliam na aproximação do médico e do paciente, facultando ao profissional a adesão ou não a essas tecnologias. A norma além de autorizar o uso da telemedicina, previa e conceituava a teleconsulta (entre médico e paciente), o teleatendimento, a teleinterconsulta (entre dois ou mais médicos), o telediagnóstico, a telecirurgia e a teleconferência do ato cirúrgico, a teletriagem, o telemonitoramento (ou televigilância), a teleorientação e a teleconsultoria, prevendo, ainda, normas quanto aos respectivos registros eletrônicos e respectivas responsabilidades.

No entanto, em virtude da grande polêmica a norma foi revogada pela Resolução n. 2.228/19, restabelecendo-se a vigência da Resolução n. 1.643/2002. De fato, independente de um novo documento regulamentador das práticas telemáticas em saúde ser publicado ou não, é preciso compreender de imediato as implicações jurídicas da prática médica intermediada pelas tecnologias de informação e comunicação uma vez que sua base de dados é composta por dados sensíveis que exigem especial atenção para a proteção da privacidade do paciente.

Por isso, não se pode pensar a Medicina e as novas tecnologias a partir de velhos paradigmas ou princípios o que, muitas vezes, leva a incompatibilidades irremediáveis. O presente artigo não visa discutir a resolução revogada, mas, a partir de revisão bibliográfica e normativa, propõe-se a analisar a proteção de dados de saúde dos usuários de procedimentos médicos realizados a distância a partir dos preceitos fixados na Lei Geral de Proteção de Dados Pessoais (LGPD, Lei n. 13.709/18).

Esta legislação, influenciada pela legislação europeia (RGPD – Regulamento Geral de Proteção de Dados 2016/679), dispõe sobre a proteção do titular dos dados, impondo deveres para aqueles que farão o tratamento, desde a coleta, o processamento, armazenamento, compartilhamento e exclusão. A LGPD foi publicada em agosto de 2018, com vigência em 18 de setembro de 2020, e alguns de seus temas carecem de regulamentação pela Autoridade Nacional de Proteção de Dados (ANPD, Decreto n. 10.474/20), assim como, omissões ainda em estudo pela doutrina. Por essa razão, o presente estudo trata apenas da regulamentação referente à coleta, compartilhamento e armazenamento dos dados de saúde.

2. TELEMÁTICA EM SAÚDE

A Telemática (**tele**comunicação[1] + infor**mática**[2]) em Saúde caracteriza-se pela aplicação conjugada dos meios de telecomunicação e informática às atividades sanitárias destinadas à promoção, à prevenção e à cura, individual ou coletiva e que permitem a comunicação entre profissionais de saúde ou entre esses e seus pacientes, distantes fisicamente.

A ideia de utilizar os meios de comunicação na prática médica não é recente[3]. Mas, o desenvolvimento da Medicina a distância teve início no final do século XIX

---

1. Telecomunicações, na definição de Ralph M. Stair e George W. Reynolds "referem-se à transmissão eletrônica de sinais para as comunicações, incluindo meios como telefone, rádio e televisão. [...]. A comunicação de dados, um subconjunto especializado das telecomunicações, refere-se à coleta eletrônica, ao processamento e à distribuição dos dados – geralmente, entre os dispositivos de hardware do computador. A comunicação de dados é completada por meio do uso da tecnologia de telecomunicação" (STAIR, R.M.; REYNOLDS, G.W. Telecomunicações e redes. In: _____. *Princípios de sistemas de informação*. Trad. Alexandre Melo de Oliveira. 4ª ed. Rio de Janeiro: LTC, 2002. p. 172).

2. Informática é a junção dos termos **informa**ção + auto**mática**, sendo considerada "*a ciência que estuda o tratamento automático e racional da informação*". Termo utilizado pela primeira vez em 1957 pelo alemão Karl Steinbuch, em artigo publicado sob o título *Informatik: Automatische Informationsverarbeitung* (Informática: Processamento de Informação). Mas o termo se popularizou a partir de 1962 quando foi empregado pelo francês Philippe Dreyfus (*informatique*) na designação da sua empresa "Sociedade de Informática Aplicada" (SIA). Em 1967 a Academia Francesa adotou o termo para designar a "ciência do tratamento da informação" e a partir de então o termo se difundiu por todo mundo (LANCHARRO, E.A.; LOPEZ, M.G.; FERNANDEZ, S.P. *Informática básica*. São Paulo: Pearson Makron Books, 1991. p. 01).

3. Se considerada apenas como a utilização de meios de comunicações, pode-se indicar como origem da Medicina a distância: 1) a utilização da voz na Europa em épocas de grandes epidemias. A essa época médicos posicionaram-se à beira de rios, enquanto agentes comunitários posicionavam-se na outra margem trocando informações sobre

com o desenvolvimento tecnológico de meios de comunicação como o telefone e o telégrafo. No entanto, foi no século XX que a utilização das telecomunicações mostrou sua verdadeira importância para a Medicina, impulsionando o desenvolvimento da Telemática em Saúde.

Nas últimas décadas do século XX a prática da Medicina a distância revelou seu grande valor e conquistou significante espaço com o aperfeiçoamento das novíssimas (e surpreendentes) tecnologias de telecomunicação e informática e, principalmente, com o barateamento dos custos dos equipamentos. No século XXI as aplicações da Telemática em Saúde vêm se expandido e cativando cada vez mais adeptos (médicos, pacientes e profissionais da saúde e autoridades governamentais) que acabam depositando grandes (e nem sempre legítimas) expectativas na tecnologia.

O impacto de toda essa revolução tecnológica na Medicina é inquestionável. Novas técnicas de produção de imagens diagnósticas, de monitoramento de pacientes, de troca de informações médicas, de coleta e análise de dados, desenvolvem-se a cada ano, agilizando o diagnóstico, auxiliando na terapia, permitindo uma recuperação mais rápida e menos traumática dos pacientes e, principalmente autorizando a realização de políticas públicas de saúde mais personalizadas (em conformidade com as necessidades regionais). Pode-se, assim, notar que o uso das tecnologias de comunicação na área de saúde é a promessa de grandes avanços na prática médica tanto naquela destinada a pacientes individuais quanto naquela voltada à saúde pública.

Justamente por ser algo novo, nota-se em diversos documentos e normas uma confusão conceitual que acaba denominando Telemedicina toda e qualquer prática médica realizada a distância. No entanto, não se pode confundir a espécie Telemedicina com o gênero Telemática em Saúde. Ensina Daniel Sigulem[4] que,

> Genericamente a Telemática (telecomunicação + informática) em Saúde é a utilização dos serviços de saúde a distância, para promover a saúde global, educar e controlar doenças. Dependendo da finalidade são também utilizados o termo Tele-Saúde (Telehealth), quando a telemática está orientada para o campo da gestão da Saúde Pública e, com maior frequência, Telemedicina (Telemedicine), quando orientada aos aspectos clínicos.

Como não há um conceito uniforme, para os deste trabalho, adotar-se-á o entendimento amplo e geral de que a Medicina a distância é o exercício da Medicina combinada com recursos avançados de informática e telecomunicações (Telemática em Saúde) que possibilitam o diagnóstico, o tratamento e a acompanhamento de pacientes distantes fisicamente dos médicos, bem como, permitem a educação, o controle epidemiológico, a coleta de dados e a troca de informações entre agentes de saúde e médicos, entre outras inúmeras utilidades. A Telemática em Saúde varia, portanto, com relação às suas finalidades: Telemedicina e Telessaúde.

---

sintomas e evolução das doenças em suas respectivas regiões; 2) a utilização de cartas para troca de informações e experiências entre médicos, que remonta ao Egito antigo, no qual já circulavam papiros que explicavam os processos de mumificação. 3) A publicação de periódicos médicos. O primeiro deles foi o *Journal de Savans*, fundado pelo francês Denis de Sallo em 1665 (HISTÓRIA da telemedicina. Disponível no *site*: http://www.virtual.epm.br/material/tis/curr-med/temas/med5/med5t12000/tele/hist_ria_da_telemedicina.html. Acesso em 10 ago. 2009).

4. SIGULEM, D. *Telemedicina: uma nova forma de assistência em saúde*. Disponível no site http://www.cibersaude.com.br. Acesso em 29 out. 2002. p. 01.

A Telessaúde engloba todas as ações de Medicina a distância voltadas à prevenção de doenças (Medicina preventiva), educação e coleta de dados. São, portanto, direcionadas a uma coletividade, a políticas de saúde pública e à disseminação do conhecimento. Os procedimentos mais utilizados pelas redes de Telessaúde são: teledidática; telefonia social; comunidades; bibliotecas virtuais e videoconferências; aplicativos didáticos para *smartphones*; e mais recentemente a inteligência artificial (*machine learning*) e o especial destaque dado à teleorientação disponibilizada por diversos Municípios brasileiros durante a pandemia de 2020.

A Telemedicina[5] abarca toda a prática médica a distância voltada para o tratamento e diagnóstico de pacientes individualizados (identificados ou identificáveis), que utiliza sistemas que coletam, armazenam, processam, recuperam e comunicam dados sobre os pacientes identificados ou identificáveis. Os procedimentos mais utilizados pelas redes de Telemedicina são: teleconsulta ou consulta em conexão direta; teleatendimento; telepatologia (Resolução n. 2.264/19, CFM); telerradiologia (Resolução n. 2.107/2014, CFM); telemonitoramento ou televigilância (*homecare*); telediagnóstico; teleconferência; telecirurgia; teleterapia; sistemas de apoio à decisão; aplicativos de atendimento para *smartphones*.

A Resolução n. 1.643/2002, do Conselho Federal de Medicina (CFM), definiu em seu art. 1º a Telemedicina como "o exercício da Medicina através da utilização de metodologias interativas de comunicação audio-visual [sic] e de dados, com o objetivo de assistência, educação e pesquisa em Saúde". Nota-se que este é o conceito adotado pela norma é o de Telessaúde e não propriamente de Telemedicina.

Redação semelhante foi mantida pela revogada Resolução n. 2.227/2018 que na mesma confusão conceitual definia no art. 1º. "a telemedicina como o exercício da medicina mediado por tecnologias para fins de assistência, educação, pesquisa, prevenção de doenças e lesões e promoção de saúde".

Fato é que, independente do conceito adotado a utilização da Telemática em Saúde em qualquer de suas espécies exige a fixação de normas relativas à transmissão dos dados, estabelecimento de regras técnicas de trabalho e capacitação profissional, além

---

5. Durante a pandemia desencadeada pelo Sars-Cov-2 em 2020 muito se debateu o uso da telemedicina como medida preventiva para proteger as pessoas e os médicos, evitando a circulação de doentes. No entanto, a confusão conceitual apontada permaneceu nos mais diversos documentos publicados no período. Assim, por exemplo o ofício 1726/20, CFM, encaminhado ao Ministério da Saúde solicitava a liberação de teleorientação, telemonitoramento e teleinterconsulta, procedimentos bem diversos do liberado pela Portaria n. 467/20, MS e pela Lei n. 13.989/20, que autorizaram a teleconsulta (atendimento pré-clínico, monitoramento e diagnóstico) nos três âmbitos da saúde: SUS, privado e assistência privada enquanto vigente o estado de emergência sanitária. Já a Agência de Saúde Suplementar (que deixou de regulamentar o assunto), em diversas Notas Técnicas (03; 04; 06 e 10/20, DIRARD/ANS) optou pelo termo genérico telessaúde definindo-a equivocadamente como "a utilização de recursos de tecnologia da informação e de comunicação (TIC) para a prestação de serviços de assistência remota à saúde, transferência de informações e dados clínicos, administrativos e educacionais aos beneficiários do setor de saúde suplementar".

Em um contexto de emergência sanitária, as confusões conceituais são críticas e causam ainda mais insegurança jurídica. É essencial que conceitos médicos e jurídicos estejam em plena consonância para que a legislação seja realmente eficaz e suficientemente flexível, buscando acompanhar as constantes inovações, sem que com isso perca a sua objetividade ou atualidade. Pode-se afirmar que telemedicina se consolida finalmente como uma solução bastante eficaz no combate à pandemia, no entanto, quando se trata de analisar os benefícios da aplicação telemática na saúde é preciso se ter como ponto de partida que a Medicina, como ciência e como arte (que possui objeto especialmente protegido: o corpo humano), realiza-se na relação médico-paciente.

TELEMEDICINA E LEI GERAL DE PROTEÇÃO DE DADOS PESSOAIS 209

de normas de vigilância e controle dos sistemas, em especial quanto à confidencialidade dos dados de saúde que deverá primar pela proteção da dignidade da pessoa humana e pela autodeterminação do paciente.

3. DIMENSÃO INFORMATIVA DOS DADOS DE SAÚDE

O desenvolvimento tecnológico é uma realidade presente que a cada dia ganha mais força e revela novas facetas dos seres humanos. Atualmente, a necessidade de aplicação dos recursos informáticos à saúde é imprescindível à ideia de qualidade, rapidez e eficiência na prestação de serviços médicos e à expansão do conhecimento. Por isso, o uso da Telemática em Saúde é inevitável e por suas grandes vantagens, desejável. No entanto, com a sua popularização cresce também a preocupação com a proteção de dados e informações de saúde que circulam no meio telemático, isso porque, são considerados sensíveis.

Os dados pessoais (nominativos ou de caráter pessoal) são integrados por informações referentes a pessoas naturais identificáveis ou identificadas. São dados "capazes de criar uma relação de associação a uma pessoa determinada ou determinável em concreto, autorizando, em contrapartida, uma garantia protetiva à sua intimidade e vida privada"[6].

Os dados médicos, são dados pessoais, que se referem ao estado de uma pessoa identificada ou identificável e que possuem por objeto um sujeito de direitos (por isso, a informação como atributo da personalidade). No entanto, para que sejam considerados como dados pessoais sensíveis, é necessário que se refiram a uma pessoa determinada ou determinável, sendo capazes de revelar algum aspecto objetivo deste indivíduo, como o estado (passado, presente e/ou futuro) de saúde física e psíquica de seu titular, bem como, sua divulgação pode fazer surgir uma condição físico-psíquica capaz de conduzir[7] à discriminação ou causar prejuízo ao seu titular, familiares ou pessoas próximas.

Então, dados médicos são aqueles que abarcam dois elementos: o elemento material (é a sua base física, tudo que dá suporte físico à informação, como o histórico e documentos clínicos); e o elemento imaterial (formado pelo conjunto de informações basicamente obtido da história clínica do paciente e de documentos médicos diversos e que pode assumir diferentes funções – inclusive política e econômica – dependendo do destino que se pretende dar a eles). Esses elementos que devem ser igualmente considerados bens da personalidade (pois detentores de informação pessoal – atributo da personalidade), uma vez que compõem parte do indivíduo, e, por isso, protegidos pelo direito à privacidade e pela autodeterminação informativa, observadas as singularidades de seu objeto.

Dessa forma, a dimensão informativa, encarada quanto aos elementos materiais e imateriais dos dados médicos, pode ser vista sob três aspectos: a coleta de dados; sua gestão e tratamento e seu acesso. Essa extensão informativa dos dados médicos se revela

---

6. CACHAPUZ, M.C. *Intimidade e vida privada no novo código civil brasileiro* – uma leitura orientada no discurso jurídico. Porto Alegre: Sérgio Antonio Fabris, 2006. p. 255.
7. O tipo aqui é o tipo de perigo abstrato porque não exigem propriamente a lesão concreta a um bem jurídico já que descrevem comportamentos que podem conduzir a um resultado injusto.

FERNANDA SCHAEFER E GLENDA GONÇALVES GONDIM

justamente na valoração qualitativa da atividade médica, ou seja, quanto mais informações sobre o enfermo o facultativo tiver, diz-se que melhor será a prestação ofertada.

Certo é que a utilização dos dados médicos deve ser sempre feita de maneira limitada à persecução de um determinado fim (esclarecido ao titular dos dados), que indubitavelmente estará limitado pela dignidade da pessoa humana. Assim, a dimensão informativa e documental do direito à saúde pode ser garantida por alguns direitos conferidos ao paciente (ou a seus responsáveis), como, por exemplo,: a) de ser informado sobre os serviços sanitários disponíveis e sobre os requisitos para ser por ele atendido; b) a confidencialidade de toda informação relacionada com seu atendimento sanitário; c) de ser advertido se o procedimento (diagnóstico ou terapêutico) a ser aplicado é experimental ou não e de com (dis)concordar; d) de se submeter a procedimentos que não provoquem riscos adicionais a sua saúde; e) de lhe ser designado um médico que será considerado responsável pelo seu acompanhamento e fará a comunicação entre o paciente e a equipe que lhe assiste; f) a participar de comunidades sanitárias; g) a utilizar as vias de reclamação administrativas e judiciais; bem como apresentar sugestões; h) a escolher o médico, quando houver essa possibilidade; i) a obter medicamentos e produtos sanitários necessários à promoção, cura e prevenção de doenças; k) de consentir (ou não) com a disponibilização de seus dados para fins de pesquisa[8], direitos que também se relacionam à tutela estabelecida pela Lei Geral de Proteção de Dados Pessoais.

Por estarem compostos por uma gama muito grande de informações pessoais especialmente qualificadas (pois capazes de revelar íntimos segredos) os dados referentes à saúde gozam de particular proteção, uma vez que afetam os aspectos mais íntimos da personalidade e forçam o indivíduo a lidar com sua própria individualidade (relacionada diretamente à própria personalidade). Por isso, à história clínica do paciente se impõe o necessário dever de confidencialidade qualquer que seja o meio de coleta e armazenamento desses dados.

A informática médica permite o acesso rápido e seletivo a dados e a informações referentes ao paciente ou à coletividade, ao alcance e determinação do tratamento, permitindo, inclusive, a atuação em equipe (com profissionais fisicamente distantes). Atualmente considerada, portanto, instrumento imprescindível não apenas na atuação individual, mas também, para a própria pesquisa científica e definição de políticas sanitárias.

Por isso, é no contexto de redimensionamento do sujeito[9] e do corpo humano, de digitalização corporal, da exigência atenta e minuciosa do olhar médico sobre o corpo humano, da 'nudez' absoluta ('permeabilidade da pele'), da secularização e aperfeiçoamento corporal, que surge a necessidade de redimensionamento da tutela do direito à privacidade do paciente, visando evitar a absoluta mercantilização do corpo humano e consequente visão fragmentária do indivíduo. Intimidade que não se refere apenas ao corpo físico (elemento material), mas a toda história clínica pessoal e familiar (elemento

---

8. DE LA CUEVA, P.L.M. El derecho fundamental a la protección de los datos relativos a la salud. In: CARULLA, S.R. (Ed.); MARTRUS, J.B. (Coord.). *Estudios de protección de datos de carácter personal en el ámbito de la salud*. Madrid, Espanha: Agência Catalana de Protecció de Dades, 2006. p. 26.

9. Transmuta-se o sujeito abstrato da Modernidade em uma *hiperabstração* representada pelo sujeito virtual e digitalizado.

imaterial dos dados clínicos) e que será objeto do que se denomina autodeterminação informativa.

É diante dessa nova dimensão e valoração do corpo humano que se manifesta a necessidade de proteção dos dados médicos referentes a uma pessoa, ou a um grupo delas (ainda que irreversivelmente delas desvinculados). Amparo que será garantido por direitos fundamentais como o direito à vida, à saúde e à intimidade, bem como, pelo dever de confiança e o princípio da dignidade da pessoa humana, todos também tutelados pela Lei Geral de Proteção de Dados Pessoais.

Por sua natureza, portanto, os dados de saúde não podem ser tratados (recolhidos, elaborados, transmitidos e conservados) automaticamente, a menos que sejam previstas garantias legais para essas situações ou consentimento expresso e específico de seu titular. A mera proibição legal de coleta e tratamento desses dados não é aconselhável pelo simples fato de existirem situações em que a utilização desses dados será considerada legítima e necessária (como, por exemplo, a necessidade de controle de epidemias, o que se evidenciou durante o combate à Covid-19).

Assim, identificada a relação direta entre privacidade e tratamento de dados pessoais, quando os dados clínicos sensíveis forem tratados, será, em regra, necessário o consentimento de seu titular, além da necessidade do procedimento ser realizado por profissionais da área de saúde que, por seu exercício profissional, estejam submetidos às regras de sigilo profissional e, portanto, ao dever confidencialidade (ou por pessoas que estejam submetidas às mesmas exigências).

Diante desse quadro, não há como negar que a própria definição do que sejam dados médicos sensíveis é problemática como também é incerta a sua proteção em face de problemas epidemiológicos ou ainda diante da possibilidade de sua livre disposição pelo seu titular (exercício da autonomia) e daí a importância de se compreender a tutela estabelecida pela Lei Geral de Proteção de Dados Pessoais.

4. PROTEÇÃO DE DADOS DE SAÚDE E LEI GERAL DE PROTEÇÃO DE DADOS PESSOAIS

A pessoa que busca atendimento médico goza de uma vulnerabilidade especial gerada pela própria condição em que se encontra[10]. Visando a cura ou a amenização desse sofrimento esse indivíduo acaba se desapropriando de uma série de informações íntimas relativas não apenas a si, como também à sua família. "La 'cessione' de informazioni si realizza dunque in clima di necessità che rende marginale il profilo volontaristico o, per meglio dire, lo circoscrive alla fase di costituzione del rapporto del cura"[11]. Então, aquela vulnerabilidade especial, acaba se agravando justamente pela dificuldade de controle do titular sobre essas mesmas informações.

---

10. SCHAEFER, Fernanda. *Proteção de dados de saúde na sociedade de informação.* Curitiba: Juruá, 2010.

11. Tradução livre: "a cessão de informações se realiza em clima de necessidade que marginaliza a vontade, ou, melhor dizendo, circunscreve-a à fase de constituição do relatório de cura" (ZAMBRANO, V. Tratamento di dati personali in ambito sanitario. In: SICA, S.; SRANZIONE, P. *La nuova disciplina della privacy* – La riforme del diritto italiano. Itália: Zanichelli Editore, [s.d.]. p. 307).

Essa vulnerabilidade agravada se confirma diante da coleta e armazenamento de dados inseridos no mundo virtual[12]. Se os dados pessoais (tais como nome, endereço, escolaridade, sexo, dentre outros) podem ser manipulados por meio da inteligência artificial para as mais diversas classificações[13], o que dizer de dados que podem levar a diferentes formas de discriminação pela "estigmatização, exclusão ou segregação"[14], como é o caso dos dados sensíveis, cujo potencial lesivo[15] é ponto de especial atenção[16] na Lei Geral de Proteção de Dados Pessoais[17].

Vale ressaltar que a lei não proíbe o tratamento dos dados pessoais relativos à saúde (art. 7º, VIII, da LGPD[18]), no entanto, cria restrições importantes em razão da dimensão informativa contida nesses dados.

Por exemplo, a proibição contida no art. 11, § 5º[19], da LGPD que, a partir do princípio da não discriminação (previsto no art. 6º, IX, da LGPD[20]), proíbe a seleção de riscos baseada em dados de saúde (inclusive genéticos) pelas operadoras de planos privados, tanto para a contratação, quanto para a eventual exclusão de beneficiários.

Em consonância com a regra da autodeterminação informativa[21], a partir da noção de titularidade sobre os dados pessoais[22] como o controle que existe sobre as informações de

---

12. FRAZÃO, Ana. Fundamentos da proteção dos dados pessoais – Noções introdutórias para a compreensão da importância da Lei Geral da Proteção de Dados. *In: Lei Geral de Proteção de Dados Pessoais e suas repercussões no Direito Brasileiro*. Ana Frazão, Gustavo Tepedino, Milena Donato Oliva [coord.]. São Paulo: Thomson Reuters Brasil, 2019, p. 31.

13. FRAZÃO, Ana. Obra citada, p. 35.

14. KONDER, Carlos Nelson. O tratamento de dados sensíveis à luz da Lei 13.709/2018. *In Lei Geral de Proteção de Dados Pessoais e suas repercussões no Direito Brasileiro*. Ana Frazão, Gustavo Tepedino, Milena Donato Oliva [coord.]. São Paulo: Thomson Reuters Brasil, 2019, p. 455.

15. MULHOLLAND, Caitlin Sampaio. Dados pessoais sensíveis e a tutela de direitos fundamentais: uma análise à luz da lei geral de proteção de dados (Lei 13.709/18). *Revista de Direitos e Garantias Fundamentais*. v. 19, n. 3. 2018, p. 166.

16. [...] No início da década de 1970, a *Secretary for health, education and welfare* reuniu uma comissão de especialistas que divulgou, em 1973, um estudo que concluiu pela relação direta entre a privacidade e os tratamentos de dados pessoais, além da necessidade de estabelecer a regra do controle sobre as próprias informações [...]". (DONEDA, Danilo. A proteção dos dados pessoais como um direito fundamental. *Espaço Jurídico*. Joaçaba, v. 12. N. 2. Jul/dez. 2011, p. 99).

17. BIONI, Bruno Ricardo. *Proteção de dados pessoais*: a função e os limites do consentimento. Rio de Janeiro: Forense, 2019, p. 85.

18. Art. 7º, LGPD. [...] VIII- para a tutela da saúde, exclusivamente, em procedimento realizado por profissionais de saúde, serviços de saúde ou autoridade sanitária.

19. Art. 11, LGPD. [...] §5º. É vedado às operadoras de planos privados de assistência à saúde o tratamento de dados de saúde para a prática de seleção de riscos na contratação de qualquer modalidade, assim como na contratação e exclusão de beneficiários.

20. Art. 6º, LGPD. As atividades de tratamentos de dados pessoais deverão observar a boa-fé e os seguintes princípios: [...] IX– não discriminação: impossibilidade de realização do tratamento para fins discriminatórios ilícitos ou abusivos.

21. "A principal semelhança entre o direito de propriedade e a privacidade dos dados pessoais talvez resida no fato de que, conforme exposto por Charles Fried, 'a privacidade não seria apenas a ausência de informações sobre nós mesmos na mente dos outros; é, sobretudo, o controle que temos sobre a informação a respeito de nós mesmos'. Em ambos os casos, tem-se, portanto, a possibilidade de controlar o destino de algo que é considerado bem jurídico, dotado de valor econômico ou mesmo afetivo" (MAIA, Roberta Mauro Medina. A titularidade de dados pessoais prevista no art. 17 da LGPD: direito real ou pessoal? In *Lei Geral de Proteção de Dados Pessoais e suas repercussões no Direito Brasileiro*. Ana Frazão, Gustavo Tepedino, Milena Donato Oliva [coord.]. São Paulo: Thomson Reuters Brasil, 2019, p. 147)

22. "O conceito de titularidade exprime, portanto, não apenas a ideia de poder de controle sobre um bem jurídico mas, também e consequentemente, o sentido de atribuição do mesmo, com regras claras e disponíveis acerca de seus modos de utilização e disposição. Se dados pessoais são hoje bem jurídico – daí a inequívoca necessidade de tutelá-los –, precisa o legislador determinar a quem pertencem, fosse acerca de seus aspectos extrapatrimoniais – principal

cada indivíduo[23], outro ponto de destaque da Lei Geral de Proteção de Dados é a exigência da transparência para que sejam esclarecidos quais são os dados que estão sob poder do controlador/operador, qual a destinação que a eles será dada (a finalidade) e com quem serão compartilhados. Trata-se do dever-direito de informação[24] que pode ser representado por um termo de consentimento que permita ao titular dos dados saber quais são as informações coletadas, a finalidade desta coleta, como serão manipulados (se o forem) e em caso de eventual compartilhamento, a definição de quem os poderá armazenar e utilizar.

Por isso, o direito à autodeterminação informativa, quando reconhecido como um direito fundamental pertencente ao direito à privacidade, produz o redimensionamento deste, vez que exigirá elementos outros que não apenas proibição, sanção e indenização. Reclama sim, outros componentes e sanções específicas que garantam a faculdade de seu titular de assegurar o controle de suas informações que dizem respeito não apenas a seus dados pessoais, mas a toda e qualquer informação referente à sua pessoa, reconhecendo-se, dessa forma, na intimidade um direito à cidadania.

Fato é que, como direito fundamental, o direito à proteção de dados pessoais tem por fim último a defesa da dignidade da pessoa humana, valor-fonte do ordenamento jurídico brasileiro (art. 1º., III, CF) e, por isso, é uma nova roupagem dada a um velho direito liberal que, apesar de reconhecida existência secular ainda não logrou êxito em sua plena efetividade e encontra cada vez mais dificuldade de realização na Sociedade de Informação.

É nesse contexto que ao titular dos dados pessoais, então, é atribuído "o direito de deles dispor e o poder de controlá-los[25]". Por isso, é possível reconhecer na LGPD tantos exemplos de controle por este titular, tais como o acesso aos dados que existem em seu nome (art. 18, I e II[26], da LGPD), a correção dos dados existentes (art. 18, III, da LGPD)[27], informações sobre compartilhamento (art. 18, VII e §6º, da LGPD[28]) e a revogação do consentimento (art. 8º, §5º, da LGPD[29]).

---

justificativa da crítica dirigida por Daniel Solove aos que enxergavam a privacidade dos dados pessoais apenas como o objeto de um direito de propriedade -, fosse relativamente a seus aspectos patrimoniais, decorrentes do valor econômico que lhes foi atribuído pela sociedade digital". ". (MAIA, Roberta Mauro Medina. Obra citada, p. 149).

23. A privacidade entendida como "pessoa – informação – circulação – controle". (RODOTÀ, Stefano. *A vida na sociedade de vigilância*. A privacidade hoje. Maria Celina Bodin de Moraes [Org., sel. e apresentação]. Danilo Doneda e Luciana Cabral Doneda [trad.]. Rio de Janeiro: Renovar, 2008, p, 93.).

24. BIONI, Bruno Ricardo. Obra citada, p. 195.

25. MAIA, Roberta Mauro Medina. Obra citada, p. 150.

26. Art. 18, LGPD. O titular dos dados pessoais tem direito a obter do controlador, em relação aos dados do titular por ele tratados, a qualquer momento e mediante requisição: I - confirmação da existência de tratamento; II - acesso aos dados. [...].

27. Art. 18, LGPD. O titular dos dados pessoais tem direito a obter do controlador, em relação aos dados do titular por ele tratados, a qualquer momento e mediante requisição: [...] III- correção de dados incompletos, inexatos ou desatualizados.

28. Art. 18, LGPD. [...] VII- informação das entidades públicas e privadas com as quais o controlador realizou uso compartilhado de dados. [...] §6º. O responsável deverá informar, de maneira imediata, aos agentes de tratamento com os quais tenha realizado uso compartilhado de dados a correção, a eliminação, a anonimização ou o bloqueio dos dados, para que repitam idêntico procedimento, exceto nos casos em que esta comunicação seja comprovadamente impossível ou implique esforço desproporcional.

29. Art. 8º, LGPD. O consentimento previsto no inciso I do art. 7º desta Lei deverá ser fornecido por escrito ou por outro meio que demonstre a manifestação de vontade do titular. [...] §5º. O consentimento pode ser revogado a qualquer momento mediante manifestação expressa do titular, por procedimento gratuito e facilitado, ratificados os tratamentos realizados sob amparo do consentimento anteriormente manifestado enquanto não houver requerimento de eliminação, nos termos do inciso VI do caput do art. 18 desta Lei.

Para os dados de saúde, este dever de informar deve ser realizado de forma destacada (art. 11, I, da LGPD[30]), com vistas que o titular esteja adequadamente esclarecido[31] sobre o que está cedendo, para que está cedendo, que uso será dado aos dados e quais as finalidades da coleta e eventual compartilhamento.

Há, no entanto, exceções para a utilização destes dados sem o consentimento do titular, mas estas devem ser interpretadas restritivamente[32], também, em respeito aos demais princípios da legislação, especialmente, a finalidade (art. 6°, I, da LGPD[33]) e a não discriminação (art. 6°, IX, da LGPD[34]). São exemplos dessas exceções os casos de tratamento de dados para prevenção de doenças, estudos de saúde ou epidemias[35] ou que se refiram a tutela da saúde "em procedimento realizado por profissionais de saúde, serviços de saúde ou autoridade sanitária" (art. 11, II, alínea *f*, da LGPD)[36], dentro dos quais poderá haver um interesse preponderante[37]. Nota-se que sempre que possível essas informações devem ser utilizadas de forma anonimizada ou pseudoanonimizada, restringido ao máximo o que realmente precisa ser tratado[38].

Além da coleta de dados, que necessita do consentimento do titular, há disposições restritivas para outras ações entendidas como tratamento[39] de dados. É o que ocorre,

---

30. Art. 11, LGPD. O tratamento de dados pessoais sensíveis somente poderá ocorrer nas seguintes hipóteses: I - quando o titular ou seu responsável legal consentir, de forma específica e destacada, para finalidades específicas. [...].

31. "Na linguagem legislativa, o vocábulo *informado* significa que o titular do bem tem de ter ao seu dispor as informações necessárias e suficientes para avaliar corretamente a situação e a forma como seus dados serão tratados." (TEPEDINO, Gustavo. TEFFÉ, Chiara Spadaccini. Consentimento e proteção de dados pessoais na LGPD. *In: Lei Geral de Proteção de Dados Pessoais e suas repercussões no Direito Brasileiro*. Ana Frazão, Gustavo Tepedino, Milena Donato Oliva [coord.]. São Paulo: Thomson Reuters Brasil, 2019, p. 301).

32. SARLET, Gabrielle Bezerra Sales. CALDEIRA, Cristina. O consentimento informado e a proteção de dados pessoais na internet: uma análise das experiências legislativas de Portugal e do Brasil para a proteção integral da pessoa humana. *Civilistica.com*. Rio de Janeiro, a. 8. n. 1. 2019, p. 14. Disponível em https://civilistica.com/o-consentimento-informado-e-a-protecao/. Acesso em 28 de nov. 2019.

33. Art. 6°, LGPD. As atividades de tratamento de dados pessoais deverão observar a boa-fé e os seguintes princípios: [...] I - finalidade: realização do tratamento para propósitos legítimos, específicos, explícitos e informados ao titular, sem possibilidade de tratamento posterior de forma incompatível com essas finalidades.

34. Art. 6°, LGPD. [...] IX - não discriminação: impossibilidade de realização do tratamento para fins discriminatórios ilícitos ou abusivos.

35. SIQUEIRA, Letícia Seibel. HOCH, Patrícia Adriani. Os dados pessoais e a proteção de dados de saúde: análise a partir das iniciativas de e-saúde. *Anais do 5° Congresso Internacional de Direito e Contemporaneidade*: mídias e direitos da sociedade em rede, 2019, p. 14. Disponível em https://www.ufsm.br/cursos/pos-graduacao/santa-maria/ppgd/wp-content/uploads/sites/563/2019/09/5.2.pdf. Acesso em 10 dez. 2019.

36. Art. 11, LGPD. O tratamento de dados pessoais sensíveis somente poderá ocorrer nas seguintes hipóteses: [...] II - sem fornecimento de consentimento do titular, nas hipóteses em que for indispensável para: [...] f) tutela da saúde, exclusivamente, em procedimento realizado por profissionais de saúde, serviços de saúde ou autoridade sanitária.

37. Note-se, no entanto, que não se pode falar na área da saúde em supremacia do interesse público sobre o particular. Um dos problemas de realização do direito à saúde irá aparecer quando justamente for necessária a coleta e o tratamento de dados clínicos para contenção de epidemias ou controle de doenças (em especial, infectocontagiosas). Entram, pois, em conflito um interesse público primário consubstanciado na meta coletiva de defesa e promoção da saúde pública e um interesse privado que se realiza na garantia constitucional de proteção da intimidade (direito fundamental) e a prevalência de um sobre o outro só poderá ser determinada à luz da análise da dignidade da pessoa humana e da verdadeira razão pública, não podendo a exceção ser genérica como a constante na LGPD.

38. Rodotà exemplifica situações que informações de saúde possam ser reveladas, tais como dados genéticos que sejam relevantes para um determinado sujeito ou um grupo de sujeitos. Também, apresenta o caso de um paciente infectado com HIV, mas que seu parceiro, com quem ele mantém relações sexuais desconhece a situação. Para o autor, neste caso, haveria a possibilidade de afastar o sigilo médico e relevar a situação. (RODOTÀ, Stefano. Obra citada, p. 107-108).

39. A legislação dispõe como ações que seriam englobadas como tratamento de dados: "toda operação realizada com dados pessoais, como as que se referem a coleta, produção, recepção, classificação, utilização, acesso, reprodução,

TELEMEDICINA E LEI GERAL DE PROTEÇÃO DE DADOS PESSOAIS **215**

por exemplo, em relação ao compartilhamento de dados com finalidade econômica, , enquanto para os demais dados sensíveis este tipo de compartilhamento (com caráter econômico) ficará sujeito à apreciação da Autoridade Nacional de Proteção de Dados (art. 11, §3°, da LGPD)[40], quando se referem à saúde, a lei expressamente veda o compartilhamento com este fim (art. 11, §4°, da LGPD)[41].

Já na área de saúde pública permite a lei que os órgãos de pesquisa (não especificados na lei) tenham acesso a bases de dados (também não elencadas), com a restrição de que sejam tratados, exclusivamente, dentro do órgão e apenas para a finalidade a que se destina (art. 13, da LGPD)[42]. Em caso de divulgação, estes dados devem ser anonimizados ou pseudoanonimizados. De se destacar que o dispositivo legal menciona o ambiente seguro e controlado, preocupação essa que perpassa toda a legislação.

Sabe-se que para o uso da telemática em saúde o armazenamento da base de dados é um ponto crucial para a segurança das informações, uma vez que há o risco de grave dano em caso de incidentes de segurança[43] ante à peculiaridade dessas informações.

O vazamento de dados em incidentes de segurança é notícia cada vez mais comum em diversas áreas[44], incluindo dados médicos. Cita-se o que ocorreu com a *Red Cross Blood Service* (Austrália), que teve o vazamento de informações de 550.000 (quinhentos

---

transmissão, distribuição, processamento, arquivamento, armazenamento, eliminação, avaliação ou controle da informação, modificação, comunicação, transferência, difusão ou extração" (art. 5°, X, da LGPD).

40. Art. 11, LGPD. [...] §3°. A comunicação ou o uso compartilhado de dados pessoais sensíveis entre controladores com objetivo de obter vantagem econômica poderá ser objeto de vedação ou de regulamentação por parte da autoridade nacional, ouvidos os órgãos setoriais do Poder Público, no âmbito de suas competências.

41. Art. 11, LGPD. [...] §4°. É vedada a comunicação ou o uso compartilhado entre controladores de dados pessoais sensíveis referentes à saúde com objetivo de obter vantagem econômica, exceto nas hipóteses relativas a prestação de serviços de saúde, de assistência farmacêutica e de assistência à saúde, desde que observado o § 5° deste artigo, incluídos os serviços auxiliares de diagnose e terapia, em benefício dos interesses dos titulares de dados, e para permitir: I - a portabilidade de dados quando solicitada pelo titular; ou II - as transações financeiras e administrativas resultantes do uso e da prestação dos serviços de que trata este parágrafo.

42. Art. 13, LGPD. Na realização de estudos em saúde pública, os órgãos de pesquisa poderão ter acesso a bases de dados pessoais, que serão tratados exclusivamente dentro do órgão e estritamente para a finalidade de realização de estudos e pesquisas e mantidos em ambiente controlado e seguro, conforme práticas de segurança previstas em regulamento específico e que incluam, sempre que possível, a anonimização ou pseudonimização dos dados, bem como considerem os devidos padrões éticos relacionados a estudos e pesquisas.

§1°. A divulgação dos resultados ou de qualquer excerto do estudo ou da pesquisa de que trata o caput deste artigo em nenhuma hipótese poderá revelar dados pessoais.

§2°. O órgão de pesquisa será o responsável pela segurança da informação prevista no caput deste artigo, não permitida, em circunstância alguma, a transferência dos dados a terceiro.

§3°. O acesso aos dados de que trata este artigo será objeto de regulamentação por parte da autoridade nacional e das autoridades da área de saúde e sanitárias, no âmbito de suas competências.

§4°. Para os efeitos deste artigo, a pseudonimização é o tratamento por meio do qual um dado perde a possibilidade de associação, direta ou indireta, a um indivíduo, senão pelo uso de informação adicional mantida separadamente pelo controlador em ambiente controlado e seguro.

43. Incidentes de segurança são aqui considerados como "a violação das medidas adotadas pelos agentes de tratamento para salvaguardar a integridade e o sigilo dos dados pessoais sob sua administração, resultando em acessos não autorizados e em situações acidentais ou ilícitas de destruição, perda, alteração, comunicação ou qualquer forma de tratamento inadequado ou ilícito" (SOUZA, Carlos Affonso Pereira de. Segurança e sigilo dos dados pessoais: primeiras impressões à luz da Lei 13.709/2018. In *Lei Geral de Proteção de Dados Pessoais e suas repercussões no Direito Brasileiro*. Ana Frazão, Gustavo Tepedino, Milena Donato Oliva [coord.]. São Paulo: Thomson Reuters Brasil, 2019, p. 430).

44. Salienta-se a existência de inúmeros dados e imposição de multas em diversas áreas empresariais envolvendo desde dados de clientes da Mastercard dos clientes de fidelidade de *Priceless Special* à dados do *Massachusetts General Hospital* (BISSO, Rodrigo, KREUTZ, Diego, RODRIGUES, Gustavo, PAZ, Giulliano. Vazamento de da-

e cinquenta mil) doadores de sangue que estavam cadastrados no seu banco de dados do ano de 2010 a 2016[45], com informações pessoais tais como nome, estado e sexo, além de informações próprias de orientação sexual, também, considerados dados sensíveis. A *Red Cross* assumiu o vazamento dos dados e pediu desculpas[46]. Nada mais.

No Brasil, diversas unidades do sistema Unimed tiveram dados de seus usuários vazados em novembro de 2019. O vazamento não só permitiu o acesso a dados pessoais gerais (dados cadastrais), mas também, possibilitou acesso a histórico de consultas e exames[47], acessos a *logins* de médicos, certidões de nascimento e de óbito, planilhas financeiras, entre outros. A falha de segurança, que foi explorada por mais de um mês, não só permitia o acesso a esses dados sensíveis, como também possibilitava sua edição. Em nota oficial o sistema Unimed limitou-se a informar que investe em sistemas de segurança e que está investigando o incidente.

Há que se ressaltar que, no Brasil a possibilidade de responsabilização civil e criminal por esse tipo de incidente, considerando todas as peculiaridades do caso, especialmente, a natureza dos dados envolvidos, ainda é pouco eficiente para prevenir a sua ocorrência ou para fazer com que os estabelecimentos de saúde façam grandes investimentos em sistemas de segurança. O tratamento de dados é entendido como uma atividade de risco[48] e ainda que o estabelecimento de saúde ou o médico outorgue essa atividade a um terceiro, permanecerá responsável por eventuais danos ocasionados ao titular dos dados (art. 42, §1º, I, da LGPD[49]).

O uso de base de dados de saúde em sistemas telemáticos é capaz de garantir benefícios ao paciente, mas impõe uma maior responsabilidade aos estabelecimentos de saúde e médicos, a fim de preservar a confidencialidade, própria (e necessária) da relação médico-paciente[50].

A Autoridade Nacional de Proteção de Dados deverá regulamentar os procedimentos que devem ser adotados e qual ambiente seguro e controlado a ser considerado. É possível pensar, por analogia, na Resolução n. 1.821, aprovada pelo Conselho Federal de Medicina em 2017, que regulamenta o prontuário eletrônico. Nesta resolução, consta

---

dos: histórico, impacto socioeconômico e as novas leis de proteção de dados. Disponível em https://errc.sbc.org.br>wrseg>papers>machado2019vazamentos. Acesso em 28 nov. 2019).

45. https://www.abc.net.au/news/2016-10-28/red-cross-blood-service-admits-to-data-breach/7974036

46. MULHOLLAND, Caitlin Sampaio. Obra citada, p. 161.

47. NAKAGAWA, Liliane. *Falha grave de segurança expõe dados sensíveis de clientes da Unimed*. Disponível em: https://olhardigital.com.br/noticia/-exclusivo-falha-grave-de-seguranca-expoe-dados-sensiveis-de-clientes-da-unimed/92979. Acesso em 13 nov. 2019.

48. DONEDA, Danilo. Obra citada, p. 92.

49. Art. 42, LGPD. O controlador ou o operador que, em razão do exercício de atividade de tratamento de dados pessoais, causar a outrem dano patrimonial, moral, individual ou coletivo, em violação à legislação de proteção de dados pessoais, é obrigado a repará-lo. §1º. A fim de assegurar a efetiva indenização ao titular dos dados: I - o operador responde solidariamente pelos danos causados pelo tratamento quando descumprir as obrigações da legislação de proteção de dados ou quando não tiver seguido as instruções lícitas do controlador, hipótese em que o operador equipara-se ao controlador, salvo nos casos de exclusão previstos no art. 43 desta Lei.

50. D'ORNELLAS, Marcos Cordeiro. ROCHA, Rafael Port da. Acesso e Privacidade: em busca da segurança das informações em bancos de dados médicos. In: *Anais do VII Congresso Brasileiro de Informática em Saúde*. São Paulo. 2002, p. 3. Disponível em https://www.researchgate.net/profile/Marcos_DOrnellas/publication/264841415_Acesso_e_Privacidade_Em_Busca_da_Seguranca_das_Informacoes_em_Bancos_de_Dados_Medicos/links/55e4eeb308aede-0b573585c9/Acesso-e-Privacidade-Em-Busca-da-Seguranca-das-Informacoes-em-Bancos-de-Dados-Medicos.pdf. Acesso em 18 de abril de 2019.

que o sistema a ser utilizado para armazenamento das informações dos pacientes, devem ter nível de garantia de segurança 2 (NGS2) (art. 3°, da Resolução n. 1.821, CFM).

Há na legislação a previsão da possibilidade de arbitramento de multa que pode chegar a R$ 50.000.000,00 (cinquenta milhões de reais) em caso de infração às regras legislativas (art. 52, II, da LGPD[51]), o que inclui incidentes de segurança que permitam o vazamento de dados dos titulares (art. 52, §7°, da LGPD[52]). Todavia, não há descrição na lei dos parâmetros para este arbitramento, o que também será regulamentado pela ANPD.

A LGPD tenta atribuir um procedimento com vistas à proteção do titular dos dados, mas há muitas omissões que dependerão de interpretações caso a caso o que pode levar à ineficácia da norma. O que não se pode admitir é que dados de saúde sejam amplamente utilizados em sistemas de telemedicina sem que haja limites bem definidos para isso e regras de responsabilidade claras e operacionais quanto à coleta, armazenamento e compartilhamento desses dados.

5.   CONSIDERAÇÕES FINAIS

A telemedicina propicia ao paciente a possibilidade de acesso a diagnósticos e tratamentos que talvez não tivesse por outros meios. Este avanço é inquestionável, assim como seus benefícios, inclusive, para a sociedade como um todo, ao permitir a realização de políticas públicas direcionadas para a necessidade da população de cada região (telessaúde).

Mas, se por um lado, há vantagens, por outro há que se considerar que os dados de saúde exigem proteção especial em virtude de sua dimensão informativa e do risco que o mau uso desses dados pode acarretar à própria dignidade humana. Os dados de saúde, então entendidos como direito fundamental, ultrapassam a noção de mera privacidade, por isso merecedores de tutela especial.

A Lei Geral de Proteção de Dados Pessoais pretende proteger o titular dos dados em geral e regulamenta, também, os dados de saúde, seja na categoria de dados sensíveis, seja de forma específica, como, por exemplo, ao impor o consentimento destacado do titular e proibir o compartilhamento desses dados com fins comerciais.

Todavia, apresenta uma série de omissões ao permitir que de acordo com a finalidade os dados possam ser tratados sem o consentimento do titular ou também, ao exigir que o tratamento ocorra em ambiente seguro e protegido sem o definir. Há uma preocupação ao impor a responsabilização solidária de todos aqueles que estejam envolvidos no tratamento de dados, bem como, a possibilidade de imposição de sanção pela Autoridade Nacional de Dados em altos valores, mas ainda sem critérios bem definidos.

---

51. Art. 52, LGPD. Os agentes de tratamento de dados, em razão das infrações cometidas às normas previstas nesta Lei, ficam sujeitos às seguintes sanções administrativas aplicáveis pela autoridade nacional: [...] II - multa simples, de até 2% (dois por cento) do faturamento da pessoa jurídica de direito privado, grupo ou conglomerado no Brasil no seu último exercício, excluídos os tributos, limitada, no total, a R$ 50.000.000,00 (cinquenta milhões de reais) por infração.

52. Art. 52, LGPD. [...] §7°. Os vazamentos individuais ou os acessos não autorizados de que trata o caput do art. 46 desta Lei poderão ser objeto de conciliação direta entre controlador e titular e, caso não haja acordo, o controlador estará sujeito à aplicação das penalidades de que trata este artigo.

A ausência de limitações objetivas impõe a necessidade de interpretação dos operadores, tanto do Direito quanto da saúde, para compreensão do que pode ou não ser realizado de acordo com a legislação. Entende-se que a interpretação deve ser realizada sempre no sentido mais benéfico ao titular de dados e todas as exceções que digam respeito ao controle devem ser realizadas com a máxima restrição, em respeito aos princípios da finalidade e a preocupação para com a não discriminação, princípios estes dispostos expressamente na legislação.

É sabido que o desenvolvimento tecnológico ocorre de forma rápida e não é possível prever todas as possibilidades decorrentes da telemática em saúde. Por isso, as omissões legislativas devem ser interpretadas com restrições que considerem que a especial agressividade e agilidade dos meios informáticos, a excepcional relevância dos valores pessoais implicados e a hipervalorização econômica e científica das informações pessoais médicas não permitem relativizações que coloquem em risco a defesa da dignidade da pessoa humana. O respeito à intimidade e à autodeterminação informativa constituem, dessa forma, justificações reforçadas para a oponibilidade do sigilo na relação médico-paciente, ainda mais quando intermediada por meios de telecomunicações e informática.

6. REFERÊNCIAS

BIONI, Bruno Ricardo. *Proteção de dados pessoais: a função e os limites do consentimento*. Rio de Janeiro: Forense, 2019.

BISSO, Rodrigo, KREUTZ, Diego, RODRIGUES, Gustavo, PAZ, Giulliano. Vazamento de dados: histórico, impacto socioeconômico e as novas leis de proteção de dados. Disponível em https://errc.sbc.org.br>wrseg>papers>machado2019vazamentos. Acesso em 28 de novembro de 2019.

BRASIL, Lei n. 13.709, de 14 de agosto de 2018. *Lei Geral de Proteção de Dados Pessoais*. Disponível em http://www.planalto.gov.br/ccivil_03/_ato2015-2018/2018/lei/L13709.htm Acesso em 12 de dezembro de 2019.

CACHAPUZ, M.C. *Intimidade e vida privada no novo código civil brasileiro* – uma leitura orientada no discurso jurídico. Porto Alegre: Sérgio Antonio Fabris, 2006.

DE LA CUEVA, P.L.M. El derecho fundamental a la protección de los datos relativos a la salud. In: CARULLA, S.R. (Ed.); MARTRUS, J.B. (Coord.). *Estudios de protección de datos de carácter personal en el ámbito de la salud*. Madrid, Espanha: Agència Catalana de Protecció de Dades, 2006. p. 21-43.

DONEDA, Danilo. A proteção dos dados pessoais como um direito fundamental. *Espaço Jurídico*. Joaçaba, v. 12, n. 2, p. 91-108, jul/dez 2011. Disponível em: http://editora.unoesc.edu.br/index.php/espacojuridico/article/download/1315/658. Acesso em: 17 de abril de 2019.

D'ORNELLAS, Marcos Cordeiro. ROCHA, Rafael Port da. Acesso e Privacidade: em busca da segurança das informações em bancos de dados médicos. In *Anais do VII Congresso Brasileiro de Informática em Saúde*. São Paulo. 2002, p. 3. Disponível em https://www.researchgate.net/profile/Marcos_DOrnellas/publication/264841415_Acesso_e_Privacidade_Em_Busca_da_Seguranca_das_Informacoes_em_Bancos_de_Dados_Medicos/links/55e4eeb308aede0b573585c9/Acesso-e-Privacidade-Em-Busca-da-Seguranca-das-Informacoes-em-Bancos-de-Dados-Medicos.pdf. Acesso em 18 de abril de 2019.

FRAZÃO, Ana. Fundamentos da proteção dos dados pessoais – Noções introdutórias para a compreensão da importância da Lei Geral da Proteção de Dados. *In: Lei Geral de Proteção de Dados Pessoais e suas repercussões no Direito Brasileiro*. Ana Frazão, Gustavo Tepedino, Milena Donato Oliva [coord.]. São Paulo: Thomson Reuters Brasil, 2019, p. 23-52.

HISTÓRIA *da telemedicina*. Disponível no site http://www.virtual.epm.br/ material/tis/curr-med/temas/med5/med5t12000/tele/hist_ria_da_telemedicina.html. Acesso em 10 ago. 2009.

KONDER, Carlos Nelson. O tratamento de dados sensíveis à luz da Lei 13.709/2018. *In: Lei Geral de Proteção de Dados Pessoais e suas repercussões no Direito Brasileiro*. Ana Frazão, Gustavo Tepedino, Milena Donato Oliva [coord.]. São Paulo: Thomson Reuters Brasil, 2019, p. 445-463.

LANCHARRO, E.A.; LOPEZ, M.G.; FERNANDEZ, S.P. *Informática básica*. São Paulo: Pearson Makron Books, 1991.

MAIA, Roberta Mauro Medina. A titularidade de dados pessoais prevista no art. 17 da LGPD: direito real ou pessoal? *In: Lei Geral de Proteção de Dados Pessoais e suas repercussões no Direito Brasileiro*. Ana Frazão, Gustavo Tepedino, Milena Donato Oliva [coord.]. São Paulo: Thomson Reuters Brasil, 2019, p. 131-156.

MULHOLLAND, Caitlin. Dados pessoais sensíveis e a tutela de direitos fundamentais: uma análise à luz da lei geral de proteção de dados (Lei 13.709/18). *Revista de Direitos e Garantias Fundamentais*, v. 19, 2018, p. 159-180.

NAKAGAWA, Liliane. *Falha grave de segurança expõe dados sensíveis de clientes da Unimed*. Disponível em: https://olhardigital.com.br/noticia/-exclusivo-falha-grave-de-seguranca-expoe-dados-sensiveis-de-clientes-da-unimed/92979. Acesso em 13 nov. 2019.

RODOTÀ, Stefano. *A vida na sociedade de vigilância*. A privacidade hoje. Maria Celina Bodin de Moraes [Org., sel. e apresentação]. Danilo Doneda e Luciana Cabral Doneda [trad.]. Rio de Janeiro: Renovar, 2008.

SARLET, Gabrielle Bezerra Sales. CALDEIRA, Cristina. O consentimento informado e a proteção de dados pessoais na internet: uma análise das experiências legislativas de Portugal e do Brasil para a proteção integral da pessoa humana. *Civilistica.com*. Rio de Janeiro, a. 8. n. 1. 2019, p. 14. Disponível em https://civilistica.com/o-consentimento-informado-e-a-protecao/. Acesso em 28 de novembro de 2019.

SCHAEFER, Fernanda. *Proteção de dados de saúde na sociedade de informação*. Curitiba: Juruá, 2010.

SIGULEM, D. *Telemedicina*: uma nova forma de assistência em saúde. Disponível no site http://www.cibersaude.com.br. Acesso em 29 out. 2002.

SIQUEIRA, Letícia Seibel. HOCH, Patrícia Adriani. Os dados pessoais e a proteção de dados de saúde: análise a partir das iniciativas de e-saúde. *Anais do 5° Congresso Internacional de Direito e Contemporaneidade*: mídias e direitos da sociedade em rede, 2019, p. 14. Disponível em https://www.ufsm.br/cursos/pos-graduacao/santa-maria/ppgd/wp-content/uploads/sites/563/2019/09/5.2.pdf . Acesso em 10 de dezembro de 2019.

SOUZA, Carlos Affonso Pereira de. Segurança e sigilo dos dados pessoais: primeiras impressões à luz da Lei 13.709/2018. In *Lei Geral de Proteção de Dados Pessoais e suas repercussões no Direito Brasileiro*. Ana Frazão, Gustavo Tepedino, Milena Donato Oliva [coord.]. São Paulo: Thomson Reuters Brasil, 2019, p. 417-441.

STAIR, R.M.; REYNOLDS, G.W. Telecomunicações e redes. *In: _____. Princípios de sistemas de informação*. Trad. Alexandre Melo de Oliveira. 4ª ed. Rio de Janeiro: LTC, 2002. p. 170-199.

TEPEDINO, Gustavo. TEFFÉ, Chiara Spadaccini. Consentimento e proteção de dados pessoais na LGPD. *In: Lei Geral de Proteção de Dados Pessoais e suas repercussões no Direito Brasileiro*. Ana Frazão, Gustavo Tepedino, Milena Donato Oliva [coord.]. São Paulo: Thomson Reuters Brasil, 2019, p. 287-322.

ZAMBRANO, V. Tratamento di dati personali in ambito sanitario. *In:* SICA, S.; SRANZIONE, P. *La nuova disciplina della privacy* – La riforme del diritto italiano. Itália: Zanichelli Editore, [s.d.]. p. 305-430.

A RESPONSABILIDADE CIVIL POR DANOS CAUSADOS EM VIRTUDE DE MEDICAMENTOS DEFEITUOSOS

Patricia Rizzo Tomé

Doutoranda em Direito pela PUC-SP. Mestre em Direito Civil pela PUC-SP. Especialista em Direito Processual Civil pela PUC-SP. Especialista em Direito Médico pela Universidade de Coimbra- Portugal. Coordenadora da Pós-Graduação no Curso Êxito. Professora de Direito em Graduação e Pós-Graduação. Membro do Instituto Brasileiro de Direito de Família - IBDFAM. Integrante do Instituto Brasileiros de Estudo de Responsabilidade Civil - IBERC. Escritora de livros e artigos publicados, inclusive, no âmbito internacional. Atua na área de Direito Privado, com ênfase no contencioso cível. Advogada.

Sumário: 1. Introdução – 2. Delimitação conceitual: medicamento – 3. Considerações iniciais acerca da responsabilidade civil – 4. Responsabilidade civil por danos causados por medicamentos defeituosos – 5. Causas excludentes da responsabilidade civil – 6. Conclusão – 7. Referências.

---

1. INTRODUÇÃO

Com o Covid-19, o assunto medicamento passou a ser enfrentado por todo o mundo. Isso porque, a nova doença não possui até este momento nenhum medicamento seguro capaz para tratar e, muito menos, curar os seres humanos.

Ao lado do foco dirigido ao medicamento e da necessidade mundial para a descoberta de um produto seguro e eficaz, temos a possibilidade de defeitos que podem comprometê-los, especialmente as vacinas, tão almejadas.

A compreensão da distinção entre o vício e o defeito, a responsabilidade civil aplicável, quem legitimamente deverá responder pelos danos causados aos consumidores, quando se admite a exclusão da responsabilidade civil incidente e qual é o entendimento sobre o tema na Europa, considerando a existência da Diretiva Europeia 83/374, são os principais questionamentos formulados neste estudo, diante da situação mundial, especialmente considerando o triste caso da Talidomida.

Dessa maneira, será utilizada a metodologia da pesquisa bibliográfica, como forma de se alcançar o objetivo principal, que consiste na conclusão de como é aplicada a responsabilidade pelo fato do produto no Brasil, direcionada ao medicamento.

2. DELIMITAÇÃO CONCEITUAL: MEDICAMENTO

A primeira questão que se apresenta ao estudar o tema proposto é a compreensão do que seja um medicamento. Nesse sentido, importante pontuar a existência de dois critérios para conceituar um medicamento. Eles são "apresentação" e "função".

Quanto a apresentação, os produtos terão finalidade terapêutica para a cura ou prevenção de doenças. Trata-se de um conceito mais amplo, que permite a inclusão de toda e qualquer substância ou associação de substâncias que apresente característica terapêutica ao ser humano, em consonância com o que rege o princípio da utilidade do medicamento.

Por outro lado, o conceito de medicamento a partir da sua função é mais restrita, pois somente os produtos que exerçam ação farmacológica, imunológica ou metabólica no organismo humano entrarão no conceito.

Não basta a comprovação da existência de um princípio ativo ou a associação de princípios ativos com finalidade terapêutica. Esse ou esses ativos devem demonstrar através da ação bioquímica (estudo das reações químicas), no organismo humano, a efetiva proteção do organismo de alguma doença, ou ainda, que a substância ou a associação delas gerou a reação química no interior do organismo, alterando o metabolismo, restaurando, corrigindo ou modificando as funções fisiológicas.

O Estatuto do Medicamento Português[1] traz o conceito de medicamento baseado em ambos os parâmetros:

"Toda a substância ou associação de substâncias apresentada como possuindo propriedades curativas ou preventivas de doenças em seres humanos ou dos seus sintomas ou que possa ser utilizada ou administrada no ser humano com vista a estabelecer um diagnóstico médico ou, exercendo uma ação farmacológica, imunológica ou metabólica, a restaurar, corrigir ou modificar funções fisiológicas"

Seguindo a mesma linha de entendimento, consta no artigo 5111-1 do *Code de la Santé Publique*[2],

On entend par médicament toute substance ou composition présentée comme possédant des propriétés curatives ou préventives à l'égard des maladies humaines ou animales, ainsi que toute substance ou composition pouvant être utilisée chez l'homme ou chez l'animal ou pouvant leur être administrée, en vue d'établir un diagnostic médical <u>ou de restaurer, corriger ou modifier leurs fonctions physiologiques en exerçant une action pharmacologique, immunologique ou métabolique</u>

Como se verifica, a França também adotou ambos os parâmetros para definir o conceito de medicamento. A fim de garantir maior precisão de nomenclatura, é importante frisar que o medicamento definido com base na sua função é chamado de medicamento por composição.

Acompanhando o entendimento acima, consta no art. 8.1 da Lei dos Medicamentos 25/1990[3], de 20 de dezembro, que vigora na Espanha,

---

1. Disponível em: https://www.infarmed.pt/documents/15786/1068535/Estatuto%2bdo%2bMedicamento/1dc6a-da4-f002-4a12-ab8d-ebaba772068e. Vários acessos.

2. Disponível em: <u>https://www.legifrance.gouv.fr/codes/texte_lc/LEGITEXT000006072665/</u> Vários acessos. *Tradução:* A droga é definida como qualquer substância ou composição apresentada como tendo propriedades curativas ou preventivas contra doenças humanas ou animais, bem como qualquer substância ou composição que possa ser usada em humanos ou animais ou pode ser administrada a eles, com vistas a fazer um diagnóstico médico ou restaurar, corrigir ou modificar suas funções fisiológicas por meio da realização de ação farmacológica, imunológica ou metabólica.

3. Ley n. 25/1990, de 2 de diciembre. Del Medicamento. Disponível em: https:// Vários acessos. *Tradução:* "Qualquer substância medicinal e suas associações ou combinações destinadas ao uso em pessoas ou animais com propriedades para prevenir, diagnosticar, tratar, aliviar ou curar doenças ou enfermidades ou afetar as funções corporais

A RESPONSABILIDADE CIVIL POR DANOS CAUSADOS EM VIRTUDE DE MEDICAMENTOS DEFEITUOSOS | **223**

"Toda sustancia medicinal y sus asociaciones o combinaciones destinadas a su utilización en las personas o en los animales que se presente dotada de propiedades para prevenir, diagnosticar, tratar, aliviar o curar enfermedades o dolencias o para afectar a funciones corporales o al estado mental. También se consideran medicamentos las sustancias medicinales o sus combinaciones que pueden ser administrados a personas o animales con cualquiera de estos fines, aunque se ofrezcan sin explícita referencia a ellos".

Os conceitos são muito semelhantes em vários países europeus. Além disso, é notória a finalidade dos medicamentos em sentido amplo, ou seja, prevenir, diagnosticar, tratar, aliviar ou curar enfermidades.

No Brasil, não existe um Estatuto do Medicamento, como acontece em Portugal e em alguns países da Europa. Dessa forma, compete à Farmacopeia Brasileira, pertencente à Agência Nacional de Vigilância Sanitária (ANVISA) – autarquia federal criada pela Lei n. 9.782/1999, coordenada pelo Sistema Nacional de Vigilância Sanitária (SNVS), vinculada ao Ministério da Saúde e integrante do Sistema Único de Saúde – a função de estabelecer requisitos mínimos para assegurar a qualidade dos medicamentos.

Faz-se necessário pontuar que o conceito de fármaco não se confunde com o de medicamento. O fármaco corresponde à "substância química que é o princípio ativo do medicamento"[4]. Por sua vez, o medicamento diz respeito ao "Produto farmacêutico com finalidade profilática, curativa, paliativa ou para fins de diagnóstico". Os conceitos são extraídos da Portaria n. 3.916/1998, do Ministério da Saúde, o mesmo que consta na Lei n. 5.991/1973, do Conselho Federal de Farmácia.

Os medicamentos poderão proporcionar para o alívio de sintomas de enfermidades, como dor, febre, tosse, coriza, vômitos, náuseas, ansiedade, insônia, entre outros, sem atuar na causa. Por outro lado, também podem curar doenças através da eliminação das causas determinantes, por exemplo, os antibióticos, anti-helmínticos, medicamentos contra vermes e antiprotozoários (malária, giardíase e amebíase), ou mesmo corrigir a função corporal deficiente, como é o caso dos suplementos hormonais, vitamínicos, minerais, enzimáticos, etc.

No entanto, também podem prevenir doenças a fim de auxiliar o organismo a se proteger, como acontece com os soros, vacinas e antissépticos, ou mesmo servir para diagnosticar determinada doença, além de avaliar o funcionamento dos órgãos, como é o caso dos contrastes radiológicos.

Existem várias formas para um medicamento se apresentar, visando facilitar a administração, garantir a precisão, proteger a substância durante o percurso pelo organismo, garantir a presença no local de ação e facilitar a ingestão da substância ativa quando utilizado. Sendo assim, podemos encontrá-lo na forma de comprimido, cápsula, pó, granulado, xarope, solução (gota nasal, colírio, bochecho e gargarejo), injetável, supositório, óvulo, cápsula ginecológica, aerossol, pomada e suspensão.

---

ou o estado mental. Os medicamentos também são considerados substâncias medicinais ou suas combinações que podem ser administradas a pessoas ou animais para qualquer um desses propósitos, mesmo que sejam oferecidos sem referência explícita a eles".

4. PORTARIA n. 3.916, de 30 de outubro de 1998, que estabelece a Política Nacional de Medicamentos no Brasil, do Ministério da Saúde. Disponível em: http://bvsms.saude.gov.br/bvs/publicacoes/politica_medicamentos.pdf. Vários acessos.

224 PATRICIA RIZZO TOMÉ

Os produtores de medicamentos possuem o direito de explorar com exclusividade um novo medicamento no máximo por 20 anos, como estabelece a Lei nº 9.279 de 14/05/1996, denominada Lei de Propriedade Industrial – LPI, uma vez que são classificadas como patentes de invenções.

Contudo, a concessão da patente depende da análise prévia pela ANVISA, consoante o artigo 229-C, da Lei 9.279/96, que estabelece: "A concessão de patentes para produtos e processos farmacêuticos dependerá da prévia anuência da Agência Nacional de Vigilância Sanitária – ANVISA".

Existem algumas denominações específicas que precisam ser compreendidas, a fim de permitir um maior entendimento sobre o tema. Dentre elas, temos os chamados medicamentos referência[5], ou seja, produtos com eficácia, segurança e qualidade comprovadas, tendo em vista os vastos exames realizados antes da introdução no mercado e que contém o registro no Ministério da Saúde, através da ANVISA. Esses são vendidos pelas indústrias farmacêuticas que possuem a patente para a exploração com exclusividade, dentro do prazo de 20 anos.

Após o transcurso do referido prazo, tais medicamentos de comprovada eficácia, segurança e qualidade (referência), podem ser vendidos por outras indústrias farmacêuticas com um preço final trinta e cinco por cento menor para a população, através dos denominados medicamentos genéricos, regulamentados pela Lei nº 9.787/99[6]

Por fim, existe o medicamento similar[7],

> "Aquele que contém o mesmo ou os mesmos princípios ativos, apresenta a mesma concentração, forma farmacêutica, via de administração, posologia e indicação terapêutica, preventiva ou diagnóstica, do medicamento de referência registrado no órgão federal responsável pela vigilância sanitária, podendo diferir somente em características relativas ao tamanho e forma do produto, prazo de validade, embalagem, rotulagem, excipientes e veículos, devendo sempre ser identificado por nome comercial ou marca"

O avanço das pesquisas na área da biologia molecular está criando medicamentos cada vez mais sofisticados e específicos. Por isso, existem várias denominações próprias, tornando fundamental a compreensão, a fim de entender os vícios ou defeitos que possam incidir sobre estes produtos.

---

5. Medicamento de Referência – produto inovador registrado no órgão federal responsável pela vigilância sanitária e comercializado no País, cuja eficácia, segurança e qualidade foram comprovadas cientificamente junto ao órgão federal competente, por ocasião do registro; (Disponível em:<. http://portal.anvisa.gov.br/medicamentos/conceitos-e-definicoes>.Acesso em: 06 dez.2019).

6. Medicamento Genérico – medicamento similar a um produto de referência ou inovador, que se pretende ser com este intercambiável, geralmente produzido após a expiração ou renúncia da proteção patentária ou de outros direitos de exclusividade, comprovada a sua eficácia, segurança e qualidade, e designado pela DCB ou, na sua ausência, pela DCI; (Disponível em:<. http://portal.anvisa.gov.br/medicamentos/conceitos-e-definicoes http://portal.anvisa.gov.br/medicamentos/conceitos-e-definicoes>.Acesso em: 06 dez.2019).

7. Medicamento Similar – aquele que contém o mesmo ou os mesmos princípios ativos, apresenta a mesma concentração, forma farmacêutica, via de administração, posologia e indicação terapêutica, preventiva ou diagnóstica, do medicamento de referência registrado no órgão federal responsável pela vigilância sanitária, podendo diferir somente em características relativas ao tamanho e forma do produto, prazo de validade, embalagem, rotulagem, excipientes e veículos, devendo sempre ser identificado por nome comercial ou marca: (Disponível em:<. http://portal.anvisa.gov.br/medicamentos/conceitos-e-definicoes>.Acesso em: 06 dez.2019)

3. CONSIDERAÇÕES INICIAIS ACERCA DA RESPONSABILIDADE CIVIL

O direito é uma criação do homem que, através do seu desenvolvimento histórico e cultural, instituiu normas para permitir uma convivência harmônica e pacífica na sociedade, possibilitando a solução dos conflitos.

A responsabilidade civil foi o caminho encontrado para restabelecer o "equilíbrio econômico-jurídico alterado pelo dano", segundo José Aguiar Dias[8].

A exigência da culpa para a reparação dos danos integrou por um longo período muitas legislações. Entretanto, após a Primeira Guerra Mundial, com a modernização das máquinas e o avanço da tecnologia, muitos acidentes começaram a ocorrer, especialmente com os trabalhadores nas estradas de ferro[9].

Porém os danos sofridos não decorriam de conduta culposa de terceiro, mas diretamente dos riscos normais e inerentes ao trabalho nas estradas de ferro. Ante a ausência de legislação específica que regesse a possibilidade de reparação dos danos sofridos sem exigência da comprovação da culpa, muitos casos permaneciam sem a efetiva responsabilização.

Tais fatos exigiram dos juristas uma solução que permitisse responsabilizar danos irreparáveis até então, pela impossibilidade de se comprovar a culpa. Assim, surgiu a teoria do risco, como fonte de reparação dos danos causados, ao lado da antiga teoria da culpa.

A teoria do risco buscou permitir, por equidade, a reparação dos danos causados independentemente da existência de culpa, mas pela simples situação de risco criado com a atividade exercida.

Ela passou a ser disciplinada no ordenamento brasileiro através do Código de Defesa do Consumidor, em 1990, como resultado da Constituição Federal de 1988. Dessa forma, a regra geral nas relações de consumo passou a ser a responsabilidade objetiva dos fornecedores de produtos e serviços, ou seja, independentemente da comprovação da culpa.

Em razão dessa mudança, as comprovações do dano, da conduta e do nexo causal tornaram-se suficientes para o fornecedor ser compelido a reparar os danos causados.

Embora o regramento geral, a Lei nº 8.078/90 (CDC), igualmente regulamentou a responsabilidade subjetiva aplicável aos profissionais liberais, seguindo o disposto no Código Civil brasileiro.

Segundo Agostinho Alvim[10] "O fundamento da teoria objetiva consiste em eliminar a culpa como requisito do dano indenizável, ou seja, em admitir a responsabilidade sem culpa, e isso porque cada um deve responder pelo risco de seus atos".

---

8. DIAS, José de Aguiar. **Da responsabilidade civil**. 2.ed. t. I e II. Rio de Janeiro: Forense, 1950, p. 43.
9. "Segundo Gaudemet, foram os acidentes de estrada de ferro e os que ligam às indústrias os que primeiro chamaram a atenção dos juristas para a insuficiência da teoria da culpa, na segunda metade do século passado". (ALVIM, Agostinho. **Da inexecução das obrigações e suas conseqüências**. 5.ed. São Paulo: Saraiva, p.318).
10. ALVIM, Agostinho. **Da inexecução das obrigações e suas conseqüências**. 5.ed. São Paulo: Saraiva, 1949, p.306-307.

O mesmo autor argumenta ainda que a teoria do risco não se situa no campo do "proveito", ou seja, não é porque alguém obteve uma vantagem com a atividade exercida que deverá reparar possíveis danos. Entende, por fim, que todos são beneficiados com a atividade exercida e o risco é, portanto, indissociável desta relação. Para tanto, a responsabilidade na teoria do risco se sustenta pelo simples fato de que todos são responsáveis pelos riscos causados por suas condutas, estejam elas revestidas ou não de culpa.

Não obstante, com o aprimoramento da ciência e da tecnologia[11], novos medicamentos, equipamentos e tratamentos variados foram criados, possibilitando não só o tratamento, mas especialmente a cura de muitas doenças. Entretanto, ao lado de todos os benefícios alcançados com a modernidade, vieram os riscos de lesões à vida e à saúde dos pacientes inerentes.

Nesse sentido, Arthur Udelsmanm[12] nos ensina: "A sociedade muito evoluiu desde então, até chegarmos aos tempos de hoje, onde a medicina em nosso país tornou-se quase uma atividade de risco".

4. RESPONSABILIDADE CIVIL POR DANOS CAUSADOS POR MEDICAMENTOS DEFEITUOSOS

No mundo, todos os dias, inúmeras pessoas utilizam medicamentos para as mais variadas finalidades. Existem pessoas que os utilizam para uma simples dor de cabeça e até para o controle de doenças, como diabetes e pressão. Outras, utilizam com intuito de tratar determinadas enfermidades ou mesmo para realização de exames mais complexos, como é o caso dos contrastes. Enfim, os medicamentos poderão ser utilizados para as mais variadas finalidades, desde a prevenção, diagnóstico, tratamento, cura e etc.

No entanto, o que muitas pessoas não param para analisar é que as mesmas substâncias que tratam e até curam, podem trazer consequências nefastas quando utilizadas na quantidade errada, para a finalidade indevida, armazenadas sem a devida cautela e inobservando as orientações do fabricante.

Contudo, um dos maiores e mais sérios problemas relacionados aos medicamentos reside nos denominados efeitos adversos, que podem ter como causa a existência de vícios ou defeitos nos medicamentos.

Segundo a ANVISA, os *efeitos* adversos correspondem a qualquer ocorrência desfavorável ao paciente, em que se inclui a reação adversa ao medicamento, desvio de qualidade, interações medicamentosas, ineficácia total ou parcial da terapêutica, intoxicação, uso abusivo ou erros na medicação.

A *reação* adversa não se confunde com o *efeito* adverso, uma vez que aquela corresponde à uma resposta prejudicial ou indesejável e não intencional a um medicamento,

---

11. No entanto, o avanço da tecnologia que ocorreu após a Revolução Industrial, entre 1840 e 1870, foi determinante para a introdução de um novo Direito e uma nova mentalidade da sociedade. As mudanças sociais provocaram alterações no sistema de produção, as quais causaram um desequilíbrio com a proliferação de epidemias. Tal fato exigiu o direcionamento do avanço tecnológico para o desenvolvimento da ciência, transformando assim, a medicina e a indústria farmacêutica.

12. UDELSMANM, Arthur. Responsabilidade Civil, Penal e Ética dos Médicos. **Revista da Associação Médica Brasileira.**

que ocorre nas doses usualmente empregadas em seres humanos para a profilaxia, diagnóstico, terapia ou modificação das funções fisiológicas.

Para identificar o regime da responsabilidade civil aplicável na hipótese de lesões à vida ou à saúde, causadas por medicamentos, é imprescindível distinguir dois momentos, ou seja, antes da colocação do medicamento no mercado de consumo e após a sua inserção.

O momento que antecede a circulação dos produtos no mercado de consumo se denomina fase dos ensaios clínicos, que tem por finalidade a descoberta de um novo medicamento mais eficaz, com maior segurança e com um preço menor dos que os que se encontram no mercado.

O processo para estudo e desenvolvimento de um novo medicamento se inicia através do protocolo e registro realizado junto a Comissão de Ética e Pesquisa. Após o competente processo finalizado, com a concessão da autorização para o início das pesquisas científicas, o ensaio clínico, ou seja, "Qualquer pesquisa que, individual ou coletivamente envolva o ser humano de forma direta ou indireta, em sua totalidade ou partes dele, incluindo o manejo de informações ou materiais"[12] teremos a fase pré-clínica, realizada em laboratório e com investigação em animais.

Os ensaios clínicos correspondem às pesquisas científicas com a finalidade de investigação de um medicamento em relação aos seus efeitos, modo de absorção dos componentes químicos em diversos organismos, visando estudar e alcançar a tão almejada segurança e eficácia. Importante observar que a segurança, não se liga a inexistência de riscos, mas ao conhecimento e a previsibilidade dos possíveis riscos.

O momento seguinte, denominado como "fase zero", também ocorre nos laboratórios e tem por propósito a identificação dos componentes químicos que serão testados futuramente em seres humanos.

Na sequência, inicia-se a "fase I", que tem por finalidade a realização dos testes em pequenos grupos de pessoas saudáveis, exceto se as substâncias forem consideradas tóxicas para eles.

A "fase II", também denominada de ensaios terapêuticos piloto, corresponde a realização dos testes em um grupo específico de pessoas doentes, visando analisar a eficácia e segurança do novo produto.

Já a "fase III", permitirá que o medicamento seja utilizado em um número maior de pessoas, a fim de comparar o produto investigado com aqueles já existentes no mercado, sempre priorizando a obtenção de medicamentos com uma maior eficácia, maior segurança e menor custo para os usuários, sob pena de não obtenção de autorização para a comercialização, mesmo com a conclusão dos estudos clínicos.

A "fase IV" é a última, denominada de farmacovigilância. Ela corresponde a um momento em que o medicamento já foi aprovado e devidamente registrado pela ANVISA, estando autorizada a sua inserção no mercado, mas mediante acompanhamento e total controle pelos órgãos responsáveis.

Em resumo, temos estudos com dezenas (fase I e II), centenas (fase III) e milhares de pessoas (fase IV), para após este percurso autorizarem a introdução do medicamento

PATRICIA RIZZO TOMÉ

no mercado de consumo, mas ainda sob controle. Somente após a conclusão da fase IV os medicamentos serão vendidos com a autorização definitiva.

Feitas as considerações iniciais acerca do que seja e em quais momentos os ensaios clínicos acontecem, é possível esclarecer que o medicamento que apresente vício ou defeito que seja a causa direta de um dano aos participantes dos ensaios clínicos até a "fase III", ou seja, sem a introdução do produto no mercado de consumo, o regramento incidente será o previsto no Código Civil de 2002, tendo em vista a ausência de relação de consumo até esta fase.

Como exposto, até a fase III existe uma atividade de mera pesquisa científica, sem a inserção de qualquer produto no mercado de consumo, inclusive sem cobrança de qualquer valor em moeda corrente ou contraprestação pela utilização do medicamento teste.

Portanto, sem a figura do fornecedor e do consumidor na relação jurídica formada nos ensaios clínicos até a terceira fase, especialmente pela participação voluntária e consciente dos usuários dos medicamentos, torna-se difícil admitir a incidência do Código de Defesa do Consumidor.

Contudo, é necessário ponderar que os participantes dos ensaios clínicos assinam um contrato de adesão para permitir a utilização do medicamento teste, inclusive, concedendo a anuência livre e previamente esclarecida, com advertência dos riscos adversos conhecidos e também desconhecidos, em relação aos quais ficam sujeitos.

No entanto, isso não é suficiente para permitir a incidência do Código de Defesa do Consumidor, razão pela qual Paula Moura Francesconi De Lemos Pereira[13], destaca a decisão proferida na Apelação nº 70020090346, pela 9ª Câmara Cível do Tribunal do Rio Grande do Sul, através da Relatoria do Desembargador Odone Sanguiné, proferida em 26 de setembro de 2007, onde o Tribunal afastou a incidência do Código de Defesa do Consumidor para um pedido formulado de responsabilidade civil por danos causados em virtude de medicamentos defeituosos na fase dos ensaios clínicos, ante a ausência da necessária relação de consumo para aplicação, considerando tratar-se de participação voluntária e consciente do sujeito usuário do medicamento teste, que, inclusive, concedeu o seu consentimento livre e esclarecido.

Nesse sentido, importante observar que o parágrafo único do artigo 927[14], do Código Civil estabelece: "Haverá obrigação de reparar o dano, independentemente de culpa, nos casos especificados em lei, ou quando a atividade normalmente desenvolvida pelo autor do dano implicar, por sua natureza, risco para os direitos de outrem". Isso porque, ele nos traz a responsabilidade civil objetiva por danos causados em decorrência dos ensaios clínicos, considerando a atividade de risco exercida.

Em virtude do disposto no referido artigo, é possível concluir que na eventualidade de cláusula de isenção de responsabilidade, inserida no contrato firmado com o voluntário, a mesma estará afastada, haja vista a violação de lei imperativa, tornando nula de próprio direito, nos termos do art. 166, VI do Código Civil.

---

13. PEREIRA, Paula Moura Francesconi De Lemos. *Responsabilidade Civil nos Ensaios Clínicos*, pag. 105.
14. BRASIL, Código Civil 2002, art. 927. Aquele que, por ato ilícito (arts. 186 e 187), causar dano a outrem, fica obrigado a repará- lo.Parágrafo único. Haverá obrigação de reparar o dano, independentemente de culpa, nos casos especificados em lei, ou quando a atividade normalmente desenvolvida pelo autor do dano implicar, por sua natureza, risco para os direitos de outrem(grifos nossos).

A RESPONSABILIDADE CIVIL POR DANOS CAUSADOS EM VIRTUDE DE MEDICAMENTOS DEFEITUOSOS **229**

Na hipótese do ajuizamento de uma ação visando a reparação de danos decorrentes dos medicamentos utilizados no período dos ensaios clínicos, será diretamente responsável o patrocinador, ou seja, aquele que financia e administra toda a pesquisa científica com a finalidade de exploração futura com exclusividade.

Com relação ao ônus da prova, aplicável a fase dos ensaios clínicos, é necessário esclarecer a inexistência de previsão expressa como existe na Lei nº 8.78/90, para possibilitar a inversão do ônus. No entanto, com a entrada em vigor da Lei nº 13.105/2015, admite-se a distribuição da carga dinâmica da prova nos termos do que consta no art. 373, § 1º[15] do Código de Processo Civil, propiciando à parte vulnerável, quanto à prova, os mesmos benefícios.

No entanto, a partir da fase IV dos ensaios, considerando a circulação do medicamento em todas as farmácias e drogarias do Brasil, mesmo sob o acompanhamento e atenção dos órgãos competentes, teremos o enquadramento da relação de consumo, imprescindível para aplicação do Código de Defesa do Consumidor.

Nessa hipótese, considerando a efetiva disponibilização do medicamento para o consumidor, as possíveis lesões resultantes desses medicamentos serão reparadas através da aplicação da responsabilidade objetiva, prevista a partir do artigo 12 e seguintes do Código de Defesa do Consumidor.

Entretanto, nessa fase, é necessário distinguir o vício do defeito, tendo em vista a existência de regramentos distintos para cada hipótese. O vício do produto é tratado no artigo 18[16] do CDC e corresponde a uma falha na quantidade ou qualidade, tornando-o inapropriado ao uso ou mesmo diminuindo o seu valor.

No vício, temos um "descompasso entre o produto ou serviço oferecido e as legítimas expectativas do consumidor,"[17] seja em relação a quantidade, ou qualidade, ocasionando uma desvalorização econômica ou redução da utilidade da coisa. Segundo o Ministro Luís Felipe Salomão, o vício "torna o produto inadequado, para os fins a que se destina"[18].

Como regra, os danos produzidos por vícios correspondem às lesões patrimoniais, mas poderão ocorrer danos extrapatrimoniais (danos morais), segundo entendimento do STJ.[19]

Consta no art. 18 do CDC: "Os fornecedores de produtos de consumo duráveis ou não duráveis <u>respondem solidariamente pelos vícios de qualidade ou quantidade(...)</u>".

---

15. BRASIL, Código de Processo Civil, art. 373. O ônus da prova incumbe: I - ao autor, quanto ao fato constitutivo de seu direito; II - ao réu, quanto à existência de fato impeditivo, modificativo ou extintivo do direito do autor.§ 1º Nos casos previstos em lei ou diante de peculiaridades da causa relacionadas à impossibilidade ou à excessiva dificuldade de cumprir o encargo nos termos do *caput* ou à maior facilidade de obtenção da prova do fato contrário, poderá o juiz atribuir o ônus da prova de modo diverso, desde que o faça por decisão fundamentada, caso em que deverá dar à parte a oportunidade de se desincumbir do ônus que lhe foi atribuído.

16. BRASIL, Código de Defesa do Consumidor, art. 18. Os fornecedores de produtos de consumo duráveis ou não duráveis <u>respondem solidariamente pelos vícios de qualidade ou quantidade que os tornem impróprios ou inadequados ao consumo a que se destinam</u> ou lhes diminuam o valor, assim como por aqueles decorrentes da disparidade, com as indicações constantes do recipiente, da embalagem, rotulagem ou mensagem publicitária, respeitadas as variações decorrentes de sua natureza, podendo o consumidor exigir a substituição das partes viciadas.

17. FARIAS, Cristiano Chaves de; NETTO, Felipe Braga; ROSENVALD, Nelson. *Novo Tratado de Responsabilidade Civil*. 2 ed., São Paulo: Saraiva, 2017, p. 715.

18. SALOMÃO, Luis felipe. *Direito Privado – Teoria e Prática*, pag. 220.

19. STJ , REsp. 324.629,rel. Min.Nancy Andrighi, 3ª Turma, *DJ* 28-04-2003.

Sobre a solidariedade dos fornecedores por vício do produto, temos o entendimento do STJ[20]. Entretanto, uma vez demonstrado o rompimento do nexo causal em relação ao comerciante, será possível a responsabilidade exclusiva do fornecedor.

Quando se tratar de vício, as soluções são apresentadas pela própria lei, como se depreende pelo disposto no art. 18, § 1º do CDC. De modo que, admite-se ao consumidor a substituição do produto, a restituição da quantia paga ou o abatimento do preço, na hipótese de inadequação do produto em relação a sua quantidade ou qualidade.

No entanto, independentemente das opções apresentadas pela lei, admite-se pedido de perdas e danos, na hipótese de comprovação do dano emergente ou do lucro cessante, decorrentes do vício.

Configura vício um medicamento vendido com quantidade inferior à descrita na embalagem, que não apresente o princípio ativo indicado na bula ou mesmo inclua substância não descrita. Qualquer inadequação que impeça a utilização do produto ou reduza o seu efetivo valor configurará um vício no medicamento.

Embora não corresponda a um vício ou um defeito propriamente dito, a falsificação de medicamentos, o contrabando, ou ainda a ausência de registro na ANVISA, poderão comprometer a qualidade e a segurança do produto.

Esses medicamentos poderão estar diluídos, não apresentar a substância ativa indicada, ou mesmo conter outras substâncias não informadas e que coloquem em risco o usuário, comprometendo a qualidade do produto. Nesses casos, o medicamento não tratará a doença e poderá permitir o seu agravamento. Do mesmo modo, alterações na fórmula dos medicamentos poderão ocasionar intoxicações, diante de possível existência de substância tóxica e, portanto, apresentar uma inadequação que configure um vício.

Esses problemas cresceram de forma significativa no Brasil e no mundo, razão pela qual a Organização Mundial da Saúde (OMS) tem informado quanto aos riscos de tais produtos.

A diferença entre vício e o defeito no tocante ao medicamento é muito tênue, pois qualquer inadequação em relação a quantidade ou a qualidade, também comprometerá a segurança e a eficácia do produto. Dessa forma, será possível a cumulação de pedidos em relação ao vício e ao defeito de um medicamento, como também de qualquer outro produto que apresente ambas as irregularidades no mercado de consumo.

Os produtos inseridos no mercado de consumo trazem ínsitos a garantia de segurança e adequação para a utilização pelos consumidores. O vício decorre da violação do valor jurídico qualidade, enquanto que o defeito surge com a violação do dever jurídico da segurança.

O defeito, como regra, causa lesão à vida ou à saúde, considerando a violação do dever jurídico imposto ao fornecedor, nos termos do regime de responsabilidade civil objetiva do Código de Defesa do Consumidor. Ele também é denominado de acidente de consumo.

O fato do produto, conforme disposição expressa do artigo 12[21] do Código de Defesa do Consumidor, incluirá problemas no projeto, fabricação, construção, monta-

---

20. STJ, REsp. 554.876, rel. Min.Menezes Direito, DJ 03-05-2004.
21. BRASIL, Código de Defesa do Consumidor, art. 12. O fabricante, o produtor, o construtor, nacional ou estrangeiro, e o importador respondem, independentemente da existência de culpa, pela reparação dos danos causados aos consumidores por defeitos decorrentes de projeto, fabricação, construção, montagem, fórmulas, manipulação,

A RESPONSABILIDADE CIVIL POR DANOS CAUSADOS EM VIRTUDE DE MEDICAMENTOS DEFEITUOSOS **231**

gem, fórmula, manipulação, apresentação, acondicionamento bem como informações insuficientes ou inadequadas, que afetem a segurança do produto.

Portanto, é possível nos depararmos com defeitos decorrentes de projeção, produção, comercialização ou utilização. O momento de projeção é o de constituição da fórmula, configurando um erro na formulação;

Os defeitos de projeção podem ocorrer, porém, considerando a necessidade de um vasto lapso temporal para se identificarem os reais efeitos de um medicamento, quando isso ocorre, os danos podem ser devastadores.

Trata-se de um problema não identificado na fase posterior, correspondente aos ensaios clínicos, tendo em vista a impossibilidade técnica no momento em que o produto foi projetado, de se identificarem problemas que afetarão a segurança do medicamento.

Um defeito de fabricação é ocasionado pela falta de atenção no momento de produção, por desvio do projeto inicial do produto, falha humana ou industrial; Nesse caso, poderá ocorrer um defeito no lote inteiro produzido, determinando a realização do *recall* ou apenas de um produto.

No Brasil, há o clássico caso das "pílulas de farinha"[22], referente ao defeito do medicamento Microvlar, que foi objeto de uma Ação Civil Pública, e deu origem ao REsp n. 866.636/SP[23].

---

apresentação ou acondicionamento de seus produtos, bem como por informações insuficientes ou inadequadas sobre sua utilização e riscos. § 1º O produto é defeituoso quando não oferece a segurança que dele legitimamente se espera, levando-se em consideração as circunstâncias relevantes, entre as quais: I - sua apresentação; II - o uso e os riscos que razoavelmente dele se esperam; III - a época em que foi colocado em circulação. § 2º O produto não é considerado defeituoso pelo fato de outro de melhor qualidade ter sido colocado no mercado.

22. SUPERIOR TRIBUNAL DE JUSTIÇA – CIVIL E PROCESSO CIVIL. AÇÃO DE INDENIZAÇÃO POR DANOS MATERIAIS E MORAIS. ANTICONCEPCIONAL MICROVLAR. PLACEBOS UTILIZADOS POR CONSUMIDORAS. ANÁLISE DO MATERIAL PROBATÓRIO QUE APONTA PARA A RESPONSABILIDADE CIVIL DO FABRICANTE. CORRETA VALORAÇÃO DA PROVA. INVERSÃO DO ÔNUS DA PROVA. DESNECESSIDADE. 1. Acontecimento que se notabilizou como o 'caso das pílulas de farinha': cartelas de comprimidos sem princípio ativo, utilizadas para teste de maquinário, que acabaram atingindo consumidoras e não impediram a gravidez indesejada. 2. A alegação de que, até hoje, não foi possível verificar exatamente de que forma as pílulas-teste chegaram às mãos das consumidoras não é suficiente para afastar o dever de indenizar do laboratório. O panorama fático evidencia que essa demonstração talvez seja mesmo impossível, porque eram tantos e tão graves os erros e descuidos na linha de produção e descarte de medicamentos, que não seria hipótese infundada afirmar-se que os placebos atingiram as consumidoras de diversas formas ao mesmo tempo. 3. Além de outros elementos importantes de convicção, dos autos consta prova de que a consumidora fazia uso do anticoncepcional, muito embora não se tenha juntado uma das cartelas de produto defeituoso. Defende-se a recorrente alegando que, nessa hipótese, ao julgar procedente o pedido indenizatório, o Tribunal responsabilizou o produtor como se este só pudesse afastar sua responsabilidade provando, inclusive, que a consumidora não fez uso do produto defeituoso, o que é impossível. 4. Contudo, está presente uma dupla impossibilidade probatória: à autora também era impossível demonstrar que comprara especificamente uma cartela defeituosa, e não por negligência como alega a recorrente, mas apenas por ser dela inexigível outra conduta dentro dos padrões médios de cultura do país. 5. Assim colocada a questão, não se trata de atribuir equivocadamente o ônus da prova a uma das partes, mas sim de interpretar as normas processuais em consonância com os princípios de direito material aplicáveis à espécie. O acórdão partiu das provas existentes para concluir em certo sentido, privilegiando, com isso, o princípio da proteção ao consumidor. 6. A conclusão quanto à presença dos requisitos indispensáveis à caracterização do dever de indenizar não exige a inversão do ônus da prova. Decorre apenas da contraposição dos dados existentes nos autos, especificamente sob a ótica da proteção ao consumidor e levando em consideração, sobretudo, a existência de elementos cuja prova se mostra impossível – ou ao menos inexigível – para ambas as partes. 7. Recurso especial a que se nega provimento (BRASIL. REsp 1120746/SC, Rel. Min. Nancy Andrighi, Terceira Turma, j. 17-02-2011, DJe 24-02-2011).

23. BRASIL. Superior Tribunal de Justiça. REsp. 866.836/SP. Civil e processo civil. Recurso especial. Ação civil pública proposta pelo PROCON e pelo Estado de São Paulo. Anticoncepcional Microvlar. Acontecimentos que se notabi-

O caso em questão permitiu a propositura de várias ações judiciais, com fundamento no defeito do produto anticoncepcional. Embora seja notória a impossibilidade de segurança absoluta quanto a ausência de gravidez, quando envolvido qualquer medicamento dessa natureza – especialmente por se tratar de meio preventivo e não impeditivo de gravidez – o defeito foi comprovado.

Outro caso de defeito do medicamento comprovado no Poder Judiciário ocorreu com o medicamento Diane 35[24], pertencente à fabricante do Microvlar. À época, foi demonstrado que o produto produzido continha um comprimido a menos, ou seja, o anticoncepcional, para atender à finalidade a que se destina, necessita ser vendido com 21 comprimidos para ser utilizado pela paciente, a qual irá ingerir um por dia. No entanto, em decorrência de uma falha na produção, alguns medicamentos foram produzidos

---

lizaram como o 'caso das pílulas de farinha'. Cartelas de comprimidos sem princípio ativo, utilizadas para teste de maquinário, que acabaram atingindo consumidoras e não impediram a gravidez indesejada. Pedido de condenação genérica, permitindo futura liquidação individual por parte das consumidoras lesadas. Discussão vinculada à necessidade de respeito à segurança do consumidor, ao direito de informação e à compensação pelos danos morais sofridos. – Nos termos de precedentes, associações possuem legitimidade ativa para propositura de ação relativa a direitos individuais homogêneos. – Como o mesmo fato pode ensejar ofensa tanto a direitos difusos, quanto a coletivos e individuais, dependendo apenas da ótica com que se examina a questão, não há qualquer estranheza em se ter uma ação civil pública concomitante com ações individuais, quando perfeitamente delimitadas as matérias cognitivas em cada hipótese. – A ação civil pública demanda atividade probatória congruente com a discussão que ela veicula; na presente hipótese, analisou-se a colocação ou não das consumidoras em risco e a responsabilidade decorrente do desrespeito ao dever de informação. – Quanto às circunstâncias que envolvem a hipótese, o TJ/SP entendeu que não houve descarte eficaz do produto-teste, de forma que a empresa permitiu, de algum modo, que tais pílulas atingissem as consumidoras. Quanto a esse 'modo', verificou-se que a empresa não mantinha o mínimo controle sobre pelo menos quatro aspectos essenciais de sua atividade produtiva, quais sejam: a) sobre os funcionários, pois a estes era permitido entrar e sair da fábrica com o que bem entendessem; b) sobre o setor de descarga de produtos usados e/ou inservíveis, pois há depoimentos no sentido de que era possível encontrar medicamentos no 'lixão' da empresa; c) sobre o transporte dos resíduos; e d) sobre a incineração dos resíduos. E isso acontecia no mesmo instante em que a empresa se dedicava a manufaturar produto com potencialidade extremamente lesiva aos consumidores. – Em nada socorre a empresa, assim, a alegação de que, até hoje, não foi possível verificar exatamente de que forma as pílulas-teste chegaram às mãos das consumidoras. O panorama fático adotado pelo acórdão recorrido mostra que tal demonstração talvez seja mesmo impossível, porque eram tantos e tão graves os erros e descuidos na linha de produção e descarte de medicamentos, que não seria hipótese infundada afirmar-se que os placebos atingiram as consumidoras de diversas formas ao mesmo tempo. – A responsabilidade da fornecedora não está condicionada à introdução consciente e voluntária do produto lesivo no mercado consumidor. Tal ideia fomentaria uma terrível discrepância entre o nível dos riscos assumidos pela empresa em sua atividade comercial e o padrão de cuidados que a fornecedora deve ser obrigada a manter. Na hipótese, o objeto da lide é delimitar a responsabilidade da empresa quanto à falta de cuidados eficazes para garantir que, uma vez tendo produzido manufatura perigosa, tal produto fosse afastado das consumidoras. – A alegada culpa exclusiva dos farmacêuticos na comercialização dos placebos parte de premissa fática que é inadmissível e que, de qualquer modo, não teria o alcance desejado no sentido de excluir totalmente a responsabilidade do fornecedor. – A empresa fornecedora descumpre o dever de informação quando deixa de divulgar, imediatamente, notícia sobre riscos envolvendo seu produto, em face de juízo de valor a respeito da conveniência, para sua própria imagem, da divulgação ou não do problema. Ocorreu, no caso, uma curiosa inversão da relação entre interesses das consumidoras e interesses da fornecedora: esta alega ser lícito causar danos por falta, ou seja, permitir que as consumidoras sejam lesionadas na hipótese de existir uma pretensa dúvida sobre um risco real que posteriormente se concretiza, e não ser lícito agir por excesso, ou seja, tomar medidas de precaução ao primeiro sinal de risco. – O dever de compensar danos morais, na hipótese, não fica afastado com a alegação de que a gravidez resultante da ineficácia do anticoncepcional trouxe, necessariamente, sentimentos positivos pelo surgimento de uma nova vida, porque o objeto dos autos não é discutir o dom da maternidade. Ao contrário, o produto em questão é um anticoncepcional, cuja única utilidade é a de evitar uma gravidez. A mulher que toma tal medicamento tem a intenção de utilizá-lo como meio a possibilitar sua escolha quanto ao momento de ter filhos, e a falha do remédio, ao frustrar a opção da mulher, dá ensejo à obrigação de compensação pelos danos morais, em liquidação posterior. Recurso especial não conhecido.

24. BRASIL. Superior Tribunal de Justiça. REsp 918.257/SP, 2007/0009094-9. Rel. Min. Nancy Andrighi.

A RESPONSABILIDADE CIVIL POR DANOS CAUSADOS EM VIRTUDE DE MEDICAMENTOS DEFEITUOSOS **233**

apenas com 20 comprimidos. Tratou-se de uma falha na produção do contraceptivo, e não no âmbito genérico de garantia por ele oferecido.

O defeito de comercialização está fora da alçada do fabricante, desde que devidamente informado em relação ao armazenamento do produto, por configurar culpa exclusiva de terceiro. O defeito de utilização segue a mesma regra, mas em relação ao consumidor do produto.

O defeito é considerado no momento que o produto é colocado em circulação, com base no conhecimento técnico e científico da época. Dessa forma, a descoberta de novos medicamentos ou mesmo de novos benefícios à vida ou à saúde do homem após a circulação do produto, em virtude do avanço da ciência e da tecnologia, não configurará defeito no produto a fim de incidir o dever de reparação por qualquer dano. Isso está previsto no art.12 § 2º do CDC: "O produto não é considerado defeituoso pelo fato de outro de melhor qualidade ter sido colocado no mercado".

Importante pontuar que o CDC foi elaborado à luz da Diretiva Europeia, adotada por vários estados membros, como é o caso da Espanha. Em razão disso, encontramos no artigo 137. 3 do Real Decreto Legislativo 1/2007[25] semelhante previsão, ao estabelecer: "Un producto no podrá ser considerado defectuoso por el solo hecho de que tal producto se ponga posteriormente en circulación de forma más perfeccionada".

A possibilidade de um medicamento causar dano em virtude do risco que lhe é inerente ou de produzir reações adversas que dele se espera, não o tornam passível de ser considerado defeituoso. Do mesmo modo que uma alergia produzida em paciente específico, não configura defeito.

É necessário distinguir defeito de perigo. Isso porque o mero risco à saúde não é suficiente para configurar defeito em um medicamento, pelo fato de ser algo inerente a qualquer produto dessa natureza. O risco deve exceder os benefícios esperados e desejados.

Nesse sentido, o entendimento do Superior Tribunal de Justiça[26] consolidou-se: "Em se tratando de produto de periculosidade inerente (medicamento), cujos riscos são

---

25. Disponível em: https://www.boe.es/buscar/act.php?id=BOE-A-2007-20555. Vários acessos.

26. BRASIL. REsp 1599405/SP, Rel. Min. Marco Aurélio Bellizze, Terceira Turma, j. 04-04-2017, DJe 17-04-2017. RECURSO ESPECIAL E RECURSO ADESIVO. AÇÃO DE INDENIZAÇÃO POR DANOS MATERIAIS E MORAIS ADVINDOS DA MORTE, POR INSUFICIÊNCIA RENAL, DE PESSOA QUE, POR PRESCRIÇÃO MÉDICA, INGERIU ANTI-INFLAMATÓRIO (VIOXX), CUJA BULA ADVERTE EXPRESSAMENTE, COMO POSSÍVEIS REAÇÕES ADVERSAS, A OCORRÊNCIA DE DOENÇAS RENAIS GRAVES. 1. FUNDAMENTO DA RESPON-SABILIDADE OBJETIVA DO FORNECEDOR PELO FATO DO PRODUTO. INOBSERVÂNCIA DO DEVER DE SEGURANÇA, A PARTIR DA FABRICAÇÃO E INSERÇÃO NO MERCADO DE PRODUTO DEFEITUOSO. 2. DEFEITO DE CONCEPÇÃO OU DE INFORMAÇÃO. NÃO VERIFICAÇÃO. 3. PRODUTO DE PERICULOSIDADE INERENTE, CUJOS RISCOS, COMUNS A TODOS OS MEDICAMENTOS DO GÊNERO, ERAM PREVISÍVEIS E FORAM DEVIDAMENTE INFORMADOS AOS CONSUMIDORES. 4. REGRAS PROCESSUAIS DE VALORAÇÃO DA PROVA. INOBSERVÂNCIA. VERIFICAÇÃO. 5. RECURSO ESPECIAL PROVIDO. 1. O Código de Defesa do Consumidor acolheu a teoria do risco do empreendimento (ou da atividade) segundo a qual o fornecedor responde objetivamente por todos os danos causados ao consumidor pelo produto ou serviço que se revele defeituoso (ou com a pecha de defeituoso, em que o fornecedor não se desonera do ônus de comprovar que seu produto não ostenta o defeito a ele imputado), na medida em que a atividade econômica é desenvolvida, precipuamente, em seu benefício, devendo, pois, arcar com os riscos "de consumo" dela advindos. Há que se bem delimitar, contudo, o fundamento desta responsabilidade, que, é certo, não é integral, pois pressupõe requisitos próprios (especialmente, o defeito do produto como causador do dano experimentado pelo consumidor) e comporta excludentes.

normais à sua natureza e previsíveis, eventual dano por ele causado ao consumidor não enseja a responsabilização do fornecedor".

Igualmente, efeitos colaterais são intrínsecos aos riscos naturais aos medicamentos, razão pela qual não há que se considerar como um defeito de segurança pela simples existência.

Para que se possa falar em defeito, o medicamento deve produzir um perigo anormal, os efeitos colaterais devem ser inesperados e de elevada gravidade. Portanto, para

---

O fornecedor, assim, não responde objetivamente pelo fato do produto simplesmente porque desenvolve uma atividade perigosa ou produz um bem de periculosidade inerente, mas sim, concretamente, caso venha a infringir o dever jurídico de segurança (adentrando no campo da ilicitude), o que se dá com a fabricação e a inserção no mercado de um produto defeituoso (de concepção técnica, de fabricação ou de informação), de modo a frustrar a legítima expectativa dos consumidores. 2. Para a responsabilização do fornecedor por acidente do produto não basta ficar evidenciado que os danos foram causados pelo medicamento Vioxx (circunstância, ressalta-se, infirmada pela prova técnica, que imputou o evento morte à doença autoimune que acometeu o paciente, mas admitida pelos depoimentos dos médicos, baseados em indícios), tal como compreendeu o Tribunal de origem. Mais que isso. O defeito do produto deve apresentar-se, concretamente, como o causador do dano experimentado pelo consumidor, fator que se revelou ausente a partir das provas coligidas nos autos (reproduzidas e/ou indicadas no acórdão recorrido), a esvaziar, por completo, a responsabilidade do fornecedor. 3. Restou incontroverso da prova haurida dos autos (seja a partir do laudo pericial que excluiu peremptoriamente o nexo causal entre o uso do medicamento e a morte do paciente, seja do depoimento médico transcrito que embasou o decreto condenatório) que todo anti-inflamatório, como o é o Medicamento Vioxx, possui, como reação adversa, a possibilidade de desenvolver doenças renais graves (circunstância, no caso dos autos, devidamente informada na bula do medicamento, com advertência ao consumidor deste risco). 3.1 Em se tratando de produto de periculosidade inerente, cujos riscos são normais à sua natureza (medicamento com contra-indicações) e previsíveis (na medida em que o consumidor é deles expressamente advertido), eventual dano por ele causado ao consumidor não enseja a responsabilização do fornecedor, pois, de produto defeituoso, não se cuida. 3.2 O descumprimento do dever de segurança, que se dá com a fabricação e inserção no mercado de produto defeituoso, a ser devidamente investigado, deve pautar-se na concepção coletiva da sociedade de consumo, e não na concepção individual do consumidor-vítima, especialmente no caso de vir este a apresentar uma condição especial (doença auto-imune, desencadeadora da patologia desenvolvida pelo paciente, segundo prova técnica produzida e não infirmada pelo depoimento médico que embasou o decreto condenatório). 3.3 Tampouco o fato de o medicamento ter sido retirado voluntariamente do mercado pelo laboratório fornecedor, ocasião em que contava com a plena autorização dos órgãos de controle (ANVISA), pode caracterizar, por si, o alegado defeito do produto, ou como entendeu o Tribunal de origem, um indicativo revestido de verossimilhança, se a sua retirada não guarda nenhuma relação com os fatos descritos na exordial. 4. De acordo com as regras processuais de valoração da prova, inexiste graduação entre os meios probatórios admitidos. Mesmo nos casos em que a realização de prova técnica se afigure indispensável à solução da controvérsia – como se dá, indiscutivelmente, no caso dos autos –, o Magistrado não se encontra vinculado às suas conclusões, podendo delas se apartar, desde que o faça fundamentadamente, valendo-se de outras provas acostadas aos autos que as infirmem de modo convincente e integral. 4.1 A prova técnica, de inequívoca relevância para o desate da presente controvérsia, entre outros esclarecimentos, tinha por propósito inferir o estabelecimento de liame entre a doença renal desenvolvida pelo paciente, com a consequente morte, e a ingestão do anti-inflamatório Vioxx. Destinava-se, portanto, a demonstrar a própria procedência da imputação feita pelos autores de que os danos suportados seriam advindos do produto alegadamente defeituoso, de responsabilidade do laboratório demandado. O laudo pericial, após análise de todos os exames, em especial as biópsias renais, realizados pelo paciente, concluiu por excluir, peremptoriamente, a relação de causalidade entre a morte do paciente e a ingestão do medicamento, atribuindo-a à doença auto-imune de que foi acometido (Glomerulonefrite Rapidamente Progressiva). 4.2 Das provas indicadas e transcritas no acórdão recorrido que embasaram o decreto condenatório, não se antevê, de seus termos, vulneração mínima do que foi concluído pelo laudo pericial. O diagnóstico/relatório primevo não tece nenhuma consideração quanto à apontada doença auto-imune, como causadora dos problemas renais suportados pelo paciente. No depoimento do médico, que teve acesso aos exames mencionados, por sua vez, há diversas passagens em que confirma a ocorrência de componente imunológico. 4.3. Nesse contexto, ainda que seja dado ao Magistrado não comungar com a conclusão da prova técnica, tem-se, no caso dos autos, que as provas apontadas na fundamentação para subsidiar conclusão diversa, não infirmam aquela, de modo convincente e integral, como seria de rigor. Ao contrário, em certa medida, como visto, a confirma, o que afronta o sistema processual de valoração das provas, na esteira dos arts. 436 e 131 do CPC/1973. 5. Recurso Especial provido e recurso especial adesivo prejudicado.

A RESPONSABILIDADE CIVIL POR DANOS CAUSADOS EM VIRTUDE DE MEDICAMENTOS DEFEITUOSOS **235**

se verificar um defeito, é necessário avaliar os efeitos e as propriedades preventivas, curativas ou diagnósticas.

Nesse sentido, a Terceira Turma do Superior Tribunal de Justiça, ao examinar suposto acidente de consumo relacionado ao uso do anti-inflamatório Vioxx, decidiu:

> em se tratando de produto de periculosidade inerente, cujos riscos normais à sua natureza (medicamento com contraindicações) e previsíveis (na medida em que o consumidor é deles expressamente advertido), eventual dano por ele causado ao consumidor não enseja a responsabilização do fornecedor, pois, de produto defeituoso, não se cuida[27].

Contudo, para permitir a identificação dos legitimados para responder pelos possíveis danos causados, seja por vício ou defeito no produto, é imprescindível compreendermos a figura do fornecedor tratada no Código de Defesa do Consumidor.

Os artigos 12 e 13 do Código de Defesa do Consumidor não se referem à figura do fornecedor, mas apenas, e tão somente, do fabricante, do produtor, do construtor e do importador, os quais se incluem como responsáveis pelo fato do produto. Em outras palavras, os sujeitos responsáveis serão aqueles que participarem da produção ou da distribuição do produto.

Entretanto, em virtude das disposições contidas no artigo 3º do Código de Defesa do Consumidor, é possível concluir que todos esses responsáveis pelo fato do produto incluem-se como fornecedores, haja vista a exigência de que as relações de consumo só se estabeleçam entre fornecedores e consumidores.

De todo modo, tratando-se o produtor de um fornecedor, faz-se necessário observar que ele poderá ser o responsável pela fabricação do produto final para consumo, da matéria-prima ou de algum componente que irá integrar o produto final.

O produtor da matéria-prima produz os itens imprescindíveis para fabricar outro produto. No caso da indústria farmacêutica, citamos as substâncias ativas que serão utilizadas de forma autônoma ou associadas a outras substâncias.

O produtor de um componente que fabricar uma coisa destinada à incorporação de outra. O componente fabricado pode ser vendido de forma autônoma, mas a sua finalidade só será alcançada quando introduzida no produto final.

Citamos como exemplo o conta-gotas de um medicamento. Nesse caso, ele pode ser vendido de forma autônoma, mas só terá sua finalidade alcançada quando associado ao medicamento específico, pois sozinho não terá utilidade.

Considerando o exemplo citado, podemos mencionar a hipótese de uma pipeta conta-gotas apresentar um defeito de produção, permitindo a eliminação de uma quantidade de líquido maior que o devido, causando uso excessivo do medicamento em decorrência do defeito apresentado no componente. Nesse caso, há a responsabilidade direta do produtor final, mas será possível uma ação de regresso em relação ao produtor do componente.

---

27. BRASIL. Superior Tribunal de Justiça. REsp 1.599.405/SP, j.04-04-2017, DJe 17-04-2017.

Nessa hipótese, não estamos tratando de um defeito do medicamento em si, mas de um dos componentes do produto, que interfere na segurança e na eficácia do produto, conforme desejado e esperado.

Contudo, independentemente disso, da responsabilidade do produtor final, da matéria-prima ou do componente, cada um responderá pelos defeitos da sua produção. Em regra, compete ao produtor final responder perante o consumidor pelos danos causados, mas ele poderá denunciar a lide, nos termos do artigo 125, II, do Código de Processo Civil[28].

O produtor final será sempre responsabilizado pelos defeitos que possam decorrer da produção da matéria-prima, em relação a qual incluímos os maquinários para fabricação, ou nos componentes. Essa responsabilidade decorre do risco inerente à atividade exercida.

A doutrina subdivide o produtor em real, presumido e aparente. O produtor real é

[...] todo sujeito que, de maneira autônoma, participa do processo de produção de um bem, contribuindo, ainda que em pequena medida, para a confecção de um produto apto para a distribuição, seja de um produto final, seja de uma parte componente, seja de uma matéria-prima[29].

Em outras palavras, conforme exposto por Flávia Portella Puschel, corresponde ao denominado *assembler*, ou seja, o montador. Isso porque, o produtor real monta o produto final através de peças fabricadas por terceiros.

Por sua vez, considera-se como produtor presumido o importador e o produtor aparente, também chamado de quase-produtor, "[...] o sujeito que, não sendo produtor real, apõe ao produto o seu nome, marca ou outro sinal distintivo, ocultando a indicação do produtor real do produto e criando assim a aparência de ter ele mesmo produzido o bem"[30].

Nesse caso, o produtor presumido só não será responsabilizado pelos defeitos do produto, na hipótese de indicação clara quanto à identidade e endereço do real produtor.

Oportuno explicar que o comerciante *não* participa da produção do medicamento, mas apenas realiza a distribuição, razão pela qual também é denominado distribuidor.

Considerando a inexistência de interferência do comerciante na produção do produto final, as responsabilidades do distribuidor e do produtor são distintas. Para tanto, há no Código de Defesa do Consumidor a possibilidade de responsabilidade do comerciante para a hipótese de produtos anônimos ou danos decorrentes do armazenamento e conservação dos produtos.

Em relação aos produtos anônimos, ou seja, aqueles que não têm a identificação dos produtores, o Brasil estabelece a responsabilidade do comerciante para as hipóteses específicas, constantes no artigo 13, I e II do Código de Defesa do Consumidor – ou seja,

---

28. BRASIL. Código de Processo Civil. "Artigo 125. É admissível a denunciação da lide, promovida por qualquer das partes: [...] II – àquele que estiver obrigado, por lei ou pelo contrato, a indenizar, em ação regressiva, o prejuízo de quem for vencido no processo".
29. PUSCHEL, Flavia Portella. **A responsabilidade por fato do produto no CDC** – Acidentes de consumo. São Paulo: Quartier Latin do Brasil, 2006, p. 77.
30. PUSCHEL, Flavia Portella. **A responsabilidade por fato do produto no CDC** – Acidentes de consumo. São Paulo: Quartier Latin do Brasil, 2006, p. 80.

apenas na hipótese de não identificação do fabricante ou importador, ou de o produto fornecido não conter identificação clara do seu fabricante ou importador, ou ainda, ficar demonstrado que ele não conservou adequadamente os produtos, admitir-se-á a responsabilidade dos demais participantes, como é o caso do distribuidor/comerciante.

Alguns doutrinadores qualificam essa responsabilidade como solidária, e outros como subsidiária. No entanto, é imprescindível observar que, segundo o artigo 13 do Código de Defesa do Consumidor, "O consumidor é igualmente responsável...", ao fabricante, construtor ou produtor quando esses não puderem ser identificados ou o produto for fornecido sem identificação. Nessas hipóteses, é evidente a subsidiariedade, pois o distribuidor só será chamado a responder quando não forem identificados os produtores.

Não se trata de uma hipótese em que ambos serão responsabilizados ou o consumidor poderá escolher em relação a quem irá demandar para que se admita a solidariedade. Nessas hipóteses, a única alternativa para o consumidor é responsabilizar o comerciante, sob pena de ficar sem a reparação pelos danos. Para tanto, trata-se de responsabilidade subsidiária.

Entretanto, em relação aos danos decorrentes da má conservação ou armazenamento do produto, tratados no artigo 13, III, do Código de Defesa do Consumidor, há a responsabilidade exclusiva do comerciante, haja vista a inexistência de relação com qualquer comportamento do fabricante, desde que orientado previamente em relação a todas as medidas para conservação e armazenamento.

Nesse sentido, o defeito de comercialização está fora da alçada do fabricante, motivo pelo qual configurará a responsabilidade exclusiva do distribuidor, excluindo a responsabilidade do fabricante por culpa de terceiro. Os danos decorrentes da má utilização dos produtos seguirão a mesma regra, mas em relação ao consumidor do produto.

Um exemplo clássico em relação à comercialização de medicamentos é das vacinas ou produtos que necessitem ser refrigerados em temperatura específica, como é o caso dos hormônios de crescimento. Nessas hipóteses, qualquer erro por parte do comerciante retirará a segurança e a eficácia dos medicamentos, mas sem qualquer relação com o fabricante.

Quanto ao defeito, é necessário considerar a apresentação do produto, o uso pelo paciente e os danos causados. Quanto à apresentação, o fabricante tem o dever de informar sobre todos os riscos e efeitos colaterais do medicamento. Desse modo, a falta de segurança pode resultar da ausência ou deficiência de uma dessas informações, uma vez que dificultará ou impedirá a compreensão pelo consumidor do produto.

Por outro lado, o detalhamento das informações não permitirá a exclusão da responsabilidade ou presunção quanto à ausência de um defeito.

No que se refere ao uso pelo paciente, é imprescindível avaliar o uso correto e razoável do produto pelo paciente. O uso abusivo ou irracional do medicamento exclui ou limita a responsabilidade do fabricante, de modo que caberá ao magistrado analisar o caso concreto para apurar a causa do uso irracional.

A exemplo, podemos mencionar a prescrição irracional de um medicamento para um paciente. Nesse caso, o médico prescritor poderá ser responsabilizado. Sendo assim, será necessário avaliar o caso concreto, bem como a causa do uso irracional para apurar possível responsabilidade incidente.

Uma causa de danos ocasionados por medicamentos é o erro no armazenamento, pois, como exposto, deve constar na bula e também no rótulo a forma adequada para guardá-lo. Desta forma, é fundamental guardar em sua embalagem original, verificando o prazo de validade.

No entanto, não configura violação ao dever de informação, a ausência quanto a possíveis efeitos adversos, desconhecidos pela técnica e ciência ao tempo da colocação do produto no mercado de consumo. Tais fatores são denominados por risco do desenvolvimento, como será tratado adiante.

5. CAUSAS EXCLUDENTES DA RESPONSABILIDADE CIVIL

Em relação as denominadas excludentes da responsabilidade civil, é necessário indicar a substancial diferença com as excludentes de ilicitude. Dessa forma, ao analisar o estado de necessidade, legítima defesa e exercício regular de direito, é possível observar através do próprio *caput* do art. 188 do Código Civil, a menção direta às "causas excludentes da ilicitude", que, por sua vez, em nada se confundem com as "causas excludentes da responsabilidade civil".

Quando o Código Civil se refere à exclusão da ilicitude, retira do comportamento adotado a contrariedade à norma, ou seja, trata-se de uma conduta lícita. Sendo certo afirmar que, quando estivermos diante de uma das causas excludentes da responsabilidade civil, observaremos uma ruptura do elo de ligação existente entre a conduta praticada e o dano causado.

Somente as causas excludentes da responsabilidade civil permitirão este corte no nexo de causalidade, impedindo a aplicação do dever de reparação ao caso, mesmo com a existência de dano real e efetivo.

Dessa maneira, as causas excludentes da responsabilidade civil retiram o dever de reparar ou indenizar, independentemente da licitude ou não da conduta praticada que deu causa ao evento danoso, por expressa previsão legal.

O CDC estabelece a presunção da responsabilidade do fabricante, ou seja, atribui ao detentor da técnica e do conhecimento científico o dever de comprovar que não colocou o produto no mercado, a inexistência de defeito, a conduta exclusiva do consumidor ou de terceiro, para admitir a exclusão da responsabilidade objetiva incidente ao caso.

A presunção da responsabilidade do fabricante de medicamento está prevista no art. 12, § 3º do CDC, uma vez que estabelece: "O fabricante, o construtor, o produtor ou o importador *só não será responsabilizado* quando provar".

A responsabilidade exclusiva da vítima poderá excluir a responsabilidade da indústria farmacêutica, quando decorrer da falha do armazenamento do consumidor ou consumo em quantidade diversa da indicada na bula.

Por conseguinte, temos o *fato de terceiro*, ou seja, o comportamento de um sujeito estranho à relação, sendo considerado o causador do dano sofrido pela víti-

A RESPONSABILIDADE CIVIL POR DANOS CAUSADOS EM VIRTUDE DE MEDICAMENTOS DEFEITUOSOS **239**

ma. Nesse caso, tem- se como exemplo uma hipótese de um consumidor que foi a óbito em decorrência das reações adversas pelo uso de um medicamento, mas elas decorreram da venda errônea e consequente consumo inadequado, em virtude da letra ilegível do médico.

O comportamento do terceiro pode romper o nexo causal e excluir a responsabilidade civil do fabricante do medicamento, mas é necessário que ele comprove efetivamente, a fim de inibir a incidência do seu dever de reparação.

Por fim, importante esclarecer que o Código de Defesa do Consumidor não regulamentou o risco do desenvolvimento, ou seja, aquele que "(...)está relacionado aos danos causados por produtos que, quando foram lançados no mercado, não podia-se cientificamente saber que eram perigosos, considerando-se o estado atual da ciência e da técnica"[31] como causa de exclusão da responsabilidade do fabricante de medicamentos.

Os danos decorrentes do risco do desenvolvimento são discutidos no mundo inteiro, mas persistem as controvérsias quanto a possibilidade ou não à exclusão da responsabilidade, em virtude de lesões.

Tula Wesendock[32] explica que os danos decorrentes do risco do desenvolvimento se equiparam ao fortuito interno, motivo pelo qual o fabricante permanece responsável objetivamente por todos os danos causados, ainda que se apresentem muitos anos após a colocação no mercado. Para tanto, não corresponderá a uma causa de exclusão da responsabilidade civil do fabricante de medicamento, pois o risco é inerente à sua atividade.

Existe discussão quanto ao caso fortuito e força maior, uma vez que o CDC foi silente. Mas, notório que apenas o fortuito externo seria suficiente para romper o nexo causal no caso concreto.

6. CONCLUSÃO

Em vista de todo o exposto conclui-se pela finalização do presente estudo com a obtenção de todas as respostas formuladas no início da pesquisa.

No Brasil, não existe um regramento único e específico em relação aos medicamentos e responsabilidade civil decorrente dos vícios ou defeitos nos produtos, razão pela qual compete ao Ministério da Saúde e Agência Nacional da Vigilância Sanitária conceituar, regulamentar por meio de Portarias ou Resolução da Diretoria Colegiada (RDC) e fiscalizar todas as questões pertinentes.

Em virtude disso, o conceito de medicamento nos regramentos brasileiros é muito objetivo e não abrange todas as necessidades, como se constata no Estatuto do Medicamento Português e outros regramentos europeus.

Considerando a necessidade mundial em regulamentar a matéria, especialmente após os devastadores danos ocasionados pela *Contergan- Talidomida*, a CEE elaborou a

---

31. FARIAS, Cristiano Chaves de; NETTO, Felipe Braga; ROSENVALD, Nelson. *Novo Tratado de Responsabilidade Civil*. 2 ed., São Paulo: Saraiva, 2017, p. 734.

32. WESENDONCK, Tula. A Responsabilidade Civil pelos riscos do desenvolvimento: evolução histórica e disciplina no Direito Comparado. *Revista de Direito & Justiça*, p. 216.

Diretiva 83/374, que serviu de base para todos os estados membros passarem a regulamentá-la.

No Brasil, existe o Código de Defesa do Consumidor, Lei 8.078/90, que regulamenta de forma ampla, mas com influência da Diretiva Europeia, os vícios ou defeitos nos medicamentos, o qual serviu como base jurídica para este trabalho.

Conclui-se pela necessidade de distinguir a fase dos ensaios clínicos e o momento em que o medicamento é comercializado. Isso porque, pela inexistência de relação de consumo, danos sofridos até a fase III dos ensaios clínicos serão possíveis de reparação através da responsabilidade objetiva prevista no Código Civil.

No entanto, após a inserção do medicamento no mercado de consumo, que ocorrerá a partir da fase IV dos ensaios clínicos, será necessário distinguir o vício do defeito, a fim de permitir a consequência legal aplicável, embora ambos sujeitos à responsabilidade objetiva do fornecedor.

Nesse contexto, tem-se que o vício não se confunde com o defeito. O vício decorre da violação do valor jurídico qualidade, enquanto o defeito surge com a violação do dever jurídico da segurança.

O vício do produto corresponde à uma falha na quantidade ou qualidade, tornando-o inapropriado ao uso ou mesmo diminuindo o seu valor.

O defeito, como regra, causa lesão à vida ou à saúde, uma vez que corresponde a um problema no produto que afeta a sua segurança.

Independentemente de se tratar de um vício ou defeito, a violação de qualquer um dos deveres jurídicos decorrentes, determinará a incidência da responsabilidade civil objetiva, nos termos do que consta no Código de Defesa do Consumidor.

Não obstante, o CDC impõe ao fornecedor o dever de solucionar o vício de forma diversa à imposta ao defeito. Isso porque, ficou demonstrado que o consumidor poderá postular ao fornecedor a substituição do produto, a restituição da quantia paga ou o abatimento do preço, na hipótese de inadequação do produto em relação à sua quantidade ou qualidade, quando for a hipótese do vício.

Quando se tratar de defeito, essas possibilidades não são aplicáveis, tendo em vista a própria impossibilidade material. Desse modo, a alternativa será a de obter a reparação e/ou indenização pelos danos sofridos pelo consumidor.

Quanto aos legitimados a ocupar o polo passivo de uma demanda ou mesmo responder ao consumidor pelos prejuízos que tenha sofrido em virtude de um defeito no medicamento, ficou demonstrado que, como regra, competirá ao fabricante do produto.

No entanto, a lei é clara quanto à responsabilidade solidária de todos os que participam da cadeia de produção, sendo apenas excluído o comerciante, haja vista a responsabilidade subsidiária para casos específicos.

Demonstrou-se que o Código de Defesa do Consumidor estabelece a presunção do defeito do produto, razão pela qual o fornecedor só estará isento de reparar todo e qualquer dano caso comprove que não colocou o produto no mercado, a inexistência de defeito, a conduta exclusiva do consumidor ou de terceiro.

A RESPONSABILIDADE CIVIL POR DANOS CAUSADOS EM VIRTUDE DE MEDICAMENTOS DEFEITUOSOS | **241**

Por fim, conclui-se que o risco do desenvolvimento não está amparado como causa de exclusão de responsabilidade do fornecedor e, poderá ocasionar a incidência da responsabilidade objetiva, nos termos do que dispõe o art. 931 do Código Civil.

7. REFERÊNCIAS

ABBAGNANO, Nicola. *Dicionário de filosofia*. Tradução da 1.ed. brasileira. (Coord. e Rev.) Alfredo Bosi. São Paulo: Martins Fontes, 2007.

AGUIAR JUNIOR, Ruy Rosado de. *Responsabilidade civil do médico*. Disponível:<http://www.stj.jus.br/internet_docs/ministros/Discursos/0001102/RESPONSABI LIDADE%20CIVIL%20DO%20M%-C3%89DICO.doc>. Acesso em: 31 jan. 2014.

_____. Responsabilidade civil do médico. São Paulo, *Revista dos Tribunais*, n.718/41.

ALVIM, Agostinho. *Da inexecução das obrigações e suas conseqüências*. 5.ed. São Paulo: Saraiva, 1949.

BARBOSA, Ana Mafalda Castanheira Neves de Miranda. *Lições de Responsabilidade Civil*. Parede: Principia, 2017.

BAÚ, Marilise Kostelnaki. *O contrato de assistência médica e a Responsabilidade Civil*. 2.ed. Rio de Janeiro: Forense, 2001.

BDINE JUNIOR, Hamid Charaf. *Responsabilidade civil na área da saúde*: responsabilidade pelo diagnóstico. São Paulo: Saraiva, 2007.

BERGSTEIN, Gilberto. *A informação na relação médico-paciente*. São Paulo: Saraiva, 2013.

BETTI, Emilio. *Teoria Generale delle obligazioni*. Milano: Giuffrè, 1953. Tradução: Francisco José Galvão Bueno. 1.ed. v.1. Campinas: Bookseller, 2006.

BEVILAQUA, Clóvis. *Direito das obrigações*. Officina Dois Mundos, 1896.

BITTAR, Carlos Alberto. Disponível em: <www.diritto.it/material/straniero/dir_brasiliano/filho59.html>. Acesso em: 20 jun. 2013. CAHALI, Yussef Said. *Dano moral*. 2.ed. São Paulo: RT, 1999.

_____. *Código brasileiro de defesa do consumidor* – comentado pelos autores do anteprojeto. 7.ed. Rio de Janeiro: Forense, 2001.

CODE de la Santé Publique. Disponível em:

http://www.legifrance.gouv.fr/affichCodeArticle.do;jsessionid=705F9FF53F41B74FE11169 A6C58BFC6CA7C.tpdjo03v_1?idArticle=LEGIARTI000006685767&cidTexte=LEGITEXT 000006072665&dateTexte=20140108&categorieLien=id&oldAction

CASADO, Esther Monterroso. *Diligencia médica y responsabilidad civil*. Disponível em:<http://www.asociacionabogadosrcs.org/doctrina/Diligencia%20Medica%20y%20R.%20Civi l.PDF>. Acesso em: 10 jan.2014>.

CAVALIERI FILHO, Sérgio. *Programa de responsabilidade civil*. 9.ed. São Paulo: Atlas, 2010.

COMPARATO, Fabio Konder. *A Afirmação Histórica dos Direitos Humanos*. 12.ed. São Paulo: Saraiva, 2019.

CORDEIRO, Antônio Manuel da Rocha Menezes. *Da boa-fé no direito civil*. v.1. Coimbra: Almedina, 1984.

COSTA, Judith Martins. *A boa-fé no direito privado* – sistema e tópica no processo obrigacional. São Paulo: RT, 1999.

DIAS, José de Aguiar. *Da responsabilidade civil*. 2.ed. t. I e II. Rio de Janeiro: Forense, 1950. FARAH, Elias. Contrato profissional médico-paciente. Reflexões sobre obrigações básicas. *Revista do Instituto dos Advogados de São Paulo*, n.23, jan-jun. 2009.

FARIAS, Cristiano Chaves de; NETTO, Felipe Braga; ROSENVALD, Nelson. *Novo Tratado de Responsabilidade Civil*. 2 ed., São Paulo: Saraiva, 2017.

FERREIRA, Durval. *Dano da Perda de Chance*. Porto: Vida Economica, 2016. FRANÇA, Genival Veloso de. *Direito médico*. 11.ed. Rio de Janeiro: Forense, 2013.

GAGLIANO, Pablo Stolze; FILHO, Rodolfo Pamplona **Novo curso de direito civil** – responsabilidade civil. 8.ed. v.III. São Paulo: Saraiva, 2010.

_____. GAUDEMET, Jean. Naissance d'une notion juridique. Les débuts de l'"obligation" dans Le droit de La Rome antique.

GIORGI, Giorgio. *Teoria de las obligationes*. Madrid: Reus. GOMES, Orlando. *Contratos*. 18.ed. Rio de Janeiro: Forense, 1998.

_____. *Transformações gerais do direito das obrigações*. 2.ed. São Paulo: RT, 1980.

GUERRA, Alexandre. *Responsabilidade civil por abuso do direito*. Coleção Prof. Agostinho Alvim. São Paulo: Saraiva, 2011.

KFOURI NETO, Miguel. *Responsabilidade civil do médico*. 8.ed. São Paulo: RT, 2013.

_____. Responsabilidade civil dos hospitais. 2a tiragem. São Paulo: RT, 2010.

LARENZ, Karl. *Metodologia da Ciência do Direito*. 8.ed. Lisboa: Fundacao Calouste Gulbenkian, 2019.

_____. *Derecho de Obligaciones* – Tomo I e II. Madrid: Editorial Revista de Derecho Privado Madrid, 1958 - 1959.

_____. *Derecho Justo* – fundamentos da ética jurídica. Madrid: Civitas, 1985.

LOPES, Antônio Carlos. Relação médico paciente, humanização é fundamental. Disponível em: <http://www.sbcm.org.br/site/index.php?option=com_content&view=article&id=2038:r elacao-medico-paciente-humanizacao-e-fundamental&catid=84:opiniao&Itemid=135>. Vários acessos.

LOTUFO, Renan. *Código civil comentado*. v.2. São Paulo: Saraiva, 2003.

_____. NANNI, Giovanni Ettore. Obrigações. São Paulo: Atlas, 2011.

MAGALHÃES, Ana Alvarenga Moreira. *O erro no negócio jurídico* – autonomia da vontade, boa-fé objetiva e teoria da confiança.São Paulo: Atlas, 2011.

MARQUES, Cláudia Lima;BENJAMIN, Antônio Herman de Vasconcellos; MIRAGEM, Bruno. *Comentários ao Código de Defesa do Consumidor*. 6.ed. São Paulo: RT, 2019.

MARTINS, Ives Gandra da Silva. *Direito fundamental à vida*. São Paulo: Quartier Latin, 2005.

MELO, Nehemias Domingos de. *Responsabilidade civil por erro médico* – doutrina e jurisprudência. 2.ed. São Paulo: Atlas, 2013,

MENDES, Gilmar; COELHO, Inocêncio; BRANCO, Paulo. *Curso de direito constitucional*. 4.ed. São Paulo: Saraiva, 2009.

NERY JUNIOR, Nelson; ANDRADE NERY, Rosa Maria de. *Código Civil Anotado e legislação extravagante*. 2.ed. São Paulo: RT, 2003.

NORONHA, Fernando. *O direito dos contratos e seus princípios fundamentais* – autonomia privada, boa-fé, justiça contratual. São Paulo: Saraiva, 1994.

A RESPONSABILIDADE CIVIL POR DANOS CAUSADOS EM VIRTUDE DE MEDICAMENTOS DEFEITUOSOS **243**

_____. *Direito das obrigações*. 3.ed. São Paulo: Saraiva, 2010.

PENTEADO, Luciano de Camargo; FIGUEIREDO, Fábio Vieira. *Obrigações*. (Coord.). Renan Lotufo e Giovanni Ettore Nanni.

PEREIRA, Paula Moura Francesconi de Lemos. *Responsabilidade Civil nos Ensaios Clínicos.*

Indaiatuba: Foco, 2019.

PEREIRA, André Gonçalo Dias. *Direitos dos Pacientes e Responsabilidade Médica.* Coimbra: Editora Coimbra, 2015.

_____. *Breves notas sobre a responsabilidade médica em Portugal.* Disponível em: WWW.estig.ipbeja. pt/~ac_direito/ADiasP2007.pdf. Acesso em: 10 jan.2014.

PICAZO, Luis Diez; MORALES, Roca Trias A. M. *Los principios del derecho europeu de contratos.*

REALE, Miguel. *Lições preliminares de direito.* 22.ed. São Paulo: Saraiva, 1995.

_____. *Novo Código Civil brasileiro* – prefácio Miguel Reale. 3.ed. São Paulo: RT, 2003. RIZZARDO, Arnaldo. *Responsabilidade civil.* 6.ed. Rio de Janeiro: Forense, 2013.

ROSENVALD, Nelson. *Dignidade humana e boa-fé no código civil.* São Paulo: Saraiva, 2005.

_____. As funções da responsabilidade civil – a reparação e a pena civil. São Paulo: Atlas, 2013.

SALOMÃO, Luis Felipe. *Direito Privado: Teoria e Prática.* 2.ed. Rio de Janeiro, Forense, 2014.

SANTOS, Maria Celeste Cordeiro Leite. *Biodireito – ciência da vida, os novos desafios.* São Paulo: RT, 2001.

_____. *O equilíbrio do pêndulo: a bioética e a lei.* São Paulo: Ícone, 1998.

SILVEIRA, Diana Montenegro da Silveira. *Responsabilidade Civil por danos causados por medicamentos defeituosos.* Coimbra: Editora Coimbra, 2010.

_____. Diana Montenegro da Silveira. Responsabilidade Civil por danos causados por medicamentos defeituosos. *Responsabilidade na Prestação de Cuidados de Saúde.* (Disponível:<.https://www.icjp.pt/ sites/default/files/publicacoes/files/ebook_jornadas_saude. pdf.> Vários acessos.

SOARES, Flaviana Rampazzo. O dever de cuidado e a resposabilidade por defeitos. *Revista de Direito Civil Contemporâneo.* v.13, ano 4, p.139-170, São Paulo: Ed. RT, out -dez 2017.

SOARES, Paulo Brasil Dill. *Princípios básicos de defesa do consumidor.* São Paulo: Direito, 2001.

STOCO, Rui. *Tratado de Responsabilidade Civil* – Doutrina e Jurisprudência. 9.ed. t. I e II, São Paulo: RT, 2013.

WESENDONCK, Tula. A Responsabilidade Civil pelos riscos do desenvolvimento: evolução histórica e disciplina no Direito Comparado. *Revista de Direito & Justiça.* Porto Alegre, v.38, n.2, p. 213-227, jul-dez 2012.

ANVISA - (Disponível em:<. http://portal.anvisa.gov.br/medicamentos/conceitos-e- definicoes>. Vários acessos.

ARZNEIMITTELGESETZ – (Lei de Trânsito do Medicamento) - Na versão do comunicado de 12.12.2005 (Federal Law Gazette I p. 3394) última alteração por lei de 20.11.2019 (BGBl. I p. 1626) mWv 26.11.2019, (Disponível em: < https://dejure.org/gesetze/AMG >. Vários acessos.

ASSOCIACIÓN ESPANÕLA DE DERECHO SANITÁRIO Disponível em: http://www.aeds.org/. Vários acessos.

CÓDIGO CIVIL ESPANHOL. Disponível em: http://portaljuridico.lexnova.es/legislacion/JURIDI-CO/30536/codigo-civil-libro-iv-de-las-obligaciones-y-contratos-articulos-1088-a-1976#A1101_00. Vários acessos.

CÓDIGO CIVIL FRANCÊS. Disponível em: http://www.legifrance.gouv.fr/affichcodearticle.do?idArti-cle=LEGIARTI000020890189&cid Texte=LEGITEXT000006072665. Vários acessos.

CÓDIGO CIVIL PORTUGUÊS. Disponível em: http://www.confap.pt/docs/codcivil.PDF. Vários acessos.

DECRETO – LEI 176/2006 de 30 de agosto, em sua 12 alteração através do Decreto-Lei 112/2019 de 16/08/2019. (Disponível:<https://www.infarmed.pt/documents/15786/1068535/Estatuto%2b-do%2bMedic amento/1dc6ada4-f002-4a12-ab8d-ebaba772068e> Vários acessos.

DIRECTIVA 85/374 CEE (Disponível em:<.https://eur-lex.europa.eu/legal-content/PT/TXT/HTML/?u-ri=CELEX:31985L0374&from=RO>. Vários acessos.

LA RESPONSABILIDAD CIVIL MÉDICO-SANITARIA EM EL DERECHO ESPANÕL. Disponível em: http://www.udp.cl/descargas/facultades_carreras/derecho/pdf/investigaciones/Cuadernos_de_analisis_Coleccion_Derecho_Privado/N6_Responsabilidad_medica/05.PDF. Vários acessos.

LEY 25/1990, de 20 de diciembre, Del Medicamento. (Disponível:< https://www.mscbs.gob.es/en/pro-fesionales/farmacia/legislacion/leyes/indice/home.htm>Vári os acessos.

PORTARIA 3.916, de 30 de outubro de 1998, que estabelece a Política Nacional de Medicamentos no Brasil, do Ministério da Saúde (Disponível em :<http://bvsms.saude.gov.br/bvs/publicacoes/politi-ca_medicamentos.pdf>Vários acessos.

REAL DECRETO LEGISLATIVO 1/2007, de 16 de noviembre, por el que se aprueba el texto refundido de la Ley General para la Defensa de los Consumidores y Usuarios y otras leyes complementarias. (Disponível em:<. https://www.boe.es/buscar/doc.php?id=BOE-A-2007- 20555.> Vários acessos.

812.21- Bundesgesetz über Arzneimittel und Medizinprodukte (**Heilmittelgesetz, HMG**)vom15. Dezember 2000 (Stand am 1. Januar 2019), (Disponível em:<.https://www.admin.ch/opc/de/classifie-d-compilation/20002716/index.html#id-1> Vários acessos.

DANO AO PROJETO DE VIDA NO CONTEXTO DA EDIÇÃO GÊNICA: UMA POSSIBILIDADE

Graziella Trindade Clemente

Doutora em Biologia Celular pela UFMG. Mestre em Ciências Morfológicas pela UFMG. Pós-graduada em Direito da Medicina pela Universidade de Coimbra. Pós-doutoranda em Direitos Humanos pela Universidade de Coimbra. Professora Titular no Centro Universitário Newton Paiva e Faculdade de Saúde e Ecologia Humana Advogada e Odontóloga

Nelson Rosenvald

Pós-Doutor em Direito Civil na *Università Roma Tre* (IT). Pós-Doutor em Direito Societário na Universidade de Coimbra (PO). *Visiting Academic* na *Oxford University* (UK). Professor Visitante na Universidade Carlos III (ES). Doutor e Mestre em Direito Civil pela PUC/SP. Procurador de Justiça do Ministério Público de Minas Gerais. Professor do Doutorado/Mestrado do IDP/DF.

Sumário: 1. Introdução – 2. Potencialidades e limitações da técnica edição gênica – 3. Da regulamentação à implementação da técnica – 4. A responsabilidade civil diante dos riscos decorrentes da técnica de edição gênica – 5. A responsabilidade civil diante dos danos decorrentes da não utilização técnica de edição gênica; 5.1. Proteção à pessoa e a relação com o conceito de dano existencial; 5.2. Da verificação do dano ao projeto de vida no contexto da edição gênica – 6. Considerações finais – 7. Referências

1. INTRODUÇÃO

A manipulação de sequências do DNA de embriões humanos deixou de ser uma perspectiva e tornou-se realidade a partir do ano de 2015. Pesquisadores chineses, utilizando a técnica de edição gênica - CRISPR/Cas9 (*clustered regularly interspaced short palindromic repeats*), obtiveram sucesso quando corrigiram a mutação presente no gene HBB, cuja expressão determina a condição denominada beta-talassemia, causadora de anemia em sua forma grave.[1]

Assim, de forma inédita, essa técnica, capaz de possibilitar a modulação específica de trechos do DNA humano, passou a representar ferramenta revolucionária no mapeamento de doenças graves, de caráter hereditário, na maioria das vezes incuráveis, gerando expectativa positiva no que se refere às medidas de prevenção e de criação de novas alternativas terapêuticas em humanos.

---

1. LIANG, P.; XU, Y.; ZHANG, X.; DING, C.; HUANG. R., *et al.*: "CRISPR/Cas9-mediated gene editing in human tripronuclear zygotes", *Protein Cell*, vol. 6, n. 5, p. 363-372, 2015.

Em meados da década de 1990, a aplicabilidade da edição gênica restringia-se apenas à linhagem de células somáticas. Diferentemente da linhagem germinativa, a linhagem somática não tem o potencial de gerar gametas. Assim sendo, as modificações promovidas em seu material genético não se perpetuam nas futuras gerações, afetando apenas o indivíduo em si, jamais sua progênie. Diversamente, a edição gênica de células germinativas é capaz de impactar o organismo do indivíduo como um todo, bem como de seus descendentes, o que justifica o fato dessa técnica ser muito criticada, por diferentes razões, nas esferas biomédicas, bioéticas e/ou legais. Assim, a possibilidade de promover mudanças permanentes no DNA, com eventual impacto sobre as futuras gerações, tem sustentado intensos debates sobre o tema.[2]

Nessa perspectiva, é inegável que o implemento da técnica, no momento, possa determinar riscos futuros e desconhecidos podendo, inclusive, gerar consequências no âmbito da responsabilidade civil.[3] Em contrapartida, superadas as limitações da técnica, realidade que não se pode negar diante dos contínuos avanços biotecnológicos contemporâneos, e na persistência das indicações médicas, não permitir o emprego da técnica em condições seguras, ou optar por não utilizá-la em situações em que o diagnóstico pré-implantacional é exigido, não representaria também um dano passível de reparação?

É nesse contexto que emerge a necessidade de se discutir os prejuízos causados por modalidade singular de dano, caracterizado pela relevância jurídica, irreversibilidade, e por afetar a existência da pessoa o que implica em "não poder fazer", ou em "dever agir de outro modo" - Dano ao Projeto de Vida.[4]

2. POTENCIALIDADES E LIMITAÇÕES DA TÉCNICA EDIÇÃO GÊNICA

A técnica CRISPR/Cas9, que funciona como um "editor de texto genético", promove a correção ou exclusão de genes portadores de mutações relacionadas a doenças possibilitando, assim, desfazer ou silenciar os efeitos deletérios das mesmas. Essa ferramenta apresenta dispositivos de "reconhecimento" que possibilitam sua aderência às sequências específicas de nucleotídeos do DNA-alvo, e, também, dispositivos de "clivagem", que permitem secioná-los.[5]

O processo de edição divide-se em etapas. A primeira está relacionada com o reconhecimento e a clivagem da molécula de DNA enquanto a segunda destina-se ao reparo

---

2. [4] CLEMENTE, G. T. Manipulação gênica em embriões humanos. *Actualidad Jurídica Iberoamericana*, v. 9, p. 202-223, Ago. 2018.

3. CLEMENTE, G. T. Responsabilidade Civil, Edição Gênica e o CRISPR. In: ROSENVALD, N.; DRESCH, R. F. V.; WESENDONCK, T. (Org.). *Responsabilidade Civil - Novos Riscos*. Indaiatuba, SP: Editora Foco, 2019. p. 301-317.

4. SESSAREGO, C.F. *Derecho a la identidad personal*. Buenos Aires: Astrea, 1992. p. 261-262.

5. CRISPR/Cas9 - Trata-se de complexo formado por enzima do tipo endonuclease (Cas9) guiada até a região específica da molécula de DNA (gene marcado) que se pretende editar, por meio de uma molécula de gRNA, programada para reconhecer a sequência específica do DNA. Assim, procede-se à substituição do fragmento de DNA, que possui a mutação, por sequência normal possibilitando a correção da desordem. A molécula de gRNA pode ser personalizada para reconhecer sequências específicas do DNA por meio de alteração de apenas 20 nucleotídeos. Dessa forma, genes específicos podem ser alvo do gRNA e, consequentemente, da Cas 9, o que propicia modificações precisas dos mesmos. REYES, A.; LANNER, F., Towards a CRISPR view of early human development: applications, limitations and ethical concerns of genome editing human embryos, *The Company of Biologists*, n. 144, p. 3-7, 2017.

da mesma. Uma vez seccionados os nucleotídeos, são acionados mecanismos celulares endógenos naturais de reparação do DNA. O processo de edição utiliza-se, então, desses recursos, para promover as modificações pretendidas. Assim, o reparo pode ocorrer por ligação de extremidades não homólogas (mecanismo útil quando se pretende silenciar a ação de genes) ou, também, ser dirigido por moldes. Nessa situação, é possível inserir nas células, juntamente com a ferramenta de edição, moldes de DNA externo. Assim, pode-se fornecer moldes externos, contendo genes selecionados, ao novo segmento de DNA a ser formado no local da clivagem.

A edição gênica, quando aplicada em pesquisas básicas, oferece grande vantagem, uma vez que gera conhecimento científico amplo que poderá contribuir para a saúde e bem estar dos seres humanos. Ela inclui esclarecimento dos mecanismos que justificam a diferenciação celular em modelos humanos, investigação do papel de alguns genes específicos nos momentos iniciais do desenvolvimento embrionário humano, compreensão da gênese de doenças genéticas propiciando o desenvolvimento de medicamentos específicos para essas doenças, desenvolvimento de terapias gênicas importantes no tratamento de diferentes tipos de câncer, dentre outros. Esses são apenas alguns exemplos das possíveis indicações das pesquisas básicas nesse âmbito. Assim, mesmo considerando a possibilidade dos objetivos clínicos da edição gênica não serem alcançados, a relevância das pesquisas básicas, nessa área, é indiscutível.[6]

Com relação às pesquisas de aplicação clínica, é irrefutável a importância da edição gênica em embriões humanos na prevenção de doenças genéticas (6% das crianças recém-nascidas apresentam problemas genéticos importantes). Utilizando essa técnica, é possível identificar os genes responsáveis por essas condições, o que implicaria na esperança de tratamento preventivo para essas doenças.

O fato de tanto na técnica de fertilização "in vitro", quanto na técnica de diagnóstico pré-implantação, ocorrer seleção prévia de embriões não afetados por doenças genéticas, faz com que muitos defendam que a edição gênica seria desnecessária. Entretanto, há uma série de situações em que a possibilidade de seleção de embriões viáveis é muito reduzida ou próxima de zero. São exemplos dessa limitação os casos em que há produção de apenas um embrião viável na fertilização "in vitro", e, o mesmo, é portador de mutação monogênica; nas situações em que os pacientes são portadores de doenças genéticas autossômicas dominantes, apresentando duas cópias do gene com mutação; casos de doenças autossômicas recessivas, quando mesmo procedendo-se a seleção de embriões pela técnica de fertilização "in vitro" seguida de diagnóstico pré-implantação, não há como evitar a possível transmissão do gene com mutação para os descendentes do portador sadio (ambos os pais são portadores do gene com mutação). Na maioria desses casos, mesmo utilizando-se as técnicas de fertilização "in vitro" o diagnóstico pré-implantação, seria necessário produzir quantidade significativa de embriões para garantir possível seleção de embrião saudável o que, na maioria dos casos, é inviável.

---

6. GYNGELL, C.; FELLOW, M.; DOUGLAS, T.; SAVULESCU, J. The ethics of germline gene editing. *J Appl Philos.*, n. 34(4), p. 498-513, 2017.

Ademais, isso não garantiria que tal embrião ficasse livre de ser portador da mutação podendo, assim, transmiti-la a seus descendentes.[7]

A indicação clínica da edição incluiria, também, casos de doenças poligênicas, ou seja, em que vários genes apresentam mutações simultâneas, especialmente aqueles em que há interferência de diferentes fatores ambientais, o que reduz significativamente a chance de seleção de um embrião viável. Nessas situações, inúmeras mutações gênicas se associam para caracterizar uma só doença, como, por exemplo, as que ocorrem em diferentes tipos de câncer nos quais mais de duzentos diferentes genes estão envolvidos. Assim, a edição gênica nas pesquisas, em longo prazo, pode tornar-se importante ferramenta, já que a técnica tem o potencial de promover múltiplas alterações gênicas simultaneamente. É fato, entretanto, que isso dependerá do avanço dos estudos, para deixar de ser apenas uma expectativa. A gênese dessas doenças ainda não foi totalmente delineada, por isso há necessidade de se progredir com as investigações a fim de comprovar o possível potencial da técnica em reduzir sua incidência.

Até mesmo no âmbito das doenças infecciosas, a indicação clínica da edição gênica já é uma realidade. Alguns genes podem garantir aumento da resistência do indivíduo à infecção por diferentes patógenos. Nesse sentido, identificar tais genes para tentar ampliar seu efeito e aumentar a resistência a tais agentes, configuraria imunização efetiva.[8]

Apesar da potencialidade da técnica de edição gênica, seu ineditismo ainda implica em alguns desafios a serem superados. Limites quanto à sua efetividade são comprovados quando da ocorrência do mosaicismo e das mutações fora do alvo ("off-target").[9]

O embrião mosaico resulta de um corte ineficiente do DNA pela nuclease e/ou por reparação inapropriada do mesmo.[10] Assim, mesmo após edição, irão coexistir diferentes tipos de células, ou seja, as originais sem mutação (normais); as originais com mutação e as devidamente editadas (sem mutação). Logo, indivíduos mosaicos apresentam diferentes genomas. Isso pode impactar negativamente quando se trata da linhagem germinativa pois, nesse caso, o mosaicismo, apesar de não determinar que o indivíduo seja afetado, não impede a transmissão dos genes com mutação para os descendentes. Entretanto, apesar do risco de ocorrência do mosaicismo, resultados promissores de estudos inéditos, realizados em animais de laboratório, utilizando método especializado de edição

---

7. CAVALIERI, G. Genome editing and assisted reproduction: curing embryos, society or prospective parents? *Medicine, Health Care and Philosophy*, p. 1-11, 2017.

8. XU, L.; YANG, H.; GAO, Y., *et al.* CRISPR/Cas9 – mediated CCR5 ablation in human hematopoietic steam/progenitor cells confers HIV-1 resistence *in vivo. American Society of Gene & Cell Therapy*, v. 25, n. 8, 2017.

9. Mutações off-target seriam aquelas não intencionais, que podem ocorrer no genoma em decorrência da ação não específica da enzima Cas9. Dessa forma, além do efeito pretendido, pode-se provocar também a mutação de algum outro gene de forma não esperada ou indesejada – BOEL, A.; STEYAERT, W.; DE ROCKER, N., *et al.* BATCH-GE: batch analysis of next generation sequencing data for genome editing assessment. *Sci Rep.*, n. 6, p. 30330, 2016.

10. "O mosaicismo é a presença em um indivíduo ou em um tecido de ao menos duas linhagens celulares geneticamente diferentes, porém derivadas de um único zigoto. As mutações que acontecem em uma única célula após a concepção, como na vida pós-natal, podem originar clones celulares geneticamente diferentes do zigoto original porque, devido à natureza da replicação do DNA, a mutação irá permanecer em todos os descendentes clonais dessa célula." THOMPSON & THOMPSON. *Genética Médica: Padrões de herança monogênica*. Rio de Janeiro: Elsevier, p.107-132, 2016.

DANO AO PROJETO DE VIDA NO CONTEXTO DA EDIÇÃO GÊNICA: UMA POSSIBILIDADE **249**

gênica (CRISPR/Cas9/sgRNA), já comprovaram aumento significativo na efetividade preventiva desse efeito indesejável.[11]

Com relação às mutações fora do alvo, ou seja, não intencionais, técnicas recentes mais aprimoradas têm demonstrado eficiente capacidade de estimar o efeito mutagênico (ferramenta de bioinformática). Assim, uma vez realizada a edição e detectada a mutação, seria possível realizar a seleção do embrião pré-implantação. Dessa forma, não se estaria negando o risco de dano, mas evitando que esse dano torne-se moralmente significativo. Nesse sentido, outro aspecto também relevante, é o fato de que ao se efetuar a edição gênica-terapêutica, evitar-se-ia a produção de quantidades excessivas de embriões excedentários. É certo que, para reduzir os riscos de possíveis mutações fora do alvo, os pesquisadores têm-se dedicado ao aprimoramento tecnológico produzindo guias de RNA e endonucleases Cas9 mais específicas e com maior fidelidade. Esses avanços tecnológicos, com certeza, vêm contribuindo para maior segurança e acurácia da técnica de edição gênica. Efetivamente, o desenvolvimento de métodos que monitoram a ocorrência do mosaicismo e das mutações fora do alvo, e que definem a frequência de ocorrência das mesmas, no modelo humano, já constituem uma realidade.[12][13]

Considerando-se as que as medidas de segurança/precaução em relação ao mosaicismo e às mutações fora do alvo estão em efetivo progresso, não tem como supor que tais riscos se intensifiquem em longo prazo, a ponto de justificar a proibição da técnica de edição em embriões humanos. Com os avanços tecnológicos, os riscos serão certamente superados pelos benefícios potenciais da edição gênica para as gerações futuras. É inegável que toda pesquisa médica impõe riscos de danos previsíveis e imprevisíveis aos participantes, sendo esses rotineiramente considerados sob o ponto de vista ético. Nesse contexto, supor tolerância zero ao risco seria equivalente a impedir qualquer inovação clínica.[14]

Tendo em vista que a técnica de edição gênica-CRISPR/Cas9 seja utilizada com a finalidade única de corrigir defeitos genéticos e restaurar a saúde em futuras crianças, é difícil visualizar como isso poderia refletir, de forma negativa, na dignidade humana. Assim, dependendo da doença genética que se pretende evitar, o benefício para o indivíduo é existencial, já que, nesses casos, as limitações são tão graves que podem comprometer a qualidade ou a própria vida.[15]

3. DA REGULAMENTAÇÃO À IMPLEMENTAÇÃO DA TÉCNICA

Muito embora as tecnologias de edição gênica estejam produzindo avanços promissores na área das biociências, os estudos relacionados à sua aplicação clínica perma-

---

11. HASHIMOTO, M.; YAMASHITA, Y.; TAKEMOTO, T. Eletroporation of Cas9 protein/sgRNA into early pronuclear zygotes generates non-mosaic mutants in the mouse. *Dev Biol.*, n. 418, p. 1-9, 2016.
12. KLEINSTIVER, B.; PATTANAYAK, M.; TSAI, S., *et al.* High fidelity CRISPR-Cas9 - nucleases with no detectable genome-wide off-target effects. *Nature*, n. 529, p.490-495, 2016.
13. SLAYMAKER, I.; GAO, L.; SCOTT, D., *et al.* Rationally engeneered Cas9 nucleases with improved specificity. *Science*, n. 351, p. 84-88, 2015.
14. DE WERT, G.; HEINDRYCKX, B.; PENNINGS, G., *et al.* Responsible innovation in human germline gene editing: Background document to the recommendations of ESHG and ESHRE. *European Society of Human Genetics*, 2018.
15. GYNGELL, C.; FELLOW, M.; DOUGLAS, T.; SAVULESCU, J. The ethics of germline gene editing. *J Appl Philos.*, n. 34(4), p. 498-513, 2017.

necem alvo de intensa preocupação no que diz respeito à sua utilização responsável e regulamentada. Ainda é necessário complementar os estudos relativos à avaliação dos riscos específicos para, só então, avançar de forma segura nos ensaios clínicos humanos. É inegável o importante papel da regulamentação na prevenção do uso indiscriminado e inadequado da técnica.

No entanto, contrariando essa lógica, vários ensaios clínicos, incluindo edição gênica de embriões humanos, foram realizados em países como a China onde ainda não existe regulamentação específica, causando intensa perplexidade no mundo científico devido ao desrespeito aos princípios éticos e critérios que pautam os protocolos de ensaios clínicos.[16]

Em uma minoria de países, incluindo Reino Unido e Estados Unidos, estabeleceu-se, por meio de instituições científicas nacionais, importantes diretivas no sentido de delinear as principais questões éticas e de segurança biológica relativas à edição gênica.[17][18] Pesquisas realizadas, nessa perspectiva, demonstram tendência ao incentivo das pesquisas básicas e ressaltam a necessidade de medidas de cautela relativas às pesquisas clínicas, especialmente quando se trata de células da linhagem germinativa. Por sua vez, no que se refere à modificação gênica de embriões humanos, sua proibição, com finalidade reprodutiva, ainda é consensual, apesar de evidências de que a tecnologia de edição gênica, baseada na técnica CRISP/Cas9, é ferramenta possível com grande potencial quando aplicada à área médica. Entretanto, ela ainda carece de regulamentação clara e objetiva para que possa se desenvolver de forma segura possibilitando maior abrangência de sua aplicação no futuro.[19]

Mesmo diante de tantos desafios, é inegável que a técnica de edição gênica (CRISP/Cas9) já representa tecnologia disruptiva, uma vez que rompe com padrões, até então considerados como referência, ao substituir modelos de tecnologias inovadoras complexas, dispendiosas e que demandam tempo prolongado, por uma técnica simples, eficaz, de baixo custo e rápida execução.[20] Isso, talvez, esteja contribuindo para impulsionar os cientistas no sentido de tornarem a técnica, cada vez mais, segura e eficaz, respeitando os limites éticos-legais impostos.

Seguramente, os mais importantes avanços biotecnológicos da Medicina, incluindo a técnica de hemodiálise, o transplante de órgãos sólidos, a técnica de reprodução humana assistida, a clonagem de animais, o mapeamento do genoma humano, as pesquisas com células tronco, dentre outros, trilharam essa mesma trajetória de enfrentamentos e desafios - éticos, legais, técnicos - até se aprimorarem a ponto de serem reconhecidos como opções terapêuticas viáveis.

---

16. CYRANOSKI, D.; LEDFORD, H. Genome-edited baby claim provokes international outery. *Nature*, n. 563, p. 607-608, 2018.
17. Human genome editing: science, ethics, and governance. *National Academies of Sciences, Engineering and Medicine*. Washington D: Academies Press, 2017.
18. Genoma editing and Human reproduction: social and ethical issues. *Nuffield Council on Bioethics*, 2018.
19. GOUSI, L.; YAO-GUANG, L.; YAANLING, C. Genome-editing Technologies: the gap between application and policy. *Sci China Life*, v. 62, p. 1-5, 2019.
20. MULVIHILL, J.J.; CAPPS, B.; JOLY, Y.; LYSAGHT, T., et al. Ethical issues of CRISPR technology and gene editing trough the lens of solidarity. *British Medical Bulletin*, v.122, n.1, p. 17-29, 2017.

4. A RESPONSABILIDADE CIVIL DIANTE DOS RISCOS DECORRENTES DA TÉCNICA DE EDIÇÃO GÊNICA

No campo da biotecnologia, não é rara a discussão em torno dos riscos potenciais ou, até mesmo, incertos quando se trata de ineditismo tecnológico como é o caso da técnica de edição gênica - CRISPR/Cas9. Desse modo, é essencial que, nessas situações, a discussão sobre a previsibilidade e causalidade dos riscos seja aprofundada, pois, apesar de imperceptíveis de imediato, podem representar ameaça latente caracterizando riscos desconhecidos ou de *"causa ignota"*.

Nas situações envolvendo riscos desconhecidos há consenso firmado no sentido do não cabimento da responsabilidade subjetiva, pois a previsibilidade do fato danoso é considerada requisito da culpa e a informação sobre o provável risco de dano não está disponível. Assim, nesse contexto, a responsabilização por culpa somente poderia ser aventada caso o princípio da precaução não fosse respeitado, como ocorre nas situações de inadequação dos deveres de cuidado, proteção e informação, conforme o "estado da arte".

Em contrapartida, de acordo com a teoria objetiva, a responsabilização por danos causados por riscos desconhecidos pode ocorrer quando os mesmos estão relacionados à causalidade incerta, o que repercute na distribuição do ônus da prova. Considerado sob o ponto de vista pragmático, em que todo risco de dano gerado é convertido em fator de imputação objetiva, é essencial conhecer o potencial de risco da atividade. Esse, sem dúvida, é o maior desafio.[21]

Portanto, para análise da responsabilidade civil no contexto da edição gênica em que o principal enfrentamento é a possibilidade de ocorrência de riscos desconhecidos, faz-se necessária a ponderação entre as linhas gerais estabelecidas pelo legislador e a atualização da norma construída com base na doutrina e jurisprudência. Em estudos recentes,[22] as hipóteses de responsabilidade civil por riscos desconhecidos, no contexto da edição gênica, foram delineadas, salientando-se a importância da análise do tema tanto no Brasil, quanto no Direito comparado (*"liability for unknow risks"*). Nessa circunstância, destacou-se a importância da teoria da imputação objetiva, a discussão das teorias do risco, as peculiaridades em torno da análise da causalidade, bem como a polêmica discussão relativa à aceitação do risco desconhecido como causa excludente de responsabilidade (visão no Brasil, e de acordo com a Diretiva Europeia 85/374).[23]

---

21. "Já na perspectiva da *law and economics*, esse é um tópico desafiador por envolver uma falta de informação sobre os riscos envolvidos. A análise econômica do direito foca nos incentivos que a responsabilidade civil pode prover para conduzir os atores envolvidos a adoção de melhores práticas e decisões sobre o nível de cuidados e de atividade, em ordem a alcançar uma desejável distribuição de riscos. Nesse *trade-off* entre o estímulo à técnica e a tutela da integridade psicofísica, o que se questiona é se ao invés da responsabilidade civil, não seria melhor que houvesse uma regulação pública capaz de lidar melhor com as externalidades negativas, tal como já ocorre com os seguros obrigatórios para acidentes de trabalho e doenças ocupacionais." ROSENVALD, N. *O Direito Civil em movimento*. 3ª ed., Salvador: Juspodivm, 2019, p. 206.

22. CLEMENTE, G. T. Responsabilidade Civil, Edição Gênica e o CRISPR. In: ROSENVALD, N.; DRESCH, R. F. V.; WESENDONCK, T. (Org.). *Responsabilidade Civil - Novos Riscos*. Indaiatuba, SP: Editora Foco, 2019. p. 301-317.

23. "Na Diretiva 85/374 o risco do desenvolvimento é resumido nos seguintes pontos: (a) funda-se na responsabilidade civil objetiva; (b) consagra o risco do desenvolvimento como causa excludente da responsabilidade civil; (c) para ser admitida essa excludente, o produtor tem o ônus de provar que, no momento da colocação do produto no mercado, não era possível detectar a existência do defeito; (d) a legislação interna de cada Estado-membro pode

Entretanto, nesse momento, a discussão vai além. Uma nova perspectiva de análise se impõe, visto que não há como negar os enfrentamentos futuros previsíveis a partir da superação dos desafios técnicos e da determinação dos limites precisos, tanto éticos quanto legais, para que a edição gênica represente, de fato, opção terapêutica viável.

5. A RESPONSABILIDADE CIVIL DIANTE DOS DANOS DECORRENTES DA NÃO UTILIZAÇÃO TÉCNICA DE EDIÇÃO GÊNICA

Em novo cenário, ainda hipotético, porém irrefutável, em que a edição gênica em seu viés terapêutico (indicação médica) passe a representar possibilidade viável e segura, negar, proibir ou não oferecer essa oportunidade, configuraria, de forma explícita, a negação de um direito constitucionalmente elencado – "*proteção à pessoa.*"

Nasce, a partir daí outra discussão: estaríamos diante de nova modalidade de dano? Qual seria sua gravidade e extensão? Dada sua irreversibilidade e magnitude, estaríamos diante de dano à existência do ser humano?

Em algumas situações, objetar a utilização da técnica de edição gênica representaria, efetivamente, realizar uma escolha diante da vida do outro inviabilizando que, o mesmo, seja protagonista de sua própria existência, comprometendo sua liberdade e expectativas futuras. Nessa perspectiva, a lesão provocada atingiria os ideais que permitem a realização da pessoa enquanto ser humano (sua autorrealização)[24] impactando, assim, na não efetivação de seu "*projeto de vida*"[25]

Nada obstante, não cogitamos apenas da autorrealização de um ser que se encontra no porvir. Negar, proibir ou não oferecer a edição gênica é um comportamento que vulnera este componente fundamental para sentirmos que a vida vale a pena. Mas não se trata apenas disto. O termo "transcendência" sugere a existência de um desejo de auxiliar as outras pessoas a alcançarem o seu potencial. Trata-se de uma lealdade a uma causa além de nós mesmos, impelindo-nos a identificar propósitos externos ao "self", permitindo que outras pessoas mantenham o valor da existência.[26]

Em uma dimensão constitucional, o direito fundamental à liberdade (autorrealização) confere a cada ser humano um *modus vivendi* e peculiar estilo de vida, porém o

---

ou não incorporar a excludente do risco do desenvolvimento (*Development Risks Defence* – DRD). A excludente é adotada por países como França, Itália e Espanha; (e) o critério temporal para aferição do estado da ciência e da técnica ou estado da arte é o da colocação do produto no mercado e não o da verificação do dano." ROSENVALD, N. *O Direito Civil em movimento.* 3ª ed., Salvador: Juspodivm, 2019, p. 206.

24. "A autorrealização é todo um lento e complexo processo de despertamento, desenvolvimento e amadurecimento psicológicos de todas as adormecidas potencialidades íntimas, que estão latentes no ser humano, como suas experiências e realizações ético-morais, estéticas, religiosas, artísticas e culturais. Equivale esclarecer que é todo um esforço bem direcionado para a realização do Eu profundo e não da superficialidade das paixões do ego". FRANCO, D.P. *O despertar do espírito: obra ditada pelo espírito de Joanna de Ângelis.* 5. ed. Salvador: LEAL, 2003.

25. "O que caracteriza a existência individual é o ser que se escolhe a si-mesmo com autenticidade, construindo assim o seu destino, num processo dinâmico de vir-a-ser. O indivíduo é um ser consciente, capaz de fazer escolhas livres e intencionais, isto é, escolhas das quais resulta o sentido da sua existência. Ele faz-se a si próprio escolhendo-se e é uma combinação de realidades/capacidades e possibilidades/potencialidades, está em aberto, ou melhor, está em projeto. Esta é a maneira como ele escolhe estar-no-mundo, o que se permite ser através da sua liberdade." TEIXEIRA, J. A. C. *Introdução à psicoterapia existencial. Análise Psicológica*, Lisboa, v. 24, n. 3, p. 294, jul. 2006. Disponível em: <http://www.scielo.oces.mctes.pt/pdf/aps/v24n3/v24n3a03.pdf>. Acesso em: 26 dez. 2019.

26. GAWANDE, A. *Mortais*, Rio de Janeiro: Objetiva, 2015.

direito fundamental à solidariedade abre espaço à transcendência, conceito que se torna ainda mais palpável quando o "outro" não se resume à "coletividade" ou às "próximas gerações", mas à própria descendência.

5.1. Proteção à pessoa e a relação com o conceito de dano existencial

A partir da certificação da crescente necessidade de tutelar situações que causam prejuízos que vão além da lesão psicofísica do indivíduo e extrapolam os direitos da personalidade de natureza não patrimonial, torna-se imprescindível discutir sobre ampliação da noção de dano, principalmente sob o ponto de vista funcional. Para as doutrinas que justificam tal necessidade, o principal argumento seria a dissonância de modalidade capaz de suprir o direito de danos causados à pessoa no que tange aos demais valores fundamentais da vida humana.

Nesse aspecto, é indispensável elencar quais são os critérios que definem o interesse existencial merecedor de tutela evitando-se, desse modo, a utilização indiscriminada do dano existencial que pode comprometer seu efetivo reconhecimento e valorização. Não se trata de englobar, no contexto do dano existencial, qualquer alteração prejudicial no cotidiano da pessoa, tampouco uma modificação que não seja juridicamente relevante. Tal dano, deverá ser quantitativa e qualitativamente relevante, pelo prisma jurídico, já que atingiria a pessoa na sua dignidade comprometendo, de forma significativa, sua integridade. Justifica-se, portanto, a necessária demonstração de como o conceito de dano existencial poderia ser aplicado no caso concreto, especificamente a partir do recorte epistemológico proposto neste estudo.

Discussões preliminares reconhecendo a maior necessidade de proteção à pessoa em suas atividades realizadoras [27] foram influenciadas tanto pela construção jurídica italiana,[28] quanto por precedentes da Corte Interamericana de Direitos Humanos.[29] Assim, de forma inédita, aventou-se tratar o dano à pessoa como categoria aperfeiçoada da responsabilidade civil, ou seja, espécie do gênero dano imaterial. Sacramentou-se, nesse contexto, a modalidade autônoma de dano existencial que abrangeria toda alteração prejudicial e juridicamente relevante à existência da pessoa lesada. A partir desse momento, o enfrentamento no sentido de se ampliar a proteção concedida aos valores existenciais da pessoa se intensifica.

---

27. O dano existencial acarreta um sacrifício nas atividades realizadoras da pessoa, ocasionando uma mudança na relação da pessoa com o que a circunda. É uma "renúncia forçada às ocasiões felizes", como dizem Cendon e Ziviz, ou, pelo menos, à situação de normalidade tida em momento anterior ao dano. Esse entendimento consta em ZIVIZ, Patrizia; CENDON, Paolo. *Il danno esistenziale. Una nuova categoria della responsabilità civile.* Milano: Giuffrè, 2000. p. XXII.

28. Decisão nº 7713 da Suprema Corte Italiana, datada de 7 de junho de 2000, como marco jurisprudencial de reconhecimento do dano existencial.

29. Nome de relevo nas pesquisas jurídicas hispano-americanas relativas ao dano ao projeto de vida, o jusfilósofo peruano Carlos Fernández Sessarego, docente da plurissecular Universidad Nacional Mayor de San Marcos – UNMSN158, associa o dano ao projeto de vida a colapso psicossomático (com consequências que se protraem no tempo) de envergadura tal que suscita um vazio existencial, na esteira da perda do sentido que sofre a existência humana, a anular a capacidade decisória do sujeito ou a prejudicar gravemente a possibilidade de uma tomada de decisão livre e de executar um projeto de vida. FERNÁNDEZ SESSAREGO, Carlos. El daño al proyecto de vida. Disponível em: <http://www.pucp.edu.pe/dike/bibliotecadeautor_carlos_fernandez_cesareo/articulos/ba_fs_7.PDF>. Acesso em: 26 dez. 2019.

254 GRAZIELLA TRINDADE CLEMENTE E NELSON ROSENVALD

Nesse cenário, a proteção à pessoa não se restringe unicamente àqueles direitos das pessoas previstos expressa ou explicitamente na Constituição e Código Civil. [30] A partir desse enfoque, torna-se mais robusta a ideia de que qualquer lesão à pessoa deverá ser tutelada.[31] Além disso, foram definidos como elementos constitutivos do dano existencial, o dano ao projeto de vida,[32][33] e o dano à vida em relações [34].

Consequentemente, estabeleceu-se a definição de dano causado à existência da pessoa como sendo aquele capaz de gerar afetação negativa e juridicamente relevante no cotidiano da mesma, causando modificação prejudicial, total ou parcial, permanente ou temporária de suas atividades realizadoras, inclusive representando uma renúncia involuntária à situação de normalidade. Destaca-se que essas atividades realizadoras incluiriam, inclusive, aquelas relacionadas ao atendimento das necessidades básicas como alimentação, higiene pessoal e educação mínima. Essas situações, de perda da capacidade de realização de atos simples, privação objetiva de realizar atividades normais e cotidianas, são ainda mais facilmente evidenciadas diante do comprometimento da integridade física da pessoa. [35]

Assim, a frustração gerada nas expectativas do indivíduo quanto ao seu próprio desenvolvimento enquanto pessoa, representaria dano de gravidade e extensão incomparáveis às lesões provocadas pelas demais modalidades de danos. De forma mais destrutiva, esses danos teriam potencial lesivo de gerar um vazio existencial, repercutindo na liberdade, ainda

---

30. SAPONE, Natalino. BIANCHI, Angelo. *Le ragioni del danno esistenziale. Roma:* Aracne Editrice, 2010
31. PERLINGIERI, P. La dottrina del diritto civile nella legalità costituzionale. *Revista Trimestral de Direito Civil.* Rio de Janeiro: Padma, 31, jul/set, 2007.
32. "Todos vivemos no tempo, que termina por nos consumir. Precisamente por vivermos no tempo, cada um busca divisar seu projeto de vida. O vocábulo "projeto" encerra em si toda uma dimensão temporal. O conceito de projeto de vida tem, assim, um valor essencialmente existencial, atendo à ideia de realização pessoal integral. É dizer, no marco da transitoriedade da vida, a cada um cabe proceder às opções que lhe parecem acertadas, no exercício da plena liberdade pessoal, para alcançar a realização de seus ideais. A busca da realização do projeto de vida revela, pois, um alto valor existencial, capaz de dar sentido à vida de cada um. [...] É por isso que a brusca ruptura dessa busca, por fatores alheios causados pelo homem (como a violência, a injustiça, a discriminação), que alteram e destroem, de forma injusta e arbitrária, o projeto de vida de uma pessoa, reveste-se de particular gravidade, — e o Direito não pode se quedar indiferente a isso. A vida — ao menos a que conhecemos — é uma só, e tem um limite temporal, e a destruição do projeto de vida acarreta um dano quase sempre verdadeiramente irreparável, ou uma vez ou outra de difícil reparação. Cf. ORGANIZAÇÃO DOS ESTADOS AMERICANOS. Corte Interamericana de Derechos Humanos. Caso Gutiérrez Soler Vs. Colombia. Fondo, Reparaciones y Costas. Sentencia de 12 de septiembre de 2005. Serie C n. 132. Voto razonado del Juez A.A. Cançado Trindade. Disponível em: <http://www.corteidh.or.cr/docs/casos/votos/vsc_cancado_132_esp.doc>. Acesso em: 26 dez. 2019, tradução livre nossa.
33. O dano ao projeto de vida refere-se às alterações de caráter não pecuniário nas condições de existência, no curso normal da vida da vítima e de sua família. Representa o reconhecimento de que as violações de direitos humanos muitas vezes impedem a vítima de desenvolver suas aspirações e vocações, provocando uma série de frustrações dificilmente superadas com o decorrer do tempo. O dano ao projeto de vida atinge as expectativas de desenvolvimento pessoal, profissional e familiar da vítima, incidindo sobre suas liberdades de escolher o seu próprio destino. Constitui, portanto, uma ameaça ao sentido que a pessoa atribui à existência, ao sentido espiritual da vida. NUNES, R.P. Reparações no sistema interamericano de proteção dos direitos humanos. In: OLIVEIRA, M.L.O. (Org.). *O sistema interamericano de proteção dos direitos humanos: interface com o Direito Constitucional Contemporâneo.* Belo Horizonte: Del Rey, Cap. 9, 2007, p. 166.
34. "O indivíduo, como ser humano, pode, uma vez inserido em diversas relações interpessoais, nos mais diversos ambientes e contextos, vir a estabelecer sua vivência e seu desenvolvimento pela busca constante do êxito no seu projeto de sua vida, do gozo dos direitos inerentes à sua personalidade, de suas afinidades e de suas atividades. A pessoa objetiva seu crescimento através da continuidade no contato, por meio dos processos de diálogo e de dialética com os demais membros, que participam com ele da vida em sociedade". BUARQUE, E. C. M. *Dano existencial: para além do dano moral.* 2017. Tese. (Doutorado em Direito) – Universidade Federal de Pernambuco, Recife.
35. SOARES, F. R. *Responsabilidade civil por dano existencial.* Porto Alegre: Livraria do Advogado, 2009.

que abstrata, que cada um possui de escolher seu próprio destino e de projetar sua vida, o que resultaria no esvaziamento da perspectiva de um presente e futuro minimamente gratificantes. Além disso, não afetaria somente a esfera de sofrimento interior da pessoa, sendo exteriorizado pela dor causada à impossibilidade de realização de atividades hedonistas. As consequências do dano existencial extrapolariam, portanto, as modificações provocadas no modo da pessoa projetar-se no mundo atingindo, também, a relação com as demais pessoas.[36]

Salienta-se, ainda, que dependendo do caso concreto, ao se obstaculizar prática de atos de suma importância para autorrealização pessoal, o dano existencial pode transformar as singularidades do cotidiano em verdadeiros desafios, momentos de angústia, tensão e profunda dificuldade. Seguindo esse raciocínio, o dano ao projeto de vida consistiria em vertente do dano existencial relacionado ao impedimento prático de se realizar atos imprescindíveis à execução de metas e aspirações pessoais capazes de dar sentido à existência.[37]

Para além dessa análise, deve-se considerar, ainda, que o dano existencial apresenta aspecto de "potencialidade" relativo às atividades que a pessoa seria capaz de realizar caso não houvesse sofrido o dano. É, portanto, nesse sentido, que a responsabilidade civil por dano existencial se justificaria na modalidade dano por um projeto de vida frustrado, em que a extensão do prejuízo se daria em relação ao que não se pode mais obter.[38]

Outra peculiaridade do dano existencial é o fato de, apesar de provocado em determinado momento da vida do indivíduo, ter seu potencial danoso protraído ao longo de toda a vida da vítima, impedindo-a de se autorrealizar. Em razão disso, aqueles que defendem essa teoria são unânimes em relacionar o dano existencial ao desfazimento de uma perspectiva projetada (fracasso na busca pela realização do projeto de vida) em que são consideradas as perdas ulteriores, atemporais, e que trazem em si um valor essencialmente existencial. Entende-se, ainda, que a ruptura dessa busca, capaz de dar sentido à vida de cada um, quando ocorre por fatores alheios à vontade do indivíduo (injustiça, discriminação, violência) deve ser considerada como particularmente grave.[39]

Apesar dessa nova modalidade de dano ainda não ser sustentada de forma consistente pela doutrina brasileira, há evidências de sua aplicação na jurisprudência nacional,[40] tendo sido denominada, por vezes, como dano existencial, outras sob a denominação dano ao projeto de vida, ou ainda, de forma contestável, como sinônimo de dano moral.

---

36. BUARQUE, E. C. M. *Dano existencial: para além do dano moral.* 2017. Tese. (Doutorado em Direito) – Universidade Federal de Pernambuco, Recife.

37. FROTA, H. A. Noções fundamentais sobre o dano existencial. *Revista Jus Navigandi*, ISSN 1518-4862, Teresina, ano 16, n. 3046, 3 nov. 2011. Disponível em: https://jus.com.br/artigos/20349. Acesso em: 26 dez. 2019.

38. SESSAREGO, C. F. *¿Existe un daño al proyecto de vida?* Disponível em: <http://www. revistapersona.com.ar/Persona11/11Sessarego.htm>. Acesso em: 28 ago. 2019. Sessarego exemplifica: "Alguna vez hemos mencionado, a manera de ejemplo, la grave frustración existencial que experimenta un pianista famoso que pierde algunos dedos de la mano, lo que lo imposibilita, por ende, de realizarse como tal. Este daño al 'proyecto de vida' carece de significación económica, no obstante, lo cual tiene consecuencias muy graves que pueden conducir, con efecto de un vacío existencial, hasta el suicidio. Ello, claro, estará aparte del daño emergente y el lucro cesante simultáneamente causados por el agente de la acción ilícita." SESSAREGO, C.F. *Derecho a la identidad personal.* Buenos Aires: Astrea, 1992. p. 261262.

39. BUARQUE, E. C. M. *Dano existencial: para além do dano moral.* 2017. Tese. (Doutorado em Direito) – Universidade Federal de Pernambuco, Recife.

40. SANTANA, A.G. *O dano existencial como categoria jurídica autônoma: um aporte a partir de um diálogo com os direitos humanos.* 2017. Tese (Doutorado em Direito) – Universidade Federal do Pará, Belém.

O dano existencial não era expressamente identificado no ordenamento jurídico brasileiro, até que a Lei n. 13.467/2017 incluiu na Consolidação das Leis do Trabalho (CLT), o dispositivo 223-B no Título II-A ("Do Dano Extrapatrimonial"), corretamente autonomizando as figuras do dano moral e existencial como espécies do gênero "dano extrapatrimonial."[41] Uma vez comprovadas as evidências de sua aplicabilidade, por meio da análise das jurisprudências, e, estando presentes os indícios de lesão causada à pessoa, não há como negar o devido ressarcimento mesmo que, para tal, seja necessária a criação de nova categoria de proteção de danos à pessoa mediante reforma do Código Civil, tal como preconizado na CLT. Afinal, não obstante a elogiável tendência ao reconhecimento da multifuncionalidade da responsabilidade civil, há sólido consenso social no sentido de que a principal função da responsabilidade extranegocial continua sendo a reparação de danos, amparada no princípio da reparação integral.[42]

5.2. Da verificação do dano ao projeto de vida no contexto da edição gênica

Na eventualidade da técnica de edição gênica tornar-se opção terapêutica viável, situação ainda hipotética, entretanto inegável, há de se questionar os efeitos danosos da não utilização da mesma, principalmente nos casos de doenças geneticamente determinadas, incuráveis e que limitam a autonomia do indivíduo chegando a comprometer, até mesmo, sua dignidade. Seria possível cogitar de um dano intergeracional? A omissão deliberada ao recurso da edição gênica afigura uma ofensa mediada no tempo, pois o que nos faz humanos atravessa gerações e culmina por agir como uma ponte entre elas.

Nesse contexto, não será difícil vislumbrar que, somente por meio da modificação gênica, haveria possibilidade de se evitar danos de magnitude significativa, com consequências permanentes e limitadoras da capacidade do sujeito de vivenciar suas próprias escolhas, comprometendo seu destino, submetendo-o a renúncias diárias e aprisionando-o em um vazio existencial.

Nessa conjuntura, questiona-se sobre a viabilidade de ocorrência do dano ao projeto de vida no contexto da edição gênica. Em outros termos, uma vez diagnosticada a alteração gênica, sendo ela passível de correção pelo método da edição, não a realizar, implicará em dano que sabidamente vai repercutir na vida desse indivíduo de forma significativa, decisiva, prolongada e, frequentemente, permanente.

Contudo, para que seja possível visualizar tais hipóteses de cabimento, faz-se necessário delinear algumas situações:

5.2.1 Situação em que a técnica é reconhecida cientificamente, mas encontra-se indisponível por não possuir amparo legal

Mesmo supondo que, do ponto de vista científico, a edição gênica tenha alcançado aprimoramento suficiente ao ponto de ser reconhecida como opção terapêutica, deve-se

---

41. Art. 223-B - CLT. [reforma trabalhista 2017] Causa dano de natureza extrapatrimonial a ação ou omissão que ofenda a esfera moral ou existencial da pessoa física ou jurídica, as quais são as titulares exclusivas do direito à reparação. (Incluído pela Lei nº 13.467, de 13.7.2017).

42. ROSENVALD, N. *As funções da Responsabilidade Civil – A Reparação e a Pena Civil*. 3ª ed., São Paulo: Saraiva, 2017.

considerar que sua aceitação e amparo legal irão depender dos contextos específicos de cada país. Os aspectos socioculturais, bem como o desenvolvimento econômico, podem influenciar nesse processo. Na inexistência de amparo legal, a oportunidade de realizar o procedimento de edição gênica torna-se inviável, restando o enfrentamento dos danos decorrentes desse constrangimento.

Nessa situação, outra questão importante deverá ser destacada. Não existindo a opção de se realizar a técnica em seu país de origem e impulsionados pela pretensão de evitar os danos decorrentes das condições genéticas diagnosticadas no embrião, os genitores lançam mão das práticas de turismo médico. Tendo em vista que as políticas divergem entre países, cujas regulamentações podem ser mais permissivas ou restritivas, as pessoas deslocam-se de seu local de origem, motivadas pela busca dos serviços de saúde que disponibilizam o tratamento, sem ao menos se preocuparem com os casos de mercados pouco regulados ou, até mesmo, ilegais. Assim, mais um desafio se impõe.

5.2.2 *Situação em que a técnica está disponível, mas com acesso limitado*

É inegável que, quando implementadas clinicamente, essas técnicas, certamente, irão representar custo elevado o que pode, inclusive, dificultar sua oferta via planos de saúde. Mesmo que a edição gênica, por si, não seja técnica dispendiosa, para sua implementação clínica é necessário associá-la às técnicas de reprodução assistida, fertilização "in vitro" e diagnóstico pré-implantação que, sabidamente, são onerosas.

Assim, inevitavelmente, esse fato poderia limitar o acesso de alguns grupos sociais à tecnologia criando-se, desta forma, desigualdade de oportunidades. Nessa condição, não seria uma escolha dos pais a não utilização da técnica. Ao contrário, essa escolha se daria por falta de recursos financeiros, implicando na impossibilidade de evitar os danos decorrentes da alteração gênica diagnosticada no embrião.

Em uma discussão que transcende os limites deste artigo, é evidente que a chamada convergência NBIC – nanotecnologia, biotecnologia, informática e ciência do conhecimento (neurociências) – estreita os limites entre a vida natural e a artificial, dissolve as fronteiras entres as ciências físicas e a biologia, implicando em um melhoramento (*enhancement*) do ser humano. Com base no postulado "nem tudo que é tecnicamente possível é eticamente admissível", o maior receio dentre os estudiosos do fenômeno do transhumanismo, consiste no acesso estrito por parte de uma casta de "novos" seres humanos a tecnologias que propiciem longevidade ampliada com capacidades físicas e mentais superiores.[43] O fundamental é que se edifiquem políticas públicas que direcionem a tecnologia CRISPR/Cas9 a serviço do homem – como instrumento de mapeamento de graves patologias hereditárias e não subvertida em técnica eugênica utilitária -, sobremaneira no contexto de uma sociedade extremamente desigual, onde a questão do

---

43. "no hay por que rechazar la tecnología si sirve al hombre, si contribuye a un mondo mas humano, donde la solidaridad preconizada por el personalismo pueden jugar a fondo. La idea de mejorar la naturaleza humana misma no hay por qué rechazarla, en tanto que se trate de una mejora verdadera, que corresponda a la verdad antropológica del hombre y le permita buscar los bienes fundamentales a los que aspira." TANGUY, M. P. *Transhumanismo*. Madrid: Rialp, 2018, p. 17.

258 GRAZIELLA TRINDADE CLEMENTE E NELSON ROSENVALD

acesso é estruturalmente delicada até mesmo para os bens essenciais (educação, saúde básica, assistência social, moradia).

5.2.3 Situação em que a técnica está disponível, mas não foi utilizada em função de falha no diagnóstico

Nesses casos, a falha ao se diagnosticar as alterações genéticas é de responsabilidade do médico ou laboratório a quem cabe, respectivamente, o diagnóstico e a realização dos exames. Essa falha, que pode ser por negligência ou até mesmo omissão, é que justifica o não emprego da técnica de edição gênica.

Além da possibilidade de dano ao embrião, pela perda da chance de ter as alterações genéticas corrigidas verifica-se, também, o dano causado aos genitores que tem cerceado o direito de tomar a decisão livre e esclarecida com relação a continuidade ou não da gestação (interrupção conforme previsão do ordenamento jurídico).[44]

Em ambas situações se tornam evidentes os critérios que caracterizam dano ao projeto de vida e, no qual, se incluem a irreversibilidade, a gravidade, o cerceamento das expectativas de desenvolvimento pessoal e, até mesmo, a resignação com o próprio destino.

5.2.4 Situação em que a técnica está disponível, mas não se optou pela sua realização

Considerando-se a realidade reprodutiva de futuros genitores com alto risco de terem filhos afetados por sérias doenças genéticas, pode-se dizer que com a técnica de edição gênica constitui mais uma alternativa reprodutiva estendendo as opções e, assim, garantindo maior autonomia reprodutiva aos mesmos.

Entretanto, exatamente por se tratar de uma alternativa, nem sempre a edição gênica será a opção escolhida. Nessa perspectiva, deve-se considerar a importante influência que os aspectos culturais, intelectuais e religiosos influenciam na capacidade decisória dos genitores, já que interferem, diretamente, na questão do entendimento e aceitação da indicação clínica da técnica.

Destaca-se que, nas situações relacionadas com técnicas de reprodução humana assistida, em que o diagnóstico pré-implantatório é essencial para se garantir a eficácia do procedimento, o diagnóstico da eventual alteração genética é habitual. Ocorre que, especificamente nessas situações, mesmo sendo possível o diagnóstico prévio das alterações, os genitores, respaldados pela autonomia reprodutiva, podem decidir por assumir o nascimento sem a realização da edição gênica. Nesse caso, estariam optando por não fazer uso da terapêutica disponível, apesar do diagnóstico comprovando a indicação da edição gênica. Situação diferente, seria a de uma gestação natural em que tais investiga-

---

44. "Em hipóteses designadas como de "concepção indevida" (*wrongful conception*) ou também "gravidez indevida" (*wrongful pregnancy*), venha ou não a ocorrer um nascimento, verifica-se uma gravidez indesejada em resultado de um erro médico (*lato sensu*), ou é concebido um feto com uma deficiência genética depois de os pais não terem sido informados – ou de terem sido incorretamente informados – sobre os seus riscos genéticos." PINTO, M. P. *Direitos de Personalidade e Direitos Fundamentais – Estudos*. Coimbra: GESTLEGAL, 2018, p. 735-772.

ções ocorrem, somente, em face de eventuais suspeitas fundamentadas o que diminui, consideravelmente, a probabilidade do diagnóstico e, portanto, a opção de corrigir as possíveis alterações detectadas.

Apesar da inquestionável relevância do dano ao embrião, em ambas situações, é notória a diferença entre a responsabilidade pelo dano quando se opta por não realizar a edição apesar do diagnóstico prévio. Nesses casos, a ocorrência do dano está intrinsecamente relacionada à decisão dos genitores, que ao desconsiderarem as possíveis consequências do dano, limitam as possibilidades desse futuro Ser de exercer suas liberdades de escolha diante da vida.

Na eventualidade de a única opção ser fazer uma escolha, evitar a causação de sofrimentos extremos é um compromisso ético perante a comunidade. Dentro do pluralismo admite-se a experiência da alteridade e formas de vida distintas, mas não infinitamente variáveis: tanto a liberdade quanto a igualdade estão entre os valores mais perseguidos pelos seres humanos. Porém, como frisa Isaiah Berlin, a liberdade total para os lobos significa a morte das ovelhas; a liberdade total do poderoso não é compatível com os direitos a uma existência decente para os menos dotados.[45][46]

Não se trata de questionar, aqui, o argumento de que ninguém pode reclamar judicialmente por ter sido prejudicado, simplesmente por haver nascido. Importante salientar que o enfoque da edição gênica não se assemelha com o acontecido há alguns anos em França - seja no famoso *affaire Perruche*, como em outras situações em que médicos foram processados por detectarem deficiências físicas ou mentais em fetos, impedindo que mães optassem pelo aborto. Lá se discutiu sobre a perda de uma chance de mães evitarem vidas com intenso sofrimento (uma causalidade duvidosa, que poderia suscitar o estímulo a praticas eugênicas se as demandas fossem vitoriosas). Na edição gênica, em contrapartida, o ponto fulcral é a eventual responsabilidade civil por ato ilícito no qual a vítima não será um nascituro, ou sequer um pré-embrião, porém um concepturo, ou seja, aquele que ainda está para ser concebido, uma "expectativa do devir", encontrando-se no campo das incertezas. O concepturo não habita o campo da existência e quanto a ele só há referência na sucessão testamentária (art. 1799, I, CC), na condição de filho ainda não concebido de pessoa indicada pelo testador. A famosa "prole eventual", que pode vir a existir no futuro.[47]

O concepturo não é pessoa, nem se enquadra na ideia intermediária de uma potencialidade de vida a que se defere especial proteção (o embrião excedentário crioconservado). Na sucessão testamentária, o concepturo surge como uma construção legal, o que explica que a sua tutela jurídica seja meramente patrimonial e pontual. Mas qual será a justificativa jurídica para se romper essa barreira legislativa, a ponto de respaldar a pretensão ao dano existencial em face do concepturo? Decerto, com base em um direito eventual à vida e à proteção integral. Enquanto o nascimento com vida é a condição

---

45. BERLIN, I.; BEZAMAT, A. *Uma mensagem para o século XXI*. Belo Horizonte: Ayiné, 2018.
46. Berlin bem lembra que "o melhor que pode ser feito é manter um equilíbrio precário que prevenirá a ocorrência de escolhas intoleráveis – essa é a primeira exigência para uma sociedade decente; uma pela qual valerá sempre a pena lutar."
47. ROSENVALD, N. *O Direito Civil em movimento*. 3ª ed., Salvador: Juspodivm, 2019, p. 178.

suspensiva que determinará o recebimento da herança, a concepção intrauterina será o evento futuro e certo que demarcará o momento em que surge a pessoa e a respectiva tutela a sua personalidade, mesmo que o ilícito tenha sido praticado em momento anterior à nidação do embrião no útero materno e que os danos só sejam efetivamente constatados após o nascimento. [48]

Pode-se mesmo elaborar um raciocínio às avessas, com forte pragmatismo. O *de cujus* não titulariza direitos da personalidade, mas os seus atributos existenciais jamais fenecem como coisa de ninguém, pois transcendem o momento da morte. A "memória do morto" é passível de proteção bifronte– inibitória e reparatória -, por parte de seus familiares, em nome próprio, por ilícitos praticados contra a honra, imagem e nome da pessoa já falecida. Pois bem: esse raciocínio também se aplicaria a aurora da vida. O concepturo é pura hipótese de ser, ainda não é sujeito de direitos, mas o ilícito que repercute imediatamente sobre ele, transcende o estágio anterior à fecundação, alcançando a sua vida e existência. [49]

Assim, nada impede que filhos processem genitores por comportamentos de risco associados a infecções como o HIV, ou ao uso excessivo de álcool - v.g. Síndrome Alcoólica Fetal - cujos efeitos danosos serão identificados posteriormente, ainda na fase de gravidez. Indo além, poderá ainda compreender danos decorrentes de transmissão de moléstias genéticas previamente conhecidas pelos pais. Não se trata de responsabilizá-los por gerarem filhos deficientes, porém, pela prática de atos ilícitos, entendendo-se que uma função preventiva da responsabilidade civil requer que o dever fundamental do cuidado seja elastecido para justificar a tutela do concepturo. [50]

Independente de qualquer celeuma sobre o marco inicial da aquisição de direitos da personalidade, o direito fundamental à vida deve ser materializado para compreender uma vida digna e plena conforme o contexto histórico de cada sociedade, inserindo-se aí a *lex artis*, ou seja, o conjunto de práticas médicas geralmente aceitas como adequadas para tratamento, que oscilam conforme o progresso técnico da medicina.

Nesse contexto, torna-se ainda mais relevante a análise da escolha que os genitores impõem, ao não optarem pela edição gênica, cujas consequências têm o potencial de gerar vida de autonomia cerceada restringindo a existência do outro, na medida em que deixa de prevenir dano capaz de impedir ou modificar todo um projeto de vida.

---

48. Ibid., p.179.
49. Ibid., loc. cit.
50. "com efeito, em 2016, um homem nascido na Inglaterra com graves deficiências em razão de sua mãe ter sido estuprada pelo próprio pai, obteve compensação por danos morais contra o avô. Em um precedente histórico, o Upper Tribunal entendeu que a vítima - agora um homem de 28 anos - é legitimado a obter a reparação. O jovem é epilético, possui graves dificuldades de aprendizado e sério comprometimento visual e auditivo. Segundo a defesa, o demandante não se enquadrava no conceito legal de pessoa, pois se o crime não fosse cometido contra a sua mãe, ele não existiria. Ademais, um ilícito causado antes da concepção, cujas consequências se revelam após o nascimento, não pode ser tratado como lesão a uma pessoa viva. Contudo, para os magistrados, não há norma preceituando que a vítima seja uma pessoa ao tempo do crime. O decisivo é que as desordens genéticas sejam consequências diretamente atribuídas ao ato incestuoso." ROSENVALD, N. *O Direito Civil em movimento*. 3ª ed., Salvador: Juspodivm, 2019, p. 178.

6. CONSIDERAÇÕES FINAIS

Na notória obra "A Sociedade Aberta e os seus Inimigos" (1945) - em um exame histórico que se inicia na Grécia e vai até o século XX-, Karl Popper aborda a passagem da sociedade fechada para a aberta, tendo como resultado o desenvolvimento prodigioso das ciências, criatividade humana e da técnica, bem como, a irrupção do indivíduo singular e os fundamentos da cultura da liberdade. O nascimento do espírito crítico rompe os muros da sociedade fechada e expõe o homem à responsabilidade individual. O medo da mudança, do desconhecido, faz com que a sociedade fechada se retroalimente. Porém, a vida é criação permanente. A evolução do conhecimento científico não pode ser prevista por métodos racionais, sendo impossível antecipar o decurso futuro de uma história que será determinada por achados e invenções técnicas que não podemos antecipar. Em seu método reformista de "engenharia gradual" (*piecemeal approach*), o filósofo austríaco se coloca contra qualquer determinismo histórico ou planificação e defende a livre concorrência de ideias e a transformação gradual e consensual da sociedade, mediante o aperfeiçoamento constante das instituições, sempre expostas à crítica e fiscalização. Em uma sociedade aberta, a liberdade coloca nos ombros do ser humano uma carga pesada: decidir por si mesmo o que lhe convém e o que lhe prejudica. A cultura da liberdade acarreta o fardo da responsabilidade individual.[51]

Portanto, como todos os outros progressos da ciência, vê-se com otimismo a edição gênica (CRISPR/Cas9). Ela é considerada um dos maiores avanços da medicina na era moderna. Mediante manipulação do DNA humano, a técnica proporciona uma gama imensa de possibilidades que vão desde indicações preventivas até terapêuticas constituindo, por isso, ferramenta revolucionária no mapeamento de doenças graves, de caráter hereditário e frequentemente incuráveis. Sua contribuição para a compreensão da gênese das doenças genéticas e do desenvolvimento embrionário humano é inquestionável.

Entretanto, como em todo avanço biotecnológico, ainda restam muitos desafios técnicos, éticos e legais a serem enfrentados. Em um necessário ambiente de ceticismo e fundamental condição de incerteza temos que defender para a edição gênica um conjunto de regras, deveres e formas de reparação. Reforça-se, pois, a necessidade de contínuos diálogos interdisciplinares, imprescindíveis no sentido de se ponderar, delinear e estabelecer novos paradigmas objetivando promover as adequações pertinentes. Apesar das limitações impostas no momento atual, não há como negar a perspectiva de superação futura desses desafios, o que certamente determinará a indicação preventiva e/ou terapêutica, segura e viável da técnica.

É nesse contexto, consequentemente, que se impõem novos embates. Toda solução produz uma nova situação que gera suas próprias novas necessidades e novas demandas, sempre imprevisíveis. Não podemos legislar para as consequências desconhecidas das consequências de outras consequências. Todavia, os riscos morais e jurídicos não podem ser evitados e, diante dessa nova realidade da edição gênica, e em face de diagnóstico que justifique sua indicação, não utilizar a técnica poderia representar a certeza de dano

---

51. POPPER, K. *A Sociedade aberta e seus inimigos*. Belo Horizonte: Itatiaia, 1974.

juridicamente relevante, irreversível, permanente e com potencial de limitar a liberdade de escolha desse futuro Ser, submetendo-o à renúncias diárias – dano existencial.

Assim, perante um dano existencial, que objetivamente implicará em uma modificação prejudicial relevante na vida de uma pessoa, e impactará tanto na violação permanente ao projeto de vida, como em prejuízo expressivo nas relações com as demais pessoas, justifica-se a demanda pela inclusão dessa modalidade de dano que tenha, como principal escopo, a ampliação da proteção à pessoa. Visto que ao Direito deve interessar a prevenção dos eventuais danos causados à pessoa, bem como a coibição das lesões eventualmente geradas, a agregação do dano existencial como categoria autônoma, entre as modalidades de danos extrapatrimoniais a serem consideradas na proteção à pessoa, é imperiosa.

7. REFERÊNCIAS

BERLIN, I. *Uma mensagem para o século XXI*. Belo Horizonte: Ayiné, 2018.

BOEL, A.; STEYAERT, W.; DE ROCKER, N., *et al.* BATCH-GE: *batch analysis of next generation sequencing data for genoma editing assessment*. Sci Rep., n. 6, p. 30330, 2016.

BUARQUE, E. C. M. *Dano existencial: para além do dano moral*. 2017. Tese. (Doutorado em Direito) – Universidade Federal de Pernambuco, Recife.

CAVALIERI, G. Genome editing and assisted reproduction: curing embryos, society or prospective parents? *Medicine, Health Care and Philosophy*, p. 1-11, 2017.

CENDON, Paolo. *Il danno esistenziale. Una nuova categoria della responsabilità civile*. Milano: Giuffrè, 2000. p. XXII.

CLEMENTE, G. T. *Manipulação gênica em embriões humanos. Actualidad Jurídica Iberoamericana*, v. 9, p. 202-223, Ago. 2018.

CLEMENTE, G. T. *Responsabilidade Civil, Edição Gênica e o CRISPR*. In: ROSENVALD, N.; DRESCH, R. F. V.; WESENDONCK, T. (Org.). *Responsabilidade Civil - Novos Riscos*. Indaiatuba, SP: Editora Foco, 2019. p. 301-317.

CYRANOSKI, D.; LEDFORD, H. *Genome-edited baby claim provokes international outery. Nature*, n. 563, p. 607-608, 2018.

DE WERT, G.; HEINDRYCKX, B.; PENNINGS, G., *et al. Responsible innovation in human germline gene editing: Background document to the recommendations of ESHG and ESHRE. European Society of Human Genetics*, 2018.

FERNÁNDEZ SESSAREGO, Carlos. *El daño al proyecto de vida*. Disponível em: <http://www.pucp.edu.pe/dike/bibliotecadeautor_carlos_fernandez_cesareo/articulos/ba_fs_7.PDF>, Acesso em: 26 dez. 2019.

FRANCO, D.P. *O despertar do espírito*: obra ditada pelo espírito de Joanna de Ângelis. 5. ed. Salvador: LEAL, 2003.

FROTA, H. A. *Noções fundamentais sobre o dano existencial. Revista Jus Navigandi*, ISSN 1518-4862, Teresina, ano 16, n. 3046, 3 nov. 2011. Disponível em: https://jus.com.br/artigos/20349. Acesso em: 26 dez. 2019.

GAWANDE, A.; *Mortais*. Rio de Janeiro: Objetiva, 2015.

GOUSI, L.; YAO-GUANG, L.; YAANLING, C. *Genome-editing Technologies: the gap between application and policy. Sci China Life*, v. 62, p. 1-5, 2019.

GYNGELL, C.; FELLOW, M.; DOUGLAS, T.; SAVULESCU, J. *The ethics of germline gene editing. J Appl Philos.*, n. 34(4), p. 498-513, 2017.

HASHIMOTO, M.; YAMASHITA, Y.; TAKEMOTO, T. *Eletroporation of Cas9 protein/sgRNA into early pronuclear zygotes generates non-mosaic mutants in the mouse. Dev Biol.*, n. 418, p. 1-9, 2016.

NATIONAL ACADEMIES OF SCIENCES, ENGINEERING AND MEDICINE. *Human genome editing: science, ethics, and governance.* Washington D: Academies Press, 2017.

KLEINSTIVER, B.; PATTANAYAK, M.; TSAI, S., *et al. High fidelity CRISPR-Cas9 nucleases with no detectable genome-wide off-target effects. Nature*, n. 529, p.490-495, 2016.

LIANG, P.; XU, Y.; ZHANG, X.; DING, C.; HUANG, R., *et al.*: "CRISPR/Cas9-mediated gene editing in human tripronuclear zygotes", *Protein Cell*, vol. 6, n. 5, p. 363-372, 2015.

MULVIHILL, J.J.; CAPPS, B.; JOLY, Y.; LYSAGHT, T., *et al. Ethical issues of CRISPR technology and gene editing trough the lens of solidarity. British Medical Bulletin*, v.122, n.1, p. 17-29, 2017.

NUFFIELD COUNCIL ON BIOETHICS. *Genoma editing and Human reproduction: social and ethical issues*, 2018.

NUNES, R.P. Reparações no sistema interamericano de proteção dos direitos humanos. In: OLIVEIRA, M.L.O. (Org.). *O sistema interamericano de proteção dos direitos humanos: interface com o Direito Constitucional Contemporâneo.* Belo Horizonte: Del Rey, Cap. 9, p. 166, 2007.

PERLINGIERI, P. *La dottrina del diritto civile nella legalità costituzionale. Revista Trimestral de Direito Civil.* Rio de Janeiro: Padma, 31, jul/set, 2007.

PINTO, M. P. *Direitos de Personalidade e Direitos Fundamentais – Estudos.* Coimbra: GESTLEGAL, 2018, p. 735-772.

POPPER, K. *A Sociedade aberta e seus inimigos.* Belo Horizonte: Itatiaia, 1974.

REYES, A.; LANNER, F. *Towards a CRISPR view of early human development: applications, limitations and ethical concerns of genome editing human embryos, The Company of Biologists*, n. 144, p. 3-7, 2017.

ROSENVALD, N. *As funções da Responsabilidade Civil – A Reparação e a Pena Civil.* 3ª ed., São Paulo: Saraiva, 2017.

ROSENVALD, N. – *O Direito Civil em movimento* – 3ª ed., Salvador: Juspodivm, 2019.

SANTANA, A.G. *O dano existencial como categoria jurídica autônoma: um aporte a partir de um diálogo com os direitos humanos.* 2017. Tese (Doutorado em Direito) – Universidade Federal do Pará, Belém.

SAPONE, N. BIANCHI, A. *Le ragioni del danno esistenziale.* Roma: Aracne Editrice, 2010.

SESSAREGO, C.F. Derecho a la identidad personal. Buenos Aires: Astrea, 1992, p. 261-262.

SLAYMAKER, I.; GAO, L.; SCOTT, D., *et al. Rationally engeneered Cas9 nucleases with improved specificity. Science*, n. 351, p. 84-88. 2015.

SOARES, F. R. *Responsabilidade civil por dano existencial.* Porto Alegre: Livraria do Advogado, 2009.

TANGUY, M. P. *Transhumanismo.* Madrid: Rialp, 2018.

TEIXEIRA, J. A. C. *Introdução à psicoterapia existencial.* Análise Psicológica, Lisboa, v. 24, n. 3, p. 294, jul. 2006. Disponível em: <http://www.scielo.oces.mctes.pt/pdf/aps/v24n3/v24n3a03.pdf>. Acesso em: 26 dez. 2019.

THOMPSON & THOMPSON. *Genética Médica: Padrões de herança monogênica.* Rio de Janeiro: Elsevier, 2016, p.107-132.

XU, L.; YANG, H.; GAO, Y., *et al.* CRISPR/Cas9 – *mediated CCR5 ablation in human hematopoietic steam/progenitor cells confers HIV-1 resistence in vivo. American Society of Gene & Cell Therapy*, v. 25, n. 8, 2017.

REFLEXÕES ACERCA DOS *SAVIOR SIBLINGS* NO ATUAL ESTADO DA ARTE

Ana Paula Correia de Albuquerque da Costa

Doutora e Mestra em Ciências Jurídicas pela Universidade Federal da Paraíba, com realização de estágio doutoral no Centro de Direito Biomédico da Universidade de Coimbra. Professora da Universidade Federal da Paraíba. Advogada. Associada do Instituto Brasileiro de Responsabilidade Civil e Presidente do Instituto Perspectivas e Desafios de Humanização do Direito Civil Constitucional. E-mail: ap_albuquerque@yahoo.com.br; anapaula.costa@cccadv.com.br. Orcid: https://orcid.org/0000-0003-4250-594X. Lattes: http://lattes.cnpq.br/5558544028755896.

Sumário: 1. Introdução – 2. A criação de savior siblings no contexto dos direitos reprodutivos, planejamento familiar e reprodução assistida; 2.1. Planejamento familiar e reprodução humana assistida; 2.2. Direitos reprodutivos e reprodução humana assistida – 3. Aspectos ético-normativos; 3.1. Conceito e Origem; 3.2. *Savior Sibling* na perspectiva do direito luso-brasileiro – 4. O dever geral de cuidado e responsabilidade por danos; 4.1 Sociedade de riscos e necessidades de avanços; 4.2. Dever geral de cuidado e responsabilidade por danos – 5. Considerações finais – 6. Referências

1. INTRODUÇÃO

O artigo 226 Constituição Federal de 1988 consagrou, no Brasil, os princípios do pluralismo e da liberdade no âmbito familiar. Ao mesmo tempo, o § 7º do mesmo artigo e a Lei nº 9.263/97 – Lei do Planejamento familiar, disciplinam que este é de livre escolha do homem, da mulher, ou do casal, devendo-se assegurar, inclusive, assistência à concepção, quando necessário. Caso a composição ou aumento da entidade familiar, por meio da filiação, demande de auxílio médico cujo tratamento indicado contemple as técnicas de inseminação artificial ou fertilização *in vitro*, fala-se em reprodução humana assistida (RHA).

De fato, as técnicas de RHA têm possibilitado uma nova forma de filiação e, consequentemente, novos modos de composição familiar para pessoas e casais que outrora, por motivos médicos ou por questões pessoais, não poderiam alcançar.

A filiação artificial se revela, assim, uma realidade cada vez mais frequente e, ante a ausência de base legal no Brasil, há uma série de conflitos éticos e jurídicos que restam ainda sem resposta. Do conjunto de conflitos existentes, o que se pretende analisar neste artigo é o papel da RHA na prevenção e tratamento de doenças por meio do Diagnóstico Genético Pré-Implantacional (DGPI) e a "criação" dos chamados *savior siblings*, os irmãos salvadores.

Para tanto, a pesquisa foi conduzida através de uma abordagem hipotético-dedutiva, com métodos de procedimento histórico, no intuito de analisar as causas e motivos que levaram à utilização do DGPI para seleção de embriões; comparativo, através do estudo comparado com o ordenamento jurídico português; e analítico, voltado para o pensamento crítico a respeito dos temas dispostos. As técnicas de pesquisa utilizadas foram a pesquisa doutrinária e legislativa.

O texto foi construído de forma a que o leitor compreenda as causas e efeitos da gestação dos bebês salvadores, iniciando-se com a análise do surgimento dos *savior sibling* no contexto do planejamento familiar; em seguida será feito o estudo das normas vigentes para, ao final, analisar o fenômeno dos irmãos salvadores à luz dos princípios da bioética aplicados às ciências da vida, da teoria do risco de Beck e Luhmann e do princípio responsabilidade de Hans Jonas.

2. A CRIAÇÃO DE SAVIOR SIBLINGS NO CONTEXTO DOS DIREITOS REPRODUTIVOS, PLANEJAMENTO FAMILIAR E REPRODUÇÃO ASSISTIDA

A instituição família vem passando por mudanças, tanto na sua função quanto na sua concepção. Pesquisas do IBGE demonstram um novo perfil das entidades familiares, perfil este em que os laços de afeto têm superado os laços de sangue, como a família monoparental, as famílias recompostas e a família homoafetiva. Neste contexto, a tecnologia médica aplicada à reprodução tem contribuído com a nova composição familiar, técnicas de RHA possibilitaram novos modos de alcançar a maternidade ou paternidade e, consequentemente, novas possibilidades de compor ou ampliar a família por meio da filiação para pessoas e casais que outrora, por motivos médicos ou sociais, não poderiam fazê-lo[1].

Os avanços da ciência e tecnologia permitiram ainda que, para além de tratar a infertilidade, a própria matéria biológica humana a ser implantada no útero da mulher possa ser clinicamente analisada, de modo a evitar dar início a gestações de embriões não saudáveis. Com o tempo, percebeu-se que a mesma tecnologia poderia ser utilizada para selecionar e gestar embriões geneticamente compatíveis com pessoa doente, que precise de tratamento com transplante de células-tronco para buscar a cura. É preciso, então, avaliar se o instituto do planejamento familiar pode ser empregado como forma de programar o nascimento de um irmão salvador.

2.1. Planejamento familiar e reprodução humana assistida

Como já afirmado no parágrafo inaugural do presente texto, a redação do art. 226 da Constituição Federal de 1988 consagrou o princípio da família plural, não há mais, como no passado, fórmulas rígidas ou modelos pré-determinados de entidades familiares compondo um rol taxativo do que outrora se convencionara chamar de família legítima. Hodiernamente, as pessoas estão livres para escolher o modo de agrupamento familiar que melhor satisfaça as suas necessidades existenciais, uma vez que, conforme se extrai do § 7º do artigo 226 da Carta Magna de 1988, a decisão ou o planejamento é de livre escolha da pessoa ou do casal, não podendo haver ingerência do poder público.

---

1. MASCARENHAS, Igor de Lucena; COSTA, Ana Paula Correia de Albuquerque de. "Fertilização *in vitro* e o direito ao planejamento familiar: a ilegalidade do Enunciado 20 da I Jornada de Direito da Saúde do Conselho Nacional de Justiça e a teoria da captura aplicada à ANS". In: *Revista de Direito do Consumidor*, vol. 121, jan-fev 2019, p. 323-345.

O planejamento familiar, portando, foi consagrado no texto da Constituição de 1988 nos seguintes termos: "fundado nos princípios da dignidade humana e da paternidade responsável, o planejamento familiar é de livre decisão do casal [...]" (art. 226, § 7º), estando também regulamentado no Código Civil de 2002, no art. 1565, §2º[2], onde se lê que o planejamento familiar é de livre decisão do casal.

A despeito da expressão ter surgido no cenário brasileiro como conjunto de ações de promoção ao controle de natalidade[3], concorda-se com Mascarenhas e Costa[4] quando afirmam que sua natureza "compreende dimensões bioética, social, cultural e também religiosa, pressupõe liberdade na constituição da entidade familiar, sem qualquer obstáculo no exercício da procriação". Deve-se, assim, entender este instituto como o direito a escolher a família que quer para si, na composição que mais satisfaça as necessidades existenciais daqueles que a compõem, observados os preceitos constitucionais aqui comentados.

Segundo a Lei nº 9.263/96, que rege o planejamento familiar:

Art. 1º O planejamento familiar é direito de todo cidadão, observado o disposto nesta Lei.

Art. 2º Para fins desta Lei, **entende-se planejamento familiar como o conjunto de ações de regulação da fecundidade que garanta direitos iguais de constituição, limitação ou aumento da prole pela mulher, pelo homem ou pelo casal.**

Parágrafo único - É proibida a utilização das ações a que se refere o *caput* para qualquer tipo de controle demográfico.

Art. 3º O planejamento familiar é parte integrante do conjunto de ações de atenção à mulher, ao homem ou ao casal, dentro de uma visão de atendimento global e integral à saúde.

Parágrafo único - As instâncias gestoras do Sistema Único de Saúde, em todos os seus níveis, na prestação das ações previstas no *caput*, obrigam-se a garantir, em toda a sua rede de serviços, no que respeita a atenção à mulher, ao homem ou ao casal, programa de atenção integral à saúde, em todos os seus ciclos vitais, que inclua, como atividades básicas, entre outras:

I - **a assistência à concepção e contracepção**;

[...] (Grifos nossos)

Por vezes, a depender da situação individual da pessoa ou do casal, é preciso auxílio médico para procriação. Caso o tratamento indicado para assistência à concepção envolva as técnicas de fertilização *in vitro* ou inseminação artificial, fala-se em procedimentos de Reprodução Humana Assistida.

Quando se fala a respeito da procriação medicamente assistida (PMA), costuma-se tratá-la como *ato médico*. Com efeito, nos termos da resolução 2.168/2017 do Conse-

---

2. Art. 1.565. Pelo casamento, homem e mulher assumem mutuamente a condição de consortes, companheiros e responsáveis pelos encargos da família.

§ 1º Qualquer dos nubentes, querendo, poderá acrescer ao seu sobrenome do outro.

§ 2º O planejamento familiar é de livre decisão do casal, competindo ao Estado propiciar recursos educacionais e financeiros para o exercício desse direito, vedado qualquer tipo de coerção por parte de instituições privadas ou públicas.

3. DINIZ, Maria Helena. *O Estado Atual do Biodireito*. ª ed. São Paulo: Saraiva, 2012.

4. MASCARENHAS, Igor de Lucena; COSTA, Ana Paula Correia de Albuquerque de. "Fertilização *in vitro* e o direito ao planejamento familiar: a ilegalidade do Enunciado 20 da I Jornada de Direito da Saúde do Conselho Nacional de Justiça e a teoria da captura aplicada à ANS". In: Revista de Direito do Consumidor, vol. 121, jan-fev 2019, p. 323-345.

268 ANA PAULA CORREIA DE ALBUQUERQUE DA COSTA

lho Federal de Medicina (CFM), a RHA é descrita como tratamento para pessoas com esterilidade ou infertilidade. Para o Conselho, "1 As técnicas de reprodução assistida (RA) têm o papel de auxiliar a resolução dos problemas de reprodução humana, facilitando o processo de procriação", possibilitando, ainda, a atuação do médico em outros casos além daqueles nos quais existe impossibilidade de procriar em razão de patologias clínicas.

2.2. Direitos reprodutivos e reprodução humana assistida

Uma vez confirmada a possibilidade de afirmar que os tratamentos de reprodução assistida podem fazer parte do planejamento familiar da pessoa ou das pessoas que pretendem constituir família por meio da filiação natural, questiona-se sobre a existência de um direito à reprodução, que seria mais específico que o direito à filiação. A filiação pode ser biológica ou civil, já no direito à reprodução, a filiação será, a princípio, biológica, mas, mesmo que não o seja (pode-se obter uma gestação a partir de gametas de terceiras pessoas, o que rompe o vínculo biológico que porventura existiria entre o pai e/ou a mãe e a criança), haverá todo um processo de gestação, sendo a filiação obtida por meio de procriação natural ou artificial (medicamente assistida).

Neste ponto, concorda-se com Raposo[5] quando ela diz que a reprodução corresponde a uma das necessidades mais básicas do ser humano. Segundo a autora, é "quase um imperativo natural e que, como tal, deve ser satisfeito, uma vez que é central para a nossa identidade pessoal, dignidade e sentido da vida". Conclui que, por sua importância, o desejo de reproduzir deve ser elevado à categoria de direito fundamental. Esta dedução, todavia, não é isenta de críticas.

Reconhecendo-se, pois, a existência de um direito à reprodução, faz-se necessário determinar seu significado e conteúdo. Entende-se por direito à reprodução o direito de ter filhos biológicos[6] ou, como hodiernamente, em virtude de práticas médicas, pode-se acrescentar, também sem vínculo genético, mas ainda através do processo de reprodução humana. É espécie do direito à filiação, mas enquanto o exercício deste abrange filhos naturais e civis (pela adoção), aquele diz respeito especificamente à filiação natural, seja em uma perspectiva positiva (direito à filiação), ou negativa (direito à não filiação).

O tema da reprodução humana assistida é alvo de diversos questionamentos. Esta espécie de filiação consiste na manipulação de gametas humanos fora do organismo natural, podendo ocorrer a fecundação fora do ambiente biológico, manipulados em laboratório por instrumentos e profissionais da medicina devidamente especializados. A fertilização *in vitro* consiste em fecundar ovócitos fora do corpo de uma mulher e implantá-los, já na forma de embriões, no útero de uma genetriz.

Os motivos para buscar esta alternativa são vários, mas teve sua origem como meio de possibilitar às mulheres estéreis o sonho da procriação e, até mesmo, a aceitação na

---

5. RAPOSO, Vera Lúcia. *O Direito à Imortalidade*: o exercício de direitos reprodutivos mediante técnicas de reprodução assistida e o estatuto jurídico do embrião *in vitro*. Coimbra: Almedina, 2014.

6. RAPOSO, Vera Lúcia. *O Direito à Imortalidade*: o exercício de direitos reprodutivos mediante técnicas de reprodução assistida e o estatuto jurídico do embrião *in vitro*. Coimbra: Almedina, 2014.

sociedade. Gama[7] afirma que a humanidade sempre procurou meios de controlar a reprodução da espécie, ressaltando que, na Antiguidade, a mulher estéril poderia ser até mesmo repudiada pelo marido, posto que a incapacidade de procriar a tornaria menos digna. Registre-se que a filiação já foi, no passado, uma das funções do casamento, pois proporcionaria mão de obra para as atividades da família, daria sustento aos pais na velhice e, em sociedades como a dos romanos, propagaria o culto aos deuses familiares.

Superada esta discussão, o que importa para o presente trabalho é reconhecer a existência de um direito à reprodução, em cujo exercício na modalidade dos direitos reprodutivos positivos, caso haja necessidade de intervenção médica, é possível fazer uso dos meios artificiais de procriação.

Ocorre que, no atual estado da arte, o desenvolvimento da ciência e tecnologia trouxe a possibilidade de realização de diagnóstico genético pré-implantacional (DGPI) em embriões ainda em fase de existência *in vitro*. A metodologia inicialmente pensada para diagnosticar e, eventualmente, tratar doenças genéticas ou evitar a colocação de embrião não saudável no útero da genetriz, adquiriu nova função no início dos anos 2000. Diante da existência de males cuja melhor opção de tratamento seria um transplante de células tronco de doador 100% compatível com o paciente, vislumbrou-se a possibilidade de se programar a filiação, por meio da RHA, na intenção de criar um bebê salvador, o *savior sibling*.

Discute-se, então, sobre a legitimidade de utilização do planejamento familiar para programar um filho ou uma filha em função de outro, cujo nascimento tenha por finalidade a tentativa de curar irmão ou irmã vivos que precisem de transplante de células tronco para fins de tratamento. Em que pese o conceito jurídico e, consequentemente, eventuais direitos dos embriões excedentários, serem alvo de controvérsias na doutrina, não se pode olvidar que o bebê salvador, outrora embrião *in vitro*, sendo bem-sucedido o procedimento, será pessoa humana em sua plenitude, sendo merecedor de todo valor, não devendo ser tratado como objeto em qualquer fase de sua existência.

O debate que se pretende traçar nos capítulos que seguem, situa-se em uma linha muito tênue envolvendo o direito e a ética médica. Seria lícito ou ético criar um ser em função de outro? Quais os riscos envolvidos? Como compatibilizar os anseios pela cura do ente querido e a utilização de novas tecnologias aplicadas à reprodução?

3. ASPECTOS ÉTICO-NORMATIVOS

O ato de programar o filho com características idealizadas sempre foi proibido por resoluções do Conselho Federal de Medicina no Brasil, mas, como afirma Costa[8], são normas de natureza infralegal e não vinculam juridicamente o profissional, havendo constantes relatos de desrespeito aos seus mandamentos, o que só piora diante da ausência atual de lei específica. O ato de escolher o sexo e manipular geneticamente a

---

7. GAMA, Guilherme Calmon Nogueira da. *A Nova Filiação: O Biodireito e as Relações Parentais*: o estabelecimento da parentalidade-filiação e os efeitos jurídicos da reprodução assistida heteróloga. Rio de Janeiro: Renovar, 2003.
8. COSTA, Sérgio. Reprodução Humana Assistida. In: COSTA, Sérgio; DINIZ, Debora. *Bioética*: ensaios. Brasília: Letras Livres, 2001, p. 181-186.

matéria biológica humana só é eticamente permitido e aceitável quando este procedimento é realizado para tratamento, devendo ser desprezadas todas e quaisquer práticas que impliquem em eugenia.

Vera Lúcia Raposo[9], no mesmo sentido, alega que a escolha do sexo e outras características, como cor dos olhos, pele e cabelo, vigor físico, quociente de inteligência, entre outros, só se justifica por motivos médicos, fora desta roupagem estar-se-á diante do que denomina de escolha frívola. Por outro lado, o chamado diagnóstico genético pré-implantacional (DGPI) é possível quando a seleção e manipulação de embriões é feita como tratamento, não como eugenia.

A possibilidade de seleção de embriões pela escolha do sexo foi confirmada pela primeira vez em 1989, no Reino Unido, pela geneticista Elena Kontogianni, que obteve sucesso em realizar a identificação do sexo da matéria biológica humana por meio de biópsia pré-embrionária (entendendo-se por pré-embrião aquele que ainda se encontra em existência laboratorial). A partir de então, aprofundaram-se os estudos sobre a hipótese de selecionar embriões em caso de doenças relacionadas ao cromossomo que define o sexo biológico e evitar ou diminuir, por meio de seleção de indivíduos saudáveis, seus índices de incidência[10]. Esta técnica ficou conhecida como diagnóstico genético pré-implantação.

Ainda que realizado dentro de padrões aceitos pela sociedade médica, há casos de DGPI que, não obstante a aparente recepção, não afastam polêmicas no campo da bioética, é o que se passa com a seleção de embriões com vistas a gestar um feto compatível a figurar como doador a pessoa já existente e que necessita de tratamento com transplante de medula para sobreviver. Guilherme de Oliveira[11] analisou um desses episódios, em edital de financiamento em que o Centro de Histocompatibilidade do Norte, localizado na cidade do Porto/Portugal, se propôs a utilizar a técnica de diagnóstico pré-natal para selecionar zigotos para salvar crianças com patologias tratadas com transplante de medula.

Pergunta-se se a seleção de embriões vai de encontro aos princípios da bioética. A resposta não é fácil, mas presume-se negativa. Ocorre que o que Guilherme de Oliveira[12] chamou de "procura de um irmão à medida" é visto por alguns como instrumentalização da vida, enquanto outros consideram uma louvável representação do instituto da solidariedade familiar. Mas o fato é que esta prática levará fatalmente a produção e matéria supranumerária e que muitos do contingente excedentário poderão ser destinados ao descarte; por outro lado, a finalidade inicial é a reprodução, ainda que se procure fazer com que a prole futura seja um doador compatível com aquela já existente. Mais uma vez, está-se diante de conflitos éticos trazidos pela utilização de novas tecnologias reprodutivas.

---

9. RAPOSO, Vera Lúcia "Podes trazer-me o menu, por favor? Quero escolher meu embrião" – os múltiplos casos de seleção de embriões em sede de diagnóstico genético pré-implantação. In: *Lex Medicinae* – Revista portuguesa de direito da saúde. Coimbra: Coimbra Editora, ano 4, n° 8, jul-dez 2007, p. 59-84.

10. LUCA, Heloisa Maria de. "Diagnóstico genético pré-implantação e o efeito "the sims" uma análise bioética das recentes práticas de manipulação de DNA". In: Pereira, André Dias; DOMENECH, Javier Barceló; ROSENVALD, Nelson. Cadernos da Lex Medicinae n.° 4, Vol. I. 2019.

11. OLIVEIRA, Guilherme de. Um Caso de Seleção de Embriões. In: OLIVEIRA, Guilherme de. *Temas de Direito da Medicina*. 2.ed. Coimbra: Coimbra Editora, 2005. P. 277-288.

12. OLIVEIRA, Guilherme de. Um Caso de Seleção de Embriões. In: OLIVEIRA, Guilherme de. *Temas de Direito da Medicina*. 2.ed. Coimbra: Coimbra Editora, 2005. P. 277-288.

Para continuar as presentes reflexões, é necessário compreender o conceito e surgimento dos *savior siblings* e o modo como a técnica tem sido recepcionada pelo ordenamento jurídico no Brasil e em outros países.

3.1. Conceito e origem

Segundo Reichenbach *et al.*[13], o transplante de células tronco de doadores HLA (*human leukocyte antigen*) compatíveis é o único tratamento com comprovação de cura para doenças granulomatosas crônicas. Todavia, apesar desta sentença representar esperança para pacientes e familiares, sabe-se que as chances de encontrar um doador compatível na família é de apenas 25% (vinte e cinco por cento)[14], sendo ainda mais raro existir compatibilidade entre pessoas sem laços de parentesco entre si.

Diante das dificuldades acima narradas, a medicina oferece, hoje, aos pais de crianças com doenças crônicas ou terminais, cujo protocolo de tratamento passe pelo transplante de células tronco, a possibilidade de conceber um filho HLA compatível com o irmão doente. Os filhos assim programados ficaram conhecidos inicialmente como *medicine babies* ou *savior babies*[15].

Como muitas vezes a doença de que padece o paciente tem origem genética, é preciso que se faça a análise dos embriões fertilizados para, além da compatibilidade, verificar se o zigoto está saudável e apto aos fins a que se destina, sendo esta verificação realizada por meio do DGPI. Caso ambas as respostas sejam positivas, o embrião será gestado e, após o nascimento, serão coletadas células do cordão umbilical para se implantar na criança doente.

O primeiro *savior sibling* de que se teve conhecimento foi Adam Nash, nascido nos Estados Unidos em 2000[16]. Adam é filho de Jack e Lisa Nash, a filha mais velha do casal, Molly, sofria de uma condição rara e incurável, conhecida como anemia fanconi, e a melhor chance de cura seria através de transplante de células tronco. Molly era filha única, de modo que a melhor opção para transplante, um *sibling*, um irmão compatível, não existia. Os Nashs sempre quiseram ter outros filhos, mas com um quadro genético que poderia levar à gestação de outra criança com a mesma síndrome de Molly, eles acabaram evitando[17].

Entretanto, diante da tecnologia existente à época, por recomendação da equipe médica, o casal se submeteu ao tratamento da fertilização *in vitro*, para criar o embrião em ambiente laboratorial, com posterior diagnóstico genético pré-implantacional, para

---

13. REICHENBACH, Janine *et al.* "First Successful Bone Marrow Transplantation for X-linked Chronic Granulomatous Disease by Using Preimplantation Female Gender Typing and HLA Matching". In: Pediatrics September 2008, 122 (3) e778-e782; DOI: https://doi.org/10.1542/peds.2008-0123.

14. RIVARD, Laura. "Case Study in Savior Sibling". Disponível em https://www.nature.com/scitable/forums/genetics-generation/case-study-in-savior-siblings-104229158/. Acesso em out. 2019.

15. ANDERSEN, Elizabeth. "Savior Sibling for a "Noble Cause"". Disponível em: <https://www.bioethics.net/2019/02/savior-siblings-for-a-noble-cause/>. Acesso em 05 nov. 2019.

16. ANDERSEN, Elizabeth. "Savior Sibling for a "Noble Cause"". Disponível em: <https://www.bioethics.net/2019/02/savior-siblings-for-a-noble-cause/>. Acesso em 05 nov. 2019.

17. RIVARD, Laura. "Case Study in Savior Sibling". Disponível em https://www.nature.com/scitable/forums/genetics-generation/case-study-in-savior-siblings-104229158/. Acesso em out. 2019.

garantir que o bebê gestado desse origem a uma criança saudável e HLA compatível com Molly. Após o nascimento de Adam, em agosto de 2000, as células do cordão umbilical foram preservadas e, posteriormente, conforme protocolo clínico recomentado, transplantadas para Molly que, apesar de ter a medula óssea curada, não o foi da anemia fanconi, precisando manter a rotina de idas aos médicos.

No Brasil, o primeiro nascimento de irmão salvador, mais especificamente, irmã salvadora, foi a menina Maria Clara, em 2012, após ser selecionada geneticamente em laboratório para ser completamente compatível com a irmã mais velha, Maria Vitória, além de não ter genes doentes. Maria Vitória, que sofria de doença rara no sangue conhecida como talassemia major, foi curada após transplante de medula óssea realizado a partir das células-tronco retiradas do cordão umbilical e medula óssea da irmã caçula[18]. Durante o tratamento, foram fertilizados 10 (dez) embriões, dos quais apenas 02 (dois) eram compatíveis com a criança que estava doente. Sendo estes últimos implantados no útero da mãe das meninas, apenas um sobreviveu, resultando no nascimento de Maria Clara.

Apesar das histórias bem-sucedidas, o tratamento a partir de transplante de células e tecidos dos bebês salvadores não fica longe das polêmicas, mas, ao contrário, apesar de todos estes anos desde o nascimento de Adam Nash, ainda é um tema bastante controverso. Contudo, tem-se percebido que, em muitos países, tem-se optado por regulamentar e impor limites à seleção de embriões a partir da DGPI, seja devido a anseios de médicos e pacientes, seja para evitar o que se conhece por turismo reprodutivo.

Entende-se por turismo reprodutivo o fenômeno através do qual pessoas viajam para países em que técnicas de RHA proibidas em seus territórios de origem são permitidas, no intuito de superar o impedimento e realizar as práticas desejadas. De fato, normas diferenciadas entre os países leva a ocorrência de um fenômeno migratório de laboratórios para locais onde o procedimento é permitido, o que torna sem efeito a proibição. Na tentativa de superar o impedimento, as pessoas interessadas nas técnicas saem em busca de "paraísos legais", onde nada é proibido, o que se leva à necessidade de pensar meios de inibir tal prática. A inexistência de um sistema de governança global que denuncie estas situações tem levado muitos Estados a disciplinar o uso do DGPI para, entre outras coisas, selecionar embriões HLA compatíveis.

3.2. *Savior Sibling* na perspectiva do direito luso-brasileiro

A regulamentação de temas envolvendo matéria de procriação medicamente assistida varia de acordo com as estruturas éticas, morais e religiosas presentes em cada região, havendo, desse modo, países mais permissivos que outros.

Em Portugal, a lei nº 32/2006, que regula os procedimentos de procriação medicamente assistida (PMA), disciplina o DGPI no Capítulo V (arts. 28º e 29º). O artigo 28º, cujo caput traz o título de "Rastreio de aneuploidias e diagnóstico genético pré-implantação", define o DGPI como procedimento de rastreio e identificação de embriões com anomalias graves antes de implantar no útero da mulher, com o objetivo de aumentar as

---

18. VEJA. Bebê Geneticamente Selecionado Cura Doença da Irmã. Disponível em < https://veja.abril.com.br/saude/bebe-geneticamente-selecionado-cura-doenca-da-irma/>. Acesso em out. 2019.

possibilidades de sucesso nos tratamentos de RHA. Já o artigo 29° determina as situações em que a técnica pode ser aplicada, sendo sua utilização permitida em casos em que a família apresente histórico de alterações que causem morte ou doença grave, com risco de transmissão para os descendentes.

No sistema jurídico português, é importante analisar os pareceres e relatórios do Conselho Nacional de Ética para as Ciências da Vida (CNECV), que tem se pronunciado sobre o tema desde o início da utilização de técnicas reprodutivas no país, tecendo críticas e cobrando regulamentação. Em relatório sobre o projeto de lei relativo à PMA, o professor Joaquim Pinto Machado demonstra preocupação com a procriação medicamente assistida heteróloga e com a doação de gametas e embriões. Argumentava, à época, que RHA heteróloga punha em xeque valores tradicionalmente aceitos relativos à conjugalidade, geração da vida humana e identidade pessoal. Este último, direito garantido pela Constituição da República Portuguesa, corria o risco de ser relativizado quando da discussão sobre o conhecimento da origem genética[19].

Em 2004, pouco tempo depois da aprovação de lei sobre RHA, o CNECV publicou parecer motivado pela apresentação de dois projetos de lei na Assembleia da República, o 90/IX (PS), "Regula as técnicas de procriação mediamente assistida", e 317/IX (BE), "Procriação medicamente assistida", que culminou na Lei nº 32/06, sobre os quais foi solicitado a se pronunciar. Diante da provocação, após refletir sobre a matéria, em linhas gerais, o Conselho reconhece o sofrimento que a infertilidade pode causar e quão importante é a esperança que os recentes tratamentos anunciavam, ao mesmo tempo em que afirmou a necessidade de se zelar pela integridade dos genitores e pela dignidade do que chamou de "ser humano em projeto", declarando o direito à proteção que caberia ao embrião *in vitro*, "independentemente do seu estatuto ontológico"[20].

A partir das reflexões supracitadas, o Conselho passa a tecer recomendações no que concerne aos projetos de lei postos a sua apreciação. As orientações apresentadas foram no sentido de respeitar os valores éticos no procedimento e os direitos dos genitores envolvidos no processo, ao mesmo tempo em que se firmou entendimento de que só devem ser fertilizados gametas femininos na quantidade que se pretende utilizar no projeto parental, uma vez que, nos termos do parecer, "o embrião humano tem direito à vida e ao desenvolvimento, no corroborar do princípio universal de que todo o existente requer existir, pelo que o embrião originado *in vitro* deverá fazer sempre parte de um projecto parental"[21], de modo que a adoção embrionária foi declarada como procedimento ético mais adequado ao excedente e ações de investigação científica só poderão ocorrer sob rigoroso padrão de controle.

Em relatório que deu suporte ao parecer, o órgão declarou que, em que pesem as polêmicas existentes em torno do conceito jurídico do zigoto pré-implanto, este deve ser

---

19. CONSELHO NACIONAL DE ÉTICA PARA AS CIÊNCIAS DA VIDA. "Relatório sobre o projecto de proposta de lei relativo à procriação medicamente assistida – Joaquim Pinto Machado" (1997).
20. CONSELHO NACIONAL DE ÉTICA PARA AS CIÊNCIAS DA VIDA. *PARECER Nº 44 DO CONSELHO NACIONAL DE ÉTICA PARA AS CIÊNCIAS DA VIDA* (44/CNECV/04).
21. CONSELHO NACIONAL DE ÉTICA PARA AS CIÊNCIAS DA VIDA. *PARECER Nº 44 DO CONSELHO NACIONAL DE ÉTICA PARA AS CIÊNCIAS DA VIDA* (44/CNECV/04). P. 06.

respeitado enquanto princípio da vida humana[22]. Sobre as pesquisas com células-tronco estaminais, convém salientar ainda que, no ano de 2005, se reconheceu como promissoras as possibilidades que poderiam surgir a partir a utilização destas em pesquisa, mas o Conselho recomendou rigor nos procedimentos de autorização e que a recolha de matéria biológica fosse realizada de modo a não destruir o embrião. Ao mesmo tempo, a orientação exposta foi de que a fertilização *in vitro* não ocorresse com fins únicos de utilização em investigação científica[23].

Com o advento da Lei nº 32/2006 e diante de questionamentos sobre o DGPI, proteção ao embrião e outros aspectos sensíveis relacionados à matéria, o CNECV emitiu parecer de nº 51/2007, sobre o Diagnóstico Genético Pré-Implantacional. No documento, o Conselho opina que o DGPI, enquanto técnica de investigação e diagnose, não viola, por si só, princípios éticos fundamentais, todavia, reconhece que decisões tomadas com base nos resultados obtidos podem levar a situações de conflitos de valores.

Nestes casos, a recomendação do Conselho é para se evitar a gestação de embriões não sadios, para que a utilização do DGPI seja sempre precedida de consentimento informado dos genitores e aconselhamento genético, com informações claras e acessíveis, de modo a garantir a suficiência da compreensão sobre o procedimento e riscos envolvidos. O CNECV reconheceu ainda ser inaceitável a utilização da diagnose pré-implantacional em situações outras que não para fins de tratamento, como seleção de características ou habilidades pretendidas para a prole.

Importante ressaltar que o Conselho Nacional de Ética para as Ciências da Vida admite que a utilização do DGPI para fins de seleção de doadores de células estaminais para familiares com doenças fatais pode ensejar sérios dilemas éticos, mas estes poderiam ser superados pelo princípio da solidariedade. Afirma, ainda, que a resolução de tais dilemas "supõe a análise ponderada das possibilidades terapêuticas oferecidas pelas tecnologias disponíveis, atende à manifestação da vontade dos progenitores e deve ser sempre sujeita à apreciação positiva, caso a caso, por comissão especializada"[24].

Percebe-se, assim, ser possível a criação de *savior sibling* a partir do ordenamento jurídico português. No Brasil, entretanto, vive-se uma situação *sui generis*. Já se passaram mais de 30 (trinta) anos desde o nascimento da primeira bebê de proveta em território nacional[25], cerca de duas dezenas de projetos de lei na tentativa de regulamentar a RHA já foram propostos, mas nenhuma destas iniciativas foi efetivamente aprovada. Apesar da ausência de lei específica, a prática de tratamentos de procriação assistida é regular no país, inclusive, com uso de DGPI para seleção de doadores de células estaminais desde o ano de 2012, conforme já relatado neste artigo.

Hodiernamente, o que há de concreto em termos de regulamentação no Brasil, são os dispositivos que reconhecem a filiação proveniente de RHA no Código Civil (art. 1597,

---

22. CONSELHO NACIONAL DE ÉTICA PARA S AS CIÊNCIAS DA VIDA. "Relatório Procriação Medicamente Assistida - Agostinho de Almeida Santos, Michel Renaud, Rita Amaral Cabral" (2004).
23. CONSELHO NACIONAL DE ÉTICA PARA AS CIÊNCIAS DA VIDA. *PARECER Nº 47 DO CONSELHO NACIONAL DE ÉTICA PARA AS CIÊNCIAS DA VIDA* (47/CNECV/05).
24. CONSELHO NACIONAL DE ÉTICA PARA AS CIÊNCIAS DA VIDA. *PARECER Nº 51 DO CONSELHO NACIONAL DE ÉTICA PARA AS CIÊNCIAS DA VIDA* (51/CNECV/07). P. 04.
25. Anna Paula Bittencourt Caldeira, primeiro bebê de proveta no país, nasceu em 07 de outubro de 1984.

IV), a Lei Nacional de Biossegurança, Lei nº 11.105/2005, que dispõe sobre pesquisa com organismos geneticamente modificados, e as Resoluções do Conselho Federal de Medicina (CFM), ainda que estas últimas sejam normas administrativas, com recomendações éticas aos profissionais da medicina e unidades de saúde, servem como orientação diante da ausência de lei específica.

A Lei nº 11.105/2005 não fala especificamente sobre DGPI, mas permite a pesquisa com matéria biológica humana nos termos do artigo 5º. Em linhas gerais, a lei possibilita a pesquisa mediante alguns requisitos: que sejam os embriões inviáveis ou estejam congelados há mais de 03 (três) anos; autorização dos genitores; autorização e observância de padrões éticos quanto aos procedimentos de investigação pretendidos.

Diante do vazio legislativo, ainda mais relevante se torna a normatização da atividade médica em matéria de medicina reprodutiva pelas entidades de classe. Ainda que sejam apenas normas administrativas, em caso de necessidade, podem eventualmente suprir a omissão legal, nos termos do art. 4º da Lei de Introdução às Normas de Direito Brasileiro.

A Resolução nº 2168/2017 do CFM é a que atualmente regulamenta o procedimento de RHA pelo Conselho, dispondo sobre o DGPI no artigo VI, *in verbis*:

> VI DIAGNÓSTICO GENÉTICO PRÉ-IMPLANTACIONAL DE EMBRIÕES
>
> 1. As técnicas de RA podem ser aplicadas à seleção de embriões submetidos a diagnóstico de alterações genéticas causadoras de doenças – podendo nesses casos ser doados para pesquisa ou descartados, conforme a decisão do(s) paciente(s) devidamente documentada em consentimento informado livre e esclarecido específico.
>
> **2. As técnicas de RA também podem ser utilizadas para tipagem do sistema HLA do embrião, no intuito de selecionar embriões HLA - compatíveis com algum irmão já afetado pela doença e cujo tratamento efetivo seja o transplante de células-tronco, de acordo com a legislação vigente.**
>
> 3. O tempo máximo de desenvolvimento de embriões in vitro será de até 14 dias
>
> (Grifos nossos)

Já o Código de Ética Médica não versa especificamente sobre DGPI, mas veda, no artigo 15, comportamentos contrários às boas práticas:

> Art. 15. Descumprir legislação específica nos casos de transplantes de órgãos ou de tecidos, esterilização, fecundação artificial, abortamento, manipulação ou terapia genética.
>
> [...]
>
> §2º O médico não deve realizar a procriação medicamente assistida com nenhum dos seguintes objetivos:
>
> I – criar seres humanos geneticamente modificados;
>
> II – criar embriões para investigação;
>
> III – criar embriões com finalidades de escolha de sexo, eugenia ou para originar híbridos ou quimeras
>
> [...]

Assim, em linhas gerais, o ordenamento jurídico brasileiro, assim como o português, admite a prática do DGPI e criação de *savior babies*, desde que para fins de tratamento de doenças cujo protocolo envolva o transplante de células estaminais e cujo procedimento clínico não cause danos ao embrião ou ao irmão salvador. É preciso, também, que sejam prestadas informações suficientes para que os genitores da criança possam fazer a escolha livre e esclarecida. Fundamenta-se, ainda, a realização do procedimento de diagnose e seleção de embriões compatíveis com familiar que esteja doente, com os princípios da solidariedade e da autonomia da vontade.

De fato, os genitores da criança exercem sua autonomia ao optar pelo tratamento a partir do consentimento informado, do mesmo modo, foram solidários com o filho ou parente mais velho que dependia de matéria biológica compatível para cura, mas se questiona se seria de fato legítimo o exercício desta solidariedade com o corpo de outrem. Ademais, considerando o nascimento de um irmão salvador, quais seriam as consequências de posterior conhecimento sobre os modos e motivos de seu nascimento? Haveria motivo para se falar em dano psicológico e eventual reparação?

Sobre o primeiro dos três questionamentos acima, à luz do direito brasileiro, é lícita a autorização para o procedimento, uma vez que, nos termos do inciso VII do artigo 1.634 do Código Civil, compete aos pais representar os filhos incapazes de consentir em virtude da menoridade. Sobre os demais questionamentos, é preciso refletir.

4. O DEVER GERAL DE CUIDADO E RESPONSABILIDADE POR DANOS

Verificada a possibilidade da utilização do DGPI para selecionar *savior babies* no ordenamento jurídico brasileiro, cumpre agora refletir sobre o manejo da matéria biológica humana durante o procedimento, eventuais riscos e responsabilidades.

4.1. Sociedade de riscos e necessidades de avanços

Se os avanços científicos forem utilizados como práticas terapêuticas, não há motivos para temor, mas há de se fazer o manejo adequado dos riscos e perigos, tomando decisões com responsabilidade. Sobre estes aspectos, mister analisar os primeiros à luz da teoria do risco, nas visões de Beck e Luhmann e esta última à luz da teoria de Hans Jonas sobre o princípio da responsabilidade.

Em linhas gerais, a teoria do risco considera que o que vai acontecer no futuro depende de decisões do presente, que devem ser tomadas apesar do perigo que envolvem. O conceito de risco é, então, utilizado para garantir esforços em busca de medidas de segurança nos processos.

Luhmann[26] apresenta duas formas de risco: risco/segurança e risco/perigo, trata o perigo como fator externo e o risco intrínseco, alertando que não há decisões livres deste último, chamando atenção para a questão da prevenção, preparar-se para perdas futuras, tentando diminuir suas probabilidades ou extensão. Mesmo se for uma questão de perigo, a omissão em prevenção se transforma em risco a exemplo dos desastres naturais.

Beck[27][28], a seu turno, alega que o risco tem dupla face: oportunidade e perigo. O autor ilustra seu ponto de vista, inicialmente, com o tema nas grandes navegações do Século XVI, nas quais o homem assumiu riscos que não podia prever. Segundo a teoria

---

26. LUHMANN, Niklas. "Risk: a sociological theory". Trad. Rhodes Barrett. New York: de Gruyter, 1993.
27. BECK, Ulrich. "Ecological Politics in a Age of Risk". Trad. Amos Weiz. Polity Press, 2002.
28. BECK, Ulrich. "World Risk Society". Cambridge: Polity Press, 1999.

em análise, o risco tem dimensão de experimentação, é um tipo de conhecimento que lida com incertezas. O mais intrigante é que as dúvidas ou incertezas não são esclarecidas pelo saber, mas, conforme sustenta Beck[29], aumentam conforme cresce o conhecimento.

O risco é, pois, inerente à atividade científica, e, na altura em que se encontra a humanidade, é preciso reconhecer que se chegou a um ponto no qual não é mais possível deter os avanços científicos e tecnológicos. Em matéria de ciência e tecnologia, o futuro já chegou, porém, deve-se levar em consideração que os perigos impostos precisam ser manuseados sob a égide do princípio da responsabilidade.

Na obra "O princípio responsabilidade", Jonas[30] assevera que nenhuma ética tradicional instrui o intérprete ou o agente sobre quais normas do bem e do mal devem ser aplicadas às novas modalidades do saber e do poder, o que inclui, os avanços na medicina e tecnologia da reprodução que vêm sendo debatidos neste artigo.

Jonas[31] acredita que há um imperativo de responsabilidade pela existência da humanidade, de modo que o ser humano é hodiernamente responsável pela manutenção das condições de vida necessárias para o homem e a mulher do futuro. Conforme a teoria da responsabilidade o agente é responsável por aquilo que deu causa, como uma imputação causal de atos realizados, de modo que, na seara da ciência e tecnologia, não haveria que se falar em culpabilidade, quando se assume o risco, há de se comprometer com os efeitos independentemente de culpa subjetiva, bastando verificar a relação entre a causa e o respectivo dano.

Nesta seara, o medo é apresentado como elemento intrínseco da responsabilidade, assim como o dever de cuidado. Este, quando emerge como obrigação em relação aos demais, dever de preocupação e zelo quando há risco de dano ou ameaça à vulnerabilidade de terceiros, é o verdadeiro sentido da responsabilidade. É o agir diligente, cuidadoso e responsável com o futuro da humanidade.

Sobre as preocupações éticas que envolvem a reprodução humana assistida, Sérgio Costa[32] afirma que, ao lado dos benefícios, as técnicas de RHA chamam atenção em virtude das especulações do que se pode fazer a com elas, citando como exemplos o que chama de comercialização da vida (venda de gametas e embriões, barriga de aluguel) e a programação eugênica da filiação, ou seja, escolher as qualidades do bebê visando uma melhoria genética da prole. Aduz que, na visão de muitos estudiosos da bioética, está em jogo algo que se situa entre "a futilidade e o terror", com a possibilidade de filhos programados. Estes são gerados com manipulação na fase pré-implantação a pedido dos genitores, para que se proceda a escolha de sexo e/ou outras características.

De fato, permitir escolha do sexo ou de outras características, como cor dos olhos, vigor físico, quociente de inteligência e habilidades, entre outros, é escolha fútil, é

---

29. BECK, Ulrich. "World Risk Society". Cambridge: Polity Press, 1999.
30. JONAS, Hans. "O Princípio Responsabilidade: ensaio de uma ética para a civilização tecnológica". Rio de Janeiro: Contraponto, 2015.
31. JONAS, Hans. "O Princípio Responsabilidade: ensaio de uma ética para a civilização tecnológica". Rio de Janeiro: Contraponto, 2015.
32. COSTA, Sérgio. Reprodução Humana Assistida. In: COSTA, Sérgio; DINIZ, Debora. *Bioética*: ensaios. Brasília: Letras Livres, 2001, p. 181-186.

permitir que o direito humano à reprodução dê lugar ao desejo frívolo de escolher um embrião como se fosse uma *commodity*. Por outro lado, o diagnóstico genético pré implantacional é visto como possível quando a seleção e manipulação de embriões é feita como tratamento, não como eugenia.

Ainda que realizado dentro de padrões aceitos pela sociedade médica, há casos de DGPI que, não obstante a aparente recepção, não afastam polêmicas no campo da bioética. É o que se passa com o tema central deste ensaio, a seleção de embriões com vistas a gestar um feto compatível a figurar como doador a pessoa já existente e que necessita de tratamento com transplante de medula para sobreviver.

Questiona-se se a seleção de embriões vai de encontro aos princípios da bioética, a resposta não é fácil, mas presume-se negativa. Ocorre que o que Guilherme de Oliveira[33] chamou de "procura de um irmão à medida" é visto por alguns como instrumentalização da vida, enquanto outros acham uma louvável representação do instituto da solidariedade familiar. Apesar dos conflitos, contudo, é possível zelar pelo do bom uso da biotecnologia. Conforme afirma Fukuyama[34], o debate da biotecnologia está polarizado entre um campo um libertário, que defende a não imposição de limites à ciência e tecnologia, e um campo com preocupações heterogêneas (éticas, morais, ambientais, religiosas...) que defende a regulação da biotecnologia.

Deve haver um caminho intermediário entre a proibição e a liberação total. As pesquisas e estudos devem ser fomentados, inclusive como respostas e esperança a pessoas que padecem de males cujo tratamento seja o transplante de células-tronco de doador geneticamente compatível.

Koerich, Machado e Costa explicam que o comportamento ético em atividades de saúde apresenta uma compreensão que, para além de interesses individuais, abrange conceitos de responsabilidade social e direitos de cidadania. Afirmam que "A ética da responsabilidade e a bioética conduzem a responsabilidade para com as questões do cotidiano e das relações humanas em todas as dimensões desde que tenhamos uma postura consciente na arte de cuidar do outro como se fosse a si mesmo"[35].

Pode-se dizer, então, que o debate atual necessita propor uma ética da alteridade, com um olhar para o outro. E com este novo horizonte, as reflexões devem abranger também o campo da experimentação com seres vivos e matéria biológica humana, bem como as relações entre pacientes, sujeitos das ações, e profissionais envolvidos; devem englobar preocupações atuais e responsabilidade para com o futuro, junto com todos os campos do saber cujos agentes estejam envolvidos, ultrapassando as ciências da saúde para alcançar também juristas, ambientalistas, entre outros.

Para lidar com os dilemas que se revelam diuturnamente, a bioética se apoia em princípios. A este respeito, cumpre citar aqueles elencados pela Resolução nº 466/2012

---

33. OLIVEIRA, Guilherme de. Um Caso de Seleção de Embriões. In: OLIVEIRA, Guilherme de. *Temas de Direito da Medicina*. 2.ed. Coimbra: Coimbra Editora, 2005. P. 277-288.
34. FUKUYAMA, Francis. "Nosso Futuro Pós-Humano: consequências da revolução da biotecnologia". Trad. Maria Luiza X. de A. Borges. Rio de Janeiro: Rocco, 2003.
35. KOERICH MS, MACHADO RR, COSTA Eliane. Ética e bioética: para dar início à reflexão. In: *Revista Texto Contexto Enfermagem*, 2005 Jan-Mar; 14(1):106-110.

do Conselho Nacional de Saúde como norteadores da pesquisa com seres humanos: beneficência, não maleficência, autonomia, justiça e equidade, aos quais se acrescentará o princípio da responsabilidade.

O princípio da beneficência e o princípio da não maleficência caminham juntos nas atividades clínicas e de pesquisa. O primeiro, segundo Koerich, Machado e Costa[36], está relacionado com o dever de fazer bem ao outro e de promover o que for melhor para seus interesses, potencializar o bem e reduzir o mal, de modo que o médico se comprometa a avaliar os riscos e benefícios e buscar ao máximo estes últimos, minorando aqueles. É este o tratamento que deve ser dado aos embriões quando da realização do DGPI com vistas à posterior seleção de indivíduo geneticamente compatível com quem se deseja tratar.

4.2. Dever geral de cuidado e responsabilidade por danos

A seleção de *savior sibling*, por si só, não causa danos ao embrião nem os transforma em *comodities*, mas o mau uso da tecnologia sim. Entende-se que, diante de viabilidade de tratamento, não é justo impossibilitar a esperança de cura por meio de transplante de células estaminais do cordão umbilical de um irmão salvador ao familiar que está doente, todavia, é adequado que se puna quem, na manipulação de matéria biológica humana, agir em desconformidade com os padrões ético-normativos.

Sobre possíveis danos ao *savior baby*, fala-se em eventuais consequências à integridade física e psicológica. Quanto à primeira, os estudos demonstram que não há relatos de que o DGPI, nestes casos, cause danos à incolumidade física do embrião, uma vez que, a princípio, não se estaria tratando de manipulação genética, apenas de análise e seleção conforme a compatibilidade HLA com o irmão ou irmã mais velhos.

Em regra, o que se pretende com a seleção de embriões geneticamente compatíveis com o paciente a ser tratado, é a coleta de células-tronco do cordão umbilical, o que, do mesmo modo, não causa danos ao bebê. Todavia, a criança salvadora será geneticamente compatível com o irmão doente, tornando-se, portanto, forte candidata a transplantes bem-sucedidos. Neste caso, procedimentos e técnicas invasivos, como transfusões e transplantes poderiam acarretar danos físicos para o *savior sibling*; a questão é saber se a criança poderia ser doadora à revelia de sua vontade real, posto que o consentimento seria dado pelos pais ou responsáveis.

Em que pese os valores de solidariedade geralmente aclamados, trata-se de procedimentos invasivos e dolorosos, que implicam, por vezes, em limitações à qualidade de vida. Sobre este tema, no Brasil, a legislação que rege o transplante de órgãos e tecidos (Lei nº 9.434/1997, regulamentada pelo Decreto nº 9.175/2017) disciplina que, à exceção de medula óssea, apenas pessoas maiores e capazes podem ser doadoras.

Em caso de doação de medula óssea, esta só será possível se atendidos três requisitos: autorização dos pais; autorização judicial; e não oferecimento de riscos à saúde. Mais uma vez, verifica-se o cuidado de preservar a integridade dos filhos menores, *in caso*, da criança programada, no intuito de evitar ou minorar possíveis danos.

---

36. KOERICH MS, MACHADO RR, COSTA Eliane. Ética e bioética: para dar início à reflexão. In: *Revista Texto Contexto Enfermagem*, 2005 Jan-Mar; 14(1):106-110.

No que tange ao dano psicológico, as principais críticas giram em torno de suposta "coisificação" do embrião selecionado por meio de DGPI, ao considerar que, ainda que resultante de planejamento familiar, como visto no capítulo 2 supra, a criança não existiria por si, mas como meio para salvar a vida do irmão ou da irmã. Ao saber como foi concebido, o *savior baby* poderia questionar se ele seria igualmente desejado se o irmão fosse saudável, ou se frustrar em caso de insucesso do tratamento.

É certo que a sensação de satisfação ou frustração vai ser influenciada pelo modo como as informações serão reveladas e de como a criança será recepcionada pela família e pela sociedade, que podem, por exemplo, ser bem-sucedidas em deixar a criança confortável e confiante de que sua existência é um fim em si mesmo e que teve a nobre e altruística missão de ceder células de seu cordão umbilical para auxiliar o processo de cura do irmão.

Todavia, se, for comprovada a existência de dano à prole salvadora, este deve ser analisado à luz da teoria da responsabilidade civil, sendo indenizável caso seja comprovado o nexo de causalidade entre o prejuízo que se alega suportar e a ação ou omissão do agente, à semelhança do que ocorre com as ações de *wrongful life* no direito estrangeiro.

Ressalta-se que se o DGPI e a seleção de embriões forem realizados em conformidade com os princípios da bioética aplicados à ciência, é possível realizar os procedimentos com observância ao dever geral de cuidado com que deve ser tratada a matéria biológica humana.

5. CONSIDERAÇÕES FINAIS

O objetivo deste artigo foi fazer algumas reflexões acerca da seleção de embriões para gestação de *savior sibling* por meio do diagnóstico genético pré-implantacional. Ao final, chega-se às seguintes conclusões:

O livre exercício do planejamento familiar implica no direito de todo homem, mulher ou casal constituir a família que quer para si, na modalidade que mais satisfaça as necessidades existenciais de cada indivíduo. Ao mesmo tempo, reconhece-se a existência de um direito humano à reprodução que, no contexto do planejamento familiar, significa decidir sobre ter ou não ter filiação natural. Em caso de impossibilidade de procriação, seja por causas biológicas ou sociais, pode-se apelar para a utilização de tratamentos conceptivos, dentre os quais estão as tecnologias de reprodução humana assistida.

Há doenças cujo tratamento com maiores possibilidades de cura é o transplante de medula óssea ou transplante de células-tronco de doador geneticamente compatível. Ocorre que as chances de se encontrar um indivíduo 100% (cem por cento) HLA compatível com aquele a quem se deseja tratar são muito reduzidas, é nesta seara que a seleção de embriões para programar um *savior sibling* por meio do diagnóstico genético pré-implantacional aparece como opção de tratamento.

O DGPI e a seleção de embriões podem ser realizados no âmbito do planejamento familiar. Apesar da ausência de lei específica sobre RHA no Brasil, é possível afirmar, diante das normas técnicas do CFM, do artigo 226 da Constituição Federal, da Lei do Planejamento Familiar, da Lei Nacional de Biossegurança e da legislação aplicada aos transplantes de órgãos e tecidos, que o tratamento é lícito e possível de ser realizado em território nacional.

A mesma tecnologia que salva vidas pode ser usada para fins superficiais. É preciso que o recurso às técnicas de DGPI e seleção de embriões com o objetivo de gerar uma criança salvadora seja conduzida com a ética de cuidado e responsabilidade com a qual deve ser tratada a matéria biológica humana. Em caso de dano comprovado ao *savior baby*, este deve ser analisado à luz das normas de Responsabilidade Civil vigentes no ordenamento jurídico brasileiro.

6. REFERÊNCIAS

ANDERSEN, Elizabeth. "Savior Sibling for a "Noble Cause"". Disponível em: <https://www.bioethics. net/2019/02/savior-siblings-for-a-noble-cause/>. Último acesso em 05 de novembro de 2019.

BECK, Ulrich. *Ecological Politics in a Age of Risk*. Trad. Amos Weiz. Polity Press, 2002.

_____. *World Risk Society*. Cambridge: Polity Press, 1999.

CONSELHO NACIONAL DE ÉTICA PARAS AS CIÊNCIAS DA VIDA. "Relatório sobre o projecto de proposta de lei relativo à procriação medicamente assistida – Joaquim Pinto Machado" (1997).

_____. *PARECER Nº 44 DO CONSELHO NACIONAL DE ÉTICA PARA AS CIÊNCIAS DA VIDA* (44/ CNECV/04).

_____. "Relatório Procriação Medicamente Assistida - Agostinho de Almeida Santos" – Michel Renaud, Rita Amaral Cabral (2004).

_____. *PARECER Nº 47 DO CONSELHO NACIONAL DE ÉTICA PARA AS CIÊNCIAS DA VIDA* (47/ CNECV/05).

_____. *PARECER SOBRE "DIAGNÓSTICO GENÉTICO PRÉ-IMPLANTAÇÃO"* (51/CNECV/07).

COSTA, Sérgio. Reprodução Humana Assistida. In: COSTA, Sérgio; DINIZ, Debora. *Bioética*: ensaios. Brasília: Letras Livres, 2001, p. 181-186.

DINIZ, Maria Helena. *O Estado Atual do Biodireito*. 8.ed. São Paulo: Saraiva, 2012.

FUKUYAMA, Francis. "Nosso Futuro Pós-Humano: consequências da revolução da biotecnologia". Trad. Maria Luiza X. de A. Borges. Rio de Janeiro: Rocco, 2003.

GAMA, Guilherme Calmon Nogueira da. *A Nova Filiação: O Biodireito e as Relações Parentais*: o estabe-lecimento da parentalidade-filiação e os efeitos jurídicos da reprodução assistida heteróloga. Rio de Janeiro: Renovar, 2003.

JONAS, Hans. *O Princípio Responsabilidade*: ensaio de uma ética para a civilização tecnológica. Rio de Janeiro: Contraponto, 2015.

KOERICH MS, MACHADO RR, COSTA Eliane. Ética e bioética: para dar início à reflexão. In: *Revista Texto Contexto Enfermagem*, 2005 Jan-Mar; 14(1):106-110.

LUCA, Heloisa Maria de. "Diagnóstico genético pré-implantação e o efeito "the sims" uma análise bio-ética das recentes práticas de manipulação de DNA". In: Pereira, André Dias; DOMENECH, Javier Barceló; ROSENVALD, Nelson. Cadernos da Lex Medicinae n.º 4, Vol. I. 2019.

LUHMANN, Niklas. *Risk: a sociological theory*. Trad. Rhodes Barrett. New York: de Gruyter, 1993.

MASCARENHAS, Igor de Lucena; COSTA, Ana Paula Correia de Albuquerque de. "Fertilização *in vitro* e o direito ao planejamento familiar: a ilegalidade do Enunciado 20 da I Jornada de Direito da Saúde do Conselho Nacional de Justiça e a teoria da captura aplicada à ANS". In: Revista de Direito do Consumidor, vol. 121, jan-fev 2019, p. 323-345.

OLIVEIRA, Guilherme de. Um Caso de Seleção de Embriões. In: OLIVEIRA, Guilherme de. *Temas de Direito da Medicina*. 2.ed. Coimbra: Coimbra Editora, 2005. P. 277-288.

RAPOSO, Vera Lúcia. "Podes trazer-me o menu, por favor? Quero escolher meu embrião" – os múltiplos casos de seleção de embriões em sede de diagnóstico genético pré-implantação. In: *Lex Medicinae* – Revista portuguesa de direito da saúde. Coimbra: Coimbra Editora, ano 4, nº 8, jul-dez 2007, p. 59-84.

_____. "O Direito à Imortalidade: o exercício de direitos reprodutivos mediante técnicas de reprodução assistida e o estatuto jurídico do embrião *in vitro*". Coimbra: Almedina, 2014.

REICHENBACH, Janine *et al.* "First Successful Bone Marrow Transplantation for X-linked Chronic Granulomatous Disease by Using Preimplantation Female Gender Typing and HLA Matching". In: Pediatrics September 2008, 122 (3) e778-e782; DOI: https://doi.org/10.1542/peds.2008-0123.

RIVARD, Laura. "Case Study in Savior Sibling". Disponível em https://www.nature.com/scitable/forums/genetics-generation/case-study-in-savior-siblings-104229158/. Último acesso em 10 de outubro de 2019.

VEJA. Bebê Geneticamente Selecionado Cura Doença da Irmã. Disponível em < https://veja.abril.com.br/saude/bebe-geneticamente-selecionado-cura-doenca-da-irma/>. Último acesso em 10 de outubro de 2019.

A INSEMINAÇÃO ARTIFICIAL HETERÓLOGA E A RESPONSABILIDADE CIVIL

Mônica Cecilio Rodrigues

Possui graduação em Direito pela Universidade de Uberaba (1991), pós-graduação (lato sensu) em Direito Público pela PUC-MG (1997), mestrado em Direito pela UNAERP - Ribeirão Preto / SP, doutorado pela PUC / SP (2017), em processo civil. Advogada militante desde 1992. Atualmente é professora da UNIPAC na graduação em Direito, das disciplinas Direito de Família, Direito das Sucessões e Procedimentos Especiais. Membro do Instituto Brasileiro de Direito de Família - IBDFAM-MG. Membro do Associação do Direito de Família e das Sucessões - ADFAS. Membro do Instituto dos Advogados de Minas Gerais - IAMG. Membro da Associação Brasileira de Direito Processual- ABDPro. Membro do Instituto Brasileiro de Direito Processual - IBDP. Membro do Instituto Brasileiro de Estudos de Responsabilidade Civil - IBERC. Membro do corpo editorial da Revista Brasileira de Direito Processual - RBDPro. Tem experiência na área de Direito, com ênfase em Direito Processual Civil e Civil. Atua principalmente nos seguintes temas: Empresarial, Responsabilidade Civil, Família, Sucessões e Processual Civil.

Sumário: 1. Introdução – 2. Direito à descendência e a inseminação artificial – 3. A Resolução nº. 2.121/2015 e a identificação genética – 4. O direito humano de conhecer a ascendência genética – 5. A responsabilidade civil dos profissionais e das clínicas – 6. Considerações finais – 7. Referências

1. INTRODUÇÃO

O objetivo deste texto é despertar para as omissões existentes em nossa legislação no que diz respeito a responsabilidade civil das clínicas e dos profissionais envolvidos na inseminação artificial heteróloga, sem a ousadia ou pretensão de exaurir definitivamente o assunto; pois, insta ressaltar que o tema proposto é de alta complexidade jurídica, porquanto envolve direitos humanos e o princípio da dignidade humana da pessoa que vai nascer deste método de fecundação, tendo em vista que a filiação de fato é que constará no registro civil da criança e não a biológica; porém, com as consequentes responsabilidades que poderão advir da fecundação heteróloga.

Com o desenvolvimento da sociedade fez-se necessário positivar os direitos. E para nossa melhor compreensão, Norberto Bobbio classificou os direitos em geração, [1] já Sarlet adotou a palavra dimensão para explicar a evolução dos direitos. [2]

A primeira geração é identificada como o direito à vida, à liberdade, à igualdade, à segurança e à propriedade, caracterizando um cunho mais individualista dos direitos. A segunda geração é reconhecida como de direitos sociais. Já a terceira geração são os

---

1. BOBBIO, Noberto. *A era dos direitos.* Rio de Janeiro: Campus, 1992, p.06.
2. SARLET, Ingo Wolfgang. *A eficácia dos Direitos Fundamentais.* Porto Alegre: Livraria do Advogado, 2009, 10ª ed., p. 50.

direitos coletivos. E a quarta geração são os direitos derivados do patrimônio genético que compõem cada ser vivo; e, logo, sujeito de direito.

E como o presente texto trata da reprodução humana assistida (RHA) ou seja trata da fecundação da vida humana por meio da interferência do homem, através da manipulação do material genético, com seus direitos, deveres e consequências; assim, estamos diante do enfrentamento dos direitos da quarta geração e de um novo direito, como ciência, com novas responsabilidades e logo novas obrigações. O biodireito.

Maria Helena Diniz ao classificar este ramo do direito esclarece que deverá ser a junção da bioética e a biogenética, sendo que jamais a verdade deve sobrepor à ética e ao direito, não podendo "acobertar crimes contra a dignidade humana, nem traçar sem limites jurídicos, os destinos da humanidade".[3]

O biodireito deve sempre sopesar o respeito a liberdade individual em comparação ao benefício ofertado à espécie humana, quando se utiliza de um bem absolutamente humano que é o material genético. Mesmo que o indivíduo seja apenas um, que seja único e seja respeitado diante da sua espécie.

Ainda é cedo para podermos mensurar o valor que o nosso patrimônio genético tem, pois a ciência médica a cada dia nos revela um dado de importância cientifica sobre conhecer a nossa herança genética, quer seja para premunirmos de doenças preexistentes ao nosso patrimônio genético, quer seja para anteciparmos o tratamento, quer seja para prolongando a sobrevida ou até mesmo para sabermos quais são os nossos ancestrais.

Razão pela qual é preocupante quando o legislador brasileiro, em um ato de desrespeito e descaso ao cidadão não regulamenta o direito absoluto do descendente em conhecer a sua ascendência genética, quando originário de uma RHA, deixando que a Resolução do Conselho Federal de Medicina normatize, omitindo ao seu dever.

E frente a lacuna em nossa legislação sobre esta matéria, como será demonstrado em item próprio, e apesar de inúmeros projetos de leis existentes nada sai do papel, não resta outra alternativa ao cidadão do que socorrer ao Poder Judiciário quando se fizer necessário e também invocar os direitos humanos que resguardam o direito a conhecer os pais, aqui compreendido como os pais biológicos, pois caso não sejam mantidos e guardados os dados genéticos do doador, como item de responsabilidade dos profissionais ou das clinicas que trabalham com RHA de nada adiantaria, pois no futuro seria impossível realizar um exame de DNA para encontrar a identidade genética que recebemos da ascendência biológica diante de toda a população existente.

O biodireito deve andar junto com os direitos humanos, sob pena de descaracterizar como justiça o direito que negue respeito ao princípio da dignidade humana, que como princípio contém os outros direitos relativos a pessoa.[4][5]

---

3. DINIZ, Maria Helena. *O Estado Atual do Biodireito*. São Paulo: Saraiva, 10ª ed., 2017, p. 10.
4. DINIZ, Maria Helena. *O Estado Atual do Biodireito*. 10ª ed. São Paulo: Saraiva, 2017, p. 45.
5. ROCHA, Renata da. *O que é o Biodireito? Introdução, Conceito e Fundamentos*. Dilemas acerca da vida humana – Interfaces entre a Bioética e o Biodireito. São Paulo: Atheneu, 2015, p. 27.

2. DIREITO À DESCENDÊNCIA E A INSEMINAÇÃO ARTIFICIAL

A ciência médica oportuniza a utilização de métodos de reprodução artificial aqueles desejosos por uma descendência, desde que não cause nenhum risco à vida ou à saúde das partes envolvidas e considerado o limite de idade máxima de 50 anos para as candidatas à gestação; [6] todavia, deve ser respeitados os direitos humanos, daqueles descendentes que nasceram através dos métodos artificiais, contidos nos tratados internacionais de que o Brasil é signatário, em razão das omissões legislativas que ainda persistem em nosso sistema legal, apesar de existir vários projetos de lei, mas sem aprovação ainda. [7]

Denominado de reprodução humana assistida, são conhecidos alguns métodos, a exemplo da inseminação artificial intrauterina e a da extracorpórea. Cientificamente nominados de métodos ZIFT (Zibot Intra Falloppian Transfer) e GIFT (Gametha Intra Fallopian Transfer).

O método ZIFT, também cognominado de ectogênese ou fertilização *in vitro*, e que se realiza através da retirada do óvulo da mulher, fecundando-o com o sêmen do marido ou de outro homem, na proveta, para posteriormente introduzir o embrião no útero desta mesma mulher ou de uma outra.

O que diferencia do método GIFT, pois este consiste na introdução do sêmen na mulher, sem manipulação externa do óvulo ou do embrião.

E como no método ZIFT ocorre a manipulação externa do óvulo, este pode ser gerado em um útero estranho ao da mulher possuidora do material genético, proporcionando diversas situações, a exemplo de ocorrer o processo gestacional em um útero estranho e que não seja pertencente a própria dono do óvulo.

O que pode ocasionar complicações no processo de reconhecimento de filiação materna. Pois, a presunção de que a parturiente seja a mãe da criança pode estar errada. Porquanto, estaríamos diante apenas de uma mulher que gestou a criança, mas biologicamente não é a mãe. A legislação não regulamenta estas questões ainda; todavia, como o presente texto não trata desta matéria, deixaremos para um outro momento.

Assim, de volta a questão versada no presente texto que é a responsabilidade das clínicas e dos profissionais envolvidos no método da reprodução humana assistida em manter o registro dos dados dos dadores do material genético para que o descendente possa saber a sua ascendência genética caso queira, como um direito humano assegurado, nos tratados internacionais.

É necessário reconhecer que a legislação brasileira regulamenta, sem nenhuma profundidade, somente a concepção artificial com relação a presunção da paternidade, na constância do casamento. [8]

E de acordo com o artigo 1.597, inciso III, se a inseminação ocorreu com o sêmen do próprio marido, mesmo que falecido, denominada de homóloga; ou se a fecundação

---

6. Princípios gerais, contidos na Seção I, nº. 1, das normas éticas para a utilização das técnicas de reprodução assistida da Resolução do Conselho Federal de Medicina nº 2.121/2015.

7. PL 1.184/03; PL 2.855/97; PL 120/03; PL 2.061/93; PL 90/99 e o PL 3.638/93.

8. STJ, AREsp 1042172, rel. Ministra Assuste Magalhães, DJe 11/10/2017.

artificial tenha ocorrido com o sêmen diverso do cônjuge, mas desde que este tenha anuído, conforme determina o inciso V, cognominada de heteróloga, ou ainda, quando a gestação acontecer com os embriões excedentários, desde que havidos por sêmen do próprio marido, conforme permite o inciso IV do citado artigo, são todos presumidamente filhos concebidos na constância do casamento.

A inseminação artificial pode ser uma eleição feita por pessoas casadas, por pessoas que constituíram uma união estável ou pessoas que apenas pretendam a descendência, mas não tenham nenhum vínculo familiar com o parceiro que será doador do material genético, diante da impossibilidade de concepção pelos meios naturais, quer seja por diversos motivos, a exemplo de malformação congênita, doença hereditária, esterilidade, azoospermia, endometriose etc.

E como não existe no ordenamento jurídico pátrio normas sobre a reprodução humana assistida, a exemplo de regularização da doação do material genético, direitos e deveres dos sujeitos envolvidos na RHA, a responsabilidade civil e criminal de cada um, e por estarmos tratando da concepção de uma vida, dentre outras questões, necessitam de regras de ordem pública, também denominadas de cogentes, com peso de norma para serem exigidas através de ações judiciais.

Pois bem, dentre todos estes exemplos acima citados, o que se destaca é a ausência total de regramento legal quanto a responsabilidade civil dos profissionais e das clínicas que trabalham com RHA em manter um registro com "dados clínicos de caráter geral, características fenotípicas", haja vista que, existe apenas a Resolução nº. 2.121/2015 do CFM, mas que não é lei; portanto, não tem força coercitiva, não possibilitando exe-quibilidade perante o Poder Judiciário; e o nosso legislador até o presente momento, não teve nenhuma preocupação em regulamentar o direito ao descendente advindo da inseminação artificial heteróloga em saber sua ascendência genética.

Além do já citado artigo 1.597 do CC, o sistema legal brasileiro só cuida da presunção da paternidade, e aceita legalmente as duas modalidades de inseminações, a homóloga e a heteróloga.

E baseando-se apenas na Resolução nº. 2.121/2015 do CFM, o médico ou a clínica responsável, tem-se acautelado em colher o Termo de Responsabilidade, onde deverá conter as autorizações para o fornecimento do material genético necessário para a reali-zação da inseminação artificial, as informações sobre todo o procedimento a ser realizado por ambos os envolvidos, bem como as consequências da fertilização e nascimento da criança, contendo todo o caráter biológico, jurídico e ético.[9]

Ainda, em se tratando de inseminação artificial heteróloga entre pessoas casadas ou que possuem uma união estável, deve também haver o consentimento do marido ou companheiro para que seja fertilizado o seu óvulo com o material genético diverso do seu, para que no futuro não venha a ser negada a paternidade biológica diferente ao vínculo familiar ou até mesmo alegada qualquer desrespeito quanto aos deveres de fidelidade conjugal por parte do cônjuge virago em razão da maternidade.[10]

---

9. Resolução do CFM nº. 2.121/2015, Seção I, n. 4.
10. ART. 1.597, inciso V, do Código Civil.

A INSEMINAÇÃO ARTIFICIAL HETERÓLOGA E A RESPONSABILIDADE CIVIL

Pois se o nascimento ocorrer durante o casamento da presunção da paternidade deriva as consequências legais tais como a assistência filial, direito aos alimentos; direito de visitas, guarda, educação, relação parental, direitos sucessórios, dentre outros direitos reflexos oriundos do grau de parentesco; entretanto, a lei ainda não despertou em proteger o direito que o nascituro tem em saber a sua ascendência biológica, escorado no princípio da dignidade da pessoa humana, que contém todos os outros direitos do ser humano.

E frente a possibilidade legal de buscar através da ciência médica a descendência surgem algumas questões:

Se é permitido aos seres humanos a manipulação do material genético para que ocorra a procriação artificial, por que teriam direito a omitir no registro de nascimento desta criança a sua verdadeira ascendência genética? Qual a finalidade ética?

Qual a justificativa legal para a omissão da sua verdadeira ascendência genética, frente ao princípio da dignidade humana e do melhor interesse desta criança?

Em qual princípio de justiça está fundamentada a omissão de sua herança genética?

3. A RESOLUÇÃO Nº. 2.121/2015 E A IDENTIFICAÇÃO GENÉTICA

Os relatos existentes da Agência Nacional de Vigilância Sanitária (ANVISA) dão notícia que foram feitos mais de 43 mil procedimentos de inseminação artificial no ano de 2018 no Brasil, o que significa um aumento de 18,7% do ano anterior, [11] sendo mais do que previsível uma expansão nos próximos anos.

Constatado pelo Conselho Federal de Medicina na Resolução nº. 2.121/2015 que "no Brasil, até a presente data, não há legislação específica a respeito da reprodução assistida (RA)" [12], a citada Resolução passa então a regulamentar a matéria, mas sem força de lei.

Entretanto, tal afirmação não pode servir como justificativa para que o Conselho Federal passe a normatizar a reprodução assistida, pois este procedimento extrapola a sua função que não é legislativa.

E o Superior Tribunal de Justiça em um julgado que reconhece a possibilidade do Conselho Federal de Medicina de editar normas éticas de cunho vinculante à classe médica brasileira, em razão da previsão legal da Lei nº. 3.268 de 1957, ressalva que Resolução nº. 2.121/2015 do CFM pode conter normas éticas à classe profissional médica; entretanto, outras normas de conteúdo diversos devem ser trazidas a apreciação do Poder Judiciário quando necessário, principalmente, por se tratar de reprodução humana assistida, em razão da lacuna legal existente, tudo em respeito aos princípios da dignidade da pessoa humana e da paternidade responsável, bem como ao planejamento familiar, garantido constitucional e que é de livre decisão do casal. [13]

Porque ressaltando a exceção já mencionada da presunção da paternidade na constância do casamento, verifica-se realmente a lacuna na legislação brasileira sobre outras

---

11. http://portal.anvisa.gov.br/noticias/-/asset_publisher/FXrpx9qY7FbU/content/inseminacao-artificial-cresce-18-7-em-2018/219201?p_p_auth=YQsinNoZ&inheritRedirect=false
12. Exposição de motivos da Resolução CFM nº. 2.121/2015.
13. STJ, 2ª Turma, REsp 1801542/SP, rel. Ministra Assuste Magalhaes, j. 16/04/2019.

questões da reprodução assistida que precisam ser normatizadas e que não podem ser regulamentadas a não ser por leis federais, não cabendo ao Conselho tal função, que em nosso ordenamento jurídico é inerente ao Poder Legislativo. [14]

É comum encontramos nos livros o depoimento de vários doutrinadores que se manifestam sobre a lacuna legal a respeito da reprodução humana assistida, seus direitos, obrigações e consequências, dizendo que existem apenas as normas técnicas definidas pela Resolução nº. 2.121/2015 do CFM, o que consideravelmente "aumenta exponencialmente no Brasil as gestações múltiplas, ocasionando um problema de saúde pública",[15] mas sempre concluem pela necessidade urgente da legislação.

Em um interessante acórdão o Superior Tribunal de Justiça permitiu o registro da dupla paternidade no nascimento, uma inseminação artificial heteróloga, com o nome do pai biológico e do pai socioafetivo; onde apesar de não constar no registro de nascimento o nome da filiação biológica, mas que através de uma escritura pública declara-se quem foi a doadora do material genético (gameta feminino) para a concepção, restou então assegurado ao cidadão o conhecimento de sua herança genética, mesmo frente a lacuna legal. [16]

Entretanto, a preocupação que se faz presente é sobre o tipo de responsabilidade que os profissionais e que as clínicas que trabalham com o material genético devem ter em criar e manter ativo um banco de dados com informações sobre a identidade dos doadores do material genético ou dos fornecedores dos gametas masculinos e femininos das fecundações artificiais, para que posteriormente ou no futuro possam os descendentes não só obterem os devidos elementos de sua ascendência biológica ou genética, se assim o desejarem, como um direito humano que é; mas, também poderem cruzar as informações com outros bancos de dados, evitando o risco de haver fecundações entre parentes próximos e consanguíneos, que podem ocasionar sérios problemas de saúde e complicações para a prole, o que existe até proibição legal, artigo 1.521 e seus incisos do Código Civil, sendo causa até de nulidade do casamento.

Porque, sem sombra de dúvida, infringe o direito humano e o princípio da dignidade humana do descendente originário da RHA o disposto n. 2, da Seção IV, da Resolução nº. 2.121/2015, quando diz que: "Os doadores não devem conhecer a identidade dos receptores e vice-versa" e repete n. 4, "será mantido, obrigatoriamente, o sigilo sobre a identidade dos doadores de gametas e embriões, bem como dos receptores".

Em meados de 2005, o New York Times publicou um artigo, com o título de "Hello, I'm your sister: Our father is donor 150", [17] conclamando os possíveis descendentes daquele suposto doador de gametas masculino, para que pudessem se identificar e se encontrar, pois a identidade biológica (IB) para estas pessoas da mesma descendência era muito importante. Na ascendência genética encontravam-se a herança biológica

---

14. STJ, AREsp 1042172, rel. Ministra Assuste Magalhães, DJe 11/10/2017.
15. MALUF, Adriana Caldas do Rego Freitas Dabus. *Curso de Bioética e Biodireito*. São Paulo: Atlas, 3ª ed., 2015, p. 197.
16. STJ, 3ª Turma, REsp 1608005 / SC, rel. Ministro Paulo de Tarso Sanseverino, j. 14/05/2019, DJe 21/05/2019.
17. https://www.nytimes.com/2005/11/20/us/hello-im-your-sister-our-father-is-donor-150.html

que cada um trazia de sua semelhança com o seu ascendente comum, o dador. E que em razão do anonimato era lhe negado o conhecimento.

Por vários anos foi defensável a tese de que o anonimato deveria ser preservado em prol e benefício da própria família e do descendente, originário da inseminação artificial, pois caso fosse revelado o respeito daquela procriação poderia ficar abalada. [18]

Mas, atualmente, o problema ultrapassou a necessidade de preservar o anonimato da identidade do doador pela proporção que está alcançando, em razão do grande número de inseminações artificiais que estão sendo feitas, uma vez que os doadores de esperma-tozoide poderiam acabar fecundando óvulos e que no futuro próximo estes seres vivos se relacionariam biologicamente entre eles causando problemas genéticos, haja vista que não tinham conhecimento de sua ascendência e muito menos dos problemas biológicos que esta podia conter, diante do desconhecimento de sua genética.

Motivo pelo qual, se faz necessário garantir o conhecimento da ascendência a todo ser humano procriado geneticamente pelo método de inseminação artificial heterólo-ga, não justificando mais preservar o anonimato como dantes, em prol dos dadores de gametas, quer seja masculino ou feminino.

Pois em casos concretos de doenças hereditárias ou genéticas o anonimato deverá ser rompido em benefício da saúde do descendente e de seus futuros familiares também. E caso os profissionais ou as clínicas não tenha os dados guardados ou mantidos arqui-vados dos dadores do material genéticos utilizados na reprodução humana assistida o prejuízo será irreparável.

Daí, surge a necessidade de reconhecer a responsabilidade civil e até mesmo criminal, atribuindo a guarda e manutenção dos dados genéticos aos profissionais e as clínicas que trabalham com a RHA dos doadores para que seja possível informar a qualquer tempo aos descendentes a sua ascendência genética, por ser um direito humano garantido pelos tratados internacionais.

Além do mais, a mudança de posicionamento para que seja revelada a descendência é construtiva e atende aos princípios regradores da bioética e do biodireito; no entanto, precisamos de uma normatização para a procriação medicamente assistida.

A Suíça avança em seu texto constitucional, contendo garantia expressa, de acesso aos dados de sua ascendência, precisamente no artigo 119°, n. 2, letra g; e, prevê que adotará normas sobre a utilização do patrimônio germinal e genético humano, através de proteção da dignidade humana, da personalidade e da família, garantindo o acesso da pessoa aos dados sobre a sua ascendência, reconhecido como direito absoluto a partir dos 18 anos. [19]

---

18. LOUREIRO, João Carlos. "O nosso pai é o dador n. XXX": A questão do anonimato dos dadores de gametas na procriação medicamente assistida heteróloga". RIBEIRO, Gustavo Pereira Leite; TEIXEIRA Ana Carolina Brochado (coord.). *Bioética e Direitos da Pessoa Humana* Belo Horizonte: Del Rey, 2011, p. 209.
19. LOUREIRO, João Carlos. "O nosso pai é o dador n. XXX": A questão do anonimato dos dadores de gametas na procriação medicamente assistida heteróloga". RIBEIRO, Gustavo Pereira Leite; TEIXEIRA Ana Carolina Brochado (coord.). *Bioética e Direitos da Pessoa Humana* Belo Horizonte: Del Rey, 201, p. 216.

E no mesmo passo segue Portugal, [20] o Reino Unido, a Alemanha, a Suécia, e a Austrália. [21]

Ao ser vivente, mesmo que originário de reprodução assistida, não pode ser retirado o direito de conhecer a sua verdadeira origem genética. Pois negar este conhecimento seria desrespeitar o direito fundamental e humano à herança genética, como o direito de cada ser humano ter um genoma próprio, "seu patrimônio genético", "a historicidade pessoal ou à ascendência a *matre* e a *patre* biologicamente verdadeira". [22]

Mesmo com os cuidados que a Resolução nº. 2.121, do CFM, na Seção IV, n. 5, tenha determinado, é necessário que o Estado normatize e regulamente o cadastramento dos doadores do material genético masculino, para que se previna confusões consanguíneas, tais como incestos, doenças hereditárias etc. A preocupação que se relata não é com relação aos direitos relativos à assistência material ou até mesmo sucessório, mas com relação ao direito de saber a sua ascendência genética, para prevenir doenças ou até mesmo se necessitar de doação de material genético. O direito de conhecer a sua herança genética vai muito além do que o esperado pelo direito até hoje normatizado.

4. O DIREITO HUMANO DE CONHECER A ASCENDÊNCIA GENÉTICA

É necessário examinar aqui a Convenção sobre os Direitos da Criança, no artigo 7º, n. 1 e artigo 8, n. 2, onde expressamente consta que as crianças serão asseguradas a conhecer seus pais e que o Estado compromete a respeitar a identidade da criança, sem interferências ilícitas, do ponto de vista de usurpar a competência de legislar a matéria; e mais, deverá o Estado assegurar para o pronto restabelecimento de sua identidade.

Por obvio, os pais de que se trata o citado artigo da Convenção, de que o Brasil é signatário, são os pais biológicos, dada a importância para o biodireito e para a segurança de sua ascendência a lei deve assegurar ao menor o conhecimento de sua genética, de sua herança biológica. Os genitores que a lei assegura são os pais de sangue, pois o conhecimento que os direitos humanos pretendem preservar ultrapassa o instituto da adoção (pais civis), trata de assegurar o exercício do princípio da dignidade humana.

Qual é a origem biológica. Qual é a origem genética.

A estrutura humana vai muito além das relações socioafetiva ou da adoção quando estamos tratando de hereditariedade, de doenças, de procurar a cura para males que podemos herdar de nossos ascendentes, e para tanto precisamos saber qual é o nosso código genético. E em uma medicina mais avançada já é possível prever quais seriam as doenças mais suscetíveis que podemos ter em razão do código genético herdado e como podemos preveni-las.

---

20. O legislador constitucional permitiu ao cidadão a português a possibilidade de conseguir sua identidade genética como garantia da dignidade pessoal.
21. LOUREIRO, João Carlos. "O nosso pai é o dador n. XXX": A questão do anonimato dos dadores de gametas na procriação medicamente assistida heteróloga". RIBEIRO, Gustavo Pereira Leite; TEIXEIRA Ana Carolina Brochado (coord.). *Bioética e Direitos da Pessoa Humana* Belo Horizonte: Del Rey, 201, p. 229.
22. DINIZ, Maria Helena. *O Estado Atual do Biodireito*. 10ª ed. São Paulo: Saraiva, 2017, p. 728.

E fica então a pergunta: temos o direito de proibir a informação da herança genética a uma pessoa, simplesmente porque ela foi concebida por reprodução humana assistida?

Onde está o princípio de justiça proibir o conhecimento da herança genética ao ser humano simplesmente porque ele foi concebido pela reprodução humana artificial?

O direito à vida, o direito ao tratamento é muito superior do que preservar o anonimato de quem foi o doador.

Razão pela qual se faz necessário guardar e manter o banco de dados clínicos de caráter geral, com todas as características fenotípicas e uma amostra de material celular dos doadores para que possa ser informada ao real interessado - o descendente – a sua herança genética. E via de consequência de responsabilizar aqueles que manipularam o material genético para realizar a RHA e não mantiveram e não guardaram estas informações caso necessário a informação.

5. A RESPONSABILIDADE CIVIL DOS PROFISSIONAIS E DAS CLÍNICAS

Apesar da regulamentação feita pela Resolução nº. 2.121/2015 do CFM, precisamente na Seção IV, n. 2, onde determina que "os doadores não devem conhecer a identidade dos receptores e vice-versa" e repete n. 4, "será mantido, obrigatoriamente, o sigilo sobre a identidade dos doadores de gametas e embriões, bem como dos receptores" não tem nenhum amparo legal, enquanto persistir a omissão legislativa; e não comporta nenhuma exequibilidade, conforme já explicado, visto que a Resolução não tem força de lei.

Finalizando, a Resolução ainda determina que só será fornecida informações sobre os doadores "em situações especiais", por motivação médica e para médicos, o que é um total desrespeito ao direito humano e ao princípio da dignidade humana, já diversas vezes falado.

Contudo, apesar da omissão legislativa o cidadão não pode ser prejudicado, tanto que é garantida constitucionalmente a apreciação do Poder Judiciário a lesão ou ameaça a direito e que deverá ser solucionada, utilizando a analogia, os costumes e os princípios gerais de direito, ainda mais se houver qualquer prejuízo ao cidadão. [23]

Como a própria Resolução não prevê nenhuma sanção para a omissão dos profissionais e das clínicas, o cidadão encontra ao desabrigo caso não venha a ser guardado os registros dos dados clínicos de caráter geral com as características fenotípicas dos dadores. Conquanto, o instituto da responsabilidade civil é a solução mais acertada para a questão.

E para a realização da reprodução humana assistida é necessário a formalização através de um contrato de prestação de serviço da reprodução entre a pessoa a ser inseminada e o profissional responsável pelo procedimento, ou a clínica, através de um diretor técnico, obrigatoriamente um médico, conforme já prevê a Resolução. [24]

O legalmente correto, respeitando os direitos de todos os envolvidos, inclusive daquele descendente a ser gerado futuramente, seria conter neste contrato não só os

---

23. Artigo 4º da Lei de Introdução às normas do Direito Brasileiro: Quando a lei for omissa, o juiz decidirá o caso de acordo com a analogia, os costumes e os princípios gerais de direito.
24. Resolução do CFM nº. 2.121/2015, Seção III, n. 1.

dados do contratante, desejoso da descendência, mas também uma senha que identifica os dados do doador que estará guardado no banco de dados, pois caso no futuro seja do interesse do descendente saber sua herança genética tenha ali consignado e informado quem foi o doador do material genético para a sua concepção. Pois, mesmo que ainda não tenha previsão legal e por hora contrarie a citada Resolução, todavia tem amparo legal nos tratados internacionais de que o Brasil é signatário e no princípio fundamental já citado nos itens anteriores a informação de sua herança genética.

E no caso examinado como estamos falando de uma contratação esta responsabilidade é objetiva, sendo irrelevante a conduta culposa ou dolosa do causador do dano, uma vez que bastará a existência do nexo causal entre o prejuízo sofrido pela vítima e a ação do agente para que tenha o dever de ressarcir, pois a obrigação contratual do dever de guardar e manter guardado o material genético para informar o descendente a sua herança genética no futuro é da clínica ou do profissional responsável pela RHA, posto que somente a clínica ou o médico manipulará o material genético e poderá informar no futuro qual foi o doador. Diferenciando da responsabilidade sobre o resultado da RHA.

E a legislação brasileira é bem clara quando fala da responsabilidade objetiva, em seu artigo 927, parágrafo único,[25] preceituando que a atividade desenvolvida pelo autor é que pode implicar o prejuízo para os direitos de outrem.[26] O que configura o caso ora em comento. A atividade desenvolvida da reprodução humana assistida por si só é que gera o direito em conhecer o doador do material genético, a herança genética; e como a manipulação do material é de responsabilidade da clínica ou do profissional contratado para o procedimento, pois somente a ele cabe a manutenção e guarda para que no futuro possa fornecer a informação a quem de direito, no caso o descendente da reprodução humana.

E haverá obrigação de reparar o dano, independentemente de culpa ou dolo, nos casos especificados em lei, ou quando a atividade normalmente desenvolvida pelo autor do dano implicar, por sua natureza, risco para os direitos de outrem.

Será uma responsabilidade contratual e o ressarcimento se origina da inexecução desta obrigação de manter ou de guardar o material genético, como ficou convencionado quando contratado para o serviço da RHA. A responsabilidade surge como resultado da violação do descumprimento de uma obrigação anterior.

Maria Helena Diniz define como responsabilidade extracontratual o direito do nascituro em ser ressarcido quando lhe negado o direito à identidade genética.[27] Melhor seria a doutrina, diante da lacuna legal, entender que a responsabilidade é contratual, assim evitaria uma discussão despicienda sobre a culpa e pouparia o desgaste de outra discussão em longos processos sobre a taxação legal.

---

25. ART. 927. Parágrafo único. Haverá obrigação de reparar o dano, independentemente de culpa, nos casos especificados em lei, ou quando a atividade normalmente desenvolvida pelo autor do dano implicar, por sua natureza, risco para os direitos de outrem.

26. CAVALIERI FILHO, Sergio. *Programa de Responsabilidade Civil*. 13ª ed.\ São Paulo: Atlas, 2018, p. 34.

27. DINIZ, Maria Helena. *Curso de Direito Civil Brasileiro. Responsabilidade Civil*. 33ª ed. São Paulo: Saraiva, 2018, p. 229.

Uma das funções da responsabilidade civil é a prevenção,[28] e neste caso alcançaria o fito pedagógico a que se propõe; pois se não for guardado e mantido um banco nacional de dados dos doadores, masculinos ou femininos, para que sejam identificados, mesmo que posteriormente, pelos descendentes da RHA, o dano que pode acontecer é muito maior e irreparável em termos éticos, genéticos e biológicos para a espécie humana do que se pode imaginar. Razão pela qual a função, aqui da responsabilidade civil, deve ser preventiva e não reparatória.

Não terá sentido punir o fato depois de ocorrido. E muito menos reparar o dano, pois este tipo de dano será de valor imensurável frente aos incalculáveis prejuízos para a espécie humana. Por isto, a prevenção se faz necessária.

Mas frente a lacuna da lei, pergunta-se? Como resolver a questão?

Primeiro deve-se reconhecer o direito à informação da ascendência como um valor absoluto, atrevemos a dizer que é um direito irrenunciável, independentemente para qual fim, pois mesmo que seja para um fim apenas informativo ou até terapêutico, os profissionais e as clinicas responsáveis devem se responsabilizar por guardar e manter o registro com dados clínicos de caráter geral e com as características fenotípicas dos dadores, sob pena de responder pelo ilícito civil, pois somente eles tem acesso a este material genético quando realizam a reprodução humana assistida, ninguém mais.

Porque no futuro o cidadão gerado pela RHA irá se socorrer a quem para saber a sua ascendência? Se a clínica ou os profissionais responsáveis não guardaram os dados? Não haverá solução para encontrar a sua ascendência.

A responsabilidade civil que recairá sobre os profissionais e a clínica é contratual, haja vista que a concepção é realizada através de um Termo de Responsabilidade, conforme a própria Resolução nº. 2.121/2015 regulamenta, sendo um Contrato de Meio a RHA, posto que não garante o resultado. E neste caso, nada mais jurídico do que relacionar nas cláusulas a responsabilidade dos profissionais e da clínica em manter e guardar as informações dos dadores que irão participar da RHA, assegurando que a partir daquele ato inicia por parte dos profissionais e da clínica a manutenção do material genético, ficando sob sua responsabilidade, e para que fique a disposição das partes quando for da vontade expressa ser acessada a informação; e esta responsabilidade contratual.

Esta sim seria a solução correta e justa para o direito humano, garantindo a informação a ascendência para a pessoa que nasceu de uma fecundação artificial, com todo o respeito ao princípio da dignidade humana e ao direito humano da identidade genética.

Todavia, caso não ocorra, a solução que se encontra mesmo é amparar no Poder Judiciário, com uma ação indenizatória, responsabilizando os profissionais e as clínicas que manusearam o material genético, como sendo responsáveis em não manterem e não guardarem o material genético respondendo pelo ilícito civil, mesmo que está omissão não tenha qualquer fim lucrativo.

---

28. ROSENVALD, Nelson. *As funções da Responsabilidade Civil*. São Paulo: Atlas, 2013, p. 63.

6. CONSIDERAÇÕES FINAIS

Verificada a omissão legislativa quanto as normas sobre a reprodução humana assistida e que a Resolução nº. 2.121/2015 do Conselho Federal de Medicina não tem força executiva e nem comporta sanção de imediato em caso de descumprimento ao dever de manter e guardar, permanentemente, um registro com dados clínicos de caráter geral, características fenotípicas e uma amostra de material celular dos doadores, quer seja masculinos ou femininos quando ocorrer a inseminação artificial e reconhecendo como direito absoluto ao descendente o conhecimento de sua ascendência e herança genética, é necessário concluir que:

a) São necessárias medidas urgentes do Poder Legislativo para regulamentar a reprodução humana assistida, pois o cidadão brasileiro está desamparado quanto ao seu direito de informação de sua ascendência genética;

b) Enquanto houver esta lacuna legislativa caberá ao Poder Judiciário solucionar o desrespeito ao direito humano garantido na Convenção sobre os Direitos da Criança, da qual o Brasil é signatário; e,

c) Finalmente, caso ocorra a perda do material genético ou a impossibilidade de conhecimento por parte do descendente originário de uma RHA, frente ao comportamento da clínica ou dos profissionais responsáveis pela RHA, o instituto da responsabilidade civil objetiva deverá solucionar o desrespeito ao direito humano de conhecer a ascendência genética garantida ao cidadão gerado pela reprodução humana assistida.

7. REFERÊNCIAS

BOBBIO, Noberto. *A era dos direitos*. Rio de Janeiro: Campus, 1992.

CAVALIERI FILHO, Sergio. *Programa de Responsabilidade Civil*. 13ª ed. São Paulo: Atlas, 2018.

DINIZ, Maria Helena. *Curso de Direito Civil Brasileiro*. 30ª ed. Direito de Família. São Paulo: Saraiva. 2018.

DINIZ, Maria Helena. *Curso de Direito Civil Brasileiro*. Responsabilidade Civil. 33ª ed. São Paulo: Saraiva, 2018

DINIZ, Maria Helena. *O Estado Atual do Biodireito*. 10ª ed. São Paulo: Saraiva, 2017.

LOUREIRO, João Carlos. "O nosso pai é o dador n. XXX": A questão do anonimato dos dadores de gametas na procriação medicamente assistida heteróloga". RIBEIRO, Gustavo Pereira Leite; TEIXEIRA, Ana Carolina Brochado (coord.). *Bioética e Direitos da Pessoa Humana* Belo Horizonte: Del Rey, 2011.

MAZZUOLI, Valerio de Oliveira. *Curso de Direitos Humanos*. São Paulo: Método, 2019.

PIOVESAN, Flávia. *Direitos Humanos e o Direito Constitucional Internacional*. 11ª ed. São Paulo: Saraiva, 2010.

ROCHA, Renata da. *O que é o Biodireito? Introdução, Conceito e Fundamentos*. Dilemas acerca da vida humana – Interfaces entre a Bioética e o Biodireito. São Paulo: Atheneu, 2015.

ROCHA, Renata da. *Fundamentos do Biodireito*. Bahia: JusPODIVM, 2018.

ROSENVALD, Nelson. *As funções da responsabilidade civil*. São Paulo: Atlas. 2012.

ROSENVALD, Nelson. *A responsabilidade Civil pelo ilícito lucrativo*. Bahia: JusPODIVM, 2019.

SARLET, Ingo Wolfgang. *A eficácia dos Direitos Fundamentais*. 10ª ed. Porto Alegre: Livraria do Advogado, 2009.

REPRODUÇÃO ASSISTIDA E A PROTEÇÃO DA PESSOA HUMANA NAS SITUAÇÕES JURÍDICAS DÚPLICES

Heloisa Helena Barboza

Professora Titular de Direito Civil da Faculdade de Direito da Universidade do Estado do Rio de Janeiro (UERJ). Doutora em Direito pela UERJ e em Ciências pela ENSP/FIOCRUZ. Procuradora de Justiça do Estado do Rio de Janeiro (aposentada). Advogada. https://orcid.org/0000-0002-2829-3111 - heloisabarboza@gmail.com

Sumário: 1. Introdução – 2. Autonomia reprodutiva como direito fundamental – 3. Reprodução assistida e a dinâmica das relações familiares – 4. Situações jurídicas dúplices e a proteção das pessoas – 5. Considerações finais – 6. Referências

1. INTRODUÇÃO

Um dos princípios mais relevantes, se não o mais importante, estabelecido pela Constituição Federal de 1988 foi o que consagra a dignidade da pessoa humana como fundamento da República, provocando grande impacto no ordenamento jurídico brasileiro. Em particular no campo do Direito Civil tornou-se impositiva a releitura de todos os mais tradicionais institutos, para que se compatibilizem com essa diretriz constitucional fundante. Iniciou-se, em consequência, um processo conjunto de interpretação identificado como a "despatrimonialização do direito civil", como assinala a doutrina.[1]

O esforço comum dos civilistas, através de árduo trabalho interpretativo, possibilitou que diferentes institutos positivados na legislação ordinária, mesmo editadas após 1988, fossem harmonizados com a orientação humanística da Constituição da República. Não obstante, muito há ainda por fazer. Servem de bom exemplo as disposições sobre direito de família e sucessões, contidas no Código Civil aprovado em 2002, que até o presente desafiam o sistema civil-constitucional.

Deve ser ressaltado que a tarefa não é nada fácil, na medida em que implica a inversão da lógica que orientou, desde 1916, a construção do direito civil codificado e de boa parte das leis extravagantes sobre sólida e profunda base patrimonialista. Desde então, as relações jurídicas, incluídas as denominadas pessoais, dedicavam-se, mesmo que não diretamente, à "preservação" de interesses patrimoniais, muitas vezes para o bem da família, vale dizer, do casamento, mesmo que autorizando discriminações, hoje odiosas,

---

1. TEIXEIRA, Ana Carolina Brochado; KONDER, Carlos Nelson. *Situações jurídica dúplices: continuando o debate, controvérsias sobre a nebulosa fronteira entre patrimonialidade e extrapatrimonialidade.* In Contratos, Família e Sucessões: diálogos interdisciplinares. TEIXEIRA, Ana Carolina Brochado; RODRIGUES, Renata de Lima (coord.). Indaiatuba: Foco, 2019, p. 136.

como a prevista em lei entre os filhos. Resquícios dessa "categorização" encontram-se no vigente Código Civil, que ainda contém regras diferenciadas para os filhos "havidos fora do casamento". Na verdade, poucos eram, e ainda são, os dispositivos legais destinados à proteção das pessoas, ainda que incapazes conforme concepção anterior, como se constata da disciplina da tutela e da curatela na Lei Civil.

Esse pensamento de época, amparado em razões histórico-sociais que autorizavam a predominância da lógica patrimonialista, não mais pode prevalecer diante de um ordenamento fundado na dignidade da pessoa humana, que impõe a prevalência dos interesses existenciais sobre os patrimoniais, que estão a seu serviço: essa a inversão em curso, que adota como fundamento do direito civil os interesses da personalidade.

Indispensável esclarecer que não se trata de um debate teórico, com o objetivo de colocar em destaque as situações existenciais, cada dia mais proeminentes, mas de buscar o tratamento jurídico adequado para essas situações, muitas inéditas, se não através normativas próprias e diferenciadas, ao menos pela (re)interpretação dos instrumentos jurídicos patrimoniais existentes, não apenas para que sejam passíveis de aplicação às situações existenciais, mas principalmente para que estas recebam proteção qualitativamente distinta, que atenda os interesses em jogo e principalmente conceda efetiva proteção às pessoas nelas envolvidas. Em síntese, como alerta Pietro Perlingieri, mais do que afirmar a importância dos interesses da personalidade no direito privado, é preciso reconstruir o direito civil "não com a redução ou aumento da tutela das situações patrimoniais, mas com uma tutela qualitativamente diversa".[2]

Nesse contexto se encontra e tem posição emblemática a reprodução assistida, que pode ser inscrita no rol das situações jurídicas inéditas, apesar de sua prática cotidiana no Brasil, que de há muito reclama regulação legislativa para proteção e garantia dos interesses existenciais que estão em jogo.

Constata-se, no mínimo, um permanente desconforto na aplicação da lei, quando se trata de reprodução humana assistida, que em sua inerente complexidade afeta diversas áreas do Direito Civil. Basta destacar as dificuldades encontradas para definir o regime jurídico a ser aplicado a cada caso, onde estão presentes interesses existenciais e patrimoniais. A busca de solução para esse tipo de situação se impôs para impedir a patrimonialização de situações jurídicas existenciais, que devem prevalecer, sob pena de afronta ao princípio da dignidade da pessoa humana. Em boa hora recente doutrina civilista enfrentou o problema e encaminhou uma solução possível, através da análise funcional das diferentes situações dúplices que se apresentam e encontram nas técnicas de reprodução assistida campo fértil.

Diante dessas dificuldades e a partir da referida doutrina, o presente trabalho procura contribuir para a adequada compreensão das situações que surgem na utilização das técnicas de reprodução assistida e dos interesses ali envolvidos. Busca-se, desse modo, uma proteção qualitativamente melhor para as situações existenciais. A realização de tarefa tão ambiciosa se deu através de pesquisa bibliográfica.

---

2. PERLINGIERI, Pietro. *Perfis do direito civil*. Trad. Maria Cristina de Cicco. 2ª ed. Rio de Janeiro: Renovar, 2002, p. 34.

2. AUTONOMIA REPRODUTIVA COMO DIREITO FUNDAMENTAL[3]

Algumas considerações, ainda que breves, devem ser feitas sobre a autonomia reprodutiva no Brasil, por serem de todo indispensáveis para a compreensão dos direitos envolvidos nas técnicas de reprodução assistida.

A reprodução humana até o século XX se dava exclusivamente através de um processo fisiológico: era um fato natural. Contudo, com a progressiva medicalização da sociedade crescentes e diversificadas se tornaram as interferências no corpo humano, realizando o que se considerava ficção: a procriação por pessoas que naturalmente não teriam filhos e a troca de sexo. O processo de reprodução humana, da concepção ao parto, saiu do âmbito privado, do interior das casas, literalmente do quarto, após o surgimento das técnicas de reprodução assistida, para as clínicas e hospitais.

Contudo, ter ou não filhos sempre foi para muitas pessoas um projeto de vida, paralelamente às preocupações governamentais de desenvolvimento (ou não) e de controle populacional, as quais não raro acabavam por resultar em intervenções na vida dos casais. Os programas de controle demográfico desconsideram os projetos pessoais e se impõem coercitivamente através da limitação do número de filhos, a exemplo da China[4], ou de "convencimento" mediante incentivo à anticoncepção.

Como esclarece Miriam Ventura, somente em meados do século XX a reprodução veio a ser debatida como direito, dentre outras reivindicações dos movimentos das mulheres, que na década de mil novecentos e setenta buscavam acesso a meios contraceptivos e apenas nos anos seguintes integraram a concepção à agenda de demandas. A construção do direito à reprodução é, por conseguinte, resultado dos movimentos reivindicatórios das mulheres. Coube à Organização Internacional do Trabalho (OIT) papel pioneiro na matéria, ao regular em 1919 a proteção à maternidade.[5]

A expressão *"right to procreate"* surge, porém, com sentido restrito e negativo, para assegurar ao indivíduo a liberdade de escolha quanto a procriar ou não, o qual poderia exercê-lo em defesa contra qualquer ação de privação ou de limitação do Estado. Posteriormente ampliou-se o conteúdo desse direito, para incluir o ato de procriar, como fato biológico de dar origem a um filho que derive do próprio patrimônio genético, de desenvolver, em concreto, a função de genitor[6].

O advento das técnicas de reprodução assistida gerou grande debate ético-jurídico ao possibilitar o exercício do direito de procriar por pessoas solteiras, questão que se acirra quando se incluem os homossexuais, transexuais e demais integrantes da população

---

3. Sobre o assunto ver BARBOZA, Heloisa Helena. *A reprodução humana como direito fundamental.* In DIREITO, Carlos Alberto Menezes; TRINDADE, Antônio Augusto Cançado; PEREIRA, Antônio Celso Alves. (Org.). Novas Perspectivas do Direito Internacional Contemporâneo. 1ª ed. Rio de Janeiro: Renovar, 2008, v. 1, p. 777-801.
4. No caso, conforme noticiado, a população da China cresceu em um ritmo mais lento em 2018, apesar do fim da política do filho único em 2016. É o que mostraram dados oficiais divulgados em 21 de janeiro de 2019. A divulgação gerou temores de que uma sociedade mais velha aumente a pressão sobre a economia chinesa, que, apesar de manter o crescimento, desacelera a cada ano. Disponível: https://g1.globo.com/mundo/noticia/2019/01/21/crescimento-populacional-da-china-desacelera-apesar-de-fim-da-politica-do-filho-unico.ghtml.
5. VENTURA, Miriam. *Direitos Reprodutivos no Brasil,* 2 ed. Brasil: UNFPA, 2004, p. 23.
6. LENTI, Leonardo. *La procreazione artificiale. Genoma della persona e attribuzione della paternità,* Padova: CEDAM, 1993 p. 42.

HELOISA HELENA BARBOZA

LGBTI (Lésbicas, Gays, transexuais, travestis e intersex). Abre-se, assim e em profundidade, a discussão quanto ao reconhecimento do direito de procriar, em sua abrangência e titularidade, a qual, em verdade, encontra-se em curso.

Deve-se destacar que no final do século XX[7] os direitos reprodutivos (*reproductive rights*), embora ainda no sentido acima referido de um direito negativo ou de "não reproduzir", de uma "sexualidade sem reprodução", foram oficialmente explicitados e reconhecidos como como direitos fundamentais ou humanos de "decidir livremente e responsavelmente sobre o número de filhos e sobre o intervalo entre eles, e de acessar as informações, instruções e serviços sobre planejamento familiar". [8] Não obstante, foi reconhecido expressamente como direito humano "o direito à escolha reprodutiva", com significado de direito à liberdade reprodutiva, isto é, de decidir "se" e "quando" reproduzir-se. Tais disposições textuais autorizam incluir nessa decisão o "como" reproduzir-se, eis que já existentes as técnicas de reprodução artificial, compreendidas, portanto, nos mesmos termos, como opção pessoal absolutamente fundamental[9].

O reconhecimento oficial da liberdade de procriar suscitou desde logo indagações em nível internacional, as quais encontraram respostas diversas, tornando-se a necessidade (ou não) de assegurar suporte legal para a utilização das técnicas de reprodução assistida um dos pontos centrais do debate. Constata-se, desde então, a existência de duas correntes sobre o tema, uma adotada na Europa e outra pelos Estados Unidos, que ampliam o debate e se valem de argumentos distintos. [10]

Como esclarece Encarna Roca i Trias, a base da questão envolve a existência de um "hipotético" direito a ter filhos, derivado do próprio direito à vida, bem como do direito à privacidade, compreendendo não só a proteção da vida já existente (sentido negativo), mas também a possibilidade de criar uma vida por meio de técnicas médicas (sentido ativo). Segundo a mesma autora, ao se aplicar os argumentos apresentados para "não se reconhece[r] diretamente esse direito", quando se trata das técnicas de reprodução assistida, ou seja, "se não se reconhece um direito absoluto, a consequência lógica será a ampla liberdade de regulamentação para os Estados da Comunidade", isto é, "não se reconhece diretamente esse direito nessa matéria".[11]

---

7. Registre-se, porém, que a Proclamação da Conferência Internacional sobre Direitos Humanos de Teerã, de 13.05.1968, havia estabelecido que: "16. *The protection of the family and of the child remains the concern of the international community. Parents have a basic human right to determine freely and responsably the number and the spacing of their children.*". The United Nations Blue Books Series. The United Nations and Human Rights 1945-1995. Após a Conferência Internacional de Cairo de 1994, sobre população e desenvolvimento e de Beijing de 1995, sobre as mulheres, a história da "autonomia reprodutiva" teve significativo progresso: reconheceu-se, pela primeira vez em sede oficial, a denominação "direitos reprodutivos" explicitados inequivocamente. Ver IAGULLI, Paolo. "*Diritti Riproduttivi*" e *Riproduzione artificiale*, Torino: G. Giappichelli Editore. 2001p.3. Refere-se o autor a *International Conference on Population and Development:* Cairo, 5-13 setembro 1994, e *The Beijing Declaration and the Platform for Action: Fourth World Conference on Women: Beijjing, China,* 4-15, setembro 1995.
8. IAGULLI, Paolo. Ob. cit. p. 4.
9. IAGULLI, Paolo. Ob. cit. p. 5.
10. Sobre o assunto ver TRÍAS, Encarna Roca i. *Direitos de reprodução e eugenia,* In CASABONA, Carlos Maria Romeo. Biotecnologia, Direito e Bioética. Belo Horizonte: Del Rey e PUC Minas, 2002, p. 101-103.
11. ROCA I TRÍAS, Encarna. Ob. Cit., p. 104. Essa a conclusão da autora após considerar: a) o resultado da consulta, feita em 1987 na Europa, ao Comitê Diretor dos Direitos Humanos (CDDH) sobre a existência ou não do direito de procriar, sobre a garantia, na Carta Europeia, de um direito absoluto de procriar, incluído no direito à vida. A resposta do Comitê foi negativa, por entender que, com base em interpretação do artigo 2, parágrafo 1, da Con-

Carlos María Romeo Casabona, de modo mais flexível, entende não haver o franco e explícito reconhecimento de um direito de procriação pela Comunidade Europeia ou nas Declarações e Convênios Internacionais, mas sim o "de fundar uma família"[12], e que este compreende a função procriadora, não de modo obrigatório, nem com a qualidade de direito humano. Admite-se, contudo, que a essência da liberdade de fundar uma família constitui uma manifestação da privacidade determinada pelo livre desenvolvimento da personalidade, com um duplo conteúdo, de positiva participação na criação ou fundação familiar, e de obstáculo às interferências na intimidade que assegura a liberdade de decisão decorrente da referida participação positiva[13].

A posição do Brasil parece clara diante do disposto no artigo 226, § 7°, da Constituição da República, que merece transcrição:

> Art. 226. A família, base da sociedade, tem especial proteção do Estado.
> [...]
> § 7° Fundado nos princípios da dignidade da pessoa humana e da paternidade responsável, o planejamento familiar é livre decisão do casal, competindo ao Estado propiciar recursos educacionais e científicos para o exercício desse direito, vedada qualquer forma coercitiva por parte de instituições oficiais ou privadas.

O texto constitucional autoriza o reconhecimento e a inclusão em nosso sistema jurídico da "autonomia reprodutiva", bem como da garantia de acesso aos meios necessários para sua efetivação. Nesse sentido é explícita a Lei n° 9.263, de 12.01.96, que ao regulamentar o § 7°, acima transcrito, expressamente declara ser o planejamento familiar direito de todo cidadão (art. 1°), entendendo como tal "o conjunto de ações de regulação da fecundidade que garanta direitos iguais de constituição, limitação ou aumento da prole pela mulher, pelo homem ou pelo casal", proibindo a utilização dessas ações para qualquer tipo de controle demográfico (artigo 2° e parágrafo único). A Lei do Planejamento Familiar contém em seu artigo primeiro a garantia da autonomia reprodutiva, como ali definida.

A Lei 9.263/1996 revela, ainda, a posição do Brasil no que respeita ao suporte legal para a utilização das técnicas de reprodução assistida, ao afirmar que o planejamento familiar integra as ações de atendimento global e integral à saúde. Em consequência, obriga-se o Sistema Único de Saúde, em todos os níveis[14], a garantir programa que inclua como atividades básicas, entre outras, "a assistência à concepção e contracepção",

---

venção Europeia, que reconhece o direito à vida, estão assegurados os atentados contra a vida humana, o que não significa garantir-se ou proteger o direito de procriar; e b) decisão da Comissão Europeia de Direitos Humanos, em que houve interpretação "negativa da existência de um direito absoluto de procriar", para julgar improcedente a demanda do marido (e pai potencial) contra o aborto efetuado por sua esposa, sem o ter comunicado previamente, com base em seu direito à vida familiar. Segunda a Comissão, o direito do marido não tem uma interpretação tão ampla que inclua o que pleiteava, visto que deve se levar em conta, em primeiro lugar, "o direito à privacidade da mulher grávida, primeira afetada pela gravidez, seu prosseguimento e finalização".

12. CASABONA, Carlos María Romeo. *El Derecho y la Bioética ante los Límites da la Vida Humana*, Madrid: Editorial Centro de Estudios Ramón Areces, S.A. 1994, p. 119. No mesmo sentido VIDAL, Marciano. Bioética, Madrid: Editorial Tecnos, S.A. 1994, p. 83.

13. CASABONA, Carlos María Romeo. Ob. cit. p. 122

14. Sobre o assunto ver http://www.stj.jus.br/sites/portalp/Paginas/Comunicacao/Noticias/Fertilizacao-in-vitro-ciencia-e-Justica-unidas-para-garantir-o-sonho-da-maternidade.aspx

devendo ser oferecidos para o exercício do planejamento familiar "todos os métodos e técnicas de concepção e contracepção cientificamente aceitos e que não coloquem em risco a vida e a saúde das pessoas, garantida a liberdade de opção" (artigos 3º, parágrafo único, I e 9º). Como se constata, o planejamento familiar no Brasil compreende o direito de procriar[15] em seu aspecto negativo e positivo, aproveitando os métodos e técnicas de concepção a reprodução assistida.

O direito ao planejamento familiar encontra-se inscrito no rol dos direitos que permitem a realização das potencialidades da pessoa humana[16], uma das mais importantes e que, por este motivo, deve estar diretamente submetida a sua autonomia. Trata-se, portanto, de um direito fundamental, não só por sua estrutura e função, com também por conter todas as características indicadas pela doutrina[17].

Por ter natureza de direito constitucional, o direito ao planejamento familiar no Brasil, que compreende a autonomia reprodutiva, não é absoluto, cabendo seu cotejo com outros princípios constitucionais sempre que necessário, submetendo-o a rigoroso trabalho de ponderação, para que se lhe fixem os limites[18]. Cabe citar a título de exemplo de princípios atinentes ao planejamento familiar, além da dignidade de pessoa humana e da paternidade responsável nos quais se fundamenta, os seguintes: a) igualdade de direitos e deveres entre os cônjuges (art. 226, § 5º); melhor interesse da criança e do adolescente (art. 227); plena igualdade entre os filhos (art. 227, § 6º); acesso universal e igualitário às ações e serviços para promoção, proteção e recuperação da saúde (art. 196).

3. REPRODUÇÃO ASSISTIDA E A DINÂMICA DAS RELAÇÕES FAMILIARES

As técnicas de reprodução assistida integram, como visto, o direito ao planejamento familiar e vieram permitir o exercício da autonomia reprodutiva por indivíduos que biologicamente não poderiam ter filhos, alcançando uma diversidade de pessoas.

Além disso, a reprodução assistida provocou profundo abalo nas estruturas sociojurídicas, ao criar "alternativas" para fatos naturais, tidos como imutáveis, que

---

15. PIOVESAN, Flávia. *Temas de Direitos Humanos*, São Paulo: Max Limonad, 1998, p. 176. Destaca a autora o disposto no § 8. 25 do Plano de Ação de Cairo: "Em nenhum caso se deve promover o aborto como método de planejamento familiar.", p. 176, nota 124.

16. PIOVESAN, Flávia. Ob. Cit., p. 182. Para a autora afirmou-se na Conferência de Beijing que "os direitos sexuais e reprodutivos constituem parte inalienável dos direitos humanos universais e indivisíveis".

17. Ingo Wolfgang Sarlet, em substancioso trabalho sobre o assunto, ressalta a relevância da distinção, esclarecendo que a expressão "direitos fundamentais" se aplica aos "direitos do ser humano reconhecidos e positivados na esfera do direito constitucional positivo de determinado Estado", sendo que "direitos humanos" guardaria relação com o direito internacional, "por referir-se àquelas posições jurídicas que se reconhecem ao ser humano como tal", e que, portanto, "aspiram à validade universal". SARLET, Ingo Wolfgang. *A eficácia dos direitos fundamentais*, 2 ed. Porto Alegre: Livraria do Advogado, 2001, p. 33. Adotam-se aqui ambas designações, presentes que estão ambos aspectos.

18. Guilherme Calmon Nogueira da Gama indica como exemplo o princípio do melhor interesse da futura criança como um dos limites. GAMA, Guilherme Calmon Nogueira da. *O Biodireito e as relações parentais*. Rio de Janeiro: Renovar, 2003, p. 719. Eduardo de Oliveira Leite observa não haver um direito absoluto à criança, em respeito à tutela integral que lhe é conferida, inclusive em face de seus pais, legitimando a ingerência do Estado para limitar necessariamente o exercício e o próprio conteúdo do direito à reprodução, ressaltando que abusos "inimagináveis" podem ser cometidos na área da procriação. LEITE, Eduardo de Oliveira. *Procriações artificiais e o direito*. São Paulo: Revista dos Tribunais, 1995, p. 133.

REPRODUÇÃO ASSISTIDA E A PROTEÇÃO DA PESSOA HUMANA NAS SITUAÇÕES JURÍDICAS DÚPLICES **301**

desvinculam a reprodução do sexo, quer por dispensar a relação heterossexual, quer por atribuir filhos a casais homossexuais, e que separaram a maternidade da gestação, através da gestação por substituição. A filiação de há muito não se fundava apenas na consanguinidade, de que é bom exemplo a adoção, de origem romana, e em data mais recente passou a ser reconhecida também com base nos laços socioafetivos, os quais se ampliaram em relações de multiparentalidade, tanto na linha paterna, quanto na materna. Paralelamente, tornou-se possível a comprovação do vínculo genético, com alto grau de certeza, através do denominado exame de DNA, para fins de estabelecimento da paternidade e da maternidade.

Por outro lado, por força de norma constitucional, todos os filhos, havidos ou não da relação do casamento, ou por adoção, tem os mesmos direitos e qualificações (CR art. 227, § 6°), não dependendo o estado de filho da existência de conjugalidade entre seus pais, os quais têm o dever de assistir, criar e educar os filhos menores, ainda que nenhum tipo de vínculo jurídico haja entre eles (CR, art. 229).

O planejamento familiar ocorre no âmbito de umas das famílias juridicamente reconhecidas, que inclui o casamento, a união estável e a família monoparental, expressamente previstos na constituição (art. 226, §§ 1°, 3° e 4°), e outras entidades familiares, de que são exemplo as uniões entre pessoas do mesmo sexo, também denominadas uniões homoafetivas, bem como os diversos arranjos familiares resultantes de sucessivos casamentos e/ou uniões estáveis, que se tornaram atualmente fato comum[19].

As breves considerações acima feitas sobre o que se pode denominar dinâmica das relações familiares procuram demonstrar que o fato de nascerem crianças que tem vínculo biológico com o casal, com apenas um dos seus integrantes ou mesmo com nenhum deles, não chega a ser novidade. Contudo, as técnicas de reprodução assistida, em qualquer caso, estabelecem uma série de relações entre os beneficiários das técnicas, isto é, aqueles que serão pai e/ou mãe juridicamente, as clínicas médicas e terceiros, doadores de gametas no caso de técnicas heterólogas, ou a mulher que fará a gestação por outra.

Cumpre esclarecer que para fins do presente trabalho as diferentes técnicas de reprodução assistida[20] não serão minudenciadas, bastando pôr em destaque alguns aspectos determinantes para configuração de diversas hipóteses. Para facilitar a compreensão, é possível classificar as técnicas considerando dois aspectos: a) o local da fertilização: técnicas intracorpóreas (hipótese de inseminação artificial, na qual a fertilização ocorre

---

19. O reconhecimento de famílias simultâneas ou coexistentes foi rejeitado pelo STF em 18/12/2020, no julgamento do Recurso Extraordinário (RE) 1045273, tendo sido fixada a seguinte tese de repercussão geral: "A preexistência de casamento ou de união estável de um dos conviventes, ressalvada a exceção do artigo 1.723, parágrafo 1°, do Código Civil, impede o reconhecimento de novo vínculo referente ao mesmo período, inclusive para fins previdenciários, em virtude da consagração do dever de fidelidade e da monogamia pelo ordenamento jurídico-constitucional brasileiro". Nessa linha, o Conselho Nacional de Justiça (CNJ), em 26/06/2018, decidiu que os cartórios brasileiros não podem registrar a convivência conjugal entre mais de duas pessoas, denominada união poliafetiva, em escrituras públicas.

20. A clonagem humana para fins reprodutivos não deve ser aqui objeto de considerações, visto que: a) consiste num processo de reprodução assexuada, produzida artificialmente, baseada em um único patrimônio genético; e b) está proibida no Brasil, de acordo com o art. 6°, IV, da Lei 11.105/2005, sendo tipificada como crime nos termos do art. 26, da mesma Lei.

no interior do corpo de uma mulher) e extracorpóreas (caso da fertilização *in vitro*[21], caso em que a fertilização ocorre em laboratório, portanto fora do corpo de uma mulher); e b) a origem dos gametas[22]: técnicas homólogas (os gametas usados na fertilização são das pessoas que serão consideradas pais jurídicos da criança que vier a nascer) e técnicas heterólogas (pelo menos um dos gametas é de doador, terceiro cuja identidade se manterá sigilosa e só por exceção revelada[23]). A participação de terceira pessoa pode ocorrer também para fins de gestação, na hipótese de a mãe jurídica não poder gestar, cabendo a gestação a outra mulher, como gestante substituta, que não será considerada mãe da criança que vier a nascer.

Os pontos acima destacados demonstram que as técnicas de inseminação artificial, em geral realizada em clínicas, e de fertilização *in vitro*, feita em laboratório, desvinculam a reprodução do sexo, e a gestação por substituição separa a maternidade da gestação e do parto, como acima mencionado.

Diante desse quadro é possível vislumbrar que, mesmo na técnica mais simples será necessária a formalização dos direitos e deveres de todos os envolvidos, sendo possível também constatar nas técnicas que contam com a participação de terceiros a diversidade de situações que se instauram e das quais também decorrem direitos e responsabilidades.

Cabe lembrar que essa verdadeira rede de relações não possui regulamentação jurídica formal, estando submetida às regras de natureza ética do Conselho Federal de Medicina (CFM), atualmente constantes da Resolução de 2.168/2017[24], que tem servido de orientação para todos os interessados no tema, diante do silêncio do legislador. Registre-se que desde 1999, portanto há mais de vinte anos, tramitam no Congresso Nacional cerca de dezoito Projetos de Lei sobre Reprodução Assistida[25]. Entre os projetos há importantes divergências, como as que dizem respeito à proibição ou não da fertilização *in vitro* e da gestação por substituição, bem como, e talvez a mais tormentosa, referente à personalização ou não do embrião crioconservado.

Assim sendo, as questões jurídicas que se apresentam são pensadas e resolvidas à luz do Direito Civil vigente, o qual, além de ainda guardar traços fortes da lógica patrimonial de sua origem, delas não cuida especificamente, e da regulamentação do CFM, que estabelece as normas éticas para a utilização das técnicas de reprodução assistida, para que se tornem o dispositivo deontológico a ser seguido pelos médicos brasileiros.

Embora de todo útil, a Resolução CFM 2168/2017 não supre as lacunas existentes na matéria, no que se refere às relações com os pacientes, assim consideradas todas as

---

21. Popularmente essa técnica é denominada "bebê de proveta", porque a fertilização do óvulo se dá em laboratório, não em uma "proveta" propriamente dita, mas numa placa de petri.
22. Gametas são as células responsáveis pela reprodução sexuada. Há gametas masculinos (espermatozoide) e femininos (óvulos).
23. CFM, Resolução 2.168/2017, item IV-4: Será mantido, obrigatoriamente, sigilo sobre a identidade dos doadores de gametas e embriões, bem como dos receptores. Em situações especiais, informações sobre os doadores, por motivação médica, podem ser fornecidas exclusivamente para médicos, resguardando-se a identidade civil do(a) doador(a). Disponível em: https://sistemas.cfm.org.br/normas/visualizar/resolucoes/BR/2017/2168 Acesso: 29 nov. 2019.
24. O CFM regulamenta a matéria desde 1992 (Resolução 1.358/1992).
25. Sobre os projetos em tramitação na Câmara ver https://www.camara.leg.br/proposicoesWeb/fichadetramitacao?idProposicao=118275 Acesso: 10 dez. 2019.

REPRODUÇÃO ASSISTIDA E A PROTEÇÃO DA PESSOA HUMANA NAS SITUAÇÕES JURÍDICAS DÚPLICES **303**

pessoas capazes, que tenham solicitado o procedimento e cuja indicação não se afaste dos limites da citada Resolução. Muitas indagações decorrem da natural diferença existente entre os termos usados na Resolução e os conceitos jurídicos. Serve de exemplo a noção de capacidade utilizada para definir o paciente. Há uma idade mínima para se solicitar o procedimento? Uma pessoa pode casar-se aos dezesseis anos, conforme art. 1.517, do Código Civil (CC), e assim cessa sua incapacidade, como prevê o parágrafo único, do art. 5º, II, do CC. Poderá essa pessoa casada aos 17 anos solicitar o procedimento? Neste tema deve ser considerada, ainda, toda a polêmica existente em torno da restrição da incapacidade absoluta aos menores de dezesseis anos, de acordo com a vigente redação do art. 3º, do CC, bem como a afirmação da plena capacidade das pessoas com deficiência física, sensorial ou mental, pela Lei 13.146/2015 (Lei Brasileira de Inclusão – Estatuto da Pessoa com Deficiência).

4. SITUAÇÕES JURÍDICAS DÚPLICES E A PROTEÇÃO DAS PESSOAS

As questões mencionadas encontram solução na interpretação da lei, principalmente quando feita à luz dos princípios constitucionais, sempre buscando a proteção da pessoa em sua dignidade. Em regra, o regime jurídico a ser aplicado será definido em função da classificação da situação jurídica como patrimonial ou existencial, com base no objeto ou interesse identificado na situação, a qual atrairá as regras respectivamente pertinentes.

Como esclarecem Ana Carolina Brochado Teixeira e Carlos Nelson Konder, há hipóteses em que, embora presente ambos os tipos de situação jurídica, há nítida predominância de uma sobre a outra, quando se analisa seu objeto ou interesse, e que justifica a situação, como ocorre "nas situações existenciais com repercussões patrimoniais ou situações patrimoniais com repercussões existenciais". [26]

De acordo com os mesmos autores, a análise das situações jurídicas subjetivas é complexa e pode ser realizada sob diferentes aspectos ou "perfis" adotados pela ótica do exame. Assim, há o perfil: do efeito, do interesse, o dinâmico, do exercício, normativo ou regulamentar e o perfil funcional, "o mais importante" para a qualificação, pois se trata do papel desempenhado pela situação no âmbito das relações sociojurídicas"[27].

A dificuldade de classificação acontece, segundo os mesmos autores, "quando o interesse, fundamento justificativo da situação, envolve dois aspectos com graus similares de intensidade"[28], visto que, como ensina Pietro Perlingieri, "algumas situações patrimoniais são instrumentos para a realização de interesses existenciais ou pessoais"[29]. De acordo com Ana Carolina Brochado Teixeira e Carlos Nelson Konder, a análise do perfil funcional da situação é a mais relevante para fazer a distinção quanto ao tipo de situação e assim definir a normativa aplicável, visto que:

---

26. TEIXEIRA, Ana Carolina Brochado; KONDER, Carlos Nelson. Ob. Cit. p. 142.
27. TEIXEIRA, Ana Carolina Brochado; KONDER, Carlos Nelson. Ob. Cit. p. 139.
28. TEIXEIRA, Ana Carolina Brochado; KONDER, Carlos Nelson. Ob. Cit. p. 142.
29. PERLINGIERI, Pietro, *Il diritto civile nella legalità costituzionale*, t.II, 3 ed. Napoli: ESI, 2006, p. 631.

[...] hoje, o perfil funcional é o mais relevante nessa distinção, pois utiliza do (*sic*) recorte fático para se refletir sobre a específica função daquela situação no ordenamento jurídico, com todas as circunstâncias que o caso determina, através de um profícuo diálogo entre a norma e a realidade, de modo que este é o ponto de partida para a qualificação da situação subjetiva. A ideia fundamental é que a função pode acompanhar as mudanças da sociedade, sendo, portanto, um conceito contextual e socialmente construído.

O perfil funcional parece, sem dúvida, o melhor critério para a distinção na presença de situações que apresentem os aspectos existencial e patrimonial com similar grau de intensidade, especialmente quando se considera que:

> Funcionalizar um instituto é descobrir sob qual finalidade ele serve melhor para o cumprimento dos objetivos constitucionais, qual seja, a tutela da pessoa humana na perspectiva não apenas individual, mas também solidarista e relacional. Por isso, descobrir a função de um instituto é mais importante do que investigar seus aspectos estruturais.[30]

Carlos Nelson Konder acresce que "a concepção de função de um instituto, além de remeter a seus efeitos, liga-se, também, à finalidade daquele instituto; enquanto a estrutura reflete o instituto 'como é', a função indica 'para que serve'."[31]

Pode-se verificar diante dos esclarecimentos acima que a qualificação adequada das diferentes situações jurídicas como existenciais ou patrimoniais é indispensável, não apenas para classificar as situações, mas principalmente para evitar a patrimonialização de situações jurídicas existenciais, que devem ter prevalência sobre as patrimoniais, por força do princípio da dignidade da pessoa humana que as rege. Como destacam Ana Carolina Brochado Teixeira e Carlos Nelson Konder, esse entendimento não significa preterir o conteúdo patrimonial no sistema jurídico, que integra a realidade social[32]. Deve ser mudado, contudo, "seu tratamento pelo ordenamento em termos qualitativos, pois sua função passa a ser proporcionar suporte ao livre desenvolvimento da pessoa".[33] Indispensável, por conseguinte, análise detida do interesse nuclear em cada situação jurídica subjetiva, em particular quando não for evidente a predominância de um deles.

Nos casos de situações dúplices, assim entendidas aquelas que envolvem interesses existenciais ou pessoais com o mesmo grau de intensidade, será necessário analisar o perfil funcional da situação subjetiva para identificar "sob qual finalidade ele serve melhor para o cumprimento dos objetivos constitucionais, qual seja, a tutela da pessoa humana na perspectiva não apenas individual, mas também solidarista e relacional".

A utilização das técnicas de reprodução assistida instaura como observado acima uma rede de situações, muitas delas envolvendo situações patrimoniais significativas, quando se considera seu custo elevado. Mas é preciso não perder de vista que aqueles que solicitam o procedimento estão exercendo sua autonomia reprodutiva, uma das expressões do direito ao planejamento familiar, fundamentado na dignidade da pessoa humana, portanto um direito vinculado a sua personalidade.

---

30. TEIXEIRA, Ana Carolina Brochado; KONDER, Carlos Nelson. Ob. Cit. p. 140.
31. KONDER, Carlos Nelson. Contratos conexos: grupos de contratos, redes contratuais e contratos coligados. Rio de Janeiro: Renovar, 2006, p. 27.
32. TEIXEIRA, Ana Carolina Brochado; KONDER, Carlos Nelson. Ob. Cit. p. 139.
33. PERLINGIERI, Pietro. *Depatrimonializzazione e diritto civile. Scuole, tendenze e metodi*. Napoli: ESI, 1989, p.176. *Apud* TEIXEIRA, Ana Carolina Brochado; KONDER, Carlos Nelson. Ob. Cit. p. 139

5. CONSIDERAÇÕES FINAIS

Os pacientes que procuram as clínicas de "fertilidade", denominação comum que se atribui às entidades privadas que trabalham com reprodução humana, ou o Sistema Único de Saúde, vão em busca da concretização do sonho de ter filhos, um dos mais importantes projetos de realização pessoal, não de um tratamento médico. A função da reprodução assistida é dar vida a esse sonho. O interesse que move essas pessoas é inegavelmente existencial e atrai toda tutela jurídica conferida aos direitos da personalidade e ao direito fundamental ao planejamento familiar.

Nestes termos, a identificação das situações dúplices e a adequada análise de sua função tornam-se instrumentos de proteção da pessoa, em particular em situações complexas como as que ocorrem nos procedimentos de reprodução assistida.

6. REFERÊNCIAS

BARBOZA, Heloisa Helena. *A reprodução humana como direito fundamental.* In DIREITO, Carlos Alberto Menezes; TRINDADE, Antônio Augusto Cançado; PEREIRA, Antônio Celso Alves. (Org.). Novas Perspectivas do Direito Internacional Contemporâneo, 1 ed., Rio de Janeiro: Renovar, 2008, v. 1, p. 777-801.

CASABONA, Carlos María Romeo. *El Derecho y la Bioética ante los Límites da la Vida Humana.* Madrid: Editorial Centro de Estudios Ramón Areces, S.A. 1994.

GAMA, Guilherme Calmon Nogueira da. *O Biodireito e as relações parentais.* Rio de Janeiro: Renovar, 2003.

IAGULLI, Paolo. *"Diritti Riproduttivi" e Riproduzione artificiale.* Torino: G. Giappichelli Editore. 2001.

KONDER, Carlos Nelson. *Contratos conexos: grupos de contratos, redes contratuais e contratos coligados.* Rio de Janeiro: Renovar, 2006.

LEITE, Eduardo de Oliveira. *Procriações Artificiais e o Direito.* São Paulo: Editora Revista dos Tribunais, 1995.

LENTI, Leonardo. *La procreazione artificiale. Genoma della persona e attribuzione della paternità.* Padova: CEDAM, 1993.

PERLINGIERI, Pietro. *Perfis do direito civil.* Trad. Maria Cristina de Cicco. 2 ed. Renovar: 2002.

PERLINGIERI, Pietro, *Il diritto civile nella legalità constituzionale,* t. II, 3 ed., Napoli: ESI, 2006.

PIOVESAN, Flávia. *Temas de Direitos Humanos.* São Paulo: Max Limonad, 1998.

SARLET, IngoWolfgang. *A eficácia dos direitos fundamentais,* 2 ed. Porto Alegre: Livraria do Advogado, 2001.

TEIXEIRA, Ana Carolina Brochado; KONDER, Carlos Nelson. *Situações jurídica dúplices: continuando o debate, controvérsias sobre a nebulosa fronteira entre patrimonialidade e extrapatrimonialidade.* In Contratos, Família e Sucessões: diálogos interdisciplinares. Coordenação: Ana Carolina Brochado Teixeira e Renata de Lima Rodrigues. Foco: São Paulo, 2019

TRÍAS, Encarna Roca i. *Direitos de reprodução e eugenia.* CASABONA, Carlos Maria Romeo. Biotecnologia, Direito e Bioética. Belo Horizonte: Del Rey e PUC Minas, 2002, p.100-126.

VENTURA, Miriam. *Direitos Reprodutivos no Brasil,* 2 ed. Brasil: UNFPA, 2004.

VIDAL, Marciano. *Bioética.* Madrid: Editorial Tecnos, S.A. 1994.

A RESPONSABILIDADE CIVIL FACE À OBJEÇÃO AO TRATAMENTO DO TRANSGÊNERO SOB O ARGUMENTO ETÁRIO

Leandro Reinaldo da Cunha

Professor Titular-Livre de Direito Civil da Universidade Federal da Bahia (graduação, mestrado e doutorado). Pós doutor e Doutor em Direito pela Pontifícia Universidade Católica de São Paulo – PUC/SP e Mestre em Direito pela Universidade Metropolitana de Santos – UNIMES. Pesquisador Científico. Coordenador Científico da Seção Brasil e Investigador da Rede Visões Cruzadas sobre a Contemporaneidade (Rede VCC). Associado Titular do Instituto Brasileiro de Estudos de Responsabilidade Civil (IBERC). Líder dos grupos de pesquisa "Conversas Civilísticas" e "Direito e Sexualidade". https://orcid.org/0000-0003-2062-2184. leandro.reinaldo@ufba.br

Sumário: 1. Introdução – 2. A sexualidade e seus elementos – 3. O transgênero e o estado da arte – 4. Requisitos etários e o transgênero; 4.1. Tratamento hormonal e o requisito etário; 4.2. A imposição etária para o tratamento cirúrgico – 5. Conclusão – 6. Referências.

1. INTRODUÇÃO

A sociedade atual se mostra inserida em uma realidade bastante peculiar, imersa em uma polarização de pensamentos que, regra geral, não tem permitido que os indivíduos vejam todas as nuances que existem entre o branco e preto. O mundo, obviamente, é muito mais do que os extremos, sendo composto por uma miríade de variáveis que tornam o ser humano tão interessante e diferenciado.

Uma das questões que desafiam as inúmeras dicotomias instaladas nos dias atuais está relacionada a aspectos atinentes à sexualidade das pessoas, elemento nuclear e personalíssimo de todo o indivíduo, mas que ainda gera severas discussões, as quais, no mais das vezes, são lastreadas no desconhecimento e preconceito.

A pessoa há de ter seus direitos e garantias fundamentais resguardadas independentemente de suas características pessoais, sendo certo que o reconhecimento de uma situação de vulnerabilidade apenas poderia ser considerada como um elemento a lhe conferir uma proteção ainda mais robusta da lei ante a sua hipossuficiência. Todavia quando a questão se funda na sexualidade é recorrente se vislumbrar uma atuação segregatória que só faz majorar a marginalização enfrentada pelas minorias sexuais, privando os integrantes desses grupos até mesmo do acesso a direitos essenciais.

Exatamente no contexto da sexualidade pode-se visualizar a incidência de uma série de condutas que necessitam de plena atenção aos direitos fundamentais, a fim de evitar que alguns venham a ser vítimas de atentados absurdos à sua dignidade humana, havendo de se consignar, de plano, que uma considerável parcela de tais atitudes ocorrem na seara médica.

Exatamente ante a necessidade de atenção médica inerente a alguns grupos que se faz recorrente a discussão acerca da responsabilidade civil em decorrência de algumas práticas (ou não práticas) de profissionais dessa área, sendo certo que em uma parcela considerável dos casos a questão nuclear a ser analisada funda-se em ignorância ou desconhecimento, lastreantes de um preconceito que se mostra extremamente nocivo.

Uma das minorias sexuais mais afetadas por questões vinculadas à medicina são os transgêneros, que em razão de sua condição sexual muitas vezes buscam atendimento profissional especializado e necessitam de tratamentos específicos, os quais lhes são negados sem qualquer fundamento técnico efetivo, apenas em decorrência de um preconceito institucionalizado e estrutural que permeia o Estado brasileiro.

No que concerne especificamente aos transgêneros se verifica a existência de imposições de natureza etária que não encontram qualquer respaldo científico a corroborá-las, mas que são apresentadas como requisitos necessários para o acesso a certos e determinados tratamentos terapêuticos, o que é fonte de uma série de danos e que são ignorados, mantendo suas vítimas em uma situação de enorme risco.

Trazida essa visão introdutória básica sobre o tema é de suma relevância consignar-se que o objetivo do presente texto se mostra bastante simplório no que concerne às discussões mais elaboradas sobre a responsabilidade civil, como se verifica no decorrer da presente obra. O escopo a que se propõe aqui está em meramente indicar que ainda existem situações presentes em algumas esferas da sociedade que carecem de atenção e da aplicação dos conceitos mais elementares da doutrina acerca do tema a fim de se evitar que graves danos remanesçam indenes.

Dessa forma, o presente texto busca discutir a responsabilidade civil médica em circunstâncias nas quais o elemento etário se impõe como um obstáculo às intervenções ou tratamentos de fundo terapêutico necessários à saúde de um transgênero.

2. A SEXUALIDADE E SEUS ELEMENTOS

Uma das raízes mais evidentes do preconceito vivenciado por aqueles que não estão inseridos no conceito de pseudonormalidade[1] associado à sexualidade, que preconiza que o "correto" seria que todos os indivíduo fossem cisgêneros e heterossexuais, funda-se no desconhecimento dos elementos que compõem a sexualidade, sendo imprescindível para qualquer discussão minimamente válida sobre o tema que sejam estabelecidas as bases sobre as quais estão assentadas as perspectivas da sexualidade.

Assim, para iniciar a análise a que se propõe o presente texto há de se esclarecer que a sexualidade pode ser compreendida como uma ideia ampla e abrangente que se refere a toda sorte de manifestação vinculada ao sexo, em concepção que se espraia desde as características física do indivíduo até a percepção quanto ao seu gênero e destinação de atração sexual.

---

1. CUNHA, Leandro Reinaldo da. Identidade e redesignação de gênero: aspectos da personalidade, família e responsabilidade civil. 2 ed. Rio de Janeiro: Lumen Juris, 2018, p. 10.

A sexualidade é aspecto inerente à condição humana, estando albergada entre os direitos da personalidade previstos no ordenamento jurídico, e incidindo sobre inúmeros aspectos da vida do indivíduo, tendo até mesmo o poder de influenciar em suas atividades cotidianas, bem como na aquisição de direitos. É tema tratado de forma simplista em algumas searas (como nas redes sociais, onde se vislumbra até 50 opções quando da resposta ao campo "sexo" ao se preencher um cadastro junto à rede social Facebook em sua versão norte-americana[2]) mas que, em verdade, se reveste de uma complexidade elevada, ensejando um grande número de confusões.

Visando explanar de forma simples e concludente é possível se aferir a sexualidade segundo quatro aspectos distintos, os quais se conjugam e permitem um entendimento mínimo sobre o tema. Dessa sorte admite-se a visão de que a sexualidade se compõe do sexo, do gênero, da orientação sexual e da identidade de gênero.

O primeiro dos aspectos a ser apreciado é o sexo, elemento mais nuclear da sexualidade e que está associado às características físicas apresentadas pelo indivíduo, ainda que também se revista de uma perspectiva genética, ante a apreciação cromossômica (XX para mulheres e XY para homens). Em linhas práticas, em verdade, o que define, num primeiro momento, se uma pessoa é homem/macho ou mulher/fêmea é a constatação física realizada (em regra pelo médico) quando do nascimento da criança, ante a presença de pênis e bolsa escrotal para os homens/machos e vagina para as mulheres/fêmeas.

Consigne-se que tais afirmações são formuladas baseadas na perspectiva binária de sexo, contudo não se olvida aqui a figura do intersexo, indivíduo que apresenta uma configuração física dúbia ou inconclusiva, não se admitindo a sua inclusão em um dos padrões do binarismo consolidado.

Em seguida é possível se analisar o gênero como o segundo dos elementos componentes da sexualidade, sendo ele entendido como a expressão social que se espera de quem seja homem/macho (masculino) ou mulher/fêmea (feminino). Existem expressões socioculturais atribuídas a quem é homem, como a força, a virilidade, a cor azul e outras que são ordinariamente conferidas às mulheres, como a fragilidade, a delicadeza, a utilização da cor rosa e de saia, por exemplo. Aos traços ordinariamente vinculados aos homens (sexo) se nomeiam de masculinos (gênero), enquanto aos atrelados à mulher (sexo), denominam-se de feminino (gênero), evidenciando, de outra sorte, que em que pese ter uma associação com o sexo anatômico, trata-se de um conceito cultural desprovido de uma vinculação necessária com ele[3], já que carente de uma base biológica[4].

Quanto ao presente aspecto da sexualidade é que surgem as discussões mais amplas, com variáveis que vão muito além do binarismo do masculino e feminino, perpassando por figuras como gênero-fluído, gênero não-binário, agênero, entre outros. Como não

---

2. Disponível em: <https://www.terra.com.br/noticias/tecnologia/facebook-adiciona-50-opcoes-de-genero-alem--de-masculino-e-feminino,7389e1af6cc24410VgnVCM4000009bcceb0aRCRD.html > Acesso em: 10 jan. 2019.
3. CUNHA, Leandro Reinaldo. Identidade de gênero, dever de informar, e responsabilidade civil. Revista IBERC v.2, n.1, p. 01-17, jan.-abr./2019, p. 5.
4. MIZRAHI, Mauricio Luis. *Homosexualidad y transexualismo*. Buenos Aires: Astrea, 2006, p. 92.

é a discussão desse elemento da sexualidade o ponto fulcral do trabalho, deixamos o aprofundamento do tema para um outro momento.

Após a apreciação do sexo e do gênero é o momento de se explanar sobre a orientação sexual. Nessa vertente da sexualidade o parâmetro de distinção ancora-se na atração sexual ou no interesse de manutenção de relações sexuais/amorosas/afetivas, sendo admissível se discorrer aqui sobre quatro categorias distintas, ante a uma perspectiva mais tradicional.

Quanto a orientação sexual as pessoas são ordinariamente indicadas como heterossexuais, quando seu interesse afetivo/sexual se direciona a alguém com o gênero oposto ao seu (considerando a visão binária de gênero). No caso dos homossexuais a atração se dá por alguém do mesmo gênero, e se essa se destinar tanto a pessoas do mesmo gênero quanto do gênero oposto se está diante do que se nomeia como bissexual, sendo certo, ainda, que a ausência do interesse sexual do sujeito o insere na condição de assexual.

O último dos aspectos da sexualidade e foco principal do presente texto é a identidade de gênero, a qual está relacionada diretamente com a percepção do indivíduo quanto ao seu gênero, independentemente do sexo a si consignado quando do momento do nascimento. Nesse contexto é que encontramos a figura dos cisgêneros e dos transgêneros, sendo aqueles os que apresentam confluência "entre o sexo atribuído no momento do nascimento e o gênero ao qual entendem pertencer" e estes os "que revelam uma dissonância entre o sexo atribuído quando do nascimento e o gênero com o qual se identifica", grupo este em que estão inseridos os transexuais e travestis[5].

O entendimento atualmente prevalente estabelece que a distinção entre os transexuais e os travestis está no fato de que enquanto os primeiros demonstram uma aversão à sua compleição física, as travestis não a apresentam.

> O transexual está inserido numa condição de sofrimento intenso ante ao atroz conflito decorrente do fato de possuir uma constituição genital em desconformidade com o seu sentimento, o que é distinto da situação do travesti, que se vale de seus próprios genitais para atingir o prazer, não apresentando qualquer repulsa com relação a sua genitália. Assim, equivocada a ideia de que o ponto de distinção entre travestis e transexuais seria a realização ou não da operação de transgenitalização.[6]

Por ser o ponto exato de apreciação que aqui se propõe se faz imprescindível uma análise mais elaborada acerca desse aspecto em específico, a fim de permitir a compreensão da questão e todos os desdobramentos dela decorrentes, como se trará no próximo capítulo.

3.   O TRANSGÊNERO E O ESTADO DA ARTE

Os transgêneros fazem parte de um dos grupos mais invisibilizados da sociedade, fato que torna o reconhecimento da necessidade de se conferir proteção aos seus direitos

---

5.   CUNHA, Leandro Reinaldo. Identidade de gênero, dever de informar, e responsabilidade civil. Revista IBERC v.2, n.1, p. 01-17, jan.-abr./2019, p. 6

6.   CUNHA, Leandro Reinaldo da. Identidade e redesignação de gênero: aspectos da personalidade, família e responsabilidade civil. 2 ed. Rio de Janeiro: Lumen Juris, 2018, p. 36.

A RESPONSABILIDADE CIVIL FACE À OBJEÇÃO AO TRATAMENTO DO TRANSGÊNERO **311**

fundamentais algo ainda mais premente. E o interessante é se considerar que isso não decorre da inexistência de um grupo considerável de pessoas nessa condição, já que, ainda que se possa afirmar que em que pese inexistirem números consolidados sobre a sua quantidade no Brasil, estima-se sua incidência em cerca de 3% (três por cento) da população, segundo dados da Universidade da Califórnia[7].

Inegavelmente trata-se de um dos grupos mais vulneráveis da sociedade, enfrentando uma realidade perversa revelada em números, como o de uma expectativa de vida de apenas 35 (trinta e cinco) anos[8] contra cerca de 78 (setenta e oito) entre os cisgêneros[9], além de um percentual extremamente elevado de tentativa de suicídio (41% entre os transgêneros nos Estados Unidos da América[10] e 56% no Chile[11], face a cerca de 1,6% entre os cisgêneros).

Os transgêneros apresentam uma condição sexual diferenciada, presente no Manual Diagnóstico e Estatístico de Transtornos Mentais (DSM-V) sob a denominação de "disforia de gênero" (código 302.xx,), consignada também no Código Internacional de Doenças (CID-10, F 64.0). Contudo a ideia de que se trata de uma doença vem sendo cada vez mais refutada, havendo de ser entendida como uma mera condição sexual, tanto que na edição do Código Internacional de Doenças (CID-11) que será de atenção obrigatória a todos os países vinculados à Organização Mundial da Saúde (OMS) a partir de janeiro de 2022 não mais será entendida como uma modalidade de desordem mental, figurando como incongruência de gênero (HA60, HA61 e HA62), uma condição de saúde sexual, afastando a visão patologizante vigente.

A condição experimentada pelos transgêneros dá azo a necessidades que se manifestam tanto na esfera civil (ante ao interesse em ter seu nome e gênero alterados em seus documentos) quanto âmbito médico, face ao interesse de passar por intervenções cirúrgicas ou hormonais destinadas a adequar seu corpo à sua percepção de gênero.

Sob a perspectiva das alterações civis é patente a leniência legislativa[12] que impera em território nacional acerca do tema, inexistindo legislação federal que expressamente permita ao transgênero a alteração de seu nome e sexo/gênero em seus documentos, sendo que tal possibilidade exsurge da atuação do Poder Judiciário.

A questão ganhou volume e chegou aos tribunais superiores nacionais com decisões do Superior Tribunal de Justiça no Recurso Especial nº 1.626.739 (4ª Turma, relator Min. Luis Felipe Salomão) que entendeu pela ausência de necessidade de intervenção

---

7. Disponível em: http://williamsinstitute.law.ucla.edu/wp-content/uploads/How-Many-Adults-Identifyas-Trans-gender-in-the-United-States.pdf. Acesso em: 10 jan. 2019

8. Disponível em: https://www12.senado.leg.br/noticias/especiais/especial-cidadania/expectativa-de-vida-de-tran-sexuais-e-de-35-anos-metade-da-media-nacional/expectativa-de-vida-de-transexuais-e-de-35-anos-metade-da--media-nacional Acesso em: 10 jan. 2019.

9. Disponível em: https://agenciadenoticias.ibge.gov.br/agencia-noticias/2012-agencia-de-noticias/noticias/18469-ex-pectativa-de-vida-do-brasileiro-sobe-para-75-8-anos Acesso em: 10 jan. 2019.

10. GRANT, Jaime M.; MOTTET, Lisa A.; TANIS, Justin; HERMAN, Jody L.; HARRISON, Jack; KEISLING, Mara. National Transgender Discrimination Survey Report on health and health care. Washington, 2010, p. 1.

11. Resumen Ejecutivo Encuesta-T 2017, p. 23-24

12. CUNHA, Leandro Reinaldo da. Identidade de gênero e a responsabilidade civil do Estado pela leniência legislativa, *Revista dos Tribunais* n. 962 p. 37 – 52, 2015.

cirúrgica ou hormonal prévia para a alteração de nome e sexo/gênero nos documentos do transgênero, em meados de 2017.

Em seguida, em maio de 2018, foi a vez do Supremo Tribunal Federal (STF) debruçar-se sobre o tema, com o julgamento da ADI 4.275 (a qual deu origem ao Provimento 73 do Conselho Nacional de Justiça), muito baseado no entendimento exarado pela Corte Interamericana de Direitos Humanos (CorteIDH) na Opinião Consultiva 24/17[13], e que, posteriormente, aplicou-se no Recurso Extraordinário nº 670.422.

Atualmente, com base na decisão do Supremo Tribunal Federal na ADI 4.275 (dotada de força vinculante) o transgênero pode requerer a mudança do nome e sexo/gênero em seus documentos alicerçado em sua autodeterminação e sensação de pertencimento, mediante pleito formulado administrativamente diretamente perante o cartório de registro civil, independentemente de qualquer necessidade de comprovação documental ou da realização de intervenções cirúrgicas ou hormonais.

No que se refere aos aspectos médicos, os interesses dos transgêneros podem ser separados entre as necessidades hormonais e as intervenções cirúrgicas destinadas a uma adequação de seu corpo à sua percepção de gênero. Tal discussão também chegou aos tribunais brasileiros, tendo sua origem nos anos 1970, quando se questionou se as intervenções cirúrgicas realizadas pelo transexual caracterizariam uma lesão corporal[14], sendo que hoje se mostra consolidado o entendimento de que as operações pelas quais o transexual passa revestem-se de caráter terapêutico.

Atualmente no Brasil as intervenções cirúrgicas necessárias aos transgêneros podem ser realizadas de forma gratuita pelo Sistema Único de Saúde (SUS), nos termos previstos na Portaria 2.803/13 do Ministério da Saúde, que regulamenta tais procedimentos. De se ressaltar que o Conselho Federal de Medicina (CFM) trata do tema atualmente na Resolução nº 2.265, de 20 de setembro de 2019, que substituiu a Resolução 1.995/2010, e, tal qual ocorre na Portaria do Ministério da Saúde, apresenta alguns critérios para a que sejam realizadas as intervenções que lhe interessam.

Os requisitos exigidos para a realização das intervenções médicas serão objeto de apreciação mais aprofundada a seguir, com ênfase especial ao critério etário.

4. REQUISITOS ETÁRIOS E O TRANSGÊNERO

O acesso às intervenções cirúrgicas e hormonais por parte dos transgêneros pelo Sistema Único de Saúde (SUS) está atrelada aos termos da Portaria 2.803/13 do Ministério da Saúde, sendo que de forma geral os requisitos formais passam pelas regras deontológicas fixadas pelo Conselho Federal de Medicina (CFM) na Resolução nº 2.265, de 20 de setembro de 2019. A fim de deixar bastante clara a situação temos que, para os médicos, os requisitos a serem seguidos de forma geral são os fixados por seu conselho

---

13. CUNHA, Leandro Reinaldo da. O posicionamento da corte interamericana de direitos humanos quanto à identidade de gênero, *Revista dos Tribunais* n. 991 p. 227-244, 2018.
14. CUNHA, Leandro Reinaldo da. Identidade de gênero e a licitude dos atos redesignatórios, *Revista do curso de direito da Universidade Metodista de São Paulo* – v. 11. São Bernardo do Campo: Metodista. 2013, p. 197.

A RESPONSABILIDADE CIVIL FACE À OBJEÇÃO AO TRATAMENTO DO TRANSGÊNERO **313**

profissional, e, para que seja possível a intervenção pelo sistema púbico haverá de se atentar ao determinado pelo Ministério da Saúde.

Necessário se consignar que as questões atinentes à sexualidade estão presentes na vida das pessoas desde o seu nascimento, as acompanhando até o fim da vida, sendo certo que sob certa perspectiva precedem até mesmo o nascimento, com a discussão sobre o sexo do bebê ainda durante a gravidez e a montagem de seu enxoval e quarto, por exemplo. No que se refere à identidade de gênero a transgeneridade começa a ser manifestada pela pessoa por vezes logo na primeira idade, com casos relatados de crianças com apenas 5 anos, sendo indispensável um imediato cuidado com a situação apresentada assim que ela se revela[15].

Ressalta-se que quando a questão recai sobre as necessidades de crianças e adolescentes, nos termos do que preconiza a própria Constituição Federal no art. 227[16], cabe ao Estado, à sociedade e à família assegurar com absoluta prioridade o direito à vida e à saúde, entre outros, o que se faz preponderante para a presente análise.

Segundo o Conselho Federal de Medicina (CFM), até setembro de 2019, eram requisitos para que o transgênero passe por intervenções médicas, nos termos da Resolução 1.995/2010[17], seja para o transexual feminino (MTF) ou masculino (FTM, que se caracterize o "transexualismo"[18] segundo o preconizado no art. 2º, ante a seleção realizada por equipe multidisciplinar, após acompanhamento de no mínimo de 02 (dois) anos, desde que o interessado conte com 21 (vinte e um) anos de idade (art. 4º), mediante consentimento livre e esclarecido (art. 6º)[19]. Importante se notar que o texto da presente

---

15. Drauzio Varella. *Transexuais*. Disponível em: http://drauziovarella.com.br/sexualidade/transexuais/. Acesso em: 08 dez. 2019.
16. Art. 227. É dever da família, da sociedade e do Estado assegurar à criança, ao adolescente e ao jovem, com absoluta prioridade, o direito à vida, à saúde, à alimentação, à educação, ao lazer, à profissionalização, à cultura, à dignidade, ao respeito, à liberdade e à convivência familiar e comunitária, além de colocá-los a salvo de toda forma de negligência, discriminação, exploração, violência, crueldade e opressão.
17. A presente resolução substitui a Resolução 1.652/02, publicada em 02 de dezembro de 2002, que também fixava o mesmo requisito etário a ser atendido pelo transexual que pretendesse passar por intervenções cirúrgicas.
18. A utilização da expressão transexualismo pela resolução revela a sua defasagem e a necessidade de uma revisão, considerando que a utilização do sufixo "ismo" é destinado a doenças, o que não é o caso da transexualidade, como já exposto no corpo do presente texto.
19. Art. 1º Autorizar a cirurgia de transgenitalização do tipo neocolpovulvoplastia e/ou procedimentos complementares sobre gônadas e caracteres sexuais secundários como tratamento dos casos de transexualismo.
    Art. 2º Autorizar, ainda a título experimental, a realização de cirurgia do tipo neofaloplastia.
    Art. 3º Que a definição de transexualismo obedecerá, no mínimo, aos critérios abaixo enumerados:
    1) Desconforto com o sexo anatômico natural;
    2) Desejo expresso de eliminar os genitais, perder as características primárias e secundárias do próprio sexo e ganhar as do sexo oposto;
    3) Permanência desses distúrbios de forma contínua e consistente por, no mínimo, dois anos;
    4) Ausência de outros transtornos mentais. (Onde se lê "Ausência de outros transtornos mentais", leia-se "Ausência de transtornos mentais")
    Art. 4º Que a seleção dos pacientes para cirurgia de transgenitalismo obedecerá a avaliação de equipe multidisciplinar constituída por médico psiquiatra, cirurgião, endocrinologista, psicólogo e assistente social, obedecendo os critérios a seguir definidos, após, no mínimo, dois anos de acompanhamento conjunto:
    1) Diagnóstico médico de transgenitalismo;
    2) Maior de 21 (vinte e um) anos;
    3) Ausência de características físicas inapropriadas para a cirurgia.

resolução menciona apenas as questões de natureza cirúrgica, sem qualquer menção às intervenções hormonais.

Tais critérios mudaram com a revogação da Resolução 1.995/2010 pela Resolução nº 2.265, de 20 de setembro de 2019, a qual traz como grande inovação o estabelecimento de um novo critério etário para as intervenções a serem realizadas nos transgêneros, fixando agora, em linhas gerais, 16 (dezesseis) anos para a realização de hormonioterapia e 18 (dezoito) anos para intervenções cirúrgicas[20].

Art. 5º O tratamento do transgenitalismo deve ser realizado apenas em estabelecimentos que contemplem integralmente os pré-requisitos estabelecidos nesta resolução, bem como a equipe multidisciplinar estabelecida no artigo 4º.

§ 1º O corpo clínico destes hospitais, devidamente registrado no Conselho Regional de Medicina, deve ter em sua constituição os profissionais previstos na equipe citada no artigo 4º, aos quais caberá o diagnóstico e a indicação terapêutica.

§ 2º As equipes devem ser previstas no regimento interno dos hospitais, inclusive contando com chefe, obedecendo aos critérios regimentais para a ocupação do cargo.

§ 3º Em qualquer ocasião, a falta de um dos membros da equipe ensejará a paralisação de permissão para a execução dos tratamentos.

§ 4º Os hospitais deverão ter comissão ética constituída e funcionando dentro do previsto na legislação pertinente.

Art. 6º Deve ser praticado o consentimento livre e esclarecido.

Art. 7º Esta resolução entra em vigor na data de sua publicação, revogando-se a Resolução CFM nº 1.652/02.

20. Art. 1º Compreende-se por transgênero ou incongruência de gênero a não paridade entre a identidade de gênero e o sexo ao nascimento, incluindo-se neste grupo transexuais, travestis e outras expressões identitárias relacionadas à diversidade de gênero.

§ 1º Considera-se identidade de gênero o reconhecimento de cada pessoa sobre seu próprio gênero.

§ 2º Consideram-se homens transexuais aqueles nascidos com o sexo feminino que se identificam como homem.

§ 3º Consideram-se mulheres transexuais aquelas nascidas com o sexo masculino que se identificam como mulher.

§ 4º Considera-se travesti a pessoa que nasceu com um sexo, identifica-se e apresenta-se fenotipicamente no outro gênero, mas aceita sua genitália.

§ 5º Considera-se afirmação de gênero o procedimento terapêutico multidisciplinar para a pessoa que necessita adequar seu corpo à sua identidade de gênero por meio de hormonioterapia e/ou cirurgias.

Art. 2º A atenção integral à saúde do transgênero deve contemplar todas as suas necessidades, garantindo o acesso, sem qualquer tipo de discriminação, às atenções básica, especializada e de urgência e emergência.

Art. 3º A assistência médica destinada a promover atenção integral e especializada ao transgênero inclui acolhimento, acompanhamento, procedimentos clínicos, cirúrgicos e pós-cirúrgicos.

Art. 4º A atenção especializada de cuidados específicos ao transgênero de que trata esta Resolução deve contemplar o acolhimento, o acompanhamento ambulatorial, a hormonioterapia e o cuidado cirúrgico, conforme preconizado em Projeto Terapêutico Singular norteado por protocolos e diretrizes vigentes.

Parágrafo único. O Projeto Terapêutico Singular (Anexo I) que deverá ser elaborado é um conjunto de propostas de condutas terapêuticas articuladas, resultado da discussão de uma equipe multiprofissional e interdisciplinar com o indivíduo, abrangendo toda a rede assistencial na qual está inserido e contemplando suas demandas e necessidades independentemente da idade.

Art. 5º A atenção médica especializada para o cuidado ao transgênero deve ser composta por equipe mínima formada por pediatra (em caso de pacientes com até 18 (dezoito) anos de idade), psiquiatra, endocrinologista, ginecologista, urologista e cirurgião plástico, sem prejuízo de outras especialidades médicas que atendam à necessidade do Projeto Terapêutico Singular.

Parágrafo único. Os serviços de saúde devem disponibilizar o acesso a outros profissionais da área da saúde, de acordo com o Projeto Terapêutico Singular, estabelecido em uma rede de cuidados e de acordo com as normatizações do Ministério da Saúde.

Art. 6º Na atenção médica especializada, o transgênero deverá ser informado e orientado previamente sobre os procedimentos e intervenções clínicas e cirúrgicas aos quais será submetido, incluindo seus riscos e benefícios.

Parágrafo único. É obrigatório obter o consentimento livre e esclarecido, informando ao transgênero sobre a possibilidade de esterilidade advinda dos procedimentos hormonais e cirúrgicos para a afirmação de gênero.

A RESPONSABILIDADE CIVIL FACE À OBJEÇÃO AO TRATAMENTO DO TRANSGÊNERO · 315

Quando da apreciação da Portaria 2.803/13 do Ministério da Saúde vê-se que o art. 14, que estabelece os procedimentos atendidos pelo Sistema Único de Saúde (SUS), fixa nos §§ 1º e 2º os requisitos etários para que o interessado venha a passar pelo processo transexualizador[21], definindo que a hormonioterapia pode ser realizada a partir dos 18 (dezoito) anos e os tratamentos cirúrgicos apenas podem ocorrer quando o interessado conte com 21 (vinte e um) anos, neste último caso, repise-se, após ao menos 2 (dois) anos de acompanhamento por equipe multidisciplinar.

Assim, em um resumo clareador, pode-se afirmar a existência de um manifesto descompasso entre o que é determinado pelo Conselho Federal de Medicina (CFM) e pelo

---

Art. 7º Os familiares e indivíduos do vínculo social do transgênero poderão ser orientados sobre o Projeto Terapêutico Singular, mediante autorização expressa do transgênero, em conformidade com o Código de Ética Médica.

Art. 8º O acompanhamento dos familiares e indivíduos do vínculo social do transgênero deverá ser articulado com outros serviços de saúde ou socioassistenciais, com vistas a garantir a assistência integral caso não seja realizado pela mesma equipe que assiste ao transgênero.

Art. 9º Na atenção médica especializada ao transgênero é vedado o início da hormonioterapia cruzada antes dos 16 (dezesseis) anos de idade.

§ 1º Crianças ou adolescentes transgêneros em estágio de desenvolvimento puberal Tanner I (pré-púbere) devem ser acompanhados pela equipe multiprofissional e interdisciplinar sem nenhuma intervenção hormonal ou cirúrgica.

§ 2º Em crianças ou adolescentes transgêneros, o bloqueio hormonal só poderá ser iniciado a partir do estágio puberal Tanner II (puberdade), sendo realizado exclusivamente em caráter experimental em protocolos de pesquisa, de acordo com as normas do Sistema CEP/Conep, em hospitais universitários e/ou de referência para o Sistema Único de Saúde.

§ 3º A vedação não se aplica a pacientes portadores de puberdade precoce ou estágio puberal Tanner II antes dos 8 anos no sexo feminino (cariótipo 46,XX) e antes dos 9 anos no sexo masculino (cariótipo 46,XY) que necessitem de tratamento com hormonioterapia cruzada por se tratar de doenças, o que está fora do escopo desta Resolução.

Art. 10. Na atenção médica especializada ao transgênero é permitido realizar hormonioterapia cruzada somente a partir dos 16 (dezesseis) anos de idade, de acordo com o estabelecido no Projeto Terapêutico Singular, sendo necessário o acompanhamento ambulatorial especializado, conforme preconiza a linha de cuidados específica contida no Anexo II desta Resolução.

Art. 11. Na atenção médica especializada ao transgênero é vedada a realização de procedimentos cirúrgicos de afirmação de gênero antes dos 18 (dezoito) anos de idade.

§ 1º Os procedimentos cirúrgicos de que trata esta Resolução só poderão ser realizados após acompanhamento prévio mínimo de 1 (um) ano por equipe multiprofissional e interdisciplinar.

§ 2º É vedada a realização de procedimentos hormonais e cirúrgicos, descritos nesta Resolução, em pessoas com diagnóstico de transtornos mentais que os contraindiquem, conforme especificado no Anexo III desta Resolução.

§ 3º A atuação do psiquiatra na equipe multiprofissional e interdisciplinar está discriminada no Anexo III desta Resolução.

§ 4º Os procedimentos cirúrgicos reconhecidos para afirmação de gênero estão descritos no Anexo IV desta Resolução.

Art.12. Na atenção médica especializada ao transgênero os procedimentos clínicos e cirúrgicos descritos nesta Resolução somente poderão ser realizados a partir da assinatura de termo de consentimento livre e esclarecido e, no caso de menores de 18 (dezoito) anos, também do termo de assentimento.

Art. 13. Esta Resolução entra em vigor na data de sua publicação, revogando-se a Resolução CFM nº 1.955/2010, publicada no D.O.U. de 3 de setembro de 2010, Seção I, p. 109-10.

21. Art. 14. [...]

§ 2º Em relação ao cuidado dos usuários e usuárias no Processo Transexualizador:

I - a hormonioterapia que trata esta Portaria será iniciada a partir dos 18 (dezoito) anos de idade do paciente no processo transexualizador; e

II - os procedimentos cirúrgicos de que trata esta Portaria serão iniciados a partir de 21 (vinte e um) anos de idade do paciente no processo transexualizador, desde que tenha indicação específica e acompanhamento prévio de 2 (dois) anos pela equipe multiprofissional que acompanha o usuário(a) no Serviço de Atenção Especializada no Processo Transexualizador.

o Ministério da Saúde quando prevê que para ser atendido pelo Sistema Único de Saúde (SUS) no que concerne ao critério etário de quem busca por um tratamento hormonal ou cirúrgico em razão de sua transgeneridade.

Um dado interessante e que bem revela as pressões de um Estado cis-heteronormativo profundamente afetado pelo preconceito estrutural se vislumbra no ocorrido em 31 de julho de 2013 quando o Ministério da Saúde, por meio da Secretaria de Atenção à Saúde, publicou a Portaria 859/13 que determinava a possibilidade aos transexuais de hormonioterapia a partir dos 16 (dezesseis) anos, além das intervenções cirúrgicas aos 18 (dezoito) anos. Tal portaria foi revogada no dia seguinte pela Portaria 1.579/13, a qual também veio a ser revogada, agora pela Portaria 2803/13 de 19 de novembro de 2013, mantendo-se o que anteriormente estava consignado.

Tendo tais elementos como suporte básico é possível tecer algumas considerações sobre a pertinência dos requisitos etários apresentados.

4.1. Tratamento hormonal e o requisito etário

Como relatado não havia previsão expressa do Conselho Federal de Medicina (CFM) acerca do momento que seria o adequado para a realização de tratamento hormonal por parte do transgênero, com a afirmação apenas do Ministério da Saúde de que para o atendimento pelo Sistema Único de Saúde (SUS) somente poderia ocorrer após os 18 (dezoito) anos.

A omissão do Conselho Federal de Medicina (CFM) foi objeto de questionamento através do Processo-consulta CFM nº 32/12, que ensejou o Parecer CFM nº 8/13, de 22 de fevereiro de 2013[22]. Em linhas gerais o entendimento exarado pelo Conselho Federal de Medicina (CFM) preconiza que há de se realizar o bloqueio da puberdade nos transgêneros assim que comecem a aparecer seus primeiros sinais, sendo que na "persistência" da condição, aos 16 (dezesseis) anos dar-se início ao tratamento hormonal do gênero de identificação.

Algumas questões acerca do posicionamento do Conselho Federal de Medicina (CFM) precisam ser trazidas à lume. Conforme consta do próprio processo, a consulta protocolada sob o nº 635/12 é datada de 24 de janeiro de 2012, tendo a resposta sido apresentada mais de um ano depois, em 22 de fevereiro de 2013, revelando uma grave demora em se ofertar uma resposta a um tema tão importante. Nesse mesmo sentir é de se asseverar que o primeira das resoluções do Conselho Federal de Medicina (CFM) sobre o tema (Resolução 1.482/97) já trazia expressa em seus considerandos a ciência quanto a tendência à automutilação e auto-exterminio dos transgêneros, não sendo concebível uma demora tão grande em apreciar questionamento de tamanha importância.

Em seguida se constata ainda que a periculosidade do problema já se mostrava patente na própria consulta, onde se lê expressamente que "Chegou ao conhecimento

---

22. EMENTA: O adolescente com TIG deve ser assistido em centro especializado, de excelência e multiprofissional. A hormonioterapia, de preferência, iniciada quando dos primeiros sinais de puberdade (bloqueio da puberdade do gênero de nascimento). Aos 16 anos, caso persista o TIG, a hormonioterapia do gênero desejado deve ser iniciada gradativamente.

A RESPONSABILIDADE CIVIL FACE À OBJEÇÃO AO TRATAMENTO DO TRANSGÊNERO | **317**

deste Núcleo que adolescentes travestis e transexuais fazem uso regular de hormônio de forma clandestina, ficando sujeitos a efeitos colaterais que podem trazer agravos importantes e permanentes à sua saúde". Assim pode-se afirmar de maneira peremptória que era de pleno conhecimento que crianças e adolescentes estavam em situação de risco, que o uso de hormônios de forma clandestina se fazia contínuo e que tal situação sujeitava-os a graves e permanentes perigos às suas saúdes, mas ainda assim o Conselho Federal de Medicina (CFM) precisou de mais de um ano para apresentar uma resposta à consulta formulada.

Já fica patente aqui o descumprimento à previsão constitucional de atenção com absoluta prioridade às crianças e adolescentes quanto a garantia ao acesso ao direito à vida e à saúde, podendo-se afirmar ainda que caberia ao Conselho Federal de Medicina (CFM) responsabilizar-se por tal tardar, sob a perspectiva tanto de eventuais danos individuais decorrentes da demora, como também pelo dano moral coletivo causado.

A responsabilidade pela não atenção aos direitos dos transgêneros quanto a realização do tratamento hormonal também deve incidir sobre o Estado, vez que mesmo havendo o posicionamento do Conselho Federal de Medicina (CFM) referente ao tratamento a qualquer tempo a partir do surgimento dos sinais de puberdade com a supressão hormonal e a partir dos 16 (dezesseis) anos para a hormonioterapia, apenas possibilita o seu acesso por meio do Sistema Único de Saúde (SUS) a partir dos 18 (dezoito) anos.

A ofensa aos direitos mais elementares de qualquer pessoa está evidente, sendo que o indivíduo que apresenta uma necessidade médica constatada clinicamente não pode ter acesso ao atendimento pelo Sistema Único de Saúde (SUS) caso não tenha atingido a idade estabelecida pela Portaria vigente, atentando contra o direito à vida, à saúde, à dignidade da pessoa humana e à igualdade, como também ao dever de absoluta prioridade de atenção que deve ser destinado a crianças e adolescentes.

Ressalta-se ainda que o parecer do Conselho Federal de Medicina (CFM) assevera não ser racional negar a supressão da puberdade quando constatada a transgeneridade, e que o início do tratamento tão logo sejam constatados os caracteres indicadores de tal condição sexual demonstram um real benefício face àqueles que apenas o iniciaram após as primeiras fases da puberdade, sendo "extremamente recomendável a supressão da puberdade do gênero de nascimento antes do desenvolvimento irreversível das características sexuais", a qual se recomenda que venha a iniciar-se aos 12 (doze) anos.

No presente caso ante a atitude nefasta do Poder Público há este de ser responsabilizado, de forma objetiva, por todos os danos causados àqueles transgêneros que fizeram uso de qualquer tipo de hormônio de forma clandestina visando adequar seu corpo à sua condição de gênero percebida, especialmente após manifestação do Conselho Federal de Medicina (CFM) quanto a essa questão, sendo de se asseverar que a este órgão também recaem os deveres decorrentes de seus atos.

Ressalta-se que a Portaria 2.803/13 do Ministério da Saúde é posterior à publicação da resposta do Conselho Federal de Medicina (CFM) à consulta formulada, não sendo plausível se admitir qualquer sorte de ignorância em tal caso, restando somente a conclusão de que se trata de uma conduta deliberada de um Estado fundado em um preconceito estrutural face às minorias sexuais, que precisa ser frontalmente atacado.

318 | LEANDRO REINALDO DA CUNHA

Tal situação acabou por revestir-se de novos contornos, ao menos no âmbito do Conselho Federal de Medicina (CFM) com a Resolução nº 2.265, de 20 de setembro de 2019 como anteriormente indicado, contudo as determinações do Ministério da Saúde continuam inalteradas, reforçando o descompasso entre a legislação e o que é efetivamente necessário aos seus destinatários.

O texto atual apesentado pelo Conselho Federal de Medicina (CFM) veda o tratamento hormonal cruzado antes dos 16 anos, estabelecendo exceções a essa regra, como se constata do disposto nos arts. 9º e 10 da Resolução nº 2.265.

4.2 A imposição etária para o tratamento cirúrgico

No que concerne aos tratamentos cirúrgicos, como já demostrado a Portaria 2.803/13 do Ministério da Saúde, estabelece que a idade mínima para que sejam realizados é aos 21 anos, o que também era previsto pelo Conselho Federal de Medicina (CFM), na Resolução 1.995/2010 e nas que a antecederam (Resoluções 1.482/97 e 1.652/02), o que, talvez, possa ser um indicativo do motivo pelo qual tal idade constava do regramento deontológico médico, vez que quando da elaboração do primeiro dos instrumentos ainda vigia em território nacional o Código Civil anterior, o qual estabelecia como idade para a assunção da capacidade civil plena os 21 (vinte e um) anos[23].

De se relembrar, mais uma vez, que com a Resolução nº 2.265, de 20 de setembro de 2019, o Conselho Federal de Medicina (CFM) passou a entender que a idade mínima para intervenções cirúrgicas em tais circunstâncias é 18 (dezoito) anos, conforme consignado no art. 11, sendo de se consignar outra alteração relevante que é a redução do prazo mínimo de acompanhamento médico de 2 (dois) anos para 1 (um) ano.

Fato é que não há qualquer fundamento para que se fixe 21 (vinte e um) anos como idade limite para a realização de intervenções de cunho terapêutico a partir do momento em o profissional da área médica constate a pertinência da intervenção, sendo certo que, como acontece em qualquer outra circunstância, caso se verifique que ocorreu um equívoco quanto à indicação do procedimento haverá de responsabilizar-se aquele que agiu com imperícia.

E se a razão que fundamentou o critério etário à época foi o da capacidade, fica evidente que esse resta superado desde a entrada em vigor do atual Código Civil (Lei 10.406/02) em janeiro de 2013, que reduziu a 18 anos a maioridade civil (art. 5º).

Sobre o tema é interessante se consignar que caso um transgênero queira realizar um implante de silicone nas mamas visando critérios de natureza eminentemente terapêuticos apenas poderá fazê-lo após os 21 (vinte e um) anos segundo o que consta nos regramentos existentes, enquanto que se tal cirurgia for fundada meramente em aspectos estéticos é comum que seja realizado por menores de 18 (dezoito) anos[24], mediante autorização dos pais.

---

23. CUNHA, Leandro Reinaldo da. Identidade e redesignação de gênero: aspectos da personalidade, família e responsabilidade civil. 2 ed. Rio de Janeiro: Lumen Juris, 2018, p. 304.
24. CUNHA, Leandro Reinaldo da. Identidade e redesignação de gênero: aspectos da personalidade, família e responsabilidade civil. 2 ed. Rio de Janeiro: Lumen Juris, 2018, p. 304.

A RESPONSABILIDADE CIVIL FACE À OBJEÇÃO AO TRATAMENTO DO TRANSGÊNERO

Ressalta-se que em outros países o critério etário ou não está fixado em lei, como ocorre na Áustria, Croácia, Alemanha e Suíça, por exemplo[25], ou quando está a previsão é aos 16 anos (como fixa a lei 38/2018 de Portugal para alterações civis) ou as 18 anos (como preconiza a legislação boliviana de identidade de gênero - art. 4º da Lei 807 de 21 de maio de 2016).

Considerando-se todos os aspectos que envolvem a transgeneridade, mormente sob o viés psicológico, os preconceitos, discriminações e segregações sofridas por essa minoria sexual, que apresenta um assombroso índice de tentativa de suicídio como relatado anteriormente, é, para dizer o mínimo, de uma crueldade atroz se impedir que alguém que tenha uma condição de saúde que depreende um tratamento clínico venha a tê-lo ante a uma imposição etária sem qualquer propósito, o que pode até mesmo caracterizar a prática institucionalizada de tortura.

> Fato é que, conforme se verifica a seguir, o Poder Público negligencia certos grupos sociais, relegando-os a uma condição de marginalização social no que se refere à garantia de direitos, em que pese não o fazer quando se trata da arrecadação de impostos ou imposição de deveres. Inúmeros projetos legislativos encontram-se adormecidos sem qualquer perspectiva de análise num futuro próximo, mantendo aqueles que não se enquadram na heteronormatividade vigente em uma situação de ofensa constante, o que, numa interpretação mais extensiva, poder-se-ia até mesmo equiparar a uma tortura perpetrada pelo Estado em face destas pessoas.[26]

Não pode um Estado Democrático de Direito, fundado nos parâmetros fixados pela vigente Constituição Federal permitir que tal tipo de situação ocorra, menos ainda ser ele o perpetrador de tais ofensas, havendo de ser devidamente responsabilizado por tais atos.

Evidente que ao vedar o tratamento medicamente prescrito a quem dele necessita, conforme os parâmetros médicos estabelecidos pela melhor doutrina clínica sobre o tema, apenas face ao fato de o indivíduo não ter atingido a idade de 21 (vinte e um) anos, imposta de forma inconsistente pelo Ministério da Saúde, revela um grave dano, tanto individual quanto coletivo, que não pode ser ignorado.

5. CONCLUSÃO

A sexualidade é uma característica inerente ao ser humano e que, como tal, o acompanha por toda a sua existência, sendo que questões atinentes a esse caractere irão permear toda a sua vida, podendo ser elemento capaz de lhe conferir direitos ou mesmo privar deles.

E é exatamente na seara da sexualidade que se vislumbra um dos campos mais profícuos para que sejam perpetradas ofensas ao indivíduo, mormente quando ele não estiver enquadrado nos padrões da pseudonormalidade sexual vigente. É nesse espectro que surgem as questões vinculadas aos tratamentos hormonais e cirúrgicos destinados aos transgêneros que desejam em alguma medida alterar seu corpo visando aproximar-se das características físicas relacionadas à sua identidade de gênero.

---

25. Disponível em: <https://tgeu.org/ trans-rights-map-2018/> Acesso em: 09 dez. 2019.
26. CUNHA, Leandro Reinaldo da. Identidade e redesignação de gênero: aspectos da personalidade, família e responsabilidade civil. 2 ed. Rio de Janeiro: Lumen Juris, 2018, p. 92-93.

Preponderante se ter de forma bastante clara em mente que tais intervenções médicas têm caráter terapêutico e objetivam garantir àquele indivíduo que delas necessita pleno atendimento ao direito à saúde, preconizando pela proteção à higidez física e psicológica do transgênero, que é alguém que, em decorrência de sua condição sexual, se insere num dos grupos mais vulneráveis da sociedade, com elevado índice de auto-mutilação e tentativa de suicídio.

Face à falta de efetiva cobertura do Sistema Único de Saúde (SUS) quanto ao atendimento necessário a esse grupo minoritário se constata a existência de um elevado número de pessoas que realizam intervenções hormonais clandestinas, extremamente perigosas e que as colocam em risco permanente. E um dos motivos mais fortes para que isso venha a ocorrer está na inadequação das determinações do Ministério da Saúde quando ao atendimento médico necessário, principalmente no que se refere à restrição etária imposta na Portaria 2.803/13 do Ministério da Saúde que determina que a hormonioterapia apenas seja realizada a partir dos 18 (dezoito) anos de idade.

A questão se mostra ainda mais nefasta ao se constatar que o Conselho Federal de Medicina (CFM) quando instado a manifestar-se sobre o tema o fez de forma bastante assertiva afirmando que a supressão da puberdade haveria de ser realizada assim que os sinais desta se fizessem presentes, orientando até mesmo a realização da terapia hormonal do sexo de pertencimento do paciente a partir dos 16 (dezesseis) anos. Tal posicionamento, oriundo do Parecer CFM nº 8/13 de 22 de fevereiro de 2013 e referendado pela atual Resolução nº 2.265, foi solenemente ignorado pelo Ministério da Saúde na Portaria 2.803/13, inexistindo, tampouco, qualquer alteração posterior a fim de se acolher tal entendimento.

Quanto as intervenções cirúrgicas a situação não se mostra em nada melhor, já que o Ministério da Saúde determina que estas apenas serão possíveis a partir dos 21 (vinte e um) anos de idade, sem qualquer respaldo lógico para tanto, mormente ao se considerar que se trata de uma intervenção terapêutica que haveria de ser realizada tão logo se mostrasse clinicamente pertinente, independentemente da imposição de um elemento etário limitador.

Ressalta-se que quando buscou se adequar a tais inconsistências etárias o ato praticado foi revogado no dia seguinte, de forma obscura, revelando claramente o viés discriminatório que permeia a questão da sexualidade no ordenamento jurídico brasileiro.

Em ambos os casos se verifica claramente a prática de atos causadores de danos, sejam eles materiais ou morais, que me manifestam tanto na esfera individual quanto coletiva, cabendo a pronta responsabilização daqueles que os perpetraram. No caso em concreto verifica-se que devem ser responsabilizados tanto o Conselho Federal de Medicina (CFM) quanto o Estado brasileiro pelos danos causados.

No presente caso é realmente relevante a imposição do dever de indenizar aos que causaram os danos aqui relatados, tanto como medida de recomposição como também à guisa de toda a repercussão de fundo educacional e humanitário que dela emanaria, ante a grave situação de vulnerabilidade enfrentada pelos transgêneros no Brasil (como já constatado por nossos Tribunais Superiores), nas Américas (como bem revelou a Corte Interamericana de Direitos Humanos) e em todo o Mundo.

6. REFERÊNCIAS

ARAÚJO, Luiz Alberto David. A proteção constitucional do transexual. São Paulo: Saraiva, 2000.

BORGES, Roxana Cardoso Brasileiro. Dos direitos da personalidade, Teoria geral do direito civil, São Paulo: Atlas, 2008

CUNHA, Leandro Reinaldo da. Identidade e redesignação de gênero: aspectos da personalidade, família e responsabilidade civil. 2 ed. Rio de Janeiro: Lumen Juris, 2018.

_____. Identidade de gênero, dever de informar, e responsabilidade civil. Revista IBERC, v.2, n.1, p. 01-17, jan.-abr./2019.

_____. A união homossexual ou homoafetiva e o atual posicionamento do STF sobre o tema (ADI 4277), Revista do Curso de Direito da Universidade Metodista de São Paulo – v. 8, São Bernardo do Campo: Metodista, 2010.

_____. Identidade de gênero e a responsabilidade civil do Estado pela leniência legislativa, Revista dos Tribunais n. 962 p. 37 – 52, 2015.

CUNHA, Leandro Reinaldo da. DOMINGOS, Terezinha de Oliveira. A restrição etária ao processo transexualizador, Anais do III Congresso Nacional da FEPODI. 2014. p. 855 – 860.

DINIZ, Maria Helena. O estado atual do biodireito, São Paulo: Saraiva, 2011.

GRANT, Jaime M.; MOTTET, Lisa A.; TANIS, Justin; HERMAN, Jody L.; HARRISON, Jack; KEISLING, Mara. *National Transgender Discrimination Survey Report on health and health care*. Washington, 2010.

MIZRAHI, Mauricio Luis. Homosexualidad y transexualismo. Buenos Aires: Astrea, 2006.

RESPONSABILIDADE CIVIL DA UNIÃO PELOS DANOS CAUSADOS PELA VACINA CONTRA A INFLUENZA – SÍNDROME GUILLAIN-BARRÉ (SGB)

Joyceane Bezerra de Menezes

Doutora em Direito pela Universidade Federal de Pernambuco (2004). Pós-Doutora em Direito pela Universidade do Estado do Rio de Janeiro (2014). Mestre em Direito pela Universidade Federal do Ceará (1995). Professora titular da Universidade de Fortaleza, vinculada ao Programa de Pós-Graduação *Stricto Sensu* em Direito (Mestrado/ Doutorado), na Disciplina Tutela da pessoa na sociedade das incertezas. Professora adjunto da Universidade Federal do Ceará. Advogada. Editora da Pensar, Revista de Ciências Jurídicas, E-mail: joyceane@unifor.br.

Jamila Araújo Serpa

Mestranda em Direito Constitucional pela Universidade de Fortaleza – UNIFOR. Advogada.

Sumário: 1. Introdução – 2. Síndrome *Guillain-Barré* após a ministração da vacina contra a *Influenza* – 3. Risco administrativo e reparação de dano causado pela vacina contra a Influenza no Brasil: justificativas para a responsabilidade da União; 3.1. Plano nacional de imunização, o controle administrativo sobre as vacinas no Brasil e a campanha pela vacinação contra a *Influenza*; 3.2. Agentes envolvidos na vacinação contra a influenza e o protagonismo da União; 3.3. SGB – EAPV como dano injusto e o merecimento de tutela – 4. A resposta do STJ nos recursos especiais 1.514.775 – SE e 1.388.197 – PR – 5. Considerações finais – 6. Referências

1. INTRODUÇÃO

A Síndrome de *Guillain-Barré* (SGB) é qualificada como uma neuropatia periférica incomum que causa paralisia e, em casos mais extremados, insuficiência respiratória e óbito. Em geral, manifesta uma doença gastrointestinal ou respiratória superior antecedente e, em casos raros, apresenta-se como sequela da vacina contra a *influenza*. Estudos realizados nos Estados Unidos, a partir de 1976, já haviam mostrado a correlação entre a vacinação contra o vírus da gripe A de origem suína (H1N1) e um aumento (estatisticamente significativo) do risco da SGB nos 42 dias após administração da vacina. A partir de então, vários sistemas de vigilância federal passaram a ser mobilizados para garantir segurança ao processo de imunização.

Em 2009, quando houve uma ameaça de pandemia decorrente dessa doença, o Programa de Infecções Emergentes (EIP) do Centers for Disease Control and Prevention

(CDC) dos Estados Unidos, iniciou uma vigilância ativa para avaliar o risco de SGB em virtude da vacinação contra o H1N1. Os resultados preliminares dos estudos realizados continuaram apontando uma conexão relevante entre a vacina da *influenza* A (H1N1) e a SGB, com aumento do risco em 0,8 casos/1 milhão de vacinados.[1]

A despeito do risco estimado, as autoridades não recomendaram a suspensão da vacinação, porque a medida imunizatória ainda constitui uma alternativa eficaz para prevenir as doenças graves resultantes do vírus H1N1. Mais graves são a *influenza* A e B ou gripe suína, infecções graves que geraram uma taxa de hospitalização de 222 por 1 milhão e a uma taxa de mortalidade de 9,7 por 1 milhão de população.[2] Em 2019, houve 222[3] óbitos em virtude de complicações decorrentes da gripe suína. Vale o ditado: *melhor prevenir!*

No Brasil, a vacina contra a tal gripe é listada pelo Programa Nacional de Imunização, do Ministério da Saúde e enfaticamente recomendada pela União, para os grupos populacionais de crianças entre seis meses e cinco anos, trabalhadores da área de saúde, gestantes e puérperas, indígenas, idosos e professores.[4] A campanha específica para a vacina contra o vírus H1N1 alcançou em 2019, a vigésima primeira edição, mantendo os mesmos grupos populacionais na listagem dos prioritários.[5]

Em cada um dos informes técnicos dessas vinte e uma edições, há a informação sobre o risco mínimo de Síndrome Guillain-Barré entre os Eventos Adversos Pós-Vacinação (EAPV). Porém, considerando o binômio *risco e benefícios*, as autoridades entenderam por não suspender a campanha imunizatória que, a cada ano, beneficia um maior número de pessoas. Por outro lado, ainda que os riscos de SGB como EAPV seja mínimo, não poderá ser compreendido como mera externalidades ou um caso fortuito.

Se é certo que a vacinação é uma medida de especial relevância para o bem da saúde coletiva e individual, também é certo que a sua administração em massa para esse fim não justificará como uma consequência ordinária, excepcional dano grave a pessoa determinada. Sob a perspectiva de quem sofre o dano excepcional, há uma grave e insuportável injustiça que impõe o seu enfrentamento pelo instituto da responsabilidade civil. Portanto, um EAPV previamente identificado pelos estudos científicos já realizados, não será considerado mero caso fortuito pela doutrina da responsabilidade civil. Constitui modalidade de dano injusto que deve ser objeto de reparação.

---

1. FERRANI, Maria Aparecida G.; RODRIGUES, Marcelo Masruha; SCATTOLIN, Mônica Ayres A; RESENDE, Maura Helena F.; SANTOS, Isabel Cristina L. dos; IAZZETTI, Antônio Vladir. Síndrome de Guillain-Barré em associação temporal com a vacina influenza A. *Rev Paul Pediatria*. 2011;29(4):685-8. Disponível em: < http://www.scielo.br/pdf/rpp/v29n4/33.pdf>. Acesso em: 19 dez. 2019.

2. H1N1 e Influenza sazonal tem taxas de mortalidade similares. Disponível em: <https://saude.estadao.com.br/noticias/geral,h1n1-e-influenza-sazonal-tem-taxas-de-mortalidade-similares,436110>. Acesso em: 19 dez. 2019.

3. Secretaria de Vigilância em Saúde. Influenza: monitoramento até a semana epidemiológica 21 de 2019. *Informe n° 21*, 03 jun. 2019. Disponível em: <http://portalarquivos2.saude.gov.br/images/pdf/2019/junho/04/Informe--Influenza-SE-21.pdf>. Acesso em: 19 dez. 2019.

4. Conforme noticiou a Campanha Nacional de Vacinação contra a Influenza – 19ª Campanha Nacional de Vacinação contra a Influenza (2017). Disponível em: <http://portalarquivos2.saude.gov.br/images/pdf/2017/julho/28/Boletim-Informativo-Campanha-Influenza-2017.pdf>. Acesso em 12 dez. 2019.

5. Informe técnico. 21a Campanha Nacional de Vacinação contra a Influenza. Disponível em: <http://portalarquivos2.saude.gov.br/images/pdf/2019/fevereiro/28/Informe-Cp-Influenza-28-02-2019-final.pdf>. Acesso em: 12 dez. 2019.

RESPONSABILIDADE CIVIL DA UNIÃO PELOS DANOS CAUSADOS PELA VACINA CONTRA A INFLUENZA **325**

A teoria do risco administrativo impõe que a atividade estatal (*lato sensu*) não cause danos ou risco de danos às pessoas. Na medida em que o exercício desta atividade resultar em danos, emergirá o dever de indenizá-los pautado na responsabilidade objetiva, exigindo-se apenas a prova do evento dano e do nexo de causalidade entre ele e a ação ou omissão administrativa.

É certo que o processo de vacinação pode envolver outros atores que não apenas a União, a exemplo do laboratório que fabrica a vacina e da clínica particular que a aplica, já nem sempre a sua administração se dá pela rede pública. Mas é importante destacar o protagonismo do Estado quanto ao controle técnico das vacinas pela Agência Nacional de Vigilância Sanitária – ANVISA e quanto à inclusão da vacina no Programa Nacional de Imunização (PNI), com a promoção de campanhas fortemente ativas para mobilizar a população.

No Brasil, as vacinas são objeto da mesma disciplina jurídica atribuída aos remédios, sofrendo ambos o mesmo tipo de fiscalização e controle pela ANVISA. Além disso, a legislação é eloquente em afirmar que toda e qualquer vacina aplicada no país deve ser dotada de inocuidade (Lei nº 6.360/76 e Decreto nº 79.094/77, este último revogado pelo Decreto nº 8.077/2013).

A partir disso, o objeto do presente texto, é analisar a responsabilidade da União pelo dano sofrido pela pessoa que desenvolve a Síndrome *Guillain-Barré* como EAPV. Na construção da análise, avalia-se a aplicação do risco administrativo para justificar a responsabilidade civil da União, procurando identificar e apontar os pressupostos da relação jurídica reparacional em cotejo com as decisões proferidas pelo Superior Tribunal de Justiça nos Recursos Especiais nº 1.514.775 – SE (2015/0026515-0) e nº 1.388.197 – PR (2013/0099928-9). Como proposta de desenvolvimento, inicia-se pelos estudos científicos que conectaram a vacina à ocorrência da SGB como um possível efeito colateral; em seguida, abordam-se os contornos teóricos da teoria do risco administrativo e os pressupostos da relação jurídica reparacional para, ao fim, analisar as soluções inscritas naqueles recursos especiais.

2. SÍNDROME *GUILLAIN-BARRÉ* APÓS A MINISTRAÇÃO DA VACINA CONTRA A *INFLUENZA*

Em 1976 publicaram-se os primeiros estudos associando a SGB como evento adverso da vacina contra a gripe suína, ocasionada pelo vírus *influenza A* (H1N1).[6] Quando a doença ameaçava a saúde dos americanos, o Centro de Controle e Prevenção de Doen-

---

6. "Em setembro de 2011, a Organização Mundial de Saúde (OMS) padronizou o nome do vírus para "influenza A(H1N1)pdm09". Até agosto de 2010, mês no qual a OMS anunciou a transição do período pandêmico para o pós-pandêmico, foram registrados casos confirmados laboratorialmente em 214 países, com mais de 18.449 mortes pela doença. No Brasil, em 2009, foram notificados 88.464 casos de Síndrome Respiratória Aguda Grave (SRAG), dos quais 50.482 foram confirmados como influenza A(H1N1)pdm09, com 2.060 óbitos. No Estado do Rio de Janeiro, foram 5.293 casos de SRAG, com 2.777 casos confirmados." FELINTO, Gustavo Machado; ESCOSTEGUY, Claudia Caminha; MEDRONHO, Roberto de Andrade. Fatores associados ao óbito dos casos graves de influenza A(H1N1)pdm09. *Cad. Saúde Coletiva*, 2019, Rio de Janeiro, 27 (1): 11-19. Disponível em: < http://www.scielo.br/pdf/cadsc/v27n1/1414-462X-cadsc-1414-462X201900010433.pdf>. Acesso em: 12 dez. 2019.

ças – CDC, agência de vigilância epidemiológica dos Estados Unidos, por orientação dos infectologistas então consultados, decidiu instituir uma campanha de vacinação em massa, temendo que a gripe suína pudesse atingir cerca de 60 milhões de pessoas só naquele país. Iniciada a campanha de vacinação em outubro de 1976, os efeitos danosos logo se manifestaram, inclusive quanto às sequelas como a Síndrome de *Guillain-Barré*.[7]

Quarenta milhões de americanos, incluindo o presidente, receberam a vacina, e no total cerca de quinhentas pessoas adoeceram, registrando-se um número de 25 mortes como evento adverso pós-vacinação. A tentativa de cura matou mais que os efeitos da doença que se pretendia evitar e a vacina foi suspensa nos Estados Unidos.[8] Desde então, a vacina contra a gripe tem sido objeto de aprimoramento pelos laboratórios e de um severo monitoramento por parte do *Centers for Disease Control and Prevention* (CDC), americano.

Em 2009, quando voltou a ameaça de pandemia mais uma vez, a agência americana concluiu novos estudos mostrando que a vacina da influenza A (H1N1) de 2009 ainda mantinha a possibilidade de apresentar a SGB como EAPV, na proporção de 0,8 casos/1 milhão de vacinados.[9] Informou que os riscos identificados poderiam ser comparados aos que haviam sido descritos para a vacina da influenza sazonal (aproximadamente um caso/1 milhão de vacinados), mas mesmo assim, os riscos de SGB como EAPV seriam inferiores àqueles observados na campanha americana de 1976.[10]

A SGB é categorizada como uma neuropatia axonal aguda capaz de implicar em diversas sequelas, podendo configurar um distúrbio heterogêneo com formas variantes, a exemplo da *Síndrome de Miller Fisher* que é caracterizada por oftalmoplegia, ataxia e arreflexia. Pode abranger um grupo de doenças do sistema nervoso periférico caracterizadas pela distribuição de fraqueza nos membros que, não raro, levam a paraplegia ou tetraplegia, senão à morte.[11]

Nos últimos vinte e um anos, o Brasil lançou campanhas nacionais de vacinação contra a *influenza*, e o Ministério da Saúde publicou os correspondentes informes técnicos, nos quais se previa expressamente a SGB como um efeito possível após a ministração da vacina.

---

7. EISEN, Damon P.; MCBRYDE, Emma S. Avoiding Guillan-Barre Syndrome Following Swine Origin Pandemic H1N1 2009 Influenza Vaccination. The Journal of Infectious Diseases (JID) 2009:200 (15 November) • 1627. Disponível em: <https://academic.oup.com/jid/article/200/10/1627/881649>. Acesso em: 19 dez. 2019.

8. EUA viveram surto de gripe suína em 1976; vacina gerou mortes. *Sociedade brasileira de clínica médica*. Disponível em: <http://www.sbcm.org.br/v2/index.php/noticias/noticias-da-saude/1018-sp-2125853431>. Acesso em: 12 dez. 19.

9. Centers for Disease Control and Prevention (CDC). Preliminary results: surveillance for Guillain-Barre syndrome after receipt of influenza A (H1N1) 2009 monovalent vaccine – United States, 2009-2010. MMWR Morb Mortal Wkly Rep 2010;59:657-61. Disponível em:< https://www.cabdirect.org/cabdirect/abstract/20103180774>. Acesso em: 19 dez. 2019.

10. FERRARINI, Maria Aparecida G; SCATTOLIN, Mônica Ayres A; RODRIGUES, Marcelo Masruha; RESENDE, Maura Helena F. ; SANTOS, Isabel Cristina L. dos; e, IAZZETTI, Antônio Vladir. Síndrome de Guillain-Barré em associação temporal com a vacina influenza A. Rev Paul Pediatr 2011;29(4):685-8.

11. "Várias infecções têm sido associadas à Síndrome de Guillain Barré, sendo a infecção por Campylobacter, que causa diarréia, a mais comum. Outras infecções encontradas na literatura científica que podem desencadear essa doença incluem Zika, dengue, chikungunya, citomegalovírus, vírus Epstein-Barr, sarampo, vírus de influenza A, Mycoplasma pneumoniae, enterovirus D68, hepatite A, B, C, HIV, entre outros." MINISTÉRIO DA SAÚDE. Síndrome de Guillain Barré: causas, sintomas, tratamentos e prevenção. Disponível em:< http://saude.gov.br/saude-de-a-z/guillain-barre>. Acesso em 13 dez. 2019.

RESPONSABILIDADE CIVIL DA UNIÃO PELOS DANOS CAUSADOS PELA VACINA CONTRA A INFLUENZA **327**

Consta no Informe Técnico 21ª da Campanha Nacional de Vacinação contra a *Influenza*, que a SGB é um dos efeitos adversos, ainda que de rara manifestação. Em geral, os sintomas são evidenciados entre os primeiros 21 dias ou no máximo, até seis semana após a administração da vacina.[12] Enquanto a estimativa da incidência de SGB na população em geral é de 0,6 a 4 casos por 100.000 habitantes ao ano; entre aqueles que tomaram a vacina, a incidência cai para 0,07 a 0,46 casos por 100.000 habitantes ao ano. Repita-se que, embora a SGB seja muito grave, o risco de complicações decorrentes da *influenza* é muito maior, compensando a sua prevenção pela vacina. Somente no ano de 2019, morreram 222 pessoas de complicações derivadas da gripe *influenza A*.[13]

Alguns casos de SGB foram registrados no Brasil nos últimos anos, com a possibilidade de terem sido deflagrados em consequência da *zica*, da *dengue* ou da vacina contra a *influenza*. No Rio de Janeiro, foram registrados 15 casos somente em janeiro de 2016, motivando à Secretaria de Saúde do Estado inscrever a SGB no rol daquelas doenças de notificação compulsória.[14]

Dados da OMS mostram que os registros de SGB aumentou em 19%, no Brasil, do ano de 2015 para 2016, quando o número de pacientes registrados com a neuropatia totalizou 1.708, implicando em cerca de 5 casos identificados por dia.

A se admitir a SGB como efeito adverso da vacina, a vítima de um tal prejuízo está em face de um dano injusto que deve ser indenizado sob a ótica do merecimento de tutela. A bem da saúde pública (interesse coletivo) e da saúde individual, há uma campanha massiva para a vacinação e eventuais efeitos adversos não podem ser tratados como mera externalidade ou caso fortuito.

Algumas decisões judiciais foram prolatadas em ações/recursos que disputavam reparação de dano pelo desenvolvimento da neuropatia como EAPV. Exemplificativamente, tem-se os autos de nº AP 0012009-03.2012.8.26.0445 – TJSP, AP 0037711-60.2012.8.26.0053 – TJSP, AP 3004059-06.2013.8.26.0428, AP 9132228-05.2008.8.26.0000 – TJSP.

3. RISCO ADMINISTRATIVO E REPARAÇÃO DE DANO CAUSADO PELA VACINA CONTRA A *INFLUENZA* NO BRASIL: JUSTIFICATIVAS PARA A RESPONSABILIDADE DA UNIÃO

Seguindo as constituições anteriores, o art. 37, § 6º, da Constituição de 1988 adotou o princípio da responsabilidade objetiva do Estado pelos danos que os seus agentes causarem a terceiros. Por seu intermédio, a pessoa jurídica de direito público sempre res-

---

12. Informe técnico. 21a Campanha Nacional de Vacinação contra a Influenza. Disponível em: <http://portalarquivos2.saude.gov.br/images/pdf/2019/fevereiro/28/Informe-Cp-Influenza-28-02-2019-final.pdf>. Acesso em: 12 dez. 2019.

13. Segundo informou o Jornal A folha de São Paulo, em matéria intitulada "H1N1 causou a maioria das 222 mortes por gripe em 2019". Disponível em: <https://www1.folha.uol.com.br/cotidiano/2019/06/h1n1-causou-a-maioria-das-222-mortes-por-gripe-em-2019.shtml>. Acesso em 02 dez. 2019.

14. Conforme notícia "Síndrome Guillam-Barré terá notificação obrigatória no Rio. Disponível em: <https://saude.estadao.com.br/noticias/geral,sindrome-de-guillain-barre-tera-notificacao-compulsoria-no-rio,10000015235> Acesso em 13 dez. 2019.

ponderá pelos danos causados a terceiro, independentemente de culpa do agente, quando houver nexo de causalidade entre a atividade da Administração e o prejuízo sofrido. Se comprovada a culpa ou o dolo do agente, o Estado poderá exercer contra ele o direito de regresso.[15] A mesma responsabilidade objetiva se aplica às pessoas jurídicas de direito privado que estiverem desenvolvendo um serviço público. Observa-se um alargamento constitucional do conceito de agente público para os fins da responsabilidade civil, sendo este assim considerado como aquele que age em nome do Estado.

A Constituição Federal adotou a teoria do risco administrativo, segundo a qual o dano derivado do funcionamento do serviço público é indenizável, independentemente de haver sido causado por culpa ou dolo, pelo bom ou mau serviço. Basta a prova da relação causal entre o dano sofrido e a ação do agente ou do órgão da administração para que a reparação se torne exigível.

Debate mais acirrado envolve a responsabilidade pelos atos omissivos do Estado. Autores como Celso Antônio Bandeira de Melo entende que a responsabilidade do Estado pelo dano associado à conduta omissiva requer a demonstração da culpa ou dolo do agente, consubstanciando-se como subjetiva.[16] Sob sua ótica, se não houve a conduta do Estado quando este deveria agir, houve uma ilicitude que, portanto, requer a prova da culpa, para justificar a reparação.

Na perspectiva de Sérgio Cavalieri, a responsabilidade do Estado por conduta omissiva lesiva pode receber dois tratamentos distintos, conforme se trate de uma omissão genérica ou omissão específica. Ocorrendo a omissão genérica, naquela hipótese em que o Estado se omite em face de um dever legal geral, como o exercício regular do poder de polícia ou de fiscalização, não se tem nessa inação, uma causa direta e imediata do dano mas uma concorrência para sua ocorrência. Nessa medida, sustenta que caberá à vítima provar que a falta do serviço concorreu para a perpetração do dano. Impende-lhe provar que "se houvesse uma conduta positiva praticada pelo Poder Público o dano poderia não ter ocorrido".[17] Se, por outro lado, o dano tem conexão com uma omissão específica do Estado, ou seja, aquela inação ante ao dever legal de agir para impedir a situação lesiva específica, a responsabilidade civil pela reparação passa a ser objetiva.[18]

---

15. Para evitar a demora na prestação jurisdicional em face do prejudicado, a doutrina e jurisprudência recente dispensam a exigência de denunciação da lide para que o Estado possa, adiante, exercer o direito de regresso contra o servidor que agiu com dolo ou culpa. Segundo Caio Mário, "Na esteira de tais considerações, a jurisprudência mais recente, em sua maioria, rejeita a denunciação, considerando-a não obrigatória para o exercício do direito de regresso pela Administração, "pois impõe ao autor manifesto prejuízo à celeridade na prestação jurisdicional" (STJ, 1ª T., REsp 1.089.955, Rel.ª Min.ª Denise Arruda, julgado em 03.11.2009; STJ, 1ª T., AgRg no AREsp 729.071/PE, Rel. Min. Sérgio Kukina, julgado em 18.08.2015; STJ, 2ª T., AgRg no REsp 1.404.362/DF, Rel. Min. Assusete Magalhães, julgado em 04.12.2014)." PEREIRA, Caio Mário da Silva. *Responsabilidade civil*. Gustavo Tepedino (Comentários). – 11ª ed. rev. atual. – Rio de Janeiro : Forense, 2016.
16. MELO, Celso Antonio. *Curso de direito administrativo*. 15ª ed. Malheiros, 2014, p. 871-872.
17. CAVALIERI FILHO, Sérgio. *Programa de responsabilidade civil*. São Paulo: Atlas, 2016, p.299.
18. Dá-se a omissão específica, segundo Cavalieri, "quando o Estado estiver na condição de garante (ou guardião) e por omissão sua cria situação propícia para a ocorrência do evento em situação em que tinha o dever de agir para impedi-lo; a omissão estatal se erige em causa adequada de não evitar o dano (...) pressupõe um dever especial de agir do Estado, que, se assim não o faz, a omissão é a causa direta e imediata de não se impedir o resultado." CAVALIERI FILHO, Sérgio. *Programa de responsabilidade civil*. São Paulo: Atlas, 2016, p.299, p.198.

RESPONSABILIDADE CIVIL DA UNIÃO PELOS DANOS CAUSADOS PELA VACINA CONTRA A INFLUENZA **329**

Em 2005, o Informativo nº 391 do STF mostrava a aplicação da responsabilidade subjetiva, na hipótese de omissão genérica do Estado. Porém, no ano de 2011 a matéria volta à Corte por meio do Recurso Extraordinário nº 136861 e alcança o reconhecimento de repercussão geral, cujo julgamento ainda se aguardava até o final do ano de 2019.

A seguir, a explicação de Caio Mário,[19] com os comentários de Gustavo Tepedino, a Constituição Federal, no art. 37, § 6º, e o Código Civil, no art. 43 não restringem a responsabilidade civil objetiva do Estado apenas aos atos comissivos. E já há jurisprudência do Supremo Tribunal Federal sustentando a responsabilidade objetiva para danos derivados de atos comissivos ou omissivos do Estado, desde que demonstrado o nexo causal entre o dano e a omissão do Poder Público" (STF, 2ª T., ARE 868.610 AgR, Rel. Min. Dias Toffoli, julgado em 26.05.2015).

De toda sorte, é fundamental que se demonstre o nexo de causalidade entre a conduta do Estado ou exercente do serviço público e o dano. Admitem-se, por isso, as hipóteses de excludentes, como o caso fortuito externo, assim considerado como o fato que não guarda qualquer conexão com a atividade desenvolvida pelo agente e, por isso, provoca a ruptura do nexo causal; a força maior; a culpa exclusiva da vítima e o fato de terceiro, desde que não guarde qualquer correlação com a atividade desenvolvida pelo agente.

Cabe-nos com o presente texto avaliar a possibilidade de responsabilização do Estado pelos efeitos adversos pós-vacinação, em especial, a Síndrome *Guillain-Barré* que é listada como uma sequela possível da vacina contra a gripe *Influenza*. Preliminarmente, se considera que essa vacina traz a possibilidade desse efeito adverso e está listada no Programa Nacional de Imunizações (PNI) do governo federal. Embora não esteja entre aquelas vacinas de aplicação obrigatória, a União Federal lança campanhas nacionais anuais específicas, fomentando a sua utilização. Garante a sua aplicação gratuita nos postos de saúde àqueles que são considerados público mais vulnerável à doença: idosos, crianças, professores, profissionais de saúde etc. No ano de 2019, a 21ª. Campanha nacional de vacinação contra a *Influenza* estimou imunizar mais de 59 milhões de pessoas.[20]

3.1. Plano nacional de imunização, o controle administrativo sobre as vacinas no Brasil e a campanha pela vacinação contra a *Influenza*

O Programa Nacional de Imunizações (PNI) foi criado pela Lei nº 6.259, de 30 de outubro de 1975, cujo regulamento se faz pelo Decreto nº 78.231/1976. Constitui o marco das políticas públicas de vacinação no Brasil, a partir de quando se regulamentaram as ações de vigilância epidemiológica, vacinação e notificação compulsória de doenças no país.

Como é anterior à Constituição Federal de 1988 e ao Sistema Único de Saúde (SUS), a Lei nº 6.259/75 atribuiu ao Ministério da Saúde a competência para a elaboração do

---

19. PEREIRA, Caio Mário da Silva. *Responsabilidade civil*. Gustavo Tepedino (Comentários). 11ª ed. rev. atual. Rio de Janeiro : Forense, 2016.

20. Informe técnico. 21a Campanha Nacional de Vacinação contra a Influenza. Disponível em: <http://portalarquivos2. saude.gov.br/images/pdf/2019/fevereiro/28/Informe-Cp-Influenza-28-02-2019-final.pdf>. Acesso em: 12 dez. 2019.

PNI (art.4º.), com a definição e calendário das vacinações, inclusive aquelas de caráter obrigatório, a serem praticadas de modo sistemático e gratuito (art. 27).

É dever do cidadão se submeter vacinação obrigatória. Aquele que tem a guarda ou é responsável por pessoa menor, também tem o dever de garantir a sua imunização. O Estatuto da Criança e do Adolescente (Lei nº 8.069/90, art. 14) reafirmou a obrigatoriedade da vacinação das crianças nos casos estabelecidos pelas autoridades sanitárias. Recusar vacinação às crianças tornou-se uma conduta incompatível com o principio do superior interesse.[21] Eventual dispensa requererá atestado médico de contraindicação explícita de aplicação da vacina.

A vacinação contra a gripe influenza foi encampada pelo Programa Nacional de Imunização que já executou vinte e uma campanhas nacionais. Como referido, a 21ª. Campanha Nacional de Vacinação contra a Influenza, estabeleceu a meta de vacinar 90% do público alvo que, no seu total, representava 59,1 milhões de pessoas. Além dos indivíduos com 60 anos ou mais de idade, estimava-se vacinar as crianças na faixa etária de 6 meses a menores de 6 anos de idade (5 anos, 11 meses e 29 dias), as gestantes, as puérperas (até 45 dias após o parto), os trabalhadores da saúde, os professores das escolas públicas e privadas, os povos indígenas, os grupos portadores de doenças crônicas não transmissíveis e outras condições clínicas especiais, os adolescentes e jovens de 12 a 21 anos de idade sob medidas socioeducativas, a população privada de liberdade e os funcionários do sistema prisional.

Para otimizar a mobilização popular, o governo federal adotou diversas estratégias, dentre elas a disponibilização de demais vacinas do Calendário Nacional de Vacinação para atualização da Caderneta de Vacinação da criança e da gestante, buscando o resgate e vacinação de não vacinados.

Cada informe técnico sobre as campanhas nacionais da vacina contra a Influenza informou a SGB como um possível evento adverso pós-vacinação, ainda que em um risco mínimo de ocorrência. O Plano Nacional de Imunização já estabeleceu, inclusive, protocolo próprio com as orientações sobre como agir em face de EAPV, ordenando as seguintes etapas de ações: "a) Detecção, notificação e busca ativa de novos eventos; b) Investigação (exames clínicos, exames laboratoriais, etc.) e; c) Classificação final dos EAPV".[22]

---

21. EMENTA: APELAÇÃO CÍVEL – MEDIDA DE PROTEAÇÃO – DIREITO À SAÚDE – VACINAÇÃO OBRIGATÓRIA – DIREITO COLETIVO – MELHOR INTERESSE DO MENOR – LIBERDADE RELIGIOSA – PONDERAÇÃO. A vacinação consiste não apenas em direito individual, mas em direito coletivo, uma vez que tem por objeto a diminuição, ou até mesmo a erradicação de doenças. A interpretação que se faz é que as normas de regência buscam garantir a saúde do indivíduo e, por consequência, de toda a população, sendo, portanto, algo acima da escolha pessoal, vez que envolve a diminuição da exposição ao risco e ao contágio de determinadas doenças e ainda evita o reaparecimento de doenças consideradas erradicas. Em consideração Ao Princípio Constitucional do Melhor Interesse, não podem os genitores se recursarem a vacinar os filhos quando se busca alcançar o pleno desenvolvimento daqueles, o que, por certo, envolve o direito à saúde em todas as suas formas, incluídas as de prevenção por meio da vacinação. O interesse do menor se sobrepõe a qualquer interesse particular dos genitores. A imposição da imunização não fere o direito à liberdade religiosa, uma vez que não sendo esse absoluto, é passível de ponderação e, assim, não há se falar no direito de escolha dos pais, mas no direito da criança à saúde. (TJ-MG – AC: 10518180076920001 MG, Relator: Dárcio Lopardi Mendes, Data de Julgamento: 12 dez. 2019, Data de Publicação: 17 dez. 2019). Outros: TJSP – Apelação Cível nº 1003284-83.2017.8.26.0428 – Relator Des. Fernando Torres Garcia – 11/07/2019.

22. MINISTÉRIO DA SAÚDE. Secretaria de Vigilância em Saúde. Agência Nacional de Vigilância Sanitária. *Protocolo de Vigilância Epidemiológica de Eventos Adversos Pós-Vacinação. Estratégia de Vacinação contra o Vírus Influenza Pandêmico (H1N1)*, p.24. Disponível em: < http://portal.anvisa.gov.br/documents/33868/399730/Protocolo+de+Vi-

RESPONSABILIDADE CIVIL DA UNIÃO PELOS DANOS CAUSADOS PELA VACINA CONTRA A INFLUENZA | 331

A questão é saber se, ao cabo e ao fim, a detecção de SGB como EAPV em determinada pessoa que tomou a citada vacina implicará em dano passível de indenização pelo Estado ou pelos fornecedores do produto, sejam eles, o laboratório fabricante ou a clínica particular na qual haja sido feita a sua aplicação.

3.2. Agentes envolvidos na vacinação contra a influenza e o protagonismo da União

Considere-se que a vacina é ministrada gratuitamente para o público alvo nos postos de vacinação que integram o SUS, mas também pode ser utilizada por qualquer pessoa que vier a procurar as clínicas particulares que ofereçam o serviço de vacinação. Ainda que não esteja capitulada entre aquelas que compõem o catálogo da vacinação obrigatória, a vacina contra a Influenza é massivamente divulgada pelo poder público que conclama as pessoas a se vacinarem.

É certo que a vacina é produzida por laboratórios privados e pode ser distribuída não apenas para o Estado, mas também para as clínicas particulares que oferecem o serviço de vacinação mediante pagamento. Há, portanto, uma rede de agentes envolvidos: a União que gerencia a campanha nacional de vacinação, os demais órgãos da federação que integram o Sistema Único de Saúde e até as clínicas particulares que administram a vacina, mediante pagamento, além dos laboratórios fabricantes.

A relação entre o consumidor da vacina e as clínicas e laboratórios é qualificada como uma "relação de consumo" e sujeita à disciplina do Código de Defesa do Consumidor. Uma vez que a vacina esteja em condições adequadas de uso, sendo considerada um produto adequado para o consumo, não haverá como responsabilizar os fornecedores pelos efeitos adversos, se o consumidor houver sido devidamente e previamente informado. Como se sabe, a legislação pode autorizar o lançamento de produtos perigosos no mercado de consumo, desde que se garanta ao consumidor a devida informação sobre os riscos a eles associados. Na falta dessa informação, dá-se o vício de informação (art. 6º, III, e art. 12 do CDC) que dará ocasião à responsabilidade civil do fornecedor.[23] Não haverá qualquer ilicitude no fornecimento do produto perigoso, se o consumidor for devidamente informado sobre os riscos.

Porém, mesmo em face da licitude desse fornecimento, a emergência de um dano cuja possibilidade de ocorrência foi previamente informada ao consumidor, justificará a responsabilidade do fornecedor? A considerar a dicção do CDC é provável que não (art. 6º, III, e art. 12 do CDC).

Não obstante, na integridade do ordenamento jurídico e considerando o merecimento de tutela de certos interesses, é possível sustentar a possibilidade de indenização dos chamados danos injustos. A título exemplificativo, cita-se os danos causados pelo

---

gil%C3%A2ncia+Epidemiol%C3%B3gica+de+Eventos+Adversos+P%C3%B3s-Vacina%C3%A7%C3%A3o/9334e-6d9-f301-4cbb-ab39-3ba07292c651> Acesso em: 19 dez. 2019.

23. Na hipótese de vício de informação, assim considerado, o fornecedor do produto poderá ser chamado a responder pelo dano. Isto é, o dever de informar reporta-se a um dever essencial, dever mínimo, dentro das relações de consumo, o qual atribui-se como ônus ao fornecedor do produto posto em circulação no mercado de consumo. (MARQUES, Cláudia Lima. *Contratos no Código de Defesa do Consumidor*. 4ª ed. São Paulo: RT, 2004, p. 646).

332 JOYCEANE BEZERRA DE MENEZES E JAMILA ARAÚJO SERPA

consumo do cigarro.[24][25] Mas o foco do presente texto não é exatamente este e sim a responsabilidade da União, ente federado que coordena o Sistema Único de Saúde, nos termos dos arts. 6º, § 2º, 15 e 16 da lei no 8.080/90, que gerencia o Programa Nacional de Imunização (Lei nº 6.259/75, art. 3º) e coordena todas as ações relacionadas à vigilância epidemiológica.

Além dessa atuação específica, é a Agência Nacional de Vigilância Sanitária, órgão federal responsável por aferir a qualidade das vacinas e autorizar a sua distribuição e aplicação, a semelhança do que faz com os medicamentos em geral.

De acordo com a lei nº 6.360/76, sujeitam-se às normas de vigilância sanitária, "os medicamentos, as drogas, os insumos farmacêuticos e correlatos, definidos na Lei nº 5.991, de 17 de dezembro de 1973, bem como os produtos de higiene, os cosméticos, perfumes, saneantes domissanitários, produtos destinados à correção estética e outros adiante definidos" (art. 1º). Dispõe ainda esta lei, que o registro de drogas e medicamentos, insumos farmacêuticos e correlatos, dentre outros, seja reconhecido cientificamente como "seguro e eficaz para o uso a que se propõe, e possua a identidade, atividade, qualidade, pureza e inocuidade necessárias;" (art.16, inciso II).[26]

A seguir, o Decreto nº 79.094/77, revogado atualmente pelo Decreto nº 8.077/2013, que regulamenta a Lei nº 6.360/76 no que toca aos mecanismos de controle dos medicamentos, os produtos sujeitos à vigilância sanitária somente poderão ser industrializados e expostos à venda ou lançados no mercado de consumo se registrados no órgão competente (art.14), hoje, a ANVISA. Especificamente em relação às vacinas, exige-se que se comprovem a sua finalidade terapêutica, sua eficácia, inocuidade e esterilidade (art. 26).[27]

Se a vacina contra a Influenza vier a sofrer alguma alteração na sua composição, antes de sua aplicação será necessário renovar a autorização junto à ANVISA. A título

---

24. FACCHINI NETO, Eugênio. A relativização do nexo de causalidade e a responsabilização da indústria do fumo – a aceitação da lógica da probabilidade. *Civilística.com*, Rio de Janeiro, a.5, n.1, 2016. Disponível em: < http://civilistica.com/wp-content/uploads/2016/07/Facchini-Neto-civilistica.com-a.5.n.1.2016.pdf >. Acesso em: 02 jan. 2020.

25. TJRS. APELAÇÃO CÍVEL. Ap 70016845349. Relator: Odone Sanguiné, Porto Alegre, 12 dez. 2007. Disponível: < http://actbr.org.br/uploads/arquivo/169_RS70016845349merito.pdf>. Acesso em: 02 jan. 2020.

26. Art. 16. O registro de drogas, medicamentos, insumos farmacêuticos e correlatos, dadas as suas características sanitárias, medicamentosas ou profiláticas, curativas, paliativas, ou mesmo para fins de diagnóstico, fica sujeito, além do atendimento das exigências próprias, aos seguintes requisitos específicos: (Redação dada pela Lei nº 10.742, de 6.10.2003)

    I – que o produto obedeça ao disposto no Art. 5, e seus parágrafos;

    I – que o produto obedeça ao disposto no artigo 5º, e seus parágrafos.   (Redação dada pelo Decreto nº 6.480, de 1.12.1977)

    II – que o produto, através de comprovação científica e de análise, seja reconhecido como seguro e eficaz para o uso a que se propõe, e possua a identidade, atividade, qualidade, pureza e inocuidade necessárias;

    III – tratando-se de produto novo, que sejam oferecidas amplas informações sobre a sua composição e o seu uso, para avaliação de sua natureza e determinação do grau de segurança e eficácia necessários;

27. Art 14. Nenhum dos produtos submetidos ao regime de vigilância sanitária de que trata este Regulamento, poderá ser industrializado, exposto à venda ou entregue ao consumo, antes de registrado no órgão de vigilância sanitária competente do Ministério da Saúde.

    Art 26. O registro dos soros e vacinas ficará sujeito à comprovação:

    I – Da eficácia, inocuidade e esterilidade do produto, bem como da sua finalidade imunoterápica, dessensibilizante e pirogênica.

RESPONSABILIDADE CIVIL DA UNIÃO PELOS DANOS CAUSADOS PELA VACINA CONTRA A INFLUENZA

de exemplo, cita-se a Resolução nº 2.714, de 4 de outubro de 2018, por meio da qual o órgão regulador autorizou a mudança na composição da vacina que foi utilizada na campanha do ano de 2019.

Em virtude desse controle exercido pela agência, a *Portaria Conjunta nº 92* estabelece uma parceria entre a ANVISA e o Programa Nacional de Imunizações (PNI) do Ministério da Saúde, para monitoramento de ocorrência de eventos adversos associados ao uso das vacinas registradas em território brasileiro. É do interesse e da competência dessa agência a investigação continuada sobre os efeitos da vacina que ela própria autoriza o registro e distribuição no país.

Assim, considerando o protagonismo da União no controle da fabricação, registro e distribuição da vacina, bem como na gestão da campanha nacional que estimula a vacinação em massa seja pela rede pública ou particular, é de se defender a sua responsabilização pelos efeitos adversos.

3.3. SGB – EAPV como dano injusto e o merecimento de tutela

Coube à União e à ANVISA, órgão federal, autorizar o registro e a distribuição da vacina contra a Influenza mesmo com a ciência do diminuto, mas possível, risco de SGB entre os eventos adversos pós-vacinação. No cotejo dos riscos de doença e óbito causados pelo vírus Influenza A e a possibilidade de a vacina ocasionar a deletéria SGB, a União optou por liberar o seu uso. Anima a população a se vacinar para evitar os nefastos efeitos da gripe suína, mas não oferece a informação, com o mesmo destaque, sobre os possíveis efeitos adversos. Arrola cada um dos chamados EAPV no informe técnico de cada campanha, mas não faz a informação chegar efetivamente ao cidadão consumidor. As peças publicitárias evocam apenas os benefícios da vacina.

Assim o faz para não assustar a população e imunizar o maior número de pessoas, no legítimo intento de evitar uma pandemia. No entanto, se um indivíduo específico vier a padecer de um EAPV tão grave como o é SGB, é de se lhe garantir a devida reparação, considerando o merecimento de tutela ao interesse ofendido e ainda a omissão de uma informação efetiva quanto à possibilidade desse efeito.

Não há é como presumir que o desenvolvimento da SGB seja mera externalidade, um infortúnio possível que deve ser tolerado a bem da saúde pública. Trata-se, portanto, de um dano injusto.

Conforme a doutrina italiana, a partir de uma cláusula geral de injustiça do dano,[28] é possível expandir o âmbito de aplicação da norma positivada de responsabilidade, superando a compreensão de dano injusto como lesão a direito subjetivo absoluto. Segundo explica Massimo Bianca[29] o dano injusto envolve a ofensa a qualquer direito absoluto ou relativo e até mesmo a um interesse protegido, consubstanciando-se na ideia de antijuridicidade, assim compreendida como a violação de um interesse mere-

---

28. Neste mesmo sentido, o doutrinador espanhol Luis Diez-Picazo: "O Dano Injusto é, portanto, uma cláusula geral ou um princípio da responsabilidade civil". DÍEZ-PICAZO, Luis. *Derecho de daños*. Madrid: Civitas, 1999.
29. BIANCA, C. Massimo. *Diritto civile*. Milão: Dott. A. Giuffrè Editore, 1994, p.584.

cedor de tutela.[30] Como não deriva somente da lesão a direito subjetivo, a ideia do dano injusto evoca uma preocupação para com a justiça social, fazendo-se corresponder a uma espécie de lesão à solidariedade social.[31] Dito isto, não se pode tolerar uma lesão exacerbada ao interesse protegido de uma ou algumas pessoa em nome do benefício de todos, por exemplo.

A despeito da liceidade da conduta deflagradora do dano, tantas vezes o ordenamento jurídico determina que a vítima não deve ficar irressarcida, cita-se o exemplo do art.188, II c/c art.930, do Código Civil. Desvincula-se a injustiça do ano da ideia de antijuridicidade para encampar a possibilidade de reparação de danos aos interesses que são dignos de tutela jurídica.[32] Na síntese de Maria Celina Bodin de Moraes, "não parece razoável, na legalidade constitucional, estando a pessoa humana posta na cimeira do sistema jurídico, que a vítima suporte agressões, ainda que causadas sem intenção nem culpa, isto é, sem negligência, imperícia ou imprudência."[33] Se a vítima sofreu um dano injustamente, deverá ser indenizada.

Diante desses argumentos a pessoa que se submete à campanha imunizatória contra a gripe influenza, guiada pelo chamado da publicidade massiva do governo para o bem da saúde coletiva, uma vez que seja acometida pelo grave efeito adverso da vacina que é a SGB, fará jus à reparação. É o mínimo que se espera em face do interesse protegido que é o próprio valor pessoa, em sua dignidade, integridade, igualdade e liberdade. Injusto será, permitir que sofra grave dano e este seja interpretado como mera externalidade de uma ação estatal voltada para o bem-estar coletivo.

A *ratio* do ressarcimento do dano que decorre de atividade lícita como no exemplo da campanha imunizatória, está na necessidade de salvaguardar interesses que o ordenamento jurídico considera merecedor de tutela mesmo em face de outros que também se comportam no vasto campo da licitude. Em face de interesses igualmente tutelados como na hipótese, é possível justificar a possibilidade de indenização em face de um eventual dano.[34]

Mas como identificar a emergência de um dano injusto decorrente de uma atividade considerada lícita, como a vacinação? É possível seguir a orientação de Pietro Perlingieiri[35]

---

30. Tradução livre de Bianca: A opção tradicional, que inclui a identificação do dano no sentido de lesão a direito subjetivo absoluto, está em conformidade com a orientação da doutrina italiana tradicional, anterior ao código vigente. [...] Uma parte larga do doutrina tem contestado a ideia de fundo da antijuridicidade do dano. Segundo esta corrente de pensamento a injustiça do dano não pressupõe a lesão de um direito porque injusta pode ser a lesão a um interesse de fato, como resulta da crescente ressarcibilidade do prejuízo que prescinde à titularidade de um direito. No original: "L'opinione tradizionale, che intende l'ingiustizia del danno nel senso di lesione di diritti soggettivi assoluti, si conforma all'orientamento della dottrina italiana maturato anteriormente al codice vigente. [...] Una larga parte della dottrina ha invece contestato l'idea di fondo dell'antigiuridicità del danno. Secondo questa corrente di pensiero l'ingiustizia del danno non presupporrebbe la lesione di un diritto poiché ingiusta può esses anche la lesione di un interesse di fatto, come risulta dal crescente riconoscimento della risarcibilità di pregiudizi che prescindono dalla titolarità di un diritto." BIANCA, C. Massimo. Diritto civile. Milão: Dott. A. Giuffrè Editore, 1994, p.584-585.
31. RODOTÁ, Stefano. *Il problema della responsabilità civile*. Milano: Giufrè, 1967, p.89.
32. MORAES, Maria Celina Bodin. *Danos à pessoa humana*: uma leitura civil-constitucional dos danos morais. Rio de Janeiro: Renovar, 2003, p.179.
33. Op. Cit., p.179.
34. USTARROZ, Daniel. *Responsabilidade por ato lícito*. São Paulo: Atlas, 2014.
35. PERLINGIERI, Pietro. *Direito civil na legalidade constitucional*. Trad. Maria Cristina De Cicco. Rio de Janeiro: Renovar, 2011.

RESPONSABILIDADE CIVIL DA UNIÃO PELOS DANOS CAUSADOS PELA VACINA CONTRA A INFLUENZA **335**

quanto à ponderação do merecimento de tutela. No Brasil, a metodologia proposta pelo professor italiano é difundida e bem explicada por autores como Maria Celina Bodin de Moraes[36] e Gustavo Tepedino,[37] seguidos por tantos outros como Anderson Schereiber[38], Nelson Rosenvald[39] e Eduardo Nunes de Souza.[40]

Importa balancear os interesses opostos em uma mesma relação jurídica para identificar quais posições jurídicas devem ser prestigiadas (em concreto) em face do conjunto de valores que o ordenamento jurídico pretende realizar. Assim, sem atinar para os sentimentos negativos ou positivos cultivados pela vítima ou pela coletividade em face do dano perpetrado, é necessário identificar se houve lesão a interesse merecedor de tutela, cujo irressarcimento seria contrário ao que o ordenamento jurídico pretende concretizar.

Para evitar decisionismos, recorremos à sistematização proposta por Anderson Schreiber[41] para identificar, pela ponderação, o merecimento de tutela que o ordenamento jurídico reserva aos interesses da vítima e do responsável pela lesão. Sugere quatro momentos para essa análise, nos quais se busca averiguar: 1º.) se há merecimento de tutela em abstrato para o interesse lesado; 2º.) se há merecimento de tutela em abstrato para o interesse lesivo; 3º.) se existe regra de prevalência entre os interesses conflitantes; 4º.) se inexiste regra de prevalência entre os interesses conflitantes, sugerindo-se ao judiciário a solução do conflito com base no arcabouço valorativo do sistema.

Usaremos o roteiro acima para responder se a vítima de EAPV, na modalidade SGB, sofreu lesão a um interesse merecedor de tutela pela atuação lícita do Estado em promover a massiva campanha de vacinação contra a gripe *influenza*, e se fará jus à indenização.

Primeiramente, é de se indagar se o interesse lesado é merecedor de tutela pelo ordenamento jurídico. No caso, entende-se que sim porque a lesão incapacitante e permanente resultante da vacinação traz para a vítima, uma diminuição grave de sua mobilidade ou mesmo a morte, impactando a sua integridade psíco-física ou a vida, interesse jurídico protegido pelo ordenamento. A vítima, não raro, sequer foi individual e efetivamente esclarecida quanto aos possíveis efeitos da vacina.

Enquanto o registro da vacina e a campanha nacional conclamando a população à imunização tinham por escopo primário garantir o equilíbrio da saúde pública contra uma possível pandemia e, por isso transcendiam os riscos (ainda que mínimos) de efeito deletério, a pessoa que se viu atingida por eventual consequência negativa foi vitimada por este efeito assimétrico, sofrendo tratamento desigual comparativamente às demais que apenas foram beneficiadas pela imunização. A conduta lesiva que se justificava na

---

36. MORAES, Maria Celina Bodin. *Danos à pessoa humana*: uma leitura civil-constitucional dos danos morais. Rio de Janeiro: Renovar, 2003.
37. TEPEDINO, Gustavo. Crise de fontes normativas e técnica legislativa na parte geral do Código Civil de 2002. In *A parte geral do novo Código Civil*. Rio de Janeiro: Renovar, 2014.
38. SCHREIBER, Anderson. *Novos paradigmas da responsabilidade civil*: da erosão dos filtros da reparação à diluição dos danos. São Paulo: Atlas, 2015.
39. FARIAS, Cristiano Chaves de.; ROSENVALD, Nelson; BRAGA NETO, Felipe Peixoto. *Curso de Direito Civil*. Responsabilidade civil. Salvador: Editora JusPODIVM, 2019.
40. SOUZA, Eduardo Nunes de. Merecimento de tutela: a nova fronteira da legalidade no direito civil. 2014. Revista dos Tribunais on line. *Revista de Direito Privado*. vol. 58/2014. p. 75 – 107. Abr – Jun / 2014.
41. SCHREIBER, Anderson. *Novos paradigmas da responsabilidade civil*: da erosão dos filtros da reparação à diluição dos danos. São Paulo: Atlas, 2015, p.155 e segs.

busca do bem comum, trouxe prejuízo significativo a uns poucos, atingindo o princípio da igualdade. Na hipótese também há um malferimento ao princípio da solidariedade constitucional que não se compraz com essa assimetria, justificando mais uma vez a legítima reparação àquele foi lesado injustamente.

No segundo momento, analisa-se se o interesse lesivo é igualmente merecedor de tutela. Sem dúvida que a União poderá sustentar a liceidade de sua conduta em registrar a vacina pelo órgão sanitário e conclamar a população a se vacinar, mesmo em face do possível efeito residual negativo. Na ponderação entre os riscos da vacina e os riscos da doença, estes são comprovadamente superiores. Para o bem da saúde pública, a vacina mostra-se um meio eficaz para evitar a pandemia em gripe influenza. Nessa medida, tem-se uma conduta lesiva assentada em motivos amparados pelo sistema jurídico e adequada à legislação.

Passando ao terceiro momento da ponderação, é de se perscrutar se existe regra legal que estabeleça a prevalência de um dos interesses envolvidos, quais sejam: a dignidade e integridade psíco-física da pessoa vitimada em SGB e a conduta da União em zelar pela saúde pública, autorizando o registro da vacina e gerenciando a campanha nacional de imunização contra a gripe *influenza*. A Constituição Federal estabelece a dignidade da pessoa humana como princípio fundamental que lastreia uma verdadeira cláusula geral de tutela.[42] A vacina citada não está listada entre as obrigatórias e, é certo, pode ser recusada pelas pessoas, inclusive aquelas consideradas como parte do público mais vulnerável. Até mesmo as vacinas consideradas obrigatórias podem ser recusadas se apresentado um laudo médico que justifique a recusa. Porém, *in caso*, as pessoas foram e, ano a ano, são chamadas pela campanha publicitária federal para se vacinarem e confiam no controle sanitário do Estado sobre as vacina que, segundo a lei, são qualificadas pela inocuidade. Não raro, como referido, sequer são individualmente informadas dos possíveis EAPV. Em um tal contexto, a população se submete à imunização que tem por fim primordial, estabilizar a saúde pública e evitar proliferação de doenças endêmicas, e, excepciona-lissimamente, alguns podem ser surpreendidos com a SGB. Ao nosso ver, em concreto, há prevalência da dignidade e da integridade sobre o interesse que lastreia a conduta lesiva. Não há como sacrificar a integridade psíco-física ou a vida de uma pessoa ou de algumas, em nome de qualquer interesse público ou coletivo.

Se há um risco calculado e conhecido pela União de que a vacina pode ocasionar a SGB e isso não é suficiente para impedir o seu registro pela ANVISA ou impedir a que

---

42. Na explicação magistral de Gustavo Tepedino, a dignidade da pessoa humana finda por lastrear uma cláusula geral de tutela da pessoa até mesmo em situações que não estiverem pontualmente positivadas pelo ordenamento jurídico. *In verbis*, "A prioridade conferida à cidadania e à dignidade da pessoa humana (art.1º., I e III da CF), fundamentos da República, e a adoção do princípio da igualdade substancial (art.3º. III), ao lado da isonomia formal do art. 5º., bem como da garantia residual estipulada pelo art. 5º. §2º., CF, condicionam o intérprete e o legislador ordinário, modelando todo o tecido normativo infraconstitucional com a tábua axiológica eleita pelo constituinte. Com efeito, a escolha da dignidade da pessoa humana como fundamento da República, associada ao objetivo fundamental de erradicação da pobreza e da marginalização, e de redução das desigualdades sociais, juntamente com a previsão do §2º. do art.5º., no sentido da não exclusão de quaisquer direitos e garantias, mesmo que não expressos, desde que decorrentes dos princípios adotados do texto maior, configuram uma verdadeira *clausula geral de tutela e promoção da pessoa humana*, tomada como valor máximo pelo ordenamento." TEPEDINO, Gustavo. A tutela da personalidade no ordenamento civil-constitucional brasileiro. *Temas de direito civil*. Rio de Janeiro: Renovar, 2001, p.47-48.

RESPONSABILIDADE CIVIL DA UNIÃO PELOS DANOS CAUSADOS PELA VACINA CONTRA A INFLUENZA **337**

o Estado conclame a população à imunização, uma lesão em concreto à integridade de pessoa específica não pode ser interpretada como uma mera externalidade ou caso fortuito – reitera-se. Configurará um dano injusto e justificará a reparação.

O quarto momento do esquema proposto por Schreiber se aplica apenas aos casos em que não se vislumbra uma regra legal de prevalência entre os interesses conflitantes. Embora entendamos que há essa regra no caso sob exame, como ficou claro no passo anterior, seguiremos para essa quarta etapa para responder àqueles que entendem não haver essa prevalência.

Se se entender que não há prevalência legal entre os interesses conflitantes, o Judiciário deverá cotejá-los à luz dos valores que norteiam a unidade do ordenamento jurídico.

Nessa medida, seguindo para o quarto momento da ponderação proposta, em não havendo regra específica definidora da prevalência entre os interesses conflitantes, o Judiciário poderá perscrutar a relação de prevalência entre os mesmos interesses à luz da unidade do ordenamento jurídico. Assim, poderá sustentar a primazia da dignidade da pessoa humana e, consequentemente, da integridade psico-física da vítima afetada em face do interesse coletivo perseguido pela União. Considerando a circunstância específica, o grau de afetação da dignidade e integridade da vítima é muito superior.

Na explicação de Celina Bodin de Moraes, "o dano será injusto quando, ainda que decorrente de conduta lícita, afetando aspecto fundamental da dignidade humana, não for razoável, ponderados os interesses contrapostos, que a vítima dele permaneça irressarcida."[43] Na página seguinte da mesma obra, complementa: "a simples violação de uma situação jurídica subjetiva extrapatrimonial em que esteja envolvida a vítima, desde que merecedora de tutela, será suficiente para garantir a reparação."

Disso resulta que há sim, um merecimento de tutela para a vítima de efeito adverso pós-vacinação justificando a sua indenização nos moldes apontados.

4. A RESPOSTA DO STJ NOS RECURSOS ESPECIAIS 1.514.775 – SE E 1.388.197 – PR

A emergência da SGB após a administração da vacina também é reconhecida pela jurisprudência brasileira como uma possibilidade estimada pelo próprio sistema de saúde, conforme consta expressamente nos informes técnicos, protocolos e demais documentos.

Assim, coube ao STJ reconhecer a SGB como um dano injusto quando derivado da vacina contra o vírus Influenza, justificando o pleito reparacional. Cabe-nos analisar, neste tópico, os pressupostos da relação jurídica reparacional e os fundamentos jurídicos adotados nas decisões proferidas nos Recursos Especiais nº 1.514.775 – SE (2015/0026515-0) e nº 1.388.197 – PR (2013/0099928-9).

---

43. MORAES, Maria Celina Bodin. *Danos à pessoa humana*: uma leitura civil-constitucional dos danos morais. Rio de Janeiro: Renovar, 2003, p.179.

a. Recurso Especial nº 1.514.775 – SE (2015/0026515-0)

Na origem, trata-se de ação de reparação por danos materiais e morais proposta por vítima que contraiu a SGB após a vacinação, contra a União e a empresa Safonis-Aventis, com o objetivo de obter o pagamento de pensão mensal, danos materiais no valor de R$ 180.000,00, e danos morais no valor de R$ 500.000,00.

Em sua inicial, a autora alegou que, em meados de 2008, após receber dose da vacina contra a *Influenza* em unidade privada, durante a Campanha Nacional de Vacinação contra a Influenza desenvolvida pela União Federal, começou a sentir dificuldades motoras que culminaram na paralisia de seus membros inferiores e superiores, sendo diagnosticada com Síndrome de *Guillain-Barré*. Após isso diz que perdeu a capacidade laborativa e a sua autonomia e independência para viver sozinha, voltando a residir na companhia de sua mãe.

O juízo de primeiro grau decidiu pela improcedência da demanda, considerando que a responsabilidade civil recairia apenas sobre o fabricante do produto – o laboratório GlaxoSmithKline, e não do demandado Sanfonis-Aventis. Também sustentou que nenhum agente público havia atuado na aplicação da vacina. Naquele caso, a aplicação teria sido realizada pela empresa Intermédica Sistema de Saúde S/A, empregadora da demandante.

Inconformada, a autora recorreu ao Tribunal Regional Federal da 5ª Região, pugnando preliminarmente, pela inclusão, no polo passivo, do laboratório GlaxoSmithKline (litisconsorte passivo necessário ulterior) e a denunciação a lide à empresa Intermédica Sistema de Saúde S/A. No mérito, requereu a reforma da sentença para ver concedido o pleito indenizatório.

O Tribunal de origem negou o pedido autoral da inclusão do fabricante GlaxoSmithKline – litisconsorte passivo necessário ulterior, dispondo que a formação do litisconsórcio deveria ter se dado no início da relação processual. E também denegou a denunciação da lide, por escapar às hipóteses de cabimento previstas no art. 70, do CPC de 1973, vigente à época.

No entanto, o TRF da 5ª Região reconheceu a responsabilidade da União Federal, a quem cabe executar as políticas públicas de imunização e sob o fundamento da ausência de informações efetivas, no sentido de advertir aos destinatários da vacina, bem como a toda população, sobre as possíveis reações adversas. Ademais, afirmou a relatora que a campanha era de iniciativa do Ministério da Saúde, através do Programa Nacional de Imunização (PNI), órgão vinculado à União, o que reforçaria a responsabilidade civil deste ente federal.

Dessa forma, o Tribunal *a quo* fixou a condenação do pagamento de R$ 50.000,00, à título de danos morais; e danos materiais, valor a ser fixado em liquidação de sentença. Entretanto, não vislumbrou a concessão de pensão vitalícia à vítima, em razão da autora não ter perdido a capacidade laborativa, mas apenas a sua redução.

Como não logrou provisão completa do seu pedido quanto ao valor e modalidade de indenização nas instâncias ordinárias, coube à vítima interpor o recurso especial ao

RESPONSABILIDADE CIVIL DA UNIÃO PELOS DANOS CAUSADOS PELA VACINA CONTRA A INFLUENZA

STJ, pleiteando o arbitramento de pensão vitalícia e a majoração dos danos morais, em razão da perda (parcial e moderada) de sua capacidade laboral.

Sob relatoria do Min. Napoleão Nunes Maia Filho, o acórdão em Recurso Especial nº 1.514.775[44] – SE (julgado em 10/03/2016) sustenta a responsabilidade civil do ente federal para indenizar a vítima de dano (SGB) decorrente de vacina contra a *Influenza*. As instancias ordinárias já haviam confirmado a conexão causal entre a vacina e a emergência do dano.

No julgamento do recurso, o ministro relator confirmou a responsabilidade civil da União Federal para indenizar à vítima, com fundamento no §6º, do art. 37 da Constituição Federal, seguindo a teoria do risco administrativo. Para fundamentar a responsabilização do ente federado, o relator sustentou que:

i. o Programa Nacional de Imunização (PNI), gerenciado pelo Ministério da Saúde, conforme dicção do art. 3º, da Lei nº 6.259/75, é de inteira responsabilidade da União. Eventual ministração da vacina por entes privados, obriga a estes a informar à União que mantém todo o controle sobre a circulação da vacina e sobre os seus efeitos adversos.

ii. cabe também à União, por meio do órgão de vigilância sanitária, o registro de vacinas, as quais são tratadas, no Brasil, como medicamentos, devendo atender requisitos específicos, dentre eles, a segurança, eficácia e inocuidade;

o art. 14 do Decreto nº 79.094[45], criado para regulamentar a Lei nº 6.360/76, estabelece que nenhum produto submetido à vigilância sanitária, poderá ser posto em circulação antes do registro no órgão competente. E o registro de vacinas ficará sujeita à comprovação de eficácia e inocuidade (art. 26, inciso I, dec. 79.094/77).

iii. as vacinas são tratadas como medicamentos e a sua utilização está sob o controle e a fiscalização da ANVISA, de acordo com o art. 16 da Lei nº 6.360/76.

Conforme verificado nos autos, por meio de documentos anexados (extratos de Diários Oficiais da União), a ANVISA, agência vinculada ao Ministério da Saúde, é a responsável pela autorização do uso das vacinas em solo brasileiro, incluindo-se aquelas aplicadas contra o vírus *Influenza*, reforçando a responsabilidade civil da União no presente caso. Nisso, entendeu por manter o acórdão recorrido, no sentido de reconhecer a responsabilidade civil da União Federal pelos danos causados pela ministração da vacina Influenza.

Coube ao Relator mencionar e seguir o entendimento adotado pelo Supremo Tribunal Federal[46] em caso similar, que reconheceu a responsabilidade da União por indenizar a morte de criança em decorrência de encefalite causada pela vacina contra tríplice (DPT), que continha componente chamado "pertussis". O fundamento usado pelo STF para sustentar a responsabilidade civil do Estado foi o risco administrativo e

---

44. STJ. RECURSO ESPECIAL Nº 1.514.775 – SE (2015/0026515-0). Relator ministro Napoleão Nunes Maia Filho. Brasília/DF, 10/03/2016. Disponível em: <https://ww2.stj.jus.br/processo/revista/documento/mediado/?componente=ATC&sequencial=58557535&num_registro=201500265150&data=20161110&tipo=51&formato=PDF>. Acesso em: 02 jan. 2020.

45. Referido decreto foi revogado pelo Decreto nº 8.077/2013.

46. ARE 695.758, REL. Min. CÁRMEN LÚCIA, DJe-169 DIVULG 27.8.2012 PUBLIC 28.8.2012.

a conexão causal entre a doença e o fornecimento de uma vacina no âmbito da política pública de saúde. Reiterou que a atividade do ente estatal não pode expor as pessoas a riscos e a ocorrência de danos.

Por fim, o Relator modificou o acordão recorrido, admitindo o cabimento da pensão vitalícia à vítima, com fundamento no art. 950, do Código Civil, em razão da redução parcial e permanente de sua capacidade laborativa, independentemente da sua capacidade para exercer outras atividades, hipótese em que exigiria um maior sacrifício da vítima para desempenhar a nova atividade laboral.

Por conseguinte, majorou o *quantum* indenizatório por danos morais, sob o critério da extensão do dano,[47] destacando a desproporcionalidade entre a indenização inicialmente fixada e o dano causado, o grau de ofensa à honra da vítima, e, especialmente, em atenção ao princípio da equidade. Com base nos valores arbitrados pelo STJ, fixou a indenização no patamar de R$ 100.000,00 (cem mil reais).

A ministra Regina Helena Costa abriu divergência para o voto do relator Min. Napoleão Nunes Maia Filho, para negar total provimento ao recurso especial. Entendeu desarrazoado imputar a responsabilidade civil exclusiva da União pelo fato de esta haver realizado a campanha de vacinação. Uma vez que não coube à União a produção da vacina, o seu armazenamento, a manipulação ou administração, entendeu desproporcional e desarrazoada a imputação da responsabilidade exclusiva ao ente federal. Ao final, votou pelo não provimento do recurso especial, ao delimitar, em suma, que não caberia à União, a responsabilidade civil exclusiva pela indenização ao dano sofrido pela vítima, em razão de outros agentes terem concorridos para o resultado danoso. A tese divergente foi vencida, prevalecendo a solução proposta pelo relator. O acórdão transitou em julgado em data de 30/10/2019.

b. Recurso Especial nº 1.388.197 – PR (2013/0099928-9)

Na origem, trata-se de ação de indenização ajuizada em face da União Federal, do Estado do Paraná e da empresa Sanofi Aventis Farmacêutica LTDA, pleiteando danos materiais, morais e pensão vitalícia. O autor relata, em sua inicial, que após receber uma dose da vacina contra o vírus *Influenza* (gripe), em meados de 2006, por ocasião da Campanha Nacional de Vacinação de Idosos, desenvolveu a Síndrome de Guillie-Barré como efeito adverso da vacina *Influenza*.

Aduz que, logo após ter se submetido à vacina, sentiu extrema fraqueza e perda da força muscular, o que levou a sua internação em hospital. Os sintomas evoluíram para uma paralisia total, com perda da função muscular e insuficiência respiratória aguda. Foi diagnosticado com SGB e sofreu sequelas graves que importaram na perda da autonomia e mobilidade. Perdeu a mobilidade nos membros superiores e, consequentemente, a capacidade laborativa.

---

47. Art. 944. A indenização mede-se pela extensão do dano.

Parágrafo único. Se houver excessiva desproporção entre a gravidade da culpa e o dano, poderá o juiz reduzir, equitativamente, a indenização.

O juízo de primeiro grau julgou parcialmente procedente a ação. Em sede preliminar, excluiu do pólo passivo a fabricante Sanofi Aventis Farmacêutica LTDA., por ausência de elementos probatórios quanto a sua legitimidade. Segundo prova nos autos a vacina havia sido fabricada pelo Instituto Butantan. Também excluiu o Estado do Paraná do polo passivo, considerando que este atuou apenas por delegação, como um *longa manus* na execução de atividade pertinente ao Ministério da Saúde. Embora o Estado do Paraná tenha executado a vacinação na rede pública estadual, a ação de vacinação foi realizada sob as ordens e gestão da União Federal.

No mérito, o juízo *a quo* reconheceu a responsabilidade da União, em razão da comprovação do nexo de causalidade entre o dano e a conduta do ente federal, ao promover a campanha de vacinação a despeito do conhecimento dos eventuais efeitos colaterais provocados pela vacina. Assim, fixou o pagamento de R$ 100.000,00 (cem mil reais) à título de danos morais, sob o fundamento do abalo emocional e psicológico sofrido pela vítima após o diagnóstico da síndrome adquirida; o pagamento de lucros cessantes, contados da data da vacinação até o final convalescença, no valor de R$ 3.500,00 (a remuneração do autor); o pagamento de demais danos materiais, dentre eles, o de despesas médicas, locomoção, fisioterapia e tratamentos necessários; e o pagamento de pensão mensal vitalícia, de até 10 salários mínimos mensais.

Inconformada com o referido *decisum*, a União Federal recorreu ao Tribunal Regional Federal da 4ª Região, pugnando, em suma, pela: a) legitimidade passiva do Estado do Paraná e da Sanofi Aventis Farmacêutica Ltda. e a solidariedade em face deles; b) pelo inexistência de nexo causal ante a falta de provas; c) redução dos danos morais, fixados em excesso, dentre outros pedidos.

O Tribunal de origem, sob a relatoria do desembargador Sebastião Ogê Muniz, negou provimento ao recurso de apelação do ente federal, mantendo a sentença recorrida. Reafirmou a responsabilidade civil da União, sob o fundamento de que o uso da vacina foi estimulado pelas ações da política nacional de imunização. Entendeu que houve a devida comprovação do nexo causal entre o dano e a atuação estatal e manteve o quantum fixado para a indenização pela sentença recorrida.

Coube à União Federal interpor recurso especial ao Superior Tribunal de Justiça, alegando que outros agentes deveriam ser legitimados no pólo passivo da demanda principal, quais fossem, a empresa que produz a vacina e o Estado do Paraná; alternativamente, pediu a sua exclusão da demanda, alegando a ausência de comprovação do nexo de causalidade; sustentou que não caberia ao ente federal atender e tratar diretamente os doentes, mas tão somente o repassar de verbas às Secretarias de Saúde dos Estados, para executar os serviços públicos de saúde, assim como a realização das campanhas de vacinação; e, por fim, alegou a desproporcionalidade dos valores fixados como indenização.

Por decisão da Segunda Turma desta Corte, o Recurso Especial nº 1.388.197[48] – PR, foi julgado em 18/06/2015, em desfavor da União Federal, mantendo-se, na íntegra, o

---

48. STJ. RECURSO ESPECIAL Nº 1.388.197- PR (2013/0099928-9). Relator Ministro Herman Benjamin. Brasília/DF, 18/06/2015. Disponível em: <https://ww2.stj.jus.br/processo/revista/documento/mediado/?componente=ATC&sequencial=49149336&num_registro=201300999289&data=20170419&tipo=41&formato=PDF>. Acesso em: 02 jan. 2020.

JOYCEANE BEZERRA DE MENEZES E JAMILA ARAÚJO SERPA

acórdão do Tribunal Regional Federal da 4ª Região. Mais uma vez, a Corte reafirmou a responsabilidade civil do Estado em razão de dano causado por efeito adverso da vacina contra a *Influenza*.

Em suas razões, o ministro relator Herman Benjamin, reiterou a importância das vacinas para a saúde pública, a despeito das possíveis reações adversas, as quais podem incapacitar a pessoa e até causar-lhe a morte. Mas sustentou que o dever do Estado (*lato sensu*) de promover a imunização em massa para o bem da saúde pública, também impõe o dever de responder pelos efeitos colaterais, garantindo à vítima a justa indenização.

O ministro fundamentou a sua decisão na responsabilidade civil objetiva, com fulcro no art. 927, parágrafo único, do Código Civil e no art. 14 do Código de Defesa do Consumidor, qualificando o incidente como um acidente de consumo em decorrência da vacinação. Descartou a possibilidade de tratar a hipótese como mero caso fortuito ou imprevisibilidade de reações adversas.

Disse o relator que deixou de apreciar a tese sobre a legitimidade passiva do Estado do Paraná e da empresa que participou de uma das etapas de produção da vacina, a Sanofi Aventis Farmacêutica LTDA, ante à deficiência na motivação e à ausência de impugnação dos fundamentos constantes no que decidia o acórdão recorrido, aplicando, por analogia, as Súmulas 283[49] e 284[50] do STF.

Igualmente, o ministro relator não analisou o pleito de redução do quantum fixado para dano moral e sobre a comprovação do nexo causal, em razão de a instância originária haver decidido a controvérsia com base no suporte fático-probatório presente nos autos, o que impede o reexame do contexto fático-probatório, em sede de recurso especial, pelo STJ, conforme previsão da Súmula 7[51]. O acórdão transitou em julgado em data de 23/06/2017.

5. CONSIDERAÇÕES FINAIS

As vacinas são soluções técnicas valiosíssimas para o bem-estar individual e para a saúde coletiva. Afastam os riscos de pandemia e os incalculáveis danos que podem acarretar. Em virtude disso, a vacinação como prática de saúde pública é um avanço inestimável para garantir maior qualidade de vida à população em clara condição de igualdade. Muitas delas são distribuídas gratuitamente nos postos de saúde pelo SUS para todos os que ali se apresentarem. Em virtude de sua importância, a União Federal, por meio do Ministério da Saúde, realiza campanhas anuais para promover a imunização massiva e combater certas doenças, como o caso, a gripe influenza.

Todo esse processo pretende-se muito seguro, pois antes de ser distribuída no mercado de consumo e utilizada nas políticas públicas em saúde, a vacina é objeto de rigoroso controle para registro, junto ao órgão de vigilância sanitária – a ANVISA. Avaliam-se os

---

49. Súmula 283/STF: É inadmissível o recurso extraordinário, quando a decisão recorrida assenta em mais de um fundamento suficiente e o recurso não abrange todos eles.
50. Súmula 284/STF: É inadmissível o recurso extraordinário, quando a deficiência na sua fundamentação não permitir a exata compreensão da controvérsia.
51. Súmula 7/STJ: A pretensão de simples reexame de prova não enseja Recurso Especial.

RESPONSABILIDADE CIVIL DA UNIÃO PELOS DANOS CAUSADOS PELA VACINA CONTRA A INFLUENZA

benefícios e eventuais riscos de efeitos adversos, procurando sopesar para garantir que venham a promover mais vantagens do que prejuízos.

Como a esfera federal conjuga o poder de controle da qualidade pelo registro e a direção das campanhas nacionais para a imunização, converge para a União o dever de responder pelos danos causados às pessoas em virtude do uso da vacina. Considera-se um dano injusto a lesão a interesse protegido, mesmo quando o ato lesivo é considerado lícito.

Outros agentes poderiam ser chamados a responder em conjunto com a União como o laboratório fabricante da vacina e o seu distribuidor. Na hipótese, porém, seria necessário, antes de tudo que tais sujeitos estivessem integrando a lide. E ainda que ficasse comprovado o oferecimento de um produto defeituoso – assim considerado como aquele que não é adequado para o consumo. No caso, sendo a vacina regularmente registrada e produzida conforme os ditames normativos, não haveria como qualificá-la como um produto defeituoso. Excepcionalmente, esses agentes privados poderiam responder por danos associados a elas, se provado o vício de informação, assim considerado como aquele produto que oferece um risco tolerado cuja existência não é informada efetivamente ao consumidor.

De todo modo, prevaleceria igualmente a responsabilidade civil da União pelas razões já elencadas acima. Ainda mais quando ela própria elenca a SGB como um possível efeito adverso. E, tem sua responsabilidade civil matizada pela teoria do risco administrativo, segundo a qual a atividade estatal não pode resultar em danos.

6. REFERÊNCIAS

BIANCA, C. Massimo. *Diritto civile*. Milão: Dott. A. Giuffrè Editore, 1994.

CAVALIERI FILHO, Sérgio. *Programa de responsabilidade civil*. São Paulo: Atlas, 2016, p.299.

CENTERS FOR DISEASE CONTROL AND PREVENTION (CDC). Preliminary results: surveillance for Guillain-Barre syndrome after receipt of influenza A (H1N1) 2009 monovalent vaccine – United States, 2009-2010. *MMWR Morb Mortal Wkly Rep* 2010; 59:657-61. Disponível em: < https://www.cabdirect.org/cabdirect/abstract/20103180774 >. Acesso em: 19 dez. 2019.

COORDENAÇÃO GERAL DO PROGRAMA NACIONAL DE IMUNIZAÇÕES. Boletim Informativo. *Campanha Nacional de Vacinação contra Influenza*, 2017. Disponível em: <http://portalarquivos2.saude.gov.br/images/pdf/2017/julho/28/Boletim-Informativo-Campanha-Influenza-2017.pdf>. Acesso em: 12 dez. 2019.

DÍEZ-PICAZO, Luis. *Derecho de daños*. Madrid: Civitas, 1999.

EISEN, Damon P.; MCBRYDE, Emma S. Avoiding Guillan-Barre Syndrome Following Swine Origin Pandemic H1N1 2009 Influenza Vaccination. *The Journal of Infectious Diseases* (JID) 2009:200 (15 November) • 1627. Dispínível em: <https://academic.oup.com/jid/article/200/10/1627/881649>. Acesso em: 19 dez. 2019

EUA viveram surto de gripe suína em 1976; vacina gerou mortes. *Sociedade brasileira de clínica médica*. Disponível em: <http://www.sbcm.org.br/v2/index.php/noticias/noticias-da-saude/1018-sp-2125853431>. Acesso em: 12 dez. 2019.

FARIAS, Cristiano Chaves de.; ROSENVALD, Nelson; BRAGA NETO, Felipe Peixoto. *Curso de Direito Civil*. Responsabilidade civil. Salvador: Editora JusPODIVM, 2019.

FACCHINI NETO, Eugênio. A relativização do nexo de causalidade e a responsabilização da indústria do fumo – a aceitação da lógica da probabilidade. *Civilística.com*, Rio de Janeiro, a.5, n.1, 2016. Disponível em: < http://civilistica.com/wp-content/uploads/2016/07/Facchini-Neto-civilistica. com-a.5.n.1.2016.pdf >. Acesso em: 02 jan. 2020.

FELINTO, Gustavo Machado; ESCOSTEGUY, Claudia Caminha; MEDRONHO, Roberto de Andrade. Fatores associados ao óbito dos casos graves de influenza A(H1N1) pdm09. *Cad. Saúde Coletiva*, 2019, Rio de Janeiro, 27 (1): 11-19. Disponível em: < http://www.scielo.br/pdf/cadsc/v27n1/1414-462X-cadsc-1414-462X201900010433.pdf>. Acesso em: 12 dez. 2019.

FERRANI, Maria Aparecida G.; RODRIGUES, , Marcelo Masruha; SCATTOLIN, Mônica Ayres A; RESENDE, Maura Helena F.; SANTOS, Isabel Cristina L. dos; IAZZETTI, Antônio Vladir. Síndrome de Guillain-Barré em associação temporal com a vacina influenza A. *Rev Paul Pediatria*. 2011;29(4):685-8. Disponível em: < http://www.scielo.br/pdf/rpp/v29n4/33.pdf>. Acesso em: 19 dez. 2019.

H1N1 causou a maioria das 222 mortes por gripe em 2019. *Folha de S. Paulo*, São Paulo, 11 jun. 2019. Disponível em: <https://www1.folha.uol.com.br/cotidiano/2019/06/h1n1-causou-a-maioria-das-222-mortes-por-gripe-em-2019.shtml>. Acesso em 02 dez. 2019.

INFORME TÉCNICO. *21ª Campanha Nacional de Vacinação contra a Influenza*. Disponível em: <http://portalarquivos2.saude.gov.br/images/pdf/2019/fevereiro/28/Informe-Cp-Influenza-28-02-2019-final.pdf>. Acesso em: 12 dez. 2019.

MARQUES, Cláudia Lima. *Contratos no Código de Defesa do Consumidor*, 4. ed. São Paulo: RT, 2004, p. 646.

MELO, Celso Antônio. *Curso de direito administrativo*, 15. ed. Malheiros, 2014, p. 871-872.

MINISTÉRIO DA SAÚDE. *Síndrome de Guillain-Barré:* causas, sintomas, tratamentos e prevenção. Disponível em: < http://saude.gov.br/saude-de-a-z/guillain-barre>. Acesso em 13 dez. 2019.

MINISTÉRIO DA SAÚDE. Secretaria de Vigilância em Saúde. Agência Nacional de Vigilância Sanitária. *Protocolo de Vigilância Epidemiológica de Eventos Adversos Pós-Vacinação. Estratégia de Vacinação contra o Vírus Influenza Pandêmico (H1N1)*, p.24. Disponível em: < http://portal.anvisa.gov.br/documents/33868/399730/Protocolo+de+Vigil%C3%A2ncia+Epidemiol%C3%B3gica+de+Eventos+Adversos+P%C3%B3s-Vacina%C3%A7%C3%A3o/9334e6d9-f301-4cbb-ab39-3ba07292c651> Acesso em: 19 dez. 2019.

MORAES, Maria Celina Bodin. *Danos à pessoa humana*: uma leitura civil-constitucional dos danos morais. Rio de Janeiro: Renovar, 2003.

PEREIRA, Caio Mário da Silva. *Responsabilidade civil*. Gustavo Tepedino (Comentários). – 11. ed. rev. atual. – Rio de Janeiro : Forense, 2016.

PERLINGIERI, Pietro. *Direito civil na legalidade constitucional*. Trad. Maria Cristina De Cicco. Rio de Janeiro: Renovar, 2011.

RODOTÁ, Stefano. *Il problema della responsabilità civile*. Milano: Giufrè, 1967.

SCHREIBER, Anderson. *Novos paradigmas da responsabilidade civil*: da erosão dos filtro da reparação à diluição dos danos. São Paulo: Atlas, 2015.

SECRETARIA DE VIGILÂNCIA EM SAÚDE. Influenza: monitoramento até a semana epidemiológica 21 de 2019. *Informe nº 21*, 03 jun. 2019. Disponível em: <http://portalarquivos2.saude.gov.br/images/pdf/2019/junho/04/Informe--Influenza-SE-21.pdf>. Acesso em: 19 dez. 2019.

SÍNDROME Guillain-Barré terá notificação compulsória no Rio. *Estadão*, São Paulo, Caderno Saúde, 06 fev. 2016. Disponível em: <https://saude.estadao.com.br/noticias/geral,sindrome-de-guillain-barre-tera-notificacao-compulsoria-no-rio,10000015235> Acesso em: 13 dez. 2019.

STJ. *RECURSO ESPECIAL Nº 1.514.775 – SE (2015/0026515-0)*. Relator ministro Napoleão Nunes Maia Filho. Brasília/DF, 10/03/2016. Disponível em: <https://ww2.stj.jus.br/processo/revista/documento/mediado/?componente=ATC&sequencial=58557535&num_registro=201500265150&data=20161110&tipo=51&formato=PDF>. Acesso em: 02 jan. 2020.

_____. *RECURSO ESPECIAL Nº 1.388.197- PR (2013/0099928-9)*. Relator Ministro Herman Benjamin. Brasília/DF, 18/06/2015. Disponível em: <https://ww2.stj.jus.br/processo/revista/documento/mediado/?componente=ATC&sequencial=49149336&num_registro=201300999289&data=20170419&tipo=41&formato=PDF>. Acesso em: 02 jan. 2020.

SOUZA, Eduardo Nunes de. Merecimento de tutela: a nova fronteira da legalidade no direito civil. 2014. Revista dos Tribunais on line. *Revista de Direito Privado*. vol. 58/2014. p. 75 – 107. Abr – Jun / 2014.

TEPEDINO, Gustavo. Crise de fontes normativas e técnica legislativa na parte geral do Código Civil de 2002. In *A parte geral do novo Código Civil*. Rio de Janeiro: Renovar, 2014.

_____. A tutela da personalidade no ordenamento civil-constitucional brasileiro. *Temas de direito civil*. Rio de Janeiro: Renovar, 2001

TJRS. APELAÇÃO CÍVEL. Ap 70016845349. *Relator: Odone Sanguiné*, Porto Alegre, 12 dez. 2007. Disponível: < http://actbr.org.br/uploads/arquivo/169_RS70016845349merito.pdf>. Acesso em: 02 jan. 2020.

USTARROZ, Daniel. *Responsabilidade por ato lícito*. São Paulo: Atlas, 2014

PANORAMA EUROPEO DE LA RESPONSABILIDAD CIVIL POR DAÑOS CAUSADOS EN LOS ENSAYOS CLÍNICOS

Javier Barceló Doménech

Catedrático de Derecho Civil. Universidad de Alicante (España).

Sumário: 1. Breve aproximación a los daños en ensayos clínicos – 2. El reglamento (UE) 536/2014 – 3. La normativa interna, con especial referencia al caso español – 4. El seguro o garantía financiera equivalente – 5. La insuficiencia de cobertura y la responsabilidad solidaria y objetiva del promotor, investigador y hospital o centro – 6. La presunción iuris tantum del nexo causal entre ensayo y daño a la salud – 7. El daño objeto de resarcimiento y los casos de exclusión de responsabilidad – 8. Los límites cuantitativos de la cobertura – 9. A modo de conclusión

1. BREVE APROXIMACIÓN A LOS DAÑOS EN ENSAYOS CLÍNICOS

El ensayo clínico constituye una de las piedras angulares de la investigación biomédica. De hecho, son necesarios para la autorización de nuevos medicamentos o para nuevas indicaciones terapéuticas de los que ya están siendo comercializados. De los ensayos clínicos dependen, además, buena parte del avance científico y de la mejora en la asistencia sanitaria.

Aunque estadísticamente no son muy frecuentes, los daños en ensayos clínicos sí son muy mediáticos, saltando a un primer plano de la actualidad cada vez que se producen muertes o lesiones graves de los participantes[1]. Se pone así de manifiesto, en un par de ejemplos recientes, la tensión y el difícil equilibrio entre la seguridad de los sujetos de ensayo y la necesidad de utilizar una metodología irrenunciable para progresar en el tratamiento de las enfermedades.

Nos referimos, en primer lugar, al caso Bial, que ocurre en Francia a principios de 2016. Tras la previa experimentación en chimpancés, se estaban desarrollando desde mediados de 2015 en las instalaciones de la empresa privada Biotrial, con sede en Rennes, ensayos de un medicamento para combatir cambios de ánimo y distorsiones motoras que aparecen en enfermedades degenerativas. El ensayo se econtraba en fase I[2], realizándose

---

1. *Vid.*, al respecto, BARCELÓ DOMÉNECH, J.: «Responsabilidad civil por daños causados en los ensayos clínicos», InDret, 2019/1, p. 4.
2. Como señala VIEITO VILLAR, M.: «Daños producidos en ensayos clínicos. El caso "Bial"», disponible en http://www.oeds.es/?p=174, 2016, una de las circunstancias que causó más controversia fue el hecho de seguirse el ensayo en individuos sanos. Ahora bien, como indica este autor, «lejos de tratarse de un fenómeno excepcional, este punto es del todo habitual, conformando la denominada "Fase I" (o pre-clínica) del ensayo. El principal objetivo de esta no es otro que testar la toxicidad de la molécula, tras haber sido ensayada con éxito en el laboratorio

con voluntarios sanos que sufrieron accidentes cerebrales con necrosis y hemorragias profundas, llegando a fallecer un participante.

En el segundo caso, en julio de 2018 se paraliza en Holanda un ensayo clínico con Viagra en embarazadas tras la muerte de 11 bebés. Las madres habían recibido durante el embarazo sildenafilo para favorecer el crecimiento de la placenta. La prueba se inició en 2015 y participaron 183 gestantes (93 tomaron Viagra, 90 un placebo). El sildenafilo dilata los vasos sanguíneos y se utiliza la mejorar la erección masculina, y los médicos esperaban que aumentara el flujo de sangre en la placenta, haciendo que prospere el feto, pero ahora se teme, a la espera del resultado de la investigación, que el sildenafilo haya incrementado la presión sanguínea en los pulmones, reduciendo el oxígeno[3].

En definitiva, vemos que, pese al riguroso control burocrático (autorización administrativa, consideración riesgo/beneficio, consentimiento informado, cumplimiento de la Buena Práctica Clínica, progresión por fases, etc.), los daños se producen, por lo que es tarea del ordenamiento jurídico dar una adecuada protección a los sujetos de ensayo. Aquí es donde entra en juego el instrumento técnico de la responsabilidad civil, canalizándose a través de ella las demandas de quienes han sido perjudicados por su participación en el ensayo.

2. EL REGLAMENTO (UE) 536/2014

El nuevo Reglamento (UE) 536/2014, del Parlamento Europeo y del Consejo, de 16 de abril, sobre los ensayos clínicos de medicamentos de uso humano, no entra en el régimen sustantivo de la responsabilidad, que deja a los Estados miembros.

Contiene un único precepto, el art. 76, referido a la indemnización por daños y perjuicios, ocupándose sobre todo del seguro o garantía: «1. Los Estados miembros velarán por que existan mecanismos de indemnización de los daños y perjuicios que pueda sufrir un sujeto de ensayo como consecuencia de su participación en un ensayo clínico realizado en su territorio en forma de seguro, garantía o un mecanismo similar que sea equivalente en cuanto a su finalidad y acorde a la naturaleza y alcance del riesgo»; «2. El promotor y el investigador recurrirán al mecanismo a que hace referencia el apartado 1 en la forma que corresponda al Estado miembro implicado en el que se está realizando el ensayo clínico»; «3.Los Estados miembros no exigirán que el promotor haga ningún uso adicional del mecanismo a que hace referencia el apartado 1 en relación con ensayos clínicos de bajo nivel de intervención si el mecanismo de indemnización vigente aplicable cubre los daños y perjuicios que pueda sufrir el sujeto de ensayo como consecuencia de la utilización de un medicamento en investigación de conformidad con el protocolo de ese ensayo clínico en particular en el territorio de ese Estado miembro»[4].

---

y en modelos animales. Pensemos que realizar tales pruebas en individuos enfermos pudiera ser excesivamente arriesgado para estos, dado su estado de salud».

3. https://elpais.com/internacional/2018/07/24/actualidad/1532446652_312693.html [fecha de consulta: 30 de julio de 2018].

4. El Considerando 62 dice: «En los ensayos clínicos, debe garantizarse una indemnización por daños y perjuicios cuando se solicite con éxito de conformidad con la legislación aplicable. Por consiguiente, los Estados miembros

No dice más el Reglamento, remitiéndose, en cuanto al régimen concreto de responsabilidad, a lo que diga el Derecho nacional, tal y como puede verse de lo dispuesto en el art. 95, a cuyo tenor «el presente Reglamento se entenderá sin perjuicio del Derecho nacional y de la Unión en cuanto a la responsabilidad civil y penal del promotor o del investigador»[5].

Para GARCÍA ÁMEZ[6], el hecho de dejar en manos de los Estados miembros los requisitos para ejercitar el derecho a la indemnización (es decir, los aspectos sustantivos de la responsabilidad civil), «puede llegar a causar importantes diferencias entre los Estados, sobre todo con aquellos que tengan un régimen flexible de responsabilidad por daños, en el cual sea difícil obtener una indemnización por parte del causante del daño, y aquellos otros que establezcan un régimen más estricto, como pueden ser, por ejemplo, los Estados con responsabilidad objetiva en este campo. Esto puede dar lugar a que los investigadores acudan a aquellos países en los cuales el régimen de responsabilidad le sea más favorable, y por tanto sea más difícil responder por los daños causados, propiciando con ello un dumping de responsabilidad para atraer ensayos clínicos por parte de los Estados, estableciendo regímenes en los cuales sea más difícil responder por los daños, o, por ejemplo, imponiendo el deber de aseguramiento o de contar con garantías financieras obligatorias por cuantías bajas, o incluso asumiendo el propio Estado las indemnizaciones que se causen a los participantes en los ensayos clínicos».

Ciertamente, se aprecian diferencias de entidad entre los países europeos. En un estudio reciente, DEL VAL[7] pone de manifiesto los siguientes datos:

1) En Polonia, pese a la obligación de aseguramiento de los ensayos clínicos, el sistema de responsabilidad es subjetivo y por lo tanto, los sujetos de ensayo deben probar negligencia.

2) En Francia, es posible que los investigadores o promotores no indemnicen a los sujetos de ensayo si prueban que no hubo negligencia, por lo que el régimen que aplican es el subjetivo.

3) En Alemania, solamente es posible realizar ensayos clínicos con humanos si, en caso de que el sujeto fallezca o padezca lesiones durante el ensayo, existe un seguro que cubre esos daños, incluso en el caso de que no haya existido negligencia. Por lo tanto, el sistema de responsabilidad que aplican es objetivo.

4) En Bélgica, el promotor asume, incluso cuando no hay negligencia, cualquier responsabilidad por los daños que sufran los sujetos de ensayo durante el mismo y veta la legalidad de cualquier cláusula que establezca lo contrario. Por lo tanto, el sistema de responsabilidad que establece la normativa belga es el objetivo.

---

deben velar por que existan mecanismos de indemnización de los daños y perjuicios sufridos por un sujeto de ensayo que sean acordes con la naturaleza y alcance del riesgo».

5. El Considerando 61 afirma la remisión con una claridad mayor: «Cuando, en el transcurso de un ensayo clínico, los daños causados a un sujeto de ensayo den lugar a la responsabilidad civil o penal del investigador o del promotor, las condiciones de tal responsabilidad, la causalidad, el nivel de daños y perjuicios y las sanciones deben seguir rigiéndose por el Derecho nacional».

6. GARCÍA ÁMEZ, J.: «La responsabilidad civil por daños y perjuicios causados a los pacientes participantes en los ensayos clínicos y su aseguramiento», *RES*, 2014, núm. 160, p. 417.

7. DEL VAL BOLÍVAR OÑORO, M.: «La responsabilidad civil en los ensayos clínicos con medicamentos (Primera Parte)», *RC*, 2017, núm. 11, p. 20.

5) En Reino Unido, lo único que se especifica es que debe existir un seguro que cubra la responsabilidad de investigadores y promotores que pueda surgir como consecuencia de la realización del ensayo.

Con relación a Portugal, haremos puntual referencia a su regulación con ocasión de la descripción de la legislación española, de la que nos ocupamos en el siguiente apartado.

En conclusión, la opción por un sistema u otro tiene importantes consecuencias, que afectan directamente a las posibilidades de obtener una indemnización. Las normativas internas difieren en este punto y no siguen un mismo criterio. El sector en el que nos movemos, en el que los sujetos de ensayo asumen riesgos en beneficio del progreso de la ciencia, haría decantarnos por la configuración de la responsabilidad como objetiva, de forma que, probada la relación de causalidad entre el daño y la realización del ensayo clínico, el participante pudiera obtener la indemnización de los daños y perjuicios.

3. LA NORMATIVA INTERNA, CON ESPECIAL REFERENCIA AL CASO ESPAÑOL

España ha sido el primer Estado miembro en adaptar su normativa interna al nuevo Reglamento sobre ensayos clínicos. Lo ha hecho a través del el Real Decreto 1090/2015, de 4 de diciembre, por el que se regulan los ensayos clínicos con medicamentos, los Comités de Ética de la Investigación con medicamentos y el Registro Español de Estudios Clínicos. Junto al Real Decreto, es obligado referirse también, en el plano interno, a otra norma, en este caso con rango de ley, que es el Real Decreto Legislativo 1/2015, de 24 de julio, por el que se aprueba el texto refundido de la Ley de garantías y uso racional de los medicamentos y productos sanitarios. Veamos, pues, la regulación concreta del régimen (especial) de responsabilidad civil contenido en las dos normas citadas.

El Título III del Real Decreto Legislativo 1/2015 dedica los arts. 58 a 62 a los ensayos clínicos, y es el art. 61, titulado «Garantías de asunción de responsabilidades» el que dedica algunos preceptos a la materia de la responsabilidad civil. Interesa, en particular, destacar tres normas: «La realización de un ensayo clínico exigirá que, mediante la contratación de un seguro o la constitución de otra garantía financiera, se garantice previamente la cobertura de los daños y perjuicios que, para la persona en la que se lleva a efecto, pudieran derivarse de aquél» (art. 61.1); «Cuando, por cualquier circunstancia, el seguro no cubra enteramente los daños causados, el promotor del ensayo, el investigador responsable y el hospital o centro en que se hubiere realizado responderán solidariamente de aquéllos, aunque no medie culpa, incumbiéndoles la carga de la prueba. Ni la autorización administrativa ni el informe del Comité Ético de la Investigación Clínica les eximirán de tal responsabilidad» (art. 61.2); «Se presume, salvo prueba en contrario, que los daños que afecten a la salud de la persona sujeta al ensayo, durante la realización del mismo y durante el plazo de un año contado desde su finalización, se han producido como consecuencia del ensayo. Sin embargo, una vez concluido el año, el sujeto del mismo queda obligado a probar el daño y nexo entre el ensayo y el daño producido» (art. 61.3).

En el nivel reglamentario, concretamente en el Capítulo III del Real Decreto 1090/2015, denominado «Indemnización por daños y perjuicios y régimen de responsabilidad», encontramos los arts. 9 y 10.

El art. 9, que lleva por rúbrica «Indemnización por daños y perjuicios», contiene un conjunto de disposiciones relacionadas, en su mayor parte, con la exigencia de un seguro o garantía financiera que cubra los daños que pueda ocasionar el ensayo. Así, el art. 9.1 indica que en los ensayos clínicos distintos de los ensayos clínicos de bajo nivel de intervención (ECBNI) el promotor velará para que el sujeto de ensayo sea indemnizado por los eventuales daños y perjuicios sufridos como consecuencia del ensayo; y el art. 9.2 sitúa al promotor del ensayo como el responsable de que se haya contratado un seguro o garantía financiera que cubra los daños y perjuicios consecuencia del ensayo y las responsabilidades en que pudieran incurrir el promotor, el investigador principal y sus colaboradores, incluyendo a los investigadores clínicos contratados, y el hospital o centro donde se lleve a cabo el ensayo clínico, todo lo cual deberá documentar con carácter previo a la realización del ensayo, salvo que se trate de un ECBNI. Otras dos disposiciones del art. 9 contemplan situaciones específicas de ensayos clínicos. Si se trata de ensayos propios de una «investigación clínica sin ánimo comercial», el art. 9.3 permite presentar la solicitud de su realización sin haber contrato el seguro o garantía financiera, pero, en caso de ser favorable el dictamen del Comité de Ética de la Investigación con medicamentos (CEIm), la resolución de autorización quedará supeditada a la presentación de dicha documentación al propio CEIm en un plazo de treinta días naturales no pudiendo iniciarse el estudio hasta que este considere que se cuenta con el seguro o garantía financiera exigidos. Si se trata de un ECBNI, señala el art. 9.4 que los daños y perjuicios sobre el sujeto de estudio no precisarán estar cubiertos por un contrato de seguro o garantía financiera si los mismos ya estuvieran cubiertos por el seguro de responsabilidad civil profesional individual o colectivo o garantía financiera equivalente del centro sanitario donde se lleve a cabo el ensayo clínico. Para el caso en que el promotor e investigador principal sean la misma persona y el ensayo clínico se realice en un centro sanitario dependiente de una administración pública, prescribe el art. 9.5 que la administración podrá adoptar las medidas que considere oportunas para facilitar la garantía de los riesgos específicos derivados del ensayo en los términos señalados en los anteriores apartados, con el objeto de fomentar la investigación. Cierra el art. 9 con una disposición, la número 6, en la que dice que las actuaciones de los «investigadores clínicos contratados» referidas a aquella asistencia médica al sujeto que, concurriendo con el tiempo del ensayo, se lleve a cabo por razones ajenas al mismo o no traiga causa del mismo, deberán estar amparadas por un seguro como el que ampara el resto del personal de plantilla del centro para los aspectos no cubiertos por el seguro de ensayo clínico.

El art. 10, dedicado al «Régimen de responsabilidad», contiene tres disposiciones: «Se presume, salvo prueba en contrario, que los daños que afecten a la salud del sujeto del ensayo durante su realización y en el año siguiente a la finalización del tratamiento se han producido como consecuencia del ensayo. Sin embargo, una vez concluido el año, el sujeto del ensayo estará obligado a probar el nexo entre el ensayo y el daño producido» (núm. 1); «A los efectos del régimen de responsabilidad previsto en este artículo, serán objeto de resarcimiento todos los gastos derivados del menoscabo a la salud o estado físico de la persona sometida al ensayo clínico, así como los perjuicios económicos que se deriven directamente de dicho menoscabo, siempre que este no sea inherente a la patología objeto de estudio o a la evolución propia de su enfermedad como consecuencia de la ineficacia del tratamiento» (número 2); «El importe mínimo que se garantizará en concepto de responsabilidad será de 250.000 euros por persona sometida a ensayo clínico, pudiendo ser percibido en forma de indemnización a tanto alzado o de renta equivalente al mismo capital. Podrá establecerse un capital asegurado máximo o importe máximo de garantía financiera por ensayo clínico y anualidad de 2.500.000 euros».

En estas normas del Decreto Legislativo 1/2015 y del Real Decreto 1090/2015, que acaban de verse, se contiene el régimen especial de responsabilidad civil por daños derivados de los ensayos clínicos. Lo que no esté regulado por ellas será remitido necesariamente al Derecho común de la responsabilidad civil, constituido por el Código civil para el caso de un ensayo de titularidad privada, o por la Ley 40/2015, de 1 de octubre, de Régimen Jurídico del Sector Público para los ensayos de titularidad pública.

Vemos a continuación las reglas del régimen especial de responsabilidad en materia de ensayos clínicos.

4. EL SEGURO O GARANTÍA FINANCIERA EQUIVALENTE

El art. 61.1 del Real Decreto Legislativo 1/2015 y los arts. 9.1 y 9.2 del Real Decreto 1090/2015 exigen, con carácter previo a la realización del ensayo, que se contrate un seguro o se constituya una garantía financiera. La manera más habitual de cumplir con esta obligación de garantía, que recae sobre el promotor (art. 9.2 Real Decreto 1090/2015), es la contratación de un seguro y por ello mismo suele hablarse de seguro obligatorio de ensayos clínicos. No se olvide, sin embargo, que caben alternativas al seguro, al margen de que se utilicen o no en la práctica, por lo que, en sentido estricto, la situación no puede ser descrita como de seguro obligatorio.

Hay que realizar alguna matización en torno a esta obligación de garantía, en función del tipo de ensayo. En el art. 9 del Real Decreto 1090/2015 se dibujan diversos escenarios, como vemos seguidamente.

Por un lado, de los apartados 1 y 2 del art. 9 se deduce que los ensayos que no sean de bajo nivel de intervención exigen necesariamente la contratación previa del seguro u otra garantía, que deben cubrir los daños y perjuicios sufridos como consecuencia del ensayo, al mismo tiempo que las responsabilidades en que pudieran incurrir el promotor, el investigador principal y sus colaboradores, incluyendo los investigadores clínicos contratados, y el hospital o centro donde se lleve a cabo el ensayo clínico. Se crea, de manera inequívoca, la obligación de contratar un seguro u otra garantía financiera equivalente; de hecho, si no se suscribe el seguro o garantía no podrá realizarse el ensayo: en este sentido, es claro el art. 9.2 al indicar que el promotor deberá documentar tal contratación «previamente a la realización del ensayo...», existiendo a tal efecto un

PANORAMA EUROPEO DE LA RESPONSABILIDAD CIVIL POR DAÑOS CAUSADOS EN LOS ENSAYOS CLÍNICOS | 353

certificado de seguro[8], y, además, en la hoja de información al paciente y consentimiento informado [Anexo VIIIA, «Guía para la correcta elaboración de un modelo de hoja de información al paciente y consentimiento informado (HIP/CI), del Documento de Instrucciones de la AEMPS para la realización de ensayos clínicos en España] hay un apartado dedicado al seguro[9].

Por otro, si se trata de un ECBNI, conforme al apartado 4 del art. 9 el seguro o garantía no sería necesaria si los eventuales daños y perjuicios que pudieran derivarse ya están cubiertos por el seguro de responsabilidad civil profesional individual o colectivo o garantía financiera equivalente del centro sanitario donde se lleve a cabo el ensayo clínico. Dicho en otras palabras: la obligación de garantía sigue existiendo, aunque hay dos formas distintas de cumplirla, pudiendo optar el promotor por la que estime más conveniente.

Finalmente, de acuerdo con el art. 9.3 del Real Decreto 1090/2015, si son ensayos encuadrados en la definición de «investigación clínica sin ánimo comercial», se podrá presentar una solicitud sin haber contratado el seguro o garantía financiera, pero en caso de ser favorable el dictamen del CEIm, la resolución de autorización quedará supeditada a la presentación de dicha documentación al propio CEIm en un plazo de 30 días naturales, no pudiéndose iniciar el estudio hasta que se considere que se cuenta con el seguro o garantía financiera exigidos.

5. LA INSUFICIENCIA DE COBERTURA Y LA RESPONSABILIDAD SOLIDARIA Y OBJETIVA DEL PROMOTOR, INVESTIGADOR Y HOSPITAL O CENTRO

Esta regla del régimen especial de responsabilidad por daños causados en ensayos clínicos solamente se encuentra en el Real Decreto Legislativo 1/2015. Conforme al art. 61.2, cuando, por cualquier circunstancia, el seguro (solamente se menciona el seguro, sin referirse a otro tipo de garantía) no cubra enteramente los daños causados, el promotor del ensayo, el investigador responsable del mismo y el hospital o centro responderán solidariamente, aunque no medie culpa, incumbiéndoles la carga de la prueba.

---

8. El modelo de certificado de seguro se ha integrado como Anexo V en el Documento de Instrucciones de la AEMPS para la realización de ensayos clínicos en España. Disponible en https://www.aemps.gob.es/investigacionClinica/medicamentos/docs/anexo5-Ins-AEMPS-EC.pdf

   El seguro de responsabilidad civil es un requisito general del ensayo, previsto en el art. 3.1 i) del Real Decreto 1090/2015, cuyo control corresponde, dentro del reparto de competencias entre AEMPS y CEIm, a este último. En efecto, el Memorando de Colaboración e Intercambio de Información entre la Agencia Española de Medicamentos y Productos Sanitarios y los Comités de Ética de la Investigación con medicamentos (versión de 21 de junio de 2016, fecha de publicación de 5 de julio de 2016) incluye entre los documentos de la parte II para enviar solo al CEIm la «prueba de la cobertura de seguro o garantía financiera». Este Memorando de Colaboración e Intercambio se encuentra disponible en https://www.aemps.gob.es/investigacionClinica/medicamentos/docs/memorando-colaboracion-AEMPS-comites-investigacion-medicamentos.pdf (p. 7). Además, en la página 15 del Memorando, bajo el epígrafe 5.2.8, denominado «Indemnización por daños y perjuicios», se dice: «El CEIm revisará el cumplimiento de los requisitos sobre la indemnización por daños y perjuicios que pueda sufrir el sujeto de ensayo como consecuencia de su participación en un ensayo clínico. Los daños y perjuicios sobre el sujeto de ensayo como consecuencia de un ensayo clínico de bajo nivel de intervención, no precisarán estar cubiertos por un contrato de seguro si los mismos estuvieren cubiertos por el seguro de responsabilidad civil profesional individual o colectivo o garantía financiera equivalente del centro sanitario donde se lleve a cabo el ensayo clínico».

9. Disponible en https://www.aemps.gob.es/investigacionClinica/medicamentos/docs/anexo8a-Ins-AEMPS-EC.pdf

Ciertamente, es una norma de difícil comprensión y solamente la inercia histórica de la regulación de ensayos clínicos parece ser la razón por la que se ha mantenido vigente hasta hoy. Aparece por primera vez en el art. 62.2 de la Ley del Medicamento de 1990 y, a nivel reglamentario, estuvo también en el art. 13.3 del Decreto 561/1993 y en el art. 8.3 del Real Decreto 223/2004. Hoy no está en el Real Decreto 1090/2015, pero sí en el Real Decreto Legislativo 1/2015, por lo que sigue formando parte del régimen especial de esta responsabilidad.

¿Por qué se hace depender el carácter objetivo de la responsabilidad de la insuficiencia de cobertura? ¿Por qué y con qué alcance concreto se invierte la carga de la prueba, tras declarar la responsabilidad objetiva? Son únicamente dos interrogantes, de los muchos que podríamos imaginar. Hay que convenir, pues, en que la norma tiene graves defectos desde el punto de vista técnico jurídico. Reflexionemos en lo que dice la norma: si el seguro (o garantía, pues también debería considerarse esta posibilidad) no cubre los daños, responden solidaria y objetivamente promotor, investigador responsable y centro, incumbiéndoles la carga de la prueba. No puede ser más defectuoso y extraño el planteamiento, porque lo lógico, y lo más ajustado al instrumento técnico de la responsabilidad civil, es señalar, desde el primer momento, si la responsabilidad es objetiva o subjetiva en el caso de los ensayos clínicos, sin vincular tal decisión a la suficiencia de la cobertura del seguro o garantía[10]; si es objetiva, bastará que la víctima demuestre el nexo causal entre la acción u omisión y el daño, pero en esta sede entra en juego la presunción de causalidad que dispone otra norma del régimen específico de responsabilidad; si es subjetiva, debe demostrarse el mismo nexo causal (con la ayuda de la presunción de causalidad, antes referida) y la culpa.

Las piezas del sistema no encajan. Solamente después de conocer el importe de los daños, sabremos si hay o no cobertura, y de ello dependerá el carácter objetivo y solidario de la responsabilidad. Sencillamente, no se entiende, y lo mismo cabe decir de la inversión de la carga de la prueba; se supone, por imaginar algo, que se está refiriendo a la carga de la prueba de la relación de causalidad, cuando la responsabilidad es solidaria y objetiva por insuficiencia de cobertura, y al invertirla ya no correspondería la prueba al perjudicado que reclama la indemnización, pero inmediatamente se ve que tal previsión es absurda, pues el perjudicado ya cuenta con otra norma que presume la causalidad en los daños a la salud.

---

10. Es útil, en este punto, la comparación con el Derecho portugués, donde, por cierto, todavía no se ha producido la adaptación al nuevo Reglamento comunitario. La regulación de la responsabilidad civil está en el art. 15 de la Ley 21/2014, de 16 de abril, señalándose en el primer apartado y sin ninguna vinculación a la suficiencia o no de la cobertura: «El promotor y el investigador responden, de forma solidaria y con independencia de culpa, por los daños patrimoniales y no patrimoniales que el estudio cause al participante». Queda claro que la responsabilidad en este ámbito concreto del ensayo clínico es objetiva y la víctima no precisa de probar la culpa del autor, como sería en la regla común de responsabilidad; al respecto, vid. las observaciones hechas a propósito de la anterior ley de 2004, pero válidas también para la actual de 2014, de Dias Pereira, A.G.: *Direitos dos pacientes e responsabilidade médica*, Coimbra, 2015, p. 556, nota 1355.

Falta, pues, una norma de este tipo en nuestro ordenamiento; y si nada se dice, es obvio que hay que aplicar el Derecho común de la responsabilidad civil, en el que, por regla general, unas veces es subjetiva (sistema del Código civil) y otras veces objetiva (sistema de la Ley de Régimen Jurídico del Sector Público).

6. LA PRESUNCIÓN IURIS TANTUM DEL NEXO CAUSAL ENTRE ENSAYO Y DAÑO A LA SALUD

Aquí, por el contrario, sí encontramos una norma del régimen especial de responsabilidad en materia de ensayos clínicos con pleno sentido, pues se aparta de lo que dictan las reglas del régimen común (Código civil y legislación administrativa) en sede de nexo causal, donde la prueba incumbe a la víctima del daño.

En efecto, para los daños que afecten a la salud del sujeto del ensayo, se presume que son consecuencia del ensayo durante un determinado periodo (realización del ensayo más un año); dicho de forma distinta: el demandante no tiene que probar, en ese tiempo, la conexión entre el tratamiento experimental y los daños a la salud sufridos por él. Transcurrido el periodo señalado, el sujeto del ensayo está obligado a probar el daño y el nexo causal, lo que supone la vuelta a las reglas comunes de la responsabilidad civil.

Un par de observaciones son necesarias. Por un lado, que la presunción de causalidad, a favor del sujeto de ensayo, únicamente opera cuando son daños a la salud. Por otro, que la presunción de causalidad se recoge tanto en el Real Decreto Legislativo 1/2015 (art. 61.3) como en el Real Decreto 1090/2015 (art. 10.1), y la repetición, además de poco acertada, no es totalmente coincidente: así, para el Real Decreto Legislativo existe la presunción durante la realización del ensayo y en el año siguiente a su finalización, mientras que el Real Decreto cuenta el año siguiente desde la finalización del tratamiento[11].

7. EL DAÑO OBJETO DE RESARCIMIENTO Y LOS CASOS DE EXCLUSIÓN DE RESPONSABILIDAD

A los efectos del régimen de responsabilidad previsto en el art. 10 del Real Decreto 1090/2015, serán objeto de resarcimiento, según dice el apartado 1 de este precepto, «todos los gastos derivados del menoscabo en la salud o estado físico de la persona sometida al ensayo clínico, así como los perjuicios económicos que se deriven directamente de dicho menoscabo»[12]. Este primer inciso del art. 10.1 dispone, para el régimen específico de la responsabilidad derivada de los ensayos clínicos, el tipo de daños que serán objeto de resarcimiento, y la duda es si la norma incluye a todos los daños posibles, pues si hay daños que no están aquí reflejados habrá de acudirse a las reglas comunes de la responsabilidad para obtener su resarcimiento[13]. Así, por ejemplo, surge la duda de los daños morales, que no parecen estar incluidos en el art. 10.1, por lo que la víctima

---

11. ¿Es lo mismo finalización del ensayo que finalización del tratamiento? Es una duda que puede, ciertamente, plantearse.

En sede de nexo de causalidad, la ley portuguesa de 2014 dice en su art. 15.3 que «en los estudios clínicos con intervención, se presumen causados por el estudio clínico los daños que afecten a la salud del participante durante la realización del estudio clínico y en el año siguiente a su conclusión...».

12. Ejemplo de perjuicio económico sería, para García ámez, J.: op.cit., p. 418, nota 8, «el coste que le suponga el tener que hacer frente a tratamientos médicos privados, o las pérdidas salariales que sufra el paciente mientras es asistido para tratar el daño».

13. Con referencia a la regulación anterior del Real Decreto 223/2004, ya afirmaba SAIZ GARCÍA, C.: «Responsabilidad médico-sanitaria derivada de los experimentos clínicos en humanos», en *La Salud: intimidad y libertades informativas*, dir. TOMÁS-VALIENTE LANUZA, C., Valencia, 2006, p. 164 que «es evidente que el régimen de responsabilidad previsto en esta norma no tiende a un resarcimiento integral del perjudicado».

deberá pedirlos al amparo de otras normas (las del régimen común de responsabilidad) y no con base en el art. 10.1 del Real Decreto 1090/2015. Hubiese sido, pues, preferible, para no dejar margen a la discusión, una descripción más completa, similar a la del art. 15.1 de la ley portuguesa de 16 de abril de 2014, que se refiere a los daños patrimoniales y no patrimoniales.

El apartado 1 del art. 10 del Real Decreto 1090/2015 formula, en su inciso final, dos exclusiones: los daños antes mencionados serán objeto de resarcimiento, siempre que el menoscabo en la salud o estado físico de la persona no sea inherente a la patología objeto de estudio o a la evolución propia de la enfermedad como consecuencia de la ineficacia del tratamiento. En ambos casos, se considera que el daño no trae causa del ensayo, bien porque su origen es otra patología, bien porque el tratamiento, que no se olvide es experimental, ha sido ineficaz y la enfermedad ha seguido su curso[14]. En realidad, tanto en uno como en otro caso lo que realmente se da es una ausencia de nexo causal[15], y tiene sentido que exista una norma de este tipo en el régimen especial de responsabilidad civil, dado que otra norma de este mismo régimen presume el nexo causal; se aclaran, en definitiva, posiciones.

Interesa destacar, con respecto al anterior Real Decreto 223/2004, que ha desaparecido una de las exclusiones del art. 8, la referida a las reacciones adversas propias de la medicación prescrita para la patología. Decía el art. 8.5 del Real Decreto 223/2004: «A los efectos del régimen de responsabilidad previsto en este artículo, serán objeto de resarcimiento todos los gastos derivados del menoscabo en la salud o estado físico del sujeto sometido al ensayo clínico, así como los perjuicios económicos que se deriven directamente de dicho menoscabo, siempre que éste no sea inherente a la patología objeto de estudio, o se incluya dentro de las reacciones adversas de la medicación prescrita para dicha patología, así como la evolución propia de su enfermedad como consecuencia de la ineficacia del tratamiento». Este era un supuesto que suponía, en la realidad práctica, una importante merma en la protección de los sujetos participantes en el ensayo clínico, convirtiendo el consentimiento informado en una amplia hoja de exclusiones a la cobertura del seguro, por la vía de citar multitud de posibles reacciones adversas.

Precisamente sobre estas causas de exclusión suelen girar los casos de daños derivados de ensayos clínicos. A fecha de escribir estas líneas, no tenemos constancia de ninguna sentencia en la que se haya aplicado el nuevo Real Decreto de 2015, por lo que las sentencias que vamos a considerar aplican principalmente el art. 8 del Real Decreto 223/2004 y, en algún caso, la Ley del Medicamento de 1990.

Iniciamos este recorrido por la SAP Valencia de 30 de junio de 2003[16]. El hijo de los actores, que participaba en un ensayo para la evaluación de la eficacia del fármaco

---

14. Pone como ejemplo García ámez, J.: *op.cit.,* p. 418, nota 9, de esta exclusión: «... si se trata de investigar un fármaco para un determinado tipo de diabetes que desembocaría en una ceguera irreversible, si el paciente con el paso del tiempo sufre la ceguera esta no será objeto de resarcimiento». En cambio, no entraría aquí, a juicio de este autor, si en este mismo caso a consecuencia de la participación en el ensayo el paciente acaba con una lesión cerebral, que sí sería indemnizable.

15. Al respecto, Del Val Bolívar Oñoro, M.: «La responsabilidad civil en los ensayos clínicos de medicamentos (Segunda Parte)», *RC*, 2018, núm. 1, p. 8.

16. ROJ: SAP V 4277/2003.

Formoterol en la enfermedad de asma bronquial[17], falleció a los 13 años por una parada cardio-respiratoria. La Audiencia condenó al laboratorio farmacéutico, promotor del ensayo, y a su aseguradora a pagar 90.000 €, pues consideró probada la relación de causalidad con base en la presunción del art. 62.3 de la Ley del Medicamento de 20 de diciembre de 1990. El caso pone de manifiesto la problemática principal asociada a este tipo de litigios: la prueba de la relación entre los daños y la práctica del ensayo clínico. En efecto, inicialmente la sentencia de primera instancia desestima la demanda, en base principalmente al informe de la perito designada en el proceso, al no considerar que existían datos objetivos que denotasen que la causa del fallecimiento fuese una crisis asmática que produjera la insuficiencia respiratoria. La Audiencia efectúa otro planteamiento, estimando el recurso: «no se puede desconocer por tanto que hubo una crisis asmática, que la perito la reconoce al indicar que el episodio comenzó con una crisis respiratoria que respondió momentáneamente al utilizar la medicación de rescate prescrita para recuperarse de una crisis de asma. La perito admite que una hora antes de la parada cardio-respiratoria, había presentado el niño síndrome de asma, que se relacionó con una crisis asmática. No obstante, dice que no se puede afirmar que el paciente cuando presenta la parada cardio-respiratoria presentara efectivamente una crisis asmática, pero tampoco niega que hubiera podido ser así». Lo que permite concluir que «el Tribunal para dictar una sentencia absolutoria tiene que encontrar una prueba convincente de que la administración de formaterol (sic) durante el ensayo no tenía relación con la muerte, y esto no lo dice la perito sino que "no parece existir relación"». Opera, en definitiva, la presunción de causalidad del art. 62.3 de la Ley del Medicamento de 1990, condenándose al laboratorio y a la aseguradora. Solamente si el laboratorio hubiese probado la inexistencia de relación entre la muerte y el ensayo podría haber obtenido una sentencia absolutoria.

Una segunda referencia, en este caso de la jurisdicción contencioso-administrativa, la proporciona la STSJ Galicia de 29 de noviembre de 2006[18]. Entra en juego la responsabilidad patrimonial de la Administración. Se descarta la responsabilidad del *Servicio Galego de Saude*, con referencias expresas al art. 13 del Real Decreto 561/1993, que era la normativa vigente del momento; concretamente, por no demostrarse la vinculación causal entre las dolencias del actor y el tratamiento experimental con Interferon y Ribavirina, y por el hecho de que las alteraciones estaban entre los efectos adversos descritos y expresamente aceptados. El caso tendría continuación, años más tarde, con la exigencia de responsabilidad civil al abogado que reclamó a la Administración los daños por el ensayo clínico: SAP A Coruña de 20 de octubre de 2017[19], que confirma la sentencia de instancia desestimadora de la pretensión.

De nuevo, la discusión en torno a la presunción de nexo causal es la cuestión clave de la SAP Madrid de 29 de mayo de 2013[20]. Tanto la sentencia de instancia como la de

---

17. El paciente, según relato del informe de la perito, había recibido con anterioridad al ensayo, durante seis meses, Formoterol en inhalador presurizado, consistiendo el ensayo en averiguar si producía algún efecto adverso en los pacientes de asma el Formoterol en polvo. La finalidad era, pues, ver los efectos adversos que podían producirse al sustituir la misma medicación inhalada por su toma en polvo.

18. ROJ: STSJ GAL 7076/2006.

19. ROJ: SAP C 2315/2017.

20. ROJ: SAP M 10403/2013.

apelación resuelven en el mismo sentido de considerar que no hay relación causal entre el adenocarcinoma y el fármaco en experimentación que le fue suministrado al paciente para el tratamiento de la esclerosis múltiple incipiente que tenía diagnosticada. Al aparecer problemas gástricos, fue derivado por el neurólogo responsable del ensayo clínico al servicio de aparato digestivo, pero no se le detectó adenocarcinoma al no practicarse endoscopia[21]. Existe también en la sentencia una referencia al tema del consentimiento informado, al hilo del art. 7 del Real Decreto 223/2004. En concreto, se dice que «el hecho de que en el consentimiento informado aparezca únicamente reflejado como posible complicación gástrica un "posible dolor de estómago" (documento 8 de la demanda, página 16, folio 73), aunque no coincida plenamente con las molestias gástricas padecidas, no es motivo para apreciar responsabilidad en los demandados, toda vez que ni consta que las molestias padecidas por el Sr. Leovigildo fueran predecibles, en el sentido de que cupiera considerarlo como una posible consecuencia del tratamiento, y en todo caso, como se indicaba, no es la aparición y existencia de molestias gástricas lo que suscita la pretensión del demandante».

La SAP Madrid de 7 de octubre de 2014[22] absuelve a la aseguradora demandada por la viuda e hijos del paciente fallecido en el curso de un ensayo. La demanda solicitaba una indemnización de 250.000 €, siendo desestimada por el Juzgado, sentencia que posteriormente revoca la Sala, pero únicamente en el sentido de no imponer las costas de instancia a ninguna de las partes. Se demostró que no llegó a recibir el fármaco experimental, al serle suministrado únicamente un placebo, y que la causa real de la muerte fue a consecuencia del avanzado estado del cáncer que sufría, quedando así desvirtuada la presunción legal del art. 8.4 del Real Decreto 223/2004[23]. La Audiencia entiende que

---

21. La Sala considera acreditada la inexistencia de nexo causal con base a los siguientes razonamientos: «Ninguno de los peritos o doctores intervinientes en el proceso y en el acto del juicio han considerado que el adenocarcinoma que padecía el Sr. Leovigildo fuese consecuencia de la medicación que le era suministrada en el ensayo farmacéutico. Ciertamente ello no significa necesariamente que afirmen lo contrario, es decir que no es causa del adenocarcinoma, pero evidentemente el hecho de que ninguno de los técnicos que intervinieron como peritos o testigos vincule la aparición del cáncer con el medicamento experimental, es un dato que ya de por sí apunta claramente a la inexistencia del nexo causal. Pero es más, del informe emitido por la Escuela de Medicina Legal y Forense (documento 8 de la demanda), se desprende que lo que considera objetable es el hecho de que continuase el ensayo farmacéutico pese a las molestias que presentaba el Sr. Leovigildo, y que éste no fuese sometido a una endoscopia hasta diciembre del año 2007 pese haber manifestado sintomatología con gran antelación a ello. Así se desprende del conjunto de dicho documento y fundamentalmente de las conclusiones (folios 72 y 73). Por su parte, el doctor Roman, al ser interrogado en el acto de juicio sobre tal cuestión fue concluyente, al señalar que no encontraba relación entre el adenocarcinoma y el ensayo clínico (12: 10). Por su parte, don Cosme, igualmente manifestó en el acto del juicio que no existía evidencia que relacionase el carcinoma y el fármaco suministrado (26:20 y 26:30). En su informe, además, indica que no sólo no existe evidencia alguna en la literatura médica de la asociación entre tumores gástricos y el medicamento experimentado, sino que por el contrario los fármacos inmunomoduladores, como era el suministrado al Sr. Leovigildo, "se encuentran dentro del proceso de ser considerados elementos adyuvantes en el tratamiento del cáncer gástrico; es decir, aunque no existe en este momento evidencia suficiente para recomendar estos fármacos en cáncer gástrico, su uso en el tratamiento del cáncer es una de las líneas de investigación actuales" (página 12, folio 505). Por ello, a tenor de lo actuado no sólo no se desprende la relación causal entre el medicamento suministrado y el adenocarcinoma, sino que por el contrario queda descartada su relación causal a tenor de lo actuado, y en especial por lo manifestado por ambos peritos».

22. JUR 2014/2889978.

23. La Audiencia dice que «el apartado 4 del art. 8 establece una presunción legal "iuris tantum", que admite prueba en contrario, de que son consecuencia del ensayo aquellos daños que afecten a la salud del paciente y que se manifiesten durante el tratamiento o bien durante el año siguiente desde su terminación. Este precepto, plenamente aplicable al caso enjuiciado, viene a suponer una inversión de los criterios generales sobre carga de la prueba que

«estamos así ante una consecuencia "inherente a la patología objeto de estudio" o que está incluida "dentro de las reacciones adversas propias de la medicación prescrita para dicha patología, así como la evolución propia de su enfermedad como consecuencia de la ineficacia de tratamiento", razón por la que no puede generar responsabilidad alguna ni resarcimiento a cargo de la aseguradora (responsable solidaria), como establece el apartado 5 del art. 8 del Real Decreto 223/2004».

La SAP Barcelona de 10 de diciembre de 2014[24] condena a la aseguradora al pago de 250.000 € al viudo e hijos menores de la fallecida. El tratamiento con capecitabina fue la causa de la muerte por la carencia en la paciente de la enzima DPYD; concretamente señala la Audiencia que «no viniendo indicado el tratamiento con Xeloda para pacientes con el déficit de DYPD, debió haberse hecho el test correspondiente a la enferma antes de iniciar el ensayo. No se trata de que el test se haga habitualmente o no o venga o no recomendado, sino de que sometiéndose a ensayo contraindicado en pacientes con tal problema resulta lógica la realización de la prueba que permita conocer su existencia o no, lo que no se hizo, presentando la paciente, pese al escaso porcentaje en la población, dicho déficit, que no se conoció hasta que ya había sido suministrada la medicación correspondiente al ensayo con capecitabina, que dio lugar al fallecimiento…». No puede considerarse, pues, que el supuesto esté excluido de la póliza de seguro. La aseguradora manejaba, entre otros argumentos, que se daba la exclusión del art. 8.5 del Real Decreto 223/2004 (daños inherentes a la patología objeto de estudio, inclusión en las reacciones adversas propias de la medicación prescrita para dicha patología o evolución propia de la enfermedad como consecuencia de la ineficacia del tratamiento). Para la Audiencia, en cambio, la indemnización «si se encuentra amparada y ello dado que conforme a lo expuesto, en el desarrollo del ensayo, se produjeron unos daños a la Sra. María Teresa que finalizaron con su muerte como consecuencia del déficit de DYPD, que no había sido diagnosticado y que la hacían inadecuada para aquel. Además ante esta situación su vida se vio acortada y tuvo un mayor sufrimiento…», añadiendo que «no puede operar la exclusión porque como afirma la apelante la paciente estuviera desahuciada por un cáncer terminal metastásico, pues no puede obviarse que su fallecimiento no fue consecuencia directa e inmediata del proceso de su enfermedad, sino de las complicaciones que le supusieron la administración de la capecitabina, sin haberse verificado si presentaba el tan citado déficit, pues tal medicación venía expresamente contraindicada en caso de su padecimiento. Además según resulta de su historia clínica se le presentaron diversas patologías que no venían expresamente previstas en el consentimiento informado, que obviamente no pudo servir a un conocimiento correcto de la situación, cuando existía el desconocimiento ya expresado».

---

acoge el art. 217 de la Ley de Enjuiciamiento Civil, el que hace pechar sobre el demandante "la carga de probar la certeza de los hechos de los que ordinariamente se desprenda, según las normas jurídicas a ellos aplicables, el efecto jurídico correspondiente a las pretensiones de la demanda", imponiendo la desestimación de la demanda si "el tribunal considerase dudosos unos hechos relevantes para la decisión". Por lo tanto, en contra del criterio general, en este pleito se traslada a la aseguradora demandada la carga de demostrar que el fallecimiento del paciente, ocurrido a los 15 días desde el inicio del tratamiento, no fue consecuencia del ensayo al que fue sometido».

24. AC 2014/2374.

La SAP Barcelona de 15 de enero de 2015[25] condena a la aseguradora – única demandada en el proceso – al pago de 250.000 € a la viuda del paciente fallecido en el curso de un ensayo clínico. Inicialmente, la condena en primera instancia fue de menor de cantidad, concretamente 81.858,73 €. El paciente, que padecía cáncer de linfoma que había remitido, recibió, junto a la quimioterapia, un medicamento, el Rituximab, que estaba en fase de ensayo, suscribiendo el correspondiente consentimiento informado. Se le detectó una hepatitis aguda, dándosele un tratamiento que no resultó efectivo; se pudo comprobar que se trataba de una reactivación de un virus de la hepatitis B (VHB) latente, que nadie detectó y fue inducido por el Rituximab, produciéndose el fallecimiento. La sentencia de instancia estimó en parte la demanda; después de valorar los respectivos informes, considera que la demandada no ha acreditado debidamente que la hepatitis fulminante no fue desencadenada por reactivación del virus latente como consecuencia del medicamento en estudio. No aplica el Real Decreto específico de ensayos clínicos (en aquel tiempo, el 223/2004), sino el baremo de tráfico del año 2007, por entender que solamente opera el primero en caso de lesiones y sobre la base de la demostración del gasto en la recuperación de la salud, de manera que en caso de muerte debe acudirse al baremo[26]. La Audiencia no considera dudoso que el medicamento en pruebas desencadenó la reactivación del virus y la hepatitis fulminante; de hecho, hoy es uno de los efectos secundarios o adversos del Rituximab perfectamente descrito en el prospecto. En realidad, precisa la sentencia, el Rituximab fue la causa de la causa, en tanto que la hepatitis no es la causa inmediata de la muerte, sino la sepsia por campylobacter[27]. Finalmente, respecto a la indemnización, la sentencia estima el recurso de la parte actora, considerando que no es de aplicación el baremo de tráfico, sino el Real Decreto 223/2004, en cuanto ley especial en esta materia. Fija así la indemnización en la suma reclamada, coincidiendo con la mínima legal a tanto alzado, que son 250.000 €.

8. LOS LÍMITES CUANTITATIVOS DE LA COBERTURA

La última norma a considerar en el régimen especial de la responsabilidad derivada de los ensayos clínicos es la del importe mínimo que debe estar garantizado por el seguro (o garantía financiera equivalente que se constituya). A ella se refiere el art. 10.3 del Real Decreto 1090/2015, fijando la cantidad de 250.000 € por persona, pudiendo la víctima percibirla en forma de indemnización a tanto alzado o de renta equivalente al mismo capital.

La cantidad de 250.000 € ya existía en el Decreto 223/2004, lo cual es indicativo de que el legislador ni ha procedido a actualizar coberturas ni se ha planteado si el límite mínimo actual proporciona una cobertura suficiente, cuando las partes no quieren asegurar por encima de él. Lo lógico hubiese sido revisar límites en 2015, pues si en el

---

25. ROJ: SAP B 593/2015.
26. La sentencia de instancia parte de 99.222,70 €, suma que asigna el baremo al caso de muerte, y le añade el 10% de corrección y le deduce el 25% debido a que el cáncer estaba en muy avanzado estado (viene a entender que puede haber coadyuvado el cáncer padecido y por eso rebaja la indemnización): 109.144,97€, menos un 25%, da como resultado final 81.858,73€.
27. El Rituximab debilitó el organismo del paciente hasta el extremo de ser colonizado por campylobacter sp. Jejuni que le causó la septicemia que fue la causa directa e inmediata de la muerte.

Decreto 561/1993 ya se fijaron 30.000.000 de pesetas (180.000€) como importe mínimo, es clarísimo que la cantidad actual ha quedado desfasada[28].

A diferencia de la regulación de 2004, la nueva norma reglamentaria no contempla un importe mínimo anual a pagar para el caso de optarse por una indemnización en forma de renta.

El art. 10.3 del Real Decreto 1090/2015 contiene otro límite, al parecer facultativo (esto es, puede o no ser establecido por las partes del contrato de seguro): «Podrá – dice el precepto – establecerse un capital asegurado máximo o importe máximo de garantía financiera por ensayo clínico y anualidad de 2.500.000 euros». Hay posibilidad, pues, de fijar la cantidad de 2.500.000 € como límite máximo por ensayo clínico y año, pero nada impediría, si nos atenemos al tenor literal de la norma, traspasar por acuerdo de las partes dicho límite.

9. A MODO DE CONCLUSIÓN

El Real Decreto 1090/2015 ha desperdiciado una magnífica ocasión para actualizar y completar un régimen especial de responsabilidad que el legislador creó en su día atendiendo a la naturaleza y riesgo del ensayo clínico.

Sin duda, esta opción de crear un régimen especial tiene sólidos argumentos, y es necesario apartarse de las reglas comunes para dictar reglas propias y adaptadas a este sector de la actividad, directamente relacionado con la investigación médica y el avance científico. Quien participa en un ensayo clínico, contribuyendo con la experimentación en su persona a posibilitar la curación de enfermedades, merece la máxima protección del ordenamiento que, como siempre que se trata de responsabilidad civil, no es otra que la de cumplir estrictamente con el criterio fundamental de la *restitutio in integrum* de todo el perjuicio causado, debiendo, por ello, articularse mecanismos que sean realmente efectivos para asegurar tal reparación íntegra del daño sufrido.

Lo que no se comprende es que no se fijen posiciones con claridad. Tras una larga historia, de más de cuatro décadas en la regulación de los ensayos clínicos, no es de recibo que no se diga todavía claramente si la responsabilidad es objetiva o subjetiva[29],

---

28. Partiendo de que el baremo de tráfico fuese la herramienta utilizada para cuantificar el daño del sujeto del ensayo, Del Val Bolívar Oñoro, M.: «La responsabilidad civil en los ensayos clínicos de medicamentos (Segunda Parte)», *cit.*, págs. 14 y 15, demuestra que con 250.000 € no se garantiza la reparación íntegra del daño en caso de muerte, gran invalidez o afectaciones importantes en la salud. Por tanto, únicamente sería para casos leves.

29. A pesar de reconocer que no existe una delimitación clara del tipo de régimen, Del Val Bolívar Oñoro, M.: «La responsabilidad civil en los ensayos clínicos de medicamentos (Primera Parte)», *cit.*, págs. 15 y ss., concluye, a partir de determinadas previsiones, que la responsabilidad es objetiva. Así, en concreto, fija la atención en la obligatoriedad de asegurar, propia de una actividad de riesgo, en la que normalmente se establece una responsabilidad objetiva; otro indicio es la agravación de responsabilidad en caso de insuficiencia de cobertura; y, finalmente, considera que la presunción del nexo causal no tiene mucho sentido en un sistema basado en la culpa.

A nuestro juicio, no necesariamente se vinculan cada uno de estos tres indicios al sistema de responsabilidad objetiva. En realidad, cuando se presente un litigio, la cuestión del fundamento de la responsabilidad se resolverá en función de las reglas del Derecho común, que unas veces serán las del Código civil (sistema subjetivo, para ensayos de titularidad privada) y otras veces la de la Ley de Régimen Jurídico del Sector Público (sistema objetivo, para ensayos de titularidad pública). No es una buena solución, y nos hace entrar en la dualidad de regulaciones y jurisdicciones, pero es la que consideramos más correcta ante la ausencia de un pronunciamiento expreso en las normas del régimen especial.

y se mantenga una regla tan extraña como la responsabilidad objetiva vinculada a la insuficiente cobertura, hecho este último que, además, invierte la carga de la prueba, pero sin concretar su real alcance. También merece crítica que se describan los daños resarcibles y se dejen fuera daños de entidad como los daños morales puros. El cúmulo de desaciertos acaba con un límite mínimo de cobertura que ha quedado anclado en el pasado. El diseño del régimen especial está hecho con un alarmante desconocimiento de los requisitos exigibles en el Código civil y en la legislación administrativa para que surja el derecho a ser indemnizado: criterio de imputación que sirve de fundamento a la responsabilidad, clase de daño, carga de la prueba del daño y del nexo causal, etc.

OBJEÇÃO DE CONSCIÊNCIA MÉDICA NO DIREITO BRASILEIRO

Flaviana Rampazzo Soares

Mestre e Doutora em Direito pela Pontifícia Universidade Católica do Rio Grande do Sul (PUC/RS). Especialista em Direito Processual Civil. Advogada e Professora.

Sumário: 1. Introdução – 2. Contornos conceituais da objeção de consciência médica – 3. O desafio da figura da objeção de consciência médica no direito brasileiro – 4. A objeção de consciência e o princípio da legalidade no direito constitucional – 5. A atividade do médico no âmbito infraconstitucional e no plano deontológico (CEM) – 6. Breve referência ao direito estrangeiro, em matéria de aborto e objeção de consciência médica – 7. Sugestão de pautas a considerar quanto ao exercício da objeção de consciência médica; 7.1. Quanto aos efeitos da conduta a que se opõe; 7.2. Quanto ao tipo de atendimento a ser prestado ou omitido e a proximidade entre a objeção e a conduta objetada; 7.3. Quanto aos demais profissionais presentes e aptos a realização do ato médico; 7.4. Quanto ao atendimento ser prestado de forma privada ou no serviço público; 7.5. Quanto à motivação apresentada pelo objetor; 7.6. Quanto à possibilidade de alcance de um resultado por outro meio; 7.7. Quanto a quem seja o "efetivo" objetor; 7.8. Quanto à impossibilidade de que a objeção cause situação juridicamente inadmissível; 7.9. Quanto à forma escrita da objeção de consciência exercida pelo médico; 7.10. Quanto à transparência e à informação aos destinatários – 8. Considerações finais – 9. Referências

1. INTRODUÇÃO

O médico é o profissional apto a trabalhar na atenção da saúde humana, atendendo nas linhas de promoção, prevenção, no diagnóstico e no tratamento, com o objetivo reabilitar, de restabelecer a saúde, de proporcionar maior qualidade de vida ao paciente ou de atender aos legítimos interesses deste, no âmbito de sua saúde.

A atividade médica sempre importa uma atuação profissional: o estudante ingressa no curso de medicina, cola grau, inscreve-se no conselho profissional e passa a atuar, sendo natural pensar que ele esteja disposto a agir sempre que isso for necessário. É por isso que, em geral, os estudos na área do direito médico tratam extensamente da autonomia do paciente, embora sejam parcimoniosos em matéria de autodeterminação do médico. Assim, esse texto aborda um importante ponto na área de atuação médica, consubstanciado nas circunstâncias e condições que permitem ao médico recusar a prática de atos de medicina, com a finalidade de atendimento a princípios religiosos, éticos ou morais que residem na sua própria consciência, sem que isso seja considerado uma conduta ilícita.

A objeção advinda da consciência do médico, que poderia justificar o não atendimento ao paciente ou o atendimento de um modo diverso do previsto normativamente, precisa ser melhor entendida no sistema jurídico brasileiro, porque, conforme mencionado, a compreensão corrente é no sentido de que o médico deve atender o paciente nas circunstâncias que demandem atendimento (nas quais há necessidade de atuação profissional ou consentimento válido para essa atuação).

Neste texto, questiona-se até que ponto é possível obrigar o médico a atender um paciente, de forma contrária às suas convicções pessoais, e qual é o espaço de domínio do próprio profissional, no qual pode se movimentar em sua autodeterminação, exercendo o direito de recusar a execução de um ato médico que ele considere ser incompatível com as suas convicções, formadas em sua consciência, como resultado das suas crenças pessoais, sem que isso possa integrar o suporte fático de um ato ilícito civil.

Esses são os questionamentos apresentados como de necessária compreensão e verificação, especialmente diante de um cenário de crescente pluralismo social, o qual reivindica a aceitação de diferentes pontos de vista e visões de mundo, que pautarão condutas práticas exigíveis dos indivíduos. Esse panorama traz a necessidade de construção de um caminho que permita conciliar, em adequada medida, a autonomia médica e o direito do paciente ao atendimento em saúde.

Portanto, é necessário elucidar o conceito de objeção de consciência, bem como estudar os seus contornos e limites, com o propósito de que esses esclarecimentos possam ser eficientes à finalidade de garanti-la e efetivá-la, contemplando, ainda, a proposição de critérios de apreciação que legitimam um modo de conduzir-se de acordo com a consciência individual do médico.

Essa abordagem tem como objetivo excluir, no que for possível, a subjetividade quanto ao que possa ser objeto e o que não possa ser conteúdo da objeção de consciência médica.

Propõe-se, assim, a pesquisa do cenário jurídico que cerca o tema, sob o método de abordagem dedutivo e de procedimento documental, observando-se, como técnica de pesquisa, a coleta e análise doutrinária e legislativa.

A explanação é iniciada pela noção conceitual chave da expressão *objeção de consciência*, passando pela apresentação dos seus contornos normativos e finalizando com a exposição e análise de possíveis critérios (sugestivos) de aplicação prática.

Para finalizar a introdução, esclarece-se que não haverá espaço, nos estritos limites deste texto, para a análise aprofundada do tema, em especial quanto ao conceito e ao conteúdo da liberdade, dos aspectos constitucionais envolvidos, e, tampouco, para um estudo de todos os aspectos da consciência que comportam objeção. O enfrentamento será essencialmente fundado nas questões com repercussão prática, que envolvem a objeção de consciência do médico tendo como cenário o direito brasileiro, conquanto seja utilizada tanto a doutrina brasileira quanto a estrangeira como referência, bem como seja feita breve menção ao direito estrangeiro em matéria de interrupção voluntária de gestação, como será justificado oportunamente.

2. CONTORNOS CONCEITUAIS DA OBJEÇÃO DE CONSCIÊNCIA MÉDICA

Diante do contexto exposto na introdução, tem-se que, embora a expressão seja polissêmica e passível de ser vista sob diversos enfoques (sociológico, histórico, filosófico etc.), sob o aspecto da estruturação semântica, ela contempla o verbo transitivo *objetar*, o qual traduz ideia de oposição. O substantivo vinculado ao verbo, *objeção*, tem o significado de argumento utilizado para refutar, replicar ou impugnar.

Consciência, por sua vez, é substantivo que expressa a fonte da qual provém as convicções pessoais específicas de cada pessoa, as quais constituem uma pauta valorativa moral do *myself*, criada *a partir* e *em face* das vivências e crenças assimiladas e processadas pela própria pessoa, por experiência ou por ensinamento, a qual traduz o ato de conhecimento próprio e do mundo, e de uma percepção individual autovinculante do que seja admissível ou inadmissível para si[1], que advém da natureza reflexiva típica da inteligência humana.

Assim, a consciência tem uma dimensão psicológica, de delineamento quanto ao conhecer-se a si, e de julgamento das normas sociais e religiosas circundantes, mediante prévia decisão pessoal, à qual também se associa uma deliberação a respeito da moralidade de situações concretas. A consciência moral, por sua vez, é conduzida internamente por um desejo do bem, o qual corresponde tanto à sua causa e quanto à sua pauta (o desejo do *bem*, por consequência, enseja a rejeição do *mal*): "é à luz desse chamado interno que a consciência exerce o seu julgamento", e é tanto melhor exercida quanto seja conhecida, iluminada e apoiada por uma razão correta[2].

Segundo Puppinck, a liberdade de consciência não significa que a pessoa não possa fazer um julgamento moral arbitrário, pois a escolha entre seguir ou não seguir o que a sua consciência prescreve é um ato de livre arbítrio (a pessoa, movida pelo afeto ou pela ganância, pode roubar, agindo contra a sua consciência porque o sentimento é mais forte que o seu senso moral, e é por concretizar essa conduta contrariamente ao determinado pela consciência é que poderá responder por suas ações). Para ele, o que confere à ordem seu caráter vinculativo não é tanto a autoridade formal da pessoa que a emitiu, mas a percepção, por parte da pessoa que recebe a ordem, da sua obrigação moral de agir para o bem ao qual esta mesma ordem é emitida, e isso leva o indivíduo a respeitar a lei, pois "a obediência aos vários padrões não é automática ou direta: passa pelo exame interno da consciência pessoal e depois pelo livre arbítrio"[3].

Em tese, as normas almejam a justiça e o bem comum, e, se as pessoas conscientemente as obedecem, é porque razoavelmente concordam que uma determinada norma esteja correta (pois converge com as suas convicções pessoais) ou que o seu cumprimento será para o seu próprio bem. Se ela for rejeitada pelas convicções pessoais, a sua única vinculabilidade será a externa (a da autoridade que a prescreveu), e não a interna (a proveniente da convicção pessoal), e será percebida pelo destinatário como uma afronta à sua consciência, pois ele a percebe como um *mal*, e não como um *bem*. Nesse descompasso reside a objeção de consciência, e é por meio dela que a pessoa defende a sua liberdade de se conformar com a própria convicção pessoal, que a leva a um conduta em sintonia com a conduta que entenda estar correta[4].

---

1. A respeito do histórico da concepção de "consciência" nas tradições filosófica e científica, veja-se CEMBRANI, Fabio; CEMBRANI, Gianluca. *L'obiezione di coscienza nella relazione di cura*. Torino: SEED. 2016. p. 30 e ss.
2. PUPPINCK, Grégor. Objection de conscience et droits de l'homme: essai d'analyse systématique. *Revue Société, droit et religion*. C.N.R.S. Editions. n. 6. 2016. p. 209-275 (em especial a p. 213 e trechos das p. 214 e 215).
3. PUPPINCK, Grégor. *Objection de conscience...* 2016. Trechos da p. 216.
4. PUPPINCK, Grégor. *Objection de conscience...* 2016. Especialmente nas p. 217 e 221.

Trata-se de um a antinomia peculiar que tem, de um lado, uma obrigação de gênese normativa, e, de outro, um dever moral exigido pela consciência e com aquela incompatível, a primeira constituída dentro do mundo do direito e a outra fora dele, evidenciando suas naturezas distintas, embora a legitimação da segunda se radique na primeira[5].

Assim, em regra, a refutação cotidiana nesse espaço de objeção, que provém das convicções pessoais, pode ser exposta no mundo externo sem maiores repercussões, não ingressando no espaço dos fatos jurídicos[6]. Porém, transportando essas concepções ao mundo jurídico, nas objeções de consciência que estão relacionadas às normas jurídicas, tem-se que as mesmas podem apresentar uma dimensão *negativa* e outra *positiva*.

Sob a dimensão *negativa* (*negative claims of conscience*), pode ser considerada a recusa de um indivíduo ao cumprimento de um dever jurídico que determina um *fazer* (e, nesse caso, a objeção correspondente a um *não fazer*), sob o fundamento de que há um ditame interno moral, religioso ou ético vinculante, que impede a pessoa de agir da forma juridicamente prevista, e que - sob certas circunstâncias - deve ser juridicamente aceito para o fim de excluir a ilicitude de uma conduta que, não fosse essa condição, seria considerada como ilícita[7].

Os exemplos mais comuns de objeção de consciência na área da medicina são a negativa da prática de interrupção voluntária de gestação, nas hipóteses legalmente admissíveis; a realização de pesquisas com embriões; o uso de técnicas de reprodução humana assistida; a esterilização voluntária e a gestação por substituição.

Na dimensão *positiva* (*positive claims of conscience*), tem-se que a objeção de consciência se manifesta no agir, quando uma norma jurídica não autoriza uma determinada atuação (a objeção consiste em um *fazer*), por exemplo, "proporcionando tratamentos sanitários profissionais permitidos, embora proibidos por uma norma jurídica" que determinara uma abstenção em caso específico[8].

---

5. SAPORITI, Michele. *La coscienza disubbidiente*: ragioni, tutele e limiti dell'obiezione di coscienza. Milano: Giuffrè, 2014. p. 104.

6. "Já vimos que o fato jurídico é o que fica do suporte fáctico suficiente, quando a regra jurídica incide e porque incide. Tal precisão é indispensável ao conceito de fato jurídico. Vimos, também, que no suporte fáctico se contém, por vezes, fato jurídico, ou ainda se contêm fatos jurídicos. Fato jurídico é, pois, o fato ou complexo de fatos sobre o qual incidiu a regra jurídica; portanto, o fato de que dimana, agora, ou mais tarde, talvez condicionalmente, ou talvez não dimane, eficácia jurídica. Não importa se é singular, ou complexo, desde que, conceptualmente, tenha unidade". MIRANDA, Pontes de. *Tratado de direito privado*: parte geral. T. I. São Paulo: Editora Revista dos Tribunais, 2012. p. 148 (§ 23).

7. Na doutrina, em geral, a objeção de consciência é vista como um "conflito de deveres", representando um embate em que, de um lado, estão aspectos morais próprios e, de outro, estão preceitos jurídicos. MENDOZA, Fátima Flores. *La objeción de conciencia en derecho penal*. Granada: Editorial Comares, 2001. p. 52. Assim, seria lícito desobedecer o conteúdo imperativo das normas quando nelas há mandato contrário às convicções morais, filosóficas, políticas ou religiosas daquele sobre o qual recai uma obrigação. Nesse sentido, assevera CASTRO JOVER, María Adoración. *La libertad de la conciencia y la objeción de la conciencia individual en la jurisprudencia constitucional española*. In: MARTÍNEZ-TORRÓN, Javier (coord.). La libertad religiosa y de conciencia ante la justicia constitucional. Granada: Editorial Comares, 1998. p. 133-186, em especial na p. 137.

   No Brasil, Mendes e Branco referem que a insubmissão não seria um mero capricho, mas uma atuação que tem a finalidade de evitar a geração de uma insuportável violência psicológica ao objetor, porque a conduta que é conteúdo da objeção "contradiz algo irrenunciável para o indivíduo". MENDES, Gilmar F.; BRANCO, Paulo G. Gonet. *Curso de direito constitucional*. 8. ed. São Paulo: Saraiva, 2013. p. 313.

8. A doutrina aponta como exemplo de objeção de consciência positiva as restrições legais administrativas na assistência a determinadas coletividades (p. ex., os imigrantes), frente aos quais o médico se sente impelido a

OBJEÇÃO DE CONSCIÊNCIA MÉDICA NO DIREITO BRASILEIRO

A característica essencial da objeção de consciência para o mundo do direito, repita-se, é, de um lado, a existência de um dever jurídico previamente estabelecido por meio de uma norma jurídica ou de diretriz específica de cumprimento obrigatório, cujo conteúdo pode afetar questões de ordem moral ou religiosa do profissional, e, de outro, um imperativo de consciência pessoal dissonante quanto à diretriz jurídica contida na lei, a ser aplicada ao paciente.

O objetivo de quem invoca a objeção de consciência é elidir o cumprimento da lei ou de um ato jurídico, em um caso individualmente considerado, no que traduz figura jurídica que não pode ser confundida com a desobediência civil, a qual tem cunho político e objetivo de alterar uma legislação ou política governamental tida como injusta, a ser utilizada como meio de obtenção de adesão da sociedade a uma determinada causa[9].

A objeção de consciência médica tem como característica peculiar, se comparada com outras espécies de objeção de consciência, o fato de que aquela tem potencial de atingir diretamente terceiros, que são os pacientes que pleiteiam um atendimento médico, e, quando efetivada, representa (*a priori*) o incumprimento de deveres éticos e jurídicos próprios da profissão médica.

Não ingressam no âmbito da objeção de consciência divergências sobre a divisão de trabalho, de dissidências quanto a dados científicos relacionados ao que possa ser considerado como um tratamento mais eficiente, uma prática ou técnica mais adequada ou mesmo, conforme Azofra, quanto a "melhor interpretação de um protocolo ou guia de atuação". Ademais, se uma norma determinar um específico procedimento, ao qual o médico objete por consciência própria, mas que a refutação venha de início, por produto da verdadeira autodeterminação do paciente (por meio de dissentimento ou de recusa de atendimento nas hipóteses juridicamente admissíveis) que vem ao encontro da posição pessoal do médico, essa também não é hipótese de exercício de objeção de consciência médica. Tudo o que não possa ser subsumível ao conceito próprio da objeção de consciência, ainda que sobre ele exista uma dúvida do profissional quanto ao modo de proceder, não é caso típico dessa figura jurídica.[10]

No entanto, a posição pessoal do paciente, exercida dentro do seu âmbito lícito de exercício de autodeterminação, que seja contrária à consciência do médico, bem como outros exemplos não mencionados (em razão da diversidade de hipóteses possíveis) ensejarão avaliações específicas, e, por isso, justifica-se a apresentação de pautas de atuação, que serão descritas neste estudo, as quais podem ser aptas ao auxílio na solução de casos concretos.

---

atender, independentemente das referidas restrições. Vide, a respeito, o *site* www.derechoacurar.org, e SEOANE, José Antonio. Objeción de conciencia positiva. Barcelona. *Revista de Bioética y Derecho*, n. 32, p. 34-45. 2014 e WICCLAIR, Mark R. Positive claims of conscience and objections to immigration law. *Virtual Mentor. American Medical Association Journal of Ethics*, vol. 15, n. 3, 2013, pp. 188-192.

9. AZOFRA, María Jorqui. ¿Disentir bajo la objeción de conciencia sanitaria? In: VIEIRA, María Luisa Arcos (Dir.). *Autonomía del paciente e intereses de terceros*: límites. Navarra: Thomson Reuters-Editorial Aranzadi, 2016. p. 267-308. Trecho da p. 272.

10. AZOFRA, María Jorqui. ¿Disentir ...*, 2016. Trecho da p. 289-290.

3. O DESAFIO DA FIGURA DA OBJEÇÃO DE CONSCIÊNCIA MÉDICA NO DIREITO BRASILEIRO

Não se pode negar a proeminência dos Julgamentos de Nuremberg para que o necessário protagonismo da objeção de consciência fosse evidenciado, pois nesse *locus* foi reconhecido que o cumprimento de ordens superiores não seria suficiente para elidir a tipificação penal de repreensíveis condutas médicas em experimentos científicos na área de saúde, implementados em campos de concentração.

Segundo o raciocínio exposto nos Julgamentos de Nuremberg, a objeção de consciência se formata como um *dever*, e não apenas como um *direito*.

Isso repercutiu no art. 9º da Convenção Europeia dos Direitos Humanos (CEDH)[11], assim como no art. XVIII da Declaração Universal dos Direitos Humanos (DUDH)[12], que expressam o direito de toda pessoa à liberdade de pensamento, de consciência e de religião, a contemplar o direito de sua manifestação individual ou coletiva, em público ou em privado, o qual não pode ser restringido senão nas hipóteses legalmente previstas, que constituírem disposições necessárias numa sociedade democrática, que se destine à segurança, à proteção da ordem, da saúde e da moral públicas, ou à proteção dos direitos e das liberdades de outras pessoas, situações essas que constituem "freios" expressos à sua aplicação.

Em sentido similar, tem-se o *Pacto de San José da Costa Rica* (Convenção Americana de Direitos Humanos de 1969 – CADH), o qual, em seus artigos 12 e 13.1, resguarda tanto a liberdade de consciência e de religião, quanto a liberdade de pensamento.

Tomada a posição da objeção de consciência como um feixe da liberdade (a liberdade de consciência e de pensamento), tem-se que a sua aplicação pressupõe o reconhecimento da pessoa que objeta em sua dignidade, como um ser moral, com capacidade de decisão e de responsabilidade sobre as suas decisões. Nessa figura jurídica há uma situação de descompasso entre essa liberdade (e da própria autodeterminação profissional) e os limites a ela opostos por uma norma (a *norma objetada*). Ela é genericamente legitimada no ordenamento jurídico brasileiro, mas o seu exercício somente pode ser considerado regular (não abusivo) quando efetivado com responsabilidade, responsabilidade essa que se preenche com a análise das condições e das repercussões desse exercício (de forma hipotética e também de forma prática) nas esferas jurídicas alheias e nos interesses públicos envolvidos[13].

Como visto, ao mesmo tempo em que se admite que é possível o exercício da objeção de consciência, igualmente é necessário reconhecer que a relação entre objeção e legalidade é passível de encontrar descompassos e, por isso, é preciso encontrar um ponto de equilíbrio, embora deva ser reconhecido que a sua "consistência numérica" pode apresentar dois cenários distintos: se os objetores forem minoria "não suscetível de comprometer o bem jurídico protegido pela lei, o pluralismo é sem dúvida realizado

---

11. Disponível em: https://www.echr.coe.int/Documents/Convention_POR.pdf, acesso em 22 dez. 2019.
12. Disponível em: https://nacoesunidas.org/direitoshumanos/declaracao/, acesso em 22 dez. 2019.
13. Conforme Azofra, o exercício da objeção de consciência envolve convicção e responsabilidade, devendo-se investigar sob quais condições ela está no campo do exercício lícito, de modo a harmonizar o interesse do médico de não agir contra a sua consciência e do paciente de não ficar sem atendimento. AZOFRA, María Jorqui. *¿Disentir ...*, 2016. p. 286.

precisamente por meio da garantia da objeção". No entanto, se os objetores tornarem-se maioria (como tem ocorrido na Itália em matéria de interrupção voluntária de gestação), "a garantia da objeção – com paradoxo apenas aparente – acaba por violar o pluralismo", "porque favorece o interesse unicamente do objetor, prejudicando o interesse do titular do direito protegido pela obrigação legal"[14].

Há, assim, a necessidade de obtenção de uma solução possível, que não negue o direito de exercício da objeção de consciência, mas que, igualmente, preserve os interesses envolvidos nas normas jurídicas que prescrevem determinadas condutas que são previstas por serem desejáveis e úteis, sem que ocorra um "aprisionamento" no que diz respeito às hipóteses de incidência, e que, ao mesmo tempo, seja eficiente para tratar dos casos de ocorrência usual, sem "alargamentos" indevidos.

O caminho a trilhar, com a finalidade de solucionar essa situação de contraposição, será o de exame das circunstâncias concretamente observáveis, incluindo as motivações da objeção de consciência invocada; das necessidades e dos objetivos que fundam o dever previsto na norma objetada; da possibilidade de se obter o resultado previsto na norma por outros meios, dentre outros, como será visto neste texto.

São inúmeras as situações que podem ensejar ou circundar a objeção de consciência, desde a rejeição de procedimentos que são contrários às convicções religiosas do médico como, por exemplo, proceder a um aborto, passando pela negativa de atendimento proveniente de exigências de superiores hierárquicos ou da instituição a qual esteja vinculado contrárias às diretrizes da religião que o profissional segue (por exemplo, os fiéis da Igreja Adventista do Sétimo Dia, bem como algumas vertentes do judaísmo ortodoxo, proíbem o trabalho do pôr do sol da sexta-feira ao pôr do sol do sábado) e a transitar pela recusa de atuação decorrente de hipótese de obstinação terapêutica, cada vez mais comum diante dos avanços da medicina.

Os exemplos são variados e não se resumem às hipóteses antes indicadas, mas, de toda forma, convém que as linhas gerais a respeito do tema sejam estudadas, para que se verifique quando a pessoa, confrontada com um dever jurídico que seja antagônico a uma convicção pessoal, poderá estar atuando sob situação excludente de ilicitude.

4. A OBJEÇÃO DE CONSCIÊNCIA E O PRINCÍPIO DA LEGALIDADE NO DIREITO CONSTITUCIONAL

Para que se possa falar em objeção quanto ao cumprimento do preceito contido em uma determinada regra jurídica, que seja legitimada por se enquadrar em uma exceção juridicamente qualificada como objeção de consciência, deve-se inicialmente ter uma regra que prescreva uma determinada conduta. E, ainda, para que não se fale em descumprimento dessa regra, ou deve haver regra que permita a sua não realização, ou a interpretação do próprio sistema jurídico deve ser capaz de admiti-la como uma hipótese de exclusão de ilicitude.

---

14. MASTROMARTINO, Fabrizio. Esiste un diritto generale all'obiezione di coscienza? *Diritto & questioni pubbliche.* XVIII, n. I, giugno 2018, pp. 159-181, trechos da p. 163.

Aqui, verifica-se que há uma corrente que sustenta que a objeção de consciência é um direito fundamental, com ampla aplicabilidade e proteção, adotando, assim, a prevalência da autodeterminação do médico, e outra que refere ser um direito autônomo e constitucionalmente protegido, mas que admite a primazia da regra jurídica sobre a vontade individual do objetor, a qual é incidente de maneira excepcional. No meio desse "caminho" de entendimentos opostos, há outros intermediários, a sustentar uma análise particularizada de cada caso concreto; a afirmar a necessidade de que exista legislação específica etc.

Tão importante e sensível é o tema, porque trata das mais antigas e fortes reivindicações do ser humano, que, no Brasil, é objeto de regulamentação e asseguração constitucional, conquanto deva ser melhor compreendido para que possa ser adequadamente aplicado, porque não há um sistema de tipicidade das objeções, e, por esse motivo, é possível afirmar que a objeção de consciência está albergada no sistema jurídico brasileiro de modo genérico.

No direito constitucional brasileiro, pode-se falar que a objeção de consciência tem sua invocação como conduta admissível, seja em razão do princípio da legalidade[15], seja em face da própria liberdade, e, sob a perspectiva dos direitos fundamentais, tem-se que a objeção de consciência constitui uma modalidade de exercício da liberdade de consciência (e da liberdade de pensamento), a qual assegura, sob determinadas condições, a liberdade positiva e a liberdade negativa, a primeira compreendida como o direito de manifestar as suas próprias convicções e de agir de acordo com elas, e a segunda abrangente da possibilidade de se recusar a agir de modo contrário a essas convicções. A liberdade de consciência, aliás, constitui a personalidade humana, e integra a primeira dimensão dos direitos fundamentais.

Protege-se, no direito, a liberdade de consciência (vinculada a preceitos morais) tanto quanto a liberdade de crença (fundada em preceitos de fé religiosa), porquanto a proteção ao livre desenvolvimento da personalidade envolve o amparo à liberdade, de modo que a defesa da integridade moral individual é garantida pela proteção dessa liberdade, no que isso for possível. Destarte, a liberdade é um dos feixes da dignidade da pessoa humana, reconhecida para garantir a autonomia ética pessoal e o exercício de direitos subjetivos e de direitos potestativos, se estiverem de acordo com outros interesses relevantes, tais como os sociais[16], pois a liberdade de consciência, elevada ao patamar coletivo, também

---

15. Lembre-se do texto do art. 5º, incisos II, VI e VIII, da Constituição Federal (CF):

    "Art. 5º. Todos são iguais perante a lei, sem distinção de qualquer natureza, garantindo-se aos brasileiros e aos estrangeiros residentes no País a inviolabilidade do direito à vida, à liberdade, à igualdade, à segurança e à propriedade, nos termos seguintes: (...)

    II - ninguém será obrigado a fazer ou deixar de fazer alguma coisa senão em virtude de lei; (...)

    VI - é inviolável a liberdade de consciência e de crença, sendo assegurado o livre exercício dos cultos religiosos e garantida, na forma da lei, a proteção aos locais de culto e a suas liturgias; (...)

    VIII - ninguém será privado de direitos por motivo de crença religiosa ou de convicção filosófica ou política, salvo se as invocar para eximir-se de obrigação legal a todos imposta e recusar-se a cumprir prestação alternativa, fixada em lei;"

16. BODIN DE MORAES, Maria Celina. O Conceito de dignidade humana: substrato axiológico e conteúdo normativo. In: SARLET, Ingo Wolfgang (Org.). Constituição, Direitos Fundamentais e Direito Privado. Porto Alegre: Livraria do Advogado, 2003, p. 107-149, trecho da p. 119.

OBJEÇÃO DE CONSCIÊNCIA MÉDICA NO DIREITO BRASILEIRO — 371

é protegida como pluralidade de pensamento, que constitui característica essencial na democracia e estimulante à vitalidade da sociedade[17], embora deva-se admitir que a objeção de consciência vem a colocar em pauta o direito de exercício de recusa vinculada a uma norma geralmente é criada sob uma pauta de justificação no bem comum.

5. A ATIVIDADE DO MÉDICO NO ÂMBITO INFRACONSTITUCIONAL E NO PLANO DEONTOLÓGICO (CEM)

A Lei n. 12.842/2013, que dispõe sobre o exercício da medicina, não contém disposição específica no que diz respeito à objeção de consciência médica. A lei mencionada estipula que a saúde humana, individual ou coletivamente considerada, compõe "o objeto da atuação do médico" (art. 2º), devendo o médico agir "com o máximo de zelo, com o melhor de sua capacidade profissional e sem discriminação de qualquer natureza".

No Brasil, os preceitos relativos ao tema objeto deste trabalho estão no plano deontológico, no qual o Código de Ética Médica (CEM – Resolução do Conselho Federal de Medicina n. 2.217, de 27/09/2018) assume protagonismo, na qualidade de *soft law*. O CEM prevê que o médico detém autonomia no exercício da sua profissão, podendo rejeitar a prestação de serviços "que contrariem os ditames de sua consciência ou a quem não deseje", "excetuadas as situações de ausência de outro médico, em caso de urgência ou emergência, ou quando sua recusa possa trazer danos à saúde do paciente" (princípio VII do capítulo I, que trata dos princípios fundamentais e no Capítulo II, item IX, que estabelece os direitos do médico).

Com isso, é possível afirmar que o CFM não permite o exercício da objeção de consciência em quaisquer das três seguintes situações (que adiante serão referidas como "condições primárias"):

(1ª) quando não há outro profissional médico a realizar o atendimento ao paciente;

(2ª) quando o quadro clínico do paciente demandar atendimento de urgência ou emergência (arts. 7º e 33) ou

(3ª) se essa recusa por objeção de consciência puder resultar dano à saúde do paciente.

Essas três condições primárias são incidentes alternativamente, bastando a configuração de uma delas para que o médico não tenha a possibilidade de exercer a sua objeção de consciência, a configurar a prática de ato ilícito caso venha a agir em desacordo com o seu dever apriorístico de atendimento. Ademais, diante das próprias circunstâncias que envolvem as três condições mencionadas, ressalta-se que as mesmas são mais familiares à objeção de consciência negativa, cuja aplicação está no campo do *não fazer*.

E, especificamente no tocante à terceira hipótese (lembrando-se que saúde, conforme especificado pela Organização Mundial da Saúde, corresponde ao estado de completo bem-estar físico, mental e social, e não somente a ausência de afecções ou enfermidades), tem-se que, diante da natureza do atendimento médico, haverá obrigação de atendimento

---

17. BOBBIO, Norberto. *O futuro da democracia*. 7. ed. São Paulo: Paz e Terra, 2000. p. 53-78.

em toda situação que lhe demande, na qual a saúde do paciente possa ser prejudicada se o médico objetar atuação em razão de sua consciência, o que acaba por reduzir na prática o número de casos nos quais a objeção de consciência possa servir como motivo legítimo para a recusa ao atendimento médico.

Adicionalmente, o Capítulo II do CEM prevê ser direito dos médicos a possibilidade de recusa ao exercício da sua profissão em duas situações: quando uma instituição (pública ou privada): (1) não prover condições de trabalho dignas ou que "possam prejudicar a própria saúde ou a do paciente" ou de outros profissionais, tendo o dever de, ao experimentar essa situação, comunicar a sua decisão, com "a maior brevidade", "ao diretor técnico, ao Conselho Regional de Medicina de sua jurisdição e à Comissão de Ética da instituição, quando houver" (IV), e, (2) "não oferecer condições adequadas para o exercício profissional ou não o remunerar digna e justamente, ressalvadas as situações de urgência e emergência, devendo comunicar imediatamente sua decisão ao Conselho Regional de Medicina".

Quanto às referências do parágrafo antecedente, tem-se como de exercício admissível apenas quando isso não representar ofensa a qualquer das três hipóteses de condições primárias, embora essas hipóteses não sejam aprovadas na análise da motivação exposta no item n. 6 deste texto.

Ademais, para o CEM (Capítulo VII, art. 47), a objeção de consciência não pode permitir que um médico que esteja na direção de uma instituição, em razão de sua crença religiosa, convicção filosófica, política, interesse econômico ou qualquer outro que não técnico-científico ou ético, impeça que outros médicos utilizem as suas instalações e recursos para a prática de atos com os quais o objetor não concorda.

6. BREVE REFERÊNCIA AO DIREITO ESTRANGEIRO, EM MATÉRIA DE ABORTO E OBJEÇÃO DE CONSCIÊNCIA MÉDICA

No direito europeu, em especial o italiano e o espanhol, a objeção de consciência médica costuma centralizar os seus maiores debates em temas cujo caráter moral é controverso ou que se choca - no maior número de casos - com prescrições religiosas (embora também surjam em decorrência de convicções éticas e morais independentes de aspectos religiosos), em especial nos casos de reprodução (notadamente de interrupção voluntária de gestação) e de atos relacionados a abreviação do fim da vida.

A regulamentação mais mencionada pela doutrina que trata do tema sob debate é a que diz respeito às diretrizes ao exercício da objeção de consciência médica para os casos de interrupção voluntária da gestação, nos casos admissíveis.

A maioria dos países europeus admite o direito à objeção de consciência em matéria de interrupção voluntária da gravidez. No direito francês, o artigo L. 2212-8 do *Code de la santé publique*[18] estabelece, em seu primeiro parágrafo, que não há obrigatoriedade na prática do ato por parte do médico ou da parteira, mas o profissional, nesse caso, deve informar imediatamente à gestante a respeito dessa recusa, bem como comunicá-la

---

18. Disponível em: www.legifrance.gouv.fr, acesso em 25 dez. 2019.

imediatamente os nomes de outros médicos ou parteiras que estão aptos a realizar o procedimento. Ademais, o mesmo artigo, em seu parágrafo terceiro, explicita a possibilidade de que um estabelecimento de saúde privado possa rejeitar a prática desse ato em suas instalações. No entanto, se o estabelecimento for credenciado ao atendimento público em saúde, somente será lícita a recusa se outro estabelecimento puder realizar esse atendimento na mesma localidade.

Tanto o direito italiano, por meio da *Legge n. 194/1978* (Lei da tutela social da maternidade e da interrupção voluntária da gestação), quanto o direito espanhol, com a *Ley Orgánica* n. 2/2010 (a qual trata da saúde sexual e reprodutiva, bem como da interrupção voluntária da gestação) contemplam previsões no sentido de que é condição ao exercício do direito de objetar a prévia declaração por escrito.

O art. 19 da referida *Ley Orgánica* espanhola n. 2/2010[19] confere aos profissionais da área da saúde diretamente envolvidos na interrupção voluntária da gestação a possibilidade de exercerem a objeção de consciência, sem que isso implique prejuízo ao acesso da paciente à prestação dos serviços assistenciais, desde que essa decisão seja individual do profissional, que deve "manifestar-se previamente e por escrito".

O art. 9º da mencionada *Legge 22 maggio 1978*, n. 194, estabelece que os profissionais de saúde e os operadores de atividades auxiliares não são obrigados a participar dos atos de interrupção voluntária de gestação, mas a declaração do objetor deve ser comunicada ao médico provincial e, no caso de funcionário de hospital ou de clínica, também ao diretor médico, objeção essa que pode ser revogada em qualquer tempo, e, ao ser devidamente comunicada, exonera o profissional da prática dos atos específicos de interrupção da gestação, mas não da assistência à paciente prévia e posterior ao ato. No entanto, a parte final do mencionado artigo de lei refere que a objeção de consciência "não pode ser invocada pelo pessoal de saúde e o exercício de atividades auxiliares quando, dada a particularidade das circunstâncias, a sua intervenção pessoal é essencial para salvar a vida da mulher em perigo iminente"[20].

O tema segue palpitante e permeado por questões de índole religiosa, que acendem calorosos debates. No Reino Unido, o *case Greater Glasgow Health Board v. Doogan and another* (2014)[21] é emblemático. Nele, duas parteiras católicas romanas (Doogan e Wood) coordenadoras de enfermaria do hospital Glasgow, negaram-se a "delegar, supervisionar e/ou apoiar a equipe" destacada para atender pacientes que fariam interrupção voluntária de gestação, na forma prevista no *Abortion Act 1967*. Para a Suprema Corte, embora a Seção 4 da referida Lei permita a objeção de consciência (a menos que seja necessário salvar a vida ou evitar danos graves à integridade psicofísica da paciente gestante), *Ms. Doogan* e *Ms. Wood* não poderiam objetar porque não lhes competiria a execução de qualquer tarefa prática direta nesse atendimento (não se tratava da prática de atos diretos de

---

19. Disponível em: https://www.boe.es/buscar/act.php?id=BOE-A-2010-3514, acesso em 25 dez. 2019.
20. Disponível em: http://www.salute.gov.it/imgs/C_17_normativa_845_allegato.pdf, acesso em 25 dez. 2019.
Para Mastromartino, a objeção de consciência é um direito de imunidade, que não é um direito geral e tampouco absoluto, tanto que a Lei n. 194/1978 prevê que o médico objetor não possa rejeitar a prática dos atos médicos de interrupção da gestação no caso-limite no qual o prosseguimento da gestação comporte um risco iminente à vida da gestante. (MASTROMARTINO, Fabrizio. *Esiste un diritto...* 2018, trecho das p. 159-160).
21. Disponível em: https://www.supremecourt.uk/cases/uksc-2013-0124.html, acesso em 25 dez. 2019.

interrupção da gestação), pois atos de gerenciamento (inclusive de supervisão, alocação de servidores e agendamentos), que lhes competiam na ocasião, não se enquadrariam na permissão da objeção de consciência na área da saúde[22].

Passando para a América do Sul, no direito argentino, a objeção de consciência médica foi objeto de referência na *Ley n. 26.130/2006* (a qual rege as "intervenções de contracepção cirúrgicas"), que instituiu um regime que reconhece esse direito e o regulou em seu art. 6º, mencionando que tanto o médico quanto os auxiliares do sistema de saúde podem licitamente rejeitar a execução de atos de ligadura de trompas ou de vasectomia nos serviços do sistema de saúde argentinos. No entanto, as autoridades de estabelecimento assistencial devem possibilitar a realização desses atos por profissionais não objetores.

As províncias argentinas também possuem competência para legislar a respeito da matéria, e diversas delas as emitiram, permitindo o exercício da objeção de consciência.

No âmbito jurisprudencial argentino, a Suprema Corte de Justiça da Nação determinou que as autoridades nacionais e provinciais devem gerar soluções normativas que garantam um sistema que permita aos profissionais da área de saúde o exercício do direito de objeção de consciência, desde que isso não comprometa a atenção ao paciente e que ela seja manifestada no momento da implementação do protocolo ou no início das atividades nos estabelecimentos de saúde dos quais façam parte, para que esses possam se organizar de modo adequado a terem em seus corpos profissionais médicos aptos às práticas necessárias ao atendimento dos pacientes vítimas de violência sexual que desejem abortar, nos casos admissíveis no ordenamento jurídico argentino[23].

No Uruguai, a Lei do Aborto (*Ley n. 18.987/2012*) reconhece a possibilidade de recusa da prática de atos de interrupção de gestação, assim como concede o direito de recusa de atendimento aos médicos e ao pessoal da área da saúde que estariam aptos a atuar nestes procedimentos, pelo exercício da objeção de consciência (art. 11). Destarte, o Código de Ética Médica uruguaio (CEMU - *Ley n. 19.286/2014*) igualmente admite o direito à objeção de consciência em razão de crenças pessoais dos profissionais envolvidos no ato (art. 40 e 41)[24]. O art. 40 do CEMU estabelece que o médico objetor deve encaminhar a paciente a outro médico, para que essa não deixe de ser atendida, e o art. 11 da Lei do Aborto determina que o médico objetor deve dar conhecimento dessa ob-

---

22. Convém ressaltar que, no Reino Unido e Canadá, há vivo debate entre quem sustenta uma visão mais restritiva ao direito de objetar, e quem defenda uma maior amplitude desse direito, inclusive no atendimento público em saúde. Na defesa do direito de objetar, veja-se COWLEY, Christopher. A defense of conscientious objection in medicine: a reply to Schuklenk and Savulescu. *Bioethics*. V. 30. Issue 5. December 2015. Disponível em: https://onlinelibrary.wiley.com/doi/abs/10.1111/bioe.12233, acesso em 25 dez. 2019. Com visão mais restritiva, veja-se SCHUKLENK, Udo. Conscientious objection in medicine: accommodation versus professionalism and the public good. *British Medical Bulletin*, V. 126, Issue 1, June 2018, p. 47-56. Disponível em: https://academic.oup.com/bmb/article/126/1/47/4955771, acesso em 25 dez. 2019. Em sentido crítico ao próprio termo "objeção de consciência", veja-se: GIUBILINI, Alberto. The paradox of conscientious objection and the anemic concept of 'conscience': downplaying the role of moral integrity in Health Care. *Kennedy Institute of Ethics Journal*, vol. 24, n. 2, 2014, p. 159-185.

23. Disponível em: http://www.saij.gob.ar/corte-suprema-justicia-nacion-federal-ciudad-autonoma-buenos-aires---medida-autosatisfactiva-fa12000021-2012-03-13/123456789-120-0002-1ots-eupmocsollaf,acesso em 25 dez. 2019.

24. Disponível em: https://legislativo.parlamento.gub.uy/temporales/leytemp7074919.htm, e em https://legislativo.parlamento.gub.uy/temporales/leytemp2868233.htm, acesso em 25 dez. 2019.

OBJEÇÃO DE CONSCIÊNCIA MÉDICA NO DIREITO BRASILEIRO **375**

jeção às autoridades das instituições das quais faça parte do corpo profissional, sendo que a objeção de consciência poderá ser manifestada ou revogada de forma expressa em qualquer momento[25]. A revogação será considerada tácita se o profissional, mesmo tendo manifestado a objeção, tiver praticado ou vier a praticar o ato objetado.

O exposto neste item do texto indica que a objeção de consciência deve ser observada para os executores de atos que sejam diretamente vinculados aos atos objetados, embora tenda a ser uma figura jurídica evitada quando em confronto com interesses superiores do paciente ou de saúde pública, sendo necessário que o objetor sempre previamente cientifique tanto as autoridades públicas envolvidas quanto o próprio paciente, seja para melhor organização administrativa, seja em razão da boa-fé que deve reger a relação médico-paciente.

7. SUGESTÃO DE PAUTAS A CONSIDERAR QUANTO AO EXERCÍCIO DA OBJEÇÃO DE CONSCIÊNCIA MÉDICA

Admitindo-se que não seria desejável uma regulamentação rígida a respeito da matéria, diante da diversidade de circunstâncias que permeiam cada situação concreta, bem como das dificuldades de avaliação no que diz respeito ao "mérito" das crenças e convicções de cada pessoa, que obstaculizariam a sua aplicação prática, é possível especificar algumas pautas que permitem uma melhor interpretação dos casos nos quais a objeção de consciência possa ser admitida.

Estabelecida essa premissa inicial, sustenta-se a possibilidade de que a objeção de consciência concretamente considerada seja analisada mediante a apreciação de critérios objetivos e subjetivos, tendo em vista os aspectos abaixo pontuados, a serem conjugados com as "condições primárias" referidas no item n. 4 deste trabalho (quando não há outro profissional médico a realizar o atendimento ao paciente; quando o quadro clínico do paciente demandar atendimento de urgência ou emergência ou se essa recusa por objeção de consciência puder resultar dano à saúde do paciente).

7.1. Quanto aos efeitos da conduta a que se opõe

A cláusula geral de bons costumes pode ser considerada como fundante de eventuais limitações externas ao exercício da objeção de consciência, tendo-se em conta a eficácia da situação jurídica e os valores constitucionais, notadamente a dignidade da pessoa humana e a solidariedade, bem como o grau de interferência na esfera jurídica de terceiros, gerados pelo exercício dessa objeção, evitando-se que a invocação desse direito limite ou negue interesses existenciais alheios ou interesses públicos com maior proeminência, consideradas as circunstâncias concretamente avaliadas.

---

25. "Artículo 40. Si el médico, en razón de sus convicciones personales considera que no debe practicar un aborto aun cuando esté legalmente amparado, podrá retirarse de la asistencia, debiendo derivar a la paciente a otro médico.

 Artículo 41. La esterilización de mujeres u hombres deberá contar con el consentimiento libre y consciente de la persona, luego de haber sido debidamente informados de las consecuencias de esta intervención médica, valiendo las consideraciones hechas en el artículo precedente en cuanto a la objeción de conciencia".

Assim, poder-se-ia separar dois grupos de casos[26]:

(6.1.1) objeção pessoal que atinja apenas a esfera jurídica de seu titular, sem produzir efeitos jurídicos prejudiciais diretos e imediatos nas esferas jurídicas de terceiros (lesão concreta ou mera ameaça), a qual, embora possa ensejar (*a priori*) a possibilidade de limitação ao exercício do direito de objetar, é a situação que mais permite o exercício da objeção de consciência;

(6.1.2) de eficácia interpessoal, no qual o recurso ao direito de objetar repercute diretamente na esfera jurídica de outrem, situação na qual cabe verificar casuisticamente se o seu exercício concretamente lesionará ou trará risco juridicamente inadmissível aos direitos de terceiros o qual, se comprovado, poderá ensejar limitações concretas ao exercício do direito de objetar.

Quando a invocação desse direito atinge ou puder atingir negativamente um número indeterminado de pessoas não necessariamente identificadas ou puder afetar negativamente um interesse público, cuja norma objetada pretende resguardar ou promover, deve haver uma análise especial, pois uma restrição ao direito-dever de objetar, calcada em interesses públicos determinados pelo Estado, pode acarretar situações de difícil solução, inclusive porque há medidas aplicadas com o objetivo de resguardar "interesse público" que muitas vezes somente se sustentam circunstancialmente, e que o passar do tempo (com ou sem objeção) é capaz de demonstrar erros na sua adoção (por exemplo, políticas de eugenia – ainda que disfarçadas -, de esterilizações forçadas ou casos de internações compulsórias).

7.2. Quanto ao tipo de atendimento a ser prestado ou omitido e a proximidade entre a objeção e a conduta objetada

Quando o atendimento a ser realizado não comporta adiamento (ou seja, trata-se de atendimento não eletivo), sendo caracterizado como de urgência ou emergência, a restrição ao exercício da objeção de consciência do médico é medida acertada. Isso porque aqui há um interesse maior de que o paciente seja atendido, e, no balanço entre os interesses de uma pessoa que pretende agir de modo diferente do que determina uma norma e o interesse de preservação da vida de uma pessoa que depende da atuação do profissional, deve-se dar preferência à preservação da vida daquele que depende do atendimento médico (esse é o teor do princípio VII do capítulo I e do exposto no Capítulo II, item IX, do CEM, tratado no item n. 4 deste artigo).

Quando, por outro lado, o médico atender de maneira eletiva, a qual razoavelmente permite que o paciente busque outro profissional que atue na forma quista pelo utente, então é possível afirmar que há maior espaço ao exercício da objeção de consciência médica.

Ademais, há que existir uma proximidade entre a conduta objetada e a motivação da objeção. Tal como expressado no precedente *Greater Glasgow Health Board v. Doogan*

---

26. Esse é o ensinamento de Viveiros de Castro para os atos de autonomia pessoal (em especial, os de ordem existencial). VIVEIROS DE CASTRO, Thamis Dalsenter. *Bons costumes no direito civil brasileiro*. São Paulo: Almedina, 2017, *passim*.

OBJEÇÃO DE CONSCIÊNCIA MÉDICA NO DIREITO BRASILEIRO | **377**

and another, a análise das circunstâncias concretas indicará qual é o grau de proximidade entre o ato a praticar pelo objetor e o ato efetivamente objetado. Quanto maior a distância entre um e o outro, menor será o âmbito de proteção à objeção de consciência, a qual serve para salvaguardar quem diretamente terá que praticar o ato objetado.

7.3. Quanto aos demais profissionais presentes e aptos a realização do ato médico

Deve-se ponderar igualmente se, na ocasião em que o médico objeta, há outros profissionais presentes, que possam atuar no atendimento do paciente, sem que isso acarrete a necessidade de modificações que gerem dificuldades, as quais possam prejudicar tanto o profissional (o profissional B) que será chamado a esse atendimento objetado (no lugar do profissional *A - objetor*) quanto a outros pacientes ou a própria estrutura de atendimento (o hospital, por exemplo).

Caso a resposta seja positiva, ou seja, se outro membro da equipe, no momento do atendimento, puder praticar o ato médico que outro profissional objeta), passa-se a ser admitido o exercício da objeção de consciência médica. Se a resposta for negativa, isso passa a ser um entrave a esse exercício.

Nem se diga que essa hipótese resultaria na aplicação da pauta prevista no item 6.2, pois, por exemplo, se em uma estação espacial ou em um local remoto há um médico objetor e um paciente que depende de atendimento que não é de urgência ou de emergência, mas a não execução do ato ao tempo devido, pode ensejar situação de prejuízo ao paciente, não havendo outro profissional próximo, o caminho é determinar que o próprio objetor atue.

7.4. Quanto ao atendimento ser prestado de forma privada ou no serviço público

Há que se ter uma distinção entre o atendimento realizado no setor privado, no qual o profissional pode ter maior disponibilidade quanto ao seu espaço de atuação na formatação do seu trabalho (locais de trabalho, carga horária etc.), podendo até mesmo mencionar aspectos relacionados à objeção de consciência em seu contrato a ser firmado com a clínica ou hospital tomador do seu serviço (por exemplo, a antes referida restrição ao horário de trabalho, para os médicos adventistas do sétimo dia), ou no atendimento em consultório próprio; e a atuação realizada no setor público, que é regido por regras mais rígidas e com menor âmbito de aplicação da autodeterminação do médico no que concerne aos ajustes relativos ao trabalho a ser executado, existindo interesse público relevante de eficiência no atendimento a reduzir o âmbito de aplicação da objeção de consciência médica.

7.5. Quanto à motivação apresentada pelo objetor

A motivação apresentada pelo objetor também deve ser apreciada na tarefa de verificação da conformidade da objeção médica, cuidando-se para evitar que a mera *conveniência pessoal* ou o simples oportunismo do profissional sejam justificações indevidamente utilizadas como real justificativa para manifestar a objeção (por exemplo, o médico que apresenta uma alegação de objeção de consciência quando a sua real intenção é evitar um risco de responsabilidade na prática de um ato médico, ou porque não quer ter que ficar sujeito a uma escala de atendimento que o desfavoreça em outros interesses pessoais).

Conforme ela seja mais ou menos relevante, mais se aproximará, respectivamente, da maior ou menor possibilidade de sua aceitação. Aqui, leva-se a cabo uma aferição do quanto a negativa que circunda a objeção de consciência pode ser grave a quem por ela é atingido, sopesando a justificativa exposta por quem a invoca. Quanto mais relevante for a motivação do médico ao objetar, mais protegida poderá ser a sua vontade.

Recorde-se, igualmente, que há uma diferença entre a autodeterminação pessoal, que se circunscreve à capacidade individual de estabelecer padrões e objetivos próprios à realização do seu livre arbítrio e, consequentemente, à realização e ao desenvolvimento da personalidade, e a capacidade da pessoa de julgar à luz da sua própria moralidade (inclusive com base em preceitos religiosos), e a de cumprir com as prescrições desta moralidade ou religiosidade.

Embora se reconheça que há um nível acentuado de indeterminação na avaliação do que possa ser considerado como "relevante motivação", bem como que há dificuldade de avaliar tanto as crenças e convicções alheias quanto o impacto que as mesmas representam em cada pessoa, tem-se que ela não pode ser admitida quando ela não for verdadeira objeção de consciência, e a análise da motivação servirá justamente a esse propósito.

7.6. Quanto à possibilidade de alcance de um resultado por outro meio

Nesse item, parte-se da premissa de que, quanto maior for a possibilidade de atingir os objetivos da norma por meios que preservem a objeção de consciência, maior será a proteção a esta. Trata-se da dimensão do *postulado normativo aplicativo da proporcionalidade* (porque apresenta-se como um dever estruturante da aplicação de normas)[27], seja como proibição tanto do excesso quanto da insuficiência, seja como cânone hermenêutico na construção de caminhos a trilhar em específicos casos concretos considerados, a atuar como mecanismo de ponderação na análise de duas posições ou situações cujo resultado de aplicação simplista e apriorística implique em antinomia a ser dissipada, reconhecendo-se que pode haver o reconhecimento da razoabilidade das razões de cada um[28].

Adequação e necessidade são vocábulos associados à proporcionalidade, de modo que é imprescindível perquirir se o meio empregado por quem deseja objetar permite o alcance do seu objetivo (se é adequado), sem que isso cause injustificável prejuízo à integridade psicofísica ao paciente, ou que lhe cause indevido gasto financeiro ou dano ao seu patrimônio para que se assegure o exercício desse direito de objetar. Da mesma forma, há que se verificar sobre a necessidade de recorrer à objeção de consciência quanto

---

27. Na linguagem de ÁVILA, Humberto. *Teoria dos princípios*: da definição à aplicação dos princípios jurídicos. 4. ed. São Paulo: Malheiros, 2005. p. 87-131 (em especial na p. 113).

28. Segundo Stumm, em um sistema jurídico o princípio da proporcionalidade pode radicar-se no Estado de Direito, nos direitos fundamentais e no devido processo legal (STUMM, Raquel Denize. *Princípio da proporcionalidade no direito constitucional brasileiro*. Porto Alegre: Livraria do Advogado Editora, 1995. p. 95-170). Bonavides igualmente defende a ideia de múltiplos fundamentos do princípio. BONAVIDES, Paulo. *Curso de direito constitucional*. 14 ed. São Paulo: Malheiros, 2004. p. 434-436.

OBJEÇÃO DE CONSCIÊNCIA MÉDICA NO DIREITO BRASILEIRO **379**

a aspecto que possa ser remediado sem acesso a essa justificativa (que corresponde ao critério da imprescindibilidade, pelo qual é preferível o uso de meio que possa atingir o mesmo fim que seja menos lesivo, ou seja, que não restrinja outro direito alheio ou que o atinja de forma menos lesiva). A primeira pergunta a fazer é quanto ao critério da *pertinência*, e o segundo é o das *alternativas* que possam existir.

Na medida possível, deve haver uma adequação entre, de um lado, o exercício da objeção de consciência por parte do médico, e o resultado almejado pelo paciente, de modo a acomodar ambas pretensões (as justas reivindicações dos envolvidos), no que isso for possível e, quando não for possível, que a sua aplicação se dê na maior medida, na menor afetação dos seus direitos e legítimos interesses. Assim, se o paciente puder ser atendido de uma maneira que, dentro dos ditames da razoabilidade, não seja necessário que o médico objete, ou, caso venha a objetar, que o paciente não fique desassistido, deverá ser buscada a concretização desse entendimento com a execução desse caminho possível.

7.7. Quanto a quem seja o "efetivo" objetor

A objeção de consciência médica *verdadeira* é aquela que reside no âmbito individual desse profissional, de modo que não pode ser enquadrada na concepção de objeção de consciência médica a mera obediência do profissional ao que possa ser considerado como determinado por uma "instituição".

A natureza pessoal da objeção de consciência impede que a mesma seja invocada por quem não detenha a qualidade de pessoa natural com discernimento e capacidade civil. Conforme preleciona Puppincku, uma pessoa que ainda não tem (a criança) ou que não tem mais (a situação de demência) esses atributos, não tem capacidade de exercício da objeção de consciência. Isso justifica uma necessária distinção entre liberdade de consciência e liberdade de religião que, por sua vez, pode ser exercida por uma igreja, por exemplo, ou por uma associação que invoque a liberdade de consciência e de religião em sua dimensão coletiva, ou mesmo a sua própria autonomia, "com o objetivo de recusar-se a participar da execução de atos contrário ao seu *ethos*"[29].

7.8. Quanto à impossibilidade de que a objeção cause situação juridicamente inadmissível

Não se pode admitir que uma pretensa objeção de consciência médica possa servir a propósitos não admissíveis juridicamente, como por exemplo, resultar em indevida discriminação, prejuízo ou ausência de atendimento ao paciente que dele necessita.

Esse ponto difere da análise da *motivação* porque, enquanto no item 6.5 o objetivo é verificar se realmente há uma verdadeira objeção de consciência na análise prévia do que *causa e justifica* a objeção, no ponto ora exposto o ponto de partida é o resultado que seria alcançado pelo exercício da objeção, em uma avaliação hipotética. Quanto a esse aspecto, uma objeção cuja justificação não seja universalizável (porque, *v.g.*, é indevidamente discriminatória) não será a expressão de uma convicção admissível juridicamente (lem-

---

29. PUPPINCK, Grégor. *Objection de conscience...*, 2016. Trechos da p. 239.

bre-se do imperativo categórico de Kant, segundo o qual pode-se agir "apenas segundo uma máxima tal que possas ao mesmo tempo querer que ela se torne lei universal"[30]).

Esse ponto específico traz o debate a respeito da necessidade ou da pertinência de haver um *agente de validação*[31] da objeção apresentada pelo médico, o qual possa receber, validar e administrar os termos de objeção de consciência que sejam apresentados pelos médicos. Se, para o atendimento no setor privado, essa medida não é de fácil aplicação, no setor público essa medida pode ser conveniente e necessária. No atendimento realizado em hospitais, por exemplo, é possível que o tema seja objeto de análise pelo Comitê de Ética, seja para assegurar, quando possível, o direito de objetar conjugado com os demais requisitos expostos neste trabalho (por exemplo, com os avisos ao público), seja na busca de um entendimento que possa coadunar os interesses de todas as partes, mediante consenso cujo conteúdo esteja de acordo com a ordem jurídica (mediante aplicação de técnicas de mediação ou tentativas de decisão consensual), reiterando-se ao médico quais são as suas obrigações; quais são as condições sob as quais poderá objetar, bem como seus limites. Ou, não havendo solução, o assunto poderá ser objeto de definição por meio atuação do Poder Judiciário.

Não se olvide, no entanto, da crítica da doutrina ao referir que seria inapropriado que um juiz especificasse o espaço de atuação da objeção de consciência, diante da margem de discricionariedade inerente ao fato de que o exercício da jurisdição proporcionará ampla margem de interpretação[32], porquanto essa figura jurídica se consubstancia por um conceito jurídico indeterminado. Tendo essa natureza, é admissível que seja atribuída a competência jurisdicional ao juiz, para trazer à luz o sentido e alcance efetivo e casuístico do exercício da objeção de consciência.

7.9. Quanto à forma escrita da objeção de consciência exercida pelo médico

Para que a atuação na área da saúde ocorra com a organização, a eficiência e a boa-fé necessária, é conveniente que a objeção do médico seja emitida por escrito, notadamente quando o seu trabalho é desenvolvido em ambiente no qual outros profissionais da área também atuam.

7.10. Quanto à transparência e à informação aos destinatários

Entende-se que há aspectos organizativos que cercam o tema, e que são vinculados à conduta esperada do profissional, que não pode agir de modo impetuoso. É preciso que a objeção de consciência, quando admissível, seja *explícita* (de fácil percepção e compreensão por seu destinatário); *suficientemente prévia* (a permitir que o paciente tenha condições de buscar outro profissional, sem que o tempo utilizado nessa busca possa

---

30. KANT, Immanuel. *Fundamentação da metafísica dos costumes.* Trad. por Paulo Quintela. Lisboa: Edições 70, 1986. p. 59.

31. O *agente de validação* deve ser preferencialmente um profissional independente, pois a submissão da avaliação a autoridade diretamente atingida ou envolvida no resultado da validação pode desvirtuar a sua finalidade de instituição ou de manutenção.

32. MASTROMARTINO, Fabrizio. *Esiste un diritto...* 2018. p. 175.

prejudicar a sua saúde ou o atendimento); comprovada (quando possível), devidamente *motivada* (a validar o seu exercício) e *juridicamente admissível*.

Quando o profissional integra uma instituição de atendimento em saúde (notadamente hospitais e clínicas), ou atende utilizando-se da estrutura de uma dessas instituições, é conveniente que, antes de utilizá-las, deixe claro se é objetor e em quais circunstâncias principais haverá objeção, para que a própria instituição dela tenha conhecimento e eventualmente possa agir no sentido de resguardar seus próprios interesses e de administrar a sua organização interna (por exemplo, emitindo avisos, exigindo maiores cuidados do profissional, contratando outro, para reorganização de plantões ou mesmo fazendo seus avisos à seguradora na qual mantenha apólice de seguro vigente). Essa é uma medida que pode ser utilizada também com o propósito de resguardar o próprio médico quanto às suas obrigações decorrentes da sua atuação profissional.

A transparência, a boa-fé e a organização são fundamentais para que se possa atingir o equilíbrio entre atender aos imperativos de consciência do médico objetor; aos lícitos interesses dos pacientes e às necessidades das estruturas de atendimento em saúde.

Essas são linhas gerais de aspectos que se sugerem que sejam observados na atuação do médico no exercício do direito de objeção de consciência, permitindo-se, nesse momento, a apresentação das conclusões desse estudo.

8. CONSIDERAÇÕES FINAIS

Ao término das explanações lançadas no decorrer do texto, algumas conclusões são possíveis e aptas a responder aos questionamentos apresentados.

Quando diferentes oradores, em matéria de objeção de consciência apresentam, em três correntes distintas, de um lado, uma visão mais liberal, que sustenta uma ampla possibilidade de objeção de consciência médica, de outro, uma concepção mais restritiva, reduzindo as possibilidades de o médico objetar o atendimento, ou de realiza-lo de forma distinta ao preconizado em determinada norma, e, por fim, a corrente intermediária na busca de consenso para atender a ambos interesses[33], observa-se que, segundo a análise empreendida, a divergência está na extensão do exercício da autodeterminação do médico sob o enfoque das suas premissas morais e religiosas, considerado a importância da profissão para os demais integrantes da sociedade, bem como o maior peso aos interesses relativos à saúde em sentido amplo, a contemplar tanto os justos anseios de um paciente individualmente considerado, quanto da saúde como um interesse a preservar e a promover.

Conforme demonstrou o texto, as restrições ao exercício da objeção de consciência médica resultam de uma *prévia escolha valorativa* (axiológica), a considerar razões próprias de uma ciência com conteúdo normativo, sob influências culturais, políticas e religiosas e que igualmente depende de uma definição quanto à *extensão de autodetermi-*

---

33. Veja-se, a respeito, o item n. 3 do seguinte texto: GONZÁLEZ-VÉLEZ, Ana-Cristina. Objeción de conciencia, bioética y derechos humanos: una perspectiva desde Colombia. *Revista de Bioética y Derecho*. N. 42, 2018. Universidad de Barcelona. Disponível em: https://www.redalyc.org/jatsRepo/783/78355381008/html/index.html#B6, acesso em 25 dez. 2019.

nação profissional que mais se adequa a essa prévia escolha valorativa, e é por isso que todas as vertentes existentes quanto ao tema (liberais, conservadoras ou intermediárias) podem ser passíveis de justificação e de amparo por diferentes extensões admissíveis da autodeterminação.

Assim, a autonomia do profissional na seara do direito médico e, em especial, na autodeterminação do profissional da medicina, pode não preponderar ou ser exercida amplamente, quando ponderada a concepção de heteronomia, de modo que, conquanto se reconheça a pessoa como um ser moral, com capacidade de decisão e de responsabilidade sobre as suas decisões, sob determinadas circunstâncias, o exercício da profissão poderá ensejar um dever de agir ou de não agir, ainda que o médico pense de modo diferente.

A construção de pautas de exercício da autonomia do profissional na objeção de consciência médica, ou mesmo a conveniência dessa tarefa, é um desafio que impõe uma análise que deve avaliar a utilidade e a necessidade de um *consenso dialético*, a considerar as normas existentes, os interesses e as vontades postas em causa, circunstâncias políticas, culturais, jurídicas, e o balanço de possíveis consequências na atribuição de uma maior ou menor abrangência na sua invocação.

Diante de todo o contexto exposto, torna-se importante que a análise da melhor solução a cada caso tenha em mente as diretrizes mencionadas no item n. 6 deste estudo, conquanto se reconheça que, em razão de sua complexidade, o tema não possa ensejar a aplicação de um critério universal de solução.

Confirma-se, por fim, que o direito pode refletir os paradoxos e as tensões entre bases ou exigências muitas vezes contraditórias, pois, ao mesmo tempo em que existe uma pretensão de universalidade de direitos, há o contraponto igualmente robusto no sentido de que devem ser consideradas diversidades e contextos que podem influenciar a percepção e a aplicação prática desses direitos[34].

9. REFERÊNCIAS

ÁVILA, Humberto. *Teoria dos princípios*: da definição à aplicação dos princípios jurídicos. 4. ed. São Paulo: Malheiros, 2005.

AZOFRA, María Jorqui. ¿Disentir bajo la objeción de conciencia sanitaria? In: VIEIRA, María Luisa Arcos (Dir.). *Autonomía del paciente e intereses de terceros*: límites. Navarra: Thomson Reuters-Editorial Aranzadi, 2016. p. 267-308.

BOBBIO, Norberto. *O futuro da democracia*. 7. ed., São Paulo: Paz e Terra, 2000.

BODIN DE MORAES, Maria Celina. O Conceito de dignidade humana: substrato axiológico e conteúdo normativo. In: SARLET, Ingo Wolfgang (Org.). *Constituição, Direitos Fundamentais e Direito Privado*. Porto Alegre: Livraria do Advogado, 2003. p. 107-149.

BONAVIDES, Paulo. *Curso de direito constitucional*. 14 ed. São Paulo: Malheiros, 2004.

CEMBRANI, Fabio; CEMBRANI, Gianluca. *L'obiezione di coscienza nella relazione di cura*. Torino: SEED. 2016.

---

34. LOCHAK, Danièle. *Le droit et les paradoxes de l'universalité*. Paris: PUF, 2010. p. 251.

CASTRO JOVER, María A. La libertad de la conciencia y la objeción de la conciencia individual en la jurisprudencia constitucional española. In: MARTÍNEZ-TORRÓN, Javier (Coord.). *La libertad religiosa y de conciencia ante la justicia constitucional*. Granada: Editorial Comares, 1998.

COWLEY, Christopher. A defense of conscientious objection in medicine: a reply to Schuklenk and Savulescu. *Bioethics*. V. 30. Issue 5. December 2015.

GIUBILINI, Alberto. The paradox of conscientious objection and the anemic concept of 'conscience': downplaying the role of moral integrity in Health Care. *Kennedy Institute of Ethics Journal*, vol. 24, n. 2, 2014, p. 159-185.

GONZÁLEZ-VÉLEZ, Ana-Cristina. Objeción de conciencia, bioética y derechos humanos: una perspectiva desde Colombia. *Revista de Bioética y Derecho*. n. 42, 2018. Universidad de Barcelona.

KANT, Immanuel. *Fundamentação da metafísica dos costumes*. Trad. por Paulo Quintela. Lisboa: Edições 70, 1986.

LOCHAK, Danièle. *Le droit et les paradoxes de l'universalité*. Paris: PUF, 2010.

MASTROMARTINO, Fabrizio. Esiste un diritto generale all'obiezione di coscienza? *Diritto & questioni pubbliche*. XVIII, n. I, giugno 2018, pp. 159-181.

MENDES, Gilmar F.; BRANCO, Paulo G. Gonet. *Curso de direito constitucional*. 8. ed. São Paulo: Saraiva, 2013.

MENDOZA, Fátima Flores. *La objeción de conciencia en derecho penal*. Granada: Editorial Comares, 2001.

MIRANDA, Pontes de. *Tratado de direito privado: parte geral*. T. I. São Paulo: Editora Revista dos Tribunais, 2012.

PUPPINCK, Grégor. Objection de conscience et droits de l'homme: essai d'analyse systématique. *Revue Société, droit et religion*. C.N.R.S. Editions. n. 6. 2016. p. 209-275.

SAPORITI, Michele. *La coscienza disubbidiente*: ragioni, tutele e limiti dell'obiezione di coscienza. Milano: Giuffrè, 2014.

SCHUKLENK, Udo. Conscientious objection in medicine: accommodation versus professionalism and the public good. *British Medical Bulletin*, V. 126, Issue 1, June 2018, p. 47-56.

SEOANE, José Antonio. Objeción de conciencia positiva. Barcelona. *Revista de Bioética y Derecho*, n. 32, p. 34-45. 2014.

STUMM, Raquel Denize. *Princípio da proporcionalidade no direito constitucional brasileiro*. Porto Alegre: Livraria do Advogado Editora, 1995.

VIVEIROS DE CASTRO, Thamis Dalsenter. *Bons costumes no direito civil brasileiro*. São Paulo: Almedina, 2017.

WICCLAIR, Mark R. Positive claims of conscience and objections to immigration law. *Virtual Mentor. American Medical Association Journal of Ethics*, vol. 15, n. 3, 2013, pp. 188-192.

A RESPONSABILIDADE CIVIL NA CRIOGENIA HUMANA

Adriano Marteleto Godinho

Professor adjunto da Universidade Federal da Paraíba e do Programa de Pós-Graduação (Mestrado e Doutorado) da UFPB. Doutor em Ciências Jurídicas pela Universidade de Lisboa. Mestre em Direito Civil pela Universidade Federal de Minas Gerais. Membro fundador do Instituto Brasileiro de Estudos de Responsabilidade Civil (IBERC) e do Instituto de Direito Civil-Constitucional (IDCC). E-mail: adrgodinho@hotmail.com.

Luciana Dadalto

Doutora em Ciências da Saúde: Infectologia e Medicina Tropical pela Faculdade de Medicina da UFMG. Mestre em Direito Privado pela PUCMinas. Membro fundador do Instituto Brasileiro de Estudos de Responsabilidade Civil (IBERC). Advogada com atuação exclusiva em Saúde. Professora da Escola de Direito do Centro Universitário Newton Paiva. Coordenadora do Grupo de Estudos e Pesquisa em Bioética (GEPBio) do Centro Universitário Newton Paiva. Administradora do portal www.testamentovital.com.br. E-mail: luciana@lucianadadalto.com.br

Raquel Katllyn Santos da Silva

Mestre em Relações Internacionais pela Universidade Estadual da Paraíba e Graduanda em Direito pela Universidade Federal da Paraíba. E-mail: raquelkatllyn@gmail.com.

Sumário: 1. Introdução – 2. A finitude como característica intrínseca à humanidade – 3. Entendendo a criogenia humana – 4. Estado da arte da criogenia – 5. Aspectos jurídicos do tema – 6. Perspectivas sobre responsabilidade civil na criogenia humana – 7. Considerações finais – 8. Referências

1. INTRODUÇÃO

Os avanços tecnológicos no meio científico e médico, notadamente quanto à criogenia, refletem o dilema da morte e da manutenção da vida, sob determinadas circunstâncias de conservação da temperatura, nomeadamente de um corpo humano. Face a essa perspectiva, a possibilidade de congelar o corpo morto e estender o interregno entre a vida e a morte amplia as possibilidades de intervencionismo humano, desconstruindo o pensamento recente de que tais ações estavam encerradas somente no plano das ideias, da pura e simples utopia.

O processo criônico tem sido usado, desde o final dos anos 1960, como modo de criopreservar seres humanos, imediatamente após a morte decorrente da velhice ou de ferimentos fatais, acidentes e doenças terminais.[1] O propósito que se pretende cumprir com tal processo de congelamento é o de impedir a deterioração biológica, ou seja, a cessação de todas as funções corporais e o começo da morte celular, ainda que a ideia de ressuscitação corporal humana - mediante a cura que viabilize um *posterior reviver* - reflita uma perspectiva atualmente irrealizável pelas tecnologias médicas.

A profusão de pesquisas que consideram o progresso tecnológico e científico, particularmente nesse caminho de preservação e manutenção da vida humana, por intermédio do processo da criogenia, estabelece de pronto questionamentos jurídicos incidentes, entre muitos fatores, sobre a responsabilização civil e os direitos patrimoniais e existenciais do paciente. À luz das múltiplas dúvidas referentes à capacidade de a pessoa moribunda ter o direito de optar por tal procedimento médico-experimental, e devidamente consideradas as lacunas legislativas que permeiam a inovadora temática em apreço, impõe-se ainda questionar aspectos relativos à temporalidade e aos interesses individuais da pessoa a ser congelada, para além de todos os fatores biológicos transformados a partir de um potencial novo começo para a vida em um corpo, outrora suspenso e, então, desperto.[2]

Estabelecer os marcos civis para a (i)licitude da conduta criogênica no Brasil implica pensar e sustentar princípios basilares constitucionais; posto que o bem jurídico tutelado – qual seja, a vida humana – é de relevância fundante em relação a todos os demais direitos, convém projetar certos limites ou diretrizes normativas para uma conduta científica adequada. Assim, a despeito do cuidado que há de ter para não refrear o avanço da ciência, pensados os riscos adjacentes, jamais cabe admitir a banalização da vida sob a égide do progresso abstrato e artificial tecnológico. Nesse sentido, o art. 5º da Constituição da República rememora, desde o seu *caput*, a inviolabilidade da vida humana, precedendo os direitos fundamentais e conferindo primazia ao respeito ao direito à vida.[3]

É necessário, portanto, averiguar a potencial responsabilidade civil dos profissionais e das entidades que operem técnicas de criogenia, sobretudo quando em face de incertezas na definição dos limites entre a morte e a vida.[4] Eis o ponto fulcral a decidir: tal conduta, afinal, reverbera na esfera da responsabilidade civil?

A pesquisa proposta objetiva, enfim, analisar o procedimento da criogenia sob as lentes da normatividade, pensando os limites da responsabilidade civil contrapostos aos desafios do avanço científico. Para tanto, de proêmio, será realizada uma descrição teórica com fulcro na elucidação sumária do objeto proposto. Em seguida, serão investigados os aspectos jurídicos da criogenia humana, tratando-se em especial acerca das implicações e entendimentos já propostos no ordenamento jurídico brasileiro, em paralela menção

---

1. KAISER, S.; GROSS, D.; LOHMEIER, J.; ROSENTRETER, M. Attitudes and acceptance toward the technology of cryonics in Germany. *International Journal of Technology Assessment in Health Care*, 30:1, p. 98-104, 2014.
2. HUXTABLE, R. Cryonics in the courtroom: which interests? Whose interests? *Medical Law Review*, v. 26, n. 3, p. 476-499, 2017.
3. GODINHO, Adriano Marteleto. *Eutanásia, ortotanásia e diretivas antecipadas de vontade*: o sentido de viver e morrer com dignidade. Curitiba: Juruá, 2016, p. 30.
4. HUGHES, J. J. The future of death: cryonics and the telos of liberal individualism. *Journal of Evolution and Technology*, 6, p. 1-23, 2001.

a casos repercutidos também no cenário internacional sobre a matéria. Finalmente, perpassando por distintas e correlatas áreas do Direito, para culminar no tema da responsabilização civil sobre o procedimento da criogenia, esta pesquisa se dedica a fornecer análises e limites jurídicos que orientem um caminho normativo para demandas cada vez mais inovadoras nos meios acadêmico e científico e na sociedade em geral.

2. A FINITUDE COMO CARACTERÍSTICA INTRÍNSECA À HUMANIDADE

Pesquisadores como Tabosa[5] apresentam um esforço histórico da busca da imortalidade. Desde os primórdios da Humanidade há a tentativa de descobrir como tornar o ser humano imortal. Platão e Aristóteles trabalharam o conceito de imortalidade da alma. Na China Imperial, muitos alquimistas acreditavam na possibilidade de criar elixires da imortalidade e esses elixires acabaram matando vários imperadores. No século XVII, Isaac Newton escreveu uma suposta fórmula para a imortalidade, que consistia em uma substância que converteria metais em ouro e deixaria as pessoas eternamente jovens. No século XIX, o neurologista britânico Charles-Édouard Brown-Séquard criou o que ele acreditava ser um "elixir" da imortalidade a partir de estratos retirados de testículos de cães e porquinhos da índia. No início de século XX, o médico russo Alexander Bogdanov acreditava que o segredo da imortalidade estava nas transfusões sanguíneas e em 1928 morreu em decorrência de malária adquirida com uma dessas transfusões. Esse extrato era chamado por ele de "substância rejuvenescedora", que injetava em si mesmo.

Atualmente, a busca da imortalidade está intrinsecamente relacionada com a biotecnologia e o crescimento exponencial da inteligência artificial. Alexandre[6] afirma que "a ideia de que a morte é um problema a resolver e não uma realidade imposta pela natureza ou pela vontade divina acabará se impondo", de modo que, no futuro, o ser humano saberá como acabar com a morte. O problema, segundo esse autor, é que ainda não é possível medir as consequências "dessa vitória sobre a definição da nossa humanidade".

Nesse contexto, surge o transhumanismo, ou seja, a compreensão atual do ser humano através das possibilidades inscritas em sua biologia e das evoluções tecnológicas possíveis desse substrato biológico[7]. O transhumano agregará elementos de ser humano e de máquinas, com órgãos e funções substituídas por nanochips, nanorobôs, computadores e outros dispositivos dotados de inteligência artificial.

Sabe-se, contudo, que a humanidade ainda está em uma fase anterior à *morte da morte*. A realidade dos anos 2019 e 2020 ainda é da inevitabilidade da morte, da incurabilidade de algumas doenças, do aumento de doenças psiquiátricas e de uma luta contra a morte que deságua na obstinação terapêutica.

---

5. TABOSA, Adriana. A ciência, a busca da imortalidade e a desumanização. *Revista Portuguesa de Filosofia*, t. 63, Fasc. 1/3, Filosofia e Ciência / Science in Philosophy (Jan. - Sep., 2007), p. 683-687.
6. ALEXANDRE, Laurent. A morte da morte: como a medicina biotecnológica vai transformar profundamente a humanidade. São Paulo: Manole, 2018, p. ix-x.
7. FERRANDO, Francesca. Posthumanism, Transhumanism, Antihumanism, Metahumanism, and New Materialisms Differences and Relations. *Existenz*, vol. 8, n. 2, fall 2013.

ADRIANO MARTELETO GODINHO, LUCIANA DADALTO E RAQUEL KATLLYN SANTOS DA SILVA

Desta feita, urge os questionamentos: a finitude é característica intrínseca à humanidade? A busca pela imortalidade não terá o condão de desnaturar a humanidade? O transhumano não será, em verdade, uma nova espécie de *sapiens*?

Cordeiro afirma que "a ficção científica hoje é a verdadeiro ciência do amanhã"[8] e, com isso, quer dizer que a realidade que espreita a humanidade é de transhumanismo. É a realidade em que coexistirá serem totalmente biológicos e serem híbridos. Mas é também a realidade em que "o incômodo, a depressão e os suicídios provavelmente continuarão a existir, ao menos para os transhumanos ainda dotados de uma inteligência biológica"[9].

Não é mais possível fechar os olhos para as pesquisas com foco na imortalidade, mas também não é possível fechar os olhos para o fato de que a humanidade como a conhecemos hoje é finita e que eventual imortalidade ou possibilidade de reanimação do corpo morto instaurará uma nova espécie de *homo* e novas relações sociais.

3. ENTENDENDO A CRIOGENIA HUMANA

A ciência que lida com a produção sob temperaturas muito baixas e seus efeitos sobre as propriedades da matéria é conhecida como criônica, termo cunhado em 1966 por Karl Werner, vice-presidente da *Cryonics Society of New York*. Trata-se de um domínio mais recente de criogenia, que se concentra no material vivo humano e em como os corpos podem ser congelados e, assim, preservados até que a cura da causa da morte possa eventualmente ser encontrada.

A criogenia, por sua vez, é um termo mais amplo, respeitante "à tecnologia de experimentos de baixa temperatura" colocar referência, tocando todas as disciplinas e programas centrados no armazenamento a frio humano.

Por fim, o termo *criobiologia* foi convencionado a partir de trabalhos com experimentos de baixa temperatura corporal humana, ainda nos anos 1950, e concerne aos efeitos de baixas temperaturas no material vivo em geral.[10] Na criobiologia, observa-se o sucesso na preservação por congelamento de suspensões celulares viáveis, soro sanguíneo e microrganismos, sêmen e tecidos não viáveis utilizados para transplante, criocirurgia e a preservação de grandes órgãos de mamíferos, a despeito de a suspensão criônica total de um corpo humano inteiro, e sobretudo o seu renascimento, seja ainda um passo a ser alcançado.[11] Com efeito, o despertar bem-sucedido de um corpo humano ainda está pendente de realização, razão pela qual a prática criônica, por vezes, remete à funerária alternativa.[12]

O movimento pró-criogenia apoia a ideia de prolongar a vida – e, assim, negar a morte – por ações e procedimentos realizados sob temperaturas muito baixas,

---

8. CORDEIRO, José Luís; WOOD, David. *A morte da morte*: a possibilidade científica da imortalidade. São Paulo: LVM Editora, 2019.

9. ALEXANDRE, Laurent. A morte da morte: como a medicina biotecnológica vai transformar profundamente a humanidade. São Paulo: Manole, 2018, p.49.

10. SMITH, G. P. II; HALL, C. Cryonic suspension and the Law. *Baywood Publishing Co. Inc. Omega*, v. 17 (1), 1986-87, 2.

11. SMITH, G. P. II; HALL, C. *Op. cit.*, p. 2

12. KAISER, S.; GROSS, D.; LOHMEIER, J.; ROSENTRETER, M. *Op. cit.*, p. 98–104.

capazes de criopreservar o organismo humano. Esse pensamento compreende que a criopreservação será exitosa no futuro, mediante pesquisas e iniciativas atuais, suplantando finalmente a ideia de que um retorno à vida de um corpo morto seja mera tese de ficção científica. Atualmente, a criopreservação tenciona se legitimar, entre outras esferas, nos meios familiar, midiático e de cultura popular, cujo imaginário coletivo, sobretudo no mundo ocidental, vem paulatinamente enfraquecendo quanto ao ideal de vida pós-morte pautado na crença religiosa.[13] Se o apego à ciência se funda na razão ou se a própria crença no meio científico se configura como *religião* que, aos poucos, mais e mais se legitima, o fato é que a perspectiva criogênica de facultar o retomar a vida no futuro exerce imensa atratividade e vem ganhando adeptos em todo o globo.

Coube ao físico norte-americano Robert C. W. Ettinger, autor do livro *The Prospect of Immortality* (1962),[14] liderar o movimento de criopreservação de cadáveres e desenvolver a tese basilar da criônica, que é o produto de conectar um "fato estabelecido" a uma "suposição razoável". O fato é que, sob temperaturas muito baixas, pode-se indefinidamente preservar pessoas mortas essencialmente sem nenhuma deterioração corporal. Já a suposição parte da premissa de que se a civilização perdura, a ciência médica poderá conseguir reparar praticamente quaisquer danos infligidos ao corpo humano, até mesmo aqueles provenientes do congelamento ou outra causa de morte. Apesar das pretensões arrojadas de Ettinger, os criobiologistas sequer conseguiram, nesse período, congelar e descongelar um grande órgão humano sem destruí-lo[15].

De fato, a criônica se preocupa com o objetivo ambicioso de imortalizar o potencial do corpo vivo, e isso se dá pela desaceleração ou mesmo a cessação do processo de envelhecimento. O projeto em questão revela-se ousado, à medida que tende a negar por completo a própria morte através da plena aceitação da tecnologia, de modo que vida e morte são associadas à criônica para mudar os antigos marcos fixados nos meios médico, científico e tecnológico.[16]

4. ESTADO DA ARTE DA CRIOGENIA

Em 2019 a criogenia é um fato enquanto tecnologia e uma promessa enquanto resultado. Há três empresas que realizam a criopreservação de corpos e/ou de cabeças no mundo. São elas:

a) Alcor Life Extension Foundation[17]: instituição californiana fundada por Fred e Linda Chamberlain em 1972 Atualmente é presidida pelo inglês Max More e sua sede fica em Scottsdale, Arizona (EUA). A Alcor faz criopreservações de corpos – chamadas de totais, e de cabeças, chamadas de neuropreservações, além de ter membros que a

---

13. KAISER, S.; GROSS, D.; LOHMEIER, J.; ROSENTRETER, M. *Op. cit.*, p. 98–104.
14. HUXTABLE, R. *Op. cit.*, p. 476–499.
15. SPECTOR, D. R. Legal implications of cryonics. 18 Clev.-Marshall L. Rev. 341, 1969, p. 1.
16. KAISER, S.; GROSS, D.; LOHMEIER, J.; ROSENTRETER, M. *Op. cit.*, p. 98–104.
17. ALCOR. About Alcor: our history. Disponível em: https://www.alcor.org/AboutAlcor/index.html, acesso em 09 dez. 2019.

financiam. Segundo Cordeiro[18] os custos da neuropreservação é de US$ 80 mil e de criopreservações totais US$ 180 mil.

b) Cryonics Institute[19]: empresa fundada em 1976, em Detroit, Michigan (EUA) por Robert Ettinger. Realiza apenas criopreservações totais. Segundo Cordeiro[20] os custos giram entre US$ 28 mil e US$ 35 mil.

c) KriosRus[21]: empresa fundada em 2005 nos arredores de Moscou pelo futurista russo Daniel Medved. Assim, como a Alcor, realiza neuropreservações e criopreservações totais, sendo que a primeira custa €12 mil e a segunda €36 mil.

José Luís Cordeiro afirma que o crescimento da KriosRus é relativamente rápido e justifica pela proximidade geográfica dos países europeus. Nota-se que os centros de criogenia vendem ainda uma expectativa de resultado, ou seja não há, na atualidade, tecnologia capaz de ressuscitar o corpo morto congelado e, por isso, seus defensores a propagam como um "plano B"[22], como uma tentativa de imortalidade, vez que já se sabe que as outras destinações que se dá ao corpo morto não permitem a ressuscitação.

5. ASPECTOS JURÍDICOS DO TEMA

O curioso (e até então inédito) caso de J. S, uma adolescente de 14 anos que obteve aprovação da Corte Suprema no Reino Unido para que seu corpo fosse criopreservado após sua morte, na esperança de um dia vir a ser reanimado, pode ser visto como ponto de partida para a discussão de temas jurídicos no âmbito jurisprudencial.[23]

Questões como a relação entre a criogenia e a responsabilidade civil sobre o procedimento, os direitos da personalidade da pessoa criopreservada e mesmo o destino de seus direitos patrimoniais auxiliam na construção de um pensamento normativo atinente às novas demandas de uma sociedade em constante evolução e desenvolvimento. Haveria que pensar na elasticidade de direitos já consagrados no curso da vida civil comum para as hipóteses de sucesso futuro da reanimação do corpo humano? Como o Direito haverá de lidar com as matérias pendentes, embora progressivas, de cunho tecnológico e médico, capazes de alterar estados e estágios de vida, para os quais há normatividade predeterminada?

Pensar as manifestações do Direito sobre a vida nas condições de técnicas da criogenia inspira profícuas reflexões. Os estudos da criogenia, até o momento, podem equiparar-se a meras formas de sepultamento; todavia, por tenderem à conservação e

---

18. CORDEIRO, José Luís; WOOD, David. *A morte da morte*: a possibilidade científica da imortalidade. São Paulo: LVM Editora, 2019.
19. CRYONICS INSTITUTE. About Cryonics. Disponível em: https://www.cryonics.org/about-us/, acesso em 09 dez. 2019.
20. CORDEIRO, José Luís; WOOD, David. *A morte da morte*: a possibilidade científica da imortalidade. São Paulo: LVM Editora, 2019.
21. KRIOSRUS. About us. Disponível em: http://kriorus.ru/en/about-us. Acesso em 09 de. 2019.
22. CORDEIRO, José Luís; WOOD, David. *A morte da morte*: a possibilidade científica da imortalidade. São Paulo: LVM Editora, 2019, p. 288.
23. RICCI, Ariel. Judgment by Peter Jackson J concerning an application by a 14-year old girl suffering from a rare form of terminal cancer for orders to secure her wish to be cryo-preserved upon death. *Family Law Week*. Disponível em: <https://www.familylawweek.co.uk/site.aspx?i=ed168052>. Acesso em: 5 nov. 2019.

ao eventual despertar do corpo humano, exigem reflexões acerca da possível retomada da vida, com o despertamento funcional do corpo humano em sua totalidade biológica. Como já se sabe, a criopreservação de embriões, de órgãos e de diversos tipos de tecidos humanos já se revela plenamente viável; no entanto, a retomada integral da vida ainda não corresponde a um procedimento exequível, o que não significa que as pesquisas realizadas neste domínio se encontrem em estado de letargia.

Em 2017, estimava-se a existência de pelo menos cinco organizações desenvolvendo algum serviço criônico: *Cryonics Institute, Alcor, Oregon Cryonics, Trans Times* e *KrioRus*. À exceção desta derradeira entidade, alocada na Rússia, as demais encontram-se situadas nos EUA. A despeito do número tímido de entes dedicados ao fornecimento do procedimento, ao redor do mundo, são várias as organizações relacionadas à causa criônica, entre grupos de pesquisa e institutos que facilitam a criopreservação.[24] Assim, vão se alastrando os ideais de criopreservação para diversos outros países.

No Brasil, a temática foi recentemente abordada no Superior Tribunal de Justiça, que se posicionou pela permanência em congelamento do corpo de um brasileiro falecido nos Estados Unidos. O caso, em primeira instância, teve julgamento procedente em favor de duas das filhas do falecido, que pretendiam que o corpo fosse sepultado na cidade do Rio de Janeiro. Em sede de apelação, o Tribunal de Justiça do Rio de Janeiro reformou a sentença, determinando a continuidade do procedimento de criogenia, àquela altura já iniciado. Todavia, com os embargos infringentes, o TJ-RJ restabeleceu a sentença, pela ausência de autorização expressa deixada pelo pai em vida.

Por fim, em março de 2019, por unanimidade, a 3ª Turma do STJ reconheceu o direito de preservação do corpo. O colegiado considerou que, a despeito de a legislação brasileira não prever a criogenia como forma de destinação do corpo, não obsta que assim o faça quem em vida manifeste tal desiderato; ademais, ante a ausência de previsão legal sobre a criogenia pós-morte, seria de se decidir conforme a analogia, os costumes e os princípios gerais de direito, nos termos do art. 4º da Lei de Introdução às Normas do Direito Brasileiro. No caso em apreço, foi levado em consideração ainda o fato de ter havido a manifestação de tal desejo à filha afetivamente mais próxima, que havia residido com o pai – agora falecido – por mais de trinta anos, ainda que as outras duas filhas do falecido fossem radicalmente contrárias à criopreservação do corpo do pai. Acerca do tema, manifestou-se o ministro Marco Aurélio Bellizze:[25]

> Na falta de manifestação expressa deixada pelo indivíduo em vida acerca da destinação de seu corpo após a morte, presume-se que sua vontade seja aquela apresentada por seus familiares mais próximos.
> [...]
> Desse modo, não obstante as autoras e a ré possuam o mesmo grau de parentesco com o falecido, é razoável concluir, diante das particularidades fáticas do presente caso, que a manifestação da filha Lígia, ora recorrente, é a que traduz a real vontade de seu genitor em relação à destinação de seus restos mortais, pois, sem dúvida alguma, é a que melhor pode revelar suas convicções e desejos, em razão da longa convivência com ele, que perdurou até o final de sua vida.

---

24. HUXTABLE, R. *Op. cit.*, p. 476–499.
25. BRASIL. Superior Tribunal de Justiça. Recurso Especial Nº 1.693.718 – RJ. Relator: Min. Marco Aurélio Bellizze. Julgado em 26/03/2019.

A partir deste relato, denota-se algum posicionamento sobre o tema diretamente amparado pela ideia de legitimar a vontade da pessoa falecida, uma vez manifesta, inclusive através de seus familiares próximos. Inexistente lei própria que teça diretrizes mais claras sobre o tema, e inadmitindo-se vácuo de cobertura normativa, o STJ retifica a analogia como um possível e fiável caminho da segurança jurídica para os novos questionamentos derivados da criogenia. E isso, nas palavras do relator do aludido acórdão, não cumpre cogitar da suposta viabilidade da ressuscitação, ou seja, não se levou em consideração, nesse caso, a credibilidade do procedimento de criopreservação em si, senão somente a manifestação da vontade do indivíduo interessado em submeter-se a esta prática. Ainda consoante se estabeleceu na decisão em questão,

> o ordenamento jurídico confere certa margem de liberdade à pessoa para dispor sobre seu patrimônio jurídico após a morte, assim como protege essa vontade e assegura que seja observada. Demais disso, as previsões legais admitindo a cremação e a destinação do cadáver para fins científicos apontam que as disposições acerca do próprio corpo estão incluídas nesse espaço de autonomia. Trata-se do direito ao cadáver.

O caso narrado demonstra que o tema não está mais no campo da utopia e que os juristas devem se preparar para lidar a criogenia como uma realidade. Assim, deve-se questionar a viabilidade de limitar a análise da questão à mera vontade de destinar o corpo para fins de criopreservação, ignorando os eventuais efeitos positivos e negativos do procedimento. Afinal, ainda que de fato seja extremamente relevante respeitar as manifestações de última vontade, inclusive as concernentes à disposição do cadáver, cumpre pensar, ainda, em outras consequências oriundas da prática da criogenia, relacionadas à projeção póstuma dos direitos da personalidade e ao estado jurídico do patrimônio do falecido.

Muito embora todas estas questões se revistam de extremo relevo, o propósito das linhas que se seguem será o de analisar, em especial, as repercussões da criogenia nos domínios da responsabilidade civil.

6. PERSPECTIVAS SOBRE RESPONSABILIDADE CIVIL NA CRIOGENIA HUMANA

Haja vista que a ordem constitucional brasileira encerre entre os seus valores mais caros a inviolabilidade da vida humana, esta pressupõe limites para a ingerência de terceiros sobre a vida de um indivíduo, bem como mitiga a legitimidade, mesmo médica-profissional, sobre procedimentos que intentem a extinção desse bem, a despeito do fato de que nem a vida ou qualquer dos preceitos constitucionais seja dotado de caráter absoluto, consideradas as circunstâncias excepcionais previstas em lei.[26]

Os movimentos de conservação da vida e de busca pela imortalidade, que se manifestam ao redor do mundo[27], ainda não se popularizaram em países como o Brasil; contudo, as implicações de um mundo cada vez mais globalizado e conexo, em contínua

---

26. GODINHO, Adriano Marteleto. *Op. cit.*, p. 30.
27. A título de exemplo, sugere-se: GROSSMAN, Terry; KURZWEIL, Ray. A medicina da imortalidade: viva o suficiente para viver para sempre. 3 ed. São Paulo: Apleph, 2019.

A RESPONSABILIDADE CIVIL NA CRIOGENIA HUMANA **393**

e acelerada mudança, fazem ressoar também no ordenamento brasileiro a necessidade de cobertura de demandas cada vez mais atuais e problemáticas.

A fim de delimitar o âmbito de investigação ora proposto, nomeadamente nos domínios da responsabilidade civil no ordenamento jurídico brasileiro, serão apresentadas perspectivas de soluções jurídicas para os seguintes problemas: i) a eventual ocorrência de danos ocasionados aos cadáveres que sofram intervenções criogênicas e a definição do modelo de responsabilidade civil a incidir sobre os indivíduos e entidades que pratiquem atividades de criogenia; ii) a possível responsabilização dos profissionais e entidades pela não obtenção do resultado esperado pelo voluntário à prática da criogenia e/ou seus familiares.

Cumpre, pois, passar à análise dos problemas suscitados.

À partida, cumpre pensar nos danos que um indivíduo que se apresente como beneficiário de técnicas criogênicas eventualmente venha a sofrer. O que dizer dos danos que podem sobrevir a partir destas intervenções, como, por exemplo, os prejuízos à inteireza do cadáver ou a sua inutilização para fins de criogenia e potencial ressuscitação?

No Brasil, ainda que inexista regramento legal específico para reger atos desta natureza – eis que se cuida, enfim, de circunstância ainda incipiente –, quer parecer que o regime geral da responsabilidade civil, assente em especial no texto do Código Civil, exigirá a aplicação do seu art. 927, parágrafo único, a imputar o modelo da responsabilidade civil objetiva (isto é, independentemente de culpa) a todo agente que normalmente desenvolva atividade que implique, por sua natureza, riscos para os direitos de outrem. Neste domínio, adota o legislador a denominada teoria do risco criado, derivado da particular potencialidade lesiva da atividade empreendida: o simples fato de se instituir novos riscos em sociedade, para além dos inúmeros outros já existentes, induz a responsabilização objetiva do agente causador do dano.[28] Assim, caberia considerar que a manipulação de equipamentos de alta tecnologia com o propósito de preservar corpos humanos – ainda que sem vida – há de ser reconhecido como um fator de elevado risco, eis que qualquer desvio, como uma falha na manutenção da temperatura adequada, poderá danificar o cadáver, inviabilizando-se, assim, o propósito fulcral da criogenia.

Ademais, em reforço à premissa da aplicabilidade do regime da responsabilidade objetiva aos casos de danos decorrentes das práticas de criogenia, é preciso reconhecer a existência de uma relação contratual de consumo entre o indivíduo que se submete a esta técnica e seus respectivos operadores. Assim, recorrendo-se às regras gerais de responsabilidade civil estabelecidas pelo Código de Defesa do Consumidor, alcançar-se-á idêntica conclusão, apontando-se o modelo da responsabilidade sem culpa aos agentes que praticam atividades de criogenia.

Pouco importará, inclusive, que o ato tenha sido praticado em caráter gratuito ou oneroso, ainda que, em geral, seja esta derradeira hipótese a mais comum: a responsabilização deriva do simples fato de o cadáver de um indivíduo sofrer qualquer ofensa, ainda que o indivíduo não tenha contribuído financeiramente para que fosse submetido

---

28. FARIAS, Cristiano Chaves de; NETTO, Felipe Braga; ROSENVALD, Nelson. *Novo tratado de responsabilidade civil.* 2. ed. São Paulo: Saraiva, 2017, p. 536-537.

ao ato. Em havendo dano imputável ao comportamento do interventor, o dever de repará-lo surge como corolário imediato da verificação do nexo de causalidade.

Também não parece correto supor que o fato de o voluntário ter prestado seu consentimento seja suficiente para afastar a eventual responsabilidade civil dos agentes que operam tecnologias criônicas. À partida, cabe reconhecer que a permissão para que um indivíduo admita a preservação póstuma de seu próprio corpo não deixa de representar uma expressão de sua autonomia e, afinal, de sua própria dignidade, no sentido de que facultar a alguém realizar-se segundo seus desígnios é, enfim, um meio de promover seus valores existenciais. Tem-se, pois, que é imprescindível relegar aos seres humanos certa margem de autonomia para a tomada de decisões que tocam aos seus direitos da personalidade – e, mais particularmente, sobre seu próprio corpo, ainda que para além da morte. Trata-se do reconhecimento de que a liberdade de escolha neste domínio consiste, em última análise, numa expressão fundamental dos valores essenciais da pessoa, que a desenvolvem e a realizam em sua plenitude.

Assim, requerida pelo próprio indivíduo a intervenção criônica, cumprirá atestar que o ato praticado foi devidamente consentido, desde que, naturalmente, o voluntário seja informado sobre a justificativa, os propósitos, os procedimentos, as alternativas e os possíveis riscos e benefícios da intervenção em linguagem clara e acessível, o que deverá ser cumprido em atendimento não apenas ao padrão médio das pessoas que eventualmente se sujeitem a tais medidas, mas também à capacidade de discernir de cada indivíduo que se apresentar como voluntário.

Se, todavia, a intervenção vier a gerar danos ao cadáver criopreservado, caberá analisar as circunstâncias do caso concreto e verificar, afinal, se houve algum desvio no ato da intervenção, ainda que consentida, ou mesmo se ocorreu algum vício no processo de informar ao interessado sobre os riscos da medida. No primeiro caso, a responsabilidade civil se manifestará pelo erro no procedimento em si; no segundo caso, mesmo que não tenha ocorrido falha no processo de criopreservação corporal, ainda assim caberá cogitar da responsabilidade civil do agente, por ter sido inadequada a prestação de informações claras acerca dos riscos e possíveis falhas da medida.

ii) Quanto à possível responsabilização dos cientistas e entidades pela não obtenção do resultado esperado pelo voluntário à prática da criogenia e/ou seus familiares, é preciso partir de alguns questionamentos essenciais: qual a natureza da obrigação assumida por aqueles entes ou profissionais? Até que ponto os cientistas, no manuseio de tecnologias e mecanismos inovadores, são capazes de responder pelos resultados de projetos de tal sorte ambiciosos? Ou mesmo nos casos mais simples de criopreservação, sem fins de ressurreição futura, mas como mero modo alternativo de sepultamento, por quanto tempo o organismo humano poderá ser conservado, e quem responde por eventuais falhas nesse processo? Por fim, em matéria de possíveis danos materiais, será viável projetar o pagamento de indenizações aos familiares do falecido, em razão dos inúmeros casos de pacientes que dispõem de seus recursos em vultosos montantes na esperança de serem curados e revividos?[29]

---

29. SMITH, G. P. II; HALL, C. *Op. cit.*, p. 3.

A RESPONSABILIDADE CIVIL NA CRIOGENIA HUMANA | **395**

Assente-se, de pronto, ser viável a percepção de suas obrigações distintas no âmbito das atividades de criogenia: uma diz respeito ao ato de manter o corpo criopreservado; a outra concerne à eventual ressuscitação da pessoa morta. A primeira deve ser considerada como obrigação de resultado, posto que exige dos responsáveis o efetivo cumprimento da prestação negocial própria da atividade, qual seja, a manutenção do cadáver em condições adequadas de conservação. Por isso, eventuais falhas que impeçam a criopreservação, a não ser que decorram de fortuito, força maior ou outro fator excludente de responsabilidade civil, são imputáveis aos agentes que atuam na criopreservação, aos quais caberá responder por todo o dano derivado da má prestação do serviço.

Já a segunda obrigação – a de empreender esforços para, no futuro, empregar meios tecnológicos para reviver o indivíduo cujo cadáver se encontra criopreservado – não pode ser tida como de fim, eis que, de acordo com o estado da arte, sequer se revela viável reavivar pessoas cujos corpos estejam preservados pelas vias apontadas. Assim, em um primeiro momento, as entidades que ofertam serviços de criogenia se comprometem apenas e tão-somente pela preservação do corpo em si, podendo responder civilmente (objetivamente, no caso) se falharem em tal tarefa. O suposto "dever" de trazer o morto à vida somente emergiria caso, no futuro, tal hipótese se torne viável – e, ainda assim, quer parecer que a obrigação seria de meio, isto é, de utilizar todos os recursos viáveis para tentar, se possível for, realizar o fim último da utopia criogênica e reanimar pessoas já falecidas. Neste caso, a responsabilidade civil decorreria do eventual descumprimento das melhores técnicas disponíveis, frustrando-se a expectativa de trazer à vida o falecido.

Por isso, se uma empresa que explore atividades criogênicas se comprometer unicamente a preservar o corpo (assim como já fizeram os egípcios, na tentativa de preservar os seus mortos pelo procedimento de mumificação), a potencial falta na prestação do serviço acarretará danos passíveis de reparação. Torna-se fundamental, em respeito ao princípio da boa-fé objetivo, que o contrato estipulado entre o interessado e a entidade que empreenda atividades de criogenia estabeleça com transparência quais são os deveres assumidos pelas partes. A elucidação das obrigações próprias da empresa será crucial para a averiguação da possível falha na prestação dos serviços, que poderá ensejar a responsabilidade civil.

A propósito, os danos que podem sobrevir das técnicas criogênicas podem ser tanto materiais quanto imateriais: estes podem, por exemplo, ser caracterizados a partir de possíveis lesões ao cadáver, geradoras de danos ao próprio morto – com suporte, em especial, no texto do art. 12 do Código Civil, cujo parágrafo único prevê a perspectiva de tutela póstuma de direitos da personalidade – e eventualmente de danos por ricochete experimentados, sobretudo, por seus familiares mais próximos. Os danos materiais, em resposta ao derradeiro questionamento suscitado nesta seção, podem corresponder ao direito de reaver as quantias pagas para a manutenção do cadáver criopreservado, que tendem a alcançar cifras significativas, expressas inclusive em moeda estrangeira (normalmente, o dólar). Afinal, o descumprimento dos termos do negócio estipulado entre as partes, ao frustrar as expectativas do contratante do serviço, poderá acarretar prejuízo econômico de notável monta.

Todas essas reflexões servem para demonstrar, ainda que sinteticamente, que inúmeros problemas jurídicos podem emergir da prática da criogenia, particularmente – ainda que não exclusivamente – nos domínios da responsabilidade civil. Os desafios são consideráveis, o que não pode significar a refutação do avanço da tecnologia, mas antes a necessidade de projetar soluções para problemas que já se manifestam, ainda que esporadicamente, e tendem a se propagar mais e mais.

7. CONSIDERAÇÕES FINAIS

A criogenia ainda é corriqueiramente vista como um tema de ficção científica; contudo, este trabalho demonstrou que as práticas criônicas já são uma realidade e, portanto, merecem o olhar do Direito a fim de que se comece a pensar, analisar e projetar possíveis soluções para os dilemas suscitados pelo tema.

No âmbito da biotecnologia, as mudanças não são mais lineares, mas exponenciais, e isso faz com que os juristas sejam confrontados com uma nova forma de regular o fato social. O paradigma positivista, que nunca foi o mais adequado para a responsabilidade civil, consolida-se nesse cenário como ultrapassado, de modo que os pressupostos da responsabilidade civil e as teorias que fundamentam os novos danos devem ser utilizados para analisar as inúmeras possibilidades de responsabilização civil nos casos que envolvem a criogenia.

Se é verdade que não há, ainda, uma entidade que realize atos de criogenia no Brasil, é também verdade que as fronteiras são líquidas no século XXI e, portanto, casos como o do Recurso Especial n. 1.693.718 podem se tornar comuns e outras questões envolvendo o tema podem surgir, de modo que é fundamental pensar sobre a forma como as mudanças tecnológicas deverão afetar as regras legais ou, quando menos, o modo de interpretá-las e aplicá-las a novos fenômenos sociais, a fim de que o sistema vigente possa apresentar-lhes adequadas respostas, modificando tradicionais marcos jurídicos para se adequar aos paradigmas da nova tecnologia.[30]

8. REFERÊNCIAS

ALCOR. About Alcor: our history. Disponível em: https://www.alcor.org/AboutAlcor/index.html, acesso em 09 dez. 2019.

ALEXANDRE, Laurent. A morte da morte: como a medicina biotecnológica vai transformar profundamente a humanidade. São Paulo: Manole, 2018.

BRASIL. Superior Tribunal de Justiça. Recurso Especial Nº 1.693.718 – RJ. Relator: Min. Marco Aurélio Bellizze. Julgado em 26/03/2019.

CORDEIRO, José Luís; WOOD, David. A morte da morte: a possibilidade científica da imortalidade. São Paulo: LVM Editora, 2019.

Cryonics Institute. About Cryonics. Disponível em: https://www.cryonics.org/about-us/, acesso em 09 dez. 2019.

---

30. FRIEDMAN, D. D. Does technology require new law? Harvard Journal of Law & Public Policy, v. 25, 71 (2001-2002).

FARIAS, Cristiano Chaves de; NETTO, Felipe Braga; ROSENVALD, Nelson. *Novo tratado de responsabilidade civil*. 2. ed. São Paulo: Saraiva, 2017.

FERRANDO, Francesca. Posthumanism, Transhumanism, Antihumanism, Metahumanism, and New Materialisms Differences and Relations. *Existenz*, vol. 8, n. 2, fall 2013.

FRIEDMAN, D. D. Does technology require new law? *Harvard Journal of Law & Public Policy*, v. 25, 71 (2001-2002).

GODINHO, Adriano Marteleto. *Eutanásia, ortotanásia e diretivas antecipadas de vontade:* o sentido de viver e morrer com dignidade. Curitiba: Juruá, 2016.

GROSSMAN, Terry; KURZWEIL, Ray. A medicina da imortalidade: viva o suficiente para viver para sempre. 3 ed. São Paulo: Apleph, 2019.

HUGHES, J. J. The future of death: cryonics and the telos of liberal individualism. *Journal of Evolution and Technology*, 6, 2001.

HUXTABLE, R. Cryonics in the courtroom: which interests? Whose interests? *Medical Law Review*, v. 26, n. 3, 2017.

KAISER, S.; GROSS, D.; LOHMEIER, J.; ROSENTRETER, M. Attitudes and acceptance toward the technology of cryonics in Germany. *International Journal of Technology Assessment in Health Care*, 30:1, 2014.

KRIOSRUS. About us. Disponível em: http://kriorus.ru/en/about-us. Acesso em 09 de. 2019.

RICCI, Ariel. Judgment by Peter Jackson J concerning an application by a 14-year old girl suffering from a rare form of terminal cancer for orders to secure her wish to be cryo-preserved upon death. *Family Law Week*. Disponível em: <https://www.familylawweek.co.uk/site.aspx?i=ed168052>. Acesso em: 5 nov. 2019.

SMITH, G. P. II; HALL, C. Cryonic suspension and the Law. *Baywood Publishing Co. Inc. Omega*, v. 17 (1), 1986-87.

SPECTOR, D. R. Legal implications of cryonics. *18 Clev.-Marshall L. Rev.* 341, 1969.

TABOSA, Adriana. A ciência, a busca da imortalidade e a desumanização. *Revista Portuguesa de Filosofia*, t. 63, Fasc. 1/3, Filosofia e Ciência / Science in Philosophy (Jan. - Sep., 2007), p. 683-687.

MISTANÁSIA E RESPONSABILIDADE CIVIL

Camilo de Lelis Colani Barbosa

Advogado. Mestre e Doutor em Direito Civil pela PUC-SP. Professor de Direito Civil da Faculdade Baiana de Direito e da UCSAL (graduação, especialização, mestrado e doutorado), e dos cursos de pós-graduação lato sensu do Ciesa-Manaus e do CERS. Presidente Regional (Bahia) da ADFAS (Associação de Direito de Família e das Sucessões). Membro do IBERC. https://orcid.org/0000-0002-9297-0375, colani@uol.com.br.

Fernanda Ivo Pires

Advogada. Doutora e mestre em Direito Civil pela PUC-SP. Professora de Direito Civil da UNISBA, UNIJORGE e do curso de pós-graduação da UCSAL. Associada fundadora do IBERC. https://orcid.org/0000-0002-6694-2119, fipires@uol.com.br.

Sumário: 1. Introdução – 2. Bioética, biodireito e direito à vida/morte digna – 3. Reflexões sobre mistanásia e a responsabilidade civil do Estado e de seus agentes – 4. Considerações finais – 5. Referências

1. INTRODUÇÃO

A bioética e o biodireito têm evidente campo de intersecção com a responsabilidade civil, pertinente ao surgimento e ao fim da vida. Quanto ao início, pode-se dizer que são diversas as discussões, as quais, acarretam, inclusive, consequências normativas diretas, por exemplo, a fixação das teorias da aquisição da personalidade. Já relativamente à finitude, não são poucos os dilemas que a circundam, trazendo sempre como qualificativo deste momento a dignidade do indivíduo.

Como ponto central, este artigo aborda as relações entre bioética/biodireito e a responsabilidade civil em decorrência da morte por ausência ou inadequação dos serviços públicos de saúde (mistanásia), particularmente quanto à possibilidade de responsabilização direta do agente público.

No tratamento do tema, faz-se necessária uma ponderação de princípios constitucionais e especificamente da responsabilidade civil, sempre no intuito de alcançar algumas das principais funções da responsabilidade civil, quais sejam, o sentido reparatório e o preventivo.

Na atualidade, a pandemia causada pelo Covid-19, tem propiciado fatos que demonstram o pensamento esposado, no sentido de aprofundar os estudos sobre os atos ilícitos praticados por agentes públicos, muitos deles ocupantes de elevados cargos na administração pública (em todos os seus âmbitos, federal, estaduais e municipais). Em especial, referenciam-se as questões envolvendo a aquisição de insumos (equipamentos, medicamentos e contratação de pessoal) e, até mesmo, discursos que minimizam a periculosidade do COVID-19, bem como as notórias práticas de "furar filas" para a tão decantada e esperançosa vacinação. Não se pode esquecer, ademais, o fato envolvendo a falta de oxigênio no Estado do Amazonas, que acarretaram, centenas de mortos, ensejando a abertura de inquéritos, a fim de apurar-se (no âmbito penal) as responsabilidades dos agentes envolvidos.

2. BIOÉTICA, BIODIREITO E DIREITO À VIDA/MORTE DIGNA

No que diz respeito ao fim da vida, a bioética e o biodireito têm se debruçado, dentre outros temas, sobre a eutanásia.

Conceitua-se eutanásia como interrupção voluntária da vida, seja por vontade do paciente, seja por decisão dos médicos responsáveis pelo tratamento. Trata-se de conceito que vem sofrendo sucessivos desdobramentos intelectivos e classificatórios, podendo ser resumido, nos seguintes tipos: a) eutanásia ativa ou benemortásia; b) eutanásia passiva ou ortotanásia ou paraeutanásia; e c) eutanásia social ou mistanásia.[1]

Torna-se necessário, ao estudar tais conceitos, levar em conta a fundamentação da bioética, ou seja, os princípios da beneficência, da autonomia e da justiça. Para Maria Celeste Cordeiro Leite dos Santos, o princípio da beneficência diz respeito à obrigatoriedade do profissional da saúde de buscar o bem do paciente, podendo se desdobrar em um subprincípio denominado de "não maleficência". O princípio da autonomia, por seu turno, pode ser condensado como a capacidade de autogovernar-se e, a sua derivação, qual seja, que as demais pessoas respeitem as decisões relativas ao autogoverno. Por fim, o princípio da justiça, que determina "a distribuição justa equitativa e universal dos benefícios dos serviços de saúde".[2]

É na fundamentação principiológica da bioética que está a gênese conceitual e, aparentemente, contraditória, de que a ortotanásia consistiria num exercício da prática de um "bem" ao paciente, apesar de levá-lo à morte.

Trata-se de questão muito controversa, podendo-se colher opiniões como as de Jean Bernard, o qual entende haver um falso problema, pois "desde Hipócrates o médico tem duas funções: adiar a morte e aliviar o sofrimento. Essas são as regras gerais, cabe ao médico, diante do paciente, esforçar-se para conciliar as duas funções"[34].

Quando do esforço de conciliação entre a vida e a morte, portanto, a interrupção do tratamento passa a ser a opção, deixando-se de lado a obstinação terapêutica do alongamento da vida; podendo-se falar que o alívio do sofrimento (pela morte), cumpre os princípios da bioética, mormente o da benemerência.

Neste contexto, há um outro instituto que vem se caracterizando por motivações econômicas, dentro de um fundamento capitalista de lucro como objetivo principal de

---

1. MALUF, Adriana Caldas do Rego Freitas Dabus. *Curso de bioética e biodireito.* 3. ed. São Paulo: Atlas, 2015, p. 443-446.
2. SANTOS, Maria Celeste Cordeiro dos. *O equilíbrio do pêndulo. Bioética e a lei:* implicações médico-legais. São Paulo: Ícone, 1998. p. 41-43.
3. Tradução do original: "Tel qu'il a été posé em ces derniéres années, le problème de l'euthanasie est le modèle du faux problème. Depuis Hippocrate, le médecin assume deux fonctions: il doit retarder la mort et apaiser la souffrance. Ce sont les règles générales. Le médecin, devant chaque malade s'efforce de concilier ces deux devoirs"
4. BERNARD, Jean. *La bioéthique.* France: Flammarion, 1994, p. 33.

MISTANÁSIA E RESPONSABILIDADE CIVIL **401**

sistemas de saúde. Refere-se à distanásia, prolongamento obstinado da vida, através de tratamentos paliativos, sem a perspectiva curativa. Elida Sá esclarece:

> Se a eutanásia é crime, como discutido no capítulo referente aos Crimes do Jaleco Branco, a distanásia, práticas para retardar a morte através de tratamentos intensivos e extraordinários, merece questionamento. A decisão de prolongar a vida a qualquer preço frequentemente tem embutido um cifrão, traduzido na conta hospitalar.[5]

Surge, paralelamente às discussões sobre a dignidade da morte por meio de eutanásia, nas suas mais diversas categorizações, o conceito de mistanásia, a qual, nos dizeres de Maria Helena Diniz: "[c]onvém, ainda, lembrar uma situação frequente em países de terceiro mundo, que é a *eutanásia social* ou *mistanásia*, ou seja, a morte miserável fora e antes da hora, que nada tem de boa ou indolor (...)".[6]

A mencionada autora discrimina as hipóteses de ocorrência da mistanásia, explicitando situações de grandes massas de pessoas que sequer chegam a ser pacientes, os quais não conseguem ingressar no sistema de saúde, por ser este ausente ou precário (mistanásia passiva); pessoas ou grupos de pessoas com deficiência ou indesejáveis que são sistematicamente alvo de extermínio (mistanásia ativa); doentes crônicos e/ou terminais que ingressam no sistema de saúde como pacientes, mas que são vítimas de erro médico; e, pacientes que são vítimas de má prática por motivos econômicos, científicos ou sociopolíticos.[7]

A mistanásia, diferentemente da eutanásia ativa e da ortotanásia, não se refere à vontade de um paciente em viver / morrer com dignidade, mas trata-se de "morte antecipada e totalmente precoce ('anacrotanásia') por causas previsíveis e preveníveis, mortes escondidas e não valorizadas".[8]

Assim, é possível definir a mistanásia como a abreviatura involuntária da vida de um paciente, pela ausência de prestação mínima de serviços públicos de saúde, decorrente de práticas ilícitas administrativas, de modo que, se houvesse o tratamento, a morte não teria ocorrido. É evidente que não se refere a mistanásia à ausência de terapias ou medicamentos extremamente dispendiosos, de última geração, muitas vezes importados a preços inacessíveis à maior parte da população. Tem-se mistanásia, reitere-se em situações básicas, por exemplo, ausência de leitos em UTI com internação de paciente em corredor do nosocômio, ou até mesmo por ausência de insumo básico como oxigênio, anestésicos etc.[9]Interessante retomar os princípios bioéticos anteriormente apontados Maria Celeste

---

5. SÁ, Elida. *Biodireito*. Rio de janeiro: Lumen Juris, 1999, p. 93.
6. DINIZ, Maria Helena. *O estado atual do biodireito*. 10 ed. São Paulo: Saraiva, 2017, p. 534.
7. Ibidem, p. 534.
8. RICCI, Luiz Antônio Lopes. A morte social: mistanásia e bioética. Políticas públicas como resistência a morte mistanásica e pela dignidade do viver. Disponível em www.icaps.org.br/restrito/img/downloadss/ea7a6ef91ef0ac7ea2a6bb352aaf4296.pdf Acesso em 10 dez. 2019.
9. BRASIL. Tribunal de Justiça de Santa Catarina. Apelação Cível n. 617153 SC 2011.061715-3. Relator Francisco Oliveira Neto. Terceira Câmara de Direito Público. Data do julgamento 10.10.2011. DJe 25.20.2011. Disponível em: https://tj-sc.jusbrasil.com.br/jurisprudencia/20601600/apelacao-civel-ac-617153-sc-201161715-3?ref=serp Acesso em 10 dez. 2019: RESPONSABILIDADE CIVIL. MORTE EM HOSPITAL. AUSÊNCIA DE TRATAMENTO ADEQUADO. PACIENTE QUE É DEIXADO EM UMA MACA NO CORREDOR DO NOSOCÔMIO POR FALTA DE LEITO NA UTI. OMISSÃO ESPECÍFICA. APLICAÇÃO DA TEORIA OBJETIVA. NEXO CAUSAL ENTRE

Cordeiro Leite dos Santos[10] para perceber que a mistanásia fere paulatinamente os três critérios da beneficência, da autonomia e da justiça.

Pertinente à situação da saúde pública no Brasil, é evidente a intensa (e imensa) necessidade de aprimoramento de estudos e reflexões sobre o assunto. Mais ainda, torna-se imperioso vincular a questão social à responsabilidade civil, podendo, inclusive, projetar que, em alguns casos específicos (exemplo: desvios de verbas por meio de práticas de corrupção), a responsabilidade ultrapassasse os limites do Estado, atingindo os agentes em suas individualidades.

Num aspecto mais filosófico e histórico, pode-se afirmar que a gênese da mistanásia, também está na injusta distribuição dos recursos destinados à saúde. É o que se infere do pensamento de Elena Lugo, para quem:

> O problema, do ponto de vista econômico, consiste em distribuir os recursos médicos de modo eficaz, tendo em vista realidades e expectativas econômicas, para satisfazer necessidades e desejos humanos. Mas, do ponto de vista ético, o problema da distribuição justa trata de estabelecer critérios e normas que fomentem a dignidade humana e permitam distribuir os serviços em conformidade com os princípios morais, bem como com direitos e deveres.[11]

Reportagem investigativa, levada a efeito pelo jornal O Estado de São Paulo em 25.12.2016, aponta que:

> O levantamento inédito feito pelo Estado com base em dados do governo federal desde 2003 mostra que houve fraude no uso de verbas federais em pelo menos 729 municípios – o que corresponde a 13% do total de cidades do País. Do Oiapoque ao Chuí, o prejuízo causado pela corrupção no período foi estimado em ao menos 4 Bilhões pela CGU.[12]

Em observância ao evento da pandemia causada pelo COVID-19, tem-se ainda:

Junto com as notícias da falta de equipamentos e de cilindros de oxigênio para tratar pacientes com covid-19, vieram também do Amazonas relatos dramáticos da alternativa à qual algumas equipes de saúde estão recorrendo para lidar com a falta de aparelhos de ventilação mecânica: a ventilação manual.[13]

Acerca da questão política-criminal envolvendo a questão da saúde no Brasil, pode-se citar outra reportagem, agora do Correio Brasiliense, onde se menciona que:

> O sistema de saúde no Brasil vive um paradoxo. Enquanto milhões de brasileiros sofrem com a falta de médicos, leitos e medicamentos nos hospitais, o setor desperdiça uma quantia bilionária com procedimentos malfeitos, exames desnecessários, erros médicos e ambulatoriais, excesso de consumo de materiais e fraudes. Em 2017, essa conta chegou a R$ 100 bilhões, 20% dos R$ 500 bilhões gastos pelos

---

O FALECIMENTO E A OMISSÃO NA PRESTAÇÃO DE ASSISTÊNCIA MÉDICA ADEQUADA E EFICIENTE. NEGLIGÊNCIA DA EQUIPE MÉDICA. DEVER DE INDENIZAR CARACTERIZADO.

10. Obra citada, p. 41-43.
11. LUGO, Elena. Bioética, justiça e saúde. In: RAMOS, Dalton Luiz de Paula [et al] (Org.). *Um diálogo latino-americano*: bioética & documento de Aparecida. São Caetano do Sul: Difusão Editora, 2009, p. 200.
12. AFFONSO, Julia; BURGARELLI, Rodrigo. 70% dos desvios nas cidades afetam a saúde e a educação. Disponível em https://politica.estadao.com.br/blogs/fausto-macedo/70-dos-desvios-nas-cidades-afetam-a-saude-e-a-educacao/ Acesso em: 07 dez. 2019.
13. BBC NEWS BRASIL. Covid em Manaus: sem oxigênio, pacientes dependem de ventilação manual para sobreviver em Manaus. Disponível em https://www.bbc.com/portuguese/brasil-55674229. Acesso em 15 jan. 2021

MISTANÁSIA E RESPONSABILIDADE CIVIL **403**

setores público e privado. E, segundo dados da Associação Nacional de Hospitais Privados (Anahp), de 2% a 3% desses recursos foram desviados em esquemas de corrupção..[14]

Ou seja, não se trata apenas de desvios em razão de corrupção, com benefícios financeiros diretos aos agentes criminosos envolvidos, tem-se também a má gestão, a falta de eficiência dos serviços.

3. REFLEXÕES SOBRE MISTANÁSIA E A RESPONSABILIDADE CIVIL DO ESTADO E DE SEUS AGENTES

A Constituição de 1946 trouxe a previsão de responsabilidade objetiva do Estado[15], sendo seguida posteriormente pelas Constituições de 1967 e 1988[16] as quais, neste ponto, alargaram tal previsão também para os casos de responsabilidade civil por dano ambiental[17] e por danos nucleares[18].

Não se pretende, no presente estudo, trazer tratamento pormenorizado da teoria objetiva, mas, partindo da concepção do risco administrativo, observar se há a possibilidade de afastar a sua aplicação em ocorrendo hipótese de mistanásia.

Defender subjetivação de uma responsabilidade em tempos de respeitosa doutrina que traz argumentos contundentes para a imputação objetiva não é tarefa fácil. Por este motivo, importa trazer os fundamentos axiológicos desta teoria.

Embora se referindo ao que seria o atual Código Civil, o seguinte pensamento de Miguel Reale[19] coaduna-se perfeitamente com o teor da Constituição Federal, especialmente por ser permeada de princípios que lhes inspira:

Um Código não é, em verdade, algo de estático ou cristalizado, destinado a embaraçar caminhos, a travar iniciativas, a provocar paradas ou retrocessos: põe-se antes como sistema de soluções normativas e de modelos informadores de experiência vivida de uma Nação, a fim de que ela, graças à visão atualizada do conjunto, possa com segurança prosseguir em sua caminhada.

Assim, a responsabilidade civil objetiva, em suas várias vertentes, possui como fundamento os princípios da solidariedade e da equidade. Isto se justifica na medida em que, para determinadas relações jurídicas, o mecanismo probatório da culpa se torna uma busca incessante e inócua, o que quebra os padrões de equilíbrio relacional que se

---

14. CORREIO BRASILIENSE. R$100 bilhões dos investimentos em saúde em 2017 foram desperdiçados. Disponível em https://www.correiobraziliense.com.br/app/noticia/brasil/2018/03/12/interna-brasil,665393/r-100-bilhoes-dos-investimentos-em-saude-em-2017-foram-desperdicados.shtml Acesso em : 07 dez. 2019.
15. "Art. 194 - As pessoas jurídicas de direito público interno são civilmente responsáveis pelos danos que os seus funcionários, nessa qualidade, causem a terceiros." (*caput*)
16. Art. 37, "§ 6º As pessoas jurídicas de direito público e as de direito privado prestadoras de serviços públicos responderão pelos danos que seus agentes, nessa qualidade, causarem a terceiros, assegurado o direito de regresso contra o responsável nos casos de dolo ou culpa."
17. Art. 225, "§ 2º Aquele que explorar recursos minerais fica obrigado a recuperar o meio ambiente degradado, de acordo com solução técnica exigida pelo órgão público competente, na forma da lei"; "§ 3º As condutas e atividades consideradas lesivas ao meio ambiente sujeitarão os infratores, pessoas físicas ou jurídicas, a sanções penais e administrativas, independentemente da obrigação de reparar os danos causados."
18. Art. 21, XXIII, "d) a responsabilidade civil por danos nucleares independe da existência de culpa"
19. REALE, Miguel. Exposição de Motivos do Supervisor da Comissão Revisora e Elaboradora do Código Civil. Disponível em: http://www2.senado.gov.br/bdsf/bitstream/id/70319/2/743415.pdf Acesso em: 01 fev. 2010.

espera. Por outro lado, a solidariedade surge como um prisma que permite à coletividade partilhar dos danos sofridos individualmente.

Não restam dúvidas de que a imputação objetiva existe em socorro à vítima, a qual precisa ter o dano reparado, antes mesmo de que haja uma preocupação com a conduta do agente. Sendo assim, questiona-se, seria possível, a própria vítima pretender uma responsabilidade civil consubstanciada na culpa para os casos de mistanásia? Mais ainda, em diversas outras situações em que lhe for mais conveniente a responsabilização direta e subjetiva do causador do dano, tal seria possível?

Antes mesmo de se formular uma resposta, cumpre ressaltar que o sistema de precatórios estatais tem se mostrado uma via *crusis* ainda mais pesada que possíveis instruções probatórias da culpa do agente.

Por outro lado, os danos ocasionados em razão de mistanásia não se circundam apenas aos aspectos patrimoniais, mas em boa parte também danos morais. Sendo assim, compreendendo estes como ofensas à generalidade dos direitos da personalidade, o *quantum debeatur* é apenas parte da história da pretensão reparatória.

No entendimento de Moreira Alves[20]:

> desculpem-me se estou praticando alguma heresia, entre tantos civilistas -, penso nada mais ser um dano moral que uma pena privada, com uma circunstância ainda mais intensa que a pena privada conhecida, pois se transmite aos herdeiros; na realidade, está-se satisfazendo o desejo íntimo de vingança ao punir o cidadão causador do dano.
>
> [...]
>
> tanto isso é verdade que, quando se diz que foi atropelado o neto de um Rockfeller, por exemplo, o ressarcimento pode ser de milhões e milhões de dólares, embora, para a família, nada valha, pois o seu desejo é o neto; esse ressarcimento não trará satisfação alguma, para dizer-se que é uma compensação em relação à dor.

Os pedidos de reparação por danos morais têm a índole de se ver fazer justiça[21], ou seja, de ver o causador do dano responder pela conduta indevida, o que raramente é possível observar em ações regressivas do Estado em face dos seus agentes.

Dessa forma, por ser a imputação objetiva uma ferramenta a ser utilizada a benefício da vítima, parece perfeitamente viável a responsabilidade direta do agente causador do dano, exceto obviamente em circunstâncias em que a lei o proíba expressamente (exemplo de responsabilidade civil do juiz[22]).

No movimento valorativo da responsabilidade civil, apontam os autores Cristiano Chaves, Felipe Braga Netto e Nelson Rosenvald[23] que, paralelamente aos princípios gerais

---

20. ALVES, José Carlos Moreira. Conferência Inaugural da I Jornada de Direito Civil, (Organização Ministro Ruy Rosado de Aguiar Jr.). Brasília: CJF, 2003, p. 28.
21. Cf. PIRES, Fernanda Ivo. *Responsabilidade civil e o caráter punitivo da reparação*. Curitiba: Juruá, 2014, p. 222.
22. Código de Processo Civil, "Art. 143. O juiz responderá, civil e regressivamente, por perdas e danos quando: I – no exercício de suas funções, proceder com dolo ou fraude; II – recusar, omitir ou retardar, sem justo motivo, providência que deva ordenar de ofício ou a requerimento da parte (...)"
23. FARIAS, Cristiano Chaves de; Braga Netto, Felipe; ROSENVALD, Nelson. *Novo tratado de responsabilidade civil.* 2. Ed. São Paulo: Saraiva, 2017, 995.

MISTANÁSIA E RESPONSABILIDADE CIVIL | **405**

da responsabilidade civil, existem dois princípios reitores da responsabilidade civil do Estado: a *primazia do interesse da vítima* e a solidariedade social.

Em paradigmático acórdão proferido no Recurso Extraordinário 99214-6 / RJ[24] de Relatoria do Ministro Moreira Alves houve o entendimento de que a prevista responsabilidade objetiva do Estado (artigo 107 da Emenda Constitucional n.1 de 1969[25]) deveria se compatibilizar com o artigo 159 do Código Civil de 1916[26]. Ou seja, "não impede que a vítima promova ação direta contra o funcionário com base na responsabilidade subjetiva". Note-se, ainda, a importante passagem:

> o preceito constitucional, ao distinguir a responsabilidade do Estado como objetiva e a do funcionário como subjetiva, dando àquele ação regressiva contra este, visou, apenas, facilitar a composição do dano à vítima, que pode acionar o Estado independentemente da culpa do funcionário, não tendo, portanto, em mira impedir ação direta contra este, se se referir arcar com os ônus da demonstração de culpa do servidor, para facilitar percalços da execução contra o Estado. (...) o que contraria o princípio de que a Administração Pública, sem lei expressa em contrário, não pode isentar de responsabilidade seu servidor, por não ter aquela disponibilidade sobre o patrimônio público.

Em sentido semelhante, é possível observar alguns julgados do Superior Tribunal de Justiça, dentre os quais:

> RECURSO ESPECIAL. DANO MORAL. ALEGAÇÃO DE ATO ILÍCITO PRATICADO POR AGENTE PÚBLICO ESTADUAL. É FACULDADE DO AUTOR PROMOVER A DEMANDA EM FACE DO SERVIDOR, DO ESTADO OU DE AMBOS, NO LIVRE EXERCÍCIO DO SEU DIREITO DE AÇÃO. RECURSO ESPECIAL PROVIDO PARA AFASTAR A ILEGITIMIDADE PASSIVA DO AGENTE.[27]

O relator do voto, ministro Luís Felipe Salomão, assim ponderou:

> Quem se sentir lesado pode invocar o dispositivo para acionar diretamente o apontado responsável pelo ato ilícito. Nenhum privilégio relacionado à qualificação pessoal do agente pode elidir sua responsabilização direta, tampouco mitigar a garantia legal concedida à vítima. Essa orientação jurídica deve ser aplicada mesmo em se tratando de agente público no exercício de suas funções, como é a hipótese dos autos. Em verdade, o cerne da questão reside no direito de ação. O particular que alega ofensa a seu direito individual por ato praticado por agente público pode acionar o Estado, ou o funcionário ou ambos. (...)
>
> A avaliação quanto às vantagens e desvantagens de propor a ação direta em face do Estado compete ao autor. Com efeito, sua estratégia pode ser a de escapar aos prazos ampliados e às dificuldades processuais para a execução do julgado, em caso de sucesso na demanda, não obstante a possibilidade de responsabilização objetiva do ente público.

---

24. BRASIL. Supremo Tribunal Federal. RE 99214 / RJ. Relator Ministro Moreira Alves. Segunda Turma. Data do Julgamento: 22.03.1983. DJe 20.05.1983. Disponível em http://redir.stf.jus.br/paginadorpub/paginador. jsp?docTP=AC&docID=191687 Acesso em 10 dez. 2019.
25. "Art. 107. As pessoas jurídicas de direito público responderão pelos danos que seus funcionários, nessa qualidade, causarem a terceiros. Parágrafo único. Caberá ação regressiva contra o funcionário responsável, nos casos de culpa ou dolo."
26. "Art. 159. Aquele que, por ação ou omissão voluntária, negligência, ou imprudência, violar direito, ou causar prejuízo a outrem, fica obrigado a reparar o dano. A verificação da culpa e a avaliação da responsabilidade regulam-se pelo disposto neste Código"
27. BRASIL. Superior Tribunal de Justiça. REsp. 731746/SE. Relator Ministro Luís Felipe Salomão. Quarta Turma. Data do Julgamento: 0.08.2008. DJe 04.05.2009. Disponível em https://scon.stj.jus.br/SCON/jurisprudencia/toc. jsp?processo=731746&b=ACOR&thesaurus=JURIDICO&p=true Acesso em 10 dez. 2019.

CAMILO DE LELIS COLANI BARBOSA E FERNANDA IVO PIRES

Por outro lado, a possibilidade de ação direta do particular em face do servidor não é novidade em nosso ordenamento jurídico, conforme previsão expressa da Lei de Abuso de Autoridade (Lei n. 4.898/65), nos termos de seu artigo 9°: "Simultaneamente com a representação dirigida à autoridade administrativa ou independentemente dela, poderá ser promovida pela vítima do abuso, a responsabilidade civil ou penal ou ambas, da autoridade culpada".

Embora não se refira especificamente à mistanásia, mas possivelmente aplicado ao caso em análise, ainda há de se salientar o posicionamento de Celso Antônio Bandeira de Mello[28] sobre a responsabilidade direta do agente público:

> Entendemos que o art. 37, § 6°, não tem caráter defensivo do funcionário perante terceiro. A norma visa a proteger o administrado, oferecendo-lhe um patrimônio solvente e a possibilidade da responsabilidade objetiva em muitos casos. Daí não se segue que haja restringido sua possibilidade de proceder contra quem lhe causou o dano. Sendo um dispositivo protetor do administrado, descabe extrair dele restrições ao lesado. A interpretação deve coincidir com o sentido para o qual caminha a norma, ao invés de sacar dela conclusões que caminham na direção inversa, benéfica apenas ao presumido autor do dano. A seu turno, a parte final do § 6° do art. 37, que prevê o regresso do Estado contra o agente responsável, volta-se à proteção do patrimônio público, ou da pessoa de Direito Privado prestadora de serviço público. Daí a conclusão de que o preceptivo é volvido à defesa do administrado e do Estado ou de quem lhe faça as vezes, não se podendo vislumbrar nele intenções salvaguardadoras do agente. A circunstância de haver acautelado os interesses do lesado e dos condenados a indenizar não autoriza concluir que acobertou o agente público, limitando sua responsabilização ao caso de ação regressiva movida pelo Poder Público judicialmente condenado.

No atual momento da humanidade, as tecnologias modernas permitem uma maior precisão de informações, inclusive para fins processuais. Isso significa que, a produção probatória processual tem alcançado uma dimensão e uma divulgação extremamente explícitas aos detalhes dos enriquecimentos ilícitos decorrentes de atos de improbidade.

Assim, expõe-se nas mídias o luxo de mansões, veículos, festas, obras de arte e outros bens adquiridos com o produto do ilícito. A esta exposição contrapõe-se a situação extremamente miserável do fato social da mistanásia (dentre outros, a morte por falta de atendimento nos hospitais públicos). Neste particular, indaga-se: a aplicação exclusiva da teoria da responsabilidade objetiva do Estado configura-se realmente em benefício do interesse da vítima? Ou trata-se de subterfúgio para a impunidade dos agentes causadores do dano?

Parece óbvio que, para o atendimento do princípio da primazia do interesse da vítima e da solidariedade social, impera a necessidade de reavaliar (ou revalidar) conceitos como o da responsabilidade solidária[29] entre o Estado e o seu agente, podendo este responder com os seus bens à indenização dos cidadãos lesados pela prática de ilícitos.[30]

Não restam dúvidas que esta via traz em si não apenas o intuito de atender aos anseios da vítima, como também a preponderância à atenção ao princípio da prevenção que tanto inspira a responsabilidade civil.

---

28. BANDEIRA DE MELLO, Celso Antônio. *Curso de direito administrativo*. 32ª ed. São Paulo: Malheiros, 2015, p. 1002.

29. Código Civil: "Art. 942. Os bens do responsável pela ofensa ou violação do direito de outrem ficam sujeitos à reparação do dano causado; e, se a ofensa tiver mais de um autor, todos responderão solidariamente pela reparação". (*caput*)

30. Cf. FARIAS, Cristiano Chaves de; Braga Netto, Felipe; ROSENVALD, Nelson. Obra citada, p. 1013.

Neste sentido, aponta-se o pensamento de Luiz Antônio Lopes Ricci:

O conceito de mistanásia contribui para a responsabilização e conscientização de uma situação que pode ser evitada, visto que o previsível e o evitável anulam o conceito de "morte natural", transforman-do-o em fato moral, que causa indignação ético-criativa, com a qual se buscam meios para prevenir a norte precoce.[31]

4. CONSIDERAÇÕES FINAIS

Pode-se concluir que o conceito de mistanásia possui evidente conexão com os ditames da responsabilidade civil. Embora tenha sido cunhado recentemente, estabelece um marco de atuação dos operadores do Direito, mormente aqueles que militam com a responsabilidade civil, pois é notória a necessidade de proteção sociojurídica aos cidadãos hipossuficientes vítimas do ilícito que lhe dá causa.

Para esta mencionada proteção, a *praxis* tradicional da responsabilidade civil objetiva do Estado tem se configurado verdadeiro elemento de tortura, ineficaz no cumprimento de seu desiderato, injusto na dimensão da aplicação da indenização e ensejador da impunidade, na medida em que raramente se observa a aplicação efetiva do direito de regresso do Estado para com o agente. Ou seja, tem-se por injusta para com a vítima e injusta para com o Estado.

Resgatar, portanto, na doutrina e na jurisprudência a possibilidade de aplicação da solidariedade passiva entre o Estado e o seu agente, como polo passivo nas ações indenizatórias decorrentes da mistanásia, torna-se imperioso para a efetivação dos princípios da primazia do interesse da vítima e da solidariedade social.

Reforça-se, neste momento histórico de pandemia, a necessidade de aprofundamento de estudos de responsabilidade civil, com o escopo maior da efetivação de suas funções sociais, mormente, aquelas pertinentes à prevenção e punição.

5. REFERÊNCIAS

AFFONSO, Julia; BURGARELLI, Rodrigo. 70% dos desvios nas cidades afetam a saúde e a educação. Disponível em https://politica.estadao.com.br/blogs/fausto-macedo/70-dos-desvios-nas-cidades--afetam-a-saude-e-a-educacao/ Acesso em: 07 dez. 2019.

ALVES, José Carlos Moreira. Conferência Inaugural da I Jornada de Direito Civil, (Organização Ministro Ruy Rosado de Aguiar Jr.). Brasília: CJF, 2003, p. 21-33.

BANDEIRA DE MELLO, Celso Antônio. *Curso de direito administrativo*. 32. ed. São Paulo: Malheiros, 2015.

BBC NEWS BRASIL. Covid em Manaus: sem oxigênio, pacientes dependem de ventilação manual para sobreviver em Manaus. Disponível em https://www.bbc.com/portuguese/brasil-55674229 . Acesso em 15 jan. 2021.

BERNARD, Jean. *La bioéthique*. France: Flammarion, 1994.

BRASIL. Tribunal de Justiça de Santa Catarina. Apelação Cível n. 617153 SC 2011.061715-3. Relator Francisco Oliveira Neto. Terceira Câmara de Direito Público. Data do julgamento 10.10.2011.

---

31. RICCI, Luiz Antônio Lopes. *A morte social:* mistanásia e bioética. São Paulo: Paulus, 2017, p. 43.

DJe 25.20.2011. Disponível em: https://tj-sc.jusbrasil.com.br/jurisprudencia/20601600/apela-cao-civel-ac-617153-sc-201161715-3?ref=serp. Acesso em 10 dez. 2019.

BRASIL. Superior Tribunal de Justiça. REsp. 731746/SE. Relator Ministro Luís Felipe Salomão. Quarta Turma. Data do Julgamento: 0.08.2008. DJe 04.05.2009. Disponível em https://scon.stj.jus.br/SCON/jurisprudencia/toc.jsp?processo=731746&b=ACOR&thesaurus=JURIDICO&p=true Acesso em 10 dez. 2019.

BRASIL. Supremo Tribunal Federal. RE 99214/RJ. Relator Ministro Moreira Alves. Segunda Turma. Data do Julgamento: 22.03.1983. DJe 20.05.1983. Disponível em http://redir.stf.jus.br/paginadorpub/paginador.jsp?docTP=AC&docID=191687 Acesso em 10 dez. 2019.

CORREIO BRASILIENSE. R$100 bilhões dos investimentos em saúde em 2017 foram desperdiçados. Disponível em https://www.correiobraziliense.com.br/app/noticia/brasil/2018/03/12/interna-brasil,665393/r-100-bilhoes-dos-investimentos-em-saude-em-2017-foram-desperdicados.shtml Acesso em : 07 dez. 2019.

DINIZ, Maria Helena. *O estado atual do biodireito*. 10 ed. São Paulo: Saraiva, 2017.

FARIAS, Cristiano Chaves de; Braga Netto, Felipe; ROSENVALD, Nelson. *Novo tratado de responsabilidade civil*. 2. Ed. São Paulo: Saraiva, 2017.

LUGO, Elena. Bioética, justiça e saúde. In: RAMOS, Dalton Luiz de Paula [et al] (Org.). *Um diálogo latino-americano*: bioética & documento de Aparecida. São Caetano do Sul: Difusão Editora, 2009.

MALUF, Adriana Caldas do Rego Freitas Dabus. *Curso de bioética e biodireito*. 3. ed. São Paulo: Atlas, 2015.

Alves, José Carlos Morera. Conferência Inaugural da I Jornada de Direito Civil. (Organização Ministro Ruy Rosado de Aguiar Jr.). Brasília: CJF, 2003, p. 28

PIRES, Fernanda Ivo. *Responsabilidade civil e o caráter punitivo da reparação*. Curitiba: Juruá, 2014.

REALE, Miguel. Exposição de Motivos do Supervisor da Comissão Revisora e Elaboradora do Código Civil. Disponível em: http://www2.senado.gov.br/bdsf/bitstream/id/70319/2/743415.pdf. Acesso em: 01 fev. 2010.

RICCI, Luiz Antônio Lopes. *A morte social*: mistanásia e bioética. São Paulo: Paulus, 2017.

_____. A morte social: mistanásia e bioética. Políticas públicas como resistência a morte mistanásica e pela dignidade do viver. www.icaps.org.br/restrito/img/downloadss/ea7a6ef91ef0ac7ea2a6bb352a-af4296.pdf Acesso em 10 dez. 2019.

SÁ, Elida. *Biodireito*. Rio de janeiro: Lumen Juris, 1999.

SANTOS, Maria Celeste Cordeiro dos. *O equilíbrio do pêndulo. Bioética e a lei*: implicações médico-legais. São Paulo: Ícone, 1998.

ANOTAÇÕES